国家出版基金项目
NATIONAL PUBLICATION FOUNDATION

古代方言文獻叢刊

華學誠 主編

歷代方志方言文獻集成

曹小雲 曹嫄 輯校

第二册

中華書局

〔民國〕景縣志

【解題】 耿兆棟修，張汝漪總纂。景縣，今河北省衡水市景縣。「方言」見卷六《風土志》中。録文據民國二十一年（一九三二）鉛印本《景縣志》。

方言

目録〔一〕

一、稱人 二、名物 三、表行 四、狀事 五、紀時 六、計數 七、定位 八、喻義 九、發問 十、抒情

天地之間，山川沮澤既分，寒煖燥濕亦異，因之嗜好、語言亦絶然其不相類。達其志，通其欲，所以設寄象、鞮譯之職也。自海禁大開，梯航萬國，各國無不以統一語言爲要務。而我國地廣人多，方言複雜，求其統一較他國爲尤難。然欲統而一之，必先分而析之。析之既明，然後合各縣爲一省，復合各省爲全國，未嘗非統一語言之一助也。兹謹分爲十項，以類記焉。

〔一〕 目録爲編者所加。

一、稱人

爹　全縣之人普通稱父爲爹。

爸爸　間有稱父爲爸爸者，然亦僅十之二三，非普通也。

娘　普通呼母曰娘，惟有納妾生子者，無論嫡子、庶子，呼嫡母皆稱爲娘。

媽　庶子稱其生母曰媽，嫡子則呼爲姨，此景縣特别者也。

爺爺　普通稱祖父曰爺爺。

奶奶　普通稱祖母曰奶奶。

大爺　普通稱伯父曰大爺。

大娘　普通稱伯母曰大娘。

叔　普通稱叔父曰叔。

嬸子　普通稱嬸母曰嬸子。

老爺　普通稱外祖父曰老爺。

老娘　普通稱外祖母曰老娘。

妗子　普通稱舅母曰妗子。

息婦　通作媳婦。《塵史》云：「今之尊者斥卑者之婦曰新婦。而不學者輒易之曰息婦。」按古人稱子曰息，息婦者，子婦也。於理可通，作媳則誤矣。

丫頭　社會一般人民呼其所生之女孩皆曰丫頭。至於女婢則呼作指使丫頭，或曰丫環。

小子　呼其所生之幼子皆曰小子。長則呼其名矣。社會駡人或亦曰小子。

跟班的　猶言奴婢。亦曰當二爺的，或曰伴當。亦謂之細民。甚者所買之男僕配以女婢所生之子女，世世在主人家當差服役，謂之家生子。清雍正五年始豁除之。然而相沿成俗，至今尚未脱盡舊習。

做飯的　世俗所僱之女僕謂之做飯的。亦謂之老媽。

奶母　主人僱以乳小兒者謂之奶母，多特别優待。

鍼綫　主人僱女僕專爲做衣服用者謂之針綫。

做活的　主人所僱之男工人，論定每年價值若干，謂之做活的。

把鋤的　所僱之工人除耕種收割外，他事皆不管，無論農事若何忙迫，亦不準不到，謂之把鋤的。

鴉鬟　婢女也。宋人《異聞雜録》：「分付鴉鬟，爲置一室。」今人呼婢女爲鴉鬟，宋人亦有此稱。

花子　普通謂乞兒爲花子，亦謂之叫花子。不知何所取義。

貨郎　荷擔執鼗鼓賣閨閣用物者謂之貨郎。

斗子　吏役之職，典司官物者。宋以來有之。《夷堅志》：「溧陽倉斗子坐盜官米，黥配。」

蓋爲司官米者之稱。又斗所以量也，糧市經濟人亦呼爲斗子。

賊禿　《閱耕餘録》：「今人罵僧輒云賊禿。按梁荀濟《表》云：『朝夕敬妖怪之胡鬼，曲躬供貪淫之賊禿。』則此語自六朝時已有之。」

王八　俗詈人之詞。王建少時無賴，里人謂之賊王八。或謂爲忘八之訛，非。

雜種　謂異族也。《漢書》：「羌胡雜種。」《晉書》：「蠢兹雜種，奕世彌昌。」因以爲罵人之詞。

填房　以女爲人作繼室者謂之填房。

後婚　婦人再醮謂之後婚，亦曰抬身。

光棍漢　鰥夫曰光棍漢。

無二鬼　無賴之人曰無二鬼。

帶犢　再醮婦帶來之子曰帶犢。

裁縫　成衣匠曰裁縫。

廚子　爲人作酒席者曰廚子。

二、名物

河洛　王楨《農書》：「北言多種莜麥，磨而爲麪作湯餅，謂之河洛。」謹按，莜麥土人呼爲稜子，河漏，河北人通呼爲河洛。《説鈴》曰：「山東以莜麥作麪食曰河洛。向不辨其爲何字。」

《唐書》：「明皇以鹿血煎醅賜安禄山曰：『熱河洛。』」似本此。製此物之器曰河洛牀，形如鍘草刀，牀下木有圓孔，孔底鋪以鐵篩，上木有圓枘與孔相置，孔中實以麵，置釜上，人持其尾而軋之，麵漏入釜中，即名爲河洛。莜麥者尤美。

餑餑　《潛確類書》：「畢羅，今北人呼爲波波。」按《玉篇》：「餺饠，餅屬，用麵爲之，中有餡。」《資暇集》：「畢氏、羅氏好食此味，因名畢羅。」波即畢羅之合聲。波磨疊韻字，故或呼爲磨磨，又加食字傍爲餑餑。又名饅頭或饅首。孔明南征，將渡瀘水，令以羊豕代人首，取麪畫人首祭之。饅頭之名始此。《初學記》謂：「本名蠻首，音轉訛爲饅頭也。」

提地　婦人之笄謂之提地。按《野獲編》謂提地爲髮髻之轉聲，非也。《字典》無髮字，髻乃結髮爲之。《儀禮》疏：「大夫、士用象，天子、諸侯之后夫人用玉爲笄。」是笄乃象、玉爲之，豈可誤爲結髮之髻爲之乎？《順天志》以提地爲笄之轉聲，則近之矣。

䰖　婦人約髮之具謂之䰖。《集韻》子罕切，音攢。

螻蛄　《説文》：「螻，螻蛄也。」《爾雅》謂之天螻。《古今注》謂之仙姑。《荀子》謂之梧鼠。此蟲立夏後夜鳴，如蚯蚓，四足，狗頭，黄色。故邑人大都呼爲拉拉蛄，音近也。

蝍蟟　按《帝京景物略》：「土人呼蟪爲蝍蟟。」《爾雅義疏》云：「蛣蟟，順天人謂之蝍蟟。」

趨趨　即蟋蟀也，亦名促織。邑人謂之趨趨，小兒多呼爲拆拆洗洗。因有了此蟲，天氣漸寒，當拆洗舊衣作綿衣以御冬也。

聒聒　音如乖。其雄背上有翼，俗謂之月亮鼓。其月亮則聲清越以長，謂之叫聒聒。其雌無翼，有長尾，不能鳴，俗謂之驢駒。

馬郎　《爾雅》：「虰蛵，負勞。」郭璞注：「或曰即蜻蛉也。」《爾雅翼》：「水蠆化蜻蛉。蜻蛉相交，還于水上，附物散卵，復爲水蠆。」今邑人呼水蠆爲水蝎子，蜻蛉爲麻稜，麻稜即馬郎也。

錢串子　此蟲多足，行駛壁上往來。邑人呼爲錢串子，亦曰錢龍。

撥穀　《爾雅》：「鳲鳩，鴶鵴。」郭璞注：「今之布穀也。」《本草拾遺》：「又呼爲郭公。」邑人呼爲光棍奪鋤。

黄鼬　狀如鼠，身長尾大氣臊，健於捕鼠，其尾與毫可作筆。今人呼爲黄鼠狼。

兒馬　騍馬　《爾雅義疏》：「今河北人以牡爲兒馬〔一〕，以牝爲騍馬。」兒馬去勢爲騸馬。

叫驢　草驢　今人呼驢，牡爲叫驢，牝爲草驢。

牛　邑人呼牡牛曰犢讀若茂牛，牝曰牸牛，去勢曰犍子。

羊棗　果名。《爾雅》：「遵羊棗。」注：「實小而圓，紫黑色，俗呼之曰羊矢棗。」

羊溝　《古今注》：「長安御溝，一曰羊溝。謂羊喜觗觸垣牆，爲溝以隔之，故曰羊溝。」

鷹打滑　俗謂尖頂席帽爲鷹打滑。

〔一〕河北：《爾雅義疏》作「東齊」。

月亮　俗呼月曰月亮。

老陽　俗呼太陽曰老陽。讀若爺。

冷子　俗呼雹曰冷子。

手本　下見上之名刺曰手本。

票子　官檄曰票子。

腦袋　頭曰腦袋，亦曰腦袋瓜。額曰頁落蓋。頷曰下巴科。頸曰脖頸子。

巴掌　俗謂手掌曰巴掌。

腳後跟　俗謂踵曰腳後跟。

尿胞　俗謂膀胱曰尿胞。

虼蚤　吃人之跳蟲曰虼蚤。

鬼臉　演劇所用之假面具謂之鬼臉。

長蟲　俗呼蛇曰長蟲，以體細而長也。

疙瘩　亦作圪塔。《通俗編》：「今人以膚小腫爲疙瘩。」

旗子　今人以商家所挂之招牌謂之旗子。

拈鬮　音鳩。鬮取也。與摳同。今謂凡與借他物以卜可否者曰探鬮。暗書紙捲置於器中，令人探取一紙以決疑者曰拈鬮，或曰撾鬮。

拜堂　婚禮，新婦入宅參拜天地，謂之拜堂。唐時亦有此風，見《封氏聞見録》。王建詩：「雙杯行酒六親喜，我家新婦宜拜堂。」

三、表行

謅　弄言也。如妄言爲胡謅。小言私授謂之謅。

攬　總持也。又營業有所招徠亦曰攬。如言包攬、承攬。

攤　以手布物也。如攤書。又陳設貨物隨處售鬻者曰攤。可分析總數爲若干分，使其平均者曰攤。如攤派、攤還等是。

挼　與捼同〔一〕。按揉也。俗謂以兩手摩之曰挼。《晉書》：「劉裕挼五木，久之即成盧焉。」

掂　音店平聲。以手稱物曰敁掇。如俗言量物輕重曰掂斤兩是也。

擺　拜上聲。開也，撥也。韓詩：「乾坤擺雷硍。」又俗謂陳列曰擺。如擺布、擺樣。又搖也。如擺首、擺尾是也。

夥　《廣雅》：「多也。」與夥同〔二〕。《史記・陳步世家》：「楚人謂多曰夥。」今畿輔謂衆人曰一夥，同謀合作者曰夥計。

〔一〕 捼：原誤作「摟」。

〔二〕 原文如此。

俏　似也，好貌。俗謂以容貌自美者曰俏。

慌　昏也。或作恍，如慌惚，有急迫意。如慌張、慌忙。有恐懼意，因驚懼而不知所爲俗亦曰慌。如言市面恐慌。

手勢　俗稱舉手示意爲手勢。啞者不能言，惟舉手示意。亦謂之打手勢。

操心　《孟子》：「其操心也危。」今亦稱勞費腦力曰操心。

擔閣　謂遲延也。林逋詩：「聊爲夫君一擔閣。」

擔當　謂獨負責任之意。明倪元璐《百官鐸》：「列担當於調燮之下，匡救之上。如張居正勇於任事是也。」

指使　指事使人也。《禮》：「六十曰耆，指使。」又爲事之主謀而使人爲之，亦曰指使。

馳名　名譽遠播也。《華陽國志》：「陳階字達之，馳名當世。」

體己　謂私諸一己也。亦有作梯己者。今人居家度日，兒女私積錢財者，謂之偺體己。

高興　興趣旺盛也。殷仲文詩：「獨有清秋日，能使高興盡。」

開盤　凡貨物金融之價目，開市時謂之開盤，收市時謂之收盤。

值錢　謂有價值也。白居易詩：「荆釵不值錢，衣上無珍珠。」

請安　今對尊長問其安好也。滿洲所行之禮，微屈其膝，俗謂之打跧，猶漢人之揖也。

説合　紹介而成其事也。《世説》。

伶俐　黠慧也。按元曲稱婦人有外遇者謂之不伶俐勾當。

便宜　《漢書》：「臣願見上言便宜。」《齊書》：「便宜者，便於公宜於私也。」

出恭　梁同書《直語補正》〔一〕：「今人謂如廁曰出恭，殊不可解。《劉安別傳》：『安既上天，坐起不恭，仙伯主者，奏安不敬，謫守都廁三年。』或本此。」按明時考試，有出恭入敬牌，防閑士子擅離坐位。士子通大便時，恒領此牌。俗因謂通大便爲出恭，且謂大便爲大恭，小便爲小恭。梁氏之説近於附會。

打算　凡事計較謂之打算。

撈摸　以手提物之謂。《朱子文集》：「如此空空蕩蕩，恐無撈摸處也。」今人於財物失而復得者，謂之撈摸上來。

不敢當　此語頗古。《儀禮》曰：「非敢求見。」注：「嫌襲主人，不敢當也。」並見《莊子》《吕氏春秋》。

不能彀　《史記》言力弱不能引弓也。《漢書·匈奴傳》：「七日不食，不能彀弩。」凡不勝任、不滿意，皆借此爲詞。

謾上不謾下　靖康初，民間以竹逕二寸長五寸許冒皮於首鼓之，因其製法，謂之謾上不謾

〔一〕語：原誤作「隸」。

下。見《宣政雜録》。蓋借以喻蔡京、童貫等之欺蔽也。

譙讙　嚷也。衛曰譙，北燕曰讙。按《廣雅》：「譙、讙，嚷也。」《説文》：「讙，嘩也。」人相責讓則其聲讙嘩，故今北人謂讙呼者爲嚷，即此意也。

唧伶　能生急智謂之唧伶。按唧伶，或作機靈。邑人謂人有智慧亦曰機靈。

能幹　有才謂之能幹。按《後・循吏傳》：「能幹絶倫。」

寬綽　多財謂之寬綽。亦曰財主。

⿰矢犮⿰矢吉　事難進曰⿰矢犮⿰矢吉。《札樸》：「努力曰⿰矢犮⿰矢吉。」今人求富貴功名亦用此語。

相好　相契謂之相好。《左傳》成公十三年：「昔逮我獻公及穆公相好。」〔一〕此相好二字所從出，今習用之。

冷不防　凡事突如其來、出人意料之外者曰冷不防。

犯不著　凡事兩不相涉曰犯不著。

不相干　凡事無礙於己曰不相干。

在行音杭　箇中人曰在行。

可不　不，平聲，尤韻，語助詞。俗承認他人之言曰可不。

〔一〕逮：原脱，據《左傳》補。

連利　凡作事、言語爽快者皆謂連利。
挨摩　凡事不欲進行，而勉强遲遲而進者曰挨摩。
整治　修理故物曰整治。
占滯　性情迂拘、作事不活動者曰占滯。
吵　與人口角曰吵。如吵架、吵鬧是也。
捲　俗謂駡人曰捲。
打品壺　衆人醵錢飲酒曰打品壺〔一〕。
待會兒　凡事令人少待片時謂之待會兒。
隨和　好惡同人曰隨和。
故意　有成心曰故意。
奉承　以言諂人曰奉承，或曰溜溝子。
著急　不耐煩曰著急。怒亦曰著急。
搪塞　託故曰搪塞。
妥當　穩愜曰妥當。

〔一〕壺：原誤作「壼」。

蹴 讀若輦。追人謂之蹴。
奏 俗謂打人曰奏。
契 讀若蒯。俗謂搔癢曰契。
疼 俗謂愛人曰疼。
舀 讀若咬。以瓢取水謂之舀〔一〕。
打官司 邑人普通謂訴訟曰打官司。
占便宜 得不應得曰占便宜。
吃虧 失不應失曰吃虧。
要潦倒 不務正業曰要潦倒。
磕牙 閑談無益曰磕牙。
荒唐 言語作事不循規矩曰荒唐。
花浪 浪讀若稜。錢財不由正道隨便揮霍謂之花浪，故敗家子亦名爲花浪子。
有不是 有過曰有不是。
賠不是 謝罪曰賠不是，亦曰賠禮。

〔一〕謂：原誤作「請」。

不中用　人無用曰不中用。
没出息　人爲棄材謂之没出息。
訛詐　以勢劫人財曰訛詐。
賭氣　怨人形己短而修業曰賭氣。憤而棄業亦曰賭氣。
串通　勸人作某事曰串通。
提溜　以手擕物也。長者命幼童取水恒曰提溜壺水來〔一〕。
錮鏴　市中有補故鐵器者謂之錮鏴。如云錮鏴匠是也。

四、狀事

驚動　《晉書》：「不勞驚動將士。」今言煩擾他人曰驚動。
拉塌　《集韻》：「行貌。」謂不潔曰拉塌。見《敬止録》〔二〕。
巴巴　俗語形容之詞。又甚極之義，如多言曰口巴巴。《渭南集·大慧贊》〔三〕。物之極乾者曰焦巴巴，見《埤雅》〔四〕。又元人小説言期望之極曰眼巴巴。

〔一〕壺：原誤作「壼」。
〔二〕敬止：原誤作「止敬」。
〔三〕渭：原誤作「謂」。
〔四〕此條不出《埤雅》，實出《通俗編·狀貌》。

持齋　俗謂之吃齋。學佛者持守戒而蔬食也。白居易詩：「白日持齋夜半禪。」

家裏　今泛指家中而言。《明史・江彬傳》：明武宗幸宣化府，樂而忘歸，曰家裏。

話把　與話壩同。《鶴林玉露》：「今日到湖南，又成閑話壩。」〔一〕猶言談柄。謂言行爲談論之資料也。《羅湖野録》：「翻身跳擲百千般，冷地看他成話把。」〔二〕

放燈　上元張燈，舊止三夜，宋乾德中吴越王錢俶納錢買燈，詔放十七、十八兩夜燈，故後人謂之錢氏燈。見《燕翼貽謀録》。

開齋　《野客叢書》〔三〕：「今人茹素，親鄰設酒殽，以相煖熱，名曰開齋，理合曰開葷。」白居易詩：「月終齋滿誰開素。」

放心　見《孟子》。俗稱事已妥善，不必更注意者曰放心。

鬼話　《通俗編》：「今以虚誑辭爲鬼話，當屬詭話之訛。」《方言》：「自關而東趙魏之間謂之黠，或謂之鬼。」

鬭牌　劉子翬詩：「鬭牌擊鼓多技倆。」今北人謂葉子戲曰鬭牌。

指東劃西　謂事不就本位，牽涉題外以支吾也。《傳燈録》：「義忠謂大顛，不用指東

〔一〕南：原脱，據《鶴林玉露》補。壩：《鶴林玉露》作「靶」。
〔二〕把：《羅湖野録》作「欛」。
〔三〕書：原誤作「話」。

劃西。」

拿搦　讀若拿捏。拘謹太過謂之拿搦。

冒失　作事、言語太鹵莽者謂之冒失。

打扮　俗有修飾曰打扮。

這箇　俗謂此物、此事曰這個。

那個　俗謂彼物、彼事曰那個。

練把勢　俗謂學拳術曰練把勢。

拐棒子　謂人心術不正、性情乖戾者拐棒子。

填還　傭工爲主人格外出力，或牲口格外馴順，皆謂之填還。

害臊　俗謂羞爲臊。如害羞亦曰害臊。

麽行子　麽讀若麻，行字讀若杭。怒人之言語不合，叱之曰麽行子。以事物問人者，亦曰麽行子，猶言什麽也。

五、紀時

晌午趔　按《順天志》：「日午爲正晌午，日少西曰晌午趔。」午讀若火，趔讀若錯。

今兒　謂今日也。

夜來科　謂昨日也。

一抄亮　邑人謂黎明曰一抄亮。
擦黑　俗謂黄昏之時曰擦黑。
明兒　謂天明也。
過明　謂後日也。
前日個　謂昨日之前一日也。
頭年　謂去年也。
前年　謂去年之前一年也。
過年　謂明年也。
頭晌午　謂前半天也。午讀若火。
過晌午　謂後半天也。午仍讀若火。
後晌　謂黄昏後也。
轉年　謂明年之後一年也。
多咱　謂多少時候也。即多早晚之變音。
一霎　猶言一霎時也。鄭谷詩：「[一]霎芰荷雨。」

六、計數

若干　約計之詞，猶幾許也。《禮》：「古人謂數爲若干。」又複姓。《齊東野語》：「後周有若干鳳。《釋文》云：『以國爲姓。』然則『若干』又國名也。」

一文　謂錢一枚也。《鶴林玉露》：「士大夫若愛一文，不值一文。」

一頓　猶言一次也。《南史》：「今日有一頓飽食，欲殘害我兒子。」

好幾個　猶言非一個也。

兩力押切　謂二個也。

三要答切，讀若薩　謂三個也。

一箍腦兒　謂完全，合盤托出，一絲不遺也。

萬一　《後漢書·劉瑜傳》：「冀臣愚直，有補萬一。」萬分之一，謂極微也。亦用作或有之詞。

一個老錢　謂一文錢也。

不説謊　謂賣物説實價無謊言也。

七亂八糟　謂事無頭緒，異常紊亂。

十全　謂心滿意足，無一缺陷也。

萬全　謂萬無一失也。《韓非子》：「懸衡而知平，設規而知圓，萬全之道也。」

七、定位

圪塄　上音格，下音勞，讀作去聲。山之窩處也。牆坳亦曰圪塄，俗亦作旮旯。

窟窿　凡山穴、牆隙、衣破處等，皆謂之窟窿。

這裏　俗謂此處曰這裏。

那裏　俗謂彼處曰那裏。

窗户臺　俗謂窗之内外缺處曰窗户臺。

樹根底下　俗謂樹下曰樹根底下。

八、喻義

騎虎難下　喻事之不能中止也。見《隋書》，獨孤皇后謂高祖曰：「騎虎之勢，必不得下。」

騎驢覓驢　喻忘其本而他求也。亦有暫借此事棲身，再覓他事之義。與騎馬找馬義同。黄魯直詩：「騎驢覓驢但可笑，以馬喻馬亦成痴。」

毛病　凡物有瑕謂之毛病。徐咸《相馬書》：「馬之善旋五、惡旋十四，所謂毛病。」此語本謂馬，今人習而不察，謂人亦用之。

鬼祟　鬼物爲祟之意。今俗言人行事不光明者曰鬼鬼祟祟。

踏泥　踏讀若察上聲。喻爲人謀事任勞任怨之意。

騎牆　謂兩方面皆不得罪，終必有所遇也。

抬杠　謂兩方面皆不相下，互相極力辨論也。亦謂之抬死驢。

蹚渾水　謂明知其利害而陷入旋窩中也。

三隻手　俗謂小偷爲三隻手，謂多一隻手偷人之物也。

扁擔手　秋後青苗既熟，半夜入地偷人之禾稼者謂之扁擔手。

騾子　父子聚麀，俗謂之騾子，亦曰扒灰頭。

狗食　人格卑汙爲人所不齒者，俗謂之狗食。

過河拆橋　即用人則親之，不用則疏之之意。甚至忘恩負義，投井下石，皆謂之過河拆橋。

無風樹不響　言若毫無此事，絶不能有此風聲也。

脚踏兩頭船　言兩方面皆不得罪，俟後日那一方面勝，即附於那方面以享其功也。與騎牆之義同。

不到黄河不脱鞋　言有難爲之事，非到十分急緊不肯進行也。

這山看着那山高　言無恒之人，既作此事，又羡慕他事，無一定之主張也。

拿着官鹽當私鹽賣　喻極正大之事，反不敢公然去行，而暗昧以行之也。

帽子不能差一尺　喻人料事料物雖不能十分真切，亦相差不遠也。

撈着帽子要人　喻無論追討何事物，偶有隙可乘，即堅執以責，其實冤與否不顧也。

新鞋不踏臭狗屎　謂君子避小人，若將浼焉，雖以横逆加於我，亦不與之校也。

樹葉落在樹底下　喻人生之結果無論如何趨避，不能脱離正道别有所歸也。

走到樹根底下怕樹葉打着　喻奸滑之人遇當爲之事，亦畏首畏尾，不肯負責任也。

按下葫蘆瓢起來　按，俗讀若恩去聲。喻此事未了，彼事又起，無一時平静之意也。

牆上草，隨風倒　謂人無一定宗旨，作事游移，從違隨人之意也。

鍋裏吃，鍋裏拉　喻人帷薄不修，骨肉之親自相淫亂也。

睁着一隻眼，閉着一隻眼　喻人作事不認真，明知假，作不知之意也。

水過地皮濕　喻遇事敷衍，略以見意之謂也。

看鼓兒詞弔淚，替古人擔憂　喻事不干己者，不必爲之憂慮也。

九、發問

什麽　不知而問訊之詞。《摭言》：「韓愈、皇甫湜，一代龍門。牛僧儒攜所業謁之，其首篇《説樂》。韓始見題，即掩卷問曰：『且以拍板爲什麽？』僧儒曰：『樂句。』二公大驚賞。」

嗎　讀若蔴平聲。亦不知而問訊之詞也。

多咱來的　猶言幾時來的之意也。

多咱走　問人何日去之意也。

你多們大哩　問人年歲若干之詞也。

是你的嘛人　即問是你什麽人也。

你是做嘛的　是問人作何事之詞也。

十、抒情

嗳喲　事出意外，驟見而驚訝之詞也。婦女多用之。

嘿嘿　表示很不滿意之詞也。

哈哈　笑聲，本作嚇嚇。古諺有「田公笑嚇嚇」之語。

哼哼　音亨。痛苦呻吟之聲。亦事來拂意之聲也。

唉　阿該切，音哀，俗讀作害平聲，嘆也。又可惡之詞。《史記》：「唉，豎子不足與謀。」

咕噥　多言也。元雜曲：「這個咕，那個噥。」又多言而聲細也。

哼哼唧唧　小聲唱也。又言語吞吐，不甚暢快之貌。

哆哆　讀如多，多言貌。

喊叫　大聲疾呼也。

嚷嚷　多言争吵之謂也。

〔民國〕棗强縣志

【解題】宋兆升修，張宗載等纂。棗强縣，今河北省衡水市棗强縣。「方言」見卷四《風土》中。録文據民國二十年（一九三一）鉛印本《棗强縣志》。

方言

邑中方言，呼曾祖爲老爺爺。祖爲爺爺。祖母爲奶奶。外祖爲老爺。外祖母爲老娘。父爲爹。母爲娘。兄爲哥哥。弟爲兄弟。姊爲姐姐。妹爲妹子。伯父爲大伯，又爲大爺。伯母爲大娘。叔父爲收收。嬸母爲嬸子。

作麼爲作鑾輕讀牽。怎來爲辛輕讀蘭。未有爲昧有，又爲扭。不用罷爲崩上聲蛤。可惡爲口。下平。怒爲極。去罷爲去板。來了爲來烙。將去爲去淵。所食不拘何物曰吃飯。所衣不拘何衣俱曰穿衣裳。治家爲過日子。多半是爲甘自。

自沙河以東，讀西爲希。先爲掀。襄爲香。笑爲孝。七爲期。九爲酒。睄爲喬。心爲欣。雪爲血。青爲輕。須爲虛。聚爲住。去嗎爲恰，如言作事去嗎曰作事恰是也。人爲寅。肉爲又。熱爲夜。

日曰日頭，曰爺爺。月曰月亮。星曰星星。露曰露濕。晝曰白天。夜曰昏上，曰黑個。向晦曰插黑。黎明曰一早。今日曰今個。昨夜曰夜來。去年曰年生。何時曰多咱。彼處曰那哩。此處曰這哩。

形體之屬，謂咽喉爲嗓子。謂臀爲定。

僕曰做伙的。婢曰老媽子。巫曰香頭。行家師夫曰把什。無賴曰混子，曰棒子。錢滿十個謂之二十文，十個內者皆從實數。呼猪曰樂老。喚鷄曰咕咕。逐犬曰嗾。逐鷄曰抽。上聲。街市閑遊謂之逛。讀作廣去聲。相聚閒談謂之拉聒。讀作瓜上聲。口角曰吵。耳語曰唧咕。足踐曰跐。蹲踞曰姑就。小兒習立曰⿰𧾷能⿰𧾷能。富曰好過，曰有。富人曰大財主。吝嗇人曰夾榆頭。謂物之不佳及事之不成者曰不濟。不潔曰躴躿，曰阿雜。不直爽曰奏作。突如其來曰猛不防，曰不打徐過。不留神曰不慮徐。

以上所言皆棗强之土音，然亦有不同者，往往村與村異，莊與莊殊，而河之東西南北更有大相逕庭者。此則言其概略已耳。

〔光緒〕重修新樂縣志

【解題】雷鶴鳴等修，趙文濂等纂。新樂縣，今河北省石家莊市新樂市。「方音」見卷二《風俗》中。録文據光緒十一年（一八八五）刻本《重修新樂縣志》。

方音

學讀作鴞。習讀作西。極吉讀作幾。禄讀作路。郁讀作於。色讀作洒。格隔讀作潔。客讀作怯。欲玉毓讀作愈。讀讀作都。覺讀作絞。翟宅讀作齋。俗宿粟肅讀作須。瘧讀作要。麥讀作買。給讀作紀。獲讀作槐。闊括讀作渴。錫讀作洗。墨讀作美。額讀作葉。箔讀作鑣。樂落讀作勞去聲。郭合讀作葛。一亦讀作以。德的讀作堆上聲。屋讀作烏上聲。雜讀作咱。局讀作居。突讀作堵。略讀作料。索讀作掃。摘讀作債。入讀作肉。史讀作石。閣讀作稿。筆讀作彼。國讀作鬼。苫讀作蕕。來讀作雷。雹讀作包。其讀作起。廈讀作紗上聲。疃讀作團。峪讀作又。阜讀作富。湖讀作呼。毆讀作偶。胞讀作拋。宦讀作焕。耕更讀作經。耿讀作景。靡讀作梅。鞘讀作峭。蜀熟屬贖述秫菽，讀俱近南音儒。伏讀近南音腐。足讀近南音沮。托讀近南音套。殼讀近南音巧。族卒讀近南音左。泉全讀近南音川。軸粥讀近猪。物勿讀俱近五。福讀近府。役讀近異。

〔康熙〕靈壽縣志

【解題】陸隴其修，傅維樗纂。靈壽縣，今河北省石家莊市靈壽縣。「方音」見卷一《地理志》中。録文據康熙二十五年（一六八六）刻本《靈壽縣志》。

方音

學讀作鴞。習讀作西。極吉讀作幾。祿讀作路。郁讀作於。色讀作洒。格隔讀作潔。客讀作怯。欲玉毓讀作愈。讀讀作都。覺讀作絞。翟宅讀作齋。俗宿粟肅讀作須。瘧讀作要。麥讀作買。給讀作紀。獲讀作槐。闊括讀作渴。錫讀作洗。墨讀作美。額讀作葉。篞讀作鑣。樂落讀作勞去聲。郭合讀作葛。一亦讀作以。德的讀作堆上聲。屋讀作烏上聲。雜讀作咱。局讀作居。突讀作堵。略讀作料。索讀作掃。摘讀作債。入讀作肉。史讀作石。閣讀作稿。筆讀作彼。國讀作鬼。苫讀作蒨。來讀作雷。雹讀作包。其讀作起。廈讀作紗上聲。疃讀作團。峪讀作又。阜讀作富。湖讀作呼。毆讀作偶。胞讀作拋。宦讀作煥。耕更讀作經。耿讀作景。糜讀作梅。鞘讀作峭。蜀熟屬贖述秫菽讀俱近南音儒。伏讀近南音腐。足讀近南音沮。托讀近南音套。殼讀近南音巧。族卒讀近南音左。泉全讀近南音川。

軸粥讀近猪。福讀近府。物勿讀俱近五。役讀近異。

〔同治〕靈壽縣志

【解題】陸隴其原修，劉賡年等纂修。靈壽縣，今河北省石家莊市靈壽縣。「方音」見卷一《地理志》中。録文據同治十三年（一八七四）刻本《靈壽縣志》。

方音

學讀作鴞。習讀作西。極吉讀作幾。禄讀作路。郁讀作於。色讀作洒。格隔讀作潔。客讀作怯。欲玉毓讀作愈。讀讀作都。覺讀作絞。翟宅讀作齋。俗宿粟肅讀作須。瘧讀作要。麥讀作買。給讀作紀。獲讀作槐。闊括讀作渴。錫讀作洗。墨讀作美。額讀作葉。箔讀作鏕。樂落讀作勞去聲。郭合讀作葛。一亦讀作以。德的讀作堆上聲。屋讀作烏上聲。雜讀作咱。局讀作居。突讀作堵。略讀作料。索讀作掃。摘讀作債。入讀作肉。史讀作石。閣讀作稿。筆讀作彼。國讀作鬼。苦讀作蒨。來讀作雷。雹讀作包。其讀作起。廈讀作紗上聲。疃讀作團。峪讀作又。阜讀作富。湖讀作呼。毆讀作偶。胞讀作抛。宦讀作焕。耕更讀作經。耿讀作景。糜讀作梅。鞘讀作峭。蜀熟屬贖述秫菽讀俱近南音儒。伏讀近南音腐。足讀近南音沮。托讀近南音套。殼讀近南音巧。族卒讀近南音左。泉全讀近南音川。軸粥讀近猪。福讀近府。物勿讀俱近五。役讀近異。

〔民國〕無極縣志

【解題】耿之光等修，王重民纂。無極縣，今河北省石家莊市無極縣。「方言」見卷四《風俗志》中。録文據民國二十五年（一九三六）鉛印本《無極縣志》。

方言

爹，父稱。娘，母稱，讀如ㄏㄧㄚ。大伯，邑東西南呼父兄爲大伯，北部呼伯伯。大娘，邑東西南呼父嫂爲大娘，北部呼嬷嬷。叔叔，呼父弟，讀守上聲。閨妮，女子通稱。小子，男兒通稱，有時含卑視意。夥計，商店同業相呼爲夥計。大伯伯子，弟婦呼夫兄。以上人稱。

糠糠，玉蜀黍。老鴰，烏鴉。滑稭〔一〕，麥莖未軋稱麥莖，既軋名滑稭。兒馬，牡馬。騍馬，牝馬。女猫，母猫，讀迷音。長蟲，蛇。以上物名。

扳，以手攀物也。試把試把，嘗試也，試，讀智聲。攛掇，勸人作某事爲攛掇。提摟，如長者命幼童取水曰提摟壺來。以上表行。

好傢伙山，見奇特事物表示驚訝辭。髒上髒，表示非常汙穢。老好子，指誠實人。拐骨，謂心術不正、性情特别者。邋遢，不潔净整飭曰邋遢。填還，傭工爲主人額外出力，或牲畜服

〔一〕稭：原作「稽」。

役馴順謂之填還。臊，羞也。以上狀事。

夜裏，昨天也。夜裏黑家，昨天晚上，家，讀在家、賈二聲之間。今個，今天也，今，讀去聲，個，讀平聲。外候，明天之明天也。前日，昨天之前一日也。以上紀時。

那裏，指遠處，那，讀囊音。以上定位。

捉虎，欺騙也。過河拆橋，喻人之忘恩負義、反面無情也。以上喻義。

麼，即什麼。是㕧，與元曲肯定詞㕧字不同，疑即不字，是疑問詞，意爲是不是也。没，什麼也，即什麼二字急讀。多咱，何時也，疑問詞。以上發問。

唉，嘆恨聲。唉唉，表示可惜。以上舒情。

〔咸豐〕平山縣志

【解題】王滌心修，郭程先纂。平山縣，今河北省石家莊市平山縣。「方音」見卷一《輿地志》中。録文據咸豐四年（一八五四）刻本《平山縣志》。

方音

學讀作鴞。習讀作西。極吉讀作幾。色讀作洒。格隔讀作潔。客讀作怯。讀讀作都。瘧讀作要。獲讀作槐。墨讀作美。樂落讀作勞去聲。一亦讀作以。局讀作居。略讀作料。入讀作肉。閣讀作稿。筆讀作彼。國讀作鬼。來讀作雷。雹讀作包。耕更讀作經。糜讀作梅。軸粥讀近猪。役讀近異。郁讀作於。欲玉毓讀作愈。覺讀作絞。翟宅讀作齋。俗宿粟肅讀作須。麥讀作買。給讀作紀。錫讀作洗。雜讀作咱。突讀作堵。摘讀作債。史讀作石。其讀作起。廈讀作紗上聲。疃讀作團。峪讀作又。阜讀作富。湖讀作呼。毆讀作偶。胞讀作抛。耿讀作景。鞘讀作峭。緱讀作高。賣讀作滅。郭讀作哥。趙讀作卓。

論曰：猪都得登，風氣之不齊而音聲亦異，從古已然，固不害其爲同文之治也。仕兹土者，無非外省之人，使方音未諳，則燕書郢説，以訛傳訛。聽斷之際，左右侍從皆得借傳譯以上下其手，其所關豈細故哉！平山地屬燕趙，草野鄉談，無非中原雅音，無甚難曉，所不同者，不過字音之偶有輕重，只争陰陽開闔之間耳，故舊志於方言、方音皆不備載。今僅據耳所習聞，參以芻蕘之詢，存其大略，亦不能兼舉無遺也。

〔民國〕平山縣志料

【解題】金潤璧修，張林等編輯。平山縣，今河北省石家莊市平山縣。「方言」見卷十《風土》中。録文據民國二十一年（一九三二）鉛印本《平山縣志料》。

方言

平山居河北省之西偏，山勢迴環，形成絶域。其居民既因山川形勢之區分，自爲風氣，而所操之音語亦因此各不相同。就中最顯著者，如西北諸村與晉省之五台接壤者，其音語多似五台。正西諸村與晉省之盂縣接壤者，其音語多似盂縣。推之西南與井陘爲隣，音語即似井陘。東南與獲鹿爲隣，音語即似獲鹿。東北、正北均與靈壽交界，其音語又似靈壽。不但此也，即縣境内滹沱河以北、冶河以西，與縣城附近之音語，亦互有差異。例如橋之一字，近城一帶讀作茄，偏於開口呼。東鄉讀作敲，西鄉讀作ㄑㄩㄛ。偏於撮口呼。腳之一字，近城一帶讀作結，偏於開口呼。東鄉讀作ㄐㄧㄛ，西鄉讀作厥。偏於撮口呼。又如人字，縣西、縣北讀作仍。清濁不分。分字，縣西、縣北讀作風，輕唇重唇不分。縣東則讀作本音。餘如給字，則縣北郭蘇川一帶讀作ㄍㄧ，縣西黄逕莊一帶讀作ㄍㄞ。村字，則縣西杜家莊等村一帶讀作椿等等。語音之變化，不一而足。此乃讀音之顯然差異也。再則近城一帶呼他爲ㄏㄧㄚ，縣東呼他爲ㄖㄚ，縣北呼他爲ㄖㄤ，例如〔一〕：看ㄏㄧㄚ、看ㄖㄚ、看ㄖㄤ，尤爲習用語。而表示傾慕自慚之意義者，更有時以ㄏㄧㄚ、ㄖㄚ、ㄖㄤ自稱者。又近城一帶呼我爲ㄨㄛ，滹沱河以北呼我爲俺，縣西北邊疆呼我爲ㄫㄛ，又多有呼我爲ㄋㄢ者。此稱謂上之顯然差異也。以上種種音語之差，不勝枚舉，而其要則在乎囿於一方之水土，習俗流傳之詞類。擇其稍有取義者，略叙數端，以作方言舉隅而備參考。玆歷述於下。

東倒吃羊頭，西倒吃猪頭。以上二語喻人趨炎赴勢也。前晌讀如賞向楊家，後晌向潘家。以上二語

〔一〕例：原作「列」。「列」前衍「尤」字。

喻人之翻覆無常也。行説東，就説西。東三西八。打南不着北。此上數語言人之語言無倫次也。掄天舞架。雲霧罩暗。以上二語言縱談無稽令人生厭也〔一〕。洋洋舞舞。起三壓五。以上二語言傲慢自肆依勢凌人也。吹破天。胡吹八達。以上二語言人之言過其實也。胡説霸道。言非其正。瞎説一氣。未見顔色而言也。胡謅一陣。任意縱談也。東説東流，西説西流。以上二語言無中主也。絮絮叨叨。讀如搗，拉拉不休令人生厭也。牙塵。讀上聲，非應説之話而故説之，以招反感之謂也。自有説不到的，没有做不到的。無怪不有也。隨風撒讀如傻土。助紂爲虐也。趁水和泥。挑撥是非也。趁火打劫。乘機思逞也。牆倒一律推。下井投石也。看風駛船。審時度勢，量敵而後進，慮勝而後會也。順水推船武藝高。長袖善舞，多財善賈也。借水行舟。借劍殺人。以上二語喻假他人之手陷害人也。暗箭傷人。喻設計陷害也。明槍容讀如庸易躲，暗箭最難防。言暗算傷人，防範維難也。説人話不辦人事。口是心非也。嘴甜心苦。口蜜腹劍也。担着什麽吆喝讀如和什麽。幹什麽説什麽。此二語言人之須盡其職守也。什麽事不是人做的。言職守無貴賤也。一個様。一模一様。一球號。即一丘之貉也。以上三者均係同様之意。一般見識。一叮一敲。讀如巧，言互相攻擊，各不相容也。一流讀如溜一氣。猶言結黨營私也。一溜二三。猶接二連三，言喪失之迅速也。胡漂浪蕩。東走西串。胡走亂串。以上三者均言其有淫蕩之行爲也。走江湖。以作術欺人者也。丢人。有傷體面也。敗讀如背行。讀去聲，敗德喪行，有傷品格也。露讀如漏能。言人好自用也。顯眼。因露能而自找無趣也。丢

〔一〕以：原作「也」。

財惹氣。財物兩空。人財一齊坎。坎即喪失之意。浪蕩子。敗家子。此皆乃傾家敗産之代名詞。壞蛋皮。壞棗。山李紅包粽子不是好棗。萬不是東西。以上數語皆敗類之代名詞也。不體面。不長讀上聲人。此二語言勝之不武也。高眼。猶言失着也。不出氣。不争氣。此二語言不願受人欺侮，反竟致受人欺侮，而無可如何也。没出息。菜包子柏木。此二語言人之無能爲也。土鼈。喻人不明事理被他人欺而不知不覺也。眼子。受欺侮之人也。象。好欺凌人之人也。象蛋。喻人洋洋得意而遇事輒好占上鋒也。鼈充象。言人之愚而好自用者也。鼈販子。言被人欺侮而反行欺侮他人〔一〕。一毛不拔。鐵算盤。此二語言人尖酸刻薄也。死把皮氣。鑿死卯。鑿四方眼。死老擰。此數語皆言人拘泥不化也。不害臊。不羞不臊。不顧羞恥。此没皮賴臉。千層花皮臉。癬皮臉。不要體面。死不要臉。此數語言人之不知恥也。不懂事。不知好歹。四六不識。混李混張。此皆數不知事理人之鄙薄或斥責之詞也。横行霸道。死不説理。二語言人之强横無理也。大白臉。白眼狼。猴兒宰讀如災子。此數語皆喻人之好作之意。老頭子。即老人之意。老古板。言人之年高德邵〔二〕，品格端方，而帶有惜其失於拘泥之意。老不中用。老没出息。此二語言老而無用也。老不正經。讀如境。老不着調。此二語言老而爲非也。老翻胡塗。言人之腦筋衰弱，是非顛倒也。小孩子脾氣。言器小量淺而不大方也。討氣。言小孩痛哭不止無從領導也。撥弔鬼。喻人稱能作惡也。看眼色行事。言見機而作，即《魯論》「色斯舉矣」之意。光棍不吃眼下虧。言精明之人能隨機應變不遭威迫恥辱也。赤讀如扯腳

〔一〕「言」下原有「欺」字，似不通，今删。
〔二〕邵：原誤作「召」。

不怕穿鞋的。此即無賴不畏富家翁之意。會説的趕不上會聽的。此即《中庸》「小人閒居爲不善，見君子而後儼然。掩其不善，而著其善。人之視己，如見其肺肝然」之意。人在家名在外。此言實至名歸〔一〕，無須自誇自譽也。無風不起塵。此喻事出必有因也。没有不透風的牆。此即「欲使人不知，除非己莫爲」之意。没有不下雨的天。此喻天下無不慈之父母與時機總有待到之日也。樹不倒是窩窩淺。比喻事久必成也，其譬况之意若曰樹所以刨不倒的原因就是下坑淺耳，如果深之則無不倒也。多餘。多此一舉也。况外。多管閒事，非其分之所應爾也。格外。特別見好也。特別特。比格外又進一層之意。籬讀如利芭頭。言人之不懂局者。外行。言人之不識内情者也。外物形。言人之裝束不正當也。外莊。言人之舉動乖張也。没精打采一莊子。言人之志氣頹唐，不復振作矣。披下了。言人之業已失敗也。古怪脾氣。言人之秉性特別也。怪物勾。喻嬰孩之精明標緻而恐其不能長大成人〔二〕，或成人而流於不正當之途也。俗氣。言其俗惡不堪，令人見之而生厭也。鬥翻氣。言聚衆呼嘯，或在稠人廣衆之中故作奇異聲，而有傷風化也。狂氣。言人之舉動言談輕薄。致氣。猶言生氣，即怒爭鬥之意。裝鬼鬧判。假搯西廂。此二語蓋言人之自行造作是非，以無而爲有、虚而爲盈之意也。没風捕影。捕風捉影。此二語蓋言本無其事而妄行揣測也。胡鬧胡成。此蓋言不期然而然，有希圖僥倖之意。胡成搬。無班不作。讀如皂。瞎胡鬼。此三語言其人好玩弄造作之意。胡作非爲。言其行爲不正當也。笑話人不如人。言只知責人，不知責己也。三忽兩陣。言無恒也。不算事。言無關輕重也。没成色。言無程度也。没意味。言無價值也。不像一回。

〔一〕至名：原誤作「之明」。

〔二〕標：原誤作「漂」。

言不成事體也。大人不把小人怨〔一〕。宰相肚裏能撑船。此二語言人寬宏大度也。怨不的。猶言原來爲此也。怪怨不的。言不能怨恨於他也。好傢伙。傢伙山。此二語表示驚訝豐盛之意。有點懼餒。言恐懼也。蠅子蹬不着鼻子。動不動就要生氣。二語言事極細微，痛癢無關，而輕發怒也。管閒事落讀如澇閒非。此言爲人作嫁自己受累也。閒着没事尋不是。没事找事。二語均言無端尋隙，自討苦惱也。挑眼攞邪。没説找説〔二〕。無縫下蛆。此數語言對人遇事苛責，甚或媒孽以陷害之也。胡鬼麻眼。支應差事。粗粗拉拉。稀掠讀如兩糊塗算完事。此數語均言草率了事，不求整飾也。

〔民國〕晉縣志料

【解題】劉東藩修，王召棠編輯。晉縣，今河北省石家莊市晉州市。「方言」「方音」見卷上《風土志》中。録文據民國二十四年（一九三五）石印本《晉縣志料》。

方言

目録〔三〕

稱人　名物　表行　狀事　紀時　計數　定位　喻義　發問　抒情

〔一〕「怨」下原衍「肚」字，今删。
〔二〕上「説」字原誤作「脱」。
〔三〕目録爲編者所加。

中國地方遼闊，加以山川阻隔，各地方之言語因而差異，遂至同爲一省之人、同係一國之士，而甲與乙殊異，此與彼不侔，皆方言不統一之故也。蓋必言語一致，而人民感情乃易融洽。習尚相同，而爲治始便。此近世各國所以有世界語之倡導也。吾國自國音實行後，各地言語乃漸趨一致，然鄉閭之子固仍守夫舊貫也。兹將縣内方言分類紀述，以備考徵。

一、稱人

爺爺　呼祖父曰爺。錢大昕曰：「北方稱父曰耶耶。」

嬭嬭　呼祖母曰嬭嬭，俗作奶奶。

爹　呼父曰爹。韓愈《祭女拏文》自稱阿爹，亦作阿父。

姥姥　呼外祖母曰姥姥，或曰姥娘。

妗子　呼舅母曰妗，巨今切，見《集韻》。

丈人　稱岳父曰丈人，見《顔氏家訓》。

嬌客　呼婿曰嬌客。《老學庵筆記》：「秦檜有十客，婿爲嬌客。」〔一〕

娘　普通呼母曰娘，亦有呼奶者。

人主　邑俗稱男子之外祖家、女子之母家曰人主。

〔一〕秦檜有十客壻爲嬌客：《老學庵筆記》作：「秦會之有十客：吴益以愛壻爲嬌客。」

ㄋㄢ　自稱爲ㄋㄢ，即俺字之轉。
ㄋㄥ　境内第一、第四兩區大都對面稱人曰ㄋㄥ，即您字之轉。
姐姐　呼姊爲姐姐。
喒(們)　俗稱我爲喒，複數爲喒們，讀ㄗㄢ陽平。
妮子　稱女子爲妮子。
先生　士人普通之稱，民衆年長者之稱，平等者亦恒相稱。
丫頭　即婢女。
夥計　商店同業者爲夥計。
底下人　以前階級觀念太深，呼僕人爲底下人，現仍多通用。
做活的　稱傭工爲做活的。
ㄋㄧㄚ　邑東北部呼母之音。
墳　俗稱墓地曰墳塋。
土骨堆　俗稱土阜曰土骨堆，見崔述《考信録》。
長工、短工　凡工人久傭者曰長工，暫僱者曰短工，見《三餘贅筆》。
相好的　俗稱朋友曰相好的。《左傳》：「昔我獻公及穆公相好」。
忘八　俗罵人之辭，此稱始於五代，見《七修類稿》。

老漢　俗自稱曰老漢，或稱年老者曰這老漢，見《十國春秋》。
落道　稱鄉無賴之旁越外道者曰落道。
梯己　《心史》：元人謂自己物則曰梯己物。
盤川　路費曰盤川，見方回《聽航船歌》。

二、名物

星星　俗謂星宿爲星星。
桄　棹椅上之横木。
鬼臉　演劇所用之面具爲鬼臉。《目前集》云：「面具，俗云鬼臉。」
長蟲　呼蛇爲長蟲，以其體細長也。
兒馬、課馬　牡馬呼爲兒馬，牝馬呼爲課馬。
家俱　家用之器俱也，見《晉書·王述傳》。
轆轤　農家用以汲水之器。
屈戌　門上鐵器，用以拴門者。《輟耕録》：「人家窗户設鉸具，或鐵或銅，名曰環紐，北方謂之屈戌，其稱甚古。」
聒聒　呼草蟲曰聒聒，或曰油子。
拉蛄　呼螻蛄曰拉拉蛄。

老鴰　俗呼鴉謂之老鴰。

虹　俗呼虹爲絳。元稹《送客遊嶺南》詩：「水面波疑縠，山頭虹似巾。」自注云：「虹，音近絳。」

襖　俗謂棉衣上身者曰襖。

燒餅　食品之一。《名義考》：「胡餅，即今燒餅。」

餃子　以麪合肉及菜煮食曰餃子，北京人謂之水餑餑，即湯餅也。

河漏　以木器漏麪食之曰河漏兒〔一〕。

高粱　俗呼蜀秫曰高粱，見張爾岐《蒿庵閒話》。

掃帚　俗呼蓬草曰掃帚，見《九穀考》。

秫稽花　俗呼蜀葵曰秫稽花。

蝍蟟　蟬俗稱蝍蟟。《爾雅》所謂蟲也。

趜趜　俗呼蟋蟀曰趜趜，亦曰素蛛，皆促織之轉音也。

三、表行

扳　以手攀物曰扳。

攛掇　勸人作某事爲攛掇。朱子《與人書》云：「告老兄，且莫相攛掇。」

〔一〕兒：原誤作「見」。

提摟　長者命幼童取水恒曰提摟壺來。

錮漉　市中有補故鐵器者，謂之錮漉，如云「錮漉鍋」是也。按《説文》：「錮，鑄塞也。」段注云：「凡銷鐵之窒穿穴謂之錮。」[一] 漉下云：「一曰水下貌。」水下即漏之象，器已漏，而錮之使不漏，故謂之錮漉。

附注：此類爲表明動作行爲之字，一切代表言思行動之字均屬之。

巴急　謂費力也。張國賓《合汗衫》曲有空急空巴語[二]。

窮忙　人自稱事忙之詞，見《老學庵筆記》。

抽豐　向人借貸曰打抽豐或作打彩豐，見《七修類稿》。

喫醋　稱妬婦動怒曰吃醋，見《在閣知新録》。

打水　俗稱汲水曰打水，見歐陽文忠《歸田録》。

打箕　俗謂預備某事曰打箕，見《錢塘遺事》。

磕頭　屈膝跪拜也。按《夷堅志》：「深悼前非，磕頭謝罪。」

人情　以禮物相遺曰送人情。杜詩：「粔籹作人情。」

[一] 穿：原脱。據《説文解字注》補。
[二] 賓：原作「彬」。

四、狀事

拐骨　謂心術不正、性情特别者爲拐骨。

邋遢　《敬止録》云：「俗謂人之不潔者曰邋遢。」邑人亦有此語。

填還　傭工爲主人額外出力，或牲口服役格外馴順，謂之填還。如云：「這匹馬真填還人。」

臊　謂羞曰臊，如害羞亦曰害臊。

ㄓㄜ　即這個之合音。

ㄋㄜ　即那個之合音。

指望　預期某事曰指望，猶希望也。

忽漫　謂不語意也〔一〕，亦作漫忽。按《方言藻》：「忽漫，猶云率爾也。」

鶻突　謂不曉事也。按《言鯖》：「鶻突二字當作糊塗，謂其不分曉也。」

荒唐　言行不飭者呼曰荒唐。《莊子·天下》篇注：「廣大無域畔也。」

寬綽　謂富有者曰寬綽。

緬腆　俗謂恧顏者曰緬腆。按《容齋四筆》：「心中有愧見之顔面者，謂之緬腆。」

〔一〕語：似爲「經」字之誤。

事情　事由也。按《戰國策》公孫衍謂義渠君曰：「道遠，臣不得復過矣，請謁事情。」

不中用　不可用也，秦時已有此語，見《史記》。

只當　有二意：一事已誤而自恕之辭，猶云只以爲也，見崔述《只當行》詩序。一人將行事而有所吝惜，旁人慫恿爲之曰只當如是。

七零八落　散而無紀之辭。一作七菱八落，蓋菱熟則自落也。

不礙事　謂事之不妨者曰不礙事。

不能彀　謂事之不勝任者曰不能彀〔一〕。按此本作不能引弓解，見《漢書》，後借爲此辭耳。

五、紀時

夜隔　即昨日，謂隔一夜也。

前日　昨日之前一日。

頭年　即去年。

大半前晌　上午十時至十一時。

寒食　俗呼清明日爲寒食。按介之推死于清明前一日，爲火所焚，國人哀之，相戒是日不舉火，謂之禁煙。

月忌　俗以每月初五、十四、二十三日爲月忌，相戒不作事。

〔一〕「勝」上原脱「不」字。

六、計數

ㄙㄥ　境内南北寨一帶讀單數之四爲ㄙㄥ，如謂僧之去聲。如四百四十四個銅元，讀作四百四十ㄙㄥ個銅元。

ㄌㄧㄚ上聲ㄙㄚ陰平　即兩個三個。如兩個人三個人即云ㄌㄧㄚ人ㄙㄚ人。不以個分者不能用，如二斤三斤不能作ㄌㄧㄚ斤ㄙㄚ斤。

頓　食飯一次爲一頓。

七、定位

ㄓㄚㄦㄚㄦ　即這裏，上字爲上聲，下字爲去聲。

ㄋㄚㄦㄋㄚㄦ　即那裏，俱讀去聲。

附注：此類字表明位置。

八、喻義

捉虎　謂欺騙人曰捉虎，蓋捉虎者必設種種方法誘陷之，其義或本諸此。

薄皮繭　謂器量過淺，稍有一知半解，即自作聰明者。崔述《考信録》云：「魏人於凡人之科名不遂，僅以舉貢終其身；與仕宦不遂，僅以州縣終其身者；皆目之爲薄皮繭。」〔一〕方言蓋由此義引申之。

〔一〕目：原誤作「自」，據《考信録》改。

過河拆橋　喻人之忘恩負義、反面無情者。
孫頭　喻人之賺小便宜吃大虧者。
下跐子　跐音揣去聲，喻人之無能者。
死肌巴皮　喻人之死心眼者。
糊馬横　喻人之蠻横不可以理喻者。
大架子　喻人之行動□大者〔一〕。
大扇車　喻人之喜作雜語者。

九、發問

ㄕㄚ　即什麽二字疾讀之音。
多咱　作何時解。
怎麽　作如何解。
什麽　不知而詢問之辭，此語始于唐時，見王定保《摭言》。

十、抒情

唉　俗呼然爲唉，音哀，烏來切。亦爲嘆聲。《説文》：「唉，譍也。」《莊子·知北遊》：「狂屈曰：唉！吾知矣。」

〔一〕　原爲空一格。

阿侑　俗作哎喲，呼痛聲也。《顏氏家訓》：「《蒼頡篇》有倄字，訓詁云『痛而呼也』。倄疑侑之誤。」

ㄥ上聲　有所疑問時即發此聲，其聲由鼻出。

唉唉　可惜之意，上唉字去聲，下唉字平聲。邑中婦人之年長者對語時恒有此類嘆詞。

方音

學讀作鴞。覺讀作絞。獲讀作槐。略讀作料。瘧讀作要。國讀作鬼。色讀作洒。句讀作拜。客讀作怯。筆讀作彼。耕讀作經。給讀作紀。墨讀作美。額讀作葉。革讀作詰。石讀作担。藥讀作耀。六讀作溜。作讀作鑿。

〔光緒〕獲鹿縣志

【解題】俞錫綱修，曹鑅纂。獲鹿縣，今河北省石家莊市鹿泉區。「方音」見卷二《地理》中。録文據光緒七年（一八八一）刻本《獲鹿縣志》。

方音

隔讀作潔。學讀作鴞。禄讀作路。欲玉毓讀作愈。瘧讀作要。麥讀作賣。獲讀作槐。國讀作鬼。墨讀作昧。局讀作居。何河讀作和。略讀作料。筆讀作彼。鞋諧讀作協。平聲。耕讀作經。雹讀作包。役讀作異。籍讀作節。酌讀作哲。式讀作世。結讀作甲。恰讀作怯。

八讀作卜。蝎讀作瞎。律讀作慮。畝讀作母。族讀作租。貿茂讀作冒。阜讀作富。六讀作劉。去聲。翟宅讀作齋。覆讀作福。牛讀作紐。平聲。宿俗讀作戍。妯讀作周。肉讀作柔。去聲。岳樂讀作要。所讀作朔。德讀作對。平聲。拾十讀作時。惑讀作毀。界戒屆讀作桀。去聲。葉業讀作夜。立讀作利。

論曰：聽訟之道，務須洞悉民隱，體察物情，方稱斷獄老吏。然宋登魯得，方音不同，今豈必異於古所云哉？世之遊宦者，大率東西南北之人，言語不通，雖自詡察察，亦奚以爲？今仿《靈壽志》添「方音」一門，附入地理，以補舊志之缺。其餘所不及縷述者，賢邑宰舉一反三，推而廣之，亦可見同文之治矣。

〔民國〕井陘縣志料

【解題】王用舟等修，傅汝鳳等纂。井陘縣，今河北省石家莊市井陘縣。「方言」見第十編《風土》中。録文據民國二十三年（一九三四）鉛印本《井陘縣志料》。

目録〔一〕

〔一〕目録爲編者所加。

二、語詞

甲、名詞　普通名詞　副位名詞　名詞語

乙、代名詞

丙、動詞

丁、形容詞　普通形容詞　數量形容詞

戊、副詞　普通副詞　疑問副詞

己、助詞

庚、感歎詞

井陘萬山叢錯，在昔正太路尚未開闢，境内以道崎嶇，交通難免阻隔。故關於文字之讀音，言語之語詞，若細加分析，一邑中不下十餘種。然試以本地方言爲單位，與他處比較，則又自具有特殊之點。兹就本邑方言，分讀音、語詞兩項，叙述之如次。

一、讀音

邑人對於文字之讀音，除東南、東北兩區毗鄰獲鹿、平山各鄉外，多半不甚正確。今以國音爲根據，特將本邑讀音之普通錯誤，分製七表；並附加説明，以備參考。

甲表所列ㄣ母，係本邑普通缺乏之一韻。故凡遇ㄣ韻，多誤讀爲ㄥ。例如讀奔爲崩、讀盆爲朋等是。其有矯枉過正者，則又將本應讀ㄥ之字，誤讀作ㄣ。如崩讀奔、朋讀盆。又ㄉ、ㄊ、

ㄋ、ㄌ、ㄘ六聲母，與ㄥ相拼，則成登騰能稜層僧等字。若與ㄣ相切，則有音無字。而邑人不察，往往亂讀。凡此，皆本邑所應特別注意者也！

甲表

ㄣ	奔盆門分根懇痕今禽欣真陳申人怎音溫云	＋－	或	
ㄥ	崩朋盟風更肯亨京卿行争程生仍增英翁庸			－＋

乙表所列ㄓㄔㄕ三聲母，本邑有誤讀爲ㄗㄘㄙ者。例如朱讀租、初讀粗、書讀蘇等是也。然亦有讀租爲朱、讀粗爲初、讀蘇爲書等之謬誤者。前者近於天津之讀音，後者近於堯山、邯鄲一帶之讀音。衡以國音，皆屬不合。

乙表

ㄓ、ㄔ、ㄕ ㄗ、ㄘ、ㄙ	1	朱渣著債爪宙戰張正	＋－	或
		租雜則再早奏贊臧贈	－＋	
	2	初察綽柴巢臭廛昌呈	＋－	或
		粗擦錯才曹湊參藏層	－＋	
	3	書殺澀曬捎獸山傷生	＋－	或
		蘇卅塞賽騷嗽三桑僧	－＋	

丙表所列ㄗㄧ、ㄘㄧ、ㄙㄧ三個合音字，本邑往往讀作ㄐㄧ、ㄑㄧ、ㄒㄧ之合音字。例如讀姐爲結、

讀切爲怯、讀寫爲協等是也。此項讀法，與北平土音無異。不過就國音而論，總以改正爲宜。至於讀焦爲覺、讀俏爲卻、讀小爲學，則純係本地土音。不可不亟爲注意！參己表説明内焦、俏、小三字讀音。

丙表

ㄗㄧ、ㄘㄧ、ㄙㄧ
ㄐㄧ、ㄑㄧ、ㄒㄧ

1	集姐就尖將精	焦
	急結舊堅姜京	覺
2	七切秋千牆青	俏
	起怯求牽强輕	卻
3	西寫修先祥星	小
	希協休閑香行	學

丁表四韻母，上列二韻，讀時要下放，其音抑而長。下列二韻，讀時要上收，其音揚而短。而邑人讀之，均失之太平。故與外人接談，往往致人誤會。

丁表

ㄞ、ㄟ
ㄠ、ㄡ

戊表所列二韻，讀ㄢ時，要上收，讀ㄤ時，要下放，其音均宜稍短。而邑人讀之，均失之平

而且長。

戊表

ㄢ
ㄤ

己表所列ㄧㄠ、ㄧㄛ兩結合韻母，他處亦有混淆不清者。不過普通多以ㄧㄛ之音讀作ㄧㄠ。例如腳讀絞、嶽岳藥約等字讀拗。邑人讀腳藥約等字頗正確，讀嶽岳字亦作拗。又讀角爲姣、讀卻爲巧。如此之類，雖不合國音，然在他處人聽之，尚不詫異。惟讀要爲約、讀標飃苗刁調了絞橋鳥曉焦俏小等字，其韻不用ㄧㄠ而用ㄧㄛ，此則純粹土音，亟應從速改正！本說明內焦俏小三字參看丙表。

己表

ㄧㄠ
ㄧㄛ

庚表所列ㄉㄊ等十一聲母，與結合韻母ㄨㄟ拼成之字，在本邑普通土語中，大都遺去ㄨ音。如對讀ㄉㄟ，退讀ㄊㄟ，內讀ㄋㄟ，累讀ㄌㄟ，墜讀ㄓㄟ，吹讀ㄔㄟ，誰讀ㄕㄟ，銳讀ㄖㄟ，醉讀ㄗㄟ，崔讀ㄘㄟ，雖讀ㄙㄟ。故與他處人對話，人往往難解。

附注：本書所云國音，係以民九公布之《國音字典》爲標准。衡以《國語羅馬拼音》，未能盡合。特此聲明！

庚表

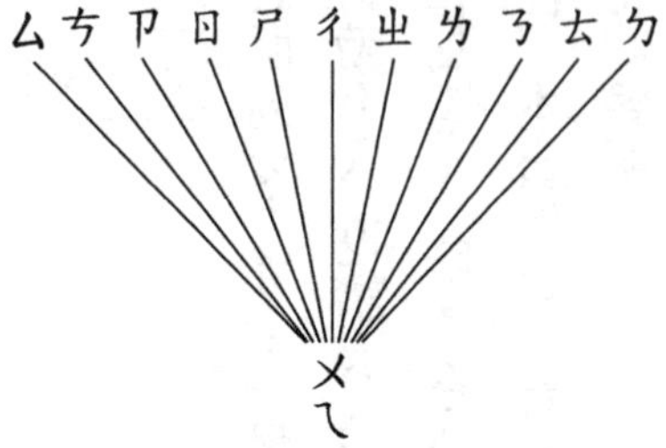

二、語詞

邑人日常言語間所用之語詞，大都有意義可解。然亦有無意義者，甚或祇其有音而無其字者。兹就本地所有語詞，分爲名詞、代名詞、動詞、形容詞、副詞、助詞、感歎詞七種，一一叙述於左。

甲、名詞

爹　邑俗普通呼父爲爹。按《南史·梁始興王憺傳》：「詔徵還朝。人歌曰：『始興王，人之爹。赴人急，如水火。何時複來哺乳我。』」爹之稱始此。

伯伯　邑之西北部，有呼父爲伯伯者。按《集韻》：「吴人呼父曰爸。」《正字通》：「夷語稱老者爲八八，或作巴巴。後人因加父作爸爸。」邑人稱父爲爸爸者，偶一有之，不多見。然伯伯確爲爸爸之轉音。

娘　邑之北部，普通呼母曰娘。按娘字，從女，從良。《説文》：「良，善也。」《廣韻》：「賢也。」女子天性，什九褊隘，然對於所生之子女，未有不賢良者也。

奶　邑人呼母爲奶者，亦居大多數。按奶，乳也。子女食母乳，始得成長。呼母爲奶，不忘本之意。

嬤嬤　邑之西北部，呼父曰伯伯，呼母曰嬤嬤。按《集韻》嬤，母被切，音靡，「女字」。字，有孕義。又嬤嬤亦媽媽之轉音。《博雅》：「媽，母也。」

牙　邑城附近，呼母爲牙。按小兒初學語時，最先呼母，其聲爲牙牙。司空圖文：「女則牙牙學語。」邑人呼母爲牙者，當係沿此而來。所謂大人者不失其赤子之心者也。

嗳牙　境内鳳山一帶，有呼母爲嗳牙者。此與呼母爲牙，同一旨趣。

爺爺　邑俗普通呼祖父曰爺爺。按《玉篇》：「爺，以遮切，俗呼父之稱。」《古木蘭辭》：「軍書十二卷，卷卷有爺名。」爺爺，即爺之爺也。

奶奶、娘娘　邑人凡呼母爲娘者，必呼其祖母爲奶奶。凡呼母爲奶者，必呼其祖母爲娘娘。按奶奶，即奶之奶。娘娘，即娘之娘。所以交互稱之者，習慣如是，未必有何深意也。

哥哥　邑俗普通呼兄曰哥哥。按《廣韻》：「哥，古俄切，今呼爲兄也。」白居易祭浮梁大兄文稱大哥。哥哥，有親之之意。

兄弟　邑俗普通呼弟曰兄弟。按《元史》泰定帝即位，詔云：「諸位哥哥兄弟每也都理會的。」蓋稱弟曰兄弟，北方人行之久矣。

姐姐　邑俗普通呼姊曰姐姐。按《說文》：「今俗弟呼女兄曰姐。」重言之，親之也。

姊妹　邑俗普通呼妹曰姊妹。按《爾雅・釋親》：「女子先生爲姊，後生爲妹。」今以姊妹專稱妹者，亦猶兄弟專稱弟也。

媳婦　邑俗普通稱子之妻曰媳婦。按《元史・裕宗徽仁裕聖皇后傳》：「世宗每稱之爲賢德媳婦。」字本作息婦。

室婦　邑南柿莊一帶，稱子之妻爲室婦。按王彥輔《麈史》云〔一〕：「今之尊者斥卑者之婦曰新婦。卑對尊稱其妻及婦人自稱者亦然。而不學者，輒易之曰息婦，又曰室婦。」是室婦之名稱，古人已有行之者矣。

嗣婦　邑之東南區一帶，稱子之妻爲嗣婦。按《玉篇》：「嗣，續也，繼也。」《書・大禹謨》：「罰弗及嗣。」嗣，謂子也。嗣婦，猶云子婦也。

ㄙㄧㄡ ㄉㄛ　邑之西北部如南北峪一帶，邑之東北部如南北平望一帶，稱子之妻曰ㄙㄧㄡ

〔一〕麈：原誤作「塵」。

ㄉㄛ。蓋ㄙㄧㄡ，爲媳之轉音。ㄉㄛ，爲邑人稱名辭時普通語尾。

妮子　邑人謂女子爲妮子。按王通叟詞：「十三妮子緑窗中。」惟普通呼婢爲妮，本地則泛指女子言。

丈人　邑人通稱妻父爲丈人。按《漢書》：「單于謂：漢天子，我丈人行。」其時，漢以女妻單于，故有此稱。是爲妻父稱丈人之始。

嬸、妗　邑人通稱叔母爲嬸子，舅母爲妗子。按《目前集》云：「經傳中無嬸與妗字。嬸字乃叔母字二合呼，妗字乃舅母字二合呼也。」《野客叢書》：「俗呼叔母曰嬸，始於北宋時。」《集韻》：「妗，巨禁切，俗謂舅母曰妗。」

親家　邑人於女之翁，媳之父，皆稱親家。按《唐書・蕭嵩傳》：「男女兩姻家相呼，男曰親家翁，女曰親家母。簡稱則曰親家，作去聲呼。」盧綸《王附馬花燭》詩：「人主人臣是親家。」本邑方言親正讀去聲。

人主　邑俗稱男子之外祖家、女子之母家曰人主。男子死，必俟外祖家人至，始能殯葬。女子死，必俟其母家人至，始能殯葬。謂之人主者，言子或不孝其親，外祖家有權干涉之。姑或虐待其媳，母家有權干涉之也。

財主　邑人謂富室爲財主。按《周禮》「凡民同貨財者」注：「財主出債與生利。」《世説》：「陳仲弓爲太丘長，有劫賊殺財主。」財主之名稱，蓋由來已久。

好過主、饑荒主　邑人通稱富家爲好過主，貧家爲饑荒主。其意蓋謂富家經濟充裕，光景永久快活。而貧家則無論年景若何豐稔，彼亦生活艱窘，如遇凶年也。

傢伙山　邑人稱人之粗魯者爲傢伙山。按農工所用之器具，俗名傢伙。業農工者，多半粗魯。傢伙山，粗魯之象徵。

璞子　邑人謂人之過於忠厚不靈活者曰璞子。按《廣韻》：「璞，匹角切，玉璞。」《韻會》：「玉素也。」《玉篇》：「玉未治者。」皆有質美而未經雕琢之義。本邑讀蒲好切。

麪糊鍋子　邑人稱人之作事糊塗者曰麪糊鍋子。按《癸辛雜志》：「真西山負一時重望，時楮輕物貴，民生頗艱。於是爲諺曰：『若欲百物賤，直待真直院。』及入朝，敷陳之際，首以尊崇道學爲義。愚民無知，乃以爲不切時務。復以俚語足前句云：『喫了西潮水，打作一鍋麪。』」本邑方言蓋本於此。

促壽　邑俗有以促壽二字詈人者。意蓋謂其所行有損，依舊日積不善有餘殃之説，理應夭折也。或曰促壽爲畜生之轉音，亦甚切當。

壞棗、壞蛋　邑俗謂惡人曰壞棗，亦曰壞蛋。蓋棗與蛋，皆人所樂食之物。既壞，則人必棄之。人而壞，則他人亦必視如壞棗、壞蛋，未有不棄之者也。

破鞋　邑俗謂淫婦曰破鞋。按《孟子》有「猶棄敝蹝也」一語〔一〕。敝蹝，即破鞋。古人又

〔一〕蹝：原誤作「蹤」。下同，據《孟子》改。

有「妻子如衣服，衣服破了猶可换」等語，蓋貞婦如新衣，而淫婦則如衣服已破。换言之，即如可棄之敝蹝，故以破鞋呼之。

薄皮繭　邑人謂器量過淺，稍有一知半解即自作聰明者爲薄皮繭。按崔述《考信録》云：「魏人於凡人之科名不遂，僅以舉貢終其身，與仕宦不遂，僅以州縣終其身者，皆目之爲薄皮繭。」本邑方言蓋由此義引申之。總之，以薄皮繭喻人之不能成大事，甚確當。

踹貨　邑俗謂人之無用者曰踹貨。按《玉篇》：「踹，足跟也。」《淮南子·人間訓》：「踹足而怒。」注：「踹足，蹀足也。」即以足跟作力著地也。引申爲蹂踐之義。讀若揣。踹貨，言其無一用處，祇可供人蹂踐也。或曰踹爲柴之轉音，踹貨當作柴貨，言其材不能作他用，祇能當柴燒也。

爬瓜　境内東北區里莊一帶，稱人之無能者曰爬瓜。按，瓜蔓生，爬於地面，不能樹立，故以喻人之不能樹立。

没奈何　邑人謂人之可憐者爲没奈何。《堅瓠集》云：「張循、王浚家多銀，每十兩鑄一球，目爲没奈何。」言人不能動用，無可奈何。本邑方言則言命途乖舛之人，生活艱難萬狀，無可奈何也。没奈，與末耐通。《唐書》：「事已爾，末耐何。」

鬼頭　邑人謂人之慧黠爲鬼頭，亦簡稱鬼。《山居新語》載：「名妓曹秀娥呼鮮于伯機爲伯機。鮮于佯怒曰：『小鬼頭！焉敢如此無禮！』」按《説文》：「甶，鬼頭也。象形。」畏字：

「從由，虎省。鬼頭而虎爪，可畏也。」慧黠之人，心術多鬼蜮不端，令人可畏，名之爲鬼頭，或名之爲鬼，義甚切當。

鬼難拏　邑俗謂人之過於狡黠者曰鬼難拏。古人以神道設教，以爲作惡之人，人所不能制者，有鬼神可以伏之。若鬼難拏，則真所謂末如之何矣。

外五行　邑人稱人之行爲特别者曰外五行。按金木水火土爲五行，皆人類所不能須臾離者。外五行，猶云出乎人類以外也。

瓜殼　邑人名普通瓜皮小帽爲瓜殼。殼，讀輕音如ㄎㄚ儿。其質料用布者，名皂布瓜殼。用緞者，名緞子瓜殼。

暖蛋殼　以氈製成之小帽，邑人呼之爲暖蛋殼。按此名頗不雅。蓋初時必係相狎者偶爾戲呼之，嗣後彼此相傳，遂成爲普通之名稱也。

布衫　邑人呼夏季所着之單上衣爲布衫。長衣曰大布衫，短衣曰小布衫。所可笑者布衫二字，本係一形容詞、一名詞組成之複合名詞，而本地則視作單純名詞。故凡係單上衣，不問其質料爲何〔一〕，概名爲布衫。例如用粗布作者曰笨布布衫，用洋布作者曰洋布布衫，用綢作者曰綢子布衫，用羽毛紗作者曰羽毛紗布衫，習慣如是，不問其通與不通也。惟小布衫一物，

〔一〕問：原誤作「間」。下同。

在本邑三四兩區内，有呼爲袿袿者，亦有呼爲約約者。按袿字，俗讀如卦。《釋名》：「袿，婦人上服。」《廣雅》：「袿，長襦也。」《説文》：「襦，短衣也。」本地則不論其爲男子服、爲婦人服，只是短單衣，即名袿袿。又約，即約束之約，意謂其可以束身。袿袿、約約，上一字皆衣俗讀，下一字皆讀輕音。

坎肩　無袖之上衣，不論單袷棉，邑人普通呼爲坎肩。《説文》：「坎，陷也。」引伸之，凡物之凹陷者皆爲坎。此服之凹陷處，正附近兩肩，故曰坎肩。亦有呼之爲袿袿者，又有呼之爲約約者。即他處所云背心也。

插褲、套褲　褲之只有下半段之腿，而無上半段之身者，邑人呼之爲插褲，言其中可以插入什物也。亦名套褲，謂服之者必套於服外也。

展帶　本地農人無問冬夏〔二〕，腰中恒束大帶一條，俗呼爲展帶。蓋此帶多以整幅布爲之，束之爲帶，展之仍爲布，故名。

裝裹的　邑俗謂人死時所着之衣服爲裝裹衣裳，簡稱爲裝裹的。蓋此項衣服，原無他用，不過爲須臾間之裝飾品。且死者不能自着，必須他人代着〔三〕，有時不易過求整齊，則惟有草草裹束而已，故有是名。

〔二〕問：原誤作「間」。
〔三〕着：原誤作「看」。

襯衣　邑人謂死者所著近身之衣爲襯衣。按《廣韻》震韻:「襯,近身衣也。初覲切。」據此則襯衣並不限於死者所著。本邑方言或者因襯爲死者所用之物,遂連類而及,亦以襯爲死者所用歟?

扁食　邑人以麥粉和麪,包餡煮食,謂之扁食。即他處所謂餃子。廢曆正月初一早晨,家家必食之。

麪條、絶片　以麪粉加水和成硬麪,用木杆往復壓之,令成大張薄片,再以刀切成細條,邑人呼之爲麪條。若將大張薄片,先切成寬條,再將寬條用手或用刀一一斷絶之,使成小片,邑人呼之爲絶片。蓋麪條、絶片兩名稱,皆就實際而命名者也。

拉麪　加相當温度之水於麪粉中,和成極軟之麪,旋以手頻頻揉捽之,使麵性柔和,再放置時許,使麵性脹發,俟至食時,以手引之,使成細長之條,入鍋煮食,邑人呼之爲拉麵。拉麵有二種:一種每次只拉一二條,曰小開條,同時僅供一二人食。一種每次可拉一二斤或三四斤麵,曰大開條,同時能供多數人食。

河撈　邑人以麥麪、豆麪或蕎麪,由鐵牀上軋入鍋中,成爲粗細相等之長麪條,名之曰河撈。按汪琬《説鈴》:「山東以蕎麥作麪食,曰河洛。」王禎《農書》亦云:「北方多種喬麥,磨而爲麪作湯餅,謂之河漏。」本邑方言與河洛音同,與河漏音亦相近。

燒餅　本邑燒餅有二種:方形者,用燙麪,名四角燒餅。圓形者,用醱麪,名醱麪燒餅。

《齊民要術》引《食經》有作燒餅法。《目前集》云：「唐玄宗出奔，日中未食。楊國忠自市胡餅獻之。胡餅，即今之燒餅。」據此，則燒餅爲北方人所發明可知。

油餜、麻糖、油鬼、盤散　加水於麥粉中和成極軟之麪，以杆杖壓成薄片，先切爲方形，再塗錫於其上，或用刀垛成數股或否，置鍋内炸之，俗名油餜。若麪上不塗錫，以四長條粘其兩端入鍋炸之，則名爲麻糖。若不塗錫，以兩長條粘其一端炸之，則名爲油炸鬼，簡稱油鬼。又麪上不塗錫，只以杆杖壓成極薄之圓片，入鍋炸穌，則名爲盤散。此項食物，本地人視爲普通珍品，各鄉時有沿街叫賣者。

繩頭、麻花　用油和成硬麪，以數條兩端粘連，擰作繩狀，入鍋炸之。炸好後，再敷白糖和麪少許，邑人呼爲繩頭，亦曰麻花。

饝饝、餋子　邑人稱饅頭爲饝饝。《畿輔通志》：「畿輔稱饝饝。蓋饝爲饅之轉音。」按本地所稱之饝饝爲圓形，其方形者則名餋子。

窩窩　邑人以玉茭麪或雜合麪用水和之，兩手拍成圓餅，蒸熟或烙熟作爲乾糧，俗名此乾糧爲窩窩，即他處所謂餅子也。

窩窩㱿　邑人以面捏成中空之圓錐體，蒸熟作小兒乾糧，俗名爲窩窩㱿，即他處之窩窩也。

ㄋㄠㄋㄠ、ㄎㄨ壘　本地貧家以麪和菜用水拌勻，蒸熟作爲食用，普通呼爲ㄋㄠ ㄋㄠ。在第三區附近平山各鄉，則名曰ㄎㄨ壘。蓋ㄋㄠ，爲惡之轉音，如俗言「神鬼怕惡人」。又如習俗罵人爲惡種。凡此惡字，均讀如國音之ㄋㄠ。ㄋㄠㄋㄠ，即惡惡，言此項食品，惡而又惡，非窮人不食也。又ㄎㄨ，爲塊之轉。ㄎㄨ壘，猶塊壘也。

煎餅　邑人以米或豆漬水中，逾時，用小磨磨成米沫或豆沫，然後攤在煎盤底平或鏊子底凸上烙成餅，此餅俗名煎餅。厚者曰厚煎餅，薄者曰薄煎餅。

團子　以米麪或玉茭麪用水和之，内包餡子，略成半球形，蒸作乾糧，邑人名此食物爲團子。包菜餡者曰菜團子，包豆餡者曰豆餡團子。

黄子、玄糕　邑人以稷米或小米麪，用醱酵素發成起麵，攤於籠篦上蒸熟，切成若干長方塊食之。此食物俗爲名黄子，或名爲玄糕。蓋黄子，係就其色言之。玄有空虚意，玄糕，謂其形似糕，而質甚疏鬆也。

糜　邑人謂以黄米或小米攙和豆或紅薯、蔓菁等煮成無湯之粥曰糜。《釋名》：「糜，煮米使糜爛也。」

蒙飯　邑人謂以小米或大米煮成無湯之粥曰蒙飯。作法與糜略同。不過作糜多用黄米，且攙合他物，或加鹽。作蒙飯則只用小米或大米，絶不用黄米，且亦不攙他物，不加鹽，是其異耳。

米湯　邑人謂以米煮飯，不加鹽曰米湯。米湯之米，不論多少，多者曰稠米湯，少者曰稀米湯。亦不論軟硬，軟者曰軟米米湯，硬者曰硬米米湯。單用小米者曰小米米湯，單用大米者曰大米米湯。有攙豆者曰豆子米湯，有攙山藥者曰山藥米湯，有攙紅棗者曰紅棗米湯。總之用米煮飯，不加鹽，即爲米湯。

撈飯　以米置沸鍋中，煮至相當程度，即用笊籬取出，邑人名取出之米爲撈飯。撈飯米之軟硬，隨人之食性而異。軟者曰軟米撈飯，硬者曰硬米撈飯。《集韻》：「沈取曰撈。」

鹹飯　以米和菜加鹽煮飯，邑人謂之鹹飯。蓋鹽之味，鹹。鹹飯，猶云有鹽之飯也。

熇糊　以大麥磨爲麥粉，再置之鍋内，用大火乾炒之，令其變色。食時以炒成之麪，糝入清米粥鍋中，隨糁隨攪，待鍋沸後，即成微紅色之漿糊。此糊味甚香，農家多喜食之，其名曰熇糊。按《説文》：「熇，火熱也。」《廣韻》熇，火酷切。《篇海》：「煮米及麪爲粥曰糊。」本地之熇糊，蓋謂此糊所用之麪粉，乃曾經火熱者也。

粥　以稷米或小米或大米，攙去皮之黄豆，豆量約居米量五分之一。浸清水中。逾時，用小磨細細磨之，使成極細之沫。食時，將沫盛入將沸之水鍋中，隨盛隨攪，待鍋沸時，即成匀净之漿糊，邑人名此漿糊爲粥，音如國音之ㄓㄡ。按此與《釋名》所云「粥濯於糜」之粥不同。彼以米煮之，即普通所稱稀飯，此則以米沫煮之，非稀飯也。本邑城鎮中，每晨必有賣粥以供人早點者。

著的、滾的　邑人謂作鹹飯時所用之菜蔬，如北瓜、蔓菁、紅白蘿蔔等爲著的，或呼爲滾的。按著，有著實之意。貧家米糧無多，非多食菜蔬，飢腸不能充實，故謂菜蔬爲著的，名實正相符也。又因菜蔬多煮至爛熟其味乃佳，故亦謂之滚的。語尾之的，皆讀輕音，如ㄉㄦ。

拌的　邑人以炒熟之黑豆和糠，在碾磨上磨碎，以備飼養牲口，此糠名曰拌的。的字讀輕音，如國音之ㄉㄦ。

料豆　邑之以煮熟之黑豆飼養牲畜，此豆名曰料豆。蓋言養料最大，牲畜食之膘易肥也。

泔水　邑人謂猪所飲之水曰泔水。按《説文》：「泔，從水，甘聲。周謂潘曰泔。」「潘，淅米汁也。」本邑日常飼猪，大都用淅米汁一類。猪飲之而甘，謂之泔水，名實頗稱。

上房、廂房、臨街、過庭　邑人謂家中之主房爲上房，上房兩邊之房爲廂房，最外有大門之房爲臨街。若房之位置與上房平行，而屋内有道可來往出入者，則謂之過庭。蓋此項名稱，各處固大同小異也。

毛子　邑人通稱廁所爲毛子。按毛爲至輕至細之物，謂廁爲毛者，蓋以廁爲至穢之處，雖爲人所不能離，但人多視之輕如鴻毛也。

頭户圈　邑人謂家中餵養牲口單指馬騾驢三種，牛羊不在内之房屋爲頭户圈。蓋馬騾驢三種牲口，本地通呼之爲頭户，故其所居房屋即爲頭户圈。《説文》：「圈，養畜之閑也。」

鷄窩、猪窩、狗窩　邑人名鷄所棲息之房爲鷄窩，猪狗所棲息之房爲猪窩、狗窩。《集韻》：「窩，烏禾切。穴居也。」鷄猪狗之房，矮小如穴，故名。

胡攔　邑人恒隨意指某一段地面爲胡攔。蓋不論其面積大小，距離遠近，皆可加以是名。胡攔，猶云無遮攔，即無限制之意。

格攔　邑人謂宅旁面積稍大之隙地爲格攔。按格攔二字，皆有限制之意。蓋言此雖隙地，但既附近宅第，便自有相當用處，他人不得隨意踐踏之也。

擱老　邑人謂牆壁之内角爲擱老。按，擱爲閣之俗字。閣，庋藏之所，又止也。牆壁之内角，地勢狹隘，此地如庋藏什物，以轉動不便，往往經久弗移，故有擱老之名。老，久也。

窰泊　邑之北部，稱牆壁上之坎爲窰泊。按窰爲燒瓦竈，引申之即爲洞穴。泊者，水所停滯處，其地低下。壁上之坎，以窰泊名之，於義亦當。

泊坑、泊差　邑人謂地面上之低窪處曰泊坑，亦曰泊差。引伸之，凡物面上有低窪處，皆稱爲泊坑，或稱爲泊差。泊，讀如國音之ㄅㄨ。坑，讀如國音之ㄑㄧㄥ。差，讀本字輕音，如ㄔㄚㄦ。

墩　邑人謂高出地上之物爲墩，如云墩臺、土墩、石墩等。按《廣韻》：「墩，都昆切，平地有堆。」與本地方言音義均合。

𡽠　邑人謂石壁峭矗，不易攀登之山爲𡽠。按字書中無𡽠字，又别無相當之字可以代之，故特仿古人形聲字之意，而造是字，音讀如國音之ㄌㄢ上聲。

犂、ㄌㄧㄦ　邑人名耕田具之全部爲犂，犂上翻土之具爲ㄌㄧㄦ。ㄌㄧㄦ即犂兒兩字之合音。

鏵子　邑人謂耕地時起土之鍤爲鏵。按《廣韻》鏵，呼瓜切。字或作鋘，亦作釫。古文作茉。《玉篇》：「鏵，鍬也。」《一切經音義》：「鏵，犂刀也。」《農政全書》：「鏵與鍬鑱同類，體闊而薄，所以起土者。開墾生地宜用鑱，翻轉熟地宜用鏵。」

擦子　邑人名耕地後隨用以平整地面之具爲擦子。是器用粗木條編成長方排，一闊邊爲齒，一闊邊正中處有木鈎。用時以牲口曳之，一人踏其上，令其下面與地摩擦，以平凹凸，故以爲名。

耙　邑人名耕地後用以破塊之具爲耙。考《農政全書》載：「耙制，有方耙，有八字耙。如犂，亦用牛駕。但橫闊多齒。犂後用之。蓋犂以起土，惟深爲功。耙以破塊，惟細爲功。」按本地之耙，外方而內八字，蓋係改良之制。且本地耕地後，固必用耙，但亦有地未耕而先耙一次者。邑諺云：「耕散耙溜。」正合「惟細爲功」之意。

種實　邑人名種地時所用之下種器爲種實。此器前有二竿，以備駕牲口。後有二柄，以備人扶之而搖。下有二股，以備種子經此入土。中有耬斗，以備藏種子。按實謂種子。種實，即下種子。乃係一赤裸裸地之名詞也。

耬斗　邑人稱種實上盛種子之器爲耬斗。按《正字通》：「耬，下種具，一曰耬車。狀如三足犂，中置耬斗藏種。以牛駕之，一人執耬，且行且搖，種乃隨下。」據此，則耬斗爲耬之小部分，而耬即本地種實全部。但本地之耬斗亦簡稱耬，而下種具之全部則稱種實，而不稱耬。

種脊　邑人名耬車俗名種實兩股下入土之尖鐵鐏爲種脊。形略似耕具上之鏵子而較小，下面有脊，故名。

動子　邑人於種子入地後，畏其土鬆，用具壓之，其具名曰動子。係以兩石輪，中貫一木軸，木軸之兩端，各訂有固定之鐵軸。另以長索一條，兩端各縛有鐵環或木環。再以兩環分套於兩鐵軸上，一人挽之前行，是器自然隨之流動。其經過之地，正在覆壓種子之土上，即不患土之太疏鬆也〔一〕。本地之動子，亦係赤裸裸之名稱也。

流周　邑人名收穫禾稼時，場中所用之石壓榨器爲流周。流，轉也。周，徧也。上字讀去聲，下字讀上聲。是器以石爲之，軸狀，長約三尺餘，兩端粗細不等，徑約一尺五六寸，兩端之中心各安鐵臍窩一。另以木製方架，名曰格。格之旁框，各安圓頂鐵軸一，令與流周之臍窩適合。打場時，以牲畜二頭或一頭，曳之流轉，往復循環，凡有禾之處，偏壓榨之，以禾粒盡脱爲止。

滚蓋　邑人名夏季打麥時場中所用之木壓榨器爲滚蓋。是器約長五六尺，爲長方形，前面及兩側爲框，中爲轆轤，後爲齒。大都以棗木爲之。用時以馬或騾兩頭曳之，一人立其上，鞭馬令疾馳，四周往復，以麥莖碎爛，麥粒完全脱出爲止。

〔一〕之：原作「之之」，衍一「之」字。

杈子　邑人名農家於夏秋收穫麥禾時場中所用翻挑麥禾令速乾燥之器具爲杈子。本地所用之杈子有三種：一三股者名三股杈，一四股者名四股杈，一六股者名六股杈，通稱杈子。《集韻》：「杈，初加切。農器。」即此物。

掃帚　邑人於地膚草莖枝老後，以桑條或榆條縛之爲帚，名曰掃帚。夏秋兩季收穫禾麥時掃場用，平日掃糞、掃街用。農家必需品也。

笤帚　邑人於黍稷成熟後，截取其莖之上端，揉去其粒，以麻綫繩縛之爲帚，名曰笤帚。按《篇海》：「笤，田聊切，音條。笤箒。」與本地音義俱同。邑人掃除院内及屋内，大都不用掃帚，只用笤帚。取其輕便，且所掃之地潔浄也。

簸箕、簸籮　按《廣雅》：「簸籮，箕也。」《方言》五：「箕，魏謂之籮。」本邑名用以簸揚糠粃者爲簸箕，其形後面半圓，前面半方，有舌。用以晒米麪或盛雜物者爲簸籮，其形有圓有方而無舌。二物有别。

找鐮　邑人名摘取禾穗時所用之鐮刀爲找鐮。長約三四寸，寬約寸許，上有二小孔，繫之以麻綫繩，套於手上用之。

鐵杴、木杴　邑人名農家起土時所用之鐵舌木柄器具爲鐵杴，秋日揚場、以杴或簸箕揚禾於空中令糠被風刮去，只留浄禾落地，謂之揚場。冬日除雪時所用之木舌木柄器具爲木杴。鐵杴可簡稱曰杴，字亦作鍬。木杴則不能簡稱杴，且無書作鍬者。《集韻》鍬，千遥切。本地讀如國音之ㄑㄧㄢ。

掘子　邑人名掘土時所用之鐵鉤木柄器具爲掘子。掘，發也。蓋因其作用命名也。

薅鋤、大鋤　邑人通名鋤禾具曰鋤。小者曰薅鋤，大者曰大鋤。《唐韻》薅，呼毛切。《正韻》呼高切。《説文》：「拔去田草也。」《詩・周頌》：「以薅荼蓼。」本地之薅鋤，於禾苗高二三寸至五六寸時，鋤地用之。若禾苗長至八九寸或尺許後，則以大鋤鋤之。惟本地用大鋤鋤地不曰鋤地，而曰摟地。

凳子　邑人謂以長條木板兩端各安二足製成能容數人之坐具曰凳子，一曰板凳。《字林》：「凳，牀屬。」

馬杌、板牀　邑人謂以木製成之小凳，形或長方或圓，足或三或四，皆曰馬杌。《集韻》：「杌，木短出貌。」馬杌，蓋言人乘馬時，可階此而升也。馬杌之矮小者曰板牀。

高桌、低桌　邑人通稱日常使用之几案爲桌子。高者曰高桌，其矮小者曰低桌。

桄　邑人謂棹椅上之横木曰桄。按《説文》且字下云：「足有二横。」段注云：「横，音光。即桄字。今俗語讀光去聲。」是也。而本邑方言則讀平聲。

了弔　邑人名門上之屈戌爲了弔。按了弔，一作了佻。郭璞《方言注》：「了佻，懸物貌。」一作了鳥。李商隱詩：「鎖門金了鳥，展障玉鴉叉。」一作了𠄏。《通俗編》：「鳥之本字爲𠄏，從倒了〔一〕，懸字之義。世以其不適於楷體，故率借用鳥字。」

屈戌　邑人名門上或櫃上之環紐爲屈戌。按《輟耕録》：「今人家窗户設絞具，或鐵或銅，名曰環紐，即古金鋪之遺意。北方謂之屈戌，一作屈膝。」《名義考》云：「門環，雙曰金鋪，單曰屈膝。」惟本邑所稱之屈戌，不僅限於門環，凡有環紐，皆呼爲屈戌。

老天爺　邑俗呼天爲老天爺。蓋信天爲萬物之大主宰，故尊之若此。

日頭　邑人呼日爲日頭。言日在天上，舉首可以見之也。

月亮　邑人呼月爲月亮。蓋昔人誤認爲月體能自發光，故言除日光外，惟月光最明亮也。

星星　邑俗謂天上之星宿爲星星。謂物之少者爲一星星。按星星，猶云點點也。謝靈運詩：「星星白髮垂。」

忽雷　邑人稱響雷爲響忽雷。按《目前集》云：「唐内臣鄭中丞有二琵琶，號大小忽雷。俗以雷爲忽雷，亦古語也。俗文有雺字。」據此，則忽雷之名稱，固非邑人所杜撰者也。

虹　按虹字，有户公、古巷二切。邑人讀書時讀户公切，而對話時則讀古巷切。沈濤《銅熨斗齋隨筆》云：「今北人呼虹爲絳。」

東西　邑人稱什物爲東西。按東西二字，始見於《易林》《堅瓠廣集》。物産四方，而約言

〔一〕從：原誤作「以」，據《通俗編》改。

東西。蓋東主生發，西主收斂，取東作西成之意。《日下舊聞》載：「明思陵謂詞臣曰：『今市肆交易，止言買東西，而不及南北，何也？』輔臣周延儒曰：『南方火，北方水，昏暮叩人之門户求水火，無弗與者。此不待交易，故惟言東西。』思陵善之。」古有玉東西，酒器名。《齊書·豫章王嶷傳》：「上謂嶷曰：百年何可得？止得東西一百，於事亦濟。」似當時已謂物曰東西。

ㄕㄦ　邑人普通謂事曰ㄕㄦ。蓋以事兒二字疾讀之則爲ㄕㄦ。

光景　邑人通稱人之財産爲光景。如財産富裕者，則曰某某光景好過。財産窮乏者，則曰某某光景不强。景讀平聲。

布攤　邑人恒稱人之家業爲布攤。布讀平聲。布攤，發展之意。人之家業，多期其一日發展一日，故以爲名。

頭户　謂馬騾驢三種家畜。此名稱甚普通。按牲畜皆以頭計，且家家户户養之，故名。

頭服　亦謂馬騾驢三種家畜。境内東三莊有此音。按養牲畜者多係農家，駝土送糞，終歲服勞，無暇休息，而其數又以頭計，故得頭服之名。

兒馬　馬之牡者。

騍馬　馬之牝者。《正字通》：「騍，苦臥切。俗呼牝馬。」

騸馬　牡馬之去勢者。《臞仙肘後經》：「騸馬，宦牛，羯羊，閹猪，鐓鷄，善狗，浄猫。」皆謂牲畜之去勢者。

兒騾　騾之牡者。

騍騾　騾之牝者。

騸騾　兒騾之去勢者。

叫驢　驢之牡者，見他驢必長鳴不已，故名。

騲驢　驢之牝者。《玉篇》：「騲，牝畜之通稱。」《正字通》：「騲，本作草。」

騸驢　叫驢之去勢者。

犍子　牡牛之去勢者，其身體多肥健，故名。

牸牛　牛之牝者。《廣韻》：「牸，牝牛。」按牸字，从牛字會意，牝牛繁殖力最大，故名。

犦子、牻牛　牡牛之未去勢者，其性多凶野難馴，故名犦子。犦字，从牛从暴會意，謂此牛之性多暴也。牻字，亦从牛从尨會意。尨，多毛犬。謂牻牛者，言其可畏如尨也。

公羊　泛指牡羊之已去勢與未去勢者。

母羊　羊之牝者。

臊虎　牡羊之未去勢者，其動作猛壯，其肉臊惡難聞，故名。

十包　小羊才滿十個月者。

綿羊　大尾細毛之羊。包括牝牡而言。此羊膽甚怯懦，而身上絨又最厚，故名。

羯羊、山羊　小尾粗毛之羊。包括牝牡而言。

公猪　泛指牡猪之已去勢與未去勢者。

母猪　猪之牝者。

豵猪　牡猪之去勢者，性馴熟，喜羣聚，故名爲豵。豵字，从豕从從會意。

犦猪　牡猪之未去勢者，其性凶野，有類牛之犦子，故名犦猪。

老亥猪　母猪之生子過多者。按亥之古篆與豕字同，故「己亥渡河」，古有三豕之誤。老亥名稱，或由此而生歟？

牙狗　狗之牡者。

草狗　狗之牝者。

公猫　猫之牡者。

咪猫　猫之牝者。

公鷄　鷄之雄者。

草鷄　鷄之雌者。

兀嘍　邑人呼狗聲爲兀嘍。按《廣韻》：「嘍，良遇切。嘍嘍，吴人呼狗，方言也。」本地人呼狗，對面呼之爲兀嘍。不對面呼之，則爲兀嘍嘍。兀，蓋發語詞。但嘍不讀良遇切，而讀婁聲之落侯切。

牟牟　邑人呼牛聲爲牟牟。讀牟之輕音。《説文》：「牟，牛鳴也。」故依其鳴聲而呼之。

咩咩　邑人呼羊聲爲咩咩。讀如蠻之輕音。按《玉篇》：「咩，羊鳴也。」《集韻》母野切。呼羊爲咩咩，依其鳴聲而呼之也。

撈撈　邑人呼猪聲爲撈撈。咸以爲就猪食物時之形狀言。按《集韻》：「嚕，籠五切，音魯。嚕嚕，吴俗呼猪聲。」本邑之撈撈，疑是嚕嚕之轉音。

咪咪　邑人呼猫聲爲咪咪。讀如米。按咪，爲俗咩，猫之鳴聲如咩烏，故即依其聲而呼之。

穀穀　邑人呼鷄聲爲穀穀。按穀穀當是喌喌或粥粥或朱朱或祝祝之轉音。《說文》：「喌，呼鷄。重言之。」之六切。《夏小正》：「正月鷄桴粥。」傳曰：「粥也者，相粥粥呼也。」鷄聲粥粥，故人效其聲呼之。」《風俗通》：「呼鷄朱朱。俗傳鷄本朱公化而爲之，故呼之曰朱朱。」《博物志》：「祝鷄翁善養鷄，故呼祝祝。」喌、粥、朱、祝，其音皆與穀相近。

呱呱憂　邑人名角鴟爲呱呱憂。按角鴟，一名鴟鵂，一名鵂鶹，一名鉤鵅。何承天云：「鵂鶹，毛色如鷄，頭目如猫，鳴則後竅應之，其聲連囀，如云休留休留。」李時珍曰：「鉤鵅，謂其聲似也。」呱與鉤鵅爲雙聲，憂與鵂鶹爲疊韻。呱呱憂，乃係鉤鵅、鵂鶹二音合成之複音。蓋角鴟鳴時，固恒作呱呱、呱呱憂之複聲也。

水溜溜　邑人呼鳶爲水溜溜。因其盤旋空中，如水之流動也。

篰拔木　邑人呼啄木鳥爲篰拔木。因其時時以尖嘴篰入木中，拔蟲出而食之，故名。

家雀　邑人呼麻雀爲家雀。因其棲息於人家，故名。

躍鵲　邑人呼鵲爲躍鵲。按躍，跳也。鵲好躍，故以爲名。

白脖鴉　邑人呼烏之小而多羣，腹下白者爲白脖鴉。即其形而名之耳。

葦喳喳　邑人呼葦雀爲葦喳喳。喳喳者其聲，棲於葦叢中，故即以爲名。

野鷄　邑人呼雉爲野鷄。因雉形似鷄而棲息於野，故名。

夜飃虎　邑人呼蝙蝠爲夜飃虎。因其一至夜間則飃飛空中，如虎之夜出也。

鷄豹子、猫豹子　邑人呼猫狸爲鷄豹子。因其形似豹，而性好食鷄也。亦稱猫豹子，言其亦食猫也。

黄鼬　邑人名鼬鼠爲黄鼬。按郝懿行《爾雅義疏》云：「鼬鼠，順天人呼黄鼬。」本邑地屬北方，故方言有與順天同者。

長蟲　邑人呼蛇爲長蟲。以蛇體細而長也。

蛇出連　邑人呼蜥蜴爲蛇出連。蓋蜥蜴頭尾似蛇，其出而覓食也，行走甚疾，步步相連，故以爲名。

蝎虎　邑人呼守宫爲蝎虎。俗謂守宫能食蝎子，故名。

蝎子　邑人名蠆爲蝎子。按陸璣《詩疏》云：「蠆，幽州謂之蝎。」字亦作蠆。《説文》：「蠆，毒蟲也。」亦作蠤。《廣雅》：「蠤，蝎也。」

蛤蟆　邑人呼蛙爲蛤蟆。蛤蟆，蛙之鳴聲，故即以名之。

五色魚　邑人呼金魚爲五色魚。因金魚之顏色甚多也。

長蟲魚　邑人呼鱔魚爲長蟲魚。因鱔形似蛇，故名。

黏魚、綿魚　邑人呼鰌魚爲黏魚，因鰌魚身上有黏質；一名綿魚，因其身體光滑，細輭如綿也。

砍護螂　邑人名螳螂爲砍護螂。蓋螳螂之前肢爲鐮刀形，遇敵時則撑之以爲護身之工具，故以砍護螂爲名。

螞蚱　邑人呼蚱蜢爲螞蚱。蓋蚱蜢形頗似馬，故名。

拉虎傑　邑人呼螻蛄爲拉虎傑。蓋拉虎爲螻蛄之轉音。傑，言其形體雄猛也。

屎殼螂　邑人呼蜣螂爲屎殼螂。因蜣螂時棲息於屎殼中也。

跳圪蚤　邑人呼叩頭蟲爲跳圪蚤。因其善跳似蚤，故以名之。

癡老婆　邑人呼蠐螬爲癡老婆。因其棲息於腐木或糞聚中，動作遲滯，故以癡老婆名之。

熱滴拉　邑人呼蟬爲熱滴拉。按滴拉，簷水下滴狀。俗亦謂人之發言連續不斷者曰滴拉。蟬爲蟲之善鳴者，天愈熱，鳴聲愈連續不斷，故名熱滴拉。

土蚱　袁宏道《促織志》云：「促織有一種似蚱蜢，而身肥大，京師人謂之聒聒。」本邑名聒聒爲土蚱。土，當是促之變音。意蓋謂名爲促織，形似蚱蜢，故變名爲促蚱。久之遂又變爲土蚱耳。

寒蠦　邑人名蟋蟀爲寒蠦。按蟋蟀，一名蜻蛚。蛚，《唐韻》《正韻》皆良薛切，《韻會》力薛切，並音列。寒蠦之蠦，疑即列之轉音。

蚍蜉　邑人名蟻爲蚍蜉。按《爾雅義疏·釋蟲》：「蚍蜉，今順天人呼馬蚼。」蚼爲蟻之本字。本邑方言正與之反。

瞎蝱　謂牛蝱。

油蟲　謂蚜蟲。

麻螂　謂蜻蜓。

蛛蛛　謂蜘蛛。

毛衣蟲、支沙蟲　謂蚰蜒。

馬旱蟲　謂馬陸。

鞋底片　謂地鼈。

潮蟲　謂地蝨。

牛牛哥　謂蝸牛。

海簸箕　謂蚌蛤。

曲蟺　謂蚯蚓。

以上爲普通名詞。

ㄐㄧㄦ啦　謂今日。

ㄇㄧㄦ啦　謂明日。

ㄏㄡㄦ啦　謂明日之後一日。ㄏㄡㄦ，爲後日二字之合音。

外ㄏㄡㄦ　謂明日之後二日。

老外ㄏㄡㄦ、外外ㄏㄡㄦ　謂明日之後三日。

夜裏　謂昨日，言已經過一夜也。

前日　謂昨日之前一日。

前前日　謂昨日之前二日。

大前前日　謂昨日之前三日。

上ㄩㄚㄦ裏　謂前一個月。

ㄐㄧ年　謂今年。

年升　謂今年之前一年。按升有過去意，如官去任曰升任。年升，猶云去年。

前年　謂今年之前二年。

前前年　謂今年之前三年。

大前前年　謂今年之前四年。

過年　謂今年之後一年。
後年　謂今年之後二年。
老後年、後後年　謂今年之後三年。
早起　謂早晨。
黑ㄚ　謂夜間。
前晌　謂白晝之前半日。
後晌　謂白晝之後半日。
上ㄏㄡ　謂正午。
半前晌　謂上午九點至十點間。
大半前晌　謂上午十點至十一點間。
傍上ㄏㄡ　謂上午十一點以後未至十二點。
起晌　謂下午二點至三點間。
半後ㄤ　謂下午三點至四點間。
大半後ㄤ　謂日將落未落時。
傍黑　謂日初落後。
當ㄉㄨ　境内南區中有讀當初二字爲當ㄉㄨ者。如云當初某村人家無多，曰當ㄉㄨ某村人家無多。

頭裹　就時間説，謂從前。就空間説，謂前邊。

高頭　境内西山一帶，名上邊曰高頭。如棹子上邊曰棹子高頭。

膚頭　境内第一、第二兩區内，名上邊曰膚頭。如棹子上邊曰棹子膚頭。

ㄉㄧㄦ ㄉㄤ　即底下。

屋ㄉㄟ　謂屋裹。

以上爲在副位的名詞。

打噎噴　邑人謂鼻噴爲打噎噴。《蒼頡篇》：「噎，噴鼻也。」《玉篇》：「噎，噴也。」與本邑方言均合。

鯑齈帶　邑人謂去涕曰鯑齈帶。按《廣韻》：「齈，多涕；鼻疾。奴冬切。」「鯑，去涕也。」《集韻》鯑，許几切〔一〕。涕出如帶，故鯑而去之。

齆聲齆氣、齈鼻　邑人謂人發言時多鼻音者曰齆聲齆氣，亦曰齈鼻。按《廣韻》齆，烏貢切，音甕。《集韻》同。《字彙》：「鼻塞曰齆。」謂之齈鼻者，亦言其聲不清亮，如在囊中發音也。

拉屎、尿勃　邑俗謂屙屎曰拉屎，謂撒尿曰尿勃。蓋拉爲屙之變音，勃即牛溲馬勃之勃。

〔一〕 几：原誤作「倫」，據《集韻》改。

既以勃字作賓位名詞，自應以尿字作述語中之動詞也。

做營生　邑俗謂作工曰做營生。按《詩・大雅》：「經之營之。」朱熹注云：「營，謀爲也。」生，即生計與生活。營生者，蓋言人必謀爲生計，始能生活也。

幹繭　邑俗謂人之工作曰幹繭。蓋人之作事，猶蠶之作繭。名工作爲幹繭，義甚切當。

燎乾繭子　謂人之怠於工作而專事空談者。

露臉　邑俗謂作一事能得人贊許者曰露臉。蓋即出人頭地之意。

中意　邑俗謂某人器重某人曰中意某人。按《漢書・蒯傳》云：「所言中意。」中之言得也，如言「實獲我心」。

打秋風　邑俗謂强分人之有餘以助己之不足曰打秋風。《野獲編》載都城俗事對偶，以打秋風對撞太歲。秋風，亦作抽豐。《七修類稿》：「米芾札中有抽豐字，即世俗秋風之義。蓋彼處豐稔，往抽分之耳。故又作抽分。」譚宋浚《希古堂文集》載李鴻賓性愎而貪，洋商容阿華虧帑累累，鴻賓使諸洋商設法彌補，有以抽分之説進者，鴻賓遽允之。

瞅生　邑俗謂欺侮外來之客曰瞅生。按生，即人地生疏之生。魏野詩：「君爲北道生張八。」即此生字。

出蠱　邑俗謂破壞人之事曰出蠱。按《通志》：「造蠱之法，以百蟲置皿中，俾相啖食。其存者爲蠱。」《左傳》云：「皿蟲爲蠱，疾如蠱。」舊刑律有「造蓄蠱毒」之條，相傳苗猺之地有此俗，以蠱毒置人飲食中，能使人昏狂失志。出蠱，言出其所蓄之蠱毒以害人也。

打官司　邑俗謂兩造興訟爲打官司。按《通俗編》元人《抱粧盒》曲中有此三字。

打轂轆、包原　邑俗謂所存之貨一總賣出，共收價若干曰打轂轆，亦曰包原。按轂轆即轂輪，車賴之以進行。打轂轆，即一次將貨賣盡，不復前進之意。包原，謂將原有之貨，一包在内售去，不留一物也。

砸孤垛　邑俗謂結帳時不能依照正確數目核計，祇須約略結束者曰砸孤垛。按孤垛與孤堆同義，砸孤垛，猶云就是這一堆也。

吃水　邑人謂所買之物價值太貴曰吃水。按商人以成色低之銀，兑换足色之銀，應加錢貼補謂之貼水。吃水，蓋由貼水轉變而來。

跑坡　邑人名由崖下墜而身死者曰跑坡。略分兩種：一自盡，憤不欲生，則投崖殞命，與自縊投井等相同。二失足，採薪及覓掘五靈脂寒暑蟲之糞者，勇敢蹈險，往往失足傷生。

乾打雷　邑俗謂未雨而先播種曰乾打雷。按有雷無雨俗謂之乾打雷。今稱播種爲乾打雷者，特志其播種時無雨耳。

達大、依裏　邑人趕牲口行路時，欲其靠右邊行則呼達大，欲其靠左邊行則呼依裏。蓋古人以右爲上，行路亦然。大路在外，小路在裏。達大，即向大路行之意。依裏，即向裏邊走之意。

悄末聲　禁止人大聲談笑曰悄末聲。按《説文》：「悄，憂也。」凡心有憂者，其態度必沈静。故悄又作静解。曹唐詩：「樹影悠悠花悄悄。」末，作無解。《論語》「末由也已」「末如之何」皆是。悄末聲，言要静悄悄，不可有聲也。

以上爲名詞語。

乙、代名詞

ㄋㄢ 邑人普通對人自稱曰ㄋㄢ。即俺字之轉。

ㄋㄥ 境内第一、第四兩區大都對面稱人曰ㄋㄥ。即您字之轉。

ㄗㄢ 邑人普通對人稱公共所有者曰ㄗㄢ。如ㄗㄢ家、ㄗㄢ村、ㄗㄢ縣皆是。即咱字之轉。

ㄖㄚ 邑之東北區稱旁人曰ㄖㄚ。蓋以人家二字疾讀之，則爲ㄖㄚ。

ㄓㄜ 即這個二字之合音，讀去聲。

ㄋㄜ 即那個二字之合音，讀去聲。

ㄓㄚㄦ ㄓㄚㄦ 即這裏。上ㄓㄚㄦ字，讀上聲。下ㄓㄚㄦ字，讀去聲。

ㄋㄚㄦ ㄋㄚㄦ 即那裏二字，俱讀去聲。

ㄓㄟ ㄇㄟ 謂這邊。境内一二四五各區讀此音。

ㄋㄟ ㄇㄟ 謂那邊。讀音區域同前。

ㄓㄟ ㄇㄧ 亦謂這邊。境内三區讀此音。

ㄋㄟ ㄇㄧ　亦謂那邊。讀音區域同前。

ㄓㄟ ㄊㄨㄢㄦ　謂這地方。

ㄋㄟ ㄊㄨㄢㄦ　謂那地方。

ㄓㄟ ㄏㄨ ㄌㄢㄦ　亦謂這地方。

ㄋㄟ ㄏㄨ ㄌㄢㄦ　亦謂那地方。

ㄎㄚㄦ ㄨㄛ　當面指那裏言。二區南北寨一帶讀此音。

ㄋㄟ梁子　亦當面指那裏言。三區有此音。

ㄓㄟ回　謂這一次。

ㄋㄟ回　謂那一次。

ㄓㄟ ㄏㄨㄦ裏　當面指這一種物而言。

ㄋㄟ ㄏㄨㄦ裏　當面指那一種物而言。

ㄋㄛㄤ ㄉㄛ ㄉㄤ的　猶言那個。邑之東南梅莊一帶有此音。

丙、動詞

焙　邑人謂以火炙物曰焙。按《正韻》焙，步昧切。《六書故》：「烘也。」音義與本邑方言恰合。

熻　邑人謂以炭泥封火曰熻。按《集韻》：「熻，遏合切。藏火也。」本邑方言義爲藏火，音爲遏敢切。

滲　磁器或沙器或瓦器，盛水有小漏，邑人名其漏處爲滲眼。按《説文》：「滲，下漉也。」所禁切。

沈　邑人謂遇事不浮躁曰沈住氣。按《説文》：「沈，從水，冘聲。」冘下云：「冘冘，行貌。」段玉裁云：「冘者，遠望若行若不行之貌。」蓋有遲重深沈之意，與本邑方言之音義正合。又遇事即畏懼退縮者，人謂之沈不住氣。字當作𤆍。《玉篇》：「𤆍，用力也。」陟甚切。

漭　邑人謂物體從上向下滚去曰漭。按《正韻》漭，母黨切。宋玉賦：「涉漭漭。」注：「水廣遠貌。」水向下流，與物向下滚同義。

霍　邑人謂犧牲生命或財産，作孤注一擲者曰霍出來，或曰霍出去。霍，即揮霍之義。

丢　邑俗謂遺物曰丢下，失物曰丢了。按《篇海》丢，丁羞切。揚子《方言》：「丢，一去不還也。」〔一〕

紿　邑俗謂藏匿曰紿。按《廣韻》：「紿，徒亥切。欺言詐見。」凡欺詐人者，必藏匿真情。本邑方言或本於此，惟讀紿爲平聲如臺。

給　邑人談話時，讀給字其音大都如ㄐㄧ。城關附近讀ㄍㄟ，段莊馬村一帶讀ㄍㄜ。

〔一〕此條不見於《方言》。

惱　邑人謂恨人曰惱。字亦作懊。按惱、懊皆後起之字，本作㛴。《説文》：「㛴，有所恨痛也。從女，𡿺省聲。」

喊　大聲呼人，邑人謂之喊。《廣韻》：「喊，呼豏切。聲也。」又：「古斬切。喊聲。」本邑方言正讀呼豏切。

溜　邑人謂馬奔逸爲溜韁，人逃亡爲溜溝。按《蒼頡篇》：「溜，水垂下也。」水垂下，其流必迅疾。馬奔逸，人逃亡，其勢亦必迅疾。故借用溜字。

嗾　揚子《方言》：「秦晉冀隴謂使狗曰嗾。」《左》宣二年《傳》：「公嗾夫獒焉。」即其證也。《説文》：「嗾，使犬聲。」穌奏切。邑人使犬時其聲爲ㄙㄨㄟ，與穌奏切同聲而稍變。

札、篤　邑人謂以尖物刺人，重者音如札，輕者音如篤。按扎，從國音ㄓ聲。篤，從國音ㄉ聲。二字皆無刺義。惟查《説文》：「啄，鳥食也。」《詩》：「率場啄粟。」鳥嘴尖，食物爲啄。以尖物刺人，與鳥之以尖嘴食物無異，故亦可名爲啄。又《廣韻》屋韻，啄有丁木、竹角二切。丁，即國音之ㄉ聲。竹，即國音之ㄓ聲。然則本邑方言中之札、篤二音，蓋皆啄音之轉耳。

噎　邑人謂食哽曰噎。按《説文》：「噎，飯窒也。」烏結切。音義皆與本邑方言適合。

噦　邑人謂嘔吐爲噦。按《説文》：「噦，氣啎也。」於月切。《正字通》：「有物無聲曰吐，有聲無物曰噦，有物有聲曰嘔。」本地方言中，吐、噦、嘔三種名稱皆具，而稱噦者多，且其意皆指有物有聲者言。其有聲無物者，名曰乾噦。而噦字之音，正讀如於月切。

翹　邑人謂物價增漲曰翹。按《説文》：「翹，尾長毛也。從羽，堯聲。」「堯，高也。」段玉裁注翹字云：「尾長毛必高舉〔一〕，故凡高舉曰翹。《詩》：『翹翹錯薪。』」字亦作喬。《説文》：「喬，曲而高也。從夭，高省聲。《詩》：『南有喬木。』」亦高意。

安　邑人謂設置不輕易移動之物曰安。如云安水磨、安温罐等。按《爾雅·釋詁》：「安，止也。」

裝　邑人謂盛物曰裝。如錢囊可裝錢，倉囷可裝糧食。按《説文》衣部：「裝，裹也。從衣，壯聲。」段注：「束其外曰裝。」本邑方言即由束其外一義引申之耳。

串　邑俗謂赴戚家曰串親戚。按《正韻》：「串，物相連貫也。」讀穿之去聲。戚屬展轉相繫，舊稱瓜葛，亦稱親串。謝惠連《秋懷》詩：「聊用布親串。」

攙　老人或病人難於步履，人以手扶持之，邑人謂之攙。按《博雅》：「攙，鋭也。一曰扶也。」本邑方言正取扶義。

掐　邑人謂以手爪傷人曰掐。按，掐字，從手從臽會意，苦洽切。《魏書·程昱傳》：「昱於魏武前忿争，聲氣高，邊人掐之，乃止。」《説文》不録掐字，祇有搯字。搯，土刀切。與本邑所讀者不合。

〔一〕舉：原脱，據《説文解字注》補。

捅　邑人謂以手指引動人曰捅。按《説文》：「捅，推引也。」從總切。

扳　邑人謂手攀物曰扳。按《廣韻》删韻：「扳，挽也。布還切。」

扭　以手轉物，邑人謂之扭。按《廣韻》有韻：「扭，手轉貌。」

敲　邑人謂撻人曰敲。按《説文》：「敲，横擿也。」段注引《公羊傳》「以半摮而殺之」，摮，即敲字。

撕　邑人謂以手裂物曰撕。按撕，爲斯之俗體。《説文》：「斯，析也。從斤，其聲。」息移切。《詩》曰：「墓門有棘，斧以斯之。」蓋以斧析爲斯之本義，以手析爲斯之引申，故俗加手旁。本邑不讀息移切，讀爲國音之ㄙ。

劈　邑俗謂分物爲劈。按《集韻》：「劈，分也。」

稛　邑人謂以繩束物曰稛。按《説文》：「稛，絭束也。從禾，困聲。」苦本切。蓋禾熟刈而絭束之。本邑方言乃引申之義。

接　以彼樹之枝移於此樹，令此樹之花果變爲彼樹之花果，邑人名之爲接樹。按接樹之接，古作椄。《説文》：「椄，續木也，從木，妾聲。」《廣韻》葉韻：「椄，即葉切。續木。」

撈　邑人謂水中取物爲撈。與《通俗文》「沈取曰撈」義正合。

摘　邑人謂以手採取果實等物曰摘。按《廣韻》麥韻：「摘，手取也。陟革切。」與本邑方言正合。

捧　邑人謂兩手持物曰捧。按捧即奉之後起字。《説文》：「奉，承也。從手収，丰聲。」從収，正兩手持物意。

訓　邑俗謂長輩申斥幼輩曰訓。按《説文》：「訓，説教也。」徐曰：「訓者，順其意以訓之也。」本邑方言中之訓字乃引申之義。蓋長輩申斥幼輩，雖非説教，亦確有教誨之意存焉。

刮洗　邑俗謂以嚴辭責人曰刮洗。按刮者，有去舊使新之義。洗者，有去汙使潔之義。一曰刮鮮，鮮讀上聲，義與刮洗同。

降八　邑俗謂長輩以嚴辭責幼輩曰降八。按降字本作夅。《説文》：「夅，服也。從夂㐄相承，不敢並也。」下江切。「八，别也。象分别相背之形。」降八，即幼輩有背理之行爲時，長者執正言以降服之也。

待見　邑俗謂親愛曰待見。如親愛某人曰待見某人。蓋凡人對於所愛者，皆欲其頃刻不離左右，一時不見，則思之渴切，急望其來而見之。如王孫賈之母倚門倚閭，以望其子。《詩》「一日不見，如三秋兮」「既見君子，云胡不喜」「將其來施施」等語，皆待見之明證。或曰待爲愛之轉音，待見即愛見，亦通。

輕視　邑之東三莊謂兩人相互戲謔爲輕視。蓋言其過於狎昵，彼此不相尊重也。

供享　邑俗謂祀神曰供享神神。按供爲供給，享爲享受，本爲對待之單音動詞，今則合兩單音動詞爲一複音動詞矣。

白搭　邑人謂買物時於應得之分量外，如再多得，即名白搭。按搭，挂也。白居易詩：「熏籠亂搭繡衣裳。」〔一〕又附也。凡附加其上皆曰搭。如搭船、搭車。多得，即附加意，故稱搭。不費錢而多得物，故稱白搭。引申之，凡人不能獨當一面，僅挂名附於人後者，皆謂之白搭。

兑换　邑人謂以物易物曰兑换。《説文》：「兑，説也。」無交换義。而《荀子・脩身篇》云：「良賈不爲折閲不市。」楊倞注：「折，損也。閲，賣也。」謂損其所賣之物價也。《廣雅・釋詁》：「閲，數也。」折閲，即折數。閲，從兑聲。故折閲或作折兑。《宋史・食貨志》：「以鈔折兑糧草。」正是兑换之意。

厮跟　邑俗謂交友曰厮跟朋友。按厮，相也。厮跟，即出入相友之義。又男女苟合，邑俗亦謂之厮跟。

打攪　邑人謂無故擾人曰打攪。按《説文》：「攪，亂也。」意謂人因己忙亂不安也。

胡謅　邑俗謂人信口而談曰胡謅。按《廣韻》：「謅，初爪切。相弄。」《集韻》：「甾尤切，音鄒。小言私授謂之謅。」本邑方言義取相弄，而音則讀甾尤切。

胡弄　邑俗謂作事不認真爲胡弄，欺騙人亦曰胡弄。按《説文》：「弄，玩也。」《國語》：「弄吴國於股掌之上。」《詩》：「載弄之璋。」又戲也。《左傳》：「夷吾弱不好弄。」胡弄，即任意妄爲，以事爲兒戲之意。

胡鬼　邑俗謂任意妄爲曰胡鬼。按古有鬼物弄人之説，如《搜神記》載顓頊三子，死爲疫

〔一〕繡：原作「舊」，據《全唐詩》改。

鬼。一居江水爲瘧鬼，一居若水爲魍魎鬼，一居人宫室爲小鬼。皆鬼物弄人之證。胡鬼，亦言其遇事胡爲撮弄，如鬼物之作祟耳。

捉虎　邑俗謂欺騙人曰捉虎。蓋捉虎者，必設種種法術誘陷之。本邑方言或本此義。

古弄　邑俗謂圓物動轉爲古弄。按古弄爲滚字之合音，滚有旋轉而行義。又古弄當作轂輪。轂，車輪中心之圓木，總名爲輪。轂輪乃易於轉動之物，故即名動轉爲轂輪。輪，讀上聲。本邑ㄥ、ㄣ二韻不分，遂誤讀如弄。

格擰　邑俗謂足有疾行步艱難曰格擰。按格有限制意。擰義爲手持物捩之。捩，拗也，有不順之意。擰字從手，寧聲。寧，安也，有不動之意。因受限制，不能順利前進，故稱之爲格擰。或稱格能，亦言其進行之能力有限也。舊日纏足女子正犯此病。

咕噥　邑人謂人之小語爲咕噥。元雜曲：「這個咕，那個噥。」

古諾　邑人謂裹爲古諾。如肢體有傷，以布裹之曰古諾住。小兒初生，以兒衣裹之曰古諾小孩。蓋古諾正切裹字。

提摟　邑俗長者命幼童取水，恒曰提摟壺來。按《説文》：「提，挈也。」揚子《方言》：「褭持謂之摟。」〔二〕

〔二〕此條不見於《方言》。

錮漉　市中有補故鐵器者謂之錮漉。如云錮漉鍋是也。按《説文》：「錮，鑄塞也。」段注云：「凡銷鐵以窒穿穴謂之錮。」漉下云：「一曰水下貌。」水下，即漏之象。器已漏而錮之使不漏，故謂之錮漉。

攛掇　俗謂勸人作某事爲攛掇。按朱子與人書云：「告老兄，且莫相攛掇。」

估衒　邑俗謂以花言巧語誘勸人爲估衒。《隋書》：「開皇中，有曹妙連等皆妙絶管絃，恃其音技，估衒公王之間，争相慕尚。」按此爲自炫鬻其術者。本邑方言中之估衒，意與慫恿同。估，或是鼓動之鼓。衒，或是掀風播浪之掀。

格搗　邑俗謂婚事女家苛索財物，不令安然迎娶；喪事人主家横行勒索，不令安然出殯，皆曰格搗。搗，蓋即俗所云搗亂之意。

砍剁　邑俗謂人處事決斷曰有砍剁。按砍剁二字，義皆訓斫，即朱子《語録》中「一刀兩斷」之意。

掂操　邑俗謂以手度物之輕重曰掂操。按《字彙》：「掂，丁廉切。手掂也。」字本作敁。《廣韻》《集韻》敁並丁廉切。敁敠，稱量也。

哺咂　邑人謂咀嚼食物有聲曰哺咂。按《説文》：「哺，哺咀也。」《淮南子注》曰：「哺，口中嚼食也。」咂，爲噆之俗字。《説文》：「噆，嗛也。」「嗛，口有所銜也。」凡食物之有厚味者，愈哺噆，味愈出。哺，薄故切。噆，子荅切。

撇霍、捨撇　賣物者不力争善價，祇以賤價售出其貨曰撇霍。按撇即抛撇之撇，霍即揮霍之霍。撇霍，猶云棄擲之也。一曰捨撇，義亦同。

煞閣　邑俗謂事完了曰煞閣。按煞有收束義，閣有停止義。

ㄑㄧㄟ　邑之東北區談話時，説起字爲ㄑㄧㄟ。蓋以起嘿二字疾讀之，則爲ㄑㄧㄟ。

ㄋㄡ　邑人普通稱工作曰ㄋㄡ。如問人現正工作何事，曰你ㄋㄡ甚麽。

ㄕㄞ　邑之西北部謂打人爲ㄕㄞ。如我打了某人一頓，曰我ㄕㄞ了某人一頓。ㄕㄞ，讀平聲。

ㄗㄡ　邑之東北部謂打人爲ㄗㄡ。如我打了某人一頓，曰我ㄗㄡ了某人一頓〔一〕。ㄗㄡ，讀去聲。

ㄓㄡ　邑人謂以足踢物曰ㄓㄡ。

ㄇㄧㄡ　境内第三區稱没有二字爲ㄇㄧㄡ。蓋没有二字，疾言之則爲ㄇㄧㄡ。

丁、形容詞

胖　邑人謂肉肥曰胖。按《廣韻》胖，匹絳切。《玉篇》：「胖，脹也。」《集韻》：「一曰廣肉。」本邑方言音讀匹絳，義取廣肉。

柔　邑俗謂緩漫曰柔，讀去聲。蓋從柔弱之義引申而出。或曰字當作肉，讀柔之去聲。凡人之肉肥者，其行動必遲緩，因謂遲緩曰肉。其説亦通。

〔一〕ㄡ：原誤作「ㄠ」，據上下文改。

陡　邑人稱人之闊綽或發達者爲陡。如曰某人陡起來了。按陡字本作阧。《集韻》：「阧，峻立也。當口切。」《玉篇》：「阧，峻也。」

㔟　遇事不肯相下，邑人謂之有㔟勁。按《説文》：「㔟，迫也。從力，强聲。」巨良切。邑人讀作去聲，如ㄐㄧㄤ。凡物受壓迫力愈大，則其反動力亦愈大，邑人讀㔟之意義蓋本於此。

棱　邑俗謂粗魯人曰棱。按《廣韻》：「棱，魯登切。四方木也。」粗魯人性多方正剛直，故以棱名之。棱，本邑讀去聲。字亦作楞。

膻　邑人謂羞曰膻。如害羞亦云害膻。按膻爲獸肉腥臭之氣，與羞義無涉，或者因羞字從羊，膻亦羊肉味，故連類而及之歟？

饞　邑人謂嗜食甘旨，不欲食惡食者爲饞。按《廣韻》：「饞，才三切。不廉。」凡不欲食惡食者，見人食甘旨，必有貪食之念，正合不廉之義。惟本邑所讀之音爲楚銜切。

沾　邑俗謂任作何事能勝其任曰沾，反之曰不沾。沾不沾，猶言行不行、可以不可以。按沾當是黏字。《説文》：「黏，相著也。」相著則兩物合爲一物，爲作事成功之象徵。惟黏爲女廉切，而本邑方言則讀作職廉切之占聲。

得　邑人稱物之美曰得。讀ㄉㄟ。如所食之飯味甚佳美，曰這飯才得哩。

殄　陘城附近謂事已失敗，不可收拾曰殄。按《爾雅·釋詁》：「殄，盡也。絶也。」《論衡》：「殄者，死之比也。」

ㄥ　邑俗謂遇事困難無法理處曰ㄥ。按了字倒書爲ㄥ，其音讀如國音之ㄌㄧㄠ。本邑方言音爲ㄌㄧㄛ，而義則爲了。

黠　邑人名行爲不正之人曰黠。按《説文》：「黠，堅黑也。」段注：「黑之堅者也。引申爲奸巧之稱。」《貨殖列傳》云：「桀黠奴。」謂其性堅而善藏也。《方言》曰慧。「自關而東，趙魏之間謂之黠，或謂之鬼。」《廣雅》：「黠、鬼，慧也。」《廣韻》胡八切。本邑不讀胡八切，而讀如國音之ㄍㄚ。

黠孤　邑人名凡物之壞者曰黠孤。蓋人壞則無人理，物壞則無人問，其勢必孤也。

下作　邑俗稱人之貪食者曰下作。按下有賤義。《孟子》曰：「飲食之人，則人賤之矣，爲其養小以失大也。」養小失大爲下流行爲，故云下作。

窩囊　邑俗謂不潔浄爲窩囊。按窩囊二字，析言之皆爲藏物之所。今以之形容不潔者，蓋言汙穢物太多，如或故意藏儲之也。

高也　邑人見人作事有失者，恒曰你真高也。按高也二字出《中庸·至誠無息》章。此乃反言以譏之耳。且大都爲以上行下之辭。

拐骨　俗謂心術刁鑽古怪、曲而不直之人爲拐骨。按《正字通》：「拐，古買切。俗謂拐騙。」骨即骨董，有零雜意。東坡嘗取飲食雜烹之，名之爲骨董羹。字或作怪古，有索隱行怪之意。

蹺欹　俗謂事違常道曰蹺欹。按《朱子語類》：「聖賢語自平正，卻無蹺欹如許。」是則蹺欸二字，宋時已通行之矣。

古懂　俗謂好以滑稽之言動引人發笑者曰古懂。意與骨董略同。蓋言其詼諧百出，如骨董物之百怪千奇也。

粗糙　邑人謂凡物之不精細者爲粗糙。按粗糙，本專言米之未精者。本邑方言蓋引申而推廣之也。

懵懂　邑人謂人不慧曰懵懂。按《廣韻》懵，莫孔切。懂，多動切。懵懂，心亂。惟其心亂，故不慧。

麻胡　邑人謂作事不細心爲麻胡。《通俗編》：「形狀醜駁，視不分明曰麻胡。」字亦作末豁。魏泰《臨漢隱居詩話》：「末豁，北人謂麤疏也。」

別謬　邑人謂不順當曰別謬。如云某人性情別謬、某文字句別謬是也。按《説文》：「別，分解也。」「謬，狂者之妄言也。」總之別謬者，與衆不同之意也。

泥歪　邑俗謂人之性質別謬，作事不爽快者爲泥歪。按《廣韻》泥，奴計切。《集韻》《韻會》《正韻》乃計切，並音尼去聲，滯也。《論語》：「致遠恐泥。」歪字本作竵。竵，從立咼。咼爲土釜，釜無足，而欲令其立，勢必遲滯。今合泥歪二字爲一詞，正是糾纏之意。

邋遢　《敬止録》云：「俗謂人之不潔者爲邋遢。」邑人亦有此語。

側棱　邑俗謂人之舉止粗暴者曰側棱。側棱，即不平之義。

失愛、受侵、難挨　邑之中部揶揄人之裝飾或物品惡劣者恒曰失愛，或曰受侵，或曰難挨。蓋失愛，即不受歡迎之意。受侵，言不但未能受獎，且應受責。難挨，謂見之令人不痛快也。

拘巴　邑俗稱人之性情固執者曰拘巴。按拘巴爲拘板之轉音。拘板，言其板滯不靈也。

寒塵　邑俗謂厲害曰寒塵。按寒即寒微之寒，塵即塵垢之塵。寒微之人，塵垢滿身，恒爲人所厭惡。然人之厲害者，以威勢陵人，亦未有不討人厭者。寒塵討人厭，而厲害亦討人厭，故稱厲害人爲寒塵。引申之，凡厲害之事，皆可稱爲寒塵。

箇調　邑俗稱人之言行特别與衆不同者爲箇調。言其箇人獨自一樣，不與衆人同調也。一曰箇調成，三字皆讀上聲。

可柳　邑俗謂灣曲不直曰可柳。按柳質柔弱，可矯揉之以造作器物。《孟子》以杞柳爲桮棬是也。本邑方言中之可柳，或本於此。俗曰「可柳拐灣」。

卵活　邑人謂危險曰卵活。按《漢書》有「乘累卵之危」一語。蓋卵爲圓物，重累則活動易仆。以之喻危險，甚切當。《廣韻》果韻卵有力管、郎果二切。本邑平常讀卵爲力管切，而卵活二字連讀則讀卵爲郎果切，且二字俱讀平聲。

樂活　邑人有名快活爲樂活者。如云某人的日子非常樂活。

精神　邑俗謂身體康健，精神活潑曰精神。身體有病曰不精神。又身體雖康健，而精神遲鈍亦曰不精神。按精神本名詞，此則用作形容詞。

結實　邑俗謂人之康健曰結實，謂物之堅固亦曰結實。按植物由苗而秀而實，植物至結實爲發達成熟之象，故以喻人之康健與凡物之堅固。

老傍　邑俗謂人之忠實者曰老傍。按《説文》：「傍，近也。」步光切。段注云亦讀去聲。老傍，言其忠厚老誠，可與之按近也。

謇可、謇八　邑人謂口吃曰謇可，亦曰謇八。按《廣韻》：「謇，吃。又止言。九輦切。」《通俗文》曰：「言不通利謂之謇。」謇字，本邑不讀九輦切，而讀作國音之ㄐㄧㄝ。又按《説文》：「可，從口，從乚。」段注云：「口气舒。」「乚，反丂也。」「丂，气欲舒出，ㄅ上礙於一也。」口气本欲舒，而竟上礙於一，故曰謇可。又八字，《説文》訓别。别，分别。猶俗云清清楚楚。今欲别而竟謇，故曰謇八。

中用　邑人謂幼兒能供役使者爲中用，反之即爲不中用。按《左傳》成二年：「郤子曰：克于先大夫，無能爲役。」杜預注：「不中爲之役使。」即不中用之意。

起臺　邑欲謂人之相貌魁偉者曰起臺，反之爲不起臺。按《説文》：「臺，觀四方而高者。」據此則起臺二字，似有出衆之意。

通局　邑人謂人對於某事能識别清楚者曰通局。按棋枰曰局，世運時會亦曰局。《禮》：「左右有局。」謂軍之左右有部分，不相濫。通局，言於事之内容，能明瞭其細微曲折也。

離把　邑俗謂於某事不甚精通爲離把。按把之爲言柄也，如車柄曰車把、刀柄曰刀把。

離，去也。離把，猶言未能操刀，有不勝其任之意。

裝算　邑俗稱人之矯揉造作者曰裝算。按算，謀畫也。如云胸有成算。裝有修飾意，如宫室曰裝修。又有藏置意，如孔稚圭文：「牒訴倥傯裝其懷。」裝算，蓋言其藏所短而露所長也。

糟糕　邑人謂作事成績不佳爲糟糕。按糟當作熷。《説文》：「熷，㸑也。」「㸑，火所傷也。」物爲火所傷則壞，物壞曰熷。事猶物也，故事壞亦曰熷。糕，以黏米爲之，可以爲團。熷糕，猶云熷成一團也。

跑頭　邑俗謂待客時所備食物豐富曰跑頭。意蓋言與他人相比，可以首屈一指，如俗云數一數二是也。

對勁　邑俗對於敵方不懼怯，恒曰對勁。按對，敵也。即仁者無敵之敵。勁，彊也，或作勍。《左傳》：「勍敵之人。」

得勁　邑俗謂身體舒適曰得勁。稍有小病曰身上不得勁。此勁字指彊健言。

白不ㄗㄚㄦ　邑人謂不妨事曰白不ㄗㄚㄦ。如甲有小病，乙知之，問曰：你的病怎樣？甲答曰：白不ㄗㄚㄦ。ㄗㄚㄦ，即怎之轉音。

蒙不清　對於某事不明瞭，人或問之，則答曰蒙不清。按《小爾雅·廣詁》：「蒙，覆也。」曚爲目不明，曚爲日不明，朦爲月不明。有物覆之，故不明。不明，故不清也。

没把鼻　邑人謂事之無把握者曰没把鼻。按《五燈會元》大溈喆偈云：「月生二，東西南北没把鼻。」雪峯欽偈云：「不瞥地，蹉過平生没把鼻。」把之言柄，鼻之言紐，蓋以器爲喻。

歪三扭四、歪二看三　邑俗稱無賴之徒舉止不正者曰歪三扭四，或曰歪二看三。猶云不三不四也。

忽地忽山、忽地忽他　邑俗謂人言語詭詐不可憑信者曰忽地忽山。言其所言者忽而若平地，忽而若高山，詭變百出，不知其意究竟何在也。亦曰忽地忽他。言地與他二字形近，忽而似地，忽而似他，不知其究竟何似也。

閃閃忽忽　邑俗謂言行不可靠之人曰閃閃忽忽。四字形容頗當。

鬼鬼祟祟　今俗詈人之行事不光明者曰鬼鬼祟祟。即鬼物爲祟之意。邑人亦有此語。

鬼眉眓眔眼　邑人謂小兒伶俐而帶狡滑者曰鬼眉眓眔眼。按鬼眉與鬼頭同義。眓，《唐韻》《集韻》並呼括切，音豁。《博雅》：「眓眓，視也。」眔，《唐韻》徒合切，《集韻》達合切，並音沓。《説文》：「目相及也。」眓眔，蓋目光活動，而氣象不正也。

ㄇㄚ利、ㄌㄨㄛ利、ㄙㄨㄛ利　皆言人之敏捷輕便。

傻傻糊糊、憨不楞登　皆言人之面貌痴呆。

傻兒瓜咕、傻溜不ㄊㄚ　皆言人之不聰慧。

提留他拉　謂人之衣服不整齊。

稀稀胡胡、稀量胡塗　皆言人之處事寬大而不精細。

稀溜光盪、ㄌㄦ樓忽沓、ㄥ二郎當　皆言人之性情荒唐。

格成成的、格周周的　謂人之自滿者，有拏腔做勢之意。

布ㄌㄧㄤ布捨的　謂人之自治聰明，行動不安穩者。

以上爲普通形容詞。

ㄙㄥ　境内南北寨一帶讀單位數之四爲ㄙㄥ，音如僧之去聲。如四百四十四個銅元，讀作四百四十ㄙㄥ個銅元。

ㄙㄚ　邑俗讀單位數之三爲ㄙㄚ。如三百三十三個銅元，讀作三百三十ㄙㄚ銅元。ㄙㄚ下不能用個字。

ㄌㄧㄚ　邑人讀單位數之二爲ㄌㄧㄚ。如二人曰ㄌㄧㄚ人，二枚銅元曰ㄌㄧㄚ銅子。惟用法僅限於單位數，不能與十位以上之數連用。

ㄧㄛ、ㄧㄝ　邑人普通讀單位數之一爲ㄧㄛ。如一人曰ㄧㄛ人，一枚銅元曰ㄧㄛ銅子。蓋ㄧㄛ爲一個二字之合音。惟第三區則讀一爲ㄧㄝ，如云ㄧㄝ人、ㄧㄝ銅子。

單　邑俗名數之單位爲單。如云五月單五、梁山一百單八將是也。

一頓　邑人謂食飯一次爲一頓。按《世説》羅友嘗伺人祠，欲乞食。主人迎神出，曰：「何得在此？」答曰：「聞卿祠，欲乞一頓飯耳。」

一遭、一盪　往某處一次曰走一遭，一曰走一盪。按《説文》：「遭，遇也。一曰邐行。」即所謂周遭也。字亦作𧽍。《説文》:「𧽍,終也。」一𧽍即一終,猶云一次。《廣韻》:「遶,徒浪切。過也。」走一遶,猶云走一過也。

一格把　邑俗對人説明錢數,且以手指形容之,恒曰有這長一格把。把,握也。格,有限制意。

個擰ㄏㄧㄥㄦ　邑人形容極少數,恒曰個擰ㄏㄧㄥㄦ。按個爲單位之一,整數之最少者。擰有拈取義。於一個中僅拈取其一小部分,正所謂極少極少也。

ㄧㄊㄨㄚㄦ　按一塊地方言。

以上爲數量形容詞。

戊、副詞

可　邑人恒以可字作形容詞之副詞。如稱物之好曰可好哩,稱物之壞曰可壞哩,其形容詞下恒有哩字。

ㄅㄥ　邑人恒以ㄅㄥ字作形容詞之副詞。與很字、挺字同意。如贊人之字體佳曰寫的ㄅㄥ好,贊人之手工好曰做的ㄅㄥ細。惟此項形容詞,衹限於好的一方面。

光　邑人讀光字有衹字義。如云這義務光我盡,别人都不盡。

ㄅㄧㄝ、ㄅㄧㄢ、ㄅㄧㄥ　猶云不要如此。如言你不要生氣曰你ㄅㄧㄝ生氣,或曰你ㄅㄧㄢ生氣,或曰你ㄅㄧㄥ生氣。因人不同,隨地而異。

湊巧　邑人謂不期而遇爲湊巧。按《説文》：「湊，水上人所會也。」湊巧，乃適逢其會之意。蓋由會字引申之。

格夥　邑人謂兩家合夥作一事曰格夥。按《説文》：「敆〔一〕，合會也。從攴合。」古沓切。《爾雅·釋詁》：「欱，合也。」郝懿行《爾雅義疏》云：「今人同爨共居，謂之敆火。」本邑方言中之格夥，疑即欱火之轉音。

插嘴　兩人相語時，突有第三者加入，邑人謂之插嘴。按插字當作婚。《説文》：「婚，疾言失次也。」與儳言同意。

吃氣　邑俗謂用力曰吃氣。與使勁同意。

拉倒　邑俗謂事之了結曰拉倒。猶云一筆抹煞也。

不ㄉㄢ　邑人稱不再如此曰不ㄉㄢ。如幼輩有過失，長輩申斥之，幼輩必曰：「我不ㄉㄢ。」猶云我以後不再如此作也。

一裹腦　謂一共。如云這點點小事，我一裹腦子做完牠吧。

差一嗎　即差一點之意。境内南區有此語。

無拉ㄍㄚㄦ　邑人稱無緣無故曰無拉ㄍㄚㄦ。如甲受乙之侵侮，語人曰：「我没惹他，他

〔一〕敆：原誤作「欱」，據《説文解字》改。

無拉ㄍㄚㄦ哩欺侮我。」義與無端同。

怨不的　邑人於事過後明瞭真相而説明時，恒有怨不的三字之發語詞。即怪不得之意。如夏季天氣炎熱，一日忽涼爽異常，人咸怪之，嗣訪知附近某處前一日雨冰雹甚大，則曰：「怨不的今天這樣涼爽。」

合不著　邑俗謂事之不合算者曰合不著。按《前漢・貨殖傳》：「蘖麴鹽豉千合。」師古注曰：「蘖麴以斤石稱之，輕重齊，則爲合。鹽豉以斗斛量之，多少等，亦爲合。合者，相配耦之言耳。」合不着，猶俗言算不起帳來。

不當滑滑的　邑中迷信婦女遇事恐神見怪，開口便曰不當滑滑的。按《石頭記》寶玉言：「配補藥，最好用墳墓内珍珠寶石。」王夫人聽了道：「阿彌陀佛！不當家花拉的。」與此同意。

可ㄅㄚㄦ　縣城附近及第二區南部有此音，猶云是的。如甲有物於此，乙問之曰：「這是你的嗎？」甲則曰：「可ㄅㄚㄦ。」猶云可不是嗎。

ㄌㄡ是　邑人説就是二字時，其就字恒作ㄌㄡ。如就是這個曰ㄌㄡ是這個，就是你和我好曰ㄌㄡ是你和我好。

ㄗㄨㄚㄦ是　境内東三莊遇事表示肯定時，有ㄗㄨㄚㄦ一音。其下恒接一是字，爲絶對的語氣。如這事我絶對不承認，曰「這事我ㄗㄨㄚㄦ是不承認」。

巴巴是　肯定語，即決然是之意。按《渭南集》：「巴巴，甚極之義。」元人小説言期望之極曰「眼巴巴」。

也許是、挂八是、ㄏㄢ怕是、ㄏㄨㄦ啦是　皆疑其是而不敢必其是之語氣。也許是、挂八是、ㄏㄢ怕是三種，境内普通行之。ㄏㄨㄦ啦是，惟東北區有此音。

這算是　有事過而後悔之語氣。

錯轉是　與除非是義同。有特别鄭重之意。

以上爲普通副詞。

ㄕㄚ　即什嗎。蓋以什嗎二字疾讀之則爲ㄕㄚ。境内微水一帶有此音。

ㄙㄚ　亦即什嗎。城關附近有此音。

ㄕㄚㄦ　即ㄕㄚ之輕音。威州段莊一帶有此音。

ㄇㄦ　亦謂什嗎。如問人有何工作曰幹ㄇㄦ，問事之起由曰爲ㄇㄦ，境内第三區附近平山縣各鄉皆讀此音。

ㄍㄚㄦ　猶云幹甚麼。邑之東北區附近平山各鄉有此音。如問人幹甚麼曰你ㄍㄚㄦ。

ㄋㄡㄕㄚ　猶云幹甚麼。境内第一、第四兩區有此音。

ㄗ麼　即怎麼，疑問詞。

ㄗㄚㄦㄌㄢ　猶言怎麼樣了，亦疑問詞。境内窟窿峯一帶有此音。

ㄗㄚㄦㄌㄟ　意義同前。邑之東北區有此音。

ㄗㄨㄚㄦ ㄉㄢ　意義同前。城關附近有此音。

ㄗㄚㄏㄚㄦ ㄉㄢ　意義同前。境内賈莊一帶有此音。

ㄗ麽鬼　猶云這該怎麽辦。有驚懼意。境内窟窿峯一帶有此音。

ㄗㄚ鬼　猶云爲什麽這樣。有憤恨語氣。境内微水一帶有此音。

以上爲疑問副詞。

己、助詞

啊、呀　境内賈莊、窟窿峯一帶面呼家中長輩時，恒以啊或呀爲尾音。如呼父曰爹啊，或曰爹呀，呼母娘啊，或曰娘呀。

來　境内第一區之東北部、第二區之南部面呼家中長輩時，恒以來爲尾音。如呼父曰爹來，呼母曰娘來，呼兄曰哥哥來，呼姊曰姐姐來。

一ㄤ　境内北楊家溝一帶面呼家中長輩時，恒以一ㄤ爲尾音。如呼父曰爹一ㄤ，呼母曰母一ㄤ。

ㄚ　邑人讀家字，往往去其上半截之ㄐ一聲，祇讀其下半截之ㄚ韻。如周家坑曰周ㄚ坑，張家康家曰張ㄚ康ㄚ。

ㄉㄜ〔一〕　邑人普通於名詞後恒帶ㄉㄜ之尾音。如麥子曰麥ㄉㄜ，穀子曰穀ㄉㄜ。

〔一〕ㄉ：原誤作「ㄉ」。下一「帶」下「ㄉ」同。

ㄨ　境内孫莊、防口一帶恒於名詞後帶ㄨ之尾音。如麥子曰麥ㄨ，穀子曰穀ㄨ。

ㄥ　境内南區王幫、胡家灘一帶恒於名詞後帶ㄥ之尾音。如麥子曰麥ㄥ，穀子曰穀ㄥ。

ㄛㄡ　境内南北陘一帶恒於名詞後帶ㄛㄡ結合音作語尾。如麥子曰麥ㄛㄡ，穀子曰穀ㄛㄡ。

ㄌㄠ、ㄌㄢ　邑人普通讀語尾之了爲ㄌㄠ，或爲ㄌㄢ。如問人曰：「你吃過飯ㄌㄠ？」答曰：「我吃過ㄌㄢ。」

ㄅㄞ　境内東北區恒於動詞後帶ㄅㄞ之尾音。如讓人吃飯曰吃ㄅㄞ，促學生讀書曰好好念ㄅㄞ。

不ㄌㄞ　境内方嶺一帶恒於動詞後帶不ㄌㄞ之尾音。如讓人吃飯曰吃不ㄌㄞ，促學生讀書曰好好念不ㄌㄞ。

可來的　境内白王莊一帶恒以可來的三字作語尾。如有物於此，人問這是誰的，答曰：「我的吧可來的。」促人行走曰走吧可來的。三字上恒接吧字。

庚、感歎詞

偌　邑人意有所驚，往往發聲曰偌。按《集韻》：「偌，人夜切。去聲。姓也。」不作驚懼解。疑是儺之轉。《説文》：「儺，意膬也。」段玉裁云：「意膬，謂有此意而不堅。」《玉篇》：「儺，意急而懼。」《通俗文》：「驚聲曰儺。」

哈哈　笑聲。本作歌歌。《廣韻》箇韻：「歌，呼哥切。歌歌，大笑。」亦作嚇嚇。古諺有「田公笑嚇嚇」之語。俗誤讀平聲，並訛爲哈。本邑方言蓋沿俗而來也。

唉唉　可惜之意。上唉字去聲，下唉字平聲。邑中婦人之年長者對話時，恒有此項嘆詞。

我偌的留　恨罵意。境内第一區城關附近有此音。

我ㄖㄋㄛ丟　亦恨罵意。境内第二區北部有此音。

我ㄖㄋㄛ你ㄌㄛ的　亦恨罵意。第二區中部有此音。

我ㄖㄋㄛ ㄌㄛ ㄌㄟ ㄔㄟ　表示不以爲然且帶恨罵意。境内白王莊一帶有此音。

〔乾隆〕元氏縣志

【解題】王人雄纂修。元氏縣，今河北省石家莊市元氏縣。「方音」見卷一《地里志》中。録文據乾隆二十三年（一七五八）刻本《元氏縣志》。

方音

學讀作鴞。習讀作西。禄讀作路。郁讀作於。格隔讀作潔。客讀作怯。獨讀讀作都。翟宅讀作齋。瘧讀作要。俗宿粟肅讀作須。給讀作紀。獲讀作槐。額讀作葉。箔讀作鑣。一亦讀作以。雜讀作咱。局讀作居。略讀作料。閣讀作稿。國讀作鬼。入聲。雹讀作包。疃讀作團。峪讀作又。阜讀作富。歐讀作偶。胞讀作拋。宦讀作煥。耕讀作經。耿讀作景。

靡讀作梅。鞘讀作峭。役讀作異。及極讀作幾。覺讀作教。欲玉毓讀作遇。麥讀作賣。墨讀作妹。落讀作澇。索讀作掃。入聲。肉讀作柔。去聲。拾十石讀作時。筆讀作北。莫讀作磨。獄讀作遇。伏讀作扶。蜀熟贖述屬秫俱讀作書。族卒讀作租。軸讀作猪，又作兕。平聲。粥讀作周。入聲。物勿讀作務。立力讀作利。葉讀作夜。白讀作百。平聲。陸六讀作劉。去聲。牛讀作紐。平聲。道讀作到。達讀作打。平聲。石讀作担。律讀作慮。率讀作衰。去聲。樂讀作要。羅敵讀作低。

按爲政務近人情，今筮仕者往往多東西南北之人，語言未通，何論人情焉？故略採方音，附地里末，所不及詳者，推而廣之可也。

〔同治〕元氏縣志

【解題】胡岳修，趙文濂等纂。同治十三年（一八七四）修。元氏縣，今河北省石家莊市元氏縣。「方音」見卷一《地里志》中。録文據光緒元年（一八七五）新刻本《元氏縣志》。

方音

學讀作鴞。習讀作西。禄讀作路。郁讀作於。格隔讀作潔。客讀作怯。獨讀讀作都。瘧讀作要。翟宅讀作齋。獲讀作槐。額讀作葉。給讀作紀。一亦讀作以。蜀熟贖述屬秫俱讀作書。箔讀作鏣。國讀作鬼。入聲。軸讀作猪，又作兕。平聲。靡讀作梅。及極讀作幾。宧讀作焕。索讀作掃。入聲。略讀作料。族卒讀作租。麥讀作賣。筆讀作北。伏讀作扶。粥讀作周。入聲。葉讀作夜。石讀作担。樂讀作要。牛讀作紐。平聲。律讀作慮。道讀作到。白讀作百。率讀作衰。去聲。達讀作打。平聲。雹讀作包。阜讀作富。糴敵讀作低。莫讀作磨。墨讀作妹。覺讀作教。物勿讀作務。鞘讀作峭。耕讀作經。歐讀作偶。肉讀作柔。去聲。疃讀作團。閣讀作稿。雜讀作咱。局讀作居。峪讀作又。胞讀作拋。耿讀作景。立力讀作利。役讀作異。落讀作澇。獄讀作遇。俗宿粟肅讀作須。欲玉毓讀作遇。拾十石讀作時。陸六讀作劉。去聲。

〔民國〕元氏縣志

【解題】王自尊修，李林奎等纂。元氏縣，今河北省石家莊市元氏縣。「方言」見《風土》中。録文據民國二十年（一九三一）鉛印本《元氏縣志》。

方言

天文

俗稱日爲老爺。稱月爲老姆。稱雹爲冷子，雹讀若包。雲爲雲彩，彩俗讀若才。稱電爲閃。稱虹爲絳。掃帚星即彗星。牽牛郎三星，天文家稱爲河鼓，並非二十八宿中牽牛星。供織女星甚明，古詩只稱織女，或名曰天孫。參七星，詩人指爲三星，俗語云參兒，是爲土音。泉昴即昴星。

地理

坷拉，蓋《楚辭》「坎壈」兩字的轉音，指土塊而言。河，土音若活平聲。

動物

土語頭服，指牲畜言。《詩》云「兩服上襄」，指頭等駕轅馬。《元典章·刑例》有「偷頭口」條，「凡達達漢兒人偷頭口一個，賠九個」，今俗音讀若頭胡。俗呼蝗爲螞蚱。呼蜻蜓爲麻郎。螳螂爲刀郎〔一〕。蚯蚓俗名出蟮，曲、出音相近。

植物

秫秫稭，即高粱莖。烏霉，高粱不秀無實。啞穀，穀不秀無實。蒲公英，俗轉爲婆婆丁。藜爲落藜科。蕨爲拳曲菜。薺爲拉拉菜，亦謂爲麥夾。

三族稱謂

稱祖父爲爺爺。《木蘭詞》「阿爺無大兒」，是爺本父稱，俗呼祖爲爺爺者，猶言爺之爺也。祖母爲嬭嬭。《博雅》：「嬭，母也。」奴解反。俗稱祖母爲嬭嬭。《説文》爾本作尒，故嬭亦作妳，俗又作奶。父爲爹。母爲孃，以呼母蓋始六朝《木蘭詞》「朝辭爹孃去」。今俗又讀作娘。

〔一〕爲：原誤作「有」。

《廣韻》：「孃，母稱。」「娘，少女之號。」分别最晰，自當嚴别之。元俗讀若鳥平聲。大伯子，妻謂夫兄。小叔子，妻謂夫弟。叔讀若收。舅稱翁翁。唐德宗謂郭子儀曰：「不痴不聾，不作家翁。」今俗謂舅爲翁翁，字亦作公公。《漢・賈誼傳》：「抱哺其子，與公併倨。」姑稱婆婆。《廣雅》：「婆，老女稱也。」《證俗文》：「東齊稱舅姑曰翁翁、婆婆。」大舅子、小舅子，即内兄弟。姑爺，女壻，女之丈夫，又謂之嬌客。連襟，即同門女壻。親家，子女之舅姑。女兄呼爲姐姐。

食物

爐食，即糕點。饃饃，即饅頭，有餡者曰飽子。煎餅，即豆麵簿餅，有以黄菉豆末製者，爲元邑特産。扒糕，蕎麥麵糊所作，俗謂之灌腸。麻唐，他縣名爲油炸鬼，今俗以麥粉和礬作之，一名油炸鬼。《越諺》云：秦檜害岳飛，民心不平，以麵粉捏檜夫妻，兩身扭纏，減其四肢，油烹食之。檜讀如鬼。語近荒誕，姑存之。河漏，爲湯餅類。王楨《農書》云：「北方種蕎麥，磨麵作湯餅，謂之河漏。」土俗讀漏若勞。麵條，即湯餅，古名不托。元俗以蕎麪作者，謂之不拉條。

器物

抽替，棹有抽匣名抽替棹，俗讀替若頭。了鳥，即屈戌。李商隱詩云：「鎖門金了鳥。」懸門户以備扣鎖者。俗讀鳥若弔。耙，摩田器也。

形體

羅鍋，腰曲背隆起。瘸子，跛足人。瘸，缺上聲。腳丫子，腳指的代名詞。

人事

夥計，即火伴，俗讀計若句。騙賬，即賒賬。體己，俗以私藏財物曰己。體，讀若其。打盹，古假寐。邋遢，猶云不潔。

附方音

學讀作孝陰平聲，與教效二字音義相近，頗耐人尋繹。習讀作西。禄讀作路。郁讀作於。瘧讀作要。格隔讀作潔。客讀作怯。獨讀讀作都。給讀作紀。翟宅讀作齋。獲讀作槐。額讀作葉。箔讀作鑣。一亦讀作以。蜀熟贖述屬秫俱讀作書。靡讀作梅。國讀作鬼。入聲。軸讀作猪，又作咒。平聲。略讀作料。級極讀作幾。宦讀作焕。索讀作掃。入聲。伏讀作扶。族卒讀作租。麥讀作賣。筆讀作北。樂讀作要。粥讀作周。入聲。葉讀作夜。石讀作担。白讀作百。牛讀作紐。平聲。律讀作慮。雹讀作包。阜讀作富。率讀作衰。去聲。達讀作打。平聲。墨讀作妹。雜讀作咱。糴敵讀作低。莫讀作磨〔一〕。耕讀作經。耿讀作景。物勿讀作務。鞘讀作峭。閣讀作稿。獄讀作遇。肉讀作柔。去聲。疃讀作團。落讀作澇。局讀作居。立力讀作利。俗肅讀作須。拾十石讀作時。陸六讀作劉。去聲。欲玉毓讀作遇。役讀作異。以上係同治志。

〔一〕莫：原誤作「若」，據乾隆、同治《元氏縣志》改。

弓躬宫恭供龔本音扃讀作工。晨宸本音申讀作臣。容營榮本音庸讀作戎。成城誠盛承丞本音升讀作呈。以上新增。

〔民國二十二年〕高邑縣志

【解題】王天傑修，宋文華纂。高邑縣，今河北省石家莊市高邑縣。「方言」見卷六《風土》中。録文據民國二十二年（一九三三）鉛印本《高邑縣志》。

方言

的，助詞也。宋人讀作上聲，故用底。陸象山則的、底並用，蓋義廣用泛，虛實並訓。今凡介詞與形容詞或副詞語尾皆用之。間有以的、底、地分别者，惟的字通用，亦最通行。如你的書、鮮艷的花、快快的跑，但高人言語發音如里，蓋言語聲音之轉也。

兒，助詞也。語尾多用之。惟發音極輕，如花兒、葉兒、這兒、那兒之類，幾拼讀如一音焉。

子，助詞也。名詞以子爲助詞，多於實物用之，古已多有，如卓子、房子之類。惟高人言語發音爲子黑切，讀如則。

哩，語餘聲也。元人詞曲借爲助詞。高人言語用同語助詞之呢。

阿，應詞唯也。凡接受人之語言則應曰阿。《老子》注：「唯與阿，遲速小異。」蓋速則爲唯，遲則爲阿也。

唉，《説文》：「唉，應也。」今凡接受人之呼唤，則應曰唉。《方言》：「欸，然也。」又嘆恨聲。《説文》：「誒，可惡之詞也。」「欸〔一〕，呰也。」通作唉。《史記·項羽本紀》曰：「唉！豎子不足與謀。」章炳麟謂：「今語言欸聲多引長。」

呀，驚嘆聲也。亦作啊呀。

會，能也。能曰會，不能曰不會。宋太宗時〔二〕，或言劉昌言閩語〔三〕，恐奏對難會。太宗曰：「我自會得。」見《十國春秋》。蓋由理會之義，漸引伸而爲能之代辭矣。

對，是也。是曰對，不是曰不對。

海，大也。如大盌曰海盌。昔裴均設晏，有銀海，受一斗。蓋海喻大，其來已久。又稱多曰海，亦義之引伸也。

光，罄盡也。竭盡無餘曰光。《爾雅》之「漮〔四〕，虚也」，《方言》「㱂〔五〕，空也」，章炳麟謂：「古通以康爲之。江淮間謂蘆菔受凍中虚曰康。通語謂罄盡爲光，亦康之變音也。」又滑利亦曰光。

〔一〕欸：原誤作「款」，據《説文解字》改。
〔二〕時：據《通俗編》引文補。
〔三〕或言：據《通俗編》引文補。
〔四〕漮：原作「康」，據《爾雅》改。
〔五〕㱂：原作「康」，據《方言》改。

够，足也。《廣韻》古候切。《廣雅》：「够，多也。」今謂足曰够，不足曰不够。亦作彀。

忒，太甚也。太甚謂之忒，如太長曰忒長，其由來已久。《朱子文集》：「孟子好辯一章，只爲見得天理忒䀹分明。」元曲中亦多有之，如「忒殺風流」等。䀹，亦作煞或殺，蓋語助詞也。

我，自稱也。《説文》：「我，施身自謂也。」惟言語發音讀如渥上聲。

你，汝也。尼蟻切。蓋本爾字之沿變。我國小學之闕文。《北史·李密傳》有之。

他，伊也。《廣韻》託何切，兩人對語，稱第三者爲他。今言語發音讀如塔平聲。

俺，我也。《廣韻》於驗切。對人稱自己曰我，對人述我之一切則多用俺，與們連用。例如俺們即我們之義也。

喒，我也。《集韻》子感切。第一身多數稱代詞，亦作咱。

好，驚歎詞，甚也。如驚歎甚大曰好大。

這、那，這，此也；那，彼也。如這個、那個，這兒、那兒。又問詞也，惟讀上聲。這個、那個之那讀去聲。今多用哪以别之。

什麽，《傳燈録》：「在此作什麽？」《摭言》：「牛僧儒攜所業謁韓愈、皇甫湜，其首篇《説樂》，韓始見題即掩卷問曰：『且以拍板爲什麽？』」今讀麽如嗎。

如今，猶言現在也。令狐楚詩：「如今老大無筋力。」

工夫，時間也。《晉書·范寧傳》：「工夫萬計。」今沿稱時間爲工夫。

到底，究竟也。

妥當，妥帖也。

容易，易也。《漢書·楊惲傳》：「事何容易。」

寬綽，《爾雅》：「寬，綽也。」《詩》：「寬兮綽兮。」《晉書》：「性寬綽以能容。」今謂富裕曰寬綽，地方宏闊亦曰寬綽。

窄狹，寬綽之對也。

清楚，分明也。

新鮮，見《太玄經》。

乾浄，潔也。

馬利，快也。

中用，合用也。《詩》「白華菅兮」，箋：「菅柔忍中用。」俗謂合於用曰中用，不合於用曰不中用。《史記》：「始皇曰：『吾前收天下書，不中用者，盡去之。』」蓋秦時已有此語矣。

憨把，粗也。

苗氣，細也。

粗拉，草草也。

細相，精細也。

滴拉，滴水聲也。令狐楚詩：「古巖泉滴滴。」王延壽賦：「時滴瀝以成響。」拉，語助詞也。

希罕，奇怪也。李陵文：「此天下所希聞，古今所未有也。」《孟子》：「吾見亦罕矣。」希與罕皆少也，蓋少見則多怪，遂引伸之而爲奇怪之義焉。

熱鬧，不冷静也。白居易詩：「熱鬧漸知隨意盡。」

越外，作事過分也。

格外，出乎常格也。《北史·賀若弼傳》：「已蒙格外重賞，今還格外望活。」

纍贅，《禮》：「纍纍乎端如貫珠。」曾鞏文：「問一告二謂之贅。」

嚕嗻，多言而繁瑣曰嚕嗻。元人已有此語。今俗言語發音如羅梭。

擺設，陳設也。

夜格，猶言昨日。格，語助詞也。

前夜格，猶言前日。格，語助詞也。

今兒格，猶言今日。今讀如几，格，語助詞也。

明兒阿，猶言明日。阿，語助詞也。

可不是，是也。

可憐見，見《元典章》。

不敢定，不定也。

靠不住，不可靠也。

指不上，不能指望也。

不大離，不大相差也。

不大點兒，少也。謂少曰不大點兒，蓋不大之一點也。或作不拉點兒，則音之轉也。

包彈，瑕疵也。今俗謂物之有瑕疵者曰有包彈，無瑕疵者曰没包彈。包彈字見《野客叢書》。

硼，《説文》：「硼，弓彊貌。」〔一〕章炳麟謂：「今人狀物之堅彊曰硼鞕，讀如崩。」高人此語尤多，如硼好、硼大之類，蓋由彊引伸而爲甚矣。

不要，高人或竟讀作暴，蓋拼爲一音矣。

不用，高人或竟拼讀爲一音作并。

右釋言詞。

歹，好之對也，讀若殆上聲。

能，《孟子》：「尊賢使能。」今俗謂巧曰能。

拙，不巧也。

笨，不靈敏也。

〔一〕彊：原誤作「疆」，據《説文解字》改。

腫，拙笨也。《莊子》：「吾有大樹，人謂之樗，其大本擁腫不中繩墨。」梁武帝《答陶弘景論書書》：「點掔短則法臃腫。」凡形式呆笨曰臃腫。今俗謂拙笨曰腫，義蓋本此。

俏，黠也。砌要切，音峭。黠慧言俏。又俗謂婦容美好曰俏，或曰俏皮。《方言》：「釥，好也。」章炳麟謂：「今人謂好曰釥，釥之言峭也〔一〕。今南人言波峭，北人言峭皮。」俗作俏。

傻，愚也。《廣韻》沙瓦切，輕慧貌。今俗謂愚曰傻。

俊，美也。貌美曰俊。

哄，欺騙也。

蹭，次鄧切，膚觸於物曰蹭，偷閒曰蹭，又用人之物亦曰蹭。

蹴，逐也。

抓，《廣雅》：「抓，搔也。」以手取物曰抓，本側絞切，音爪。杜甫詩注：「玉搔頭，今之抓頭也。」今俗讀如撾。

掏，探手取物謂之掏。

拴，繫馬曰拴，讀如閂。

搡，推也。寫朗切。用力推出曰搡。

〔一〕峭：原作「俏」，據《新方言》改。

捎，寄物也。師交切。
摑，打也。古伯切。掌擊曰摑。
撕，以手裂物也。
撒，放開手也。僧清琪詩：「有誰撒手肯承當。」
舔，引舌與物相接也。音忝上聲。
嘗，試味也。《詩》：「嘗其旨否。」《周禮》：「膳夫授祭品，嘗食，王乃食。」
嚙，吮也。子答切。《莊子》：「蚊虻嚙膚。」
吵，争鬧也。楚爪切。
雇，以錢傭人曰雇。本故字。《說文》：「故，使爲之也。」今俗用雇。
賃，以錢貸物曰賃。
要，買也。如買地曰要地。
潑，棄水曰潑。
嗆，飲食氣逆曰嗆。七央切。又逆水亦曰嗆水。
火計，夥伴也。南方賈人各以火自名，一火猶一部也。見《中山詩話》。或言共竈爲火食也。本作火計，或作夥計，蓋意謂同夥也。章炳麟謂：「朋輩謂之火計，此合語也。元魏時軍人同食者稱火伴，漢時吏民被徵詣長安者令與計偕，故今合語爲火計。」

安排，處置也。《莊子》：「安排而去化。」注：「安於推移，而與化俱去。」俗謂處置曰安排。沈彬詩：「須知手筆安排定，不怕山河整頓難。」

丟盹，小睡也。亦曰打盹。

麻煩，不耐也。

挖苦，嘲弄侮慢也。

打扮，裝飾也。扮，讀如半。

打水，汲水也。

打量，審度也。

打劫，盜賊劫奪財物也。圍棋欲提敵子曰打敵，投子他處使不能提曰劫，兩方互爭一子，此打彼劫，彼打此劫。六朝時已有此語，惟「打」與「劫」各自成詞耳。今俗謂盜賊劫奪財物曰打劫，蓋亦引伸之義也。

打架，爭毆也。

打杖，戰爭也。

收拾，整理也。蘇試詩：「收拾費金貲。」亦謂之拾掇。

生氣，憤懣也。

着急，發怒也。

小李，竊者於稠衆中取人腰藏者曰小李。見《水東日記》。
小名，乳名也。
丟人，無面目見人也。
瞌睡，勞倦思眠也。貫休詩：「瞌睡山童欲成夢。」
含胡，語不明了也。《唐書·顔杲卿傳》：「含胡而絶。」亦作含糊。《舊唐書》：「朝廷每爲含糊[一]，未嘗窮究曲直。」
糊塗，不清楚也。《宋史》：「吕端小事糊塗，大事不糊塗。」今俗塗讀如獨。
冒失，冒昧也。
翻臉，怒形於色也。
張狂，狂放不穩也。《札樸》作倀狂。倀，《廣韻》褚羊切。《説文》：「狂也。」《廣雅》：「倀，狂也。」今俗作張狂，蓋音字之轉也。
估量，估計也。
商量，計議也。
俐伶，黠慧也。

[一] 含：原誤作「舍」，據《舊唐書》改。

利害，刁惡也。病劇亦曰利害。章炳麟謂：「以古人敗言成敗、失言得失、急言緩急例之可也。」

好人，人之良善者曰好人。《詩》「好人服之」，注：「好人，猶大人也。」今俗謂良善者曰好人，義或本此。

好漢，人之勇敢者謂之好漢。《詢芻録》：漢自武帝征匈奴廿餘年，聞漢兵無不畏者，稱爲漢兒，又曰好漢。後以勇敢爲好漢，義蓋本此。

脾氣，性情也。

笑話，訕笑也。

打算，籌畫。俗謂之打算。工於籌畫曰會打算。

妝佯，故爲不知也。《韓非子》：「子之相燕，坐而佯言曰：『走出門者何白馬也？』左右皆言不見。有一人走追之，報曰：『有。』子之以此知左右之不誠信。」妝，飾也。佯，詐也。粉飾詐僞之謂也。今俗以故爲不知曰妝佯。

子細，精審也。凡作事精審而近於瑣碎者謂之子細。《北史》：「當舉大綱，何必太子細也。」亦作仔細。

光棍，貧而無賴，以敲詐爲事者謂之光棍。《説文》：「檮柮，斷木也。」章炳麟曰：「古謂凶人曰檮柮，今謂凶人曰光棍。」又無妻亦曰光棍。《方言》：「矜謂之杖。」古音如鰥。老而無妻曰矜、曰鰥。章炳麟謂杖「爲棍，即矜字之變」，見《新方言》。

的當，秦觀詩：「的當山翁未覺秋。」今謂措置得宜曰的當，不得宜曰不的當。

妙相，梁簡文帝文：「降兹妙相。」今俗謂作事巧妙曰妙相。

高興，興趣盛也。杜甫詩：「青雲動高興，幽事亦可悦。」

敗興，掃興也。潘大臨曰：「昨得新詩『滿城風雨近重陽』一句，忽催租人至，遂敗人興。」見《冷齋夜話》。惟今俗言語發音讀敗如背，音轉也。

難過，心痛也。

答訕，誑也。

好看，美也。

難看，醜也。

腌臢，不潔也。元曲多此語，俗作骯髒，非。

奸滑，詭詐也。

滑溜，身手敏捷也。

邋遢，不潔曰邋遢。見《敬止録》。

相好，親密也。《詩》：「式相好矣。」《左傳》：「昔我獻公及穆公相好，戮力同心。」

財主，富室也。

熬煎，喻難於忍受之憂慮也。《路史》：「管仲斷割，而隰朋熬煎之。」喻使成熟也。今俗謂强忍曰熬。凡有憂慮，五中忉怛，而難於忍受者曰熬煎。

嘴尖，多言也。《元曲選》：「嘴尖舌頭快。」今俗謂多言而刻薄者曰嘴尖，亦曰嘴尖舌快。

把戲，搬演、變幻、弄猴、舞刀等技，俗曰要把戲。《元史・禮樂志》：「祥和署掌雜把戲。」

淹纏，病久也。見《札樸》。

梯己，藏物自私，俗謂之梯己。《遼史》：「梯里己掌皇族之政教，以宗姓爲之。」梯里己，意謂梯己也。《元典章》：「押人馬員於中，夾帶梯己馬匹。」《山居新語》：嘗見徽宗在五國城寫回御批有云：「可付與體己人者。」亦作體己。

撈摸，凡無準的之尋求曰撈摸。朱熹文：「若只如此空蕩蕩，恐無撈摸也。」

唧伶，精神也。鄭思肖詩：「昔有古先生，忒殺不唧溜。」亦作鯽溜。盧仝詩云：「不鯽溜鈍漢。」今俗作唧伶，蓋音轉也。

喫虧，杜牧詩：「卻笑喫虧隋煬帝，破家亡國爲何人。」

摢弄，俗謂欺人曰摢弄。摢，托故切。

擺弄，播弄也。韓愈詩：「別來楊柳街頭樹，擺弄春風只欲飛。」

蹧蹋，暴殄也。《説文》：「蹴，躡也。」《廣韻》子六、七六二切。子六切者，今轉平聲如糟，俗字作蹧。凡事被蹴蹋則壞，故今謂損壞曰蹧，重言爲蹧皋，或言蹧蹋，見章氏《新方言》。又作作蹋、作踐，見《大雲山房雜記》，蓋蹧、作音仿，蹋、踐義通。又侮辱人曰蹧蹋、蹧踐、作踐，義謂蹋踐其人格也。今俗謂暴殄曰蹧蹋。

撩理，治理曰撩理。今俗亦作料理。《晉書》：「比當相料理。」

揣摩，意度也。《國策》：「蘇秦簡練以爲揣摩。」

攛掇，慫恿也。朱子與人書：「告老兄切莫相攛掇。」又助人作事而不受償，亦曰攛掇。

營生，女紅也。杜荀鶴詩：「不是營生拙，多緣覓句忙。」今俗以女紅爲營生。

二把虎，鹵莽也。

打官司，俗謂興訟曰打官司。元曲中已有此語。

打跟頭，顛倒反轉其身也。朱熹詩：「只麼虛空打筋斗，思君辜負百年身。」筋斗，即跟頭，謂倒頭爲跟也。

找便宜，得之非其分而利己自便，俗謂之找便宜。寒山詩：「凡事莫過分，盡愛討便宜。」《說文》：「討，治也。」「誅，討也。」今謂索取曰討，討即俗語之找，蓋音字并轉矣。

不耐煩，見《宋書·庾登之傳》〔一〕。

吵化子，乞丐也，亦作叫化子。《公羊》桓六年《傳》：「化我也。」解詁曰：「行過無禮謂之

〔一〕庾：原誤作「庚」。

化。」哀六年《傳》：「願諸大夫之化我也。」此化直訓行過。章炳麟謂：「凡行過無禮者，非爲暴客，則多需求，故今人謂過人乞貸爲募化，踵門乞食者爲叫化子。」見章氏《新方言》。叫、吵音義並相仿，亦言語之轉也。

没成色，行爲不善無成就也。

想腔子，設法也。

兜攬，包攬也。楊慈湖《遺書》：「此身乃天地間一物，不必兜攬爲己。」

打呵欠，莫仲璵詩：「覺來一呵欠，色澤神亦充。」今俗謂之打呵欠，《札樸》作打瞌欠。

打嚏噴，《詩・邶風》：「願言則嚏。」《孏真子》：「俗説以人嚏噴爲人説，此語甚古。」今俗曰打嚏噴。噴，言語時發音如分。

打秋風，《七修類稿》：米芾札中有抽豐字，即世俗秋風之義，謂彼豐而抽分之也。故乞圖人之惠曰抽風。今俗曰秋風，亦曰打秋風。

右釋人事。

模樣，貌相也。

頁的蓋，額也。《説文》頁訓頭，蓋言頁之蓋也。頁，讀如葉。

耳朵，耳也。《説文》：「耽，耳大垂也。」「聸〔一〕，垂耳也。」耽、聸訓垂。章炳麟謂：「今人

〔一〕聸：原誤作「瞻」。下同。據《新方言》改。

謂耳曰耳聸〔一〕，音轉如朵。」
眼眨毛，睫毛也。
下巴頦，頷也。頦，讀如瞌。
脖子，頸項也。章炳麟謂：「由其氣勃鬱，故得是名。俗字作脖。」
嗓子，喉也。
胳膊，臂也。
胳肘，肘，《説文》：「臂節也。」今俗謂臂彎外側曰胳肘。
胳肘窩，腋窩也。
肩膀，肩也，亦曰胛子。
奶，乳也。
胯，股上端也。《史記》：「不能死，出我胯下。」胯，股間也。蓋胯左右各一，胯下適爲股間也。亦作骻。《唐書·車服志》有從戎鞅骻之服。《廣韻》同跨。
腿肚子，腓也。
髁的蓋，膝骨也。髁音課。《廣韻》訓膝骨。俗謂膝曰髁的蓋。

〔一〕「曰」上原衍「再」字，據《新方言》删。

髀股，臀也。《三國志》：「劉備曰：吾常身不離鞍，髀肉皆消，今不復騎，髀裏肉生。」又曰定，則臀之音轉。俗又作屁股。

脊仰，背也。蓋脊梁之轉。

拐子，跛也。

瘸子，臂廢也。瘸，《集韻》衢靴切。

鷄胸、瀘𤸫，凸胸龜背也。章炳麟謂：「當作奚匈句背。奚，《説文》：『大腹也。』然言鷄龜亦無謬誤。所以名鷄，以奚匈故；所以名龜，以句背故。」今俗謂龜背曰瀘𤸫，字見《札樸》。𤸫，讀如鍋。又《陳書》：「新安王伯固生而龜胸。」龜胸亦鷄胸也。

踝子骨，脛下骨之隆起者謂之踝子骨，踝音户瓦切。

右釋形體。

爺爺，祖父也。今俗稱祖父曰爺爺。《宋史·宗澤傳》：「北方尊憚之，必曰宗爺爺。」是此詞之由來已久，惟不專屬祖父之稱耳。

奶奶，祖母也。古者傭僕稱主婦曰奶奶，尊之也。柳耆卿詞：「願奶奶蘭心蕙性。」是宋時文人已作此語。今俗稱祖母曰奶奶。又《廣雅》：「嬭，母也。」章炳麟謂：「今多謂祖母爲嬭嬭。」

爹，父也。《廣雅》：「翁、公、叜、爸、爹、奢，父也。」王念孫曰：「爹、奢聲相近。《廣韻》：

『爹，北人呼父也。』」陸游《避暑漫抄》：「如何比得爹爹富貴。」又《四朝聞見録》載高宗稱徽宗爲爹爹〔一〕。

娘，母也，亦作孃。古樂府：「不聞耶孃哭子聲。」今俗稱母曰娘，惟呼唤時聲音少變。又《説文》：「媪，母老稱也。」《廣雅》：「媪，母也。」章炳麟謂：「媪音小變，作尼到切。」今俗呼娘固爲尼到切也。

公公，婦謂舅曰公，見《漢書·賈誼傳》。惟今俗直接稱呼曰爹，對人言則曰公公或老公公。或作翁，《廣雅》：「翁、公、叜、爸、爹、箸，父也。」則言公亦無謬誤。

婆子，婦謂姑曰婆子，亦對人之言。自稱亦如其夫。

閨女，女孩也。

小子，男孩也。《廣雅》：「子，孜也。」《白虎通義》：「子者，孳也。孳孳無已也。」孳同孜。

息婦，子婦也。古謂子曰息。《國策》：「老臣賤息舒祺。」則子婦當爲息婦，俗作媳婦。又爲少婦之通稱。

妯娌，兄弟妻也。《廣雅》：「妯娌、娣姒，先後也。」《方言》：「築娌，匹也。」郭注云：「今關西兄弟婦相呼爲築娌。」築與妯同。

〔一〕聞見：原誤作「見聞」。

姑姑，父之姊妹呼曰姑姑。《廣雅》：「姑，故也。」《釋名》：「父之姊妹曰姑。」

姨姨，母之姊妹呼曰姨姨。《釋名》：「母之姊妹爲姨。」又《爾雅》：「妻之姊妹曰姨。」《詩》：「邢侯之姨。」今俗妻之姊妹謂之姨子，母之姊妹呼曰姨姨。

丈人，妻考也。丈人本長老之通稱。《論語》：「遇丈人以杖荷蓧。」《漢書·匈奴傳》單于謂漢天子「我丈人行」。或謂丈人始於此。章炳麟謂：「師古但云『丈人，尊老之稱』，且鞮侯未娶漢女，其非婦考明甚。」今俗謂妻考爲丈人。

丈母，妻妣也。章炳麟謂：「婦考曰丈人，義已無稽。婦妣曰丈母，名實乖謬。」惟習俗如此，語成固定，不詳所自，蓋由來已久。柳子厚有《祭獨狐氏丈母文》。

舅舅，母之兄弟呼曰舅舅。

妗子，母之兄弟妻呼曰妗子。

老爺，外祖也。呼外祖曰老爺。

老娘，外祖母也。呼外祖母曰老娘。

挑擔，連襟謂之挑擔。

右釋親屬。

傢伙，器具也。《虞書》：「懋遷有無化居。」《説文》：「家，居也。」《釋名》：「火，化也。」章炳麟謂：「家與居同音，火與化同音，則傢伙即居化，是化居二字倒易耳。」今凡家事用器總名之爲傢伙。

苕帚，掃除室穢用之。古以苕爲之，故曰苕帚。今俗帚之大者用以掃除庭院曰掃帚，南方以竹爲之。掃，讀去聲。

炊帚，帚之用以洗食器者曰炊帚。

簸箕，箕也。

箸子，《禮》：「飯黍毋以箸。」《説文》：「箸，飯攲也。」亦謂之筷子。高人多言箸子。

鍋排，鍋蓋謂之鍋排。

馬勺，盛飯木勺也。章炳麟謂：「古人於大物輒冠馬字，馬藍、馬蓼、馬䗃、馬蜩、馬蚿是也。淮南、山東謂大棗曰馬棗，廣東謂大豆曰馬豆。」准是例，則勺之大者曰馬勺，語已甚古。今俗謂盛飯木勺曰馬勺。

笊籬，編柳漉湯器也。

梢，汲水用木桶也。

擔杖，挑水擔子謂之擔杖。擔，讀去聲。杖，讀平聲。

轆轤，汲水具也。轆音如澇去聲。

栲栳，編柳條爲之，用以汲水。栲音少轉，讀如渴。

錠子，紡車用以維紗線者曰錠子。錠音如定，亦作鋌子。

棒槌，平布木棒也。

擀杖，擀麪用木杖也。

拐棍，拐杖也。

馬褂，外短衣也。清制，禮服加於袍外者曰褂，短者曰馬褂。扈從及出使皆用爲禮服。以馬上所用，故名馬褂。俗亦作禡褂。

坎肩，背心也。

汗褂，近身小褂也。

大襖，棉袍也。

補靪，《説文》：「靪，補履下也。」《廣雅》：「靪，補也。」王念孫謂：「靪之言相丁着也。」今俗謂衣破補處曰補靪。

茶食，糕點謂之茶食。見《松漠紀聞》。

饃饃，饅頭謂之饃饃。

窩窩，粗食也。農家多用之，以米麪或高粱麪爲之，作圓錐體而空其中。以其中如窩，是以言窩。或謂窩窩者，握握也，作時以手握成也，此亦想像之言耳。習用既久，不詳所自矣。平津間有言餑餑者，惟高人通言窩窩，亦曰窩窩頭。

餜子，餜，《集韻》古火切。《玉篇》：「餅也。」今以麥麪合礬鹽油炸之，有股，合其兩端曰餜子；合其一端者曰麻餹。作圓餅形者，上施糖曰餜子片。俗傳謂秦檜害岳飛，人民以麪作檜炸食，故亦謂油炸檜。檜，讀如鬼。

斗子，棺謂之斗子，亦曰棺材。

右釋器用。

生口，牛馬之類，總名之爲生口，亦作牲口，又曰頭口。《元典章·刑例》有「偷頭口條」，頭口即生口也。今俗言頭口，已音轉如頭户矣。

犇、牸，牡牛謂之犇牛，牝牛謂之牸牛。

叫、草，牡驢謂之叫驢，牝驢謂之草驢。

兒、騍，馬之牡者曰兒，牝者曰騍。見郝懿行《爾雅義疏》。騍亦如之。

騸，生口之經閹割者曰騸。

羔、犢、駒，小羊謂之羔，小牛謂之犢，馬驢騾之小者皆曰駒。

公鷄、草鷄，雄鷄謂之公鷄，母鷄謂之草鷄。

老鴰，烏鴉謂之老鴰。

十咕嘟，鵓鴿也。謂十咕嘟者，仿其叫聲也。

光棍兒抗鋤，布穀也。謂光棍抗鋤者，仿其叫聲也。

聒聒憂，鴞也，亦曰猫頭鷹。高人謂之聒聒憂，仿其叫聲以名之也。

長蟲，蛇謂之長蟲。

蝎虎，守宫謂之蝎虎。

臭蟲，壁蝨謂之臭蟲。

蓋蚤，蚤謂之蓋蚤。《楚詞》「溘吾游此春宫兮」「盍將把兮瓊芳」，章炳麟謂：「溘、盍皆發聲，有所唱號陳數，必先發聲言盍。盍、蓋聲義相轉，今人舉物發聲言蓋，蝗曰蓋蜢，蚤曰蓋蚤，音古盍反。」

螞蚱，蚱蜢謂之螞蚱。

蚰子，螽斯謂之蚰子。

擔杖，蠜螽謂之擔杖。後腿節甚長，小兒戲以指搦其二後腿，則體上下不已，謂之擔水。蓋以其擔水，遂名之爲擔杖也。

馬郎，蜻蜓謂之馬郎。

刀郎，螳螂謂之刀郎。

促織，蟋蟀謂之促織。

曲蟺，蚯蚓謂之曲蟺。

馬吉了，蟬謂之吉了，大者曰馬吉了。

矢窠蜋，蜣蜋謂之矢窠蜋。

烏黴，禾穗黴而不秀者謂之烏黴。《札樸》作烏黴。

秫稭，高粱稈謂之秫稭。

秆草，穀稭謂之秆草。

架豆，稨豆謂之架豆。

花，棉謂之花。

右釋動植。

日頭，日謂之日頭。

月亮，月謂之月亮。

星星，星謂之星星。

絳，虹謂之絳。

冷子，雹謂之冷子，亦曰雹子。

雲彩，雲謂之雲彩。

閃，電謂之閃，亦曰打閃。

窟籠，孔謂之窟籠，語本反切，見《宋景文筆記》。《集韻》別有竉字，訓孔。竉爲穴。章炳麟謂：「今人謂地有空竅爲窟籠，《説文》：『空，竅也。』『堀，兔堀也。』引伸凡空竅爲堀，字亦作窟籠者，收聲也。合音爲空。」又凡術物等部字，今多以東部字爲餘音，准此例，則籠亦餘音也。

窨子，地室謂之窨子。

左近，鄰近也。見《水經注》。

發水，雨後山水暴至漲溢泛濫，高人謂之發水。

右釋天地。

按子雲《方言》疑爲僞託，其詳名物言語之異同，訓詁家資以考證古義，實小學之作。後世方志輒有著録，蓋非爲蒐集字書，講求訓詁，乃志風土之要典也。夫言語歧異，無處不然，雖同屬一縣，異地各殊。故欲明風土，須究方言。兹録七目，均係高民流行語言，久成固定，酌爲選入。其見諸經典及不甚通行者，概不登載。雖不免挂漏，而尋常習用者，亦可得大半焉。

〔民國三十年〕高邑縣志

【解題】張權本修，李涌泉纂修。高邑縣，今河北省石家莊市高邑縣。「方言」見卷六《風土》中。録文據民國三十年（一九四一）鉛印本《高邑縣志》。

方言

的，助詞也。宋人讀作上聲，故用底。陸象山則的、底並用，蓋義廣用泛，虚實並訓。今凡介詞與形容詞或副詞語尾皆用之。間有以的、底、地分别者，惟的字通用，亦最通行。如你的書、鮮艷的花、快快的跑，但高人言語發音如里，蓋言語聲音之轉也。

兒，助詞也。語尾多用之。惟發音極輕，如花兒、葉兒、這兒、那兒之類，幾拼讀如一音焉。

子，助詞也。名詞以子爲助詞，多於實物用之，古已多有，如卓子、房子之類。惟高人言語發音爲子黑切，讀如則。

哩，語餘聲也。元人詞曲借爲助詞。高人言語用同語助詞之呢。

阿，應詞唯也。凡接受人之語言則應曰阿。《老子》注：「唯與阿，遲速小異。」蓋速則爲唯，遲則爲阿也。

唉，《説文》：「唉，應也。」今凡接受人之呼唤，則應曰唉。《方言》：「欸，然也。」又嘆恨聲。《説文》：「誒，可惡之詞也。」「欸〔一〕，訾也。」通作唉。《史記・項羽本紀》曰：「唉！豎子不足與謀。」章炳麟謂：「今語言欸聲多引長。」

呀，驚嘆聲也。亦作啊呀。

會，能也。能曰會，不能曰不會。宋太宗時〔二〕，或言劉昌言閩語〔三〕，恐奏對難會。太宗曰：「我自會得。」見《十國春秋》。蓋由理會之義，漸引伸而爲能之代辭矣。

對，是也。是曰對，不是曰不對。

〔一〕欸：原誤作「款」，據《説文解字》改。
〔二〕時：據《通俗編》引文補。
〔三〕或言：據《通俗編》引文補。

海，大也。如大盌曰海盌。昔裴均設晏，有銀海，受一斗。蓋海喻大，其來已久。又稱多曰海，亦義之引伸也。

光，罄盡也。竭盡無餘曰光。《爾雅》之「漮〔一〕，虛也」，《方言》「㡉〔二〕，空也」，章炳麟謂：「古通以康爲之。江淮間謂蘆菔受凍中虛曰康。通語謂罄盡爲光，亦康之變音也。」又滑利亦曰光。

够，足也。《廣韻》古候切。《廣雅》：「够，多也。」今謂足曰够，不足曰不够。亦作彀。

忒，太甚也。太甚謂之忒，如太長曰忒長，其由來已久。《朱子文集》：「孟子好辯一章，只爲見得天理忒[口+煞]分明。」元曲中亦多有之，如「忒殺風流」等。[口+煞]，亦作煞或殺，蓋語助詞也。

我，自稱也。《說文》：「我，施身自謂也。」惟言語發音讀如渥上聲。

你，汝也。尼蟻切。蓋本爾字之沿變。我國小學之闕文。《北史・李密傳》有之。

他，伊也。《廣韻》託何切，兩人對語，稱第三者爲他。今言語發音讀如塔平聲。

俺，我也。《廣韻》於驗切。對人稱自己曰我，對人述我之一切則多用俺，與們連用。例如俺們即我們之義也。

喒，我也。《集韻》子感切。第一身多數稱代詞，亦作咱。

〔一〕漮，原作「康」，據《爾雅》改。

〔二〕㡉：原作「康」，據《方言》改。

好，驚歎詞，甚也。如驚歎甚大曰好大。

這、那，這，此也；那，彼也。如這個、那個，這兒、那兒。又問詞也，惟讀上聲。這個、那個之那讀去聲。今多用哪以別之。

什麽，《傳燈録》：「在此作什麽？」《摭言》：「牛僧儒攜所業謁韓愈、皇甫湜，其首篇《説樂》，韓始見題即掩卷問曰：『且以拍板爲什麽？』」今讀麽如嗎。

如今，猶言現在也。令狐楚詩：「如今老大無筋力。」

工夫，時間也。《晉書·范寧傳》：「工夫萬計。」今沿稱時間爲工夫。

到底，究竟也。

妥當，妥帖也。

容易，易也。《漢書·楊惲傳》：「事何容易。」

寬綽，《爾雅》：「寬，綽也。」《詩》：「寬兮綽兮。」《晉書》：「性寬綽以能容。」今謂富裕曰寬綽，地方宏闊亦曰寬綽。

窄狹，寬綽之對也。

清楚，分明也。

新鮮，見《太玄經》。

乾净，潔也。

馬利，快也。

中用，合用也。《詩》「白華菅兮」，箋：「菅柔忍中用。」俗謂合於用曰中用，不合於用曰不中用。《史記》：「始皇曰：『吾前收天下書，不中用者，盡去之。』」蓋秦時已有此語矣。

憨把，粗也。

苗氣，細也。

粗拉，草草也。

細相，精細也。

滴拉，滴水聲也。令狐楚詩：「古巖泉滴滴。」王延壽賦：「時滴瀝以成響。」拉，語助詞也。

希罕，奇怪也。李陵文：「此天下所希聞，古今所未有也。」《孟子》：「吾見亦罕矣。」希與罕皆少也，蓋少見則多怪，遂引伸之而爲奇怪之義焉。

熱鬧，不冷静也。白居易詩：「熱鬧漸知隨意盡。」

越外，作事過分也。

格外，出乎常格也。《北史·賀若弼傳》：「已蒙格外重賞，今還格外望活。」

纍贅，《禮》：「纍纍乎端如貫珠。」曾鞏文：「問一告二謂之贅。」

嚕囌，多言而繁瑣曰嚕囌。元人已有此語。今俗言語發音如羅梭。

擺設，陳設也。

夜格，猶言昨日。格，語助詞也。

前夜格，猶言前日。格，語助詞也。

今兒格，猶言今日。今讀如几，格，語助詞也。

明兒阿，猶言明日。阿，語助詞也。

可不是，是也。

可憐見，見《元典章》。

不敢定，不定也。

靠不住，不可靠也。

指不上，不能指望也。

不大離，不大相差也。

不大點兒，少也。謂少曰不大點兒，蓋不大之一點也。或作不拉點兒，則音之轉也。

包彈，瑕疵也。今俗謂物之有瑕疵者曰有包彈，無瑕疵者曰没包彈。包彈字見《野客叢書》。

弸，《説文》：「弸，弓彊貌。」〔一〕章炳麟謂：「今人狀物之堅彊曰弸鞕，讀如崩。」高人此語

〔一〕彊：原誤作「疆」，據《説文解字》改。

尤多，如硼好、硼大之類，蓋由彊引伸而爲甚矣。

不要，高人或竟讀作暴，蓋拼爲一音矣。

不用，高人或竟拼讀爲一音作并。

右釋言詞。

歹，好之對也，讀若殆上聲。

能，《孟子》：「尊賢使能。」今俗謂巧曰能。

拙，不巧也。

笨，不靈敏也。

腫，拙笨也。《莊子》：「吾有大樹，人謂之樗，其大本擁腫不中繩墨。」梁武帝《答陶弘景論書書》：「點擎短則法臃腫。」凡形式呆笨曰臃腫。今俗謂拙笨曰腫，義蓋本此。

俏，黠也。砌要切，音峭。黠慧言俏。又俗謂婦容美好曰俏，或曰俏皮。《方言》：「釥，好也。」章炳麟謂：「今人謂好曰釥，釥之言峭也〔一〕。今南人言波峭，北人言峭皮。」俗作俏。

傻，愚也。《廣韻》沙瓦切，輕慧貌。今俗謂愚曰傻。

俊，美也。貌美曰俊。

〔一〕峭：原作「俏」，據《新方言》改。

哄，欺騙也。
蹭，次鄧切，膚觸於物曰蹭，偷閒曰蹭，又用人之物亦曰蹭。
蹤，逐也。
抓，《廣雅》：「抓，搔也。」以手取物曰抓，本側絞切，音爪。杜甫詩注：「玉搔頭，今之抓頭也。」今俗讀如撾。
掏，探手取物謂之掏。
拴，繫馬曰拴，讀如門。
搡，推也。寫朗切。用力推出曰搡。
捎，寄物也。師交切。
摑，打也。古伯切。掌擊曰摑。
撕，以手裂物也。
撒，放開手也。僧清琪詩：「有誰撒手肯承當。」
舔，引舌與物相接也。音忝上聲。
嘗，試味也。《詩》：「嘗其旨否。」《周禮》：「膳夫授祭品，嘗食，王乃食。」
噆，吮也。子答切。《莊子》：「蚊虻噆膚。」
吵，爭鬧也。楚爪切。

雇，以錢傭人曰雇。本故字。《説文》：「故，使爲之也。」今俗用雇。

賃，以錢貸物曰賃。

要，買也。如買地曰要地。

潑，棄水曰潑。

嗆，飲食氣逆曰嗆。七央切。又逆水亦曰嗆水。

火計，夥伴也。南方賈人各以火自名，一火猶一部也。見《中山詩話》。或言共竈爲火食也。本作火計，或作夥計，蓋意謂同夥也。章炳麟謂：「朋輩謂之火計，此合語也。元魏時軍人同食者稱火伴，漢時吏民被徵詣長安者令與計偕，故今合語爲火計。」

安排，處置也。《莊子》：「安排而去化。」注：「安於推移，而與化俱去。」俗謂處置曰安排。沈彬詩：「須知手筆安排定，不怕山河整頓難。」

丟盹，小睡也。亦曰打盹。

挖苦，嘲弄侮慢也。

麻煩，不耐也。

打扮，裝飾也。扮，讀如半。

打水，汲水也。

打量，審度也。

打劫，盜賊劫奪財物也。圍棋欲提敵子曰打敵，投子他處使不能提曰劫，兩方互爭一子，此打彼劫，彼打此劫。六朝時已有此語，惟「打」與「劫」各自成詞耳。今俗謂盜賊劫奪財物曰打劫，蓋亦引伸之義也。

打架，争毆也。

打杖，戰争也。

收拾，整理也。蘇試詩：「收拾費金貲。」亦謂之拾掇。

生氣，憤懣也。

着急，發怒也。

小李，竊者於稠衆中取人腰藏者曰小李。見《水東日記》。

小名，乳名也。

丢人，無面目見人也。

瞌睡，勞倦思眠也。貫休詩：「瞌睡山童欲成夢。」

含胡，語不明了也。《唐書·顔杲卿傳》：「含胡而絶。」亦作含糊。《舊唐書》：「朝廷每爲含糊〔一〕，未嘗窮究曲直。」

〔一〕 含：原誤作「舍」，據《舊唐書》改。

糊塗，不清楚也。《宋史》：「吕端小事糊塗，大事不糊塗。」今俗塗讀如獨。

冒失，冒昧也。

翻臉，怒形於色也。

張狂，狂放不穩也。《札樸》作倀狂。倀，《廣韻》褚羊切。《説文》：「狂也。」《廣雅》：「倀，狂也。」今俗作張狂，蓋音字之轉也。

估量，估計也。

商量，計議也。

俐伶，黠慧也。

利害，刁惡也。病劇亦曰利害。章炳麟謂：「以古人敗言成敗、失言得失、急言緩急例之可也。」

好人，人之良善者曰好人。《詩》「好人服之」，注：「好人，猶大人也。」今俗謂良善者曰好人，義或本此。

好漢，人之勇敢者謂之好漢。《詢芻録》：漢自武帝征匈奴廿餘年，聞漢兵無不畏者，稱爲漢兒，又曰好漢。後以勇敢爲好漢，義蓋本此。

脾氣，性情也。

笑話，訕笑也。

打算，籌畫。俗謂之打算。工於籌畫曰會打算。

妝佯，故爲不知也。《韓非子》：「子之相燕，坐而佯言曰：『走出門者何白馬也？』左右皆言不見。有一人走追之，報曰：『有。』子之以此知左右之不誠信。」妝，飾也。佯，詐也。粉飾詐僞之謂也。今俗以故爲不知曰妝佯。

子細，精審也。凡作事精審而近於瑣碎者謂之子細。《北史》：「當舉大綱，何必太子細也。」亦作仔細。

光棍，貧而無賴，以敲詐爲事者謂之光棍。《説文》：「檮柮，斷木也。」章炳麟曰：「古謂凶人曰檮柮，今謂凶人曰光棍。」又無妻亦曰光棍。《方言》：「矜謂之杖。」古音如鰥。老而無妻曰矜，曰鰥。章炳麟謂杖「爲棍，即矜字之變」。見《新方言》。

的當，秦觀詩：「的當山翁未覺秋。」今謂措置得宜曰的當，不得宜曰不的當。

妙相，梁簡文帝文：「降茲妙相。」今俗謂作事巧妙曰妙相。

高興，興趣盛也。杜甫詩：「青雲動高興，幽事亦可悦。」

敗興，掃興也。潘大臨曰：「昨得新詩『滿城風雨近重陽』一句，忽催租人至，遂敗人興。」見《冷齋夜話》。惟今俗言語發音讀敗如背，音轉也。

難過，心痛也。

答訕，誑也。

好看，美也。

難看，醜也。

腌臢，不潔也。元曲多此語，俗作骯髒，非。

奸滑，詭詐也。

滑溜，身手敏捷也。

邋遢，不潔曰邋遢。見《敬止録》。

相好，親密也。《詩》：「式相好矣。」《左傳》：「昔我獻公及穆公相好，戮力同心。」

財主，富室也。

熬煎，喻難於忍受之憂慮也。《路史》：「管仲斷割，而隰朋熬煎之。」喻使成熟也。今俗謂强忍曰熬。凡有憂慮，五中忉怛，而難於忍受者曰熬煎。

嘴尖，多言也。《元曲選》：「嘴尖舌頭快。」今俗謂多言而刻薄者曰嘴尖，亦曰嘴尖舌快。

把戲，搬演、變幻、弄猴、舞刀等技，俗曰耍把戲。《元史·禮樂志》：「祥和署掌雜把戲。」

淹纏，病久也。見《札樸》。

梯己，藏物自私，俗謂之梯己。《遼史》：「梯里己掌皇族之政教，以宗姓爲之。」梯里己，意謂梯己也。《元典章》：「押人馬員於中，夾帶梯己馬匹。」《山居新語》：嘗見徽宗在五國城寫回御批有云：「可付與體己人者。」亦作體己。

撈摸，凡無準的之尋求曰撈摸。朱熹文：「若只如此空蕩蕩，恐無撈摸也。」

唧伶，精神也。鄭思肖詩：「昔有古先生，忒殺不唧溜。」亦作鯽溜。盧仝詩云：「不鯽溜鈍漢。」今俗作唧伶，蓋音轉也。

喫虧，杜牧詩：「卻笑喫虧隋煬帝，破家亡國爲何人。」

摢弄，俗謂欺人曰摢弄。摢，托故切。

擺弄，播弄也。韓愈詩：「別來楊柳街頭樹，擺弄春風只欲飛。」

蹧蹋，暴殄也。《說文》：「蹴，躡也。」《廣韻》子六、七六二切。子六切者，今轉平聲如糟，俗字作蹧。凡事被蹴蹋則壞，故今謂損壞曰蹧，重言爲蹧皋，或言蹧蹋，見章氏《新方言》。又作作蹋、作踐，見《大雲山房雜記》，蓋蹧、作音仿，蹋、踐義通。又侮辱人曰蹧蹋、蹧踐、作踐，義謂蹋踐其人格也。今俗謂暴殄曰蹧蹋。

撩理，治理曰撩理。今俗亦作料理。《晉書》：「比當相料理。」

揣摩，意度也。《國策》：「蘇秦簡練以爲揣摩。」

攛掇，慫恿也。朱子與人書：「告老兄切莫相攛掇。」又助人作事而不受償，亦曰攛掇。

營生，女紅也。杜荀鶴詩：「不是營生拙，多緣覓句忙。」今俗以女紅爲營生。

二把虎，鹵莽也。

打官司，俗謂興訟曰打官司。元曲中已有此語。

打跟頭，顛倒反轉其身也。朱熹詩：「只麽虚空打筋斗，思君辜負百年身。」筋斗，即跟頭，謂倒頭爲跟也。

找便宜，得之非其分而利己自便，俗謂之找便宜。寒山詩：「凡事莫過分，盡愛討便宜。」《説文》：「討，治也。」「誅，討也。」今謂索取曰討，討即俗語之找，蓋音字并轉矣。

不耐煩，見《宋書·庾登之傳》〔一〕。

吵化子，乞丐也，亦作叫化子。《公羊》桓六年《傳》：「化我也。」解詁曰：「行過無禮謂之化。」哀六年《傳》：「願諸大夫之化我也。」此化直訓行過。章炳麟謂：「凡行過無禮者，非爲暴客，則多需求，故今人謂過人乞貸爲募化，踵門乞食者爲叫化子。」見章氏《新方言》。叫、吵音義並相彷，亦言語之轉也。

没成色，行爲不善無成就也。

想腔子，設法也。

兜攬，包攬也。楊慈湖《遺書》：「此身乃天地間一物，不必兜攬爲己。」

打呵欠，莫仲璵詩：「覺來一呵欠，色澤神亦充。」今俗謂之打呵欠，《札樸》作打瞌欠。

打嚏噴，《詩·邶風》：「願言則嚏。」《嬾真子》：「俗説以人嚏噴爲人説，此語甚古。」今俗

〔一〕庾：原誤作「庾」。

曰打噴噴。噴，言語時發音如分。

打秋風，《七修類稿》：米芾札中有抽豐字，即世俗秋風之義，謂彼豐而抽分之也。故乞圖人之惠曰抽風。今俗曰秋風，亦曰打秋風。

右釋人事。

模樣，貌相也。

頁的蓋，額也。《説文》頁訓頭，蓋言頁之蓋也。頁，讀如葉。

耳朵，耳也。《説文》：「耽，耳大垂也。」「聸〔一〕，垂耳也。」耽、聸訓垂。章炳麟謂：「今人謂耳曰耳聸〔二〕，音轉如朵。」

眼眨毛，睫毛也。

下巴頦，頷也。頦，讀如瞌。

脖子，頸項也。章炳麟謂：「由其氣勃鬱，故得是名。俗字作脖。」

嗓子，喉也。

胳膊，臂也。

胳肘，肘，《説文》：「臂節也。」今俗謂臂彎外側曰胳肘。

〔一〕聸：原誤作「瞻」。下同。據《新方言》改。

〔二〕「曰」上原衍「再」字，據《新方言》删。

胳肘窩，腋窩也。

肩膀，肩也，亦曰胛子。

奶，乳也。

胯，股上端也。《史記》：「不能死，出我胯下。」胯，股間也。蓋胯左右各一，胯下適爲股間也。亦作骻。《唐書·車服志》有從戎鞅骻之服。《廣韻》同跨。

腿肚子，腓也。

髁的蓋，膝骨也。髁音課。《廣韻》訓膝骨。俗謂膝曰髁的蓋。

髀股，臀也。《三國志》：「劉備曰：吾常身不離鞍，髀肉皆消，今不復騎，髀裹肉生。」又曰定，則臀之音轉。俗又作屁股。

脊仰，背也。蓋脊梁之轉。

拐子，跛也。

瘸子，臂廢也。瘸，《集韻》衢靴切。

鷄胸、攎攉，凸胸龜背也。章炳麟謂：「當作奚匈句背。奚，《説文》：『大腹也。』然言鷄龜亦無謬誤。所以名鷄，以奚匈故；所以名龜，以句背故。」今俗謂龜背曰攎攉，字見《札樸》。攉，讀如鍋。又《陳書》：「新安王伯固生而龜胸。」龜胸亦鷄胸也。

踝子骨，脛下骨之隆起者謂之踝子骨，踝音户瓦切。

右釋形體。

爺爺，祖父也。今俗稱祖父曰爺爺。《宋史·宗澤傳》：「北方尊憚之，必曰宗爺爺。」是此詞之由來已久，惟不專屬祖父之稱耳。

奶奶，祖母也。古者傭僕稱主婦曰奶奶，尊之也。柳耆卿詞：「願奶奶蘭心蕙性。」是宋時文人已作此語。今俗稱祖母曰奶奶。又《廣雅》：「嬭，母也。」章炳麟謂：「今多謂祖母爲嬭嬭。」

爹，父也。《廣雅》：「翁、公、叜、爸、爹、箸，父也。」王念孫曰：「爹、箸聲相近。《廣韻》：『爹，北人呼父也。』」陸游《避暑漫抄》：「如何比得爹爹富貴。」又《四朝聞見録》載高宗稱徽宗爲爹爹〔一〕。

娘，母也，亦作孃。古樂府：「不聞耶孃哭子聲。」今俗稱母曰娘，惟呼喚時聲音少變。又《説文》：「媪，母老稱也。」《廣雅》：「媪，母也。」章炳麟謂：「媪音小變，作尼到切。」今俗呼娘固爲尼到切也。

公公，婦謂舅曰公，見《漢書·賈誼傳》。惟今俗直接稱呼曰爹，對人言則曰公公或老公公。或作翁，《廣雅》：「翁、公、叜、爸、爹、箸，父也。」則言公亦無謬誤。

〔一〕聞見：原誤作「見聞」。

婆子，婦謂姑曰婆子，亦對人之言。自稱亦如其夫。

閨女，女孩也。

小子，男孩也。《廣雅》：「子，孜也。」《白虎通義》：「子者，孳也。孳孳無已也。」孳同孜。

息婦，子婦也。古謂子曰息。《國策》：「老臣賤息舒祺。」則子婦當爲息婦，俗作媳婦。又爲少婦之通稱。

妯娌，兄弟妻也。《廣雅》：「妯娌、娣姒，先後也。」《方言》：「築娌，匹也。」郭注云：「今關西兄弟婦相呼爲築娌。」築與妯同。

姑姑，父之姊妹呼曰姑姑。《廣雅》：「姑，故也。」《釋名》：「父之姊妹曰姑。」

姨姨，母之姊妹呼曰姨姨。《釋名》：「母之姊妹爲姨。」又《爾雅》：「妻之姊妹曰姨。」《詩》：「邢侯之姨。」今俗妻之姊妹謂之姨子，母之姊妹呼曰姨姨。

丈人，妻考也。丈人本長老之通稱。《論語》：「遇丈人以杖荷蓧。」《漢書·匈奴傳》單于謂漢天子「我丈人行」。或謂丈人始於此。章炳麟謂：「師古但云『丈人，尊老之稱』，且鞮侯未娶漢女，其非婦考明甚。」今俗謂妻考爲丈人。

丈母，妻妣也。章炳麟謂：「婦考曰丈人，義已無稽。婦妣曰丈母，名實乖謬。」惟習俗如此，語成固定，不詳所自，蓋由來已久。柳子厚有《祭獨狐氏丈母文》。

舅舅，母之兄弟呼曰舅舅。

妗子，母之兄弟妻呼曰妗子。

老爺，外祖也。呼外祖曰老爺。

老娘，外祖母也。呼外祖母曰老娘。

挑擔，連襟謂之挑擔。

右釋親屬。

傢伙，器具也。《虞書》：「懋遷有無化居。」《説文》：「家，居也。」《釋名》：「火，化也。」章炳麟謂：「家與居同音，火與化同音，則傢伙即居化，是化居二字倒易耳。」今凡家事用器總名之爲傢伙。

苕帚，掃除室穢用之。古以苕爲之，故曰苕帚。今俗帚之大者用以掃除庭院曰掃帚，南方以竹爲之。掃，讀去聲。

炊帚，帚之用以洗食器者曰炊帚。

簸箕，箕也。

箸子，《禮》：「飯黍毋以箸。」《説文》：「箸，飯攲也。」亦謂之筷子。高人多言箸子。

鍋排，鍋蓋謂之鍋排。

馬勺，盛飯木勺也。章炳麟謂：「古人於大物輒冠馬字，馬藍、馬蓼、馬䗪、馬蜩、馬蚿是也。淮南、山東謂大棗曰馬棗，廣東謂大豆曰馬豆。」准是例，則勺之大者曰馬勺，語已甚古。

今俗謂盛飯木勺曰馬勺。

笊籬，編柳漉湯器也。

梢，汲水用木桶也。

擔杖，挑水擔子謂之擔杖。擔，讀去聲。杖，讀平聲。

轆轤，汲水具也。轆音如澇去聲。

栲栳，編柳條爲之，用以汲水。栲音少轉，讀如渴。

筳子，紡車用以縲紗線者曰筳子。筳音如定，亦作錠子。

棒槌，平布木棒也。

擀杖，擀麪用木杖也。

拐棍，拐杖也。

馬褂，外短衣也。清制，禮服加於袍外者曰褂，短者曰馬褂。扈從及出使皆用爲禮服。以馬上所用，故名馬褂。俗亦作褟褂。

坎肩，背心也。

汗褂，近身小褂也。

大襖，棉袍也。

補靪，《説文》：「靪，補履下也。」《廣雅》：「靪，補也。」王念孫謂：「靪之言相丁着也。」今俗謂衣破補處曰補靪。

茶食，糕點謂之茶食。見《松漠紀聞》。

饃饃，饅頭謂之饃饃。

窩窩，粗食也。農家多用之，以米麪或高粱麪爲之，作圓錐體而空其中。以其中如窩，是以言窩。或謂窩窩者，握握也，作時以手握成也，此亦想像之言耳。習用既久，不詳所自矣。平津間有言餑餑者，惟高人通言窩窩，亦曰窩窩頭。

餜子，餜，《集韻》古火切。《玉篇》：「餅也。」今以麥麪合礬鹽油炸之，有股，合其兩端曰餜子；合其一端者曰麻餹。作圓餅形者，上施糖曰餜子片。俗傳謂秦檜害岳飛，人民以麪作檜炸食，故亦謂油炸檜。檜，讀如鬼。

斗子，棺謂之斗子，亦曰棺材。

右釋器用。

生口，牛馬之類，總名之爲生口，亦作牲口，又曰頭口。《元典章·刑例》有「偷頭口條」，頭口即生口也。今俗言頭口，已音轉如頭户矣。

莽牸，牡牛謂之莽牛，牝牛謂之牸牛。

叫草，牡驢謂之叫驢，牝驢謂之草驢。

兒騍，馬之牡者曰兒，牝者曰騍。見郝懿行《爾雅義疏》。騍亦如之。

騸，生口之經閹割者曰騸。

羔犢駒，小羊謂之羔，小牛謂之犢，馬驢騾之小者皆曰駒。

公鷄草鷄，雄鷄謂之公鷄，母鷄謂之草鷄。

老鴰，烏鴉謂之老鴰。

十咕嘟，鵓鴿也。謂十咕嘟者，仿其叫聲也。

光棍兒抗鋤，布穀也。謂光棍抗鋤者，仿其叫聲也。

聒聒憂，鴞也，亦曰猫頭鷹。高人謂之聒聒憂，仿其叫聲以名之也。

長蟲，蛇謂之長蟲。

蝎虎，守宫謂之蝎虎。

臭蟲，壁蝨謂之臭蟲。

蓋蚤，蚤謂之蓋蚤。《楚詞》「溘吾游此春宫兮」「盍將把兮瓊芳」，章炳麟謂：「溘、盍皆發聲，有所唱號陳數，必先發聲言盍。盍、蓋聲義相轉，今人舉物發聲言蓋，蝗曰蓋蜢，蚤曰蓋蚤，音古盍反。」

螞蚱，蚱蜢謂之螞蚱。

蚰子，螽斯謂之蚰子。

擔杖，蠜螽謂之擔杖。後腿節甚長，小兒戲以指搦其二後腿，則體上下不已，謂之擔水。

蓋以其擔水，遂名之爲擔杖也。
馬郎，蜻蜓謂之馬郎。
刀郎，螳螂謂之刀郎。
促織，蟋蟀謂之促織。
曲蟺，蚯蚓謂之曲蟺。
馬吉了，蟬謂之吉了，大者曰馬吉了。
矢窠蜋，蜣蜋謂之矢窠蜋。
烏黴，禾穗黴而不秀者謂之烏黴。《札樸》作烏黴。
秫稭，高粱稈謂之秫稭。
秆草，穀稭謂之秆草。
架豆，稨豆謂之架豆。
花，棉謂之花。
右釋動植。
日頭，日謂之日頭。
月亮，月謂之月亮。
星星，星謂之星星。

絳，虹謂之絳。

冷子，雹謂之冷子，亦曰雹子。

雲彩，雲謂之雲彩。

閃，電謂之閃，亦曰打閃。

窟籠，孔謂之窟籠，語本反切，見《宋景文筆記》。《集韻》別有竉字，訓孔。竉爲穴。章炳麟謂：「今人謂地有空竅爲窟籠，《説文》：『空，竅也。』『堀，兔堀也。』引伸凡空竅爲堀，字亦作窟籠者，收聲也。合音爲空。」又凡術物等部字，今多以東部字爲餘音，准此例，則籠亦餘音也。

窨子，地室謂之窨子。

左近，鄰近也。見《水經注》。

發水，雨後山水暴至漲溢泛濫，高人謂之發水。

右釋天地。

按子雲《方言》疑爲僞託，其詳名物言語之異同，訓詁家資以考證古義，實小學之作。後世方志輒有著録，蓋非爲蒐集字書，講求訓詁，乃志風土之要典也。夫言語歧異，無處不然，雖同屬一縣，異地各殊。故欲明風土，須究方言。兹録七目，均係高民流行語言，久成固定，酌爲選入。其見諸經典及不甚通行者，概不登載。雖不免挂漏，而尋常習用者，亦可得大半焉。

〔乾隆〕贊皇縣志

【解題】黄崗竹等修。贊皇縣，今河北省石家莊市贊皇縣。「方音」見卷一《地理志》中。録文據乾隆十六年（一七五一）刻本。

方音

學讀作鴞。習讀作西。禄讀作路。極吉讀作幾。郁讀作於。色讀作洒。客讀作怯。格隔讀作潔。讀讀作都。覺讀作絞。瘧讀作要。翟宅讀作齋。麥讀作買。給讀作紀。獲讀作槐。闊括讀作渴。錫讀作洗。墨讀作美。額讀作葉。郭合讀作葛。箔讀作鑣。雜讀作咱。局讀作居。一亦讀作以。略讀作料。索讀作掃。摘讀作債。軸粥讀作豬。突讀作堵。入讀作肉。史讀作石。更耕讀作經。閣讀作槁。筆讀作彼。國讀作鬼。伏讀近南音腐。來讀作雷。雹讀作包。其讀作起。足讀近南音沮。苫讀作蒨。疃讀作團。峪讀作又。廈讀作紗上聲。阜讀作富。湖讀作呼。歐讀作偶。殼讀近南音巧。胞讀作抛。宦讀作患。耿讀作景。托讀近南音套。福讀近府。役讀近異。鞘讀作峭。欲玉毓讀作愈。麋讀作梅。德讀作的。屋讀作烏。物勿俱讀近五。洛樂讀俱作老。俗宿肅粟讀作須。族卒近南音左。蜀属屬熟述秫菽讀俱近南音儒。

〔民國〕贊皇縣志

【解題】湯玉瑞修，閃國策纂。贊皇縣，今河北省石家莊市贊皇縣。「方音」見卷一《地理志》中。録文據民國二十九年（一九四〇）鉛印本《贊皇縣志》。

方音

學讀作鴞。習讀作西。禄讀作路。極吉讀作幾。郁讀作於。色讀作洒。客讀作怯。格隔讀作潔。讀讀作都。覺讀作絞。瘧讀作要。翟宅讀作齋。麥讀作買。給讀作紀。獲讀作槐。闊括讀作渴。錫讀作洗。墨讀作美。額讀作葉。郭合讀作葛。箔讀作鑣。雜讀作咱。局讀作居。一亦讀作以。略讀作料。索讀作掃。摘讀作債。軸粥讀作豬。突讀作堵。入讀作肉。史讀作石。更耕讀作經。閣讀作槁。筆讀作彼。國讀作鬼。伏讀近南音腐。來讀作雷。雹讀作包。其讀作起。足讀近南音沮。苫讀作蒨。疃讀作團。峪讀作又。廈讀作紗上聲。阜讀作富。湖讀作呼。歐讀作偶。殼讀近南音巧。胞讀作拋。宦讀作患。耿讀作景。托讀近南音套。福讀近府。役讀近異。鞘讀作峭。欲玉毓讀作愈。麋讀作梅。德讀作的。屋讀作烏。物勿俱讀近五。洛樂讀俱作老。俗宿肅粟讀作須。族卒近南音左。蜀屬屬熟述秫菽讀俱近南音儒。

〔民國〕新河縣志

【解題】傅振倫等纂。新河縣，今河北省邢臺市新河縣。「語言及文字」見卷十八《風土考篇四·社會狀況》中。録文據民國十八年（一九二九）鉛印本《新河縣志》。

語言及文字

新河言語，讀音多與官話相似，字音語音相差尚少，其地昔近京畿故也。惟語音較長，而于上平聲、下平聲分晰甚明，但入聲字往往讀爲平聲。自國語加入小學課程，而國語正音益以普遍矣。

新河方言，方音概分三種。城南、西沈着，與河南語略近；城東、南輕浮，近南宫語；其餘諸地語短促，俗稱爲「土怯子」，音以沙地爲最顯著。新河昔隸屬冀州，與州屬冀南宫、棗强、武邑、衡水諸縣有共同特點，即以什麽讀嗎兒、讀什麽爲怎兒也。冀屬經商于外者最多，即怎兒、嗎兒之方音，即可證明其爲冀民無疑。北平諺又云：南宫冀州冀州上加南宫二字，以别于京兆薊州也人，説不清星辰日月肉和人。蓋冀南方音與平不同，亦一特點也。

本地方言每于名詞上附以「兒」音，如稱桌爲桌子或桌兒，稱兒童爲孩子或孩兒等是，且加「兒」音者，每有可愛如風兒、猫兒等及巧或小如匣兒、玩藝兒等等義意。然亦有于名詞末加「兒」音而異其義意者，如花，棉花也，而花兒則爲花草之花；大爲大小之大，而大兒則爲長女之名；小爲大小之小，而小兒則爲兒子之稱；櫈爲四足高櫈，而櫈兒則爲高不盈尺之四足小櫈。

附録

（甲）方言中之人稱代名詞表〔一〕

第一身：少數，我；音吾哦切。多數，喒們〔二〕。或作咱。

第二身：少數，你；多數，您。

第三身：他；音塔。多數，他們。音塔們。

第一身多數爲咱們，而又有俺們者，雖亦爲第一身之多數，但所指人數爲喒們之一部〔三〕，非指全體我們而言，歐美文中均無此例，是又方言中特異之格也。

（乙）方言中之名物性屬表〔四〕

人。陽性：男人、男子、男們、爺們。陰性：女人、女子、娘們。閹者：老公。宦官。

人。陽性：〔夫〕女壻、漢們。陰性：〔妻〕媳婦、老婆。

馬。陽性：騍馬。陰性：騍馬。閹者：騸馬〔五〕。

騾。陽性：騸騾。陰性：騍騾。

〔一〕〔四〕　原爲表格形式。

〔二〕〔三〕　喒：原誤作「咯」。

〔五〕　原文附注：「閹馬曰騸，見《五代史》，通謂之劌。」

牛。陽性：牨牛。陰性：牸牛〔一〕。
驢。陽性：叫驢。陰性：草驢。閹者：騸驢。
鷄。陽性：公鷄。陰性：母鷄。閹者：驐鷄。
猪。陽性：叫猪。陰性：母猪。閹者：閹猪〔二〕。不普通。
狗。陽性：犽狗。陰性：母狗。閹者：騸狗。
猫。陽性：男猫。陰性：女猫。閹者：净猫。
羊。陽性：公羊。陰性：母羊。閹者：羯羊。不甚普通。
鳥。陽性：公兒。陰性：母兒。閹者。公兒讀若 kung-Erh，雄鳥不稱公鳥，而稱公兒，雌者亦然。

（丙）方言之通於古而不行於今者

《史記·陳餘列傳》集解引孟康曰：「冀州人謂懦弱曰孱。」今稱爲玄，或曰柴。

《漢書·司馬相如傳》注引文穎曰：「冀州凡水大小皆謂之河。」今否。

案：有二字而音不分者，其因通借，故音不分者。如實寔同聲，見《韓詩·奕》鄭箋。其因

〔一〕原文附注：「按閹牛曰犗，見佛書。」
〔二〕原文附注：「按閹猪曰豶，見《易》。」

同母而音不分者，如庶戍、如儒、紫姊、洽狎是也，見《顔氏家訓·音辭篇》。

（丁）方言雜考

盛多曰夥。夥同錁。《廣雅》云：「夥，多也。」《史記·陳涉世家》謂楚人謂多曰夥。今俗稱衆人曰一夥人，同謀合作曰夥計，夥、多音相近。

慧曰鬼。《詩》：「爲鬼爲蜮。」鬼、慧，黠也。《廣雅》所謂「黠、鬼，慧也」。郭璞《方言注》曰：「今名黠爲鬼蜮。」

讙呼曰讓，俗作嚷。《説文》：「讓，譁也。」

喜言人過曰潞鯺子。《集韻》二十九過。

採菜曰撏菜。《廣韻》：「撏，取也。」

以手捫物曰摸。《廣雅》：「抾莫，去也。」摸與莫通。

火熟曰爛。《廣雅》：「爛，熟也。」

行走不定曰摇摇擺擺，或曰扇幹。《爾雅》：「蠅醜扇。」郭璞注曰：「好摇翅。」摇扇，蓋不定之貌，與疾義相近也。

年歲相上下者曰班，成列者亦曰班。《方言》三。

縣挂曰佻，俗作弔。郭璞注：「了佻，縣物皃。丁小反。」清王念孫曰：「今俗語謂縣物爲弔，聲相近也。」今更用爲舉於上之詞矣。

强直曰㦗。《史記·貨殖列傳》曰:「人民矜㦗忮,好氣任俠爲姦。」索隱謂冀音。

蕎麥麪作湯餅曰河洛。王禎《農書》稱河漏,《説鈴》曰:「山東以蕎麥作麪食曰河洛。」

畢羅曰磨磨,俗作饃饃。《潛確類書》稱北人呼爲波波,後轉爲磨磨也。

父曰爹。《南史·梁始興王憺傳》:「詔徵還朝,人歌曰:始興王,人之爹,赴人急,如水火,何時復來哺乳我。」

凡人嘼乳而雙産謂之孿生。《方言》三。今謂之雙生。

粟曰小米。《本草綱目》穀部。

穈曰穄子。王念孫《廣雅疏證·釋草》王引之説。

螻蛄曰拉古。轉音也,是猶北京人之稱拉拉古也。

蜩曰蛁蟟。《爾雅義疏·釋蟲》。

蟋蟀曰屈屈。趨趨,促織轉音也。

蜻蜓曰馬郎。《爾雅義疏·釋蟲》。

鼬鼠曰黄鼬。郭璞曰:「鼬,赤黄色。」

胡瓜,北人避石勒諱改呼黄瓜。《本草拾遺》記微異。杜寶《拾遺録》則稱隋大業四年避諱改胡瓜爲黄瓜。

其稷黏,北方謂之紅粱,通謂之秫秫。案:黏粱曰秫秫,見《爾雅義疏·釋草》。

蜀秫高至丈餘，北人謂人高粱。張爾岐《蒿庵閒話》。

今北方人謂禾莖曰秆草，以飼馬牛，又以爲簾簿。《廣雅疏證・釋草》。

鷄菌，今北方謂之鷄腿蘑菇。桂馥《説文解字義證》四。

蓬，今北方則呼埽帚菜，編者按，實誤。又呼爲刺蓬。《九穀考》〔一〕。

瓠𤬏，或作壺盧，或作瓠㼴，而以瓠㼴之已剖者爲瓢。《廣雅疏證・釋草》。

鴟，順天人呼鷂鷹。《爾雅義疏・釋鳥》。

以上節録光緒《通志》。

明時宮中有娠有月子房，臨蓐之時居之。崇禎宮詞有「眉間喜氣報新黄，隔月先鋪月子房」之句，即詠此事。今人以分娩爲坐月子者本此。

虹讀爲絳。沈濤《銅熨斗齋隨筆》八。

（戊）方言雜記

父曰爹。母曰娘。祖父曰爺爺。祖母曰奶奶。伯父曰大伯。伯母曰大娘。男稱女家爲家裏，此稱最古，見《玉台新詠》。岳父曰丈人。岳母曰丈母。兄曰哥哥。弟曰兄弟。嬸曰嬸子。姊曰姐姐。妹曰妹妹。姨、姑等均倣此。姑呼其媳，依其夫之行次曰老□〔二〕，或指子女之名，

〔一〕穀：原誤作「𣪍」。

〔二〕□：原文如此，下同。

城西有直呼其名者。凡父系親屬之長輩皆曰□爺、□奶奶。外戚以外祖父母爲重，以外祖父爲老爺，外祖母爲老娘。母系之親屬則曰□老爺、□老娘。舅母曰矜子。妻之姊妹曰姨子兒，各不相見。襟兄弟曰連襟，亦謂之挑帶兒。

日曰日頭、曰爺爺兒。月曰月亮。星曰星星。露曰露濕。晝曰白天。夜曰昏上、曰黑個、向晦、日插黑兒。黎明曰一早。今日曰今兒個。昨夜曰夜來。去年曰年生。何時曰多咱。彼處曰那兒海兒。此處曰這兒河兒。

形體之屬，謂咽喉爲嗓子，謂臀爲定。

僕曰做伙的。婢曰老媽子。巫曰香頭。行家師夫曰八十。無賴曰混子、曰棒子。

二音二，或列阿切。三音薩。

錢滿十文謂之二十文，十文內者皆從實數。

呼猪曰拉拉。喚鷄曰咕咕。逐犬曰嗾。逐鷄曰抽。上聲。

街市閒遊謂之逛。韻作廣去聲。相聚閒談謂之拉聒。讀作瓜上聲。

口角曰吵。耳語曰唧咕。足踐曰跐。蹲踞曰姑就。小兒習立曰蹠蹠。富曰好過、曰有。富人曰大財主。吝嗇人曰夾楡頭。謂物之不佳及事之不成者曰不濟。不潔曰躿𨇾、曰阿雜。不直爽曰奏作。補衣布角曰補丁。突如其來曰猛不防、曰不打徐。不留神曰不慮顧。勿音別，或不要切。

（己）俗字

嫑，音不要切，勿也。歪，音外上聲，不正也。暹暹，音先生，瞽之能筮卜者也。丼，音騰平聲，石落井聲也。搓，音賊兒切，水中拔草聲也。

（庚）祕語

各行多有祕語，門外漢不解也，俗稱行話或黑話，亦間有可解者，如匪劫人求贖曰請財神、曰綁票等是。

〔民國〕柏鄉縣志

【解題】牛寶善修，魏永弼纂。柏鄉縣，今河北省邢臺市柏鄉縣。「方言」見卷五《風俗》中。録文據民國二十一年（一九三二）鉛印本《柏鄉縣志》。

方言

親族稱呼，稱高祖父曰老爺爺。稱高祖母曰老奶奶。稱祖父曰爺爺。稱祖母曰奶奶。稱父曰父親。稱母曰母親，或稱之曰娘。稱父之兄曰大伯。稱大伯之婦曰大娘。稱父之弟曰叔叔。稱叔叔之婦曰嬸子。稱兄曰大哥、二哥。稱弟曰二弟、三弟。友人稱之曰令兄、令弟。對友人稱之曰家兄、舍弟。稱兄之婦曰嫂。稱弟之婦曰弟妹。稱姊曰姐姐。稱妹曰妹子。稱父之姊妹曰姑姑。稱母之姊妹曰姨姨。稱母之兄弟曰舅舅。稱舅舅之婦曰妗子。稱夫之父曰公公。稱夫之母曰婆婆，或直稱之曰娘。稱兄弟之子女，男曰姪子，女曰姪女。稱姑姑之子女曰表兄、表弟、表姊、表妹。稱姨姨之子女亦曰表兄、表弟、表姊、表妹。稱婦之父母曰岳父、岳母。稱婦之兄弟曰内兄、内弟。稱母之父母曰外祖父、外祖母，或直稱之曰老爺、老娘。明天曰們偺。昨天曰夜裏隔。天將亮曰露鬆明。日將落曰嗎斜黑。事物之美者曰崩得，不美者曰可塵。賒人東西曰騙。被人討債曰該刻。子合人稱父曰老頭，或曰老當家哩。父合人稱其子曰年輕哩，或曰小夥子。説某人之妻則曰某人家裏。生男則曰有小子。生女則曰添妮子。

呼鷄者曰呱呱。呼狗曰喔喔。呼猪曰囉囉。呼猫曰歡歡。

以上所言，皆爲柏人所獨造，亦爲柏人所能解，然不足爲外人道也。

〔道光〕内邱縣志

【解題】汪匡鼎原本，施彦士續纂修。内邱縣，今河北省邢臺市内邱縣。「方言」見卷三。録文據道光十二年(一八三二)鈔本《内邱縣志》。

方言

日呼作異。如呼作虜。茶呼作扯。硯呼作現。筆呼作背。北呼作背。麥呼作買。鼻呼作避。眼呼作現。脚呼作厥。蓆呼作西。急呼作幾。一呼作意。六呼作柳。色呼作洒。格、隔呼作潔。客人呼作怯贏。快呼作磨礪須兒。今日呼作今兒。明日呼作明兒。昨日呼作翼名。欲、玉呼作愈。給呼作紀。闊呼作寬。錫呼作洗。墨呼作美。額呼作葉兒蓋。樂、落呼作勞。去聲。石呼作矢頭。耕呼作經。熟呼作儒。合口。伏天呼作腐天。福呼近府。大便呼作磨擺擺。風呼作風婆子。小便呼作煞㬥。做耍呼作耍也。謊話呼作討耍鬆。妓呼作做失好的。龜呼作黄霸。是否呼作賽醢。義父呼作老鞭。來呼作抓也。義母呼作老爵。利害呼作苛。吆喝呼作老登。合口。閨女呼作妒子。畢呼作背。壞呼作乖。藥呼作效。

〔民國〕清河縣志

【解題】張福謙修，趙鼎銘纂。清河縣，今河北省邢臺市清河縣。「方言」見卷九《風土志》中。録文據民國二十三年（一九三四）鉛印本《清河縣志》。

方言

做活。唐張藉詩：「貧窮作活似村中。」即做活之轉音。不中用。《史記·外戚傳》：「宫人不中用者斥出之。」俗言即本此。滑六。按此黄六轉音。黄巢兄弟六人，巢第六而好騙詐，故俗目不忠誠人爲黄六。展轉相傳，黄轉作滑音，遂作滑六。唉。烏開切，人嘆恨發聲之詞曰唉。《史記》：「亞父曰：唉！豎子不足與謀。」好好。後漢司馬徽不談人短，與人語，皆言好。俗言好好本此。饃饃。即饅頭之轉音。一毛不拔。見《孟子》。老攫。俗言土匪曰老攫，言其攫取之意。燒紙。齊東昏侯好鬼神，剪紙作錢以代束帛，至唐盛行其事，此間俗言燒紙。拳頭硬了是大哥。即所謂有强權無公理。扶竹竿不扶井繩。即不主持公道之謂。再好就没有了。表示極好之意，猶言好的狠。放不嚮。戲言說話無效之詞。亂七八糟。表示雜亂之意。反正是。猶言兩面之詞。硬扠杠。旁觀者代不平，即謂之硬扠杠。什件。即櫃箱上鎖處圓光以銅爲之者。這纔離然哩。表示離奇驚訝之意。這個物。此間俗語指事屬詞，口頭概言這個物。弔兒郎當。表示不謹飭之意。可不。亦是認可之意。木滿。小兒食飯器，以木作之，又小兒好滿，故言木滿。鹼脚。屋牆基曰鹼脚，因地質斥鹵，屋牆怕鹼，築牆者類以鹼草隔之，故曰鹼脚。

一個錢逼死英雄漢。肩膀頭齊了是親家。貧居街前無人問，富在深山有遠親。勤儉不求人。人勤地不懶。遍地是黄金〔一〕，出在勤謹人。求人難。人哄地，地哄人。好吃懶做。吃不窮，穿不窮，算計不到纔受窮。人憑良心樹憑根。當知有日思無日，莫待無時想有時。人善人欺，馬善人騎。老實人有後程。吃虧人常在。没有受氣死了的。明去暗來。天道好還。吃人穀子還人米。當世當報。善有善報，惡有惡報，如若不報，時候未到。世界無難事，就怕纏魔頭。有錢使的鬼上樹。有錢的王八大三輩。是親惱不了一百晌。人家的肉安在自己身上長不住。没有全是的人。餓死不做賊，屈死别告狀。没有真理，看是誰的羊唻誰家的麥子。莊家錢萬萬年，作官錢當輩完，賣買錢六十年。十年河西，十年河東。窮没根，富没苗。老婆無姓地無姓。吃飯别忘了種穀人。過河拆橋。白飯說不出豆來。事忘先寫賬，忘了後悔難。摔

〔一〕地：原誤作「他」。

死會上樹的，淹死會浮水的。没有三回離巴。人跟什麼人學什麼人。鋼梁磨繡針，功到自有成。自重人重。殺人償命，欠賬還錢。假一添二，老婆唇舌。好漢做了好漢當。話是開山虎，衣是嚇人毛。少吃多甜，再吃不難。要得小兒安，多受飢和寒。在家孝父母，强似遠燒香。佔小便宜受大害。有千里的朋友，没千里的威風。上坑認的老婆，下坑認的鞋。是親三分向。遠親不如近鄰，近鄰不如對門。好漢護三村，好狗護三鄰。精光精光，吃飯穿衣量家當。有了不可不吃，没了不可强吃。人窮志氣短。家有賢妻，男子不遭横事。人敬有的，狗咬醜的。男不給女鬥，窮不給急鬥。當家方知柴米貴，養兒纔知報娘恩。有麝自來香，何用大風揚。凡事難瞞當鄉人。賣瓜的不説瓜苦。老烏飛在猪身上，個人看不着個人黑。親人眼裏有映壁。凡事須問過來人。長到老，學到老。不聽長者言，一定有失閃。一畝園十畝田。銀錢逼血脈。回頭是岸。家嚴出孝子。寡婦門前是非多。人都往下輩疼，不上上輩想。女大外向。女大不中留。光棍是維持的，不是打的。一寸光陰一寸金。今日的事不可諉之明日。凡事須親自檢點。人過青春無少年。人不可看眼前。陰天餓不死無眼的雀。鷄不尿泡，總有一變。騾馬大了值錢，人自大了不值錢。衣是新的好，人是舊的好。别妄花錢。能撤不缺。人往高處走，水上窪處流。人都指着身子向上長。嘴甜心苦。交人交心。人心隔肚皮。得意不可再往。水長船高。能共一尖，不共一悍。正事正共。好事不背人，背人没好事。一塊半頭磚也絆倒人了。人憑志氣鐵憑鋼。不可小看人。叫蟈蟈没肉。莊稼人家的好，孩子自己的好。娶了媳婦忘了娘。没有走不着的道，没有求不着的人。與人方便，自己方便。種上蒺藜就要札腳。花錢容易挣錢難。開口容易合口難。世上没有容易的事。利害相連。小心設過火。人没常性是個大毛病。賊咬一口入骨三分。交官貧，交商富。人不得外財不富。外財不顧窮命人。隨的方，就的圓。好漢子不挣有數的錢。誰家也没挂着没事的招牌。誰求不着誰呢，人都有見面之情。是人都担不起幾句軟話。人都怕敬。軟硬不吃。一毛不拔。人心都是肉長的。有福不可重受。話不可説盡，事不可作盡，聰明不可用盡，衣不可穿盡，食不可吃盡。

按，中國幅員遼闊，自古南蠻北貊，語言不同，故齊語、楚語，必習而後解，此亦不能强合之勢也。又有方言囿於一隅，如《史記》夥涉、《蜀語》餛飩，雖瑣屑卑陋，既爲本地之習慣，即爲方志之一束，故備載之，以爲考察方言之一助云。

〔民國〕威縣志

【解題】崔正春修，尚希賓纂。民國十四年（一九二五）修。威縣，今河北省邢臺市威縣。「方言」見卷十三、卷十四《風俗志》中。録文據民國十八年（一九二九）鉛印本《威縣志》。

卷十三　方言

人面獸心　見《史記·匈奴傳》贊。又《晉書·孔嚴傳》：「降附之徒，人面獸心，難以感義。」劉元海等《載記論》：「彼人面而獸心，見利則棄君親，臨財則忘人義者也。」《宋書·明帝紀》：「子業人面獸心，見于齠日。」《北史・太武五王傳》：「人面獸心，去留難測。」《隋書》盧思道《勞生論》：「居家則人面獸心，不孝不義。」《舊唐書》于志寧《上太子書》：「人面獸心，豈得以禮教期。」按，《列子・黄帝篇》：「人未必無獸心，夏桀、殷紂、魯桓、楚穆，狀貌七竅，皆同于人，而有禽獸之心。」孟郊詩：「古人形似獸，而有大聖德。今人表似人，獸心安可測。」即皆人面獸心之説也。

一毛不拔　見《孟子》。《東坡文集・與陳季長尺牘》曰：「鄉諺有云：缺口鑷子，君識之乎？」自注：「缺口鑷子，取一毛不拔，恐未嘗聞，故及。」

吹毛求疵　《韓非子》：「不吹毛而求小疵，不洗垢而察難知。」《漢書・景十三王傳》：「今或無罪爲臣下所侵辱，有司吹毛求疵。」語本此。又《北史・崔浩傳》云：「披毛求瑕。」《文心雕龍・奏啓》篇云：「吹毛取瑕。」

弄巧成拙　《傳燈録》：「龐居士謁道一禪師，有云：適來弄巧成拙。」黄庭堅《拙軒頌》：「弄巧成拙，爲蛇添足。」《二老堂詩話》：「蜀人縷鳩爲膾，配以芹菜。爲詩云：本欲將芹補，誰知弄巧成。」以拙爲歇後語也。

風調雨順　《唐書・儀禮志》：「武王伐紂〔一〕，五方神來受事，各以其職命焉，既而克殷，

〔一〕伐：原誤作「代」。

風調雨順。」蘇詩有「風調雨順百穀登」句。王業燕《在閣知新録》：「凡寺門金剛，各執一物，俗謂風調雨順。執劍者風也，執琵琶者調也，執傘者雨也，執蛇者順也。獨順字，思之不得其解。升庵《萩林伐山》云：所執非蛇，乃蜃也。蜃形似蛇而大，字音如順。」

國泰民安　《江南野史·應用》：「于一粒麻上書國泰民安四字。」《六研齋筆記》：「項子京藏芝麻一粒，一面書風調雨順，一面書國泰民安。云出南宋宫中異人所獻者。」

七子八壻　《唐書·郭子儀傳》：「八子七壻皆貴顯朝廷。」高則誠《琵琶曲》有「七男八壻」句，俗承其訛，謂郭子儀七子八壻。

奉承　《禮記》：「齋戒，沐浴，盛服，奉承而進之。」《左傳》：「奉承以來，不敢失隕。」《後漢書·樊準傳》：「朝廷雖勞心元元，事從省約，而在職之吏，尚未奉承。」按諸皆奉禮、奉法之謂，而世以趨奉尊貴言之，謬矣。然復别有因也。小學范質《示從子杲》詩：「舉世好承奉，昂昂增意氣。不知承奉者，以爾爲玩戲。」蓋今世所謂奉承，乃因承奉之詞上下相誤易耳。《儼山詩話》云：「老先生是朝廷大臣，誰不奉承。」

將息　白居易詩：「亦知數出妨將息，不可端居守寂寥。」王建詩：「千萬求方好將息，杏花寒食約同行。」《五燈會元》：「石霜圓辭李遵勖臨行曰：好將息。」范文正《與姪帖》云：「將息將息，不具。」司馬温公《與姪帖》亦云：「時熱且各自將息。」

出家　《廬山蓮社録》：「謝靈運謂生法師曰：道人將謂俗緣未盡，不知我在家出家久矣。」《白氏長慶集》有《在家出家》詩。

那摩　《法苑珠林》南無或作南摩，或作那謨，又或作納慕、娜謨、那摸、南忙、那摩，玄應《音義》南無或作南謨，或作南摸，皆以「歸禮」譯之。慧苑《音義》云：「敬禮。」嘉祥《法華經義疏》云：「歸命也，救我也。」本屬梵音，故無定字。周憲王《元宮詞》：「自從授得毗盧咒，日日持珠念那摩。」

西天　我國佛教徒稱印度曰西天，因印度在中國之西也。明韓邦靖詩：「更寵番僧取活佛，似欲清浄超西天。」

酒色財氣　《後漢書》：「楊秉嘗從容言曰：我有三不惑，酒色財也。」王禕《華川巵辭》：「財者陷身之阱，色者戕身之斧，酒者毒腸之藥，人能於斯三者致戒焉，災禍其或寡矣。」按明人更益一氣爲四，今習爲常言，不知其原祇三也。

身手　《顏氏家訓》：「頃世亂離〔一〕，衣冠之士，雖無身手，或聚徒衆。」杜甫詩：「朔方健兒好身手。」

顖門　方書：頂中央旋毛中爲百會，前一寸半爲前頂，三寸即顖門。

滿月　《北史·節義傳》：「李式坐事被收，子憲生始滿月，汲固抱歸藏之。」按滿月二字見此。其以爲慶宴則始于唐，《唐書·高宗紀》：「龍朔三年，子旭輪生，滿月，大赦。」《外戚傳》：

〔一〕頃世亂離：原作「頃身流離」，據《顏氏家訓》改。

「安樂公主産男滿月，中宗、韋后幸其第。」李嶠有《長寧公主滿月侍宴》詩，《元稹集》有《妻滿月》詩。

借重　王銍《跋范仲淹墓志》：「魏泰作《碧雲騢》，假名梅聖俞毁范文正，文正與梅公立朝同心輔政，詎有異論，特聖俞子孫不耀，故挾之借重以欺世。」又同藉張羽詩：「三都一序争傳賦，藉重西州皇士安。」

摩挲　《瑯琊王歌辭》：「新買五尺刀，懸著中梁柱。一日三摩挲，劇于十五女。」韓愈詩：「誰復著手更摩挲。」

摸索　東坡《記徐陵》語云：「徐陵多忘，每不識人。人以此咎之。曰：公自難記，若曹劉沈謝輩，闇中摸索，亦合認得。」劉餗《隋唐嘉話》載許敬宗亦有此語。按索一作㨶，《集韻》：摸㨶，捫搎也。

攛掇　俗謂誘人爲非曰攛掇。朱子《答陳同甫書》：「告老兄，且莫相攛掇。」《至正直記》：「諺云：與人不足，攛掇人起屋。與人無義，攛掇人置玩器。」史彌寧《杜鵑》詩：「春歸怪見難留住，攛掇元來都是他。」

侍奉　《北史・薛道衡傳》：「帝曰：爾侍奉誠勞，朕欲令爾將攝。」

多謝　《漢書・趙廣漢傳》：「界上亭長曰：至府爲我多謝問趙君。」師古注：「多，厚也。言殷勤，若今言千萬問訊矣。」辛延年《羽林郎》詩：「多謝金吾子，私愛徒區區。」陶潛詩：「多謝綺與角，精爽今何如。」方干詩：「多謝郢中賢太守，常時談笑許追陪。」

出尖　《宋史·兵志》：「熙寧間，造箭四種，一曰出尖。」汪雲程《蹴踘譜》〔一〕：「三人定位，一人當頭名出尖，五人場户名小出尖，六人場户名大出尖。」今俗謂共處一事而獨逞己能者曰出尖，猶《史記》「脱穎而出」之意也。

火計　杜佑《通典》：「五人爲列，二列爲火，五火爲隊。」《唐書·兵志》：「十人爲火，火有長。」《木蘭詩》：「出門看火伴，火伴皆驚惶。」按，其所以名火，以共一竈爲火食也。後世賈客挾伴亦謂之火，俗因之有火計之稱。元稹《估客樂》：「出門求火伴，入户辭父兄。」劉攽《中山詩話》：「南方賈人各以火自名，一火猶一部也。」今或作夥、作伙，皆非。

藏弆　《漢書·陳遵傳》：「與人尺牘，主者藏弆以爲榮。」按，牘本方版，古人長者稱簡，短者稱牘，凡筆迹文辭皆得謂之尺牘。《後漢書·魯王睶傳》：「上令作草書尺牘。」乃筆迹也。杜篤《弔比干》文：「敬申弔於比干，寄長懷於尺牘。」乃文辭也。自謝宣城詩云：「誰謂情可書，盡言非尺牘。」後人遂但以箋書當之。

怠慢　《左傳》僖三十一年：「牲成而卜郊，上怠慢也。」《史記·封禪書》：「昔東甌王敬鬼而壽，後世怠慢故衰。」《晉·郗超傳》：「王獻之兄弟見愔甚修舅甥之禮，及超死，見愔怠慢。」

〔一〕汪：原誤作「注」。

《北史》：「趙彦深子仲將温良恭讓，雖妻子亦未嘗怠慢。」

百拜　《禮·樂記》：「壹獻之禮，賓主百拜。」《日知録》：「古人之拜，如今人鞠躬，故通計一席之間，賓主交拜近至於百。注云『百以喻多』是也。若平禮，止一拜。即人臣於君，亦止再拜。唐以下有四拜。《明會典》：『四拜者，百官見東宫、親王之禮，見其父母亦行四拜，其餘親友相見，止兩拜禮。』今人書狀動云百拜，何也？」

數見不鮮　《史記·陸賈傳》：「一歲中，率不過再，三過，數見不鮮，無久慁公爲也。」注曰：「新殺曰鮮。」謂時時來見，不必鮮美作食。按，今直以習見爲不鮮美，非。

不相干　《淮南子·原道訓》：「聖人使人各處其位，守其職，而不得相干也。」又《兵略訓》：「前後不相撚，左右不相干。」按，干，犯也。故《衛玠傳》云：「非意相干，可以理遣。」今俗謂無妨礙曰不相干，無關涉曰不相干。

東家　《禮記》：「主人就東階，客就西階。」今俗謂主人曰東家本此。

信　今人寄書通謂之信，其實非書也。古謂寄書之使曰信。《真誥》云：「公至山下，又遣一信見告。」陶隱居云：「明旦信還，仍過取反。」虞永興帖云：「事已，信人口具。」古樂府云：「有信數寄書，無信心相憶。」「莫作瓶墜井，一去無消息。」可證信之必爲使人也。《日知録》以使爲信始見自東漢以下。若古人所謂信者，乃符驗之别名，如今人言印信、信牌之信。梁武帝賜到溉《連珠》曰：「研磨墨以騰文，筆飛毫以書信。」後人又有書信之名。

行李　《左傳正義》襄八年《傳》：「一介行李。」杜預云：「行李，行人也。」昭十三年《傳》：「行理之命。」杜預云：「行理，使人。」《周語》：「敵國賓至，關尹以告，行理以節逆之。」賈逵云：「理，吏也，小行人也。」孔晁注云：「本亦作李字。」然則兩字通用。按，《史記・天官書》：「熒惑爲李。」徐廣注：「外則理兵，内則理政。」《漢書・藝文志》：「黄帝李法一篇。」師古注：「李者，法官之號。」《北史・叙傳》：「李氏先爲堯之理官，因爲氏。」《管子》書大理作大李，兩字通用，誠不誣也。蓋李者，治也，猶俗云料理也。世未有不料理而行者，故謂使曰行李。後遂謂行旅所攜帶之物曰行李，非。

中人　曹植《樂府》：「龍欲升天須浮雲，人之仕進待中人。」〔一〕《晉書・李密傳》：「常望内轉，而朝廷無援。作詩曰：人亦有言，有因有緣。官無中人，不如歸田。」魯褒《錢神論》云「仕無中人」〔二〕，而今惟貨産交易有所謂中人者，其義實即相因。

冤家　《朝野僉載》：「梁簡文帝生，賓志謂武帝：此子與冤家同年。其年侯景亦生於雁門。」《道山清話》：「彭汝礪晚娶宋氏，有姿色，承順恐不及，臨卒書夙世冤家四字。」諺所云「不是冤家不聚頭」，見元高則誠、鄭廷玉曲。

應酧　陸游詩：「老來萬事嬾，不獨廢應酧。」王令詩：「清坐想高絶，語言誰應酧。」

〔一〕之：原誤作「欲」，據《曹子建集》改。
〔二〕仕：《錢神論》作「官」。

得罪 《韓詩外傳》：「麥邱叟爲齊桓公壽，無使羣臣百姓得罪于吾君，無使吾君得罪于羣臣百姓。桓公不説。叟曰：『子得罪于父，可因姑姊謝也。臣得罪於君，可因左右謝也。昔者桀紂得罪于民，至今未有爲謝者也。』桓公曰：『善。』」《晏子春秋》作景公事。

提拔 《南史・衡陽公諶傳》：「弟誄謂蕭季敞曰：君不憶相提拔時也。」《庾子山集》：「天澤沛然，謬垂提拔。」

擡舉 元微之詩：「大都只在人擡舉。」又《詠牡丹》詩：「風光肯擡舉，猶可暫時看。」張元晏《謝宰相啓》：「驟忝遷轉，盡由擡舉。」

照管 《歐陽公集・與焦千之簡》云：「某不久出疆，欲且奉託，與照管三數小子。」〔一〕《東坡尺牘・答潘彦明》云：「吴待制謫居，不免牢落，望諸君一往見之，諸與照管。」《楊誠齋集・插秧歌》：「秧根未牢時未匝，照管鵝兒與雛鴨。」

調停 《周禮・調人》：「掌司萬民之讐而調和之。」《言鯖》：「今此職官不舉，而凡親友于兩造相關切者，爲之調停解釋，猶存古意。」〔二〕《宋史》：吕大防、劉摯欲引用元豐黨人，以平舊怨，謂之調停。

勾引 《北史・蠻獠傳》：「元法僧在仕貪殘，獠遂勾引梁兵，圍逼晉壽。」

〔一〕與：原脱，據《歐陽修集》補。
〔二〕存：原脱，據《通俗編》引文補。

前功盡棄　《五代史補》：「郭忠恕責馮道云：今一旦反作脱空漢，前功盡棄，令公之心安乎？」

計較　《漢書·賈誼傳》「反脣相稽」注云：「相與計較也。」《三國志·孫堅傳》：「夜馳見袁紹，畫地計較。」按，一以争論爲計較，一以商量爲計較，今皆言之。

欺負　《史記·高祖傳》：「乃紿爲謁。」《索隱》曰：「紿，欺負也。」《漢書·韓延壽傳》：「待下吏施恩厚而約誓明，或欺負之者，延壽痛自刻責。」《北史·邵護傳》：「戴天履地，中有鬼神，勿謂冥昧，可以欺負。」

孤負　李陵《答蘇武書》：「陵雖孤恩，漢亦負德。」毛晃《增韻》：凡孤負字當作孤，俗作辜，非。按，唐詩多作辜負字，白居易詩：「猶有一般辜負事，不將歌舞管絃來。」李商隱詩：「無端嫁得金龜壻，辜負香衾事早朝。」

落魄　《史記·酈食其傳》：「家貧落魄，無以爲衣食業。」注：「落魄，志行衰惡之貌。」應劭曰：「魄音託。」

不到頭　郭象《睽車志》〔一〕：「逆亮自製尖靴，頭極長鋭，取於便鐙，足底處不及指，謂之不到頭。」

〔一〕 睽：原作「暌」。

錯到底　《老學庵筆記》：「宣和間，婦人鞋底尖以二色帛合而成之，名錯到底。」

七顛八倒　《朱子語類》：「當商之季，七顛八倒，上下崩頽。」

攀龍附鳳　杜甫詩：「攀龍附鳳勢莫當，天下盡化爲侯王。」本後漢耿純謂光武語「因望攀龍鱗、附鳳翼」云云。

自偩　《淮南子·詮言訓》：「自偩而辭助。」注：「自偩，自恃也。辭助，不受旁人之助也。」又作負。《後漢書·梁竦傳》：「竦自負其才。」

死灰復然　《史記·韓安國傳》：「獄吏田甲辱之，安國曰：『死灰獨不復然耶？』田甲曰：『然則溺之。』」

説大話　《傳燈録》：「雲門偃曰：忽一日眼光落地，無汝掠虚説大話處。」今俗語有「説大話，使小錢」之語。

懶散　蘇軾《題徐大正閒軒》詩：「君看東坡翁，懶散誰比數。」

分付　《漢書·原涉傳》：「具記衣被棺木，下至飯含之物，分付諸客。諸客奔走市買。」按，此言分别委付，以其客有多人故。《三國志·鮮卑傳》：「軻比能每鈔略得財物，均平分付，一決目前，終無所私。」義尤顯白，後人只當一付字用，雖一人亦謂之分付。白居易《題文集櫃》詩：「只應分付女，留與外孫傳。」韓偓詩：「分付春風與玉兒。」時俗又專以爲囑告之義，尤非。

詇　《通雅》：「以言託人曰詇。一作呹，又作央。」按，詇字於亮切，《説文》：「早知也。」又於敬切，《博雅》：「問也。」《類篇》：「告也。」並無央音。呹雖讀央，《廣韻》《集韻》並訓膺聲。《通雅》言未知所本。今俗謂之訣告。

謈怨　焦竑《字學》：「俗以恨人陷害曰謈怨。」《漢書·東方朔傳》：「武帝令倉監榜郭舍人，舍人不勝呼謈。」注：「謈，自冤痛之聲也。」《列子·天瑞篇》：「向氏以國氏之謬己也，往而怨之。」俗乃以二事合爲一辭。

咕噥　《廣韻》：「噥，噥語。出《字林》。」《集韻》或從言作譨，「語不明也」。咕字不見字書，唯元吴昌齡《斷風花雪月》曲有咕噥語，則云這個咕那個噥。

嘤喝　邵伯温《聞見後録》：「歐陽公曰：蠅可憎矣，尤不堪蚊子，自遠嘤喝來咬人也。」又作吆喝。

黄六　李氏《疑耀》：「京師勾欄中諢語，以紿人者爲黄六。蓋黄巢兄弟六人，巢爲第六而多詐騙故，俗目不忠誠人爲黄六也。」今俗讀黄作滑音。

荒唐　《莊子·天下》篇：「莊周以謬悠之説，荒唐之言，時恣縱而不儻。」音義曰：「荒唐，謂廣大無域畔也。」按，荒與唐皆空之義，莊子或有取於此。今俗謂言行不飭爲荒唐。

一片婆心　《稽古略》三曰：「臨濟往高安參大愚，愚曰：『甚處來？』曰：『黄檗。』愚曰：『黄檗有何言句？』曰：『某甲三度問佛法的的大意，三度被打，不知有過無過？』愚曰：『黄檗與麽老婆心切。』」今俗謂一片婆心即此。

插嘴　《五燈會元》：「慧林深有插嘴廝駡語。」按《説文》㔍音同插，解云「疾言失次也」。今俗言插嘴，當從女作㔍爲正。

絮絮叨叨　《兩抄摘腴》：「方言以濡滯不決絶曰絮。」富、韓並相時，有一事富公疑之久而不決，韓曰：「公又絮。」富變色曰：「絮是何言也？」劉夷叔嘗用爲《如夢令》云：「休休絮絮，我自明朝歸去。」《通俗編》：「今又以言語煩瑣爲絮，所謂絮絮叨叨是也。」

碎　《晉書·李密傳》：「張華問：孔明言教何碎？」《杜預傳》：「凡所興造，必考度始終，或譏其意碎。」《北史·蘇綽傳》：「爲政不欲過碎，碎則人煩。」《通俗編》：「北方人嫌人言語煩瑣曰何碎也。」按，今俗語謂煩瑣曰瑣碎，又曰嘴碎。

乾笑　《能改齋漫録》：「世言笑之不情者爲乾笑。」《宋書》：范蔚宗就刑於市，妻孥别駡，范乾笑而已。乾笑始此。

呵呵大笑　《晉書·石季龍載記》：「石宣臨石韜喪不哭，直言呵呵，便舉衾看尸，大笑而去。」《傳燈録》：「百丈海哀哀大哭，繼乃呵呵大笑。」呵呵二字又見宋人詞。

嚏噴　《詩》「願言則嚏」，傳曰：「願，猶思也。」蓋他人思我，我則嚏之。」箋曰：「今俗人嚏，則曰『人道我』。此古之遺語。」《孄真子》：「俗説以人嚏噴爲人説，此蓋古語也。」蘇軾《元日》詩：「曉來頻嚏爲何人。」康進之《負荆》曲：「打嚏耳朵熱，一定有説。」今俗語謂打嚏噴。

張三李四　朱子《語録》：「《易》惟説這箇道理如此，何曾有甚張三李四。」王安石《擬寒山》詩：「張三袴口穿，李四帽簷長。」又云：「莫言張三惡，莫愛李四好。」《五燈會元》：「僧問龍興裕：『如何是學人自己？』曰：『張三李四。』」「僧問澄湜：『如何是佛？』曰：『張三李四。』」按，此是假設爲姓名也。《三國志·王修傳》注：「太祖與修書曰：此君沈滯冶官，張甲李乙，此猶先之。」宋顔延之《庭誥》亦云「張甲李乙」。梁范縝《神滅論》：「張甲之情，寄王乙之軀；李丙之性，托趙丁之體。」蓋姓氏中惟張李等爲衆盛，故即泛舉言之，猶言某某也。

張王李趙　《風俗通》云：「張王李趙，黄帝賜姓也。」朱弁《曲洧舊聞》：「俚俗有張王李趙之語，猶言是何等人，無足挂齒牙之意也。宣和間，張子能、王履道、李士英、趙聖從俱在政府，張王李趙之語，喧于朝野。」

鬼　《博雅》：「鬼，慧也。」《方言》：「儇，慧者〔一〕。自關而東趙魏之間謂之黠，或謂之鬼。」《南史·恩倖傳》云：齊東昏時，左右刀勅之徒，悉號爲鬼，宫中訛云：「趙鬼食鴨劃，諸鬼盡著調。」蓋亦以其儇黠而稱之也。《蜀語》云：「謂欺紿曰鬼。」〔二〕

鬼話　《通俗編》：「今以虚誑辭爲鬼話。當屬詭話之訛。」

鬼門關　《唐書·地理志》：「容州北流縣南有兩石相對，遷謫至此者罕得生還，俗號鬼門關。」諺曰：「鬼門關，十人去九不還。」李德裕詩：「崖州在何處，生度鬼門關。」

〔一〕慧：原誤作「黠」，據《方言》補。

〔二〕「謂」下原衍「人」字，據《蜀語》删。

會首　王稺登《吴社編》：「凡神棲舍〔一〕，具威儀簫鼓雜戲迎之曰會。富人有力者捐金借騎，以主其事，謂之會首。里豪市俠，嘯召儔侣，亦曰會首。荒隅小市，不能爲會，各殫其才智以俟大會併入之，曰助會。會所經行，市人之家張筵列炬，士女羅拜，曰接會。」按，此爲吴中風俗，今北方與此稍有同異，其會首之名則不殊也。

甲馬　《天香樓偶得》：「俗於紙上畫神像而祭賽之，謂之甲馬。以此紙爲神佛憑依，似乎馬也。」《武林舊事》有印馬作坊。今俗語謂之馬子。

紙馬　《陔餘叢考》：「後世刻板以五色紙印神佛像出售，焚之神前者，名曰紙馬。或謂昔時畫神於紙，皆畫馬其上以爲乘騎之用，故稱紙馬。」《知新録》：「古時祭祀用牲幣，秦俗用馬，淫祀浸繁始用禺馬。禺馬，木馬也。唐明皇瀆於鬼神，王璵以紙爲幣〔二〕，用紙馬以祀鬼神，即禺馬遺意。」

紙錢　《法苑珠林》：「紙錢起於殷長史。」洪慶善《杜詩辨証》云〔三〕：「齊東昏侯好鬼神之術，剪紙爲錢，以代束帛。」《封氏聞見記》：「古者享祀鬼神，有圭璧幣帛〔四〕，事畢則埋之。魏晉以來，始有紙錢，唐盛行其事。」李山甫詩：「可要行人贈紙錢。」徐凝詩：「無人送與紙錢來。」

〔一〕棲：原誤作「樓」，據《吴社編》改。
〔二〕〔四〕幣：原誤作「弊」。
〔三〕洪：原誤作「法」。

賽神掃墓皆用紙錢，蓋由來久矣。又邵康節春秋祭祀，亦焚紙錢，程伊川問之，曰：「冥器之義也，脱有益，非孝子順孫之心乎。」宋王炎有《清明日先塋挂紙錢》詩。又巨山詩云：「自痛不如傖父子，紙錢猶挂樹頭風。」今俗

秃驢　《北齊書·文宣帝紀》：「晉陽有沙門，乍愚乍智，時人呼阿秃師。」《北夢瑣言》：「高駢謂開元寺十年後當有秃丁數千作亂。」《五燈會元》：「雲庵罵曰：此吐血秃丁脱空妄語，不得信。」《太平廣記》引《河東記》：「夜叉罵經行寺僧藴曰：賊秃奴，何起妄想之心。」按，《傳燈》正宗禪師喝斥僧徒，動曰驢漢，或曰瞎驢，謂其愚鈍也。後人駡僧徒則曰秃驢。元施耐庵《水滸》亦有秃驢之語，此稱或由元始。

佛事　《五代史·石昂傳》：「禁其家不可以佛事汙吾先人。」《宋史·穆修傳》：「母死，不飯浮屠，不爲佛事。」《元史·文宗紀》：「至順元年，中書省言近歲帑廩空虚，其費有五，一曰作佛事。」《順帝紀》：「至元二十二年，李士瞻疏時政二十條，一曰省佛事以節浮費。」按，《元典章》皇慶元年旨云：「今後但做好事處，只與素茶飯。」所謂好事，即佛事也。

藏經　《隋書·經籍志》：「梁武帝於華園中總集釋氏經典，凡五千四百卷，沙門寶唱撰經目録。」按，此是佛經有藏之始。《南史·姚察傳》遂有讀一藏經之説。

修行　《管子·法禁》：「修行則不以親爲本〔一〕，治事則不以官爲主。舉無能進無功者，

〔一〕以：原脱，據《管子》補。

聖王之禁也。」又問：「處士修行，足以教人，可使帥衆涖百姓者幾何人？」《漢書·儒林傳》：「嚴彭祖曰：凡通經術，固當修行先王之道。」《淮南子·詮言訓》：「君子修行而使善無名〔一〕，布施而使仁無章。」〔二〕按，修行本士君子所共務，自《晉書》謂鳩摩羅什不拘小檢，修行者頗疑之，後人遂專以爲釋氏言，如白居易《長齋》詩：「三春多放逸，五月暫修行。」蘇軾《僧爽白鷄》詩：「斷尾雄鷄本畏烹，年來聽法伴修行。」

布施　《周語》：「享祀時至，布施優裕。」《文子·自然》篇：「爲惠者布施也。」《莊子·外物》篇：「生不布施，死何含珠爲？」《荀子·哀公篇》：「富有天下而無怨財，布施天下而不病貧。」《韓非子·顯學》篇：「上徵斂於富人，而布施於貧家，是奪力儉而與侈墮也。」《淮南子·道應訓》：「不義得之又不能布施，患必至矣。」又《齊俗訓》：「爲義者布施而德。」《論衡·定賢》篇：「使穀食如水火，雖貪悋之人，越境而布施矣。」梵語布施曰檀那，分爲二種：一曰財施，謂己之飲食、衣服、田宅、六畜、奴婢、珍寶，乃至妻子身命，以施於人，皆名財施。二曰法施，以己所聞之佛法爲演説，皆名法施。

供養　《詩》「有母之尸饔」，箋：「己從軍而母爲父陳饌飲食之具，自傷不得供養也。」《儀

〔一〕而：原脱，據《淮南子》補。
〔二〕使：原脱，據《淮南子》補。

禮·既夕》注:「燕養,平常所用供養也。」《禮記·曾子問》注:「婦有供養之禮,故必祭而成婦義。」《華嚴經》:「諸供養中,法供最重。」《盂蘭盆經》:「供養十方大德衆僧。」玄贊:「一,進財行以爲供,有所攝資爲養。」按,供養,猶云奉養,有尊敬之義,今俗作平常供給用,與古異矣。

放生 《列子·説符篇》:「邯鄲民正旦獻鳩於趙簡子,簡子曰:正旦放生,示有恩也。」放生事始於此。

行香 《南史》:王僧達好鷹犬,何尚之設八關齋,集朝士,自行香,次至僧達曰:「願郎且放鷹犬。」東魏静帝,常設法會,乘輦行香,高歡執爐步從。按,行香,以香爇之於爐,親自周行道場之中。若帝王行香,則自乘輦繞行,而令他人代執爐,步其後。《唐書》:「凡國忌日,兩京大寺各二,以散齋僧尼,文武五品以上,清官七品以上皆集,行香而退,天下州府亦然。」唐王建詩「行香暫出天橋上,巡禮常過禁殿中」是也。近世文武官吏入廟焚香叩拜亦曰行香,則但襲其名耳。

還俗 《宋書·徐湛之傳》:「沙門釋惠休善屬文,辭采綺豔,湛之與之甚厚。世祖命使還俗。」《魏書·釋老志》:「沙門師賢當罷佛法時,假爲醫術還俗,而守道不改。」

苦海 《楞嚴經》:「引諸沈冥,出於苦海。」《摭言》:「鄭光業有一巨箱,凡投贄有可嗤者,即投其中,號曰苦海。」錢謙益有《苦海集》。

十八地獄 《南史·夷貊傳》:「劉薩何暴亡更蘇,説至十八地獄,隨報重輕,受諸楚毒。」

《宣和畫譜》：「吴道子畫地獄變相，得陰隲陽授，陽作陰報之理。」〔一〕按，《龍舒經》謂六根、六塵、六識爲十八界，根、塵、識不得其所，即地獄之因緣耳，故地獄言有十八。蘇軾《地獄變相偈》「乃知法界性，一切惟心造」是也。又李肇《國史補》：「虔州刺史李舟《與妹書》曰：釋迦生中國，設教如周孔。周孔生西方，設教如釋迦。天堂無則已，有則君子登。地獄無則已，有則小人入。」

快活　《北史·和士開傳》：「一日快活敵千年。」《五代史·劉昫傳》：「諸吏聞昫罷相，皆歡呼曰：自此我曹快活矣。」《翰林志》：「梅詢見老卒臥日中〔二〕，歎曰：『暢哉！』徐問：『識字乎？』曰：『不識。』梅曰：『更快活也。』」白居易詩：「快活不知如我者，人間能有幾多人。」杜荀鶴詩：「田翁真快活，婣嫁不離村。」又蘇軾詩：「豐年無象何處尋，聽取林間快活吟。」又《朝野僉載》：「桑維翰曰：居宰相如著新鞋襪，外面好看，其中不快活也。」

荒忙　白居易《夢井》詩：「念此瓶欲沈，荒忙爲求請。」按，荒當爲慌之借字，慌見《説文》，《廣雅》加草作慌。

瞌睡　《六一詩話》：「客譽吕君工詩，胡旦問其警句，客舉一篇，卒章云：『挑盡寒燈夢不成。』笑曰：『乃一渴睡漢耳。』明年吕中甲科，使人寄語胡曰：『渴睡漢狀元及第矣。』」蘇軾

〔一〕下「陰」字原誤作「陽」，據《宣和畫譜》改。
〔二〕中：原脱，據《翰林志》改。

詩：「吳興太守老且病，堆案滿前長渴睡。」按，渴本作瞌，渴乃借字用之。《集韻》：「眼瞌，欲睡貌。」貫休《畫羅漢》詩：「瞌睡山童欲成夢。」《五燈會元》：「神鼎諲云：驚回多少瞌睡人。」「雪竇師云：霹靂過頭猶瞌睡。」俱正用瞌字。

愎氣　《左傳》：「先穀剛愎不仁。」《韓非子》：「鮑叔牙剛愎而悍。」《金史・赤盞合喜傳》：「性剛愎好自用。」《廣韻》：「愎，戾也。」《通俗編》云：「負氣不肯親人曰愎氣，即此字。」

刢利　陸象山《語録》：「既是一箇人，如何不打疊教靈利？」《悦生隨抄》：「范蜀公言家中子弟，連名百字，幾乎尋盡矣。或曰百靈、百利、百巧、百能，未必取以名也。蜀公爲之大笑。」《五燈會元》宗智謂雲巖不妨靈利，潙山謂智閑聰明靈利，及靈利衲子、靈利漢、靈利人，俱作靈利，而朱淑貞詩云「始知伶俐不如癡」，則作伶俐。《字彙》云：「《方言》謂慧黠曰伶利。」是又作伶俐。案，《廣韻》刢字下云：「刢利，快性也。」《蜀語》云：「人快敏曰刢利。」則刢利其正文矣，餘未確也。

墨杘　不思事理，突然進行謂之墨杘。《列子・力命篇》：「墨杘、單至、嘽咺、憋懯四人相與遊於世。」《方言》：「小兒多詐而獪或謂之墨杘。」《集韻》：「墨杘，黠詐貌。」皮日休《反招魂》：「上曖昧而下墨杘。」《西湖志餘》言猶與不前猛進者曰墨杘，讀若目癡。

眠娗　《列子・力命篇》：「眠娗、諈諉、勇敢、怯疑四人相與游於世，胥如志也。」《方言》：「眠娗，欺慢語也。一曰偄劣。」《集韻》：「不開通貌。」《釋文》：「眠娗，瑟縮不正之貌。」《西湖志餘》云蘊藉不躁暴也。今俗謂見人羞澀曰眠娗，讀若緬忝。

⿱艹⿱者⿰若若苴　性情麤率不自檢點，俗目之謂⿱艹⿱者⿰若若苴。《指月録》：「明覺顯與棲賢提⿱艹⿱者⿰若若苴不合。」《五燈會元》：「真浄詬文準曰：乃敢爾⿱艹⿱者⿰若若苴耶？」《類篇》：「⿱艹⿱者⿰若若苴，泥不熟貌。」苴，查滓也，蓋謂其未經鑪捶，猶糟粕也。⿱艹⿱者⿰若若，朗假切。苴，側下切。又《玉篇》⿱艹⿱者⿰若若蒫訓不中貌，蒫，竹下切，苴、蒫同音，而與苴之義亦相近，故之作⿱艹⿱者⿰若若蒫。

奊⿱十⿱旦大　故作拗戾以忤人謂之奊⿱十⿱旦大，讀若列挈。《漢書·賈誼傳》：「奊詬亡節。」注：「奊⿱十⿱旦大而無志節。」〔一〕《説文》奊，胡結切，頭衺骫態也。⿱十⿱旦大，古屑切，頭傾也。《通俗編》云：「俗謂人胸次不坦夷，舉事拗戾以乖忤人也。」

劣厥　謂性情乖張也。蔡邕《短人賦》：「其餘尩公，劣厥僂窶。嘖嘖怒語，與人相拒。衆人患忌，難以爲侶。」《通俗編》云：「劣厥，乖忤之辭也。」

笨　《晉書》：豫章太守史疇以體肥大，目爲笨伯。《通雅》：「輀車之夫曰体夫。」笨、体皆麤率獰劣之貌。《通俗編》云：「笨、体二字皆从大从十，不从本，與从本之笨其訓爲竹裏則大不同也。」

琅瑒　《管子·宙合》篇：「以琅湯凌鑠人〔二〕，人之敗也常自此。」按，今以不歛攝爲琅瑒。

〔一〕顔師古注作「奊詬，謂無志分也」。
〔二〕湯：原誤作「瑒」，據《管子》改。

殺人不眨眼　《五燈會元》：「曹翰征胡，則渡江入廬山寺，緣德淡坐如常。翰曰：『汝不聞殺人不眨眼將軍乎？』德熟視曰：『汝安知有不懼生死和尚耶？』」又：「僧問風穴沼：『如何是大善知識？』沼曰：『殺人不眨眼。』」按，眨，側洽切。《說文》：「目動也。」皮日休詩「當中見魚眨」，用入洽韻。今言目瞬者皆以爲眨，及見眨字，往往誤讀爲貶，可笑也。

咼　《說文》：「口戾不正也。」苦媧切，音跬。《通俗編》云「海寧有元祭酒榮觚頭」，元俗質朴，即其形以爲名。觚音如哇，不正也。按，咼與觚同訓爲不正，當從《說文》作咼爲是，若俗作歪更非。咼又作喎，《三國·魏志·太祖紀》注：「太祖逢叔父於路，乃陽敗面喎口。」

樺皮臉　元無名氏《丸經》引俚語云：「眼睛飽肚裡饑，樺皮臉拖狗皮，輸便怒贏便喜，喫別人不回禮。」俗譏厚顔者謂樺皮臉，言臉皮如樺樹皮之厚也。

眼珠子　《博雅》：「目謂之眼珠子，謂之眸。」《文選注》引《韓詩章句》：「無珠子曰矇，珠子具而無見曰瞍。」今俗語云有眼卻無珠，見元人《舉案齊眉》曲。

眼中釘　《五代史·趙在禮傳》：「在禮在宋州，人尤苦之，已而罷去，宋人喜相謂曰：『眼中拔釘，豈不樂哉！』」《古今風謡》：「宋真宗時，丁謂用事，童謡云：欲得天下寧，須拔眼中丁。」

嘴臉　《金史·畢資倫傳》：「宋破金，盱眙守將納合買往降，北望拜哭，謂之辭故主。資倫駡曰：『國家未嘗負汝，何所求死不可，乃作如此嘴鼻耶。』」黄庭堅《題摹鎖諫圖》：「陳元達千載人也。畫者胸無千載韻，使元達作如此嘴鼻，豈能九死不悔哉。」今俗見人有不當意者，輒曰嘴臉，即此義也。

不中用　《禮・王制》：「木不中伐，不粥于市。」注：「伐之非時，不中用。」又：「禽獸魚鼈不中殺，不粥于市。」注：「殺之非時，不中用。」《周禮・廛人》：「歛其皮角筋骨。」注：「其無皮角及筋骨，不中用，亦税之。」《史記・秦本紀》：「始皇曰：吾收天下書，不中用者，盡去之。」《外戚傳》：「宫人不中用者，斥出之。」《漢書・王尊傳》：「勑掾功曹各自底厲，其不中用，輒自避退。」

人樣子　朱子《語録》：「皇極是指其身爲天下人做箇樣子。」范氏《過庭録》：「神廟大長公主，哲宗朝重于求配，遍士族中求之，莫中聖意。近臣奏曰：『不知要如何人物？』哲宗曰：『要如狄詠者。』天下因謂詠爲人樣子。」

好漢　《舊唐書・狄仁傑傳》：「則天問仁傑：朕要一好漢任使，有乎？」蘇軾詩：「人間一好漢，誰似張長史。」則用其事。《新唐書》易好漢爲奇男子。《通鑑》易爲佳士。又《詢芻録》：「漢武征匈奴二十餘年，馬畜孕重，墮殰罷極〔一〕，聞漢兵莫不畏者，稱爲漢兒，又曰好漢，又曰漢子。」

〔一〕殰：原誤作「殨」，據《詢芻録》改。

漢子　《老學庵筆記》：「今人謂賤丈夫曰漢子，蓋始於五胡亂華時。北齊魏愷自散騎常侍遷青州長史，固辭，文宣帝大怒曰：『何物漢子，與官不就。』」

棍徒　李紳《拜山川守》詩序：「閭巷惡少年，免帽散衣，聚爲羣鬬，或差肩追繞，擊大毬。里言謂之打棍，士庶苦之。」後世稱無賴爲棍徒自此始。

好好先生　《譚概》：「後漢司馬徽不談人短，與人語，美惡皆言好。有人問徽安否，答曰好。有人自陳子死，答曰大好。妻責之曰：『人以君有德，故此相告，何聞人子死反亦言好？』徽曰：『如卿之言，亦大好。』」今人稱好好先生，本此。元人曲中有好好先生四字。

歹　歹，多改切，好之反也。《字學訂譌》：俗誤作歺。歺，牙葛切，殘骨也，與歹不同。按，此字宋以前未見用之，惟《元典章》有「管匠造作，或好或歹」及「送納鷹鷂如歹〔一〕，徒教耗費支應」等語。

都大　《朝野雜記》：「提點坑冶鑄錢公事，自咸平時有之。淳熙五年，又加都大二字於提字之上，以倣川、秦茶馬。」《通俗編》云：「俚俗謂大之至曰都大，即因乎此。」

作活　《魏書·北海王詳傳》：「高太妃云：今不願富貴，但令母子相保，共汝掃市作活也。」張籍詩：「貧窮作活似村中。」又：「作活每常嫌費力。」按，此作字當讀去聲，即做工也。

〔一〕送：原誤作「宋」，據《元典章》改。

喫力　謂勤苦用力也。邵子《擊壤集》：「未喫力時猶有説，到收功處更何言。」按，《廣韻》毄音喫，勤苦用力曰毄，喫力字當以毄爲正。

窮忙　《老學庵筆記》：「元豐時，評尚書省曹語云：户度金倉，日夜窮忙。」

走作　謂軼出規範也。朱子《語録》：「開此一線路，恐學者因以藉口小小走作。」又《文集》答林巒曰：「此段多用佛語，尤覺走作。」《傳燈録》：「僧謂宗一曰：若不遇師，幾成走作。」

勞動　《晉書·劉聰載記》：「自當不敢北視[一]，况敢濟乎？不勞驚動將士也。」今言煩擾人曰驚動。白居易詩：「勞動故人龐閣老，提魚攜酒遠相尋。」亦曰起動，見元人雜劇。

安排　《莊子·大宗師》：「安排而去化，乃入于寥天一。」注：「安於推移而與化俱去，故乃入於寂寥而與天爲一也。」今俗謂處置曰安排。沈彬詩：「須知手筆安排定，不怕山河整頓難。」

窮坑　《復齋漫録》：「窮坑難滿是推官。」今俗言謂填不滿的窮坑。

骨頭　《摭言》：鄭光業策試，夜有同人突入就宿，託其取水煎茶。居二日，光業狀元及第。其人啓謝曰：「既煩取水，更便煎茶，當時不識貴人，凡夫肉眼，今日俄爲後進，窮相骨頭。」又：陳太師有愛姬徐氏，郫城令女也，令欲因女求牧，私示詩云：「深閨富貴事風流，莫忘

[一] 自：原誤作「目」，據《晉書》改。

生身老骨頭。」

把持　《白虎通》：「霸，迫也，把也。迫脅諸侯，把持其政。」《三國·吴志》：「安有四五人把持刑柄，而不離刺轉相蹄齧者也。」〔一〕《五代史·宦者傳論》〔二〕：「待人主信己，然後懼以禍福而把持之。人主之勢日孤，則懼禍之心日切，而把持者日益牢。」

揮霍　張衡《西京賦》：「跳丸劍之揮霍。」陸機《文賦》：「紛紜揮霍。」《文選注》但訓揮霍爲疾貌。焦竑《字學》云：「搖手曰揮，反手曰霍。」今俗語以輕散財物謂之揮霍。

打算　《錢塘遺事》：「賈似道忌害一時任事閫臣，行打算法，以汙之。」按，此打算所謂對付之方法也。今俗謂事前預備謂之打算。

斗藪　《法苑珠林》：「抖擻煩惱，去離貪著，如衣抖擻，能去塵垢。」孟郊詩：「抖擻塵埃衣。」孫集賢詩：「也須抖擻老精神。」《方言》：「東齊曰鋪頒，猶秦晉言抖藪也。」按，《公羊傳》：「臨民之所漱浣也。」注：「無垢加功曰漱，去垢曰浣。齊人語也。」疏云：「取其斗漱耳。若里語曰斗漱也。蓋其字本作斗漱。浣衣既畢，又從而振之也。後音轉而譌，或作斗藪，或作抖擻。」而斗漱字罕有見用者。又俗謂受驚身顫亦曰斗藪，物顫不停亦曰斗藪。

躲閃　躲避也。《元典章》：「出使人員每將站官人等非理拷打，站官人等避怕躲閃，轉致

〔一〕刺：原脱，據《三國志》補。
〔二〕宦：原誤作「官」。

違誤。」又《夷堅志》：「平江市人周翁謔疾，嘗聞人説瘧有鬼，可以出他處躲避。」按，《玉篇》躲但訓身，無隱匿義，而《夷堅志》又載車四元事云：「又被渠軃過了六十年。」用軃字，軃係躲之借字，而軃之本訓爲垂下貌。

三叉路口 《東坡居士集》：「父老争看烏角巾，應緣曾見宰官身。溪邊古路三叉口，獨立斜陽數過人。」

唉 《説文》：「唉，譍也。」烏開切。又：「欸，譍也。」亞改切。《方言》：「欸、瞖，然也。南楚凡言然曰欸，或曰瞖。」按，《尸子》：「禹有進善之鼓，備訊唉也。」《莊子·知北遊》：「狂屈曰：唉，予知之。」用唉字。《楚辭·九章》：「欸秋冬之緒風。」孟郊詩：「貉謡衆猥欸。」用欸字。唉之與欸，猶嘆之與歎、嘯之與歗，實一字也。其分爲平上，惟辭有輕重、長短之别耳。又，嘆恨發聲之辭曰唉。陳芳《芸窗私志》：「今人暴見事之不然者，必出聲曰唉。」《史記·項羽紀》：「亞父曰：唉！豎子不足與謀。」〔一〕此唉字專讀平聲。

啞 《韓非子·難》篇：「晉平公飲酣，喟然曰：『莫樂爲人君，惟其言而莫之違。』師曠曰：『啞！是非君人者之言也。』」啞音亞。注云：「歎息之聲。」按，元曲多用呀字，呀爲張口貌，無歎意，當依此作啞爲正。

〔一〕 豎：原誤作「孺」，據《史記》改。

門𠆢　《桂海虞衡志》：「粵中俗字有門𠆢，和馘切，隱身忽出驚人之聲也。」《通俗編》云：「揚子《方言》：『㖾，聲也。』《廣韻》音呼麥切，所云門𠆢字當作㖾爲正。」

㑋　《顔氏家訓·風操》篇：「江東士庶〔一〕，痛則呼禰。禰是父廟之號，無容輒呼。《倉頡篇》有㑋字，《訓詁》云痛而謼也，音羽罪反。今北人痛則呼之。《聲類》音于來反，今南人痛則呼之。此二音，隨其鄉俗，並可用也。」按，《說文》：「㑋，刺也。一曰痛聲。」《集韻》音看，則㑋爲唱痛之辭久矣。今俗於痛時猶呼之，正作看音。

庶　《周禮·秋官》「有庶民」注曰：「驅除毒蠱之言，字從聲。」疏曰：「庶是去之意，取聲也。」按，今凡驅物作聲曰庶庶，其字乃如此。《正字通》以嘛爲驅鷄聲，嘛與庶一聲之轉。

犽㹞　《集韻》：「吴人謂赤子曰㹞犽。」〔二〕汪价《儂雅》讀鴉、牙二音。俗以兒啼則口作犽㹞聲以慰之。

喌喌　《說文》：「喌，呼鷄重言之。」音祝。施肩吾詩：「遺卻白鷄呼喌喌。」按，《伽藍記》：「沙門寶公曰：把粟與鷄呼朱朱。」朱爲喌之轉音。《風俗通》謂鷄本朱翁所化，故呼朱必來，誕矣。或借作祝，《博物志》：「祝鷄翁喜養鷄，故世人呼鷄曰祝祝。」亦屬附會。亦作咮咮，又作粥粥。韓退之《琴操》：「隨飛隨啄，羣雌粥粥。」

〔一〕江：原誤作「有」，據《顔氏家訓》改。

〔二〕㹞犽：原作「犽㹞」，據《集韻》改。

溼藿藿　《二老堂詩話》：「康與之重陽遇雨，爲謔詞，有云：『茱萸胖，黄菊溼藿藿。』」〔一〕按，藿藿，狀物溼潤之辭也。今俗語本此。

乾巴巴　《埤雅》：「蕉不落葉，一葉舒，則一葉焦，故謂之蕉。」俗以乾物爲焦巴巴，亦取芭蕉之義。按，焦巴巴，又稱乾巴巴。

硬邦邦　黄溥言《閑中古今録》載應履平《題部門》詩有「衣裳糨得硬綳綳」句，元人《硃砂擔》曲作硬邦邦。又《五燈會元》：「黄龍下兒孫，一箇箇硬剥剥地。」按，綳、邦、剥，皆一音之轉。

當當　温庭筠詩：「麒麟公子朝天客，珮馬璫璫度春陌。」亦作當。楊萬里詩：「寒生更點當當裡，雨在梅花蔌蔌邊。」

丁丁　李商隱詩：「雙珮丁丁連尺素。」許渾詩：「紫槽紅撥響丁丁。」王禹偁《竹樓記》：「宜圍棋，子聲丁丁。」然今俗有丁丁當當語，謂繁響也。

鼕鼕　白居易詩：「丁丁漏向盡，鼕鼕鼓過半。」〔二〕《唐書》：「馬周上言，令金吾每街隅懸鼓夜擊〔三〕，止其行李，以備竊盜。時人呼爲鼕鼕鼓。」

〔一〕原脱一「藿」字。
〔二〕過半：原誤作「半過」，據《白香山詩集》改。
〔三〕隅：原脱，據《雍洛靈異小録》補。

紇梯紇榻　崔涯《嘲妓》詩：「更著一雙皮屐子，紇梯紇榻出門前。」按，四字寫其著屐聲。按，俗有此語，但聲音稍異耳。

麻嗏　李涉詩：「今日顛狂任君笑，趁愁得醉眼麻嗏。」按，嗏又作茶。

八字　《文海披沙》：「李虚中以人生年月日所值干支，推人禍福生死，百不失一。初不用時也，自宋而後，乃并其時參合之，謂之八字。」《舊唐書·吕才傳》叙禄命引《漢武故事》，謂帝以乙酉之歲七月七日平旦時生，是年月日時并舉，唐初已有其説矣。吴融詩：「八字如相許，終辭尺組尋。」

子平　劉玉《已瘧編》：「談星命者，惟子平多中。傳宋有徐子平，精於星學，故後世術士宗之。予聞之隱者云：子平名居易，五季人，嘗與麻衣道者陳圖南同隱華山，蓋異人也。今之推子平者，祖宋末徐彦升，其實非子平也。」

風水　《張子全書》：「葬法有風水山岡之説，此全無義理。」司馬温公《葬論》：「《孝經》云『卜其宅兆』，非若今陰陽家相其山岡風水也。」朱子《語録》：「古今建都之地，莫過於冀，所謂無風以散之，有水以界之也。」風水二字之義如此。又《賓退録》：「朱文公言：雲中諸山，冀州，來龍也。」《書録解題》：「《龍髓經》《疑龍經》《辨龍經》等書，多旴江吴炎見遺，江西有風水之學，往往人皆道之。」按，《水經·穀水注》：「北芒連嶺修亘，自洛口西踰平陰，悉芒龍也。」龍之説已見於此，後世堪輿家所謂來龍去脈是也。

拆字　《二老堂雜志》：「謝石善拆字，徽宗時補承信郎。」按，《通志·藝文略》有相字書，即拆字也，其術不始於謝，而謝名爲最著。

圓夢　《漢書·藝文志》載《黄帝長柳占夢》十一卷。《周禮》：「司寤，掌王六夢。」《正字通》：「占夢以決吉凶曰圓夢。」李德裕載明皇十七事云：「或毁黄幡綽在賊中與大逆圓夢，皆順其情，而忘陛下積年之恩寵。」蓋唐時已謂之圓夢矣。

長工、短工　《三餘贅筆》：「吴中田家，凡久傭於人者謂之長工，暫傭於人者謂之短工，插蒔時曰忙工。」今俗有長工、短工之稱，但無忙工之語。

鋪　李涉詩：「都市廣長開大鋪，疾來求者無相悮。」按，鋪，普胡切，陳也。又普故切，賈肆也。《唐書·食貨志》：「一家内别有宅舍店鋪。」《宋史·禮志》：「百色行鋪。」《資暇録》：「鱗次其物以粥者曰星貨鋪。」鋪皆从金，流俗别作舖，未見字書。

開店　《南史·劉休傳》：「休婦王氏妬，明帝聞之，令于宅後開小店，使王氏親賣皂筴掃帚以辱之。」《古今注》：「店，置也，所以置貨粥物也。」元稹《宫詞》：「初過寒食一百六，店舍無煙宫樹緑。」

表背匠　《唐·百官志》：「校書郎有搨書手筆匠三人，熟紙裝潢匠八人。」《歸田録》：「裝潢匠，恐是今之表背匠。」按，表亦作褾。《東坡尺牘》「近購得先伯父手啓一通，躬親褾背題跋」是也。背，又見陸游詩「自背南唐落墨花」。今俗用裱褙字，裱爲領巾，褙爲襦，皆别字也。

裁縫　《周禮·縫人》注：「女御裁縫王及后之衣服，則爲役助之，宫中餘裁縫事則專爲焉。」按，後世衣工本如古之縫人，而縫必先裁，故鄭氏兼言之。今遂習呼爲裁縫矣。

剃頭　黄庭堅詩：「身不出家心若住，何須更覓剃頭書。」《法苑珠林》：「優波離爲五百釋子剃髪師，不輕不重，泯然除浄。」楊文公《談苑》：「唐朝宫中嘗於學士院取眠兒歌者，即剃胎頭文也。」《曲園雜纂》：「剃頭辮髪，金人已然。宋湯璹《建炎德安守禦録》有『北來羣賊，皆剃頭辮髪』。」按，剃本作鬀。《周禮》「薙氏」注：「讀如鬀小兒頭之鬀。」《説文》：「鬀，鬄髪也。大人曰髡，小兒曰鬀。」徐鉉曰：「俗别作剃，非。」

按摩　《漢書·藝文志》黄帝時岐伯著《按摩》十卷。《唐書·百官志》太醫署有按摩博士、按摩師。《素問》：「經絡不通，病生於不仁，治之以按摩。」《説苑》：「扁鵲治趙太子暴疾，施以按摩。」《北史·趙邕傳》：「司空李沖之貴寵也，邕以年少端謹，出入其家，給按摩奔走之役。」按，按摩本醫家之一科，以手按捺撫摩人之身體，俾筋骨和舒，助血液之循環也，今俗謂之拏法，多目爲賤工之役。

躧　《大明會典》：「光禄寺躧造細麯。」躧，讀若釵上聲。

收驚　《庚巳編》：「有一輩媪，能爲收驚見鬼諸法，自謂五聖陰教，其人卒，與鬼魅爲奸。」按，今小兒被驚，猶有以此鬼法誑婦女者。

元寶　《元史·楊湜傳》：「平準行用庫白金出入，有偷濫之弊，請以五十兩鑄爲鋌，文以元寶用之。』」

錠　《南史·梁盧陵王傳》：「嗣子應不慧，見内庫金鋌，問左右：『此可食不？』」《舊唐書·薛收傳》：「上書諫獵，太宗詔賜黄金四十鋌。」《五代史·賈緯傳》言桑維翰死有銀八千鋌。按，世俗計金銀以錠。錠爲鋌之訛也。錠乃有足燈，蓋今燭臺之類，與金銀略無關涉。古計墨亦曰幾鋌，今並訛爲錠矣。

合同　《周官·小宰》：「聽稱責以傅別，聽買賣以質劑。」注云：「傅別，謂爲大手書于一札〔一〕，中字别之。質劑，謂兩書一札，同而别之。」又《秋官·朝士》：「凡有責者，有判書以治。」疏云：「『半分而合者，即質劑、傅别分支合同，兩家各得其一者也。』今人産業買賣，多於契背上作一手大字，而於字中央破之，謂之合同。

主顧　《日知録》：「市井人謂頻相交易者爲主顧。《後漢書》有主故字，顧當是故之譌。」按，元馬致遠《青衫淚》曲有云舊主顧者，則其訛亦久矣。

帳　謂帳目也。《周禮》「遺人」疏：「當年所税多少，總送帳於上。」《漢書·光武紀》注：「郡國計，若今之諸州計帳也。」《北史·高恭之傳》：「秘書圖籍多致零落，詔令道穆總集帳目。」按，幃幄曰帳，而計簿亦曰帳者，運籌必在幃幄中也。市井皆用賬字，諸字書無此字。

〔一〕一：原脱，據《周禮》鄭注補。

子本　《昌黎集》：「柳州俗以男女質錢，約不時贖，子本相侔，没爲奴婢。」元稹《估客樂》：「子本頻蕃息，貨賂日兼并。」黄山谷詩：「更當力貧開酒椀，走謁鄰翁稱子本。」按，子音孳，孳息也。俗不知其字，或訛爲資本。《白孔六帖》有子母錢，子本之子，即子母之子也。

盤纏　《元典章》户部例有「長行馬斟酌盤纏」條，刑部例有「侵使軍人盤纏」條。按，盤纏二字，元前未見用者。方回《聽航船歌》「三日盤纏無一錢」，亦是降元後作。

梯己　《心史》：「元人謂自己物則曰梯己物。」《元典章》：押馬人員于中夾帶梯己馬匹；出使經過州縣中間，要做梯己人情。如此類甚多。《山居新語》：「嘗見周草窗家藏徽宗在五國城寫歸御批，有云『可付於體己人者』，即所謂梯己也。」

注　賭局中所累錢物也。《莊子・達生》篇：「以瓦注者巧，以鈎注者憚，以黄金注者殙。」《淮南子・説林訓》作鉒，注云：「鉒者，提馬也，博家謂之投翮。」按，今博家猶以所累錢物爲注。《墨莊漫録》載李元膺《十憶》詩，其憶博有「袖映春葱出注遲」句。《宋史長編》：「澶淵之役，王欽若譖曰：寇準以陛下爲孤注。」《元史・伯顔傳》：「宋將士曰：今日我宋天下猶賭博，孤注輸贏在此一擲耳。」〔一〕《賓朋宴語》：「博者以勝彩累注，敗者惟有畸零，不累注數，謂之孤注。」

〔一〕贏：原作「羸」，據《元史》改。

頭家　王得臣《塵史》〔一〕：「世之糾率蒱博者，謂之公子家，又謂之囊家。」《國史補》：「囊家十一而取，謂之乞頭，或謂之打頭，又謂之頭家。」《吹景集》：「博戲者，立一人司勝負，曰頭家。」

備　《升庵外集》：「昔高歡立法，盜私物十備五，盜官物十備三。後周詔：侵盜倉廩，雖經赦免，徵備如法。備，償補也，音裴。今作賠，音義同，而賠字俗，從備爲古。」按，舊字書俱無賠字，惟《字彙》載焉。

子細　《魏書・源賀傳》：「源懷曰：爲貴人，理世務當舉綱維，何必太子細也。」杜詩：「野橋分子細。」又：「醉把茱萸子細看。」又作仔細。

財主　《周禮・朝士》：「凡民同貨財者。」注云：「同貨財，謂財主出債與生利。」又「凡屬責者」，疏云：「謂有人取他責，乃别轉與人，使子本依契而還財主。」《世説》：「陳仲弓爲太邱長，有劫賊殺財主。」古云財主，俱對債者而言，今則泛稱富室。

打秋風　《野獲編》載都城俗事，對偶以打秋風對撞太歲。蓋俗以自遠干求曰打秋風，以依托官府賺人財物曰撞太歲。《七修類稿》：「米芾札中有抽豐二字，即世云秋風之義，蓋彼處豐稔，往抽分之耳。」

〔一〕 塵：原誤作「麈」。

打頭風　杜詩：「風急打船頭。」元稹詩：「船泊打頭風。」按，打字舊在梗韻，讀若頂，今語仍然。《五代史補》：「吴越王初入朝，上賜寶馬，馬出禁中，驕行卻走，顧左右曰：『此豈遇打頭風耶？』」

旋風　王安石《破冢》詩：「旋風時出地中塵。」李璧注：「俗云旋風鬼所爲也。」《集韻》有䰢字，音或，解云鬼䰢旋風，一説鬼因風伺人也。按，《地文學》：「某處氣壓驟低時，四旁之風向其處疾吹，則成爲旋風。」按，旋又作飈，見李賀集。

霍閃　唐顧雲詩：「金蛇飛狀霍閃過，白日倒挂金繩長。」按，《文選·海賦》「矆睒無度」注引《説文》：矆，大視也；睒，暫視也。俗狀電光之疾，本無定字，用霍閃似不若矆睒。

馬頭　《通鑑》：「史憲誠據魏博，於黎陽築馬頭，爲渡河之勢。」注云：「附岸築土，植木夾之，以便兵馬入船，謂之馬頭。」又《晉書·地理志》武昌郡鄂縣有新興馬頭，似亦此制。按，今謂水陸輻輳之處曰馬頭，一作碼頭。

羊溝　《太平御覽》引《莊子逸篇》：「羊溝之鷄。」《中華古今注》謂羊喜觝觸垣牆，爲溝以隔之，故曰羊溝。《三輔黄圖》：「長安御溝，謂之楊溝，以植楊於其上也。」宋之問有「楊溝連鳳闕」句。《七修類稿》：「俗以暗者爲陰溝，若《靈光殿賦》『元醴騰涌于陰溝』是也。則明者宜爲陽溝。」按此説亦通。

凹凸　《神異經》：「大荒石湖，千里無凹凸。」《名畫記》：「張僧繇畫一華於寺壁，遠望如凹凸，名凹凸花，俗呼其寺曰凹凸寺。」《丹鉛録》：「土窪曰凹，土高曰凸，古之像形字也。」凹字，詩家多作平聲，爲韻則叶入三肴，蓋與坳通用。然考《唐韻》凹爲烏洽切，至《集韻》始又音于交切，則烏洽其本音。今俗又讀凹爲烏洽切也。

正月　杜佑《通典》〔一〕：「秦始皇名政，諱之，故正月字從平聲。」《雲麓漫抄》：仁宗時，以御名同音，欲改正月爲一月。有以本音政爲言者，遂改還政音。然至今仍習從平聲也。

古老　《書・無逸》：「古昔之人無聞知。」傳：「小人之子，輕侮其父母，曰：『古老之人，無所聞知。』」又崔融《請封中岳表》：「宣太平之風化，聽古老之謳謡。」李白《遊九華山記》：「不經古老之口，復闕名賢之記。」乃謂古先之耆老。今俚俗所言如云古老錢、古老屏風，大抵皆祖《書》傳。

快樂　《三朝北盟會編》：「王繼先占豐樂橋官地，屋宇宏麗，都人謂之快樂仙宫。」快樂二字見此。

窟籠　《宋景文筆記》：「孔曰窟籠，語本反切。」按，《集韻》别有窼字，訓云：「孔窼，穴也。」

公館　《禮・曾子問》：「公館復，私館不復。」注云：「公館若今縣官舍。」疏云：「謂公家

〔一〕佑：原作「祐」。

所造之館，及公之所使爲命停舍之處。」《北史》：「黎景熙上言：外史之職，漢之東觀。自魏及周，公館不立。」今仕宦寓所俱稱公館。

煖坑　《舊唐書·高麗傳》：「冬月作長坑，下然温火以取煖。」《水經注》：「觀鷄水東有寺，寺起大堂。下悉結石爲之，上加塗墍。基内疏通，枝經脈散。基側室外爨火，炎勢内流，一堂盡温。」此蓋即煖坑也，自北魏前已有之。

天花板　《山房隨筆》：「元好問妹手自補天花板，作詩曰：『補天手段暫施張，不許纖塵落畫堂。寄語銜泥新燕子，移巢别處覓雕梁。』」按，天花板，又名承塵，亦即古所謂綺井。

山　《通雅》：「椶，所監切。今以屋東西榮柱外之宇爲椶。嘗見工匠謂屋兩頭爲山，實是椶字。」韓退之《寄盧仝》詩：「每騎屋山下窺矙，渾含驚怕走折趾。」王安石詩：「浮雲倒影移窗隙，落木回飈動屋山。」范成大詩：「一段農家好光景，稻堆高出屋山頭。」《老學庵筆記》：「葉夢錫刺史常州，民有起高屋，屋山覆蓋鄰家，鄰家訟之。」即用山字，不必定泥從椶也。今俗謂屋壁爲山。

毛司　《傳燈録》：「趙州諗謂文遠曰：東司上不可與汝説佛法。」朱暉《絶倒録》載宋人《擬老饕賦》有「尋東司而上茅」句，今俚言毛司，據此當爲茅司也。

卯眼　程子《語録》：「枘鑿者，榫卯也。榫卯員則員，榫卯方則方。」卯，即卯眼也。卯眼二字，見《木經》，俗謂之榫頭、卯眼。榫，一作筍。

五尺　《國語》：「不過墨丈尋常之間。」注：「五尺爲墨。」今木工各用五尺以成宫室，其名爲墨。則墨者，工師之五尺也。

戴高帽　《北史·熊安生傳》：「宗道暉好著高翅帽、大屐，州將初臨，輒服以謁見，仰頭舉肘，拜於屐上。自言學士比三公。」按，今謂虚自張大、冀人譽己者曰好戴高帽子，蓋本乎此。

張冠李戴　《留青日札》：「俗諺云：張公帽掇在李公頭上。有人作賦曰『物各有主，貌貴相宜，竊張公之帽也，假李老而戴之』云云。」

首飾　劉熙《釋名》有《首飾》篇。按，冠冕弁幘簪纓笄瑱之屬，劉總列於此篇。則凡加於首者，不論男女，古通謂之首飾也。今獨以號婦人釵珥，非矣。

隔鞾搔癢　《詩話總龜》：「詩不着題，如隔鞾搔癢。」

頭面　《東京夢華録》：「相國寺兩廊賣繡作、領抹〔一〕、花朵、珠翠、頭面之類。」《乾淳起居注》：「太上太后幸聚景園，皇后先到宫中起居，入幕次，换頭面。」按，俗呼婦人首飾曰頭面，據此則宋已然矣。

霞頭　《苕溪漁隱叢話》：「世傳有霞頭隱語，是半山老人作。云：『生在色界中，不染色界塵。一朝解纏縛，見性自分明。』」按，霞頭者，帛角識物主姓氏處，染時先以草纏結之，使不

〔一〕抹：原誤作「抹」。

漫滅也。

段　周祈《名義考》：「今言段者，紈繒之堅美者。古無段之稱，其曰段者，獨言端疋也。今人妄从絲作緞，非是。」《唐書》彭越二州貢段。《續松漠記聞》：「耀段褐色，涇段白色，生絲爲經，羊毛爲緯，好而不耐。豐段有白有褐，最佳。駞毛段，出河西，有褐有白。」《三朝北盟會編》有索猪肉段子之文。又張衡詩：「美人贈我錦繡段。」按，此字之誤，似起於明季。

袷　《急就章注》：「衣裳施裏曰袷。」《史記・匈奴傳》：「服繡袷綺衣。」注：「言繡表綺裡。」潘岳《秋興賦》：「藉莞蒻，御袷衣。」杜甫《雲安九日》詩：「地偏初衣袷。」按，今或以夾當之，宋人亦有然者。邵氏《聞見録》言仁宗四時衣夾，只用夾字。

記　皮膚上現赤色、青色，大如錢，或如掌，俗謂之記。《物類相感志》：「人身黑子，一云痣。謂小兒死，墨黛胭脂塗其肌體，咒欲重生爲己子，即志記防尋認也。今往往有之，或題名字，有兒生復如所志。然古善相者，於此上取其象，以定吉凶。《漢書注》：「吴楚謂之志。志者，記也。」痣字始見《廣韻》，古惟志字。

填還　《舊唐書・武宗紀》：「會昌二年二月，中書奏赴選擇官人多京債，到任填還，致其貪求，罔不由此。」

毛片　《海槎録》：「馬産於海南者極小，只可仵之驢騾，而身稍長耳，毛片不殊中州。」

裹腳　《逸雅》：「偪，所以自逼束。今謂之行縢，言以裹腳，可以跳騰輕便也。」《筆叢》：

「樂府《雙行纏》，蓋婦人以襯襪中者，即今俗談裹腳也。唐以前婦人未知札足，勢必用此與男子同。男子以帛，婦人則羅爲之，加文繡爲美觀，以蔽於襪中。」《焦氏筆乘》：「《淮南子》『纏以朱絲』，纏讀如戰。古樂府有《雙行纏》，謂行縢，即足衣也。」《名義考》：「縢，《增韻》約也，纏也。偪束其足令小。男子行纏，自足至膝。此則施之足。羅縢，以羅爲之。」按，行縢，男子今名之爲裹腿。

緑頭巾　《元典章》：「至元五年，准中書省劄：娼妓穿著紫皂衫子，戴角冠兒，娼妓之家長並親屬男子裹青頭巾。」《松雪齋集》論曲云：「院本中有娼夫之詞名曰緑巾詞，雖有絶佳者，不得並稱樂府。」《七修類稿》：「《唐史》李封爲延陵令，吏人有罪，不加杖罰，但令裹碧頭巾以辱之。隨所犯輕重以定日數，後人遂以著此服爲恥。今吴人謂人妻有淫行爲緑頭巾。樂人巾制以緑，意皆由此而來。但當時李封何以必用緑巾，及見春秋時有貨妻女求食者，緑巾裹頭以别貴賤，乃知其來已遠，李封亦因是以辱之耳。」按，《七修》説竟無從檢覆，其燕説哉！欲原此制之因，惟《漢書·東方朔傳》：「董偃緑幘傅韝，隨公主前，伏殿下。」師古注：「緑幘，賤人之服也。」爲可徵引。又《唐·車服志》：「幘者，尚食局主膳〔一〕，典膳局典食，大官署、食官署供膳、奉觶之服也。」《學齋佔畢》：「巾幘施於執事賤人之首，如庖人緑幘是也。」

〔一〕主：原誤作「王」，據《新唐書》改。

蘇　摯虞《決疑要録》：「流蘇者，緝鳥尾，垂之若旒然，以其蕊下垂，故曰蘇。」《通俗編》：「俗呼絛帨之蕊曰蘇頭。」又吴音蘇、鬚同呼，亦曰鬚頭，皆即流蘇之義。

生活　《孟子》：「民非水火不生活。」《南史》：「梁武帝檢視臨川王宏庫，有錢三億餘萬，謂宏曰：『阿六，汝生活大可。』」《摭言》：白居易謂楊汝士曰：「笙歌鼎沸，勿作此冷淡生活。」勸其勿作詩也。又《元典章》工部段疋條：「本年合造生活，比及年終，須要齊足。」又：「造作生活好歹體覆，絲料盡實使用。」田藝衡《張應祥墓志》：「命匠造冰絲，不得作僞，直不加昂，而生活易售。」此又以作工爲作生活也。

荷包　《宋書·禮志》：「朝服肩上有紫生袷囊，綴之朝服之外，俗呼曰紫荷。」或云漢代以盛奏事，負荷以行也。按，此荷字當讀去聲。而《能改齋漫録》載劉偉明詩：「西清直寓荷爲橐。」歐陽修啓以「紫荷垂橐」對「紅藥翻階」，皆讀之爲芰荷之荷。後名小袷囊曰荷包，亦得綴袍外以見尊上，或者即因於紫荷耶？馬致遠《黄粱夢》劇云：「一舉成名，是我荷包裏物。」今俗於香囊亦名之爲荷包。

手巾　《漢名臣奏》：「王莽斥出王閎，太后憐之，親自以手巾拭閎泣。」《古詩爲焦仲卿妻作》云：「阿女默無聲，手巾掩口啼。」《世説》：殷浩語左右，取手巾與謝郎拭面。殷仲堪於手巾函中取文示王恭。

牖馬　《南渡録》：「康王南奔，倦息崔府君廟，夢神曰：『追騎已至，宜速去，已備馬矣。』」

《天禄志餘》云：「今北京方言，將出則令人備馬，本此。」按，《説文》有犕字，平秘切，引《易》「犕牛乘馬」，《玉篇》云：「犕，服也。以鞍裝馬。」則備馬當正用犕字，《南渡録》未足據。又《廣韻》「束裝鞁馬」，鞁，平義切，《説文》云：「鞁，車駕具也。」既云車駕，此鞁字非是。又《花間集》韓昭蘊詞：「寶馬曉鞴雕鞍。」鞴亦别字。

消息　《後漢書·獨行傳》：「遠至京師，覘候消息。」《魏志·杜襲傳》：「往出户問消息。」《舊唐書·崔元暐傳》：「母誡之曰：兒子從宦，有人來云『貧乏不能存』，此是好消息。若聞貲貨充足，衣馬輕肥，此是惡消息。」

習慣　《家語·弟子解》：「孔子答孟武伯曰：少成則天性也，習慣若自然也。」《漢書·賈誼傳》：「少成若天性，習慣成自然。」按，《爾雅》：「貫，習也。」貫字，本不必從心。

幕　孫宗鑑《東臯雜録》：「今人擲錢爲博者，戲以錢文面背爲勝負，曰字、曰幕。」幕讀如漫。《漢書·西域傳》：「罽賓國以金銀爲錢，文爲騎馬，幕爲人面。」注：「如淳曰：幕音漫。韋昭曰：錢背也。顔師古曰：幕即漫，無勞借音。」

壹貳叁肆等　一二三四五六七八九十，此十個數目字外，又有壹貳叁等，俗謂之大寫。程氏《演繁露》云〔一〕：「今官府文書，凡其記數，皆取聲同而點畫多者改用之，於是壹貳叁之類，

〔一〕露：原誤作「録」。

本皆非數，借以爲用，貴其不可改换爲姦耳，本無義理可與之相更也。若十之用拾、八之用捌、九之用玖是，其有在疑似間者，惟叁與壹貳耳。」按張參《五經文字》每部後凡幾字，皆題作壹貳叁等，惟七作漆，字小殊。武后時《岱岳觀造像記》所用數字亦然。葉名澧《橋西雜記》：「《唐開元寺貞和尚塔銘》書『開元貳拾陸年』，元和《華岳廟題名》『壹月貳拾陸日』，又云『元和拾伍年壹月』，《尉遲恭碑》『粟米壹阡伍百石』，然則諸字之借用，自唐已然矣。」考壹貳參，古書中皆通用。如《詩》「壹發五豝」，《大學》「壹是皆以修身爲本」，石經中「庸可壹言而盡也」，《儀禮·士冠》「賓壹揖壹讓」，《有司徹》「衆賓皆答壹拜」，《漢書》楊雄賦「招摇泰壹」，壹字並與一同。《易》「尊酒簋貳」，《禮記》「雖貳不辭」「士有貳宗」，《論語》「不貳過」，《孟子》「市價不貳」，貳字並與二同。《周禮》「參分去一」，《考工記》「闈門容小扃參個」，《淮南子》「再言而通，參言而究」，《史·淳于髡傳》「飲可八斗，而醉二參」，參字並與三同。如五之與伍、七之與柒，亦古所間通。《漢書·藝文志》有五子胥書八篇，即伍子胥也。《吕氏春秋》亦言五員亡荆。《後漢·宦者傳》「越騎營五百妻有美色」，韋昭注曰：「五百，字本爲伍伯。」《管子·小匡》篇「臺、原始與柒里」，而《齊語》作漆。《墨子》「周公夕見漆十士」，故張參以漆代七，而《廣韻》謂柒與漆同。《山海經》「剛山多柒木」，《水經注》漆水下有柒縣、柒渠、柒溪，皆變漆爲柒。至陸、六兩字，《後漢·馬援傳》「今更共陸陸」，與《史記》「公等録録」意同，而《樂府録要》通六幺。以上各字，古書相通，更無疑似之可言。若肆與捌玖拾等，誠如程氏所云，則不敢爲之多附會焉。

廿卅卌　《説文》：「廿，二十并也。」人汁切。徐鉉曰：「自古以來，二十字從省并爲廿字。」《玉篇》作廿，漢石經《論語》「八佾」「陽貨」篇皆題云凡廿六章，顔之推《稽聖賦》「中山何夥，有子百廿；魏嫗何多，一孕四十」，《秦泰山碑》「皇帝臨位廿有六年」，皆用此廿字。三十字并爲卅，或作卅，又作𠦃，漢石經「三十而立」爲「卅而立」，唐石經爲卅，王符《潛夫論》「年卅以來」，韓愈《孔戣墓銘》「孔氏𠦃八，吾見其孫」，皆蘇沓切。《史記》《秦會稽頌》：德惠修長，三十有七年」，秦碑通以四字爲句，不應此獨五字。以泰山碑「廿有六年」例觀，當亦作卅，後人誤分之耳。四十，古亦并爲卌字，漢石經「年四十而見惡」爲「年卌」，别作卌。卌，蘇軾詩「惡業相纏卌八年」，浙江志載杭青枝塢掘得唐貞元間于府君墓甎四十字，并文爲卌，其音皆先立切。按，《舊唐書·睿宗紀》：「先天二年三月詔：凡制敕表狀書奏牋牒年月等數作二十、三十、四十字。」蓋前通行爲廿卅卌，雖于經傳、表奏皆然，故至此乃詔正之。

念　《金石文字記》：「開業碑陰多宋人題名，有曰元祐辛未陽月念五日題，以廿爲念，始見於此。」楊慎謂廿字韻書皆音入，惟市井商賈音念，而學士大夫亦從其誤者也。

仟佰　《漢書·食貨志》「仟佰之得」，注云：「仟謂千錢，佰謂百錢。」佰音莫白反，又作陌。」《夢溪筆談》：「百錢謂陌者，借字用之，其實只是百字，如什與伍耳。」仟佰，又阡陌，古字通用。《風俗通》云：「南北曰阡，東西曰陌。」又云：「河南以東西爲阡，南北爲陌。」朱熹曰：「陌之爲言百也，遂洫從而涇涂亦從，則遂間百畝，洫間百夫，而涇涂爲陌。阡之爲言千也，溝澮衡而畛道亦衡，則溝閒千畝，澮閒千夫，而畛道爲阡。阡陌之名，由此而得。」

万　《説文》：「十千爲万。」《古文尚書》凡萬字皆正作万，二王帖萬每作万。《甕牖閒評》：「萬者，蝎也。万者，十千也。二字之義全别，惟錢穀之數，懼有改移，故万借爲萬，蓋出於不得已。其餘万字既不懼改移，安用借爲哉？《詩》《書》中如『萬邦爲憲』『無以爾萬方』，用万字甚多，皆悮借爲萬耳。」

卍　《楞嚴經》：「即時如來，從胸卍字，涌出寶光，其光昱昱，有千百色。」《華嚴經音義》：「今勘梵本卍字，乃是德者之相，謂吉祥萬德之所集也，元非字也。」《學古編》：「此字人謂萬字，乃出古錢。周長壽二年，上權制此文，著於天樞，音之爲萬。」《法苑珠林》：「開卍字於胸前，躡千輪於足下。」卍與千相偶爲辭。《法輪經》：「老君足蹈二卍。」

够　《廣韻》：「够，多也。音遘。」《升庵外集》：「今人謂多曰够，少曰不够。」《文選·魏都賦》：「繁富夥够，不可殫究。」五臣注誤作平聲，不知够究，本文自協韻也。

幺　俗謂一爲幺。《日知録》：「一爲數之初，故以小名之，骰子之以一爲幺是也。」

錢　《日知録》：「古算法二十四銖爲兩，近代十分其兩而有錢之名。」此字本是借用錢幣之錢，非數家之正名。《唐書》：武德四年，鑄開通元寶重二銖四絫，積十錢重一兩。所謂二銖四絫者，今一錢之重也。後人以其繁而難曉，故代以錢字。

个　《大學》：「若有一个臣。」《左傳》：「又弱一个焉。」《吴語》：「一个負矢，百羣皆奔。」

《考工記》：「廟門容大扃七个，闈門容小扃參个。」又通作箇。《方言》：「箇，枚也。」《荀子·議兵篇》：「負矢五十箇。」亦作個。《儀禮》《士虞》及《特牲饋食》俱云「俎釋三个」，鄭注云：「个，猶枚也。」今或名枚曰個者，音相近也。俗言物數有云若干個者。按，个屬古字，經典皆用之。箇起於六國時，個則用於漢末，鄭康成猶謂俗言。唐人習用箇字，杜詩「兩箇黄鸝鳴翠柳」。

橐 《篇海》：「橐，防教切，音匏，出《免疑韻》，俗謂四十斤爲橐。」《通俗編》：「銀十兩爲一橐，又繭十斤爲橐。」按，今俗權物亦論橐，而斤則無一定也。

一頓 《世説》：「羅友少時，嘗伺人祠，曰：『欲乞一頓食。』」又吴領軍使婢賣物供客，比得一頓食。《宋書·徐湛之傳》：「會稽公主見太祖曰：『汝家本貧賤，此是我母爲汝父作此納衣，今日得一頓飽食，便欲殘害我兒子。』」杜詩：「家家養烏鬼，頓頓食黄魚。」又計打亦曰頓。《舊唐書·章懷太子傳》：「子守禮幽閉宫中，每歲被勅杖數頓，瘢痕甚厚。」《朝野僉載》：「婁師德責驛長曰：『我欲打汝一頓，細瑣事徒涴卻名聲，且放卻。』」《傳燈録》：「黄檗謂大愚『老漢饒舌，待來痛與一頓。』臨濟曰：『説甚待來，即今便打。』」又：「大愚謂存獎曰：『這瞎漢，脱下衲衣痛打一頓。』」又置食之所亦謂頓。《北史》：「農爲中軍，寶爲後軍，相去各一頓。」又一息亦謂頓。揚賦：「忽萬里而一頓兮。」

一箭 俗言一箭之路，謂至近也。《法華經》：「一樹一臺，其樹去臺，盡一箭道。」聞達注：「一百二十步也。」

彀　《孟子》：「羿之教人射，必志於彀。」〔一〕弓滿曰彀。今俗凡饜足皆曰彀。如《西廂記》「誰能彀」是也。又《漢書·匈奴傳》：「平城之下亦誠苦，七日不食，不能彀弩。」《唐·張巡傳》：「士才千餘人，皆癯劣不能彀。」按，世凡不勝任、不滿意，俱借此以爲辭。

三曰薩　《北史》：「李業興使梁，武帝問其宗門多少，答曰：『薩四十家。』」

厶　《天禄志餘》：「今人書某爲厶，皆以爲俗從簡便〔二〕，其實古某字也。《穀梁》桓二：『蔡侯、鄭伯會於鄧。』范寧注云：『鄧，厶地。』陸德明釋文曰：『不知其國，故云厶地。』」按，今本俱作某，非古也。

子　俗呼服器之屬，多以子字爲助，其來已久。《舊唐書》：「裴冕自創巾子，其狀新奇。」《中華古今注》：「始皇元年詔近侍宫人皆服衫子，三妃九嬪當暑戴芙蓉冠子，手把雲母扇子，宫人戴蟬冠子，手把五色羅扇子。」又有釵子、帽子、鞋子等稱。古樂府：「艇子打兩槳，催送莫愁來。」李白詩：「頭戴笠子日卓午。」杜甫詩：「鄭州亭子澗之濱。」王建詩：「纏得紅羅手帕子。」和凝詩：「鐫花帖子留題處。」花蕊《宫詞》：「平頭船子小龍牀。」陸游詩：「龜毛拂子長三尺。」又《湘山野録》：「吴越王歌云：別是一般滋味子，永在我儂心子裏。」雖非呼物，而亦以子字爲助。

〔一〕志：原誤作「至」，據《孟子》改。

〔二〕便：原誤作「使」，據《天禄志餘》改。

兒　猶云子也，亦助辭也。《升庵集》舉古詩用兒字者：盧仝詩：「新年何事最堪悲，病客還聽百舌兒。」李羣玉詩：「一雙裙帶同心結，早寄黄鶯孤雁兒。」孫光憲詩：「晚來弄水船頭濕，更脱紅裙裹鴨兒。」餘如邵堯夫詩「小車兒上看青天」，梅堯臣詩「船兒傍舷回」，蘇軾詩「深注脣兒淺畫眉」〔一〕，陳起詩「點易餘硃抹題兒」，如此類甚多。《夢粱録》載小兒戲要家事鼓兒、板兒、鑼兒、刀兒、鎗兒、旗兒、馬兒、鬧竿兒、棒槌兒，如此類，正多不勝枚舉。

頭　亦助辭也，即人體言眉亦曰眉頭，駱賓王有「眉頭畫月新」句。鼻亦曰鼻頭，白居易有「聚作鼻頭辛」句。舌亦曰舌頭，杜荀鶴有「喚客舌頭又未穩」句。指亦曰指頭，薛濤有「言語殷勤一指頭」句。器用之屬，則如鉢頭見張祐詩，杷頭見蘇軾詩，至江頭、渡頭、田頭、市頭、橋頭、步頭、裡頭、外頭、上頭、下頭等，含有邊際之意，不得盡以助辭目之也。

打　《歸田録》：「打字義本謂考擊，故人相毆，以物相擊，皆謂之打，而工造金銀器亦謂之打可矣。至於造舟車者曰打船、打車，網魚曰打魚，汲水曰打水，役夫餉飯曰打飯，兵士給衣糧曰打衣糧，從者執傘曰打傘，以糊黏紙曰打黏，以丈尺量地曰打量，舉手試眼之昏明曰打試，名儒碩學，語皆如此，觸事皆謂之打。而偏檢字書，了無此字。其義主考擊之打自音滴耿，不知因何轉爲丁雅也。」《蘆浦筆記》：「世言打字尚多，不止歐公所云也。左藏有打套局，諸庫支酒

〔一〕深：原誤作「小」，據《東坡全集》改。

謂之打發，印文書謂之打印，結算謂之打算，裝飾謂之打扮，收拾謂之打疊，畚築之間有打號，行路有打包、打轎，雜劇有打諢，僧道有打供，又有打吨、打嚏、打話、打點、打合、打聽，至於打麪、打餅、打百索、打條、打簾、打薦、打席、打合笆，街市戲語有打砌、打調之類。」《能改齋漫録》以《釋文》取偏旁証之，謂打字從手從丁，蓋以手當其事者也，此説得之矣。

卷十四 方言

先生 《韓詩外傳》：「古之謂知道者曰先生何也？猶言先醒也。不聞道術之人，則冥於得失，眊眊乎其猶醉也。故世人有先生者，有後生者，有不生者。」《淮南子·人間訓》：「宋人好善者，三世不解。家無故而黑牛生白犢，以問先生，先生曰：『此吉祥，以饗鬼神。』」鄭康成《禮記注》：「先生，老人教學者。」趙岐《孟子注》：「學士年長謂之先生。」按，今先生之稱泛矣，而教學者獨重之，實合于經訓也。

老先生 《史記·賈誼傳》：「每詔令下議，諸老先生不能言，賈生盡爲之對。」按，三字初見于此，未嘗以相稱也。相稱則自宋起。劉元城《語録》曰：「老先生居洛，先生從之蓋十年，所云老先生，乃司馬君實。」《渭南集·東坡像贊》曰：「是老先生，玉色敷腴。」俱以稱老前輩。《乾淳起居注》：「上謂史浩曰：當爲老先生一醉。」則共稱及同時人矣。王世貞《觚不觚録》云：「京師稱位尊者曰老先生，自内閣至大小九卿皆如之。門生稱座主亦不過曰老先生而已。」今俗於前輩或年高者，率稱之爲老先生。

老子　《老學庵筆記》：「南鄭俚俗謂父曰老子，雖年十七八，有子亦稱老子。」

爺　古人只用耶字。《南史》：「王彧字絢年，五六歲，讀《論語》『周監于二代』，外祖何尚之戲之曰：『可改耶耶乎文哉。』」梁世未嘗有爺字，《玉篇》爺，以遮切，俗謂父。爺字見《木蘭詩》，杜子美「耶孃妻子走相送」，初不作爺孃，而《木蘭詩》有作爺者，乃後人所改耳。按，今俗諺有「天下爺孃嚮小兒」，指少子也。及「兒大不由爺」之語，此爺字俱謂父也。

孃　《南史·齊宗室傳》：「帝謂子良曰：『汝何不讀書？』曰：『孃今何處？何用讀書？』帝即召后還。」《隋書·韋世康傳》：「與子弟書曰：『孃春秋已高，温清宜奉。』」《朝野僉載》：「婁師德責其鄉人曰：『汝辭父孃求覓官，不能謹潔，知復奈何？』」《輟耕録》：「娘字，俗書也，古無之，作孃爲是。」《説文》：「孃，擾也，肥大也。」其義只如此，以之稱母，則始於六朝，若娘字，其義自別。《北史·齊后妃傳》有馮娘、李娘、王娘、穆娘，皆宫中之賤媵。《子夜歌》：「見娘喜容媚，願得結金蘭。」《黄竹子歌》：「一船使兩槳，得娘還故鄉。」《江陵女歌》：「拾得娘裙帶，同心結兩頭。」觀諸娘字，其義自明。《廣韻》：「孃，母稱。」「娘，少女之號。」此二語最明晰，可遵。後世混用之，何也？

爹　《方言》《博雅》《廣韻》爹，皆訓父，而其音作徒我切，或大可切。《南史·始興王憺傳》：「詔徵還朝，人歌曰：始興王，人之爹。赴人急，如水火，何時復來哺乳我。」荆土方言謂父曰爹，故云。注亦云：「爹，徒我切。」至《集韻》始增一陟邪切，蓋其音自唐後起也。陸游《避暑漫抄》：「太后回鑾，上設龍涎沈腦屑燭。后曰：『爾爹爹每夜嘗設數百枝。』上微謂憲聖曰：『如何比得爹爹富貴。』」按，今爲呼父之通稱。

爺爺　《宋史・宗澤傳》：「威聲日著，北方常尊憚之必曰宗爺爺。」孫穀祥《野老紀聞》：「狄青爲樞密使，怙惜士卒，每得衣糧皆負之，曰：『此狄家爺爺所賜。』」按，今又爲呼祖父之通稱，不知肇自何時。

太太　胡應麟《甲乙剩言》：「有一邊道轉御史中丞作《除夕》詩云：『幸喜荆妻稱太太，且斟柏酒樂陶陶。』蓋部民呼有司眷屬，惟中丞以上得呼太太耳。今不但有官者之妻通稱之，即士夫之妻亦無不以太太呼之，古未有也。」

哥　《舊唐書・讓帝憲傳》：「玄宗云：大哥嫡長，合當儲貳。謂之手足，惟有大哥。」又有《同玉真公主過大哥園池》詩。張九齡詩序云：「上幸寧王第，叙家人禮，上曰：『大哥好作主人。』」《酉陽雜俎》帝亦呼寧王爲寧哥。《五代史・伶官傳》：「孔謙兄事伶人景進，呼爲八哥。」按，哥，古謌字，無訓兄者，《唐韻》始云「今呼兄爲哥」，則此稱自唐始也。

丈人　《通鑑》：「唐韋執誼係杜黄裳壻，杜勸執誼請太子監國，執誼驚曰：『丈人甫得一官，奈何啓口議禁中事乎？』」《鷄肋編》：「獨稱妻父爲丈人，自柳宗元呼楊詹事爲丈人始。」按，《後漢書・匈奴傳》：「單于云：漢天子，我丈人行。」其時漢以女妻單于也。古又爲尊老之稱，今則專稱妻之父矣。

丈母　《論衡·氣壽》篇：「人形一丈，正形也，尊公嫗爲丈人。」《史記·刺客傳》注：「尊婦嫗爲丈人者。」《顔氏家訓》：「周宏讓言父母中外姊妹亦呼丈人，然古未見丈人之稱施於婦人也。今中外丈人之婦，猥俗呼爲丈母，士大夫謂王母、謝母云。」《猗覺寮雜記》：「今專稱外姑曰丈母。」柳子厚有祭楊詹事丈人、獨孤氏丈母文。《六研齋二筆》：「趙子昂有與管公札云〔一〕：上覆丈人節幹、丈母縣君。」按，稱妻母爲丈母，自唐已然矣。

岳丈　《青城山記》：「青城爲五岳之長，故名丈人山。世俗呼人婦翁爲令岳，妻之伯父、叔父爲列岳，往往因此。」《歸田録》：「今人呼妻父爲岳公，以泰山有丈人峯。妻母爲泰水，不知出何書也。」此二説最爲得解，但未詳其稱昉自何代。按，《漢書·郊祀志》：「大山川有岳山，小山川有岳壻山。」推其名義，似在漢時也。今俗謂妻父曰岳父，因呼妻母爲岳母。

泰山　《酉陽雜俎》：「玄宗封禪泰山，張説爲封禪使，女壻鄭鎰本九品官，封禪後驟遷五品，玄宗怪而問之，鎰無辭以對。黄幡綽曰：『此泰山之力也。』俗因此又稱妻父爲泰山矣。」

内人　《檀弓》：「公父文伯之喪，内人皆行哭失聲。」注：「内人，妻妾。」杜詩「内人紅袖泣」，則指宫人。《教坊記》之「内人」又指伎人。今則專稱妻矣。

親家　《魏志·王淩傳》注：「淩少子明山投親家食，親家告吏執之。」《唐書·蕭嵩傳》：

〔一〕札：原作「扎」，據《通俗編》引文改。

「嵩子衡尚新昌公主，嵩妻入謁，帝呼爲親家。」《避暑雜抄》：蕭嵩自稱唐朝左僕射、天子親家翁。儲光羲有《酧陳掾親家翁秋夜有贈》詩。白居易有《贈皇甫規親家翁》詩。《五代史》：「劉昫與馮道爲姻家，而同爲相，道罷，李愚代之，愚素惡道爲人，凡事有稽失者，必指以誚昫曰：『此公親家翁所爲。』」按，親字作去聲。盧綸《王駙馬花燭》詩「人主人臣是親家」是也。

小底　《金史·傳論》：「金人所謂寢殿小底猶周之綴衣，所謂護衛猶周之虎賁也。」按，金時胥役及庶民緣事對官長俱自稱小底，今因之猶然。

奴才　《晉書·劉元海載記》：「成都王既敗，元海曰：『穎不用吾言，逆自奔潰〔一〕，真奴才也。』」《劉曜載記》：「田崧曰：若賊氐奴才，安敢欲希覬非分？」《水經注》：「李特至劍閣，歎曰：『劉氏有此地而面縛于人，豈不奴才也。』」《唐書》：「郭子儀曰：諸子皆奴才也。」

女人　《後漢書》：「班昭《女誡》云：三者女人之常道，四者女人之大德。」女人之稱自漢然也。

小姐　元曲稱仕女概爲小姐。明朱有燉《元宫》詞：「簾前三寸弓鞋露，知是嫖嫖小姐來。」按，俗呼官家女爲小姐。

姐姐　東坡集有妓人楊姐姐，此賤稱也。《四朝聞見録》高宗吴后稱太后曰大姐姐。《能改齋漫録》：「近世稱女兄爲姐，蓋尊之也。」按，今呼女兄皆爲姐姐。

〔一〕逆：原誤作「遂」，據《晉書》改。

妹妹　《路史》注「桀妻妹喜」：「妹者，以妹妹目之。」《北齊書》：南陽王綽兄弟皆呼父爲兄兄，母爲家家，乳母爲姊姊，婦爲妹妹。按，今俗呼女弟爲妹妹。

丫頭　劉禹錫《寄小樊》詩：「花面丫頭十三四，春來綽約向人時。」《輿地志》：「弋陽有大石，如人首而岐，名丫頭岩。或題詩云：『何不梳妝便嫁休，長教人喚作丫頭。』」按，《廣韻》：「物岐頭曰丫。」故小女梳頭作兩髻爲丫頭。今呼婢女曰丫頭，或亦稱小女曰丫頭。

妮子　《五代史・晉家人傳》：「耶律德光遺書李太后曰：『吾有梳頭妮子竊一藥囊以奔于晉，今皆在否？』」王通《叟詞》有「十三妮子緑窗中」句。按，妮子，婢稱也。今通稱童女爲妮〔一〕，或冠以排行，如大妮、二妮等是。

義子　養異姓子爲己子也。謝肇淛《文海披沙》：「項羽尊懷王爲義帝，猶假帝也，唐人謂假髻曰義髻，彈箏假甲曰義甲，皆以外置而合宜者。」故今人謂假父曰義父，假子曰義子、義女。

公婆　俗謂舅姑通稱曰公婆。《淮南子・汜論訓》：「若公知其盜也，逐而去之。」《漢焦仲卿妻》詩：「便可白公姥，及時相遺歸。」此皆謂舅爲公也。晉樂府：「後來新婦今爲婆。」干寶《搜神記》：「李信妻走告姑曰：『阿婆，兒夜來不知何故變相。』」乃謂姑爲婆也。

家兄　《魏略》：「文帝嘗言家兄孝廉，自其分也。」

〔一〕稱：據文義補。

舍弟　魏文帝《與鍾繇書》曰：「是以令舍弟子建。」

嬸妗　張耒《明道雜録》：「經傳中無此二字，嬸乃世母二字合呼，妗乃舅母二字合呼也。」

按，嬸乃叔母二字之合耳。

宗兄　王維詩：「舍弟官崇高，宗兄此削髮。」

連襟　《嬾真子》：「江北人呼僚壻曰連袂，又曰連襟。」

親戚　《曲禮》：「兄弟親戚稱其慈也。」正義云：「親指族内，戚指族外。」

表姪　《唐書·楊慎矜傳》：「慎矜與鉷父瑨中外兄弟，鉷即表姪。」朱文公撰《劉子羽神道碑》自稱表姪，又《祭王尚書》文自稱從表姪。

妹壻　《北魏書·元叉傳》：「有人告叉及其弟謀反，太后以妹壻之故，未忍便決。」白居易詩：「覓得黔婁爲妹壻，可能空寄蜀茶來。」

姨父　《北魏書·元叉傳》：「叉造禁中，肅宗呼爲姨父。」

小媻〔一〕　《説文》：「小妻也。」桂馥云：今小妻謂之小槃。讀薄波切，俗作婆。

姬娘　《漢書·文帝紀》：「母曰薄姬。」如淳曰：「姬音怡，衆妾之總稱。」按，今俗稱父妾爲姬娘，正如怡音，俗作姨，但姨爲妻之姊妹，非姬妾字也。

〔一〕媻：原作「盤」，據《説文解字注》改。

徒弟　陳摶詩：「堪嗟繼踵無徒弟。」陳後山詩：「徒弟三千人。」

𪏊子　《輟耕録》：「𪏊子，賤娼濫婦之稱。」丁度《集韻》從女作㜷。

有喜　《番禺記》：「廣州謂婦人娠者曰有喜歡。」按，今通稱爲有喜，但省去歡字耳。

生子曰養　董斯張《吹景録》：「生子曰養，亦有本。《韓詩外傳》：『王季立而養文王。』」

續弦　《十州記》：「鳳麟人以鳳喙麟角合煎作膠，能續弓弦。」《漢武外傳》：「西海獻鸞膠，帝弦斷以膠續之，弦兩端遂相著，終日射之不斷。帝悦，賜名續弦膠。」杜甫詩：「麟角鳳嘴世莫識，煎膠續弦奇自見。」杜牧之詩：「天上鳳凰難得髓，世間那有續弦膠。」按，今俗謂喪妻曰斷弦，再娶曰續弦。

獠　《南史·王琨傳》：「王懌不辨菽麥，人無肯與爲婚，家以獠婢恭心侍之，生琨。」《升庵外集》：「獠音搔，今罵獠奴本此。」

調戲　《左傳》襄六年：「宋華弱與樂轡少相狎，長相優。」杜注：「狎，親習也。優，調戲也。」《後漢書·馮衍傳》：「醉飽過差，輒爲桀紂。房中調戲，散布海外。」《晉書·熊遠傳》：「羣臣會同〔一〕，務在調戲，酒食而已。」

相思　《漢書·外戚傳》：「上望見李夫人之貌，愈益相思，悲感作詩。」按，後人言男女繫

〔一〕會：原誤作「曾」，據《晉書》改。

戀爲相思，其出處不勝枚舉，此爲初見於史者。《詩·召南》「有女懷春」，即相思也。

嫖　《字典》：「俗謂淫邪曰嫖。」按傳記中此字少見，惟《漢·景十三王傳》：「廣川王去爲陶望卿謌曰〔一〕：『背尊章，嫖以忽。』」但言女子别父母遠去，不關淫邪事。

老鴇　臧晉叔《元曲選》引丹邱先生言曰：「妓女之老者曰鴇。鴇似雁而大，喜淫無厭，諸鳥求之即就，世呼爲獨豹者是也。」

龜　《堅瓠集》：「古者諸侯立國，皆有守龜，藏之太廟，與寶玉並重。目老成人曰國之蓍蔡，陸龜蒙、王龜齡、彭龜年、楊龜山等，多取爲名字。不知何時以龜子目倡妓之夫，詩文遂不敢用。委巷之人，取爲駡詈之言。」按，《東臯雜録》：「東坡謁微仲，值其晝寢，久之方覺。戲言唐時有進六目龜者，或作口號云：『六隻眼兒睡一覺，抵别人三覺。』微仲不悦。」似當時有以龜爲不美者矣，然亦無關於帷簿不修之事。惟《輟耕録》載嘲廢家子孫詩：「宅卷皆爲撑目兔，舍人總作縮頭龜。」兔望月而孕，喻婦女之不夫而姙也。所云縮頭龜者，正與委巷訕詈意合。然則以龜目倡妓之夫，肇端在元世耳。

崽子　《水經注》：「孌童丱女，弱年崽子。」《天録志餘》云：「北人駡頑童曰崽子。」北齊許散愁「自少不登孌童之牀，不入季女之室」。崽子，孌童也。

〔一〕去：原誤作「立」，據《漢書》改。

賊王八　《五代史》：「王建少無賴，以屠牛盜驢販私鹽爲事，里人謂之賊王八。」

雜種　《晉書・載記》：「蠢兹雜種，奕世彌昌。」

產子　《漢書・陳勝傳》：「免驪山徒人奴產子。」師古曰：「奴產子，猶今人云家生奴也。」白居易詩：「蒼頭碧玉盡家生。」按，今用爲詈人語。

養漢精　見元李文蔚曲。

糊塗　《宋史・吕端傳》：「或言端爲人糊塗，太宗曰：『端小事糊塗，大事不糊塗。』」按，朱子《語録》以憒憒不曉事曰鶻突，其説《書》曰：「百姓昭明乃三綱五常，皆分曉不鶻突耳。」鶻突，即糊塗之音轉。

兩造　《書・吕刑》：「兩造具備。」孔傳：「兩謂囚、證。造，至也。」《周禮・大司寇》：「以兩造禁民訟。」

處分　《古焦仲卿詩》：「處分適兄意，那得自任專。」《南史・沈僧昭傳》：「國家有邊事，須還處分。」《北史・宋欽道傳》：「宋潁夢見前妻言被處分爲高崇妻。」又《唐邕傳》：「邕手作文書，口且處分，耳又聽受，實是異人。」按，分當讀作去聲。白居易詩：「處分貧家殘活計。」劉禹錫詩：「停杯處分不須吹。」據此，若讀平聲則誤也。

格佞　《宋書・鄭鮮之傳》：「高祖少事戎旅，不經涉學，及爲宰相，頗慕風流。時或言論，人皆依違之，不敢難也。鮮之難必切至，未嘗寬假，要須高祖辭窮理屈，然後置之，時人謂爲格佞。」

招搖 《史記·孔子世家》：「衛靈公與夫人同車，使孔子爲次乘，招搖市過之。」

老慳 《宋書·王玄謨傳》：「孝武狎侮羣臣，隨其狀貌，各有比類。劉秀之儉吝，呼爲老慳。」

辭訟 《魏志·杜畿傳》：「民嘗辭訟，有相告者，畿親見爲陳大義，令歸諦思之，自是少有辭訟。」

打官司 見元人《抱妝盒》曲。

便宜行事 《史記·蕭相國世家》：「即不及奏上，輒便宜施行，上來以聞。」《漢書·魏相傳》：「漢興以來，國家便宜行事。」

奉行故事 《虞書》：「若帝之初。」傳云：「順舜初攝帝位，故事奉行之。」《漢書·魏相傳》：「方今務在奉行故事而已。」

瞎字不識 《通俗編》：「《嬾真子》云：臧武仲名紇，音恨發切，唐時有誤讀爲核者，蕭穎士曰：『汝紇字也不識耶？』俗言瞎字不識，又紇字之訛。」

不識一丁 《唐書·張宏靖傳》：「天下幸無事，爾輩挽兩石弓，不如識一丁字。」洪容齋《俗考》：「今文多用不識一丁字，謂祖《唐書》，以出處考之，乃个字，非丁字，蓋丁與个相類，傳寫悞焉。」田菽蘅《留青日札》：「天水姜平子仕苻堅，堅宴，羣臣賦詩，平子詩有丁字，直而不曲。堅問其故，曰：『曲下者，不正之物，未足以獻也。』堅悦，擢上第。夫丁字不屈，乃古下字矣。蓋堅麤人，正所謂丁字不識者爾。」

摇頭擺尾　《傳燈録》：「元安辭臨濟去，濟曰：『門下有箇赤梢鯉魚，摇頭擺尾向南方去，不知向誰家虀甕裏淹殺。』」《五燈會元》：「孚上座謂雪峯曰：『和尚摇頭，某甲擺尾。』」曾昭參圓晤曰：「師若摇頭，弟子擺尾。」

毛病　徐咸《相馬書》：「馬旋毛者，善旋五，惡旋十四，所謂毛病，最爲害者也。」王良《百一歌》：「毛病深知害，妨人在不占。大都如此類，無禍也宜嫌。」按，此本説馬，人有闕德者，借以喻之。據《韓非・五蠹》篇云：「不才之子，父母怒之，鄉人譙之，師長教之，三美加焉，而其脛毛不改。」今所云毛病，正謂其終身不能悛改者也。似其源又別出於此，非獨借喻于馬矣。

疙禿　《淮南子・齊俗訓》：「親母爲其子治疙禿，血流至耳，見者以爲愛之至也。使其出於繼母，則以爲嫉也。」疙，魚乙切。《正字通》：「頭瘡突起也。」按，今皮膚腫起爲疙瘩，當如是寫。瘩，都合切，見《字林》。元人秋胡劇作扢搭，非。

如意　《漢書・京房傳》：「陛下雖行此道，猶不得如意。」《宋書・吴喜傳》：「非惟得活，又復如意。」《幽明記》：「餘杭沈縱入山得一玉琢，從此所向如意。」《搜神記》：「河間管弼，僑居臨水作商賈〔一〕，往往如意。」《采蘭雜志》：「昔有貧士多陰德，而菽水不贍，忽遇一道士，遺

〔一〕居：原誤作「店」，據《搜神記》改。

一物，謂之如意，凡心有所欲，一舉之頃即如意，雖冬雷夏雪、起死延年，皆得之，後人倣其制，號如意云。」

小李 《水東日記》：「京師小李之類，取人腰藏于稠衆中如己物。」小李云者，意其爲昔時此盗之首，猶健訟者所云鄧思賢耳。又有小利，或作翦綹。

代勞 《廣異記》：「魏元忠呼蒼頭未應，犬忽代呼之，元忠曰：『此犬乃能代我勞。』」李百藥詩：「客心既多緒，長歌且代勞。」本此。

幌子 《廣韻》：「青帘，酒家望子。」《通俗編》云：「今江以北，凡市賈所懸標識，悉呼望子。訛其音，乃云幌子。」

作死馬醫 《猗覺寮雜抄》：「作死馬醫，自唐已有此語。其初出《郭璞傳》：有主人良馬死者，璞教令一人東行，遇林木以杖擊之，得一物如猿，持歸，見死馬即吹其鼻，少頃活。故世俗於無可奈何尚欲救之者，謂之死馬醫。」《春渚紀聞》：「有某者臥病既久，其子不慧，有名醫自都下還，其子謁之曰：『大人病勢雖淹，顧左右一顧，且作死馬醫也。』聞者無不絶倒。」今有死馬當作活馬醫之説。

麻胡 《朝野僉載》云：「石虎以麻將軍秋帥師。秋，胡人，暴戾好殺，國人畏之。有兒啼，母輒恐之曰『麻胡來』，啼聲即絶。」《大業拾遺記》云：「煬帝將幸江都，令將軍麻胡濬河。胡虐用其民，百姓惴慄，常呼其名以恐小兒，或夜啼不止，呼『麻胡來』，應聲止。」《資暇録》云：「麻名祜，轉祜爲胡。」《會稽録》云：「會稽有鬼號麻胡，好食小兒腦，遂以恐小兒。」按，數説各殊，未知孰是，以之恐嚇小兒則一也。今各處婦豎俱常道之。

鹵莽　《莊子·則陽》篇：「君爲政焉勿鹵莽，治民焉勿滅裂。昔予爲禾耕而鹵莽之，則其實亦鹵莽而報予。耘而滅裂之，其實亦滅裂而報予。」司馬云：「鹵莽，猶麤粗也。」

避諱　《淮南子·齊俗訓》：「入其國，從其俗。入其家，避其諱。不犯禁而入，不逆忤而進。」《要略》：「言道而不明終始，則不知所倣依。言終始而不明天地四時，則不知所避諱。」

黄昏　《淮南子·天文訓》：「至於虞淵，是謂黄昏。至於蒙谷，是謂定昏。」

齣　青藤山人《路史》：「高則誠《琵琶記》有第一齣、第二齣，考諸韻書無此字，必齣字之誤也。牛食吞而復吐曰齣，似優人入而復出也。」按，齣音鴟。

喫酒　杜甫詩：「樓頭喫酒樓下醉。」又見《無量清淨平等覺經》。

傘　《左傳》定四年：「備物典册。」疏云：「謂國君威儀之物，若今繖扇之類。」《晉書·輿服志》：「功曹吏繖扇騎從。」繖字始此。《爾雅》：「纛帛縿。」注：「衆旒所著。」正幅爲縿，此即繖字之原也。按，古亦謂雨蓋曰繖。如《史記·五帝紀》：「舜乃以雨笠自扞而下，去。」注：「皇甫謐云『雨繖』。繖，笠類。」《晉書·王雅傳》：「遇雨，請以繖入。」以其同覆首上，借名也。傘字始見于《南史》「王縉以笠傘覆面」，而《金史·儀衛志》書「威儀之繖」亦概作傘。今俗相承〔一〕，遂置繖字不用。

〔一〕承：原誤作「丞」。

抽替　《南史・殷淑儀傳》：「既薨，孝武帝思見之，遂爲通替棺，欲見輒引替覩屍。」《癸辛雜志》：「李仁甫爲長編，作木廚十二枚，每廚作抽替匣十二枚，每替以甲子志之。」按，俗又作屜。《集韻》：「屜音替，履中薦也。」非是。

花轎　《夢粱録》：「婚娶用花藤轎往女家迎取新人。」今俗謂花轎。

倚卓　楊億《談苑》：「咸平景德中，主家造檀香倚卓。」《傳燈録》：「桂琛指倚問元沙：『喚這箇作甚麽？』元沙曰：『倚子。』」釋齊己《白蓮集》有《謝人寄南榴卓子》詩。《宋史》鹵薄有金倚。《元史》：「肆赦儀，閤門官取赦書於卓子讀。」《通雅》：「倚卓之名，見於唐宋，而小説有椅卓字。黄朝英言『椅，木名。棹與櫂通』。但當用倚卓。」按，桌字元以前未見，椅則陸龜蒙詩有「竹牀蒲椅」。張子《理窟》「古人無卓椅」云云，朱子《家禮》載用器具有「卓子交椅」，是俱以椅爲倚也。今俗皆作椅桌，而倚卓罕有知者。

橙　《晉書・王獻之傳》：「魏時凌雲殿榜未題，而匠者誤釘，乃使韋仲將縣橙書之。」《晉陽秋》：「何無忌與高祖夜謀，其母置橙於屏風上窺之。」《涪翁雜説》：「橙，橘屬，今人書凳爲橙，非。」按，凳惟《傳燈録》用之，而橙屬見諸舊史，涪翁以爲非，何也？又《釋名》：「榻登，施大牀之前所以登牀也。」後人稍高之，以爲坐具。據此，橙之本字則又當作登耳。

檮木　《集韻》檮音同壽，棺也。焦竑《字學》：「生前預製棺曰檮，俗言檮器。」《杜樊川集》則作壽器，今俗通稱爲檮木。

等子《稗史類編》：「《皇祐新樂圖》有銖秤，其圖幹上分二十四銖〔一〕，爲一兩，止一面有星〔二〕，一繫一盤〔三〕，如民間金銀等子者，其錘形如環。」李方叔《師友談記》：「邢和叔嘗曰：文銖兩不差，非秤上秤來，乃等子上等來也。」朱子《語録》：「某《集注》下字時，直是秤等輕重，方敢寫出。」輔廣《孟子答問》亦云「是從分金等子上説將來」。按，等以分别金銀等次立名。張世南《宧游紀聞》云：「宣和殿有玉等子〔四〕，以諸色玉次第排定，凡玉至，比之，高下自見。」此其制别義同，流俗所用戥字，後人妄造。

東西　《免園册》：「明思陵謂詞臣曰：『今市肆交易，止言買東西，而不及南北，何也？』輔臣周延儒曰：『南方火，北方水，昏暮叩人之門户求水火，無弗與者，此不待交易，故惟言東西。』思陵善之。」按，此特一時捷給之對，未見的確。古有玉東西，乃酒器名。《齊書·豫章王嶷傳》：「上謂嶷曰：百年亦何可得？止得東西一百，於事亦齊。」已謂物曰東西矣。蓋物産四方，而約言東西，正猶史紀四時而約言春秋耳。

杭　《説文》：「抗，扞也。杭，抗或从木。」桂馥《説文段注抄》云：「今築作者以木爲杵，兩

〔一〕上：原誤作「十」，據《説郛》引文改。
〔二〕止：原誤作「正」，據《説郛》引文改。
〔三〕「繫」上原衍「面」字，據《説郛》引文删。
〔四〕宣：原誤作「寧」，據《宧游紀聞》改。

人對舉，從高而下，當用此字，其名曰亨。亨、杭語聲之轉，正讀胡郎切也。」按，俗作夯。據《字彙》：「夯，呼講切，人用力以堅舉物也。」當從桂説爲是。

拖泥帶水 《嚴滄浪詩話》：「語貴灑脱，不可拖泥帶水。」又見《傳燈正宗》。

疊 《演繁露》：「《酉陽雜俎》云：『劉録事食鱠數疊。』〔一〕今俗書楪字，誤以其可疊，故名爲疊也。」按楪字唐人已用，白居易詩：「三杯藍尾酒，一楪膠牙餳。」今俗作碟。據《集韻》：「碟，食列切，音舌，治皮也。」非是。

焠兒 《輟耕録》：「杭人翦松木爲小片，鎔硫黄塗其鋭，名曰發燭，又曰焠兒。」今俗稱火柴曰焠兒。

抹布 《儼山外集》：「民間俗諱，各處有之，而吴爲甚，如舟行諱住、諱翻，以箸爲快兒，幡布爲抹布。」

湯酒 《山海經·西山經》：「湯其酒百壺。」郭注：「湯或作温。」按，湯讀去聲，與《禮·月令》「如以熱湯」之湯同音。湯酒，即温酒也。宋人加皿作盪。《擬老饕賦》有「盪三杯之卯酒」句，其實爲贅。

酒令 《後漢書·賈逵傳》：「逵作酒令，學者宗之。」《梁書·王規傳》：「湘東王爲京兆

〔一〕鱠：原誤作「繪」，據《演繁露》改。

尹，與朝士宴集，屬規爲酒令。」《唐書·李君羨傳》：「貞觀初，太白數晝見，太史占曰：『女主昌。』又謠言『當有女武王者』。會内宴，爲酒令，各言小字，君羨自陳曰『五娘子』，帝愕然，因笑曰：『何物女子，乃此種健邪。』」皇甫松《醉鄉日月》載有骰子、旗旛、閃壓、抛打等令。《五代史·史宏肇傳》：「會飲，王章第酒酣，爲手勢令。」《賓退録》：「酒令，唐最盛，本朝歐公作九射格，不别勝負，飲酒者皆出於適然。陳述古亦嘗作酒令。館閣有《小酒令》一卷。」

燒酒　白居易詩：「燒酒初開琥珀光。」按，東坡言唐時有名燒春者，當即燒酒也。元人謂之汗酒。

茶食　《大金國志》：「金人舊俗，壻納幣，戚屬偕行，以酒饌往，次進蜜糕，人各一盤，曰茶食。」

豁拳　《六研齋筆記》：「俗飲以手指屈伸相博謂之豁拳，又名豁指頭，蓋以目遥覘人，爲己伸縮之數，隱機鬭捷。余甚厭之，以其啓遷坐嘵號之漸也。唐皇甫松手勢酒令，五指皆有名目，大指名蹲鴟，中指名玉柱，食指名鉤棘，無名指名潛虬，小指名奇兵，掌名虎膺，指節名私根〔一〕，通五指名五峯。」明王徵福有《拇陣譜》，專載此戲令辭。按，又作搳拳，又名拇戰，拇通作拇。

〔一〕節：原脱，據《六研齋筆記》補。

罰三杯　歷來飲酒，凡罰飲之數，多限以三。韓安國作几賦不成〔一〕，罰三升。蘭亭之會，王子敬詩不成，罰三觥。《景龍文館記·序》人題四韻，後者罰三杯。李白《宴桃李園序》「罰依金谷酒數」，亦是三斗。今宴飲亦有三杯之語，有自來也。

連飲三杯　《石林燕語》：「酒律謂酒巡一匝，末座者連飲三杯爲藍尾，蓋末座遠，酒行常到遲，故連飲以慰之。」

𩟹𩟹　《升庵外集》：「饆饠，今北人呼爲波波，南人謂磨磨。」據《集韻》作𩟹，又作饝。

河漏　王楨《農書》：「北方多磨蕎麥爲麪，或作湯餅，謂之河漏，以供常食，滑細如粉。」今音訛爲活落。

灌腸　《齊民要術》有灌腸法：細剉羊肉及葱鹽椒豉，灌而炙之。

麵筋　《夢溪筆談》：「凡鐵之有鋼者，如麵中有筋，濯盡柔麵，則麵筋乃見，鍊鋼亦然。」《老學庵筆記》：「仲殊性嗜蜜，豆腐、麵筋皆用蜜漬。」梁武帝作麵筋，見《事物紺珠》。

擾　司馬温公《書儀》：「凡弔及送喪葬者，必助其事，而弗擾也。」注云：「擾謂受其飲食。」按，今謝人者亦有奉擾之言。

點心　《能改齋漫録》：「唐傪爲江淮留後，家人備夫人晨饌，夫人顧其弟曰：『治妝未畢，

〔一〕几：原誤作「儿」。

我未及餐，爾可且食點心。』」《傳燈録》：德山鑒於澧陽路上見一婆子賣餅，因息肩買餅點心，婆子曰：「我有一問，若答得，施與點心。」《河東記》：「板橋三娘子置新作燒餅於食牀上，與客點心。」《揮塵録》：「童貫謂賈讜云：忽忽未能小款，翌午朝退，幸見過點心。」《癸辛雜志》：「阜陵謂趙温叔曰：『聞卿健啖，朕欲作小點心相請。』」

燒餅 《齊民要術》有引《食經》作燒餅法。《名義考》有巨勝曰胡餅，即今燒餅。《倦游雜集》胡餅呼爲爐餅。按，《名義考》，凡以麵爲食具者，皆謂之餅。以火炕曰爐餅；以水瀹曰湯餅，亦曰煮餅，即今切麵；蒸而食者曰蒸餅，又曰籠餅，即今饅頭；繩而食者曰環餅，又曰寒具，即今饊子。他如不托、起溲、牢九、冷淘等，皆餅類。

薄脆 《真珠船》：「今三原市肆賣餅，有曰側厚者。」按，《東京夢華録》胡餅店賣寬焦側厚，乃知其稱有自。寬焦即《武林舊事》所謂寬焦薄脆者，今京師但名薄脆。按，以麵粉和糖入麻油中煠之，到口即碎，故名之爲薄脆也。

蓼花 《浩然齋雅談》：「俗以油餳綴糁作餌名曰蓼花，取其形似也。」

教 《演繁露》：「麵起餅起者，入教麵中，俗書教爲酵。令鬆鬆然也。」按，後世多從俗書作酵，又或作膠。《正字通》：「餢飳，起麵也。」發酵使麵輕高浮起，炊之爲餅。賈公彦以酏食爲起膠餅，即酵也。涪翁説起膠餅今之炊餅也。金天歷元年有額外課，其十八曰酵。泰和四年定糟酵錢。遼元志有酵課。

擀 伸麵曰擀。《北夢瑣言》：「王蜀時，有趙雄武者，衆號趙大餅，累典名郡，爲一時之富豪。精于飲饌，能造大餅，每三斗麵擀一枚，大於數間屋。或大内宴聚，或豪家有廣筵，多於衆賓内獻一枚，裁剖用之，皆有餘矣。雖親密懿分，莫知擀造之法，以此得大餅之號。」

解乏 《開元天寶遺事》：「長安自昭應縣至都門，官道左右村店之民，當大路市酒，量錢數多少飲之，亦有施者與行人解乏，故路人號爲歇馬杯。」

葛藤 俗謂事之糾纏不已也。《出曜經》：「其有衆生，墮受網者，必敗正道，猶如葛藤，纏裄于枯樹。」《儼山外集》：「洋縣之俗，每歲遇春第四日，居人游江上，遇葛藤纏繞處即解之，謂之解繳，豈古袚禊之遺耶？」按，解之，有取于禪家解脱之謂也。

儱侗 《梅磵詩話》：「鄭安晚丞相未貴時，賦冬瓜詩云：『生來籠統君休笑，腹内能容數百人。』」《集韻》曰：『儱侗，未成器也。』宋人不識其字，止以音發作籠統，此何義耶？《五燈會元》有『瓠子曲彎彎，冬瓜直儱侗』之語。」《朱子集·答蔡季通》曰：「昨見子直説及，正疑其太儱侗。」此儱侗猶言含糊不確切也。今俗言儱侗，正與此同。

亞腰葫蘆 謂葫蘆腰細於兩端者。農書：匏之爲用甚廣，長柄者可作噴壺，亞腰者可盛藥餌。按，《埤雅》：「長而瘦上曰瓠，短頸大腹曰匏。匏苦瓠甘。」

課馬 《孔氏雜説》：「俗呼牝馬爲課馬，出《唐六典》。凡牝四游五課，羊則當年而課之。課爲歲課駒犢。又作騍。」按，牝馬又曰草馬。《爾雅》：「牝曰騇。」郭注曰：「草馬名。」《魏志·杜畿傳》《晉書·涼武昭王傳》俱有草馬字。《北史·許善心傳》：「賜物千段，草馬二十匹。」《顏氏家訓》：「《詩》『駉駉牡馬』，河北本悉爲牧馬，鄴下博士見難云：『既美僖公牧馬坰野事，又何分騲騭乎？』騲即草也。」

兒馬 《爾雅義疏》：「東齊人以牝馬爲騍馬，牡馬爲兒馬。」

草驢 《北齊·楊愔傳》：「選人魯漫漢，在元子思坊，騎秃尾草驢。」按，亦謂牝驢也。今草馬之稱不甚著，草驢則人人稱之。

騸 《臞仙肘後經》〔一〕：「騸馬、宦牛、羯羊、閹猪、鐓鷄、善狗、浄猫，皆謂牲畜之去勢者。」又作扇。《五代史·郭崇韜傳》：「崇韜素嫉宦官，嘗謂繼岌曰：『主上千秋後，盡當去之。至於扇馬，亦不可騎。』」又接樹曰騸樹。《月令廣義》有騸樹法。

驏騎 《吹萬集》：「驏，不鞍而騎也。」《玉堂叢語》：「明文廟北征，金幼孜墜馬鞍裂，楊文敏以所乘馬讓之，自乘驏馬。」唐令狐楚《少年行》：「少小邊州慣放狂，驏騎蕃馬射黄羊。如今老大無筋力，獨倚營門數雁行。」

膘 《續秘笈》：「馬至秋高則甚肥，此而急馳驟之，不三舍而馬斃矣，以其膘未實也。每日午後至晚控之，至八九日，則馬之脂膏皆凝聚於脊，其腹小而堅，其臀大而實，向之青草虛

〔一〕臞：原誤作「矔」。

臁，至此皆堅實凝聚矣。」浄皇太子《企喻歌》：「放馬大澤中，草好馬著臁。」

獨蚤 《元曲選·桃花女》劇云：「哈叭狗兒咬虼蚤也，有咬著時，有咬不著時。」按，虼字不見字書，惟《武林舊事》以科斗爲虼蚪。楊慎載數九諺「蚊蟲獨蚤出」則用獨字，疑皆非也。虼當爲齕齧之齕，此蟲務齧人，故呼齕蚤，猶以其善跳呼跳蚤耳。又名跳蟲，王十朋詩：「跳蟲何處來。」

蝦米 《急就章注》：「海蝦，堪爲脯鮓，及今之所謂蝦米者。」〔一〕按，米之稱亦舊矣。

頭口 《元典章》刑例有偷頭口條：「凡達達漢兒人偷頭口一箇，賠九個。」〔二〕按牛馬之屬，今謂之頭口，又稱生口。《魏志·王昶傳》注：「任嘏與人共買生口，各雇八匹。後生口家來贖，嘏自取本價。」

手爪 《淮南·覽冥訓》：「非思慮之察，手爪之巧也。」古詩〔三〕：「顏色類相似，手爪不相如。」

皂 馬閑也。《史記·鄒陽傳》：「牛馬同皂。」《方言》：「梁宋齊楚北燕之間謂櫪曰皂。」《淮南·覽冥訓》：「飛黃伏皂。」按，俗寫作槽，非。

〔一〕今：原脱，據《通俗編》引文補。
〔二〕九：原誤作「元」，據《元典章》改。
〔三〕詩：原誤作「時」。

蔆蔏《玉篇》：「蔆蔏，藥草。」步臥、火个二切。按，此屬薄荷本名，本字今習書薄荷，此二字遂罕知者。《本草綱目》謂薄荷爲訛稱，然陸務觀《咏猫》詩「薄荷時時醉」亦用之，而荷讀仄聲。米氏《畫史》謂黄筌畫猫顫葧荷甚工，乃蔆爲葧。方書又或作菝、作蔢[一]，《字典》云「皆傳寫譌」也。

江米　李賀詩：「長鎗江米熟。」注家謂江南所貢之米。今通呼白米曰江米。

竁　强以物推與也。《説文》：「竁，塞也。」讀若竄。桂馥《説文段注抄》：竄，古作七外反。今登萊人强推此與彼曰竁，猶讀古音。俗讀竄作七亂反，非。

磊𥕍　又作磊隆。繁重也。《説文》：「磊𥕍，重聚也。」疊韻字，今俗語猶有之。𥕍，丁罪切。又𨸏部：「隆，磊隆也。」亦疊韻字。磊隆，猶磊𥕍也。桂馥云：「隆，今俗讀如墜。」按，𥕍，一作𥕍。

殺　白居易《半開花》詩：「西日憑輕照，東風莫殺吹。」自注云：「殺，上聲。」俗謂太過曰殺。《容齋隨筆・序》：「殺有好處。」《天禄志餘》：「京師語謂大曰殺大、高曰殺高。」

算計　《淮南・俶真訓》：「仁義不布而萬物蕃殖，賞罰不施而天下賓服，其道可以大美興，而難以算計舉也。」

〔一〕蔢：原誤作「蘯」，據《通俗編》改。

特地　杜甫詩：「幾時來翠節，特地引紅妝。」戴叔倫詩：「爲愛去年梅，凌寒特地來。」陸游詩曰：「射油窗，特地明。」按，特地，即得得一音之轉〔一〕。又貫休詩：「萬水千山得得來。」蘇軾詩：「會作堂堂去，何妨得得來。」

婄䐢　焦竑《俗用雜字》：「物不浄曰婄䐢。」《集韻》婄，烏含切，女志不浄也。俗作醃臢，非。

墋　不潔也。《集韻》楚錦切。陸機《漢功臣頌》：「茫茫宇宙，上墋下黷。」

鏖糟　《前漢·霍去病傳》：「合短兵，鏖皋蘭下。」注：「盡死殺人爲鏖糟。」蓋血汙狼藉之意也。

猴毛　《説文》：「猴，羽初生貌。」《續漢書·禮儀志》注引《通俗文》云：「細毛曰猴。」今俗謂極細者猶曰猴毛。

穭生　古詩〔二〕：「中庭生旅穀，井上生旅葵。」按，旅同穭，不種而生也。

朏明　《淮南·天文訓》：「登於扶桑，爰始將行，是謂朏明。」高誘注：「朏明，將明也。」《集韻》朏，普没切。

稙　《詩·魯頌》「稙穉菽麥」，傳：「先種曰稙，後種曰穉。」《説文》：「稙，早種也。」《釋名》：「青徐人謂長婦曰稙。禾苗先生者曰稙，蓋取名於此也。」

〔一〕得得：原誤作「得傳」。
〔二〕詩：原誤作「時」。

蜎《周禮》：「刺兵欲無蜎。」李調元《摘箋》：「刺兵謂矛，以直刺。蜎，蠕也，謂如蜎蟲體弱而撓也。」

俺《爾雅》：「卬，我也。」《新方言》：「今俗用俺字。俺、卬一聲之轉。」

格是　白居易詩：「如今格是頭成雪。」元稹詩：「隔是身如夢，頻來不爲名。」《容齋隨筆》：「格、隔義同，猶云已是如此也。」

不快《魏志·華佗傳》：「體有不快，起作一禽之戲。」

飄流　後周大義公主詩：「余本皇家子，飄流入虜庭。」

惜費　古詩：「貪財愛惜費，但爲後世嗤。」

將養　陶潛詩：「將養不得節，凍餒故纏已。」

上頭　女子及笄也。花蕊夫人《宮詞》：「年初十五最風流，新賜雲鬟使上頭。」韓偓《香奩集》有《新上頭》詩。按，《南史·孝義傳》：「華寶年八歲，父戍長安，臨别曰：『須我還，當爲汝上頭。』長安陷，寶年七十不冠。」是男子亦稱上頭，不專稱女子也。

耳墜　柴桑《京師偶記》：「珥，耳飾也，俗名耳塞，南人曰耳環，北人曰耳墜。」

箅　音閉，蒸食所借竹籍也。《説文》：「箅，蔽也，所以蔽甑底〔一〕，从竹畀聲。」《世説》：

〔一〕底：原脱，據《説文解字》補。

「陳元方、季方竊聽父太丘與客語，炊忘箸箅，飯落釜中成糜。」今俗通稱爲箅子。

孱頭　《前漢・張耳傳》：「吾王，孱王也。」孟康曰：「冀州人謂懦弱爲孱。」《新方言》：「下劣怯弱，今爲孱頭是也。」《説文》：「孨，謹也。」相承以孱字爲之。按，《集韻》孨，以轉切，聲近軟，俗讀作上平聲。

膿團　謂無用也。《庚申外史》：「秃堅謂老的沙曰：『今上膿團，不可輔。小婦孩兒，亦非國器。』」今又有膿包語，亦此義也。

笑殺　《薛安都傳》：「京師無百里地，莫論攻圍取勝〔一〕，便當拍手笑殺。」《舊唐書》：「鄭綮聞將拜相曰：『萬一如此，笑殺他人。』」

平白地　東坡詞：「平白地爲伊斷腸。」

等　范石湖《州橋》詩：「州橋南北是天街〔二〕，父老年年等駕迴。」《天禄志餘》：「北人土語以候爲等。」按，宋人以等字入詩，不得目以北方土語也。

家常　嵇康《養生論》：「此家常而不變者也。」

見外　《搜神記》：「董元範屈李楚賓：『願過敝舍，無見外也。』」

辛苦　《書・洪範》孔疏：「辛苦之味入口，猶困阨之事在身，故謂殃厄勞役之事爲辛

〔一〕莫論攻圍取勝：原作「若不能勝」，據《南史》改。

〔二〕橋：原誤作「橋」。

苦也。」

鄭重　《漢・王莽傳》：「非皇天所以鄭重降符命之意。」〔一〕《三國志》：「國家哀汝，故鄭重賜汝好物。」白居易詩：「千里故人心鄭重。」

正經　《論語》：「攻乎異端。」疏言：「人若不學正經善道，而治乎異端之書，斯則爲害之深也。」

不耐煩　稽康《與山濤書》：「心不耐煩。」《宋書・庾登之傳》：「弟炳之爲人强急而不耐煩。」劉希夷詩：「幽人不耐煩，振衣步閒寂。」

話欛　《鶴林玉露》：「安子貞自贊：『今日到湖南，又成閒話欛。』」欛同靶。

下流　見《論語》。

發財　見《大學》。

數　《左傳》昭二：「使史數之。」注：「責數其罪。」

他子　李實《蜀語》〔二〕：「驢騾所負物也。他音惰。方言騾驢馲駝載物謂之負他。」

已巴　《蜀語》：「已音以，凡尾曰已，如馬尾曰馬已，狗尾曰狗已之類。」

膁窩　《齊民要術》：「相馬法：膁腹小則脾小，脾小則易養。」《正字通》：「凡畜腰後窊處

〔一〕非：原脱，據《漢書》補。
〔二〕實：原誤作「賓」。

曰膁窩，丘咸切。」

㕣　《玉篇》云：「犬吐也。」《篇海》云：「猫犬吐也，七鴆切。」一作吣，又作㕣。

盁碗　《正字通》：「盁音海，大碗也。」《閩雜記》：「閩俗盛宴，各饌必用大碗爲敬，或稱爲海碗。海字非，當從盁字爲是。」

豆脯　《蜀語》云：「豆脯，漢淮南王造，俗作腐，非，當作脯，象其似肉脯也。故脂麻曰麻脯，棗肉曰棗脯。」

欱　謂飲水也。《説文》：「欱，歠也。」段注：「欱與吸意相近，與歠爲反對。《東都賦》：『欱野歕山。』」《西都賦》：「欱豐吐鎬。」欱，呼合切。

丟　謂遺物也。《方言》：「一去不還也。」〔一〕讀作丁由切。俗作丢，非。

擤　《篇海》云：「手捻鼻膿也。」《俗用雜字》云擤音省。

瞧　《字彙》：「瞧，偷視也。音樵。」

掐〔二〕　古詩：「觸露不掐葵〔三〕，日中不翦韭。」

𡓫　《蜀語》：「物爲土沙所壅曰𡓫，讀作威。」

〔一〕此條不見於《方言》。
〔二〕掐：原作「梎」，下同。據《古詩源》改。
〔三〕葵：原脱，據《古詩源》補。

莊　田舍也，俗作庄，非。《五音集韻》〔一〕：「庄，音彭，平也。」

楥　履中模範也。《説文》：「楥〔二〕，履法也。」音絢。按，今曰鞋楥。

挼　《説文》：「兩手相切摩也。」《晉書·劉毅傳》：東府聚樗蒲大擲，劉裕挼五木久之，既而四子俱黑，其一子轉躍未定，裕厲聲喝之，即成盧焉。《夢溪筆談》：「人有爲蜂螫者，挼芋梗傅之則愈。」

挼挲　阮孝緒《字略》：「煩撋，猶挼莎。」楊萬里詩：「隔窗偶見負暄蠅，雙脚挼挲弄曉晴。」按，莎、挲同音。

搓　撚也。花蕊《宫詞》：「暖風搓出緑絲絛。」蘇軾詩：「鬐重不嫌黄花滿，手香新喜緑橙搓。」陸游詩：「柳細搓難似，花新染未乾。」

彀　用手引取也。《乳光佛經》：「梵志摩耶利告阿難：『牛朝已放在彼壍裏，汝自往彀取。』復勑其兒：『愼莫爲彀取牛乳𤛓。』」彀音搆。

打補靪　《説文》：「靪，補履下也。」徐鍇云：「今履底下以綫爲結謂之靪底是也。」段注云：「原思納履則踵決，故履下可補也。俗謂補綴曰打補靪。」按，俗又作丁。

〔一〕五音：原脱。
〔二〕楥：原誤作「援」，據《説文解字》改。

納頭　《廣雅》：「紩，納也。」與衲通。又作内。俗謂破相連處爲衲頭。按，今有「千補靪，萬納頭」語。

耳邊風　謂聆言不省也。杜荀鶴詩：「百歲有涯頭上雪，萬般無染耳邊風。」按，今俗作耳旁風。

惡少年　《漢·昭帝紀》：「發三輔及郡國惡少年屯遼東。」師古曰：「謂無賴子弟也。」

不長進　《世説》：「支道林謂王長史曰：身與君别多年，君義言了不長進。」

禽卵曰彈　《大明會典》「上林苑鷄鵝鴨彈若干」，皆用彈字，言卵形之圓如彈也。俗用蛋字，非。按，蜑字从虫延聲，南方蠻也，漁蜑取魚，蠔蜑取蠔，木蜑取木，若从疋，則無此字，想因蜑字訛爲蛋字耳。

巴　《客座贅語》：「巴，像形字，蛇也。今人望遠曰巴，不足而營曰巴。」吴潛詞：「巴得西風起，吾亦問前程。」元人小説有「眼巴巴」語，謂期望之極也。

硬　古作鞕。《玉篇》：「鞕，堅也。」杜甫詩：「書貴瘦硬方通神。」

些　《舊唐書·楊嗣復傳》：「近日事亦漸好，未免些些不公。」

鍍　李紳詩：「假金方用真金鍍，若是真金不鍍金。」

剺　音接。《方言》：「擱、剺，續也。秦晉續折謂擱，繩索謂之剺。」

安　王符《潛夫論》：「行步欲安穩。」

痛癢　《晉書・范宏之傳》：「於下官之身，有何痛癢。」
通融　《隋書・律歷志》：「前後通融。」
穩當　杜牧詩：「爲報眼波須穩當。」
近便　寇恂詩：「應接近便。」
花甲　范石湖《新正書懷》詩：「祝我朥周花甲子，謝人深勸玉東西。」
自在　《列子・周穆王篇》：「遂能存亡自在。」《漢書・王嘉傳》：「恣心自在。」杜甫詩：「自在嬌鶯恰恰啼。」蘇軾詩：「道人不惜階前水，借與匏樽自在嘗。」
平安　《漢書・地理志》：「千乘郡縣平安。」又晉人帖多用平安字。
寒毛　《晉書・夏統傳》：「聞君之談，不覺寒毛盡戴。」〔一〕陳後山詩：「起粟竪寒毛。」《儂雅》：「人身三萬六千毛孔，遇寒落而復生，故曰寒毛。」
能幹　《後漢・循吏傳》：「能幹絶羣。」
鱻笨　《宋書・王微傳》：「小兒時尤鱻笨無好。」
縮朒　《漢書・五行志》：「王侯縮朒不任事。」師古注：「朒音忸，不任事之貌。」《一切經音義》：「皺不伸曰縮朒。」

〔一〕「戴」下原有「白汗」二字，此二字當屬下句。

懞子　《七修類稿》：「蘇杭呼癡人爲懞，歹平聲。又或作獃騃。」

干涉　《後漢·東夷傳》：「不得妄相干涉。」

功夫　《魏志·少帝紀》：「徒棄功夫。」

工夫　《三國志·衛覬傳》：「糜費工夫。」

賣弄　《漢書·楊震傳》：「賣弄威福。」

威風　《漢書·馮衍傳》：「威風遠暢。」

留神　《漢書·薛宣傳》：「唯陛下留神考察。」

真箇　韓愈詩：「老翁真箇似兒童。」

手藝　韓愈《梓人傳》：「彼將捨其手藝。」

著忙　陳後山詩：「勝日著忙端取怪。」

登時　《後漢·方術傳》：「登時仆地。」

目下　《三國志·王基傳》：「畏目下之戮。」

眼下　白香山詩：「眼下來飢寒。」

手下　《三國志·甘寧傳》：「手下有數百兵。」

旁邊　戴叔倫詩：「杏樹旁邊醉客來。」

敁敠　《廣韻》：「敁敠，知輕重也。丁兼、丁括二切。」

打扮　黄公紹詩：「朝了霍山朝岳帝，十分打扮是杭州。」

胍肝　音孤都。《廣韻》：「大腹貌。」今北方謂花朵未開者曰胍肝。

整頓　《漢書·蒯通傳》：「整頓其士卒。」

鮮明　《詩》：「旂旐央央。」傳：「央央，鮮明也。」

斟酌　《國語》：「而後王斟酌焉。」注：「斟，取也。酌，行也。」

支持　劉向《戰國策序》：「猶以義相支持。」

收拾　《後漢·徐防傳》：「收拾缺遺。」

含糊　《舊唐書·陸贄傳》：「朝廷每爲含糊，未嘗窮究曲直。」又作含胡。《唐書·顏杲卿傳》：「安禄山斷其舌曰：『復能駡否？』杲卿含胡而絶。」

鬆快　范成大詩：「馬蹄鬆快帽檐斜。」

模樣　杜荀鶴詩：「子細尋思底模樣。」朱子《語録》：「《論語》『子見南子』章云夫子似乎發咒模樣。」

埋没　《南·郭祖深傳》：「訥直守信，坐見埋没。」

擺弄　韓愈詩：「别來楊柳街頭樹，擺弄春風只欲飛。」

擺布　朱子《語録》：「擺布將來直恁細密。」

轎子　《宋史》：「政和以來帝多微行，乘小轎子。」《默記》：「藝祖自陳橋擁戴入城，周恭帝即乘轎子出居天清寺。」

籬笆　《廣韻》：「笆，有刺竹籬也。」笆字本从艸，《廣韻》始从竹。

箍　《廣韻》：「以篾束物也。出《異字苑》。」

囤　《廣韻》：「囤，小廩。」《釋名》：「囤，屯也，屯聚之也。」《急就篇》作𥬠，師古注：「𥬠，盛米器，以竹簟席爲之，若泥塗則爲𥬠。」〔二〕

筍　今木工作器兩相合處謂之鬪筍。《史記·孟荀傳》：「持方枘欲内圓鑿，其能入乎？」索隱：「方枘，筍也。圓鑿，孔也。謂以方筍内之圓孔，不可入也。」

掃帚　《南史》：劉休婦王氏妬，明帝令賣皂莢掃帚以辱之。又《隋書·五行志》：「金作掃帚玉作把。」

牽　牽，去聲。方回《聽航船歌》：「雇載船輕載不輕，阿郎拽牽阿奴撑。」俗作縴字。

爆仗　《東京夢華録》：「駕登寶津樓，百戲呈於樓下，忽作霹靂一聲，謂之爆仗，則烟火大起。」《朱子語類》：「雷如今之爆仗。」

餛飩　《一切經音義》引《廣雅》：「餛飩，餅也。」《博雅》作腽肫。程大昌《演繁露》：「世言餛飩是渾氏屯氏爲之。」《蜀語》云：「餛飩曰匾食。」

〔二〕若：原誤作「苦」，據《急就篇》顔注改。

麪　《説文》：「麥末也。」九經無此字。束晳《餅賦》：「重羅之麪，塵飛雪白。」

餻　《隋·五行志》：「七月刈禾尚早，九月吃餻正好。」

打話　《三朝北盟會編》：「金人至城下，呼請官員打話。」

皺皵　盧盇、都搕二切。《廣韻》：「皮瘦寬貌。」按，今俗謂皮鬆垂曰皺皵。

傝㒌　《廣韻》：「不謹貌。」吴人以不謹爲没傝㒌。

黙𪑪　《玉篇》：「大黑也。」《恒言録》：「今人以爲不曉事之稱。力該、丁來二切。」

骨碌　《嶺表録》：「澗中有石，有乘牛過者，或失足，則隨流而下，見者皆笑。故諺曰：『跳石牛骨碌，好笑好笑。』」

骨董　落水聲也。《北里志》：「佛奴指階井曰：『若逼我不已，骨董一聲即了矣。』」又古物亦稱骨董。韓駒詩：「莫言衲子籃無底，盛取江南骨董歸。」骨董，即古銅之音轉。

鞾　齊高帝子豫章王嶷不樂聞人過，左右投書相告，置鞾中不視。按，《學齋佔畢》：「鞾字不見於經，至趙武靈王變履爲鞾，至今服之。」

完全　《荀子》：「完全富具。」

㩳　《廣韻》：「支也，出《通俗文》。」

俊　鍾過詞：「花開猶似十年前，人不似，十年前俊。」

母量 《左傳》宣十一杜注「慮事，謀慮計功」皆是也〔一〕。今江淮間人謂揣度事宜曰母量，即無慮之轉。《莊子》：「夫子以爲孟浪之言。」李頤云：「孟浪，猶較略也。」崔譔云：「不精要之貌。」《吳都賦注》云：「孟浪，猶莫絡。不委細之貌。」按，母量亦孟浪之轉也。

攋搓 《集韻》：「和雜也。」《吳趨土風録》：「俗以冬至前後逢雨雪主年夜晴，若冬至晴則主年夜雨雪，道塗泥濘。故諺云：乾浄冬至攋搓年。」按，又作垃圾。《夢粱録》：「諸河有載垃圾之船。」又：「每日掃街盤垃圾者，支錢犒之。」又作拉雜。

宼 五化切，去聲。《玉篇》：「泥宼屋也。」

黴 音眉。《説文》：「物中久雨青黑也。」

斯 《詩》：「墓門有棘，斧以斯之。」俗以手擘紙或裂布，俱作撕，非。

誺 《正字通》：「以言相欺曰謾，以言相誣曰誺。梵書：空谷傳音曰赤謾白誺。」《廣雅》：「誺，誤也。音賚。」

漫 嚴維詩：「柳塘春水漫。」

賽 本祭名，賽神以豐儉，較勝負，因以賽爲争勝之意。賽與勝聲亦相近。宋末張惠稱賽張飛，劉整稱賽存孝，皆正史。

〔一〕謀：原誤作「無」，據《左傳》杜注改。「皆是也」三字似爲衍文。

站　《廣韻》：「站，俗言獨立。」

儅　《廣韻》：「儅，止也。都郎切。」今多讀上聲。

豈有此理　《齊書·虞悰傳》：「鬱林廢，悰竊嘆曰：『王、徐遂縛袴廢天子，天下豈有此理。』」

改頭換面　寒山子詩：「改頭換面孔，不離舊時人。」

南來北往　葉水心《修路疏》：「南來北往，何憂帶水拖泥。朝出暮歸，不見撞頭磕腦。」

自作自受　《五燈會元》：「僧問金山穎：『一百二十斤鐵枷教阿誰擔？』穎曰：『自作自受。』」

十指有長短　陳思詩：「十指有長短，痛惜皆相似。」

利令智昏　《史記》：「平原納馮亭之降，而致秦兵有長平之坑，人謂其利令智昏也。」

好物不在多　《晉書》：「元帝曲晏賦詩，朱鞏止成一聯，自言好物不在多也。」

垂頭喪氣　《唐書》：「韓全誨等失勢，皆垂頭喪氣。」

福至心靈　畢仲詢《幕府燕閒録》：「吴參政以學究登科，後爲學士，常草制以示歐公。公曰：『君福至心靈矣。』」

腳踏實地　《宋史·邵雍傳》：雍論司馬光爲人如此。

打草驚蛇　《續常談》：「有主簿貪賄，事上長官，判曰：『汝雖打草，吾已驚蛇。』」《雪竇語録》：「師謂：玄沙也是打草驚蛇。」

過橋拆橋　《續通考》：「許有壬科目出身，會有詔罷科舉，竟署有壬名於後，或謂之曰：『參政可謂過橋拆橋矣。』」

旗鼓相當　《後漢書·隗囂傳》：「如令子陽到漢中、三輔，願因將軍兵馬，鼓旗相當。」《三國志·管輅傳》注：「太守單子春欲試輅之才辨，謂輅曰：『吾欲自與卿旗鼓相當。』」

騎驢覓驢　《傳燈録》：「道人不解心即是佛，直是騎驢覓驢。」

興高采烈　《文心雕龍》：「叔夜儁俠，故興高而采烈。」

千變萬化　《列子·周穆王篇》：「千變萬化，不可窮極。」《京房易傳》：「千變萬化，故稱乎易。」

一定不易　《淮南·主術訓》：「權衡規矩，一定而不易。」

養子防老　元稹詩：「養兒將備老。」《新安志》：「惠明以身代父死，云養子防老，積粟防飢。」

一物不知　《南史·陶弘景傳》：「讀書萬卷，一物不知以爲深恥。」

萬萬千千　《論衡·自然》篇：「天地安得萬萬千千乎〔一〕？並爲萬萬千千物乎？」

〔一〕乎：原誤作「手」，據《論衡》改。

摇脣鼓舌　《莊子·盜跖》篇：「不耕而食，不織而衣。摇脣鼓舌，擅生是非。」

百孔千瘡　韓愈《與孟襄陽書》：「漢氏以來，羣儒區區修補，百孔千瘡，隨亂隨失。」

翦草除根　魏收文：「抽薪止沸，翦草除根。」

錦上添花　王安石詩：「麗唱仍添錦上花。」李壁注：「錦上添花，俗語。」

護身符　陸游詩《求僧疏》：「搭袈裟，展鉢盂，卻要護身符。」又《求僧疏》云：「護身符少伊不得。」《傳燈録》：「耽原爲惠忠國師侍者，云：『須要覓箇護身符子。』」

鬧穰穰　《風俗志》：「元日，俗以烏金紙爲飛蛾蛺蝶，大如掌，小如錢，爲鬧穰穰。」

病懨懨　《方言》：「自關而西秦晉之間凡病而不甚曰殗殜。」注：「殗殜，病半臥半起也。」殗，於怯反。殜，音葉。今轉爲懨懨。按，元曲有病懨懨語。

撲剌剌　「撲剌剌，宿鳥飛騰。」見元曲。

忒楞楞　「忒楞楞，是紙條兒鳴。」見元曲。

顫巍巍　「顫巍巍，花梢弄影。」見元曲。

熨貼　杜甫《白絲行》：「美人細意熨貼平，裁縫盡滅針線迹。」

車軸身　張舜民《畫墁録》：「太祖招軍格，不全取長人，要琵琶腿，車軸身，取多力。」今俗謂之車軸漢子。

淘漉　《山居新語》：「蒙古人禱雨，取净水一盆，漫石子其中，大者若鷄卵，小者不等，默持密咒，淘漉石子，良久輒有雨。」《札樸》〔一〕：「去惡留好曰淘漉。」

番騰　《席上腐談》：「歷來幞頭之製，展轉番騰，故其樣古今不同。」

月子　崇禎《宮詞》：「眉間喜氣報新黃，隔月先鋪月子房。」臨蓐時所居房謂之月子房。今俗有坐月子語。

黑心　《法苑珠林》：「如來在家時，都無欲想，心不染黑，故得斯報。」《談苑》：「羌人以心順爲心白人，以心逆爲心黑人。」于義方有《黑心符》，黑心者，繼婦之名也。

高興　殷仲文詩：「獨有清秋日，能使高興盡。」杜甫詩：「入門高興發，侍立小童清。」

爛醉　杜甫詩：「誰能更拘束，爛醉是生涯。」

嬾惰　杜甫詩：「阿翁嬾惰久，覺兒行步奔。」

本色　《後山詩話》：「韓退之以文爲詩，蘇子瞻以詩爲詞，如教坊雷大使之舞，雖極天下之工，要非本色。」

有意思　《南史》：「晉安王子懋，武帝諸子中最爲清恬有意思。」

魚刺　七賜切。元好問詩：「縮頭鯿魚刺鯁多。」又《漢書》：「若芒刺之在背。」

刺　音七，針黹也。《史記·貨殖傳》：「刺繡文，不如倚門。」又《增韻》：「刃之也。」《孟

〔一〕 樸：原誤作「璞」。

子》：「刺人而殺之。」今俗謂宰猪曰刺猪是也。按，杜甫詩有「藤梢刺眼新」句，楊倫注：「刺音七。」《管子・心術》篇〔一〕：「焉能去刺刺爲咢咢乎？」韓愈《送殷員外序》：「丁寧顧婢子，刺刺不能休。」此亦音七。今俗語有之，但文人多誤讀爲羅達切也。

邪許　《淮南子・道應訓》：「今夫舉大木者，前呼邪許，後亦應之，此舉重勸力之歌也。豈無鄭衛《激楚》之音哉？然而不用者，不若此其宜也。」《呂氏春秋・淫辭》作「前呼輿謣，後亦應之」。邪，亨遮反，許讀若虎。《南史・曹景宗傳》：「爲人嗜酒好樂，臘月于宅中使人作邪呼逐除，徧往人家乞酒食。」呼去聲，與邪許通。按，勸力之辭，本無定音，此聽之爲邪許，彼聽之或爲輿謣。今聽工人所呼者，亦與邪許相近，則似乎欵許。

不知利害　《淮南子・說山訓》：「聖人之同死生，通於分理。愚人之同死生〔二〕，不知利害。」

渾渾沌沌　《莊子・在宥》：「渾渾沌沌，終身不離。若彼知之，乃是離之。」

良工心苦　杜甫詩：「更覺良工心獨苦。」

勞而無功　《莊子・天運》：「勞而無功，身必有殃。」

强梁　《老子》：「强梁者不得其死。」《莊子・山木》：「從其强梁，隨其曲傳。」

〔一〕術：原脱，據《管子》補。
〔二〕死生：原誤作「生死」，據《淮南子》改。

畏首畏尾　《淮南子·説林訓》："「畏首畏尾，身凡有幾。」

修理　《管子·宙合》：「則後世人人修理而不迷，故聲名不息。」

多事　《莊子·漁父》：「而擅飾禮樂，選人倫，以化齊民，不泰多事乎。」

得意　《管子·小匡》：管仲者，天下之賢人也，大器也。在楚，則楚得意於天下。在晉，則晉得意於天下。在狄，則狄得意於天下。《戒》：「桓公曰：今孤之不得意於天下，非皆二子之憂也。」

泥濘　左思《吴都賦》：「流汗霡霂，而中逵泥濘。」杜詩：「相邀愧泥濘，騎馬到堦除。」

正氣　《淮南子·詮言訓》：「君子行正氣，小人行邪氣。内便於性，外合於義，循禮而動，不繫於物者，正氣也。」

不敢當　《莊子·讓王》：「夫三旌之位，吾知其貴於屠羊之肆也。萬鐘之禄，吾知其富於屠羊之利也。然豈可以貪爵禄而使吾君有妄施之名乎？説不敢當。」

萬一　《莊子·在宥》：「其存人之國也，無萬分之一。其喪人之國也，一不成而萬有餘喪矣。」《知北游》：「萬分未得處一焉。」《淮南子·泰族訓》：「夫欲治之主不世出，而可與興治之臣不萬一，以不萬一求不世出〔一〕，此所以千載不一會也。」《後漢書·劉瑜傳》：「冀臣愚直，有

〔一〕「萬一」上「不」字原脱，據高誘《淮南子注》補。

補萬一。」

天幸　《淮南子·道應訓》：「臣有天幸，今夕固夢受之。」

窄狹　《南史》：「東昏侯令左右作逐鹿帽，形甚窄狹。」杜甫詩：「丈人視要處，窄狹容單車。」

忌諱　《老子》：「天下多忌諱，而民彌貧。民多利器〔一〕，國家滋昏。」

陰德　《淮南子·人間訓》：「夫有陰德者，必有陽報。」

人事　《管子·小匡》：「管仲、召忽奉公子糾後入，與魯以戰，能使魯敗。功足以得天與失天〔二〕，其人事一也。」《莊子·盜跖》：「若告我以鬼事，則我不能知也。若告我以人事者，不過此矣。」杜甫詩：「此邦俯要衝，寔恐人事稠。」

有能　《管子·五輔》：「論賢人，用有能，而民可使治。」

公門　《論語》：「入公門鞠躬如也。」《管子·戒》：「且隰朋之爲人也，居其家不忘公門，居公門不忘其家。」今謂衙署曰公門，稱胥吏謂任公門人。《普燈録》：「一字入公門，九牛曳不出。」

奔走　《國語》：「士有陪乘，告奔走也。」《管子·君臣》：「官不勝任，奔走而奉其敗事，不

〔一〕民：原脱，據《老子》補。
〔二〕得：原誤作「待」，據《管子》改。

可勝救也。」《前漢·原涉傳》：「諸客奔走市買，至日昳皆會。」

合并　《莊子·則陽》：「丘山積卑而爲高，江河合水而爲大，大人合并而爲公。」韓愈文：「各以事牽，不可合并。」

塌　杜甫詩：「忽憶雨時秋井塌。」

責備　《淮南子·氾論訓》：「堯有不慈之名，舜有卑父之謗，湯武有放殺之名，五伯有暴亂之謀，是故君子不責備於一人。」

貌像　《列子·黄帝》：「凡有貌像聲色者，皆物也。」《莊子·達生》篇作貌象。

風俗　《莊子·則陽》：「丘里者，合十姓百名而以爲風俗也。」《淮南子·泰族訓》：「啓其善道，塞其奸路，則民性可善，而風俗可美也。」「禹以夏王，桀以夏亡，湯以殷王，紂以殷亡，非法度不救也，紀綱不張，風俗壞也。」

約束　《管子·樞言》：「不約束，不結紐，約束則解，結紐則絶。」《淮南子·兵略訓》：「約束信，號令明。」〔一〕

寒顫　《淮南子·説山訓》：「寒顫，懼者亦顫，此同名而異實。」

拾没　《字典》：「不知而問爲拾没，訛作什麽。」按，今俗又作甚麽，甚爲拾之音轉也。

〔一〕令：原誤作「今」，據《淮南子》改。

刮地皮　唐盧仝《蕭宅贈答》詩：「揚州惡百姓，疑我捲地皮。」《山堂肆考》：「王知訓帥宣州，性貪婪，因入覲賜宴，伶人戲作緑衣大面如鬼，或問：『何爲者？』答曰：『吾宣州土地也。』問：『何故來此？』曰：『王知訓入觀，和地皮捲來，故得至此。』」按，俗言刮地皮本此。

坺　《説文》：「一臿土謂之坺。」段注：「一臿所起之土謂之坺。今人云坺頭是也。耒部曰：耕廣五寸爲伐，二伐爲耦。《考工記》：二耜爲耦，一耦之伐廣尺深尺謂之甽。鄭云：甽土曰伐。伐即坺。」按，伐後又加土作垡。《廣韻》：「垡，耕起土也。」韓愈詩：「余期報恩後，謝病老耕垡。」後世習用垡字，而坺字則罕知者。《周語》「王耕一坺」，今本俱作墢。

廔　《説文》：「廔，屋麗廔也。一曰所以穜也。」〔一〕桂馥《説文段注抄》云：「穜具曰廔，亦取麗廔之意。今驗其器，旁施兩柱，其中爲斗，斗下穿，旁通柱下，其柱爲孔，與鐵趹通，爲剌土投屚下其種。摇動之，令其種分灑匀布。其形如樓櫓，故又謂之樓矣。」按，俗寫作耬，《齊民要術》所謂耬車也。

寒痒痒　費冠卿詩：「入林寒痒痒，近瀑雨濛濛。」

醉醺醺　岑參詩：「青門酒樓上，欲别醉醺醺。」杜牧詩：「如何遣公子，高臥醉醺醺。」張祜詩：「因悲在朝市，終日醉醺醺。」

〔一〕穜：原作「種」，下同。據《説文解字》改。

恰恰　杜甫詩：「自在嬌鶯恰恰啼。」《景德傳燈録》：「法融禪師曰：恰恰用心時，恰恰無用心。」

功勞　《管子·地圖》：「論功勞，行賞罰。」

以拳加物曰搋。見《集韻》，初佳切。又同扠，《韻會》云打也。

以言詰人曰嚂。見《篇海》。又與嚂同。按，今俗語曰嚂問。

以指按物曰㪣。莊加切，見《集韻》。

兩腕引長曰庹。音託，見《字彙補》。

呼猪聲曰嚧嚧。見《集韻》。

手承物曰拓。音託，見《集韻》。

飯傷溼熱曰餿。音搜，見《字林》。《雪竇語録》：「殘羹餿飯。」

貯水器曰瓨。《史記·貨殖傳》：「醯醬千瓨。」按，今俗作缸。

曬暴曰晾。音亮，見《字彙補》。

平斛器曰槩。見《字學訂譌》。

秤錘曰鉈。音佗，見《字學訂譌》。

鐵在軸者曰鐗。《説文》：「鐗，車軸鐵也。」《釋名》：「鐗，間也，間釭軸之間不相摩也。」段氏注：「釭中亦以鐵鍱裹之，則鐵與鐵相摩，而轂軸之木皆不傷。乃名鐵之在軸者曰鐗，在轂者曰釭。」

不平曰甂。音竅，見李實《蜀語》〔一〕。

蠶在繭中曰蛹。音勇。《正韻》：「蠶老化爲蛹，蛹化爲蛾。」

毛席曰毯。吐敢切。《正韻》：「毛席也。」

以財雇物曰賃。見《類篇》。《史記·范雎傳》：「臣爲人庸賃。」

杯勺挹水曰舀。《説文》：「挹彼注此也。」

粗惷曰恾贑。見《蜀語》，音莽壯。

水瀲曰淹。見揚子《方言》，又沈水曰淹。

飲聲曰欶。見《玉篇》，音骨。

呼人聲曰嘽。《集韻》：「呼聲也。」音胃。

手采曰寽。《詩》：「薄言捋之。」古作寽，从爪从寸。俗又加手作捋，贅矣。

揚穀器曰杴。《集韻》〔二〕：杴，鍬屬。本作枕。又作楹。

近視曰瞭。《説文》：「瞭，察也。」音七。

切草刀曰鍘。音煠，見《廣韻》。

〔一〕實：原誤作「賓」。

〔二〕集韻：原誤作「玉篇」。

除穀芒曰轂。音串，見《海篇》。《説文》：「小舂也。」
金銀令相著曰釬。候旰切，見《廣韻》，亦作銲。
剃刀磨皮上曰鐴。音避，字書云：「治刀使利也。」
漬麻曰漚，氣鬱不伸曰漚，草伏火中未然曰漚〔一〕。見《蜀語》。
搕撞曰摓。音彭去聲。
横木阻之曰擋。音蕩。
穿牛鼻曰桊。音券。
鷄胸曰脯。音蒲。
不謹曰儠傝。音臘塔。
耳垂曰瞎。音答。
日中曰晌午。晌音賞，見《篇海》。
鞍韉曰屜。音替，見《字彙》。
耳中作聲曰聦。音翁。
箸曰筷。音快。

〔一〕曰：原脱，據《蜀語》補。

傷痕曰痡痛。音逋論。
蒸食曰蒸烎。音壯。
得利曰賺。音耑。
桃李核曰覈。音忽。
碾物使光曰砑〔一〕。音迓。
趕曰碾。趕上前人曰碾上，趕鷄曰碾鷄，以轉動行易及也。見《蜀語》。
置食曰飣。俗云飣盌。
衣系曰襻。音畔。
鷄伏卵曰抱。《方言》：「伏鷄曰抱。」或作菢。
摇動不停曰動澹。音淡。《説文》：「澹〔二〕，水摇也。」
足踐曰跐。音此上聲。《莊子·秋水》：「跐黄泉而登大皇。」
馬後革曰鞦。
驢騾後木曰紂棍。
線條曰綹。音柳，《大明律》翦綹。

〔一〕 曰：據體例補。
〔二〕 澹：原誤作「淡」，據《説文解字》改。

唾人曰啡。普罪切。

少曰丁丁，又曰點點。

詞不屈曰讋。音絳。

縷在紡車上及在梭中曰繐。音遂。

牝牛曰犉。

破魚曰剺。音遲。

衣擺寬曰袏。音乍。

細長曰蹽跳。音了照。

熱而皮癴曰疿子。疿音費。

牛羊膍曰百葉。

綰髮爲髻曰鬢。音纘。

以物沾水曰醮。音站。

不慧曰昏惆。音刀。

嘸聲曰䶢䶪。音括查。

小兒手據地行曰跁。

舉尾曰趯。音掘。

性急曰懰。音醮。
趔船曰搭。音答。
舟著地曰嵴。音珂去聲。
微煮曰煠。音閘。
微炒曰熰。音貝。
嚙骨曰齦。音肯。
豬脂中堅曰脏〔一〕。音頤〔二〕，俗作胰，非。
背膊曰胛。音甲。
手指文曰腡。《事物紺珠》：「腡有羅、窩二音，手指文也。」
勉力曰彊。音絳。
不精采曰㭺。音松。
碾輪石曰碾碡。碡同碣，音駝。
弓戾曰弻。音別。
物件曰家火。見《大明會典》，俗作伙，非。

〔一〕脏：原誤作「脏」。
〔二〕頤：原誤作「頣」。

小腸曰呰腸。音子。

低聲曰啾啾。《海篇》：「啾啾，小聲也。」

重曰重鉠鉠。

皮裂曰皴。音村。

平木器曰鉋子。

詑其多曰夥。見《史記》。

釜沸聲曰葛答。北齊高祖宴近臣爲樂，曰〔一〕：「我與汝等作謎，可共射之，曰卒律葛答。」石動筩曰：「是煎餅。」

足後曰跟。見《逸雅》。

刻入曰剜。剜音灣。

牆曰埵。埵音朵。俗作垛，非。垛，堂塾也，又射埔也。

閉門機曰樌。樌音拴，本作扆，从户睘聲，俗加木。

深釜曰鑹鍋。鑹音羅。

火爆曰炨。炨音乍。

〔一〕曰：據文義補。

〔民國〕廣宗縣志

【解題】姜樾榮修，韓敏修等纂。廣宗縣，今河北省邢臺市廣宗縣。「方言」見卷四《風俗略》中。録文據民國二十二年（一九三三）鉛印本《廣宗縣志》。

方言

爹　娘　邑人普通稱父爲爹、低些切。母爲娘，舊店、油堡等村稱父爲爹。低押切。

爺爺　奶奶　祖父、祖母之稱也。稱曾祖父母爲老爺爺、老奶奶。

大爺　叔叔　稱伯父爲大爺，叔父爲叔叔。

大娘　嬸子　稱伯母爲大娘，叔母爲嬸子。

哥哥　兄弟　稱兄爲哥哥，弟爲兄弟。

嫂子　弟妹　稱兄之妻爲嫂子，弟之妻爲弟妹。

姑姑　老姑　稱父之姊妹爲姑姑，祖父之姊妹爲老姑，亦有稱姑奶奶者。

姐姐　妹妹　稱姊爲姐姐，妹爲妹妹。

老爺　老娘　稱外祖爲老爺，外祖母爲老娘。

舅舅　妗子　稱母之兄弟曰舅舅，稱其妻曰妗子。

姨　老姨　稱母之姊妹曰姨，稱母之姑曰老姨，亦有稱姑老娘者。

公公　婆婆　婦人謂夫之父曰公公，母曰婆婆，當面則曰爹娘，如其夫之稱。
大伯　小叔　婦人謂夫之兄曰大伯，弟曰小叔，當面則曰哥哥、兄弟，如其夫之稱。
大姑　小姑　婦人謂夫之姊曰大姑，妹曰小姑，當面則如其夫之稱。
妯娌們　婦人謂兄弟之妻爲妯娌們，當面如其夫之稱。
老小　老二　稱妾之辭。
小子　妮子　稱孩童之辭，男爲小子，女爲妮子。
丈人　丈母　夫謂妻之父爲丈人，母爲丈母，當面則稱岳父、岳母，或亦以爹、娘呼之。
親家　夫之父母與婦之父母相稱曰親家，尊輩稱老親家，親轉音爲請。
家裏　稱妻之辭，鄉間夫稱其妻曰俺家裏。
夥計　計轉音爲起，農工商一切同事之人彼此相稱曰夥計。
做活的　農家傭工之稱。
短工　短期雇工之稱，以日計者謂之短工，以月計者謂之月工，以年計者謂之長工。
掌櫃的　普通稱商人曰掌櫃的，農家傭工稱其主人亦稱掌櫃的，主婦稱内掌櫃的。
以上均係稱人。
帽墊　六合瓜皮小帽，俗名帽墊。
鬢　鬢音纘，綰髮爲髻，俗名鬢。

兒馬　騍馬　牡馬呼爲兒馬，牝馬呼爲騍馬。
犍子　牸牛　牡牛呼爲犍子，牝牛呼爲牸牛，牸本音字，俗轉音爲氏。
叫驢　草驢　牡驢呼爲叫驢，牝驢呼爲草驢。
頭偺　牛馬驢騾之總稱，一曰牲口。
老海膛　母猪久產豚子者之稱。
公鷄　草鷄　稱雄鷄爲公鷄，稱雌鷄爲草鷄。
老鴰　鴰音刮，鳥名，呼烏鴉爲老鴰。
長蟲　呼蛇爲長蟲，以其體爲圓筒狀，細而長也。
蜜蟲　呼蚜爲蜜蟲，以其吸取新芽嫩葉汁液，自肛門排出甘蜜也。
螞蚱　呼蝗爲螞蚱。
石磙　磙音滚，呼平場碾禾麥器爲石磙，《農政全書》曰磟碡，亦作磟碡、碌碡。
轂轆頭車　農用四輪車，俗呼爲轂轆頭車，亦稱四把手車。
家伙　通常使用器具稱家伙。
星星　月亮　農人呼星爲星星，呼月爲月亮。
以上均係名物。
搬　兩手提起謂之搬。

轂　轂音搆，用手引取謂之轂。

擰　兩手執而絞謂之擰。

拓　拓音託，手承物曰拓，兩腕引長以量物長短亦謂之拓。

抬舉　抬音台，或作擡字，用兩人以上共舉一物謂之抬，衆人共推一人爲首，或故致敬於人謂之抬舉。

攛掇　掇音奪，勸人作事爲攛掇，助人工作亦謂之攛掇。

擺弄　擺音拜上聲，任意陳列品物爲擺弄，設計害人亦謂之擺弄。

打算　遇事想對付方法，或事前有所籌備，皆謂之打算。

打扮　扮音半，人之裝飾爲打扮。

走作　凡人平素醇謹束身自愛而忽有不正行爲者，謂之走作。

懣怨　人爲己謀事，己不滿意而口出怨言者，謂之懣怨。

欺負　侮辱人爲欺負。

碾上　行路後行者追及前人爲碾上，言其行速如碾轉動也。

錮漉　補故鐵器爲錮漉，如補鍋者謂之錮漉鍋。

打補靪　靪，補履下也，俗於補綴衣履破敝者，通謂之打補靪。

骨碌　物在地轉動爲骨碌，二人徒手在地較勝負亦謂之摔骨碌。

奉承　《左傳》：「奉承以來，不敢失隕。」言謹守禮法也。趨奉尊貴，恭而無禮者爲奉承。

將養　陶潛詩：「將養不得節，凍餒故纏己。」言衛生也。生小孩爲養，活六畜生子則曰將。

以上均係表行。

填還　傭工爲主人格外出力，或牲口服役格外馴順，謂之填還。

邋遢　謂人作事不爽快，或衣服不整潔者。

蠢笨　謂人心不靈、手不巧、工作不速者。

伶俐　謂人心靈手敏，巧於工作者。

精俏　謂人巧於趨避、善逢迎者。

呆傻　謂人無精采、無智慧者。

列厥　謂人性情乖張者。

厲害　謂人舉動强横者。

荒忙　謂人心不思索作事過於求速者。

磨索　謂工作時故意遲延者，以其消磨時日索然無生氣也。

拐骨　謂人心術不正、性情特別者。

毛病　徐咸《相馬篇》：「馬旋毛者，善旋五，惡旋十四〔一〕，所謂毛病，最爲害者也。」以人有惡習，終身不能悛改者爲毛病。

羞臊　恥辱爲羞臊，如知恥曰害臊，受大辱曰羞臊難當。

出尖　謂與人共事而獨逞己能者。

插嘴　口爲嘴，事不干己而替人説話曰插嘴。

充人　謂人好居人上、妄自尊大者。

梯己　家中卑幼有私蓄錢財謂梯己，己轉音爲起。

不相干　事與己無妨礙、人與己無關涉，謂之不相干。

不中用　謂人無才能作事、不能成就者，言其於應用不合也。

没出息　謂人求學日久不見長進者，言其如物之不能發生也。

不是樣子　謂人衣冠不正、言語不謹、動作輕狂，皆曰不是樣子。

絮叨　瑣碎　言語煩雜、反復不休謂之絮叨，作事煩雜無秩序謂之瑣碎。

以上均係狀事。

白業　晝爲白業，以其白天作業也。

〔一〕十四：原誤作「四十」，據《相馬書》改。

黑家　夜爲黑家，以其時當黑暗也。
飯時　謂食飯時，專指早飯而言。
晌午　謂日正午也，午轉音爲虎。
後晌　謂日入以後也。
夜裏　昨日晚也。
前日　昨日前一日也。
趕明　明日也。
趕後　明日後一日也。
今年　本年也，今俗轉音爲基。
年事　上年也。
前年　上年之前一年也。
後年　明年之後一年也。
以上均係紀時。
幺　小也。謂一爲幺。《日知録》：「一爲數之初，故以小名之。骰子亦以一爲幺。」
個　物全體爲個，言物數云若干個，言人數亦云幾個人。
弔　京錢一千文爲一弔。

捆　京錢十弔爲一捆。
一頓　吃飯一次爲一頓，打人一次亦云一頓。
一箭　路至近者爲一箭之路。
一會　一霎　皆言最短之時，霎本音殺。
以上均係計數。
裏邊　外邊　在内者爲裏邊，在外者爲外邊。
這裏　那裏　本地爲這裏，他方爲那裏。
前頭　後頭　所在之前爲前頭，所在之後爲後頭。
以上均係定位。
捉虎　欺騙取財曰捉虎，謂設種種方法，如捉虎之難也。
籌眼子　人屢受騙破財曰眼子，設法使之破財謂之籌眼子。
刮地皮　剥削民財也。《山堂肆考》：「王知訓帥宣州，性貪婪，因入覲賜宴，伶人戲作緑衣大面如鬼。或問何爲者，答曰：吾宣州土地也。問何故來此，曰：王知訓入覲，和地皮捲來，故得至此。」俗言刮地皮蓋本此。
二皮臉　謂人不顧羞恥者曰二皮臉，言其面皮之厚也。
戴高帽　揚人之善、稱人之長而過其實曰戴高帽，喜人譽己則謂之好戴高帽。

戴鬼臉　人之狡猾者爲鬼，言不由衷故作虚僞者，謂之戴鬼臉。

張冠李戴　談古今人事實時代錯誤，或地名錯誤者，謂之張冠李戴。

過河拆橋　謂人之忘恩負義、以怨報德者。

一毛不拔　謂人之過於吝嗇者。

一竅不通　謂人之過於愚昧者。

使小錢　人之行不顧言者，謂之説大話使小錢。

以上均係喻義。

怎麽　問事如何曰怎麽。

多咱　問事在何時曰多咱。

做甚麽　問人作何事曰做甚麽。

那里去　問人往何方曰那里去。

以上均係發問之辭。

唉　歎恨聲也。《史記·項羽紀》：「亞父受玉斗，置之地，撞而破之，曰：唉！豎子不足與謀。」蓋漢時亦有此方言。

唉唉　怨恨不已之歎辭也。老婦人對語時談及家務每有此聲。

唉呀　驚駭之辭，人當疼痛時亦有此聲。

咳呀　本人呼痛出聲爲唉呀，自旁人聞之則謂之咳呀。

呸　鄙夷之辭，兩人相爭每有此聲。

哈哈　大笑聲。

以上均係抒情。

〔民國〕沙河縣志

【解題】林清揚等修，王延升總纂。沙河縣，今河北省邢臺市沙河市。「方言」見卷十一《志餘》中。録文據民國二十九年（一九四〇）鉛印本《沙河縣志》。

方言

目録〔一〕

一、關於言詞者

子，名物助詞也。如摺子、劄子之類。俗指實物多用之。又嗣也，息也。古人對於所生，不論男女皆稱之。今通俗則以男子子爲子，女子子爲女。古者稱師爲子，如《公羊傳》中子沈

〔一〕目録爲編者所加。

子、子司馬子之類。夫婦相稱曰子，如言內子、外子。草木之實、動物之卵皆曰子，如桃子、梅子、鷄子、魚子之類。沙河俗語，凡作名物助詞用者，皆以的代之。

怎麽，問詞之助也。凡問於人而待答者，則以麽爲語助。如什麽、甚麽之類。殷文圭詩〔一〕：「擬把公卿换得麽。」劉兼詩：「白首無成歸去麽。」皆以麽入詩爲韻。沙河俗語音近咱，蓋怎麽二字之轉。

的，定在語詞也。凡事物確指其定在，皆以的爲助詞。如言好的、壞的。宋儒語録皆作底。沙河俗語則以哩入聲字代之，其東鄉近南和一帶村莊，則用底字。

唉，譍也。阿該切，音哀。方言欸與唉同。《莊子》：「唉！予知之。」皆與譍訓合。有訓爲歎恨聲者，音嘻。《史記·項羽本紀》：「唉！豎子不足與謀。」

喊，驚人聲也。讀如欬上聲，沙河俗語音近海。

哏，極是詞也。哏讀如很。翟灝《通俗編》：「哏字不見字書，而其詞則至今承之。」蓋哏字出《元典章》有「哏不便當」之語。其實不妨假很爲之，如很好、很是猶云甚好、甚是也。

這箇、那箇，猶言彼此也。寒山詩：「不省這箇意。」荆公詩：「只緣疑這箇。」朱子《語録》用此等最多。

〔一〕殷：原誤作「啟」。

你，我之對也。小學中代我之字甚衆，而對我稱人之詞則無之。君、卿皆尊詞，爾、汝皆輕詞，均非平等，惟子字爲平等之稱，然俗語則不用。今普通通行者爲你字，蓋本爾字，加人旁讀乃里切，以爲稱人之詞。此吾國小學中之闕文也。《北史·李密傳》：「宇文化及曰：『與你論相殺事，何須作書？』」此你字之始見於史者。又俗尊敬前輩則呼你老。按，沙河樸野呼尊親皆用你字，士紳亦然，殊屬不敬，宜改正之。

吾，我也。沙河俗語讀吾爲訛入聲，蓋吾音之轉。

俺、偺，我也。《詩》：「卬須我友。」俺當即卬音之轉。偺與朕音近，惟朕則專稱我，而偺則並近我者亦可概言之，如俗言偺家之類是也。

們，輩也。俗言我們、你們、偺們、他們，猶云我輩、你輩也。《愛日齋叢鈔》：「樓大防在敕局時，見元豐中原案不改俗語，有云『我隨你懣去』，又云『我部領你懣』。」蓋本無正字，北宋時借爲懣，南宋時借爲們，元時借爲每。《元典章·詔令》中「他每」字甚多，如「秀才每」「軍人每」「百姓每」等，凡每字皆們音之轉也。

嘻嘻哈哈，笑聲也。《易》：「婦子嘻嘻。」哈哈，本作嚇嚇，古諺有「田公笑嚇嚇」之語，俗訛爲哈哈。

吧吧，多言也，見《五燈會元》。

樸嗤，笑也。

噥噥，細聲語也。《楚詞》：「羣司兮噥噥。」〔一〕

嘍喝，大呼也。《聞見後録》：「歐陽公曰：『蠅可憎矣，尤不堪蚊子，自遠嘍喝來齩人也。』」俗作吆喝。

哼哼，呻吟也。

喊，高聲疾呼也。

丁當，響也。唐詩多用之。俗以狀銅鐵等器之聲。又謂家赤貧者曰「窮得丁丁當當」。

撲通，聲也。狀鼓聲及跳水聲。元曲云：「撲通的瓶墜井。」一作撲鼕。

撥剌，聲也。狀魚鳥驚聲。撥讀如潑。見《思玄賦》。

撲楞，狀鳥飛聲，亦曰忒楞。俗又謂與人鬬曰撲楞。

呲劉杷刺，雜聲也。

見在，現時也。二字屢見《周禮》鄭注及《漢書》。

登時，即刻也，見《抱朴子》及《魏志·管輅傳》，語蓋甚古。

會，能也。能曰會，不能曰不會。能知則能行，故曰會。

邦邦，硬也。《傳燈録》有「硬繃繃」之語，繃、邦一音之轉。

〔一〕羣司兮：原誤作「司羣公」，據《楚辭》改。

挺挺，直也。《左傳》：「周道挺挺。」俗云直挺挺。
媌，細也。俗謂物之細者曰媌細。
光，盡也。罄盡爲光。俗謂乞匄曰光的。
夠，足也。《廣韻》：「夠，多也。」《升庵外集》：「今人謂多曰夠，少曰不夠。」
等，候也。《傳燈録》：「或問：『和尚作甚麽？』曰：『等箇人。』」
杜，塞也。俗作堵，義同。
麇，束也。邱隱切，俗作捆。
弔，懸也。唐人懸人於樹而抶之，或戲之曰：此弔民伐罪也。俗以縊死爲上弔。
䪥䪥，音抽。伸者縮也。《札樸》：「收束曰䪥。」
扯淡，言無味也，見《西湖志餘》。
拉聒，聚談也。聒，讀如瓜上聲。
平白，無故也。李白《越女詞》：「相看月未墮，白地斷肝腸。」〔一〕言平白地爲伊腸斷也。今俗語亦云平白無故地。
到底，究竟也。《舊唐書·李渤海傳》：「似投石井中，非到底不止。」
希罕，少見也。物少則珍，引伸爲珍惜之詞。沙河讀罕若顯，蓋音之轉。

〔一〕墮：原作「墜」。肝：原作「人」。據《全唐詩》改。

些，少也。《廣韻》讀如屑，即些之正字。《舊唐書·楊嗣復傳》：「臣近來未免些些不公。」又俗云好些箇，多之意。沙河讀箇如哩入聲。

只當，已知其誤而自恕也。只當有二意，一，人將行事而有所吝惜，旁人慫恿爲之曰「只當如是」。一，事已誤而自解，亦曰「只當」。

只管，如此作去不計其他也。沙河俗語勸人聽己言曰「你只管如此」。

動不動，不審之詞也。於事之未詳審而輒爲之，曰動不動。三字見《元曲選》。

不中用，不合用也。《希通録》：「《左傳》『克於先大夫，無能爲役』注：不中爲之役使。即不中用之謂。」《史記》：「秦始皇曰：吾前收天下書不中用者〔一〕，盡去之。」是秦時亦有此語。

没出息，不長進也。

不如意，不愜心也。語見《晉書·羊祜傳》。

不相干，無妨也。《淮南子》：「左右不相干。」今俗謂無妨曰不礙事。

不耐煩，冗雜可厭也。引伸謂人有微恙曰不耐煩，或曰不中受。

保不住，事無把握也。

可不是，是也。反語詞，以人言爲是則曰可不是，或但云可不，或曰不錯。俗又有敢是、實

〔一〕前：原誤作「先」，據《史記》改。

在是，誰説不是等語，俱然之之詞。

見笑，謙詞也。《莊子》：「吾常見笑於大方之家。」

不善，性質不柔和也。

不賴，好也。俗謂物之佳者曰不賴，或曰不很壞。

一傮，一週也。方言一週曰一傮，今通作遭。

一坌，及時而産之物也。俗云棉花論坌，又有坌興之語。坌，沙河讀如佩。

一頓，一飯也。《文字解詁續》：「食曰頓。」引伸謂打一頓、駡一頓。《章懷太子傳》：「子守每歲被敕杖數頓。」

唧伶，伶俐也。盧仝詩：「不唧溜鈍漢。」又：「不是唧溜漢，何由通姓名？」唧溜，即唧伶也。伶利，亦俗語。俗以秀爲鯽溜，以精爲鯽伶。

馬利，輕便也。

悶帳，不慧也。沙河俗語。

顢頇〔一〕，不分曉也。頭大貌，見《廣韻》。俗謂作事不清楚者曰一顢頇。

籠統，不分晰也。《廣韻》訓未成器。俗言直籠統，謂上下不分粗細也。引伸爲不分晰

〔一〕頇：原作「蓒」，下同。據《廣韻》改。

之稱。

囫圇，不破也。俗語囫圇吞棗，與新名詞「整個的」義近。《朱子文集》作鶻圇。

含胡，不明白也。《舊唐書》：「朝廷每作含胡。」胡，俗作糊。

零碎，瑣屑也。朱子《語録》：「有屋舍了，零零碎碎，方有安頓處。」

麻煩，事冗也。今謂多事自擾曰找麻煩。

邋遢，累贅也。《朱子文集》有「落索」語，即此，無定字。

漂亮，出色也。按近世始有此語。

毛病，有疵也。徐咸《相馬書》：「馬之善旋五，惡旋十四，所謂毛病，最爲害者也。」此毛病二字所出。

糟糕，壞也。或作蹧皋。引伸謂毀人爲蹧蹋，亦壞義。

腌臢，不潔也。腌讀如印，臢讀如臟，義近邋蹋。或作骯髒，按，骯髒，高亢貌，義與此異。

好眼力，識力過人也。劉禹錫詩：「減書存眼力，省事養心王。」〔一〕力，土語作勁。

好口才，善言語也。

頂缸，替代也。明代諺語「猪婆龍造殃，癩頭黿頂缸」。

〔一〕事：原作「工」，據《全唐詩》改。

倒竈，時運不濟也。《通俗編》：「《太玄》：『竈滅其火〔一〕，惟家之禍。』語蓋本此。」今俗語亦曰倒霉，意同。

客氣，猶謙遜也。語見《左傳》。俗謂謙恭不實在爲客氣，非古義。

廢物，無用之物也。二字見《吴越春秋》。今俗語訛爲稅物，疑即廢音之轉。

討便宜，利己自便也。俗曰找便宜。

調皮，好詼諧也。《顔氏家訓》：「有一士族，好爲可笑詩賦，誂擎邢魏諸公。」按，誂擎即調皮，音義同。

大半，過半數也。韋昭曰：「凡數三分有二曰大半，有一分曰小半。」今俗用作疑詞。

將就，草率也。《詩》：「將予就之。」清黄周星有《將就園記》，見《昭代叢書》。張朝跋語自謙其「草率苟簡」也。

訣竅，猶肯綮也。俗謂會辦事曰得訣，又謂取巧曰摸竅。

沾光，得利益也。

被傷，受損失也。

哄，假慰也。引伸爲欺哄、騙哄。俗又訛爲哄弄。哄，讀如胡去聲。

〔一〕滅：原誤作「滅」，據《太玄》改。

攛掇，勸人有所舉動也。朱子與人書：「告老兄，切莫相攛掇。」

薄皮繭，喻人樹立淺也。崔述《考信録・自序》：「凡人科名不遂，以舉貢終其身；仕宦不遂，以州縣終其身。皆目之爲薄皮繭。」按，沙河文風陋，並舉貢亦罕見，故俗謂僅博一衿者曰結薄皮繭。

二、關於人事者

同行，同業也。行，讀如杭。

行家，精於其事者也。俗云外行、不在行，皆不善其事之意。行，亦讀作杭。

糊塗，不曉事也。宋太宗謂吕端「小事糊塗，大事不糊塗」。糊塗，與鶻突同。俗又以不曉事爲混帳。

粗糙，不精細也。

丢人，事可恥也。

不害羞，不知羞也。羞，讀如梼，蓋聲之轉。又鄉曲詈人曰「不要臉」，意同上。

霸道，作事蠻横也。

好漢，勇敢之稱也。《詢芻録》：「漢武帝征匈奴，匈奴聞漢兵莫不畏者，稱曰好漢。」

下手，有所作而動手也。見《揮麈録》。

打扮，裝飾也。見《中原雅音》。

打補靪，補綴也。見《説文》。
打算，計較也。《錢唐遺事》：「賈似道忌害任事閫臣，行打算法。」
打官司，興訟也。見《通俗編》。
栽跟頭，打筋斗也。朱子詩：「只麽虚空打筋斗。」
抖精神，振作精神也。
安排，處置也。沈彬詩：「須知手筆安排定，不怕山河整頓難。」
擔閣，遲誤也。林逋詩：「聊爲夫君一擔閣。」
要手藝，賣技藝也。如縫衣、補鞋之類。
受用，享用也。朱子《語録》：「卒未得過受用。」
欺負，陵人也。《漢書》：「或有欺負之者。」
仔細，詳細斟酌也。白居易詩：「世路風波仔細諳。」亦作子細。
冒失，不審慎也。沙河俗語謂作事孟浪者爲冒失鬼。
琢磨，思索也。《詩》：「如琢如磨。」語最古。
撈摸，多中得少也。見朱子文。俗語曰緊撈摸。
財主，富户也。《世説》：「陳仲弓爲太邱長，有賊劫殺財主。」
圓活，家小康也。

饑荒，貧困也。俗語謂窶貧者爲饑荒主。引伸謂湊集財物曰打饑荒。

排場，光榮也。俗語曰闊排場，或曰體面。近世又曰闊洋氣，亦曰闊闊。闊讀去聲。大抵指用度奢侈而言。

熱鬧，繁華也。《清異録》：「武宗謂王才人曰：『我非不能取熱鬧快活。』」

作活，作工也。見《魏書·王祥傳》。張籍詩：「貧窮作活似村中。」

能幹，有能力也。《後漢書·循吏傳》：「能幹絶羣。」

著急，作事不如意而發怒也。二字俗讀平聲。又有所畏曰著緊。

高興，喜歡也。殷仲文詩：「獨有清秋日，能使高興盡。」

没要緊，言非要事也。或曰不吃勁，勁讀若近。

蹨趕，追逐也。蹨，讀作輦。俗語又謂連趕三四。

火計，火伴也。《通典》：「五人爲列，二列爲火，五火爲隊。」本指軍隊言，俗謂同商或同事曰火計，亦曰夥計。

梯己，私財也。俗以私蓄財物爲梯己，亦作體己。沙河土語曰體體。

窟籠，穴隙也。二字出《宋景文筆記》。引伸謂有債。孔曰窟籠。

盤纏，路費也。《元典章·户部》則例有「斟酌盤纏」條。元以前未見此語。

開市，商人新歲開門也。亦曰開張，貨物初次出售曰發市。

賒，以財物借人而按期索償也。賒字見《周禮·泉府》。《漢書·劉盆子傳》：「少年來沽者，輒賒與之。」

賠，償也。字書無此字，始見《字彙》。古作備。《升庵外集》：「高歡立法，盜私物十備五，盜官物十備三。備音裴。」今商賈折閱亦曰賠錢。

賺，得利也。商販有贏餘曰賺錢。賺，讀如專去聲。引伸謂欺人者曰賺人。

隨禮，餽送財物也。戚友有吉凶事，致賀儀、賻儀曰隨禮。數人出貲餽遺者曰攤分子。

搡，推也。《集韻》寫朗切。

蘸，以物入水也。讀如佔。

舀，挹水也。讀如咬。鄭燮詩：「帶月連星舀一瓢。」

抓，手搔也。引伸謂露手取物曰抓。

攥，手握也。見《札樸》。

哆嗦，身體動貌也。

揉搓，摩挲也。俗謂吝於出納，有意勒掯人者爲揉搓。

狡賴，强詞取巧也。《左傳》：「今鄭貪賴其田而不我與。」即此意。

答颯，不振也。答，讀如塌。《南史·鄭鮮之傳》：「卿居僚首，今答颯，去人遼遠，何不肖之甚！」一作塌颯。范成大詩：「生涯都塌颯。」今亦謂無志氣者曰没塌颯。

荒偉，忙也。《楚詞》：「遽偉偟兮驅林澤。」注：「驚恐貌。」今俗語謂慌忙者爲荒荒偉偉。

包彈，瑕疵也。彈，讀若殘。俗於物之有瑕疵者曰包彈。《野客叢書》云：「宋包拯不恕朝列，有過必彈。相戒：『莫犯包彈。』」

犮姞，慕勢也。俗作巴結。《札樸》：「努力曰犮姞。」慕勢蓋引伸義。

嬰盈，厭惡也。方言凡呵叱者謂之嬰盈。嬰，讀如戈。今謂凡憎惡者之代詞。

磨蹭，故意延緩也。

溓牕，空虛也。《爾雅》：「溓，虛也。」言人中無有則曰溓。盧文弨云：「今江淮謂質弱力薄者爲牕。」沙河土音近可朗。

大手，揮霍也。

小器，慳吝也。俗語亦曰夾榆頭。

歹，好之對也。《元典章》有「或好或歹」語。

痺，不曉事也。見《札樸》。

傻，不慧也。讀如沙上聲。

張狂，不穩也。《札樸》：「不安静曰張狂。」今亦謂多事爲張狂。

發壞，爲不善也。

裂璺，器破未離也。引伸謂事不易辦者曰没裂璺。

淹纏，病久也。淹，土人讀如年上平聲。
輪舞，猶管説也。沙河西南鄉有此語。
吹打，大言也。或曰胡吹，又曰瞎吹，皆訕笑之詞。
打鍋，喻僨事也。引伸謂人一切短處，或病重將死，皆曰打鍋。
跐，足踐也。跐，土人讀如柴上聲。
姑就，蹲踞也。
著，火起也。俗讀如琢平聲。
丼，石落井聲也。讀若騰。
搓，水中拔草聲也。音賊兒切。
娃娃，呼小兒也。
哇，小兒哭聲也。哇，俗讀若抓。
跐跐，小兒學立也。

三、關於稱謂者

爺，祖父也。《木蘭詞》：「阿爺無大兒。」《南史·侯景傳》：「先世不復憶，惟憶阿爺名標。」〔一〕是爺本父稱。沙河呼祖爲爺，呼曾祖曰老爺爺。

〔一〕下「憶」字原脱，據《南史》補。

爹，北人呼父也。《正韻》爹，丁邪切。《廣韻》徒我切。《南史·始興王傳》：「詔徵還朝〔一〕，人歌曰：『始興王，人之爹。赴人急，如水火。何時復來哺乳我。』」爹之稱蓋始此。

大爺，伯父也。

叔叔，叔父也。

哥哥，兄也。俗又謂弟曰兄弟。

大伯，夫兄也。《五代史補》：「李瀚婦拜李濤，濤答拜。瀚曰：『新婦參阿伯，豈有答禮？』」是唐末已有此稱。沙河又呼夫弟爲小叔。

公公，舅也。《賈誼傳》：「抱哺其子，與公併倨。」亦作翁。唐代宗曰：「不癡不聾，不作家翁。」沙河呼舅曰公公，呼祖舅曰老公公。

丈人，外舅也。《鷄肋編》：「稱妻父爲丈人，自柳子厚呼楊詹事爲丈人始。」

親家，子之外舅、女之舅也。《唐書》：蕭嵩子尚主，嵩自稱天子親家翁，嵩妻入謁，帝呼爲親家。今俗呼子之外舅、女之舅曰親家，子之外姑、女之姑曰親家母。

老爺，外祖也。

老舅，父之舅也。

〔一〕朝：原誤作「縣」，據《南史》改。

舅舅，母之兄弟也。

姑夫，姑丈也。

姨夫，姨丈也。

連襟，同門壻也。沙河俗呼挑串，其義未詳。

姐夫、妹夫，姊妹丈也。

女壻，女之夫也。

嬭嬭，祖母也。《博雅》：「嬭，母也。奴解反。」俗稱祖母爲嬭嬭。《説文》嬭亦作妳。又俗作奶，李商隱《雜俎》：「七不稱意，其一少阿妳。」或云即祖母也。沙河俗語又呼曾祖母爲老妳妳。

孃，母也。孃字《説文》不訓母，以孃呼母，蓋始六朝。《南史·齊宗室傳》〔一〕：「子良曰：『孃今何處？何用讀書？』」《木蘭詞》：「朝辭爺孃去。」今俗誤作娘。考《北史·后妃傳》凡馮娘、李娘等，皆賤媵之稱。《廣韻》曰：「孃，母稱。」「娘，少女之號。」分别最晰，當嚴辨之。

大孃，伯母也。

嬸，叔妻也。《明道雜志》謂：「經傳無嬸字，乃世母二字合呼也。」俗曰嬸子。

〔一〕室：原誤作「實」。

嫂，兄妻也。《孟子》：「嫂溺，援之以手。」是嫂之稱，其來久矣。

姐姐，姊也。俗呼妹爲姊妹。

姑，父姊妹也。俗曰姑姑。又呼祖父之姊妹曰老姑。

姨，母之姊妹，及妻之姊妹也。沙河俗語呼母之姊曰大姨，妹曰小姨，妻之姊妹則加助詞曰大姨的、小姨的。又俗呼庶母爲姨，雖所生亦然。

妗，舅之妻也。妗，《集韻》巨禁切。俗曰妗子。

大姑、小姑，夫之姊妹也。唐人詩：「未諳姑食性〔一〕，先遣小姑嘗。」又謂夫之姊曰大姑。

家裏，男謂妻也。見《玉臺新詠》。

妯娌，兄弟妻相謂也。《方言》：「築娌，匹也。」築通妯。唐宋若昭《女論語》有「和睦妯娌」語。

婆子，婦謂姑也。沙河俗語曰婆的。

丈母，外姑也。柳子厚有《祭獨孤氏丈母》文，蓋自唐代已然。

姥姥、姥娘，外祖母也。唐呼穩婆爲姥娘，今呼外祖母，不知始於何時。或云姥當作嫽，嫽與媪通。

〔一〕諳：原誤作「暗」，據《全唐詩》改。

嬭母，乳母也。《宋書・何承天傳》：荀伯子嘲承天爲嬭母。沙河呼嬭母曰老姐，姐讀若嗟。呼嬭母之夫曰老伯，伯讀上聲。又異性結盟之兄弟互稱其父母亦曰老伯、老姐。

丫頭，幼女也。丫頭字見劉禹錫詩。俗以呼幼女。亦曰妮子。又呼婢亦曰丫頭，或曰使女。

漢子，謂男子也。北齊魏愷自散騎常侍遷青州長史，固辭，文宣帝大怒曰：「何物漢子，與官不就。」見《老學庵筆記》。今俗泛稱男子曰漢子，或曰男子漢。又鄉曲婦女稱夫亦曰漢的，亦曰男人。

老婆，謂妻也。俗謂新人曰媳婦。

當家的，俗稱主持家政之人曰當家的。范成大詩：「村中兒女各當家。」又妻對人稱其夫亦曰當家的。

爺們、娘們，男女尊卑互相稱也。

婣嫪，《聲類》〔一〕：「婣嫪，戀惜也。」俗讀若婣老，以稱婦人所私者。稱所私之婦人曰婊子。

崽子，《水經注》：「弱年崽子。」《方言》：「崽者，子也。」讀若宰。俗以爲詈人語。

〔一〕聲類：原誤作「説文」。

光棍，二字合音爲鰥。俗謂無妻爲光棍漢。又爲土豪横霸之名。引伸謂佔便宜者曰光棍。反是曰眼子。

把勢，見元武漢臣《玉壺春》曲。今謂專長一技者曰把勢，如書畫及練習拳術之類。

怪物，韓文：「天池之濱，大江之濆，有怪物焉。」俗以爲乖僻不情之稱。

經紀，經紀字見於傳記者乃斡運之謂。今謂集市之介紹貿易者曰經紀，或曰牙行，行，讀如杭。

行販，《晉書》：「石勒年十四，行販洛陽。」行，讀如字，今俗讀爲杭。指販運貨物，逐什一之利者。

貨郎，文嘉《嚴氏書畫記》有《嬰兒戲貨郎圖》，蓋古以販物者爲貨郎，今俗專指挑擔推車販賣布匹鍼線等物者。沙河俗語曰物郎的，貨讀入聲。

裁縫，二字見《周禮・縫人》注。今俗呼成衣工人曰裁縫。

鑲縫，沙河西鄉謂爲人總理喪葬者曰鑲縫，不知何解。

局掌，沙河遇有婚喪等事，請善烹飪者代庖，名曰局掌，亦不知何解。

日頭，俗呼日也，亦謂日頭爺，或曰老陽。

月亮，俗呼月也。望前後夜明如晝曰月亮地。

星星，俗呼星也。引伸謂事之細微者曰星星點點，星星字係借用。

露水，俗呼露也。

打閃，俗呼電也。

忽雷，霹靂也。俗曰響忽雷，以其聲名之，無正字。

絳，虹也。沈濤《銅熨斗齋隨筆》云：「世皆知霓字有入聲，而不知虹字有去聲〔一〕，元稹《送客遊嶺南》詩：『水面波疑縠，山頭虹似巾。』自注：『虹，音近絳。』郝經《使宋過濟南宴北諸亭》詩：『虹橋桁柳平分破〔二〕，巨壑雲莊入煙暝。』於虹自注云：『去聲。』按，《廣韻》四絳虹：古巷切。今北人皆呼虹爲絳，沙河土人又訛爲醬音。

晝曰白天。夜曰黑夜。向晦曰擦黑。讀若殘入聲。黎明曰傍明。巳刻曰半晌午。日中曰晌午。未刻曰起晌。今日曰今兒。兒讀若哩，下仿此。明日曰明兒。又明日曰後兒。問何時曰多咱。讀若胆。昨日曰夜箇。又昨日曰前日箇。

四、關於器物者

東西，一切器物也。古酒器曰東西。《齊書·豫章王傳》：「上謂嶷曰：『百年亦何可得，止得東西一百，於事亦濟。』」明莊烈帝曰：「『今市肆止言東西，不及南北，何也？』」周延儒對曰：『南方火，北方水，無待於求，故止言東西。』」此特一時便給之辭耳。

〔一〕去：原誤作「入」，據《銅熨斗齋隨筆》改。
〔二〕桁：原誤作「衎」，據《全元詩》改。

家伙，尋常用物總名也。

骨董，寶物也。俗呼珍寶古物曰骨董。又譏人之不誠實者曰骨董腔，骨，讀若古。

錠，紡線鐵桿也。錠，讀若錠，俗呼錠的。

㨘〔一〕，織器持經者也。㨘，讀若憎去聲。

烙鐵，熨衣器也。按，烙鐵即熨斗。《晉東宫舊事》：皇太子納妃，有金熨斗三枚。

袷襖，複衣也。俗有大袷襖、小袷襖之語。

馬褂，外套短衣也。清代有賞穿黄馬褂之制，蓋始於滿州，近世有帶襟者，今罕見。

坎肩，半臂也。其名不知始何時，與古裲襠近似。《説文》：「無袂衣謂之褃。」趙宧光曰〔二〕：「半臂衣也。」俗亦呼爲背心。古爲背子，其實半臂、背子均與今坎肩稍異。《通俗編》常辨之：「今坎肩，元明時樂伎所著皂褙也。本爲妓妾輩之常服，今燕服，無貴賤皆著之。」有有襟、無襟之分。

楪子。《酉陽雜俎》：俗書楪子，誤。以其可疊，故名當作疊。白居易詩：「一楪膠牙餳。」今俗作碟。

快子，箸也。《儼山外集》：「吴俗舟行多諱，諱箸爲快兒。」今俗造筷字。

〔一〕 㨘：《説文解字》作「滕」。
〔二〕 宧：原誤作「宦」。

調羹，小勺也。章炳麟謂即漢「刀圭」二字之轉音。

箕，簸具也。箕主簸揚，今人呼爲簸箕。

篩，《廣韻》謂之篩籮，今人呼爲篩子，形圓，以竹爲之。

刷子，洗滌食器者也。按，即炊帚之俗名。俗多以秫稭之上節爲之。

笊籬，撈物器也。俗以柳條爲之。

饅頭，蒸熟麪食也。見束晳《餅賦》。《升庵外集》：「北人呼爲波波，南人呼爲磨磨，有餡者曰包子。」今沙河呼饅頭之圓者曰磨磨，其方者曰捲子。

燒餅，火燒小餅也。面有脂麻而發酵者曰燒餅，反是曰火燒，其長形者曰鍋煨，惟西鄉有之。

餜子，古寒具也。晉桓玄恐因客食寒具油汙其畫，遂不設寒具。《齊民要術》云：「即環餅，手搦團，長八寸許，屈令兩頭相就，膏油煮之。」據此即今之餜子可知。今俗以麪粉和礬作之，一名油炸檜。《越諺》云秦檜殺岳飛，民心不平，以麪粉揑檜夫妻，兩身扭纏，減其四肢，油烹食之。檜，讀如鬼。

點心，稍食總名也。《唐書》：「鄭傪夫人曰：我未及餐，爾且可點心。」此語蓋古，即經典之稍食也。

墼，土甎也。《後漢書》：「周紆常築墼自給。」《埤蒼》：「摶土而方曰墼。」《急就章注》：

「墼者，範泥土爲之。」晉陶侃「運甓」，甓，音同墼。從瓦則甎，從土則土甎。俗作坯。

影壁，照壁也。以壁遮門曰影壁。俗謂之看牆。

炕，顧炎武《日知録》：「北人以土爲牀，而空其下以發火，謂之炕。《舊唐書·高麗傳》：『冬月皆作長炕，下然煴火以取煖。』即今之土坑也。」

耬，播種具。耩，播種名也。《廣韻》：「耩，耕也。」蓋耕而下種也，耩必以耬，故俗呼禾稼之早者曰頭耬，其稍遲者曰二耬，或曰三耬。程瑶田《九穀考》説耬形頗詳。

鑼，摩田器也。木器著鐵齒以摩田曰鑼地。鑼，讀若霸。

洋錢，銀圓也。今圓字通作元，下仿此。呼紙票爲洋元票。

銅子，銅圓也。近世通行語。

字幕，錢面背也。《東臯雜録》：「擲錢爲博者，以錢面背爲勝負，曰字曰幕。幕，讀若漫。」俗謂不曉事者曰不知字幕。

拐棍，老人杖也。

撞鐘，小兒擲錢爲戲也。

抽替，《癸辛雜志》：「李仁甫爲長編，作廚十二枚，每廚作抽替匣十二枚，每替以甲子記之。」今俗呼爲抽抽，其匣數多止三四，惟盛藥品者匣數最多，其制特異，名曰藥廚。

爆仗，古以直竹著火爆之曰爆竹，近世以紙裹火藥爲之曰爆仗。二字見《武林舊事》。今俗謂之鞭炮。

骨堆，土冢也。引伸凡物堆積者皆曰骨堆，亦曰疙瘩。俗語謂中植蔬菜，四周繚以土垣者曰骨練，係土音，無正字。

骨朵，兵器也。本作胍肞，大腹也，音轉爲骨朵，見《武備志》。引伸亦爲形況物多之語。

五、關於形體者

腦袋，頭也。沙河鄉曲輕薄語曰腦袋瓜。

臉盤，面也。俗呼面爲臉，亦曰臉盤。元曲中所謂面龐，即臉盤也。章炳麟謂臉正字當作顙。《説文》：「顙，頭頰長也。」其後通爲面稱。

模樣，形容也。章炳麟云：像，本讀爲養，自唐至今皆讀爲象，遂别造樣字。俗又呼樣範或樣子。

寒毛，膚上細毛也。《晉書·夏統傳》：「聞君之談，不覺寒毛盡戴。」〔一〕

頁落蓋，額也。蓋言頁之蓋也。落，語助詞。沙河俗語訛作們樓蓋。

眨眼，目動也。眨，側洽切。《説文》訓目動也。《五燈會元》有「殺人不眨眼」語，今沙河誤讀眨爲展。

〔一〕戴：原誤作「戰」，據《晉書》改。

下巴克，頷也。

嗓，喉也。

肩膀，肩也。

胳髆，肱臂也。《説文》：「髆[一]，肩甲也。」胳[二]，即腋下也。今土人讀若各博，爲自肩至手之通稱，與古訓微異。

巴掌，手掌也。

指頭，手指也。

胯股，股也。股首曰胯。

庇股，臀也。俗又呼臀爲定，蓋齊語。

薄洛蓋，膝蓋也。沙河謂之葛丁蓋。《札樸》作骬髁蓋[三]。

尿脬，膀胱也。脬，音抛。《説文》：「脬，膀光也。」脬本膀光名，俗因以小便爲尿脬，蓋以名詞作動詞用。

𣃼𪏭，腰曲也。𪏭，讀若鍋。見《札樸》。

〔一〕髆：原誤作「胳」，據《説文解字》改。
〔二〕胳：原誤作「髆」，據《説文解字》改。
〔三〕札：原誤作「扎」。

瘸，跛足也。俗讀若缺平聲。

尾把，尾也。俗讀尾若倚。

〔光緒〕重修廣平府志

【解題】吴中彦總修，胡景桂總纂。廣平府，轄境相當於今邯鄲、永年、鷄澤、曲周、成安、肥鄉、廣平、威縣、清河、磁縣等地，府治今邯鄲市永年區。「方言」見卷十七《輿地略》中。録文據光緒二十年（一八九四）刻本《重修廣平府志》。

方言 附土語

古方言

慧，趙魏之間謂之黠，或謂之鬼。楊子《方言》一。

案，《廣雅》：「黠、鬼，慧也。」今土人呼人之靈黠者曰鬼。郭璞《方言注》曰：「今名黠爲鬼蜮。」《詩》「爲鬼爲蜮」，亦此義。

嬴，好也。凡好而輕者，趙魏之間曰姝，或曰姅。同上。

案，《廣雅》：「嬴、姅，好也。」「嬴嬴，容也。」嬴與嬴同。字又通作盈。古詩「盈盈樓上女」，謂嬴好也。郭璞云：姅，「言姅容也」。姅與丰同。《詩》毛傳曰：「丰，豐滿也。」《廣韻》：「丰茸，美也。」今土人譏女之淫美者曰姅，即古方言之遺。《廣雅》：「姝，好也。」女之美者曰姝。

《詩・邶風》「静女其姝」是也。士之美者亦曰姝，《詩・鄘風》「彼姝者子」是也。

獎，欲也。趙曰獎。楊子《方言》六。

案，以我所欲强人之從則曰獎，今人語猶然。《説文》：「獎，嗾犬厲之也。」奬勵之意即從此出。

㥄，哀也。趙魏之間曰㥄。楊子《方言》一。

案，㥄、憐一聲之轉。今土人呼人之可哀者皆曰可憐。

趙魏之間慙謂之䎵。楊子《方言》六。

案，䎵，梅聲。《廣韻》：「梅、䎵，慙也。」

抾摸，去也。趙之總語也。抾摸，猶言持去也。同上。

案，《廣雅》：「抾莫，去也。」摸與莫通。今北人謂手捫物者皆曰摸抾，或作祛、胠。今民間失物亦曰摸去，與持去之義相通。

鐫，琢也。趙謂之鐫。楊子《方言》二。

案，《説文》：「鐫，穿木鐫也。一曰琢石也。」今北人呼刻石者爲鐫，刻金銀者亦曰鐫。

鎃，斲也。趙謂之鎃鎃。同上。

案，鎃亦作釽，釽音霹。《漢書・藝文志》：「鉤鎃析亂。」顔師古曰：「鎃，破也。」今土人破木猶曰鎃，蓋與劈同義也。

趙魏之間火熟曰爛，氣熟曰糦，久熟曰酋，穀熟曰酷。熟，其通語也。楊子《方言》一。

案，《廣雅》：「爛、饎、酷、酋，熟也。」《士虞禮》：「饎爨在東壁。」鄭注曰：「炊黍稷曰饎。」饎、糦同字。䣨與酷亦通。《玉篇》：「䣨，禾大熟也。」今土人凡肉熟者曰爛，久而稠者曰酋。《周官·酒正》：「二曰昔酒。」鄭注曰：「昔酒，今之酋久白酒。」

燕趙之間言圍大謂之豐。《方言》二。

案，豐通作寷。《廣雅》：「寷，大也。」《説文》：「豐，豆之豐滿者。」圍大即取豐滿之義。

撊，梗，猛也。魏曰撊，趙曰梗。同上。

案，《小爾雅》曰：「撊，忿也。」《楚詞》王逸注：「梗，强也。」忿、强皆與猛義近。梗亦通作鯁。

繇，施也。趙曰繇。《方言》六。

案，《説文》：「繇，聯微也。」繇連不絶之義，與施義近。繇所以覆人，故郭璞曰：「繙繇，相覆及之名也。」繙、繇聲轉而通。

佻，縣也。趙魏之間曰佻，燕趙之郊縣物於臺之上謂之佻。《方言》七。

案，郭璞注：「了佻，縣物皃。」丁小反。王念孫曰：「今俗語謂縣物爲弔，聲相近也。」今土人謂舉於上爲佻，縣於上爲弔。

税，舍車也。趙魏之間謂之税。同上。

案，《爾雅》：「税，舍也。」郭璞《方言注》：「税，猶脱也。」舍，宜音寫。《晉書·潘岳傳》曰：「發槅寫鞍，皆有所憩。」寫與卸音義同。《説文》：「卸，舍車解馬也。」今土人皆言卸。

趙魏之東實、寔同聲。《詩·韓奕》鄭箋。

案，《玉篇》寔，時弋切，是也。實，時質切，不空也。兩字音義皆别。《詩·小星》「寔命不同」，《韓詩》作實。《覲禮》「伯父實來」，鄭注曰：「今文作寔。」古讀同聲，故通借之。今北人猶讀如一音。

北人以庶爲戍、以如爲儒、以紫爲姊、以洽爲狎。《顔氏家訓·音辭》篇。

案，庶、戍同母，如、儒同母，紫、姊同母，洽、狎同母。今土人讀此數字猶如顔所云。

冀州凡水大小皆謂之河。《漢書·司馬相如傳》注引文穎。

案，《水經·河水注》引《春秋説·題辭》云：「河之爲言荷也。」今土人凡水通名曰河，古則專指黄河而言。

北方多種蕎麥，磨而爲麵，作湯餅，謂之河漏。王禎《農書》。

案，蕎麥，土人呼爲稜子。河漏，呼爲河洛。《説鈴》曰：山東以蕎麥作麵食曰河洛，向不辨其何字。《唐書》：「明皇以鹿血煎酪賜安禄山，曰：『熱洛河。』」字似本此。河洛有牀形如鍘草刀，牀下有圓孔，麵由此漏入釜中，即名河漏。蕎麥麵者尤修美。

畢羅，今北人呼爲波波。《潛確類書》。

案，《玉篇》：「餺饠，餅屬。用麪爲之，中有餡。」《資暇集》：「畢氏、羅氏好食此味，因名。」《酉陽雜俎》：「有人夢入畢羅店。及醒，店子曰：『郎君與客食畢羅二斤，何不計直而去？』」即餺饠也。」〔一〕波即畢羅之合聲。波、磨疊韻字，故或呼爲磨磨。今順天人稱波波，畿南人稱磨磨。

爹，北方人稱父。《廣韻》三十三哿。

案，《南史·梁始興王憺傳》：「詔徵還朝，人歌曰：始興王，人之爹。赴人急，如水火。何時復來哺乳我？」爹之稱始此。今土人呼父多稱爹者，但俗轉爲平音耳。

臿，趙魏之間謂之喿。《方言》五。

案，《釋名》：「鍤，插也。插地起土也。」鍤即臿之別字。《廣雅》：「喿，臿也。」《新序》：「魏王將起中天臺，許綰負操鍤入。」喿、操同。

榻前几，趙魏之間謂之椸。几，其高者謂之虡。同上。

案，《廣雅》：「虡、㸧，几也。」㸧與椸同。《鹽鐵論》：「牀栘之案。」栘即椸字。

劍削，燕趙之間謂之室。《方言》九。

案，《說文》：「削，鞞也。」《玉篇》：「削，所以貯刀劍刃。」《釋名》：「刀其室曰削。削，峭

〔一〕饠：原作「鑼」，據《酉陽雜俎》改。

也。其形峭殺，裹刀體也。」字或作鞘。鞘，《小爾雅·廣器》：「刃之削謂之室。室謂之鞞。」今人通謂之削，或曰庫。

輨、軑，錬鏅也。趙魏之間曰錬鏅。同上。

案，錬即鐗字。《説文》：「鐗，車軸鐵也。」《釋名》：「鐗，閒也。閒釭軸之間，使不相摩也。」軸貫轂中，轂轉則與軸相摩，而轂中有釭，恐絜其軸，故以鐗裹軸，使不受釭摩也。今北人通呼曰鐗輨。鐗音近軑，鏅音轉也。

繀車，趙魏之間謂之轣轆車。《方言》五。

案，《説文》：「繀，著絲於筟車也。」《六書故》云：「筟車，紡車也。」著絲於筳，著筳於車，踏而轉之，所謂紡也。《玉篇》：「繀車，亦名𣫭車，亦名軌車。」《廣雅》：「繀車謂之歷鹿。」歷鹿，即轣轆也。

黍，北人呼爲黄米。《羣芳譜·穀類》。

案，《説文》：「黍，禾屬而黏者也。以大暑而種，故謂之黍。」《齊民要術》引《氾勝之書》云：「黍者，暑也。種必以暑。」黍、穈同，以黏與不黏分之。蘇頌《圖經》：「黍之黏者爲秫，北人謂爲黄米，亦曰黄糯。」《本草綱目》穀部：「秫，北人呼爲黄糯，亦曰黄米。」按此皆誤也。天下人呼高粱爲秫秫，呼其稭爲秫稭，古今相同，無稱黄米爲秫者。盛百二曰：「黍穗散，稷穗專，黍稈短，稷穇長，稷黏者少，黍黏者多。」程瑶田《九穀考》以黄米屬穈，亦非也。

粟，北人謂之小米。《本草綱目》穀部。

案，《説文》：「禾，嘉穀也。」「㮚，嘉穀實也。孔子曰：『㮚之爲言續也。』」「米，㮚實也。象禾實之形。」「粱，米名也。」今土人稱稻米爲大米，粟爲小米。

楊柳，北人都不言楊。《本草拾遺》。

案，《説文》：「楊，木也。」「柳，小楊也。」《藝文類聚》《初學記》俱引《説文》作「楊，蒲柳也」，與《爾雅》同。《詩》「楊柳依依」，亦以楊、柳爲一種。今案柳有二種，一種枝條上聳而短，人通謂之柳。一種枝條下垂而長，人謂之垂楊柳。

𧒂，燕趙之間謂之蠓螉，其小者謂之蠮螉，或謂之蚴蜕，其大而蜜者謂之壺𧒂。《方言》十一。

案，《説文》：「𧒂，飛蟲螫人者。」蠓螉，取其聲。《廣雅》：「蝁，蠮也。」蚴蜕，土蜂，蠮螉也。蝁、蠮同字。蠮、蚴、蠮、螉，皆語聲之轉。郭璞曰：「蠮螉，小細腰。」今按其狀，腰細如鍼，黑黄色，俗通呼之爲小土蜂。壺𧒂，即《爾雅》之木𧒂。郭注云：「今黑𧒂穿竹木作空亦有蜜者，或呼笛師。」《楚辭》所謂「元蜂若壺」是也。郝懿行曰：「今呼瓠𧅫蜂。」

今方言

今北人呼虹爲絳。沈濤《銅熨斗齋隨筆》八。

案，沈濤云：「世皆知霓字有入聲，而不知虹字有去聲。元稹《送客遊嶺南》詩：『水面皮疑穀，山頭虹似巾。』自注云：『虹，音近絳。』案《廣韻》四絳，虹，古巷切。」今土人皆呼虹爲絳。

宋石幢稱大父耶耶。北人猶有此稱。《十駕齋養新録》。

案，永清信安鎮龍泉寺有金大定三年碑，其文有「王孝子耶耶」之文，錢大昕云：「當謂其大父也。」今土人稱祖父皆曰耶耶。

蜀秫高至丈餘，北人謂之高粱。張爾歧《蒿庵閒話》。

案，高粱今亦謂之紅粱，其稭仍呼爲秫稭，俗曰隔櫺子，可供爨，可編爲箔。

今北方人謂禾莖曰秆草，以飼馬牛。《廣雅疏證・釋草》。

案，《説文》：「稈，禾莖也。《春秋傳》曰：『或投一秉稈。』或從干作秆。」今本《左傳》作秆，杜預注曰：「秆，槀也。」王念孫曰：「秆之言幹也，禾之幹也。」今土人皆呼爲秆草。

臨洺取黄瓜之細長者陰乾嚼之有聲，名響瓜。舊志。

案，黄瓜即胡瓜。響瓜，取其聲也。今稱爲洺瓜干。

蓬，北人今呼埽帚菜，又呼爲刺蓬。程瑶田《九穀考》。

案，《爾雅》：「荓，馬帚。」荓、蓬一聲之轉。此草莖圓疏勁，葉可食，莖可作帚，或呼爲刺蓬科。

蜩之名不一，北人通謂之蛐蟟。《畿輔通志》。

案，蟟、蜩疊韻。《廣雅》曰：「蚑結，蟬也。」郭璞注《方言》云：「蚑音技。」蓋蚑結蛐，聲之轉。蛐蟟二字如呼其聲。

蟋蟀，今北人謂之屈屈。同上。

案，《爾雅》：「蟋蟀，蛬。」郭璞注曰：「今促織也。」《爾雅義疏》云：「今順天人謂之趨趨。」案屈屈、趨趨即蛬之轉音，亦即促織之合聲也。

土語

稱父爲爹。稱母爲孃。稱祖爲爺爺。稱祖母爲奶奶。老爺，稱外祖也。姥姥，稱外祖母也。呼兄曰哥哥。呼弟曰兄弟。呼姊曰姐姐。妹曰妹妹。呼女曰閨妮。呼兒曰小子。舅曰公公。姑曰婆婆。姑性惡謂之撟。夫弟曰小叔子。夫兄曰大伯子。妻父曰丈人。妻母曰丈母。妻兄曰大舅。妻弟曰小舅。兩壻相謂爲調串，亦曰連襟。稱先輩爲先生。後輩爲相公。同人呼甫字，皆加以老。

月曰月亮。雹曰冷子。黎明曰冷明，亦曰撲明。暮曰擦黑。夜曰黑夜。昨日曰夜隔。無突如其來曰猛不防，亦曰不徐顧。無端而來曰憑空，亦曰平白。兩不相涉曰犯不著。無礙曰不相干。是人言曰可不是。手拂物曰摸拉。以手析物曰撕開。爽快曰鑣利。遲緩曰磨蹭。人不潔曰邋遢。物不潔曰腌臢。修理曰整治。口角曰吵。逃走曰跑。追謂之蹤。駡人曰捲、曰抰。褻語曰撒村〔一〕。

〔一〕撒：原誤作「撤」。

富曰便家、曰財主。貧曰窮。吝嗇曰夾榆頭。無賴人曰無二鬼。飲水曰欱。醵錢飲酒曰打平火。《四友齋叢話》曰「打瓶夥」，蓋即此也。婦再醮曰擡身，亦曰改嫁。女繼室曰填房，亦曰補後。雇工人曰做活，亦曰覓漢。彼處曰那裏。此處曰這裏。説甚麽曰煞。做煞，猶云作何事。不怎著，言無妨也。這克怎著，言無可如何也。囤曰圈。畚曰籮頭。車轅曰梯。駕車曰套車。門上鈕鼻曰達料。

牡驢曰叫驢。牝驢曰草驢。雄鷄曰公鷄。雌鷄曰草鷄。禽獸尾曰已巴。蝗謂之螞蚱。蜻蜓謂之麻麻疙疸，雄者爲真牡，雌者爲單單。

〔民國〕鷄澤縣志料門類

【解題】鷄澤縣政府纂修。不分卷。鷄澤縣，今河北省邯鄲市鷄澤縣。録文據民國二十年（一九三一）稿本《鷄澤縣志料門類》。

方言

本地方言多入聲字，且有將二字之意義合爲一字者。如什麽爲「咋」ㄗㄚ，不用爲「ㄅㄧㄥ」之類是也。又如作一件事情心中有不欲之意，叫就「我幹他ㄎㄢ」。

〔民國〕邱縣志

【解題】薛儒華修，趙又楊纂。邱縣，今河北省邯鄲市邱縣。「方言」見卷末《雜志》中。録文據民國二十四年（一九三五）鉛印本《邱縣志》。

方言

凡土俗語，限於一方，不能流行者，謂之方言。但言之既久，習焉不察，或訛讀其音，或錯解其義，並不知爲何字者，亦多有之。則方言之録，亦人民所需要者也。兹據採訪，並參《威志》，取其流行最普通者，約略志之，並加注於下，其易曉者不注。

爹娘。稱父母爲爹娘。爺爺、奶奶。祖父母之稱。大爺、叔叔。伯叔之稱。大娘、嬸子。伯叔母之稱。哥哥、兄弟。稱兄爲哥哥，稱弟爲兄弟。嫂嫂、弟妹。稱兄之妻爲嫂嫂，弟之妻爲弟妹。姐姐、妹妹。稱姊爲姐姐，妹爲妹妹。姑姑、老姑。稱父之姊妹爲姑姑，祖父之姊妹爲老姑。老爺、老娘。稱外祖父母曰老爺、老娘。舅舅、妗子。稱母之兄弟及其妻爲舅舅、妗子。姨。稱母之姊妹。公公、婆婆。婦人謂夫之父母曰公公、婆婆，當面則曰爹娘。大伯、小叔。婦人謂夫之兄弟曰大伯、小叔。大姑、小姑。婦人謂夫之姊妹曰大姑、小姑。妯娌。婦人謂夫之兄弟之妻爲妯娌。小子、妮子。孩童之稱。丈人、丈母。夫謂妻之父母曰丈人、丈母。親家。夫婦之父母互相稱爲親家。家裏。稱妻之詞，亦曰内人。夥計。農工商彼此相稱爲夥計。長工、短工。傭工之稱。當家的。傭工謂主人曰當家的。

邋遢。謂人作事不爽快也。伶俐。謂人心靈手巧也。精俏。謂人看勢伶便也。劣厥。謂人性情乖張也。厲害。摸索。謂工作遲延也。荒忙。謂人作事過於求速也。拐骨。謂人心術不正也。毛病。謂人有惡習，終身不能改爲毛病。出尖。謂與人共事，而獨逞己能者。插嘴。事不干己，而替人説話者。充人。謂人好居人上、妄自尊大也。不中用。謂人無才能也。没出息。謂人無才，不見長進也。白業。謂白天能作事業也。黑家。以夜黑暗，可以在家也。

飯時。晌午。日正午也。後晌。言日入以後也。昨裏。昨日也。前裏。趕明。明日也。趕後。明日之後一日也。今年。年事。去年也。前年。去年之前一年也。後年。明年之後一年也。

先生。俗以學人年長者，謂之先生。老先生。俗對於前輩或年高者，率稱之爲老先生。老子。俗稱父爲老子，或稱爲老的。太太。凡有職位者之妻通稱爲太太。岳丈。今人呼妻父爲岳丈，以泰山有丈人峯，故謂妻父曰岳丈。小底。胥役及庶民對官長俱自稱爲小底。泰山。唐玄宗封泰山，張説女婿鄭鎰，以説力，驟遷五品。或嘲之曰：此泰山之力也。俗因此稱妻父爲泰山。奴才。即奴隸也。小姐。俗呼官家女爲小姐。丫頭。俗稱婢女爲丫頭，或小女亦曰丫頭。義子、義女。養異姓子女爲己子女，俗稱爲義子、義女。家兄。俗自稱其兄曰家兄。舍弟。俗稱其弟曰舍弟。宗兄。俗稱族中遠支兄謂宗兄。連襟。俗呼僚婿曰連襟，或曰兩喬。親戚。古稱族内有關係者曰親，族外有關係者曰戚。今渾稱曰親戚。表兄弟。俗對于姑舅兄弟曰表兄弟。妹婿。俗稱妹之夫曰妹婿，亦曰妹夫。姨父。俗稱姨之夫曰姨父。徒弟。學生對先生自稱曰徒弟。䏲子。賤娼濫婦，俗呼之曰䏲子。有喜。婦人懷孕者，俗曰有喜。續絃。元配死後復娶者，俗稱爲續絃。調戲。對女子以不正當之行爲相加者，俗呼爲調戲。相思。男女繫戀，俗謂之相思。嫖。俗謂邪淫曰嫖。老鴇。妓女之老者，俗稱之爲老鴇。龜。娼妓之夫，俗稱爲龜，或直稱爲忘八。崽子。俗稱孌童爲崽子。雜種。凡種之不純粹者，俗呼爲雜種。養漢精。婦人盜漢子，俗謂之養漢精。

糊塗。俗謂憒憒不曉事者曰糊塗。兩造。俗稱兩家起訴，謂之兩造。招摇。俗謂人作事好張狂者曰招摇。辭訟。俗謂人在官府互控，稱之爲辭訟。打官司。俗謂兩造向官府起訴爲打官司。不識丁。俗謂不識字者。如意。俗謂人對於某事滿意爲如意。代勞。俗以爲人幫忙曰代勞。幌子。凡市賈所懸標識，俗呼爲幌子。麻胡。俗恐嚇小兒之語，各處婦豎俱常道之。鹵莽。凡人作事不細緻者，俗謂爲鹵莽。避諱。謂人所忌諱而避之曰避諱。黄昏。天傍晚，俗謂之黄昏。東西。俗呼物事曰東西。拖泥帶水。俗謂不潔静也。花轎。婚姻用往女家迎娶新人，俗謂花轎。

湯酒。俗温酒曰湯酒，亦曰盪酒。茶食。俗呼點心爲茶食。豁拳。俗飲酒以手指屈伸相搏者，謂之豁拳。罸酒三杯。俗以飲酒凡罸飲之數，多以三杯爲限。饝饝　即饅頭也。河漏。俗以湯餅爲河漏。灌腸。俗用剉肉及葱鹽椒豉，灌而炙之爲灌腸。麵筋。濯盡柔麵，則麵筋乃見。擾。俗謂受人飲食曰擾，今謝人者亦有奉擾之言。燒餅。俗以餅用火炕者爲燒餅。薄脆。以麵粉和糖入麻油中煠之，到口即碎者，俗謂之薄脆。蓼花。俗以油餳綴糝作餌，名曰蓼花。教。發麵引子曰教，俗書爲酵。解乏。俗以飲酒吸烟休息者爲解乏。葛藤。俗謂事之糾纏不已也。儱侗。俗謂含糊不切實也。

騍馬。俗呼牝馬爲騍馬。兒馬。俗呼牡馬爲兒馬。騸馬。去其勢曰騸。驏騎。俗以不用鞍而騎馬謂之驏騎。臕馬。俗呼肥馬也。獨蚤。俗跳蟲好齧人，故亦呼爲齕蚤。頭口。謂牛馬也，亦曰牲口。

猴毛。俗謂極細曰猴毛。朏明。俗謂天將明也。俺。不快。惜費。俗以吝財者，嗤之爲惜費。上頭。俗以女子嫁後爲上頭。耳墜。女子飾耳之具，俗謂耳墜。箅。蒸食所借竹籍也，俗通稱曰箅子。孱頭。俗以人懦弱或劣怯謂之孱頭。膿包。俗謂無用也。笑殺人。平白地。等等。家常。見外。俗謂人客氣曰見外。辛苦。鄭重。正經。不耐煩。話欛。欛與靶同。下流。發財。欱。俗以飲水爲欱水。丟。俗謂遺物爲丟。擤。以手捻鼻膿也，擤音省。瞧。俗以看爲瞧。盒碗。俗大海碗也。豆脯。即豆腐也。轂。俗謂用手引取也。打補靪。俗謂補綴曰補靪。納頭。俗謂千補靪、萬納頭。耳邊風。俗作耳旁風。惡少年。俗謂無賴少年子弟也。巴。俗謂有巴巴，即期望之極也。硬。輭。安穩。慌張。痛癢。俗謂關心也。通融。近便。花甲。俗稱六十年爲花甲。自在。俗以安閒爲自在。平安。寒毛。人身毛孔所生之毛，俗謂之寒毛。能幹。麤笨。縮朒。音忸，俗謂不開展也。干涉。功夫。賣弄。威風。留神。真箇。手藝。著忙。登時。立時也。目下。眼下也。手下。旁邊。打扮。裝飾也。胍肫。音孤都，俗以花未開時曰胍肫。整頓。鮮明。斟酌。支持。收拾。含糊。鬆快。模樣。亦曰樣子。埋沒。擺弄。亦作擺布。完全。籬笆。以竹作牆者，俗曰籬笆。箍。以篾束物曰箍。囤。俗以盛五穀之器具曰囤。筍。木工作器具兩於合處曰筍。掃帚。用以掃地者，俗呼爲掃帚。爆仗。即紙炮也。餛飩。俗以匾食爲餛飩〔一〕。打話。與人說話也。骨碌。俗以物在地亂滾曰骨碌。骨董。亦作古董，謂古物也。韡。亦作靴。母量。俗以揣度事宜曰母量。黴。俗以天雨不晴曰黴。斯。見《詩經》，俗以手擘紙或裂布俱作撕，非。誺。音賚，俗以言相誣誺。賽。比較也。站。儅。豈有此理。改頭換面。南來北往。自作自受。十指有長短。利令智昏。好物不在多。垂頭喪氣。福至心靈。

〔一〕爲：據文意補。

脚踏實地。過路拆橋。俗以人祇顧眼前不思其後者曰過路拆橋。旗鼓相當。俗以勢均力敵曰旗鼓相當。騎驢覓驢。興高彩烈。千變萬化。一定不易。養子防老。一物不知。萬萬千千。摇脣鼓舌。俗以捏造是非曰摇脣鼓舌。百孔千瘡。俗以事破綻多的，俗曰百孔千瘡。翦艸除根。錦上添花。護身符。鬧穰穰。俗集市人聲爲鬧穰穰。病懨懨。俗以人半病半起爲病懨懨。撲刺刺。俗以鳥飛聲爲撲刺刺。顫巍巍。熨帖。車軸身。俗謂之車軸漢子。月子婦。人生育後，俗曰坐月子。高興。爛醉。嬾惰。本色。有意思。魚刺。刺。俗謂宰猪曰刺猪。不知利害。幬木。俗以壽器曰幬木。渾渾沌沌。良工心苦。勞而無功。强梁。畏首畏尾。俗以人作事不敢辦，爲畏首畏尾。修理。多事。得意。泥濘。正氣。不敢當。萬一。天幸。俗以僥倖曰天幸。窄狹。陰德。俗以作好事爲積陰德。人事。有能。公門。俗呼衙門爲公門。奔走。合并。塌。俗以房屋圮者曰塌。責備。俗以責罰爲責備。貌像。風俗。約束。甚麽。亦曰什麽，亦單曰麽。刮地皮。醉醺醺。功勞。嚧嚧。呼猪聲。拓。手承物也。晾。音亮，曬曝也。鉈。音佗，秤錘。毯。毛席也。蛹。蠶在繭中。嘩。呼人聲。瞭。近視也，音七。脯。鷄胸肉〔一〕，音蒲。筷。音快，箸也。鍬。馬後革也。綹。綫條也，音柳。星星點點。言其少也。剺。破魚也，音遲。蘸。以物沾水也，音站。䟫。小兒手據地行也。赾。舉尾也，音掘。熜。微炒也，音貝。齦。齒骨也，音肯。家伙。即物件也。㽔腸。小腸也，音子。鉋子。平木器也。葛答。釜沸聲。跟。足後也。炧。火爆也，音乍。奉承。俗謂恭維人也。出家。出家爲僧也。西天。佛教稱印度曰西天。身手。滿月。俗謂婦人生育後滿一月者，爲滿月。攛掇。奉侍。多謝。怠

〔一〕肉：原誤作「内」。

慢。不相干。東家。俗謂主人曰東家。行李。俗謂旅行所帶之物件曰行李。中人。介紹人也。寃家。謂仇家也。應酧。得罪。提拔。調停。勾引。前功盡棄。計較。欺負。孤負。謂辜負人也。落魄。謂人窮困曰落魄。不到頭。錯到底。自偩。謂自恃也。死灰復燃。懶散。吩咐。咕噥。嚶喝。荒唐。俗謂言行不飭爲荒唐。碎。俗謂瑣碎，又曰嘴碎。嚏噴。俗謂打嚏噴。鬼。人死曰鬼。鬼話。俗以虚誑辭爲鬼話。鬼門關。會首。迎神唱戲，其爲首者曰會首。紙馬。紙錢。俗以賽神掃墓所用者爲紙錢。秃驢。俗罵僧徒曰秃驢。佛事。修行。布施。供養。放生。行香。俗以入廟叩拜爲行香。還俗。僧人反教爲還俗。苦海。十八地獄。快活。瞌睡。謂倦也。愎氣。俗以不肯親人曰愎氣。眼珠子。眼中釘。嘴臉。人様子。好漢。謂奇男子也。棍徒。俗謂無賴人爲棍徒。歹。俗謂不好也。作活。俗謂作工也。吃力。謂下力也。窮忙。勞動。安排。窮坑。俗謂填不滿的窮坑。骨頭。把持。揮霍。俗以輕散物爲揮霍。打算。俗以事前預備爲打算。斗藪。俗以受驚身顫曰斗藪。躲閃。唉。嘆聲也。庶。凡驅物作聲俗曰庶庶〔一〕。乾巴巴。俗謂乾物爲乾巴巴。鼕鼕。謂鼓聲也。八字。俗以人生年月日時所值干支，推人禍福者曰八字。風水。裁縫。剃頭。按摩。本醫家一科，以手按捺人之身體，助血液流行也，俗謂之拏法。元寶。主顧。帳。俗謂帳目也。盤纏。謂盤費也。注。俗謂賭局中所累錢物也。頭家。俗謂博戲者，立一人司勝負，曰頭家。子細。財主。打秋風。俗以自遠干求曰打秋風。旋風。馬頭。俗以水路輻輳之處曰馬頭。快樂。窟窿。公館。煖炕。

〔一〕俗曰：原作「曰俗」。

山。俗謂屋壁爲山。戴高帽。俗謂人好自張大、冀人譽己者曰好戴高帽。首飾。俗謂婦人釵珥也〔一〕。生活。荷包。俗以香囊爲荷包。犕馬。俗謂令人備馬也〔二〕。消息。習慣。够。俗謂多曰够。一箭。俗言一箭之路，謂至近也。轂。俗謂饜足曰轂〔三〕。子。俗呼服器之屬，多以子字爲助，如帽子、鞋子等。人面獸心。謂人如禽獸也〔四〕。一毛不拔。謂人一錢不捨也。吹毛求疵。謂求全責備也〔五〕。弄巧成拙。風調雨順。國泰民安。酒色財氣。一片婆心。謂人心善也。絮絮叨叨。殺人不眨眼。丁丁當當。七子八婿。謂人有福也。數見不鮮。數音朔，謂常見並不少也。七顛八倒。謂錯亂也。説大話。俗有「説大話、使小錢」之語。謈怨。俗以恨人陷害曰謈怨。張冠李戴。謂錯安帽子也。毛片。俗買賣騾馬有毛片之説。裹脚。婦女用以纏足之布帛，俗曰裹脚。頭面。俗呼婦人首飾曰頭面。卯眼。木工鑿木爲孔，使榫入者謂卯眼。

〔民國〕武安縣志

【解題】杜濟美修，郗濟川纂。武安縣，今河北省邯鄲市武安市。「方言」見卷九《社會志》中。録文據民國二十九年（一九四〇）鉛印本《武安縣志》。

方言

武民謂黠爲鬼。西鄉謂之精，亦謂之能幹。南鄉曰鑽幹。皆慧也。

〔一〕謂：原誤作「俗」。

〔二〕〔三〕〔四〕〔五〕謂：原作「爲」。

稱人貌魁梧曰排場、曰體面，亦曰氣派。稱粧點入時曰俏皮。稱人作事機警曰精幹。謂人貌美曰俊，亦曰入眼。

跛足曰拐子。失目曰瞎子。體肥曰胖子。居住曰住宅。正室曰上房。中庭曰客位，亦曰過庭。兩陪房曰廂房。階曰砌台。牆基曰根腳。

長工、長夥、把堰、頭家、受苦，皆傭工也。南鄉謂之頭家，東鄉謂之受苦，亦曰頭家，西鄉謂之把堰，或長夥，北鄉謂之受苦。

田曰地。以糞滋田曰上糞。地邊爲堰。斬草釀糞曰漚糞。一换腳爲蹺，兩蹺爲步，二百四十步爲畝，百畝爲頃。

稱蜀黍曰高粱，桿曰隔檔。稱玉蜀黍曰玉茭，亦曰玉菽。稱穀莖曰桿草，豆莖曰稭，麥桿軋碎者亦曰稭。

謂蟋蟀爲促織。促讀作醋，呼曰醋織。謂蜻蜓爲麻螂。稱蚯蚓曰出串。蜥蜴曰蛇出利。地鼈，武民稱曰蛤破蟲。蝗曰蜢蚱。螂曰斫頭郎。

虹爲絳。呼海上潮雲曰茜。呼流星曰賊星。

蜩謂之螂蟟。邑西人稱曰嘒烏。蛣蜣曰尿蛇螂〔一〕。

〔一〕 尿：似爲「屎」之誤。

稱父曰爹。母曰娘。祖父曰爺爺。祖母曰奶奶。伯曰大爺。伯母曰大娘。叔曰叔叔。叔母曰嬸娘。兄曰哥哥。弟曰兄弟。姊曰姐姐。妹曰妹妹。女曰閨女。兒曰小子。兒妻曰兒媳婦。媳婦稱舅曰公公，稱姑曰婆婆，稱夫兄曰大伯子，夫弟曰小叔子，稱夫之姐、妹曰大姑子、小姑子。女婿稱岳父曰丈人，稱岳母曰丈母，稱妻兄曰大舅子，妻弟曰小舅子，妻姐、妹曰大姨子、小姨子，稱妻姐妹之夫曰條船，亦曰一根槓。稱父之舅曰老舅，老舅之妻曰老妗子。稱母之父曰老爺，母之母曰老老。母之兄弟曰舅舅。舅舅之妻曰妗子。母之姐、妹曰大姨、小姨。母姐妹之夫曰姨夫。稱女之子爲外甥。女之翁姑爲親家翁、親家母。

呼日爲老陽。月爲月亮。雹曰冷子。霰曰地油子。微雨曰圪星。大雨曰没點雨。羊角風曰旋風。黎明曰冷清明，亦曰撲明，亦曰東方亮。暮曰擦黑。夜曰黄昏。昨日曰夜隔。越一日曰前隔。越二日曰大前隔。

突如其來曰猛不防。没看見曰不徐顧。不當作者曰犯不上。不當校者曰犯不著。無妨礙曰不怕嘎。稱人作事敏捷曰爽快。辦事遲緩曰蹝蹬，亦曰摸索。頭腦不清曰摸迂。物不潔曰骯髒。人不修飾曰邋遢。口角曰吵，亦曰嚷。駡人曰撅。彼此相戲曰吸哈。醵金共食曰打拼夥。彼此相約曰搭格。和人同行曰相跟著。稱人好曰真不錯。詈人歹曰凸種。

〔民國〕館陶縣志

【解題】王華安修，劉清如纂。館陶縣，今河北省邯鄲市館陶縣。「稱呼」見卷六《禮俗志·風俗》中。録文據民國二十五年（一九三六）刻本《館陶縣志》。

稱呼

子女呼父爲爹，呼母爲娘，呼祖父爲爺爺。父本爲爺，故呼祖父爲爺爺。呼祖母爲奶奶。呼曾祖父母則又加以老字。媳對夫家之尊長，隨其夫之稱而稱之。呼兄爲哥，呼兄妻爲嫂。呼伯爲大爺，伯母爲大娘。呼叔父爲叔，叔母爲嬸。夫婦口頭無稱呼，有稱以字者，尚不適行於鄉間。呼外祖爲老爺，外祖母爲老娘。舅父爲舅，舅母爲妗。呼岳父、岳母則以大爺、大娘稱之。翁婿年歲相等者，則以叔稱之。鄉親皆論輩次。傭工有戚誼者論戚誼，無戚誼者，家長對傭工呼名，傭工對家長或伯之，或叔之，或兄之，視年歲爲定。衡無貧富階級，亦無主僕名分，故相交以誠。

〔萬曆〕廣平縣志

【解題】陳棨纂，王一龍增修。廣平縣，今河北省邯鄲市廣平縣。「人民」見卷二。録文據萬曆三十六年（一六〇八）刻本《廣平縣志》。

人民

常音曰刹、曰舍、曰咱，此出自牙音，屬商，兩口張，感乎風氣者也。變音呼父爲伯，呼母爲姐，呼伯爲大爺，呼昨爲夜，顛倒反覆，此染於俗者也。

〔康熙〕廣平縣志

【解題】夏顯煜修，王俞巽纂。廣平縣，今河北省邯鄲市廣平縣。「方言」見卷二《人民志》中。録文據康熙十五年（一六七六）刻本《廣平縣志》。

方言

常音曰刹、曰舍、曰咱，此出自牙音，屬商，兩口張，感乎風氣者也。變音呼父爲伯，呼母爲姐，呼伯爲大爺，呼昨爲夜，顛倒反覆，此染於俗者也。

〔民國〕廣平縣志

【解題】韓作舟等纂。廣平縣，今河北省邯鄲市廣平縣。「方言」「土語」見卷六。録文據民國二十八年（一九三九）鉛印本《廣平縣志》。

方言

古方言

慧，趙魏之間謂之黠，或謂之鬼。楊子《方言》一。

按，《廣雅》：「黠、鬼，慧也。」今土人呼人之靈黠曰鬼。郭璞《方言注》曰：「今名黠爲鬼蜮。」《詩》「爲鬼爲蜮」，亦此義。

㜲，好也。凡物好而輕者，趙魏之間曰姝，或曰妦。同上。

按，《廣雅》：「㜲、妦，好也。」「嬴嬴，容也。」㜲與嬴同。字又通作盈。古詩「盈盈樓上女」，謂㜲好也。郭璞云：妦，「言妦容也」。妦與丰同。《毛詩》傳曰：「丰，豐滿也。」《廣韻》：「丰茸，美也。」今土人譏女之淫美者曰妦，即古方言之遺。《廣雅》：「姝，好也。」女之美者曰姝，《詩·邶風》「静女其姝」是也。士之美者亦曰姝，《詩·鄘風》「彼姝者子」是也。

獎，欲也。趙曰獎。楊子《方言》六。

按，以我所欲强人之從則曰獎，今人語猶然。《説文》：「獎，嗾犬厲之也。」獎勵之意即從此出。

倰，哀也。趙魏之間曰倰。楊子《方言》一。

按，倰、憐一聲之轉。今土人呼人之可哀者皆曰可憐。

趙魏之間慙謂之恥。楊子《方言》六。

按，聦，梅聲。《廣雅》：「挴、聦，慙也。」〔一〕

抾摸，去也。趙魏之總語也。抾摸，猶言持去也。同上。

按，《廣雅》：「抾莫，去也。」摸與莫通。今北人謂手捫物者皆曰摸抾，或作祛、胠。今民間失物亦曰摸去，與持去之義相通。

鐫，琢也。趙謂之鎃鎃〔二〕。同上。

案，鎃亦作鈲，鈲音霹。《漢書·藝文志》：「鉤鎃析亂。」顏師古曰：「鎃，破也。」今土人破木猶曰鎃，蓋與劈同義也。

趙魏之間火熟曰爛，氣熟曰糦，久熟曰酋，穀熟曰酷。熟，其通語也。楊子《方言》一。

案，《廣雅》：「爛、饎、酷、酋，熟也。」《士虞禮》：「饎爨在東壁。」鄭注曰：「炊黍稷曰饎。」饎、糦同字。秙與酷亦通。《玉篇》：「秙，禾大熟也。」今土人凡肉熟者曰爛，久而稠者曰酋。《周官·酒正》：「二曰昔酒。」注曰：「昔酒，今之酋久白酒。」

燕趙之間言圍大謂之豐。《方言》二。

案，豐通作寷。《廣雅》：「寷，大也。」《説文》：「豐，豆之滿者。」圍大即豐滿之義。

〔一〕雅：原誤作「韻」。挴：原誤作「梅」，據《廣雅》改。

〔二〕「趙謂之」下，據光緒《廣平府志》，遺漏一段。即「鐫。楊子《方言》二。按《説文解字》：『鐫，穿木鐫也。一曰琢石也。』今北人呼刻石者爲鐫，刻金銀者亦曰鐫。鎃，斲也。趙謂之」。本條原實爲兩條，詳見光緒《廣平府志》。

撊，梗，猛也。魏曰撊〔一〕，趙曰梗。同上。

案，《小爾雅》曰：「撊，忿也。」《楚詞》王逸注：「梗，强也。」忿、强皆與猛義近。梗亦通作鯁。

緜，施也。趙曰緜。《方言》六。

案，《説文》：「緜，聯微也。」緜連不絶之義，與施義近。緜所以覆人，故郭璞曰：「緍緜，相覆及之名也。」緍、緜聲轉而通。

佻，懸也。趙魏之間曰佻，燕趙之郊縣物於臺之上謂之佻。《方言》七。

案，郭璞注：「了佻，縣物皃。」丁小反。王念孫曰：「今俗語謂縣物爲弔，聲相近也。」今土人謂舉於上爲佻，懸於上爲弔。

税，舍車也。趙魏之間謂之税。同上。

案，《爾雅》：「税，舍也。」郭璞《方言注》：「税，猶脱也。」舍，宜音寫。《晉書·潘岳傳》曰：「發槅寫鞍，皆有所憩。」寫與卸音義同。《説文》：「卸，舍車解馬也。」今土人皆言卸。

趙魏之東實、寔同聲。《詩·韓奕》鄭箋。

案，《玉篇》寔，時弋切，是也。實，時質切，不空也。兩字音義皆别。《詩·小星》「寔命不

〔一〕撊：原誤作「攔」。

同」，《韓詩》作實。《覲禮》「伯父實來」，鄭注曰：「今文作寔。」古讀同聲，故通借之。今北人猶讀如一音。

北人以庶爲戍、以如爲儒、以紫爲姊、以洽爲狎。《顔氏家訓·音辭》篇。

案，庶、戍同母，如、儒同母，紫、姊同母，洽、狎同母。今土人讀此數字猶如顔所云。

冀州凡水大小皆謂之河〔一〕。《漢書·司馬相如傳》注引文穎。

案，《水經·河水注》：「《春秋説·題辭》云：『河之謂言荷也。』」今土人凡水通名曰河，古則專指黄河而言。

北方多種蕎麥，磨而爲麪，作湯餅，謂之河漏。王禎《農書》。

案，蕎麥，土人呼爲稜子。河漏，呼爲河洛。《説鈴》曰：山東以蕎麥作麪食曰河洛，向不辨其何字。《唐書》：「明皇以鹿血煎酪賜安禄山〔二〕，曰：『熱洛河。』」字似本此。河洛有牀形如鍘草刀，牀下有圓孔數枚，麪由此漏入釜中，即名河漏。蕎麥麪者尤修美。

畢羅，今北人呼爲波波。《潛確類書》。

按，《玉篇》：「饆饠，餅屬。用麪爲之，中有餡。」《資暇集》曰：「畢氏、羅氏好食此，因名。」《酉陽雜俎》：「有人夢入畢羅店。及醒，店子曰：『郎君與客食畢羅二斤，何不計直而去？』」即

〔一〕州：原誤作「北」。
〔二〕禄：原誤作「鹿」。

「餺饠也。」〔一〕波即畢羅之合聲。波、磨疊韻字，故或呼爲磨磨。今順天人稱波波，畿南人稱磨磨。

爹，北方人稱父。《廣韻》三十三哿。

按，《南史・梁始興王憺傳》：「詔徵還朝，人歌曰：始興王，人之爹。赴人急，如水火。何時來，哺乳我？」爹之稱始此。今土人呼父多稱爹者，但俗轉爲平音耳。

臿，趙魏之間謂之喿。《方言》五。

案，《釋名》：「鍤〔二〕，插也。插地起土也。」鍤即臿之別字。《廣雅》：「喿，臿也。」《新序》：「魏王將起中天臺，許綰負操鍤入。」喿，同操。

榻前几，趙魏之間謂之椸。几，其高者謂之虡。同上。

案，《廣雅》：「虡、⿰爿多，几也。」⿰爿多與椸同。《鹽鐵論》：「牀栘之案。」栘即椸字。

劍削，燕趙之間謂之室。《方言》九。

案，《說文》：「削，鞞也。」《玉篇》：「削，所以貯刀劍刃。」《釋名》：「刀其室曰削。削，峭也。其形峭殺，裹刀體也。」字或作鞘。鞘，《小爾雅・廣器》：「刃之削謂之室。室謂之鞞。」今

〔一〕餺饠：原作「畢羅」，據《酉陽雜俎》改。
〔二〕鍤：原作「臿」，據《釋名》改。

土人謂之削，或曰庫。

輨，軑，錬鐫也。趙魏之間曰錬鐫。同上。

案，錬即錮字。《説文》：「錮，車軸鐵也。」《釋名》：「錮，間也。間釭軸之間，使不相摩也。」軸貫轂中，轂轉則與軸相摩，而轂中有釭，恐㓞其軸，故以錮裹軸，使不受釭摩也。今北人通呼曰錮輨。錮音近軑，鐫音轉也。

維車，趙魏之間謂之轣轆車。《方言》五。

按，《説文》：「維，著絲於筟車也。」《六書故》云：「筟車，紡車也。」著絲於筳，著筳於車，踏而轉之，所謂紡車也。《玉篇》：「維車，亦名𨌥車，亦名軌車。」《廣雅》：「維車謂之歷鹿。」即轣轆也。

黍，北人呼爲黄米。《羣芳譜·穀類》。

案，《説文》：「黍，禾屬而黏者也。以大暑而種，故謂之黍。」《齊民要術》引《氾勝之書》云：「黍者，暑也。種必以暑。」黍、穄同，以黏與不黏分之。蘇頌《圖經》：「黍之黏者爲秫，北人謂之黄米，亦曰黄糯。」《本草綱目》穀部：「秫，北人呼爲黄糯，亦曰黄米。」按此皆誤也。天下人呼高粱爲秫，呼其稭爲秫稭，古今相同，無稱黄米爲秫者。程瑶田《九穀考》以黄米屬穄，亦非也。

粟，北人謂之小米。《本草綱目》穀部。

按，《説文》：「禾，嘉穀也。」「㮚，嘉穀實也。孔子曰：『㮚之爲言續也。』」「米，㮚實也。象禾實之形。」「粱，米名也。」今土人稱稻米爲大米，粟爲小米。

楊柳，北人都不言楊。《本草拾遺》。

按，《説文》：「楊，木也。」「柳，小楊也。」《藝文類聚》《初學記》俱引《説文》作「楊，蒲柳也」，與《爾雅》同。《詩》「楊柳依依」，亦以楊、柳爲一種。今案柳有二種，一種枝條上聳而短，人通謂之柳。一種枝條下垂而長，人謂之垂楊柳。南方有柳無楊，而竟疑北方以楊作柳，豈知楊、柳迥乎二物。且楊有數種，較柳爲多。有白楊，有青楊，有鑽天楊，有大葉楊。青楊又名響楊，葉最大。總之柳葉長而窄，楊葉大而圓。柳幹皮黑，楊幹皮白。一見便知。不得假借而相混也。

蠭，燕趙之間謂之蠓螉，其小者謂之蠮螉，或謂之蚴蜕，其大而蜜者謂之壺蠭。《方言》十一。

按，《説文》：「蠭，飛蟲螫人者。」蠓螉，取其聲。《廣雅》：「蝁，螚也。」蚴蜕，土蜂，蠮螉也。蝁、蠮同字。螚、蚴、蠮、螉，皆語聲之轉。郭璞曰：「蠮螉，小細腰。」今按其狀，腰細如針，黑黄色，俗通呼之爲小土蜂。壺蜂，即《爾雅》之木蠭。郭注云：「今黑蠭穿竹木作空房亦有蜜者，或呼爲笛師。」《楚辭》所謂「元蜂若壺」是也。郝懿行曰：「今呼爲瓠瓤蜂。」

今方言

北人呼虹爲絳。沈濤《銅熨斗齋隨筆》八。

案，沈濤云：「世皆知霓字有入聲，而不知虹字有去聲。元稹《送客遊嶺南》詩：『水面皮疑縠，山頭虹似巾。』自注云：『虹，音近絳。』案《廣韻》四，虹，古巷切。」今人皆呼虹爲絳。

宋石幢稱大父耶耶。北人猶有此稱。《十駕齋養新録》。

按，永清信安鎮龍泉寺有金大定三年碑，其文有「王孝子耶耶」之文，錢大昕云：「當謂其大父也。」今土人稱祖父曰耶耶。

蜀秫高至丈餘，北人謂之高粱。張爾岐《蒿庵閒話》。

案，高粱今亦謂之紅糧，其稭仍呼爲秫稭，俗曰隔稭子，可供爨，可編爲箔。

今北方人謂禾莖曰秆草，以飼馬牛。《廣雅疏證·釋草》。

按，《説文》：「稈，禾莖也。《春秋傳》曰：『或投一秉稈。』或從干作秆。」今本《左傳》作秆，杜預注曰：「秆，稾也。」王念孫曰：「秆之言幹也，禾之幹也。」今土人皆呼秆草。

蓬，北人今呼爲埽帚菜，又呼爲刺蓬。程瑤田《九穀考》。

案，《爾雅》：「荓，馬帚也。」荓、蓬一聲之轉。此草莖圓疏勁，葉可食，莖可作帚，或呼爲刺蓬。

蜩之名不一，北人通謂之蝍蟟。《畿輔通志》。

按，蟟、蜩疊韻。《廣雅》曰：「蟜結，蟬也。」郭璞注《方言》云：「蟜音技。」蓋蟜結蝍，聲之轉。蝍蟟二字如呼其聲。今按蟬有大中小三種。大者名蟬，中者名蝍蟟，小者名蟜結。《畿輔通志》未盡其説。

蟋蟀，今北人謂之屈屈。同上。

案，《爾雅》：「蟋蟀，蛬。」郭璞注曰：「今促織也。」義疏云：「今順天人謂之趨趨。」案屈屈、趨趨即蛬之轉音，亦即促織之合聲也。

土語

稱父爲爹。稱母爲孃。稱祖爲爺爺。稱祖母爲奶奶。老爺，稱外祖也。姥姥，稱外祖母也。呼兄曰哥哥。呼弟曰兄弟。呼姊曰姐姐。妹曰妹妹。呼女曰閨妮。兒曰小子。舅曰公公。姑曰婆婆。姑性惡謂之撟。婦謂其母家曰後代家。夫弟曰小叔子。夫兄曰大伯子。妻父曰丈人。妻母曰丈母。妻兄曰大舅。妻妹曰小姨。兩婿相稱曰調串，亦曰連襟。先輩爲先生。後輩爲相公。同人呼甫字，皆加以老。

月曰月亮。雹曰冷子。黎明曰冷明，亦曰撲明。暮曰擦黑。夜曰黑夜。昨日曰夜隔。突如其來曰猛不防，亦曰不徐顧。無端而來曰憑空，亦曰平白。兩不相涉曰犯不著。無礙曰不相干。是人言曰可不是。手拂物曰摸拉。以手析物曰撕開。爽快曰廉利。遲緩曰磨蹭。人不潔曰邋遢。物不潔曰腌臢。物好謂之廣。修理曰整治。口角曰吵。逃走曰跑。追謂之蹤。罵人曰捲，曰抰。褻語曰撒村。

吝嗇曰夾楡頭。無賴人曰無二鬼。飲水曰欱。醵錢飲酒曰打平火。婦再醮曰擡身，亦曰改嫁。女繼室曰填房,亦曰補後。雇工曰作活,亦曰覓漢。彼處曰那裏。此處曰這裏。説甚麽曰煞。做煞,猶云作何事也。不怎着,言不無妨也。這可怎著,言無奈何也。囤曰圈。畚曰籮頭。門上鈕鼻曰達料。禽獸尾曰乙巴。蝗謂之螞蚱。蜻蜓曰隨水蜓。採訪録、舊《府志》。

〔雍正〕肥鄉縣志

【解題】王建中修,宋錦等纂。肥鄉縣,今河北省邯鄲市肥鄉縣。「方言」見卷二《風俗》中。録文據雍正十年(一七三二)刻本《肥鄉縣志》。

方言

古者輶軒之使採覽萬國之聲音,還奏報於天子。周秦以降,其業隳廢。漢楊子雲發憤作《方言》以續《爾雅》,晉郭璞從而注之曰「不出户庭而坐照四表,不勞疇咨而物來能名」,蓋甚重其事也。其書傳趙魏之口吻者,迄今數千百年。同者十七,異者十三。大抵斯土近中原,風聲之所盤礴,較燕齊稍重濁,比晉秦斯剴真矣。陳公盤曰:「常音曰剎、曰舍、曰咱,出自牙音,兩口張,此感乎風者也。變音呼父爲伯,呼母爲姐,呼昨爲夜。顛倒反覆無字義,此染于俗者也。」

〔民國二十二年〕邯鄲縣志

【解題】畢星垣修，王琴堂纂。邯鄲縣，今河北省邯鄲市邯山區和叢台區。「方言」見卷六《風土志》中。録文據民國二十二年（一九三三）刻本《邯鄲縣志》。

方言 附土語

慧，趙魏之間謂之黠，或謂之鬼。《府志》。下同。

案，《廣雅》：「黠、鬼，慧也。」今土人呼人之靈黠者曰鬼。郭璞《方言注》曰：「今名黠爲鬼蜮。」《詩》「爲鬼爲蜮」，亦此義。

鐫，琢也。趙謂之鐫。

案，《説文》：「鐫，穿木鐫也。一曰琢石也。」今北人呼刻石者爲鐫，刻金銀者亦曰鐫。

趙魏之東寔、實同聲。

案，《玉篇》：「寔，時弋切，是也。」「實，時質切，不空也。」兩字音義皆别。《詩·小星》「寔命不同」，《韓詩》作「實」。《覲禮》「伯父寔來」，鄭注曰：「今文作實。」古讀同聲，故通借之。今北人此二字猶讀如一音。

北人以庶爲戍，以如爲儒，以紫爲姊，以洽爲狎。《顔氏家訓·音辭篇》。

案，庶、戍同母，如、儒同母，紫、姊同母，洽、狎同母。今北人讀此數字猶如顔氏所云。

甫者，男子之美稱，古書多假借爲父字，北人遂無一人呼爲甫者。《顔氏家訓·音辭》篇。案，《釋名》：「父，甫也。始生己也。」《詩·崧高·序》「尹吉甫」，釋文本作父。今時人有號稱甫而借作父者，亦仲父、亞父之遺。《畿輔通志》。下同。

邪者，未定之詞，而北人即呼爲也，亦爲誤矣。《顔氏家訓·音辭》篇。案，邪、也二字，聲近而通。《大戴禮·五帝德》篇：「請問皇帝者人邪？抑非人邪？」《樂記》正義引此邪作也。《莊子·大宗師》篇：「夫造物者，又將以予爲此拘拘也。」《淮南·精神》篇也作邪。顔氏蓋昧於古人音借之義。同上。

北方多種蕎麥，磨而爲麵，作湯餅，謂之河漏。王禎《農書》。案，蕎麥立秋前下種，九月收，赤莖，緑葉，小白花，實有三稜，老則皮黑，故保定土人呼爲稜子。河漏，直隸人通呼爲河洛。《説鈴》曰〔一〕：「山東以蕎麥作麵食，曰河洛。向不辨其何字，《唐書》明皇以鹿血煎酪賜安禄山，曰熱河洛。似本此。」河洛有牀形，如今北人鍘草刀，牀下木有圓孔，孔底鋪以鐵篩，上木有圓柄，與孔相值，孔中實以麵，置釜上，人持其尾而軋之，麵漏入釜中，即名河洛。蕎麥麵者尤美。同上。

蟋蟀，幽州人謂之促織。陸璣《詩疏》。今全境皆謂之促織。

〔一〕鈴：原誤作「令」。

案，《易通・繫卦》曰：蟋蟀之蟲，隨陰近陽，居壁向外，趣婦女織績，故以爲催。古諺云：促織鳴，懶婦驚。女工之象。《古今注》促織，一名絡緯，一名促機，一名紡緯，皆取其義，然以莎鷄當之，則失其實。陸《疏》謂：「蟋蟀似蝗而小，正黑有光澤似漆，有角翅，一名蛬，一名蜻蛚。」今人謂之屈屈，屈爲蛬之轉聲，屈屈即促織之合聲也。

北人呼禾爲穀。

北方人呼穀米曰小米。程瑤田《九穀考》。

禾有赤苗、白苗之異，今直隸人猶別而呼之曰紅苗穀、白苗穀。程瑤田《九穀考》。

今北方人謂禾莖曰秆草，以飼牛馬，又以爲簾薄。《廣雅疏證・釋草》。

案，《說文》：「稈，禾莖也。《春秋傳》曰：『或投一秉稈。』秆，稈或从干。」〔一〕今本《左傳》作秆，杜預注曰：「秆，稾也。」王念孫曰：「秆之言幹也，禾之幹也。」今北人皆呼秆草。

蜩，北人謂之蝍蟟。《爾雅義疏・釋蟲》。

案，蜩之名不一，北人通謂之蝍蟟。蟟蜩疊韻，《廣雅》曰：「蚑蛣，蟬也。」郭璞注《方言》曰：「蚑音技。」蝍蟟蚑蛣聲之轉，蝍蟟二字，如呼其聲。

蜀秫高至丈餘，北人謂之高粱。張爾岐《蒿庵閒話》。

〔一〕秆稈或从干：原作「或從干作稈」，據《說文解字注》改。

案，高粱今亦謂之紅粱，其稭仍呼爲秫稭，俗曰隔檔子，可供爨，可編爲箔。

楊柳，北人都不言楊。《本草拾遺》《府志》。下同。

案，《説文》：「楊，木也。」「柳，小楊也。」《藝文類聚》《初學記》俱引《説文》作「楊，蒲柳也」，與《爾雅》同。《詩》「楊柳依依」，亦以楊柳爲一種。今案，有二種，一種枝條上聳而短，人通謂之柳；一種枝條下垂而長，人謂之垂楊柳。

抾摸，去也，趙之總語也。抾摸，猶言持去也。同上。

案，《廣雅》：「抾莫，去也。」摸與莫通。今北人謂手捫物皆曰摸抾，或作祛、胠。今民間失物亦曰摸去，與持去之義相通。

冀州凡水，大小皆謂之河。《漢書·司馬相如傳》注引文穎。

案，《水經·河水》注引《春秋説·題辭》云：「河之爲言荷也。」今土人凡水通名曰河，古則專指黄河而言。

蓬，北人今呼掃帚菜，又呼爲刺蓬。程瑶田《九穀考》。

案，《爾雅》：「荓，馬帚。」荓、蓬亦聲之轉。此草莖圓疏勁，葉可食，莖可作帚，或呼爲刺蓬科。

黍，北人呼爲黄米。《羣芳譜·穀類》。

案，《説文》：「黍，禾屬而黏者也。以大暑而種，故謂之黍。」《齊民要術》引《氾勝之書》

云：「黍者，暑也。種必以暑。」黍、穈同，以黏與不黏分之。蘇頌《圖經》：「黍之黏者爲秫，北人謂爲黄米，亦曰黄糯。」《本草綱目》穀部：「秫，北人呼爲黄糯，亦曰黄米。」按此皆誤也。天下人呼高粱爲秫秫，呼其稭爲秫稭，古今相同，無稱黄米爲秫者。盛百二曰：「黍穗散，稷穗專。黍稃短，稷穇長。稷黏者少，黍黏者多。」程瑶田《九穀考》以黄米屬穈，亦非也。

今北人呼虹爲絳。沈濤《銅熨斗齋隨筆》。

案，沈濤云：「世皆知霓字有入聲，而不知虹字有去聲。元稹《送客遊嶺南》詩：『水面皮疑穀，山頭虹似巾。』自注云：『虹，音近絳。』」案，《廣韻》四絳虹，古巷切。」今土人皆呼虹爲絳。

土語

稱父爲爹。稱母爲娘。稱祖父爲爺爺。稱祖母爲奶奶。稱外祖爲老爺。稱外祖母爲老老。呼兄曰哥哥。呼弟曰兄弟。呼姊曰姐姐。呼妹曰妹妹。女曰閨女。兒曰小子。舅曰公公。姑曰婆婆。夫弟曰小叔子。夫兄曰大伯子。妻父曰丈人，又曰岳父。妻母曰丈母，又曰岳母。妻兄曰大舅子，又曰内兄。妻弟曰小舅子，又曰内弟。兩婿相稱爲調串，亦曰連襟，又曰一根槓。母兄弟曰舅舅。母兄弟妻曰妗子。父之舅曰老舅。老舅之妻曰老妗子。姊妹子曰外甥。甥子曰重外甥。先輩爲先生。後輩爲相公。同人呼甫字，多加以老。

月曰月亮。雹曰冷子。黎明曰冷清明，亦曰撲明。暮曰擦黑。夜曰黑夜。昨日曰夜隔。越一日曰前隔。越二日曰大前隔。

突如其來曰猛不防，亦曰不徐顧。無端而來曰憑空。兩不相涉曰犯不着，亦曰犯不上。無礙曰不相干，又曰不怕嗄。是人言曰可不是，又曰該不是的。手拂物曰抹拉。以手析物曰撕開。爽快曰鏮利。遲緩曰摸索，又曰磨蹭。修理曰整治。人不潔曰邋遢。物不潔曰骯髒，又曰隔影。性情不常曰潮道。口角曰吵。逃走曰跑。追謂之趁。罵人曰捲，曰檄。褻語曰撒皴。富曰便家，又曰財主。貧曰窮，曰没法。吝嗇人曰夾榆頭，又曰不開眼。無賴人曰無二鬼，又曰混鬼。不務正曰倒失，又曰片湯。飲水曰喝。醵錢飲酒曰打平火。《四友齋叢話》曰「打瓶夥」，蓋即此也。女繼室曰填房，又曰補後婦。再醮曰擡身，又曰改嫁。男繼娶曰續絃。言太煩謂之嘟嘟嚷嚷。無忌憚謂之没王蜂。雇工人曰覓漢，亦曰長工。日工曰短工。通謂之做活，又謂之受苦的。

牡驢曰叫驢。牝驢曰草驢。母鷄曰草鷄。雄鷄曰公鷄。小兒學立曰打蹬蹬。呼馬牛曰都都。呼犬曰嗾嗾。甚麽樣曰嗄形。幹甚麽曰做嗄啦，又曰怎麽。彼處曰那裏。此處曰這裏。説甚麽曰你説嗄。無妨曰不怎著。無可如何曰這可怎著。甚好謂之谷咄咄，又曰一百成。囤曰圈。畚曰籮頭。車轅曰車梯。駕車曰套車。門上鈕鼻曰達料。禽獸尾曰已巴。蝗曰螞蚱。蜻蜓曰水蜓蜓。

〔民國二十九年〕邯鄲縣志

【解題】楊肇基修，李世昌纂。邯鄲縣，今河北省邯鄲市邯山區和叢台區。「方言」見卷六《風土志》中。録文據民國二十九年（一九四〇）刻本《邯鄲縣志》。

方言 附土語

慧，趙魏之間謂之黠，或謂之鬼。《府志》。下同。

案，《廣雅》：「黠、鬼，慧也。」今土人呼人之靈黠者曰鬼。郭璞《方言注》曰：「今名黠爲鬼蜮。」《詩》「爲鬼爲蜮」，亦此義。

鐫，琢也。趙謂之鐫。

案，《説文》：「鐫，穿木鐫也。一曰琢石也。」今北人呼刻石者爲鐫，刻金銀者亦曰鐫。

趙魏之東寔、實同聲。

案，《玉篇》：「寔，時弋切，是也。」「實，時質切，不空也。」兩字音義皆別。《詩·小星》「寔命不同」，《韓詩》作「實」。《覲禮》「伯父寔來」，鄭注曰：「今文作實。」古讀同聲，故通借之。今北人此二字猶讀如一音。

北人以庶爲戍，以如爲儒，以紫爲姊，以洽爲狎。《顔氏家訓·音辭篇》。

案，庶、戍同母，如、儒同母，紫、姊同母，洽、狎同母。今北人讀此數字猶如顔氏所云。

甫者，男子之美稱，古書多假借爲父字，北人遂無一人呼爲甫者。《顔氏家訓·音辭篇》。

案，《釋名》：「父，甫也。始生己也。」《詩·崧高·序》「尹吉甫」，釋文本作父。今時人有號稱甫而借作父者，亦仲父、亞父之遺。《畿輔通志》。下同。

邪者，未定之詞，而北人即呼爲也，亦爲誤矣。《顔氏家訓·音辭》篇。

案，邪、也二字，聲近而通。《大戴禮·五帝德》篇：「請問皇帝者人邪？抑非人邪？」《樂記》正義引此邪作也。《莊子·大宗師》篇：「夫造物者，又將以予爲此拘拘也。」《淮南·精神》篇也作邪。顔氏蓋昧於古人音借之義。同上。

北方多種蕎麥，磨而爲麵，作湯餅，謂之河漏。王禎《農書》。

案，蕎麥立秋前下種，九月收，赤莖，緑葉，小白花，實有三稜，老則皮黑，故保定土人呼爲稜子。河漏，直隸人通呼爲河洛。《説鈴》曰〔一〕：「山東以蕎麥作麵食，曰河洛。向不辨其何字，《唐書》明皇以鹿血煎酪賜安禄山，曰熱河洛。似本此。」河洛有牀形，如今北人鍘草刀，牀下木有圓孔，孔底鋪以鐵篩，上木有圓柄，與孔相值，孔中實以麵，置釜上，人持其尾而軋之，麵漏入釜中，即名河洛。蕎麥麵者尤美。同上。

蟋蟀，幽州人謂之促織。陸璣《詩疏》。今全境皆謂之促織。

〔一〕鈴：原誤作「令」。

案，《易通·繫卦》曰：蟋蟀之蟲，隨陰近陽，居壁向外，趣婦女織績，故以爲催。古諺云：促織鳴，懶婦驚。女工之象。《古今注》促織，一名絡緯，一名促機，一名紡緯，皆取其義，然以莎鷄當之，則失其實。陸《疏》謂：「蟋蟀似蝗而小，正黑有光澤似漆，有角翅，一名蛬，一名蜻蛚。」今人謂之屈屈，屈爲蛬之轉聲，屈屈即促織之合聲也。

北人呼禾爲穀。

北方人呼穀米曰小米。程瑤田《九穀考》。

禾有赤苗、白苗之異，今直隸人猶别而呼之曰紅苗穀、白苗穀。程瑤田《九穀考》。

今北方人謂禾莖曰秆草，以飼牛馬，又以爲簾薄。《廣雅疏證·釋草》。

案，《説文》：「稈，禾莖也。《春秋傳》曰：『或投一秉稈。』秆，稈或从干。」〔一〕今本《左傳》作秆，杜預注曰：「秆，稾也。」王念孫曰：「秆之言幹也，禾之幹也。」今北人皆呼秆草。

蜩，北人謂之蝍蟟。《爾雅義疏·釋蟲》。

案，蜩之名不一，北人通謂之蝍蟟。蟟蜩疊韻，《廣雅》曰：「蛣，蟬也。」郭璞注《方言》曰：「蛣音技。」蝍蓋蛣蛣聲之轉，蝍蟟二字，如呼其聲。

蜀秫高至丈餘，北人謂之高粱。張爾岐《蒿庵閒話》。

〔一〕秆稈或从干：原作「或從干作稈」，據《説文解字注》改。

案,高粱今亦謂之紅粱,其稭仍呼爲秫稭,俗曰隔檔子,可供爨,可編爲箔。

楊柳,北人都不言楊。《本草拾遺》《府志》。下同。

案,《説文》:「楊,木也。」「柳,小楊也。」《藝文類聚》《初學記》俱引《説文》作「楊,蒲柳也」,與《爾雅》同。《詩》「楊柳依依」,亦以楊柳爲一種。今案,有二種,一種枝條上聳而短,人通謂之柳;一種枝條下垂而長,人謂之垂楊柳。

抾摸,去也,趙之總語也。抾摸,猶言持去也。同上。

案,《廣雅》:「抾莫,去也。」摸與莫通。今北人謂手捫物皆曰摸抾,或作祛、胠。今民間失物亦曰摸去,與持去之義相通。

冀州凡水,大小皆謂之河。《漢書·司馬相如傳》注引文穎。

案,《水經·河水》注引《春秋説·題辭》云:「河之爲言荷也。」今土人凡水通名曰河,古則專指黄河而言。

蓬,北人今呼掃帚菜,又呼爲刺蓬。程瑶田《九穀考》。

案,《爾雅》:「荓,馬帚。」荓、蓬亦聲之轉。此草莖圓疏勁,葉可食,莖可作帚,或呼爲刺蓬科。

黍,北人呼爲黄米。《羣芳譜·穀類》。

案,《説文》:「黍,禾屬而黏者也。以大暑而種,故謂之黍。」《齊民要術》引《氾勝之書》

云：「黍者，暑也。種必以暑。」黍、穈同，以黏與不黏分之。蘇頌《圖經》：「黍之黏者爲秫，北人謂爲黃米，亦曰黃糯。」《本草綱目》穀部：「秫，北人呼爲黃糯，亦曰黃米。」按此皆誤也。天下人呼高粱爲秫秫，呼其稭爲秫稭，古今相同，無稱黃米爲秫者。盛百二曰：「黍穗散，稷穗專。黍秱短，稷穋長。稷黏者少，黍黏者多。」程瑤田《九穀考》以黃米屬穈，亦非也。

今北人呼虹爲絳。沈濤《銅熨斗齋隨筆》。

案，沈濤云：「世皆知霓字有入聲，而不知虹字有去聲。元稹《送客遊嶺南》詩：『水面皮疑縠，山頭虹似巾。』自注云：『虹，音近絳。』案，《廣韻》四絳虹，古巷切。」今土人皆呼虹爲絳。

土語

稱父爲爹。稱母爲娘。稱祖父爲爺爺。稱祖母爲奶奶。稱外祖爲老爺。稱外祖母爲老老。呼兄曰哥哥。呼弟曰兄弟。呼姊曰姐姐。呼妹曰妹妹。女曰閨女。兒曰小子。舅曰公公。姑曰婆婆。夫弟曰小叔子。夫兄曰大伯子。妻父曰丈人，又曰岳父。妻母曰丈母，又曰岳母。妻兄曰大舅子，又曰內兄。妻弟曰小舅子，又曰內弟。兩婿相稱爲調串，亦曰連襟，又曰一根櫝。母兄弟曰舅舅。母兄弟妻曰妗子。父之舅曰老舅。老舅之妻曰老妗子。姊妹子曰外甥。甥子曰重外甥。先輩爲先生。後輩爲相公。同人呼甫字，多加以老。

月曰月亮。雹曰冷子。黎明曰冷清明，亦曰撲明。暮曰擦黑。夜曰黑夜。昨日曰夜隔。越一日曰前隔。越二日曰大前隔。

突如其來曰猛不防，亦曰不徐顧。無端而來曰憑空。兩不相涉曰犯不着，亦曰犯不上。無礙曰不相干，又曰不怕嗄。是人言曰可不是，又曰該不是的。手拂物曰抹拉。以手析物曰撕開。爽快曰鎌利。遲緩曰摸索，又曰磨蹭。修理曰整治。人不潔曰邋遢。物不潔曰骯髒，又曰隔影。性情不常曰潮道。口角曰吵。逃走曰跑。追謂之趁。駡人曰捲，曰橛。褻語曰撒皺。富曰便家，又曰財主。貧曰窮，曰没法。吝嗇人曰夾榆頭，又曰不開眼。無賴人曰無二鬼，又曰混鬼。不務正曰倒失，又曰片湯。飲水曰喝。醵錢飲酒曰打平火。《四友齋叢話》曰「打瓶夥」，蓋即此也。女繼室曰填房，又曰補後婦。再醮曰擡身，又曰改嫁。男繼娶曰續絃。言太煩謂之嘟嘟嚷嚷。無忌憚謂之没王蜂。雇工人曰覓漢，亦曰長工。日工曰短工。通謂之做活，又謂之受苦的。

牡驢曰叫驢。牝驢曰草驢。母鷄曰草鷄。雄鷄曰公鷄。小兒學立曰打蹬蹬。呼馬牛曰都都。呼犬曰嗾嗾。甚麼樣曰嗄形。幹甚麼曰做嗄啦，又曰怎麼。彼處曰那裏。此處曰這裏。説甚麼曰你説嗄。無妨曰不怎著。無可如何曰這可怎著。甚好謂之谷咄咄，又曰一百成。囤曰圈。畚曰籮頭。車轅曰車梯。駕車曰套車。門上鈕鼻曰達料。禽獸尾曰已巴。蝗曰螞蚱。蜻蜓曰水蜓蜓。

〔民國〕成安縣志

【解題】張應麟修，張永和纂。成安縣，今河北省邯鄲市成安縣。「方言」見卷十。録文據民國二十年（一九三一）鉛印本《成安縣志》。

方言

天類

呼日曰爺爺，意以爲太陽，故云。又稱日頭，因日午當頭，熱之甚也。

呼月曰明奶奶，意以爲太陰，故云。又稱月涼，因月出任何温度亦較日爲涼也。

呼電爲打閃，意以電發如火之光閃，象其形也。

呼虹爲絳，名其色也。

呼雹爲冷子，言其性也。

久雨爲連陰雨，薄雲蔽日爲半陰天，雷之速也曰劈雷，雨之急也曰猛雨，風之暴也曰烈風，皆驚懼之詞。

地類

城之女牆曰垛口，以其便於藏避人口也。

車轍曰路溝，言其形也。

黏土曰膠泥，言其性也。

人家大賣莊田，由買主擇日，帖請賣主與各地隣，指界丈量，設席筵會，謂之擺割食，意以爲此食要立契交價，地與賣主，即行割斷也。

呼衚衕曰過道，亦曰巷子。

田間之地頭或地邊有道不能通行，呼之曰養畛路。

呼秋麥收獲所用之地曰場。

呼家中出水之口曰水道眼子。

人類

呼父曰爹。呼母曰娘。呼祖曰爺爺。呼祖母曰奶奶。呼伯曰大爺。呼伯母曰大娘。呼叔曰叔父。呼叔母曰嬸子。稱兄之妻曰嫂子。稱弟之妻曰弟妹。妻稱夫之兄曰大伯。稱夫之弟曰小叔。夫之姊曰大姑。夫之妹曰小姑。稱姑之子女與舅之子女均爲表兄弟、表姊妹。稱姨之子女曰姨兄弟、姨姊妹。

稱妻之兄弟曰内兄、内弟。俗人曰大舅子、小舅子。

稱父之姨曰老姨。稱母之姨曰姨老娘。稱父之姑曰老姑。稱母之姑曰姑老娘。呼女曰閨妮。

稱父之舅曰老舅。稱母之舅曰舅老爺。

子隨母嫁曰戴犢。婦懷孕而嫁者曰戴肚。男嫁女家者曰養老女婿。

妻懷孕而夫遽殁世，其子之生曰墓生。

兄嫂弟婦統謂之妯娌們。連襟弟兄俗名曰條船。見年長之婦人稱曰老婆。若有事相詢即稱之曰老善友。

泛稱平日面識之人曰相好。見年長之男稱曰老漢。嘲人之共事不忠厚者曰梟鳥頭。嘲人之不明好歹、遇事摸糊者曰混賬。呼土匪曰老賊。呼土匪之巨魁曰杆子頭，亦曰老頷，今自名黑官。土匪架人，前曰請財神，今曰綁肉票。架去婦女曰快票。架去之人經人説合，錢到人回，曰贖票。架去之人，時久不贖，土匪輒行槍決，名曰撕票。

不著上衣曰洩脊粱。不著下衣曰洩肚。不著鞋襪曰洩腳。不戴帽子曰精頭。當係静頭之轉音。

母之父母曰外祖父母。稱外祖父曰老爺。稱外祖母曰老娘。稱母之兄爲舅。稱舅之妻曰妗子。稱母之姊妹曰姨。稱姨之夫曰姨夫。稱妻之父曰丈人，亦曰岳父，又曰泰山。稱妻之母曰丈母，亦曰岳母，又曰泰水。妻稱夫之父母曰舅、曰姑，俗稱舅爲公公，稱姑爲婆子。子弟受學於其師，稱曰先生，其餘習藝於其師者，統稱師父，蓋皆含有尊重之意。而官語呼廚役曰司甫。按，廚役、浄髪及裁縫等均稱司甫，見《聊攝叢談》。呼削髪者亦曰師傅，斯又賤矣。

稱雇工曰覓漢，以其爲雇覓之漢子，斯疏之之意也；亦曰夥計，即含有合夥計劃之意，是又親矣。種地者曰佃户，以不就食於己家也。稱臨時雇夫曰短工，有計日受值之義也。無身家而專事遊賭者，謂之光棍。有田産而任其廢棄者，謂之敗家子，亦曰破落户。自幼貧窮，而終能創立家業者，謂之耍紅拳。不事家産，並好遊賭，且不擇人而交，謂之清皮混的。人無才以作事輒曰不中用。人無見地而且不務正業謂之糊鬧鬼。謂昏懦無志者曰提拔不起。謂語言無信者捉摸不住。謂播弄是非者爲好事人。謂人其體而獸其行者爲不是人。以威勢欺人，羣畏而惡之，曰活閻王。出言好挑撥，羣唾而罵之，曰好孬種。凡遇燒紙之期而舉行野祭，統曰上墳。呼寒食節爲收鬼期。呼十月一日爲放鬼期。呼七月七日爲巧合。七月十五日爲哭離别。忌辰墓祭，呼爲週年。

物類

呼蒲棒曰毛臘，名其形也。

呼老母猪曰海湯。呼小猪曰奶官。呼半大猪曰瞉婁。咩咩叫，羊也。叭叭叫，狗也。曰喇喇叫，猪也。曰咕咕叫，鷄也。曰嘆嘆叫，牛也。曰花花叫，猫也。

呼秫曰高粱。呼秫稭曰隔檔子，可供爨，可編箔簍及蓆。

呼蝟鼠曰刺蝟，以其全身有尖鋭刺毛故也。

蜥蜴有四脚如壁虎名四脚蛇，俗呼之曰地出縷。壁虎，即守宫也，俗呼之曰蝎虎，以其捕食蝎子故名。

黍去皮曰黄米。穀去皮曰小米。稻去皮曰大米。呼禾幹曰杆草，以飼畜牲也。呼蚱蜢曰扁担。呼飛蝗曰螞蜡。呼蛹蝗曰蹦豆。呼雄蛸曰叫蛴子。呼雌蛸曰母蛴子。呼頭顱曰腦袋。呼頸部曰脖子。謂女子之收拾合時者曰好身手。按，唐詩有「洛陽女兒好身手」句。

娶妻或嫁女排旗羅傘扇以導於前，又出殯時置旗旛牌扇於前，呼此物統曰執事。復有一切鼓樂笙笛擁於後，即呼之曰響役。又鄉村有自組戲班不唱明台，遇戚友有慶祝事特送與之鬧喜，呼此曰社好，意以是投社會之所好也。

女以訂婚尚未成年，而因家貧送於婆家以養者，呼曰童養媳。既成孀婦，而欲另適他人者，曰再醮婦，或謂抬身，一曰改嫁。

呼蝙蝠曰簷眠蝠，以其眠於房簷之下也。又曰燕變蝠，以燕食鹽而變成蝠也。有此兩説，未知孰是。

呼蟬爲吉了。呼蟋蟀爲促織，以至秋涼蟋蟀鳴促其織以備服用也。苗中有一種小蟲曰氣不憤，專吃害苗之蟲也。呼蜻蜓曰水水蜓。呼蝗屬統曰螞蚱。

牛生子曰犢。馬生子曰駒。羊生子曰羔。猪生子曰小奶官。呼烏曰老蛙。呼雀曰小雀。呼鵲曰野鵲。呼燕曰小燕。呼雁曰大雁。呼鵂鶹曰突叫，夜間鳴聲最惡，人多厭之，或以其鳴處附近將死人，此雖迷信，亦由經驗而得也。

呼乳曰美美。呼手曰巴掌。

呼菜豆莢曰菜繮。呼饃曰饗頭。呼餃子曰扁食。菜與麵伴蒸而食之，曰蒸菜。呼麵魚曰蛒蚪子，意謂形似蝌蚪也。

早膳曰早飯。午膳曰午飯。晚飯曰哈湯。只要是在晚上，雖備有嘉肴盛饌，普通亦名之曰哈湯。

兩人雖相跟出門，一人先走，他一人必曰吼哩，意謂稍候一時也。兩人相談，有一人未聽清楚，輒曰吓，意謂你説的是什麽也。

兩人口角曰吵嚷。兩人鬥毆曰打架。兩人相駡曰抉。兩人相鬧曰耍嘴，又曰吸哈，簡曰鬧。

不知某人去幹何事，輒曰你作吓，又簡曰鑿呀。謂你作什麽也。

謂毫不介意者曰滿不在乎。謂罪有應得者曰活該。斥其所説之不對曰不占絃，意謂好似彈絃絶不相占也。答其所説之合理曰可不是，亦曰該不是哩，意謂即是也。又表示其所説之謬誤，或表示其所作之差錯，輒曰算啦算啦，意謂不算一回事也。闢他人之不會説話、不會辦事，曰打鍋錘，意謂此人如錘打鍋專門也。

説人之妾曰小婆子，又曰老二。説人家之使女曰小妮子，又曰丫頭。嘲人之品性卑下者曰不值三。嘲人之富有者曰有倆錢。嘲人之自誇其富者曰他專有三錢。嘲人之不務正業者曰混鬼。嘲人之辦事不負責者曰滑頭。稱己物曰俺哩，表示此物爲己有，他人不得任使使用也。稱人家物曰恁哩，表示此物非己所有，何時使用得受人家之支配也。稱共有物曰咱哩，表示此物雖係自己，我倆可絶對通用，親之之意也。

彼與此兩相争嘲，而此受彼之屈，我要從中勸慰，俾此莫與之相較，輒曰不算吓，意謂受點委屈不算什麽事，使此人知道吃虧就是福也。

說看看爲眊眊。呼垂頭而睡曰打盹。

呼早晨曰撲明。呼暮曰擦黑。説昨日曰夜隔。突如其來曰猛不防，亦曰不徐顧。無端而來曰憑空，亦曰平白。兩不相干曰犯不着。無礙曰不相干。以手拂物曰摸摸。以手拆開曰撕開。稱爽快曰鐮利。説遲慢曰磨蹭。稱親愛曰待見，如某人親愛誰，即説是待見誰。

人之不修治者稱曰邋遢。物之不乾浄者曰骯髒。逃走曰跑。追趕曰躂。稱富曰便家、曰財主。稱貧曰窮家、曰没法。稱極貧者曰水已巴光亭。稱吝嗇曰夾榆頭。言無妨曰怎著。言無可如何曰這可怎樣。

凡事初起似有厚望，而結果竟不克償其初願，曰恍頭甜。二人談話不欲公開，覓一秘密之處，曰找個擱牢。

凡事作至中間十分爲難，而又無法了結，謂之坐大蠟。人之舉動帶有一種輕賤之意者，曰含賤。

畜草未完而欲促其盡完者，曰割節。割，斷也。節，段落也。謂割裂成一段落也。引伸之工未做完速做之成一段落、貨未賣完賤賣之成一段落，皆曰割節。又人民家境昔窮今小康，速治之成一富有，亦曰割節。

〔乾隆〕大名縣志

【解題】張維祺修，李棠等纂。大名縣，今河北省邯鄲市大名縣。「方音」「方言」見卷二十《風土志》中。録文據乾隆五十四年（一七八九）刻本《大名縣志》。

方音

大名方音，就通邑而論，如：物讀作務，六讀作留，北筆讀作碑，佛讀作扶，逸邑俱讀作移，玉欲浴俱讀作喻，暇讀作霞，合曷盍俱讀作何，十實石俱讀作時，痕讀作恒，皋讀作稿，賡讀作梗，淹讀作揜，懲讀作逞，危微俱讀作委，活讀作和，偉讀作爲，畫讀作化，役讀作異，叔讀作暑，溺匿俱讀作膩，第讀作第，雜讀作咱之類。

本邑如：俗讀作徐，宿肅粟俱讀作須，一讀作依，足讀作睢，極及吉俱讀作幾，昔夕錫俱讀作西，八讀作巴，卜讀作波，給讀作紀，没讀作謨，蓟讀作居，屈曲俱讀作區，突讀作都，屋讀作烏，福讀作夫，服伏俱讀作扶，束菽俱讀作書，速讀作蘇，勖讀作吁，質執俱讀作支，出讀作初，失讀作師，谷穀俱讀作姑，割讀作歌，遏讀作哦，掇讀作多，赤讀作癡，甲讀作家，寘置俱讀作直，逐竹燭粥俱讀作朱之類。

鄉學如：之讀作直，如讀作入，卑讀作畢，無讀作屋，費地名讀作密，宓讀作覓之類。

大抵本邑音清，鄉學音濁；本邑無入聲，鄉學平聲間讀入聲。餘可類推。

方言

謂日光曰爺爺。呼後輩爲相公。又生員之通稱。日照處曰爺爺地。月曰月亮。雹曰冷子。黎明曰冷明，亦曰一撲明。向晦曰擦黑。夜曰黑家。昨日曰夜个。去年曰年時个。將及曰到好。突如其來曰猛不防，亦曰不徐顧。兩不相涉曰犯不着。無礙曰不相干。曉事曰在行。音杭。是人言曰可不。手拂物曰摸拉。爽快曰鏮利。遲緩曰摸索。料理曰經讀如斤張。修理曰整治。性緩曰粘。不和平曰圪頼，或曰圪料。遲疑不決曰揉肚。性情不常曰潮道。事壞曰喪。上聲。争攘曰頼。角口曰吵。搶白人曰齟。逃走曰跑。怨言瑣細曰聒讀如骨瀆。背有憎言曰嘍咕。駡曰捲。褻語曰撒村。美曰齊整。富曰方便。吝嗇人曰夾榆頭。無賴人曰無二鬼。市井之豪曰行家。三曰薩。醜曰磣。縫曰敹。音聊。壓酒曰笮。音乍。除草曰薅。音蒿。足踐曰跐。飲水曰欱。音喝。醵錢飲酒曰打平火。女繼室曰填房。婦再醮曰擡身。雇工人，本邑曰做活的，新併曰覓頭。

牡牛曰叫子，去勢曰犍子，牝者曰牸牛。牡驢曰叫驢，牝驢曰草驢。母鷄曰草鷄。棒曰棓。音剛去聲。几下函曰替。貯水器曰坻。

彼處曰那裏，新併曰那音近呆上聲圪塔。此處曰這裏，新併曰這音近者圪塔。嘔吼。隔遠相呼之聲。撲拉。被困拂離之狀。撒拉。鞋半著足之謂。苗。窺面相戲之聲。不知而問曰廈。猶云甚麽。做廈。猶云作何事。怎讀近咱上聲著。詢問之意。不怎著。言無妨也。這克怎著。無可如何之辭。

誤而自解曰只當。

邑人崔述作《只當行並序》

只當，邑之方言，已知其誤而自恕之辭，猶云只以爲也。野之夫好以意度人，所行事具在目前，了不一睹，聒而與之語，亦終不信。幸而情狀終露，詰之，則曰我只當云云耳。若其料本屬意中，而其事反出意外者然。作只當行。

〔民國〕大名縣志

【解題】程廷恒等修，洪家禄等纂。大名縣，今河北省邯鄲市大名縣。「鄉音」「方言」見卷二二《風土志》中。録文據民國二十三年（一九三四）鉛印本《大名縣志》。

鄉音

大名就通邑而論，惟沙口集以西、台頭以北，於入聲字讀本音，餘多讀入作平。如：谷讀作孤，菊讀作居，曲讀作區，忽讀作呼，屋讀作烏，福讀作夫，佛讀作符，菽讀作書，束讀作舒，竹讀作朱，速讀作蘇，閣讀作歌，郭讀作戈，廓讀作科，託讀作拖，錯讀作磋，撥讀作波，渴讀作珂，爕讀作邪，鴨讀作鴉，八讀作巴，察讀作叉，殺讀作沙，吉讀作幾，乞讀作欺，吸讀作希，一讀作衣，的讀作隄，剔讀作梯，始讀作詩，十讀作時，七讀作妻，息讀作西，炙執俱讀作知，尺斥俱讀作癡，扎紮俱讀作樝，甲夾俱讀作家之類。

有讀入聲作去聲者。如：物讀作務，玉讀作御，邑讀作易之類。

有讀平聲作上聲者。如：微讀作委，懲讀作逞，刊讀作侃之類。

有讀上聲作平聲者。如：偉讀作爲，鄙讀作卑，覩讀作都之類。

有讀牛韻入虎韻者。如：浮讀作符，謀讀作謨，阜讀作甫之類。

有讀虎韻入駝韻者。如：所讀作鎖，卜讀作撥，踰讀作梭之類。

有虎韻讀入地韻者。如：菊讀作橘，宿讀作卹，畜讀作出之類。

有蛇韻讀入馬韻者。如：斜讀作霞，畫讀作化之類。

有字係一聲之轉，而言文不一致者。如：車讀作居音，而語則作硨。都讀作闍音，而語則作兜。如都來、都好之都，音作兜。粥讀作燭音，而語或作鄒。六讀作陸音，而語則作溜。肉讀作辱音，而語則作糅。露讀作路音，而語或作漏。做讀作胙音，而語或作奏。落讀作絡音，而語或作澇。如水勢漲落、糧價漲落之落是也。角讀作桷音，而語或作姣。如稱扁食曰水角是也。覺讀作角音，而語或作教。如睡覺之覺是也。稍讀作槊音，而語或作燒。鵲讀作碏音，而語或作峭。

方言

稱祖父曰爺爺。祖母曰奶奶。父親曰爹。母親曰娘。伯父曰大爺。伯母曰大娘。叔父曰叔。叔母曰嬸。兄曰哥哥。姊曰姐姐。外祖父曰老爺。外祖母曰老娘。姻兄弟曰親家。婭兄弟曰連襟,亦曰一條椽。

老人曰老頭。童兒曰小孩。富户曰好主。貧民曰窮人。男巫曰端公,亦曰二道。女巫曰師婆。佃户曰種地咧。僱工曰做活的,亦曰覓頭。同事曰夥計。朋友曰相好。

日曰日頭,亦曰爺爺。月曰月亮。日出曰爺爺露頭。日落曰爺爺弔窰。黎明曰冷生明,亦曰一撲明。向晦曰擦黑。午前曰前晌。午後曰後晌。今日曰今個。明日曰明個。昨日曰夜個。昨夜曰夜個。黄昏亦曰夜個後晌。去年曰年時個。前年曰前年個。來年曰過年。

牡馬曰兒馬。牝馬曰騍馬。牡牛曰犍子。牝牛曰牸牛。牡驢曰叫驢。牝驢曰草驢。雄鷄曰公鷄。雌鷄曰草鷄。

粳米曰大米。粟米曰小米。糯米曰江米。黍米曰黄米。藜曰灰灰菜。藿曰猪毛菜。

女繼室曰填房。婦再醮曰抬身。

妻賢曰好裏手。子才曰好接手。

彼處曰那裡,亦曰那地方。此處曰這裏,亦曰這地方。

手攜曰提。足踐曰跐。食飯曰喫。飲水曰欱。

性不和平曰圪賴，或曰圪料。心不明白曰糊塗，或曰混蛋。爽快曰廉利。遲緩曰摸索。料理曰經讀如斤張。修理曰擺治。

突如其來曰猛不防，亦曰不徐顧。

曉事曰在行。角口曰吵。罵人曰捲。可人言曰可不。可讀作平。是人言曰就是。就讀如豆。醵錢飲酒曰打平和。褻語曰撒村。私語曰嘍咕。人太吝嗇曰夾榆頭。愚好自用曰充能。與世浮沈曰隨風倒。快走曰跑。人行相隨曰廝跟。

不知而問曰廈。猶云甚麽。問作何事曰做廈，或曰幹廈。

怎著。詢問之意，怎讀咱上聲。不怎著。言無妨意。這克怎著。無可如何之詞。

誤而自解曰只當。

邑人崔述作《只當行併序》

只當，邑之方言，已知其誤而自恕之辭，猶云只以爲也。野之夫好以意度人，所行事具在目前，了不一睹，聒而與之語，亦終不信。幸而情狀終露，詰之，則曰我只當云云耳。若其料本屬意中，而其事反出意外者然。作只當行。

山西省　凡三十種

〔雍正〕山西通志

【解題】覺羅石麟修，儲大文纂。「方言」見卷四六《風俗》中。録文據雍正十二年（一七三四）刻本《山西通志》。

方言

漢揚雄《方言》：自關而西，秦晉之間，好曰妍。哀曰矜，或曰悼。凡大人少兒泣而不止謂之咣。憂曰惄，或曰濕。凡物壯大謂之嘏，或曰夏〔一〕。凡人之大謂之奘，或謂之壯。凡相敬愛謂之亟。凡人語而過謂之譌，于果反。或曰僉。凡取物而逆謂之篡。音饌。凡大貌謂之朦，或謂之龐。美色謂之好，或謂之窕。凡細而有容謂之魏，魏魏，小成貌。或曰偍。度皆反。凡物小者謂之私〔二〕，或曰纖。凡病而不甚曰殗殜。音嘢葉，半臥半起也。物力同者謂之臺敵。凡全物而體

〔一〕夏：原誤作「憂」。
〔二〕「私」下原衍「小」字，據《方言》删。

不具謂之倚。凡愧而見上謂之赧。痛曰慄。猛曰撊。呼旱反。息曰喙。堅曰鍇。凡取物之上謂之撟捎。炊薪不盡曰藎。凡人獸乳而雙産謂之健子。音犍。駡奴婢曰侮。言爲人所輕弄。無緣之衣謂之裗䘿。俗名䘿掖，音倔。帞頭謂之絡頭〔一〕。桮謂之盃。音雅。罌之大者謂之甀，其中者謂之瓿甊。相勸曰聳，或曰獎〔二〕。中心不欲而由旁人之勸語亦曰聳，凡相被飾亦曰獎。聾曰聹。音宰。聾甚者曰聵。五刮反。所疾曰可惡。言相責讓曰譙讓。暴五穀曰曬。凡以火而乾五穀之類謂之焣。即鬻字，創渺反。鼅鼄謂之鼄蝥。音無。蟦螬謂之蠹，或謂之天螻。蜉蜏謂之蝶螺。籚謂之箄。籚，古筥字。箄，方氏反。冢謂之墳。

逆婦。《左傳》隱公二年紀裂繻來逆女〔三〕，又宋督目逆而送之。稱父曰老子。庾亮曰：「老子于此，興復不淺。」《宋史》〔四〕：大范老子、小范老子。呼小兒曰娃。吳有館娃宫，後宫人美者皆曰娃，蓋愛惜之稱也。人憒憒曰不中用。《史記·外戚傳》：「武帝擇宫人不中用者，斥出歸之。」鬭争曰捷拳。石勒曰：「我時飽卿老拳。」杜陵曰：「巨顙拆老拳。」〔五〕李襲吉爲晉王諭梁書：「毒手尊拳，交相于暮夜。」縉紳曰官人。杜詩曰：「劍外官人冷。」韓文志銘王處士

〔一〕帞：原作「陌」，據《方言》改。
〔二〕獎：原作「㱚」，據《方言》改。下同。
〔三〕裂：原誤作「需」，據《左傳》改。
〔四〕史：原誤作「書」。
〔五〕陵：原誤作「陸」。拆：原誤作「折」，據《杜工部集》改。

云：「吾一女憐之，必嫁官人。」轉風曰颷風。長吉詩：「旋風吹馬馬踏雲。」合人曰夥伴。《史記·陳勝傳》曰：「夥頤，涉之爲王沈沈者。」《木蘭詩》：「出門看火伴。」杜陵詩：「青春作伴好還鄉。」姤人曰不分。唐詩：「不分桃花紅勝錦。」人無賴曰惡少年。《漢書·昭帝紀》：「發三輔及郡國惡少年屯遼東。」師古曰：「謂無賴子弟也。」憶舊曰往年、《黥布傳》：「往年殺韓信。」曰先日。《鄒陽傳》曰：「吾先日欲獻愚計。」子招人家曰贅。《賈誼傳》：「家貧子壯則出贅。」妻元配曰結髮。師古曰：「結髮，言始勝冠也。」《新婚别》：「結髮爲夫婦。」勉人曰努力。《翟方進傳》：「努力爲諸生學問。」人壯大者曰魁梧。張良贊：「魁梧奇偉。」應劭曰：「魁梧，壯大之意也。」蘇林曰：「梧音悟。」人懦退者曰不長進。晉王夫人云：「女何以都不復進？」呼親家，親作去聲。唐盧綸《王附馬花燭》詩：「人主人臣是親家。」娶婦曰索妻。《蜀志》云吴孫權遣使爲子索公女。《隋書·房陵王傳》獨孤后曰：「爲伊索得元家女。」兄弟妻曰先後。《郊祀志》：「見神於先後宛若。」師古曰〔一〕：「古謂娣姒，今關中呼爲先後。」小兒曰犽兒。牛加反。長身曰䠷。土了反。短身曰遳。七禾反。《唐書·王伾傳》：「伾貌遳陋。」謂人粗蠢曰笨材。《晉中興書》：「史疇以肥大爲笨伯。」臨事憒憒曰糊塗蟲。宋吕端小事糊塗，大事不糊塗。楊用修云：本觳濁蟲，此古語也。《周禮》有壺涿氏掌除水蟲。涿音濁，是其證也。《宋·吕端傳》作糊塗，朱子《語録》作鶻突，皆非。打呼曰鼾睡。宋太祖曰：「臥榻之側，豈容他人鼾睡。」責人曰數説。《左傳》：「乃執子南而數之。」〔二〕《史記》：范雎數須賈，漢王數項羽。飯曰一頓。晉謝僕射陶太常詣吴領軍曰：「日已中，客比得一頓食。」杜詩：「頓頓食黄魚。」惡味傷口曰螫。《列子》：「螫於口，慘於腹也。」多曰

〔一〕師古：原誤作「孟康」，據《漢書注》改。
〔二〕南：原誤作「商」，據《左傳》改。

够，少曰不够。居候反。《魏都賦》：「繁富夥够，不可單究。」受人之物曰賙。慈盈反。以物予人曰歸。歸孔子豚。齊人歸女樂。霞曰燒。語云：「早燒不出市，晚燒行千里。」電曰閃。《大人賦》：「貫列缺之倒景。」服虔曰：「天閃也。」雹曰硬雨。宋吕居仁曰：「紹興初，臨安大雨雹。太學屋瓦皆碎，學官申朝廷修，不可言雹，稱爲硬雨。」酒帘曰望子。見《廣韻注》。牛羊不生子曰犗。昌來反。馬不鞁而騎曰騙。令狐楚詩：「少小邊州慣放狂，騙騎蕃馬射黄羊。」孔曰窟攏。怎麽曰左。皆反切成聲也。來讀爲釐。本屬古協。飛讀如希。不出微韻。房爲縛。羊爲樂。鶩爲戟。明爲覓。養爲樂上。紡爲縛上。鏡爲戟去。命爲覓去。王恭先曰：周德清《中原韻》聲分平仄，字别陰陽，以入聲派入平上去三聲。今乃驅三聲而就入聲，使德清有知，應爲揶揄嗢聲之病有以哉。

〔光緒〕山西通志

【解題】曾國荃等修，王軒等纂。「方言」見卷一百《風土記下》中。録文據光緒十八年(一八九二)刻本《山西通志》。

方言

方言之見於楊雄書者：自關而西，晉之故都，好曰妍。甖，晉之舊都，河汾之間，其大者謂之甀，其中者謂之瓿甊。麴曰麲。秦晉之郊，凡物小謂之私，或曰纖。帕頭曰絡頭。桮謂之盌。熟曰腼。晉之北鄙，謂殺亦曰劉，謂賊曰虔。晉之西鄙，使犬曰哨。拏，周晉之鄙曰囒嘷，亦通語也。

慧，晉謂之㦖。注：今以小兒之慧者曰乖，當即㦖之轉音。愛曰㤿。思或曰慎，凡思之貌亦曰慎。逝，往也，秦晉語也。會亦曰抵，凡會物謂之㪂。勉曰釗，或曰薄，其鄙語曰薄努，猶勉努也。言布帛之細者曰靡。愧曰挴，或曰㥾。猛曰爽。琢謂之鐫。欲曰猴。轉目曰逴。受，盛也，言容盛也。誣言阿与。噎或曰嗌。人不静曰蹇。特曰絓。索言抖藪。分曰離。聲變曰㽳，器破而不殊其音亦謂之㽳，器破而未離謂之璺。凡物樹稼早成熟謂之旋。紐或曰竟。續折謂之繝，繩索謂之剿。恚曰喛，不欲譍而强畣之意也。老謂之公，或謂之翁。所疾言可惡。非其事謂之皮傅。守宮或謂之蠦蝘，或謂之蜇易。頷謂之頷。秦晉之中土謂墮耳者明也。秦晉之際，河陰之間，相謁而食曰䭇䬶。

自關而西，秦晉之間，凡好而輕者謂之娥。餘曰肄，或曰烈。愛或曰矜，或曰悼。凡大小兒泣不止謂之唴，哭極聲絶亦謂之唴。憂或曰惄，或曰濕。凡志而不得，欲而不獲，高而有墜，得而中亡，謂之濕，或謂之惄。凡物壯大謂之嘏，或曰夏。凡人之大謂之奘，或謂之壯。凡相愛敬謂之亟。凡物長謂之尋。凡人語而過謂之過，或曰僉。凡物之壯大者而愛偉之謂之夏。跳或曰踏。登曰躡。凡取物而逆謂之篡。凡大貌謂之朦，或謂之庬。豐，其通語也。凡美色或謂之好，或謂之窕。美貌謂之娥。美狀爲窕，美色爲豔，美心爲窈。凡細而有容謂之嫢，或曰徥。凡細兒謂之笙。斂物而細謂之揫，或曰槮。懷，盛也，或曰䑋。凡病而不甚曰殗殜。物力同者謂之臺敵〔一〕。凡蹇者或謂之逴，體而偏長短亦謂之逴。凡愧而見上謂之赧。痛或曰憐。凡取物之上謂之撟捎。瞯、睇曰眄。息或曰喙，或曰飹。堅曰鍇。炊薪不盡曰藎。挖，略求也；就室曰挖，在道曰略。剿、蹶曰獪。凡人獸乳而雙産謂之僆子。罵奴婢曰侮。牀謂之杠。相勸曰聳，或曰將，中心不欲而由旁人之勸語亦曰聳，凡相被飾亦曰聳〔二〕。聽而不聰，聞而不達，謂之聹。聾之甚者謂之聵。㤨言心內慙。敬曰稟。理曰紕，凡物曰督之，絲曰繹之。凡言相責讓曰譙讓。暴五穀之類謂之曬。凡以火而乾五穀之類，或謂之焣。戟謂之釨，或謂之鏔。戈，其大者曰鏝胡，其曲者爲鉤釨鏝胡。車篷謂之枸簍。蜩謂之蟬。蠅謂之芉。蟦螬謂之蠹，或謂之天螻。鼅鼄謂之鼄蝥。蜉𧌑謂之蝶蠀。簴小者謂之簞。冢謂之墳。

燕代之間，愛曰㥄。懼曰慢台。信曰訦。眉、梨，老也；燕代之北鄙曰梨。簴，趙代之間謂之筥。唐冀之間，至曰假，或曰佫。晉魏之間，猛曰撊。

其見於別籍者：莫，莖大如箸，冀州人謂之乾，絳河汾之間謂之莫。《詩·唐風》疏。河東名帛爲幣。《禮記·曲禮》注。輈，小車轅，冀州以此名之。僖元年《公羊傳注》。河中呼水中沙堆爲潬。《爾雅·釋水》注。秦晉謂好曰娙、娥。《說文》。秦晉謂細腰曰嫢。同上。莔，晉謂之藚。同上。蟁，秦晉謂之蜹。同上。河東以東西爲阡，南北爲陌。《史記·秦本紀》集解。冀州人謂懦弱爲孱。《史記集

〔一〕敵：原脱，據《方言》補。
〔二〕聳：《方言》作「將」。

解》引孟康。河東人呼誰與葵同。《孝武本紀》注，又《漢書・武帝紀》注：汾脽鄉人呼葵音如誰。河東北界人呼小石罌受二斗所曰服匿。《漢書注》引晉灼。冀州凡水大小皆謂之河。《漢書注》引文穎。河東謂治道爲繇道。《淮南子・精神訓》許注。

其見於方志者：霍山以北稱父曰老子。呼小兒曰娃。人憒憒曰不中用。鬭争曰揰拳。合人曰夥伴。妒人曰不分。呼親家，親作去聲。要婦曰索妻。兄弟妻曰先後。小兒曰犽兒。長身曰挑，短身曰遳。謂人麤蠢曰笨材。臨事憒憒曰餬塗蟲。責人曰數説。飯曰一頓。惡味傷口曰蜇。多曰够，少曰不够。受人之物曰睛。以物與人曰歸。霞曰燒。電曰閃。雹曰硬雨。牛羊不生子曰犕。馬不鞁而騎曰騙。孔曰窟壠。來讀爲鼇。飛讀爲希。房爲縛。羊爲樂。驚爲戟。明爲覔。養爲樂上。紡爲縛上。鏡爲戟去。命爲覔去。以上舊《通志》。

外祖父謂之簡爺，外祖母謂之簡婆。我謂之咩。婦謂之晐。小磨曰撥賴。鼠曰孤兒。承塵曰頂幔。鈕扣曰圪荅兒。鼗曰撥來鼓；撥來者，擺也。窟團者，圓也。圪拉者，隙也。窟壘者，塊也。推委，不前也。敵流者，丢也。獨隆者，東也，革聲也。特闌者，耽也，金聲也。仄陵者，錚也；搏棱者，崩也；皆絲聲，錚從絃，崩從手也，絃聲一而輕，手聲重而紛也。搏策者，竹木投地，凡聲而不韻者也。蜀刺者，捽也，物散落而颯颯然也。駡謂之卷。儻不浪，悶悶然者也。棱騰虎，言其憨也。大饅饅，言其癡也。雷堆，言不振刷也。蓋宰，昏濁之譏也。窊利，卑汙之誚也。格搙，故相左，又意所不順也。搔人俾甚癢，亦謂之格搙。棱利者，細也，便捷而詳密也。耶苔没刺，不著意也。以上《寧鄉縣志》。

霍山以南，父曰爸，母曰家。妻曰媳婦。子曰廝兒。夫曰漢家。祖曰爺爺，祖母曰娘娘。外祖曰老爺爺，外祖母曰老娘。妻兄曰室兄。弟妻曰弟妹。稱人妯娌曰襄婦。家中曰居舍。同事曰連手。代人奔走曰跑事。同行曰廝趕。知曰悉下。無曰没。收拾曰拾奪。以手比勢曰等想、曰擬摹。耕地曰疊地。添火曰抬火。筆曰生花。麪條曰旗子。繩曰麥束。牲畜曰頭口。謂湯爲拖。狼爲羅。名爲滅。閣爲揚。杏爲恨。號爲侯。睡爲樹。桑爲梭。外爲衛。廳爲添。母爲墨。來爲雷。王爲禾。跪爲出。去爲棄。布曰慕。年杖曰格闌。口袋曰尺頭。女子髻曰格爪。稱人連襟曰挑擔。乳曰麥麥。立曰勾。蹲曰圪垛。看爲説。身倦曰乖。罵曰卷。臥曰貼。以手掩物曰烏。妥當曰實熟彼此。撲跌曰姑闌。並見《趙城縣志》。

洞曰窟壠。屏門曰閃門。起手丈量曰插尺。相隔數家曰望望鄰。土坏曰餬墐。煤炭曰黑糟。頭曰登腦。不才子曰囊飽貨，又曰木骨蟲。繼妻曰姚婆子。繼子曰瞞圪塔。水半熟曰沙温子，半涼曰烏塗子。硯臺曰硯瓦。筆曰生活。口袋曰毛連。牲口曰頭户。跌倒曰栽倒。少曰争些。響，讀學上聲。並見《臨晉縣志》。

太行之間，驚小兒啼曰麻胡子。小麥謂之宿麥。圓麪食曰鵠卵子。分盛果食器謂之攢盒。聘婦以茶爲禮，稱納徵爲下茶。夫稱妻曰家裏。父母尚在，昆弟不同財産，謂之生分。盛酒器謂之曇，曇，鳩鳥别名，寓戒意也。婦女偶失財物便謂買郎巾炙之，郎巾，蟲類也，見《酉陽雜俎》。稱不曉了者曰𣪘濁蟲。稱叔曰爸。稱母曰娘。詈人曰賊王八。稱陽溝爲陽濠。撥阮謂之咸子。靖康初，民間以竹徑二寸長五尺許，冒皮於首，其製曰漫上不漫下，潞俗每稱此語。麪食曰合絡。餳餅曰火燒。並見《長治縣志》。

〔民國〕大同縣地理志

【解題】厲時中撰。大同縣，今山西省大同市大同縣。「大同人之言語」見十九章《大同種族言語》。録文據民國九年（一九二〇）石印本《大同縣地理志》。

大同人之言語

大同地近京師，人民俗語多近京音，故謀國語之統一，爲最易發達之區。諺云「老西護京話」，言燕晉語音相肖也。現行注音字姆、通俗課本，授晉校諸生，冀將來收國語統一之美果。要以同音爲最近。余本大同人，亦京居多年。曹西、勞玉初先生研究官話，以京音爲準。不然各省土音自爲紛歧，南省人不識北省話，北省人不通南省話，中國人語何能劃一？此前有官話學堂，後有注音字母之傳習也。余以爲漢文最難，此種字母簡而易曉，最利益於一般俗人。故世界文字，將有以字碼代文字之日，亦以最簡而易曉，最利益於世界俗人，與此意同。然則用字必先評音，評音以言語爲主，則言語之關係，於世界人種事理大矣。彼南方鳥音，北方蒙古音，焉能如京音之□而不混沌[一]，真而不蒙□，爲國語之正當，故記大同言語及之。

〔民國〕臨縣志

【解題】胡宗虞等修，吴命新等纂。臨縣，今山西省吕梁市臨縣。「方言」見卷十三《風土略》中。録文據民國六年（一九一七）鉛印本《臨縣志》。

方言

俗稱

謂父曰爹，母曰媽。謂祖父曰爺爺，祖母曰娘娘。謂曾祖父曰老爺爺，曾祖母曰老娘娘。謂伯母曰大娘。外祖父謂之倜爺，外祖母謂之倜婆。岳父曰妻翁，岳母曰妻母。表兄弟曰姑舅。姨兄弟曰兩姨。妻之弟曰小舅則，妹曰小姨則。兩姻相謂曰親家。親讀去聲。對人稱夫曰乃，對人稱妻曰居舍的。舍讀平聲。呼兒曰小則，女曰汝則，統呼小兒女曰戲。讀平聲。婦人少年謂之嘵則，老謂之老婆，統呼曰婆緊。連襟曰挑担。外孫、外甥統呼曰外傻則。同母異父曰夾山兄弟。異姓兄弟曰拜石。以上倫常。

[一] □：此字漫漶不清。下字同。

俚語

早霞曰早燒，讀去聲。晚曰夜燒。電曰打閃。雹曰冷雨。冰曰冬烈。讀上聲。雨足曰諾。讀上聲。霖雨曰連陰。天明曰覓。讀若迷。來日亦曰覓。夜曰黑間，亦曰黑地哩。以上天類。

地不良曰狼不吃。當是糧不值之訛。山地三畝曰一埫。本作晌，言用牛工一日也。四畝曰一塇。住宅曰舍窠。室内曰居舍。讀平聲。室外曰院前。室内牀上曰坑下，曰謙。承塵曰幔則。地孔曰窟壠。地隙曰圪拉。讀去聲。火台曰鍋巷。護宅地曰圐圙。在近曰跟前。稍遠曰五哩。以上地類。

人善曰拴緻。人强曰利害，弱曰胚丈。人精能曰精吧，無能曰不中用。莫出洗曰來歹。來讀上聲。夥友曰火計。承繼曰頂門，又曰過嗣。駡無賴曰黑皮。閒談曰告訴，又曰道憾。快意曰灑樂。戲言曰顛憨。責人曰數説。辱人曰欺弗。債曰起夥。怒曰起火。駡謂之卷。鬬毆曰廝打。廝讀入聲。呼遠人以唔。應聲以唉。比鄰往來曰串門則。親友慶弔曰行門户。昏喪設席曰作肆筵。病曰難過。小兒病曰不乖。死曰失迹。失信曰下蛋。汙穢曰若髒。潔淨曰鏵刷。速來曰驩些，又曰快快的。問何處曰阿哩。阿讀入聲。彼時曰違陣。此時曰知會。不懂曰解不下。解讀若亥。堅耐曰吃硬。柔懦曰不吃硬。勾引子弟曰套哄，又曰捉鼈。哄人曰塊。以上人類。

物件曰東西，又駡人詞。失物曰載了。物多曰一胡桃，又曰很些。少曰些須，又曰些微。

足用曰儘够。無有曰殁拉。抛物曰珥，又曰料。背囊曰順順。鈕扣曰圪荅。土籠曰卜籃。棺曰木頭。物重曰沈。物好曰克戲。不惜物曰作害。鳥飛曰希。獸走曰个，人疾走亦云。呼鷄曰呱呱，猫曰糜糜。呼猪曰樂樂。讀入聲。鼠曰孤兒。飛鳶曰吴擺。鵲曰野宿則，又曰野咋咋。

以上物類。

〔光緒〕文水縣志

【解題】范啓堃修，陰步霞纂。文水縣，今山西省吕梁市文水縣。「方言」見卷三《民俗志》中。録文據光緒九年（一八八三）刻本《文水縣志》。

方言

祖曰爺爺。祖母曰娘娘，又曰奶奶。父曰爹，又曰𤕛。母曰媽。伯叔父曰幾老。又伯父曰大爺。叔父曰伯伯。卑上聲。伯母曰大娘。弟曰兄弟。夫兄曰大伯子。妻兄曰大兄哥。堂兄弟曰叔伯表兄弟、曰姑舅。外祖父曰外爺。外祖母曰外婆。舅母曰妗子。姻親曰親去聲家。女壻曰姐夫。繼妻曰姚婆子。小兒曰娃子。男曰小子。女曰妵居上聲子。子不才曰囊飽貨，又曰没出息。我曰耿。與人莫逆曰提不起來。相盟曰結拜。責人曰數説，又曰讓。批頰曰打耳刮。相隔數家曰望望鄰。頭曰得腦。臂曰肐膊。屋曰蝸音戈舍誤平聲。屏門曰閃門。洞曰窟壠。坑曰圪洞。墳地曰餘地。一田收夏種秋曰回查。扁豆曰板豆。燒餅曰火燒。白酒曰燒酒。水半涼曰烏塗子。硯台曰硯瓦。肉曰柔。去聲。此處曰著里。彼處曰兀里。不曉的曰曉不的。不解曰解音害不下。少曰增些。與曰歸。誤上聲。相隨曰廝跟。相似曰廝像。睡曰睡覺。音教。肩挑貨易曰貨誤入聲郎誤去聲兒。華美曰可喜。臥曰躺。娶曰娡。雷曰忽壘。冰雹曰冷蛋子。大雨曰擔索雨。小雨曰濛鬆雨。可憐曰栖皇。更甚曰越例，又曰越法。大曰駝。去聲。小曰猴。蹲曰圪鳩。那里曰合多。我曰你。取曰寫。上三語西南鄉近汾界者。父曰哥。母曰姐。上二語東南鄉近祁界者。

《管子》云：五方之民，其聲之清濁高下，各象其川原泉壤，故其音不能無偏。陸稼書云：今之仕者，皆東西南北之人，語言未通，何論人情焉。旨哉斯言！每見聽訟者官話於上，民不解；民訴於下，官不解；不得不藉傳於胥役之口。胥役傳官之話於民，官仍不解；傳民之語於官，民仍不解。此中之弊，尚忍言哉。爰於訊鞫之餘，反覆究詰，擇方言之有關人情物理者録之，積久成頁。兹載諸志，非紀俗也。聊以資聽訟之一助云爾。

〔康熙〕寧鄉縣志〔一〕

【解題】吕履恒等纂。寧鄉縣，今山西省吕梁市中陽縣。「方言」見卷二《地理》中。録文據康熙四十一

〔一〕《中國方志叢書》誤入湖南省。

年（一七〇二）刻本《寧鄉縣志》。

方言

《孟子》之舍，楚騷之些，子夜讀曲之儂，顧況之囝，韓魏公之絜，傳奇之不剌、之波。楊子雲作《方言》，其集大成者歟。子雲多識奇字，郭景純音義尚侯葩〔一〕，流風餘韻，學者艱澀聱牙，不易上口。是方言，巴人下里之易，而耆儒宿學所難也。蓋五方各有風氣，其言各有土音，多有聲無字，清濁開闔少遷就失所，不惟不能通之遐邇，即土著者且不解其爲何語矣。譬之《考工記》，一賤工所優爲，而《周禮》亹亹詳之。譬之《爾雅》，祖孫、父子、姻戚、朋友，不待學而知，而姬公沾沾詁之。博雅君子以通天下之志，以類萬物之情，亦或有所取焉。

外祖父謂之簡爺。外祖母謂之簡婆。我謂之咩。讀從《中原音韻》。媳婦謂之膝。讀清平聲〔二〕，蘇侯反，二合語也。

小磨曰撥賴。濁上似去。鼠曰孤兒。承塵曰頂幔。鈕扣曰圪答兒。鼗曰撥唻讀賴上聲鼓。

撥唻者，擺也。窟窿者，孔也。窟圞者，圈也。圪拉去聲者，隙也。窟壘去聲者，塊也。搏剌者，撥也。掇皴者，墜也，諸師反。推委不前也。

敵流讀清平聲者，丢也，隻手擕物也。搏立黎鴉反，讀清平聲者，爬也，手足亂動也。搏立讀清入

〔一〕葩：《漢書》作「芭」。
〔二〕讀：原誤作「請」。

聲者，擲之也。

獨隆者，東也，革聲也。特闌者，耽也，金聲也。仄陵者，錚也。搏稜者，崩也。皆絲聲，錚從弦，崩從手也。弦聲一而輕，手聲重而紛也。

搏策者，竹木投地，凡聲而不韻者也。蜀剌者，捽也，物散落而颯颯然也。

罵謂之卷。倘不浪，悶悶然者也。稜去聲騰虎，言其憨也。大饅饅，言其痴也。

雷堆，言不振刷也。蓋讀改寡反辜，昏濁之譏也。窊去聲利，卑汙之誚也。緣竿子簍，葬而兩人扛也。掇擬，猶攛掇也。疙剌，攪亂之使自沮也。捋練，刁難勒揹之也。疙捋，故相左也；又意所不順也。搔人俾甚癢，亦謂之疙捋。

梭利者，細也，便捷而詳密也。耶搭没剌，不著意也。

惠若僑曰：《春秋傳》可見者百二十餘國，武王伐紂，不期而會者八百國。大禹塗山之會，執玉帛者萬國。羲農之間，抑又衆矣。各長其君，各子其民，風氣不同，語言互異。三代而後，雖四海混一，而習俗流傳必有不能盡革者，此楊子雲《方言》之所爲作也。其清濁剛柔，輕佻魯朴，諺曰：「聞聲測理色目人。」書曰：「聲有短長，而喜怒生焉，可以斷獄。」今志風俗，附方言一則，殆亦有微意存焉。

〔民國〕榆次縣志

【解題】張敬顥修，常麟書纂。榆次縣，今山西省晉中市榆次區。「方言」見卷十四《舊聞考》中。録文據民國二十九年（一九四〇）鉛印本《榆次縣志》。

方言

榆次方言質重，其發音率脣微侈、舌抵上齒或動脣，皆特徵也。若其東近於遼縣、榆社、和順，東北近壽陽，南及西南近太谷，西近太原，則語隨以移。惟北則與縣城無大殊異。兹以縣城爲述，依類存録云。

其別讀者爲：韋傀隈讀窩，吹垂讀槎，悲卑讀波，知讀周，遲池讀仇，規歸讀鍋，葵魁讀科，麾揮讀和，碑杯讀波，誰書舒輸讀梭，錐追讀左，讀平聲。兒而讀怡，舌微出上下齒發音。丕陪讀坡，綏讀如窩合音，梅讀磨，非飛讀夫窩合音，盧讀樓，奴讀納歐合音，堆讀垛，奢讀失阿合音，蛇讀尺阿合音，諧斜邪些讀閑，街皆讀尖，嗟讀捐，茄讀兼，耶讀延，爹讀顛，歌讀格以肻合音，脣侈齒開舌微出發音。凡上去聲準此。

稱讀仇，坪讀陂，晴讀霽，青讀期，聽讀提，餅讀比，映應讀意，明讀迷，鏡讀記，則鄰近口頭俗語也。

凡語首表異者曰若若若、曰若。指人地物事曰那，指近曰這些，讀閑。指遠曰那些。語尾屬已往重讀曰來，上聲。輕讀者則有疑而未信意，南區東陽鎮鄰近讀曰啦，由東陽而西則曰咧，長音，重頓曰啊，南區曰呀，以輕讀示疑，短音。質問曰吶，未定曰吧，重問曰怎讀則地讀膩。

月曰月明，讀迷。曰星西宿秀，小雨曰麻繩繩雨，亦曰忽星，西。電曰打閃，虹曰起絳，雷曰響忽雷，迴風曰旋去聲風兒，雨甚曰單繩讀衫大雨，霧淞曰樹稼，吉日曰好工夫，正月讀周月，清明曰期迷，冬至曰過冬，本日曰當去聲天，明日曰早期，昨日曰夜來。

埴土曰峪峪板，壤土曰沙沙，土高者謂之坪，平者謂之川，窪者謂之圪洞，土塊曰克刺，塵曰當土，亦曰烝土，煤膏曰泥摶，讀端。屋曰蝸讀如鍋舍讀平聲，中霤曰院兒，此屋彼屋曰這行廂讀如沙那行廂，北曰正，讀周去聲。煙囪曰煙突，讀如篤。指定地方，近處曰這兒，遠處曰那兒，前頭曰前讀尖頭讀兜。

父曰爹，讀顛。母曰媽，祖父曰爺讀延爺，祖母曰娘娘，曾祖曰老爺爺，曾祖母曰老娘娘，伯父曰大讀馱爺，伯母曰大娘，叔父曰伯讀擺伯，叔母曰嬸嬸。兄曰哥哥，讀如各以延合音，舌微出發音。弟曰隨弟。母之父曰老爺，讀延。母之母曰老娘，妻曰蝸讀鍋舍的，亦曰家裏的，亦曰婆兒，讀曰波夷。長曰老伴兒，妾曰小小。互稱曰夥計。近曰咱們，遠曰他們，上謂下曰你平聲們，切近者曰阿入聲們，稱長者曰老讀朗家，幼者曰蠻兒，老人强健曰結硬，讀念。小兒佳者曰奇讀七特讀塔，否者曰不奇特，曰含碜，曰昂臧，女佳者曰可讀客喜去聲。愛曰待見，心地明白曰機讀吉靈，不明白曰糢糊，亦曰糊塗，又曰眯茫，慧曰精讀稽明讀迷，愚曰愣，癡曰憨，奇怪曰日怪。

頭曰頊顱，讀老。額曰崩頭，兩鬢曰鬢間，眉曰眉毛，睫毛曰眼睫毛，瞳曰眼睛讀稽人子，耳曰耳朵，口曰嘴，讀矩。牙曰牙，讀娘。洟曰鼻讀不涕，嚏曰涕歎，津曰唾沫，咽喉曰頦子，頸曰脖項，讀强去聲。其後曰燕兒窩，前中爲引嗉，食管曰鶻突系，胸曰脯讀逋子，乳曰奶頭兒，臍曰臁讀不臍兒，肩上曰肩髆，讀榜。亦曰髆子，臂曰骼膊，腋曰骼肋間，肘曰骼紐，膝曰骼膝蓋，亦曰骼地跪。讀塊。垢曰黑皴讀純痂，耳垢曰耳柴，讀碎。目垢曰膿眵，讀支。鼻垢曰鼻涕。身毛曰汗讀寒毛，指甲曰指入聲殼，臀曰启蛋子，跎者曰背鍋子，跛者曰拐子。行曰走，奔曰跑，取曰荷，上聲。亦曰召，手執曰荷，踞曰圪鳩，負曰揹，抱兒曰繈，睡曰瞌睡，梭去聲。醒曰覺去聲來，夢曰夢見，囈曰睡説，魘曰睡納，藏曰圪鑽，讀專。察曰打聽。讀提。

帽曰帽帢子，襪曰涼襪子，半臂曰坎肩，馬褂之袖窄而有襟者曰鵝翎袋，著體之半臂曰汗托子，其袷或棉者曰主讀如左腰子，抹胸曰肚肚，小兒圍頸曰袢讀如盼袢，腿帶曰袴足兒。廝曰杴，木製曰木杴，耞曰柳柯，耙升曰奢子，斤曰錛子，鉋曰推杷讀如罷兒，鑽曰突轆鑽，盛物柳器，粗者曰勃籃，細者曰叵讀不羅讀落，籃曰篗子，兀曰坐褥兒，杓曰屬子，匙曰調羹兒，罌之口小者曰罈罈，口大者曰海海，甑曰甑讀如計兒，鍋蓋之平者曰鍋拍兒，醋曰湊，煮曰左，草團曰草拍兒，杖曰拐棍兒，短而粗曰二棓，柩曰棺材，推車曰不朗兒，鐙曰鐙樹讀梭去聲兒，燭臺曰臘簽子。

赤棠曰棖子，沙棠曰果子，桃曰桃讀如刀兒，杏曰杏讀如線兒，蒲桃曰葡讀如逋萄讀如刀，萊菔曰蘿別兒，芥曰芥讀如箭子，菘曰白菜，蒜苔曰蒜挺子，藷曰紅薯，讀如瑣。馬鈴薯曰山藥蛋，波菜曰青讀如期菜，甘藍曰玉蔓菁，讀如稽。其葉曰擘讀偏上聲藍，南瓜曰番瓜，青椒曰辣角角，王瓜曰黄瓜。

鳩曰班鴿兒，鴿曰木鴿兒，雀曰家雀讀如巧，凡鳥皆呼爲雀兒，鴞曰瞎瞎油，鵂鶹曰夜讀如燕猫，鴨曰惡子，鵲子曰惡鵲子，鴉曰黑老昂，鵶曰昂，讀去聲。老鵶亦曰簸箕片，鵙曰麻札兒，脊令曰紅靛兒，藍胸者曰藍靛兒，田鳥善鳴者曰麻麻，曰大角角，曰黄粟留。山羊曰羖讀如骨攊讀如戀，鼠曰老璅，讀去聲。黿曰鍋兒，蛙曰蛤讀如黑蟆讀如忙，黽曰青鷄，蟹曰螃蟹，讀如線。蚯蚓曰曲鱔，蟋蟀曰趨趨，形似而大者曰賣油老，阜螽曰板擔讀去聲婆，蜇螽曰叫蜇蜇，有尾者曰叫油子，莎鷄曰蕎麥翅，螳螂曰吃瘊蟲，蠼螋曰爬沙，亦曰錢串子，伊威曰汗板蟲，蟬曰秋涼蟲兒，孑孓曰倒跌跌，亦曰圪斗兒，樗鷄曰灰秀才，蜣螂曰屎爬牛，鼠婦曰婆婆蟲，蜥蜴曰蛇食兒，守宫曰蝎虎兒，蛸蟰曰核桃蟲，蠅曰蟻子，瓢蟲曰花大姐，小蟲之無名者概曰牛牛。

凡形容用疊字，如明亮亮地、黑洞洞地、寬敞敞地、窄狹狹讀如曷地、硬巴巴地、軟嫩嫩地、糟淋淋地、鮮浄浄讀如計地，諸如此類，不一而足。

〔民國〕昔陽縣志

【解題】皇甫振清修，李光宇纂。昔陽縣，今山西省晋中市昔陽縣。「沾城方言紀」見卷一《風俗》中。沾城，指沾城鎮。録文據民國三年（一九一四）鈔本《昔陽縣志》。

沾城方言紀

梧岡氏曰：吾鄉俗語，事之不合曰不占。《詩》：「六日不詹。」詹與瞻、占通。事之不可曰何苦。《漢書·劉寵傳》：「會稽民齎百錢送寵，寵曰：父老何自苦？」物之新者曰産新，即斬新。王建詩〔一〕：「斬新羅徑合。」看顧人曰抬舉。白樂天《霓裳羽衣歌》：「妍媸優劣寧相遠？大都只在人抬舉。」與人了事曰平處。《後漢書·蔡衍傳》：「鄉里有爭訟者，詣衍決之。其所平處，皆無怨人。」不精細曰粗苴。《藝文類聚》：「蘇子由藞苴不檢。」人不慷慨曰齷齪。《漢·酈生傳》：「齷齪自用。」凡人自取曰背鼓尋搥。《世説》：「二陸如懸鼓之待搥。」凡人自誤曰騎驢尋驢。佛經：佛不求心，如騎驢覓驢。商人口頭曰賤買貴賣。《景帝紀》：「受財物賤買貴賣。」農人口頭曰具牛頃地。陸放翁詩：「具牛力盡殊堪閔。」上人曰欺魄。《列子》：「弟子四十人〔二〕，南郭子果若欺魄焉，而不可與接。」幫毆者謂之打手。按，靈川故多獞猺，募驍民防守，曰打手。有武力者曰社火，或云社虎。紀文達公詩作社火。有喪者七日一哭奠，謂之作七。按，晉馮素弗，跋之長弟也，跋之死，哀痛，比葬七臨之。倩人代理喪事謂之主喪。按項梁嘗爲人職喪。龜音求茲本小國，人嘗言龜茲，不過喻其小；而母婢也，不過言其母爲人婢，賤之

〔一〕王建：原誤作「白天」。

〔二〕人：原誤作「八」。

之詞耳。近反以爲罵人褻慢之語，則誤矣。他如大羅仙之訛爲大樂仙之類，不可枚舉。

〔民國〕太谷縣志

【解題】劉玉璣等修，胡萬凝纂。太谷縣，今山西省晉中市太谷縣。「方言」見第四卷《禮俗略》中。録文據民國二十年（一九三一）鉛印本《太谷縣志》。

方言

虹曰絳。雹曰冷子。日珥曰三琯套。月暈曰風圈。電光曰打閃。小堆曰墩。積水曰甿。遏水曰牐。屋隱曰閣落。俗作圪塄。渠不閉任水入曰撞水。高阜曰岡。河流行處曰槽。腦骨曰天靈蓋。頭囟曰頂門。頭後曰腦門。項曰頚。翕目曰瞢瞪。腮多須曰羅髭鬍。膝骨曰骬髁。踵曰後跟。跟上曰髏。足骨曰踝子。讀怪上聲。兩股曰胯。身殼大曰軈躿。裸身曰剥。氣誤出曰噎噴。齒細斷物曰齣齫。手披曰撥攋。讀如辣。掌摠曰打嘴耙。髮不括曰鬔鬙。蹶曰跌。越物而行曰蹻。粗曰笨。肥曰胖。讀作龐去聲。小兒病，類痘曰瘃瘡，類疹曰麻。

麥麪乾煎曰燒餅，熟蒸曰饃頭，又曰饝饝。麥屑曰麩。麥飯曰䴵麰。飯不精曰磣。飲酒曰欲。酒醋生白曰醭。火乾曰焙。與僃同用。鹽藏菜曰腌。熱水沃曰湯。讀去聲。碾穀屑曰糠。

酒母謂之酵。入酵麪中鬆鬆然謂之起麪。淖糜曰稀粥。麪空中裹糖或肉曰餡。麪空中裹餡曰餃餌。似餃餌而水煮之曰餛飩。

兩當曰背心。袜肚曰篼。衣領加紐曰襻。韡鞧曰鞠。裝綿曰緒。衣加皮裡曰袷。禦雨之衣有袖謂之褐衫。禦雪之裘無袖束身謂之斗篷。褌呼之曰褲叉。

摩田器曰鑼。臿可斂土曰杴。書字用鍬。編柳漉米曰笊籬。甑底曰箅子。小釜曰鍋。大釜曰鑶。打餅器曰鏊。打油具曰榨。草薦曰苫子。織機持經曰縢[一]，讀如憎。持緯曰升。讀如世平聲。犂鏍曰鋘。音華。瓢未解曰瓠䖺。牛桊曰鼻支。推車夫肩帶曰襻。木工鑿契謂之卯。鈷鉧曰熨斗，小者謂之熨鐵。通髮之篦，疏者謂之木梳，密者謂之刷蝨。

呼祖父母爲爺爺、娘娘。呼伯父、伯母爲大爺、大娘。呼叔父、叔母爲伯伯，讀拜上聲。嬸嬸。呼舅姑爲翁婆。亞壻相稱曰連衿。同居曰火伴。同財曰火計。呼孩曰蠻子。呼女曰妮子。呼長者曰老人家，語急則呼爲老家。讀老爲郎上聲。亞婦相稱曰妯娌。呼小兒好曰奇特。

呼夾竹桃爲桃柳。呼野芋爲西番蓮。呼萬壽菊爲金絲菊。林擒三種，大者呼爲檳果，次呼爲檳，小者呼爲沙果。呼高粱爲茭。呼黍爲糜。呼唐求子爲山裡紅。菠呼爲青菜。高粱病雨濕謂之穲穲。讀如每。

[一] 縢：原作「榺」，據《説文解字》改。

鸜鴿謂之八哥。鴟謂之餓老鴟。梟謂之刮刮油。斑鳩謂之油壺壺。莎鷄謂之半翅。呼鼬爲黄鼠狼。呼鵂鶹爲夜猫。猫相交曰希兒。犬相交曰走草。馬騾相交曰起騍。馬犬去勢曰劇。猪去勢曰劁。

螳螂謂之齕疣蟲。百足蟲呼爲錢串子。蠓呼爲蛈蛈。蜻蜓大者謂之馬婆，小者謂之紅姑娘。鼠婦謂之婆婆蟲。守宫謂之蛇師。促織謂之匾匾，大者謂之賣油老，小者謂之竈媽。害苗蟲謂之蚜蚄。害棗蟲謂之步屈。害果蟲謂之螟蟆。讀上聲。蚓謂之屈蛇。呼小蟲爲牛牛。

相戲曰謉譁。語無節曰詍訩。讀同勞叨。聲不清曰謂訥。讀同入聲。謷語曰呋。噟聲曰唉。疑惑曰懵懂〔一〕。囂張曰囔囔。險邪曰乖。粗急曰謥譟。不省事曰倰僜。不安静曰倀狂。誘人曰攞掇。裝飾曰打扮。振起曰抖擻。提拔曰擡舉。不潔曰蝲蝬。摩挲曰揉搓。遏遮曰攔擋。指取曰揶。一作捻。爪按曰掐。收拾曰拾掇。畢竟曰到底。束縛曰縻。讀作孔。纏結曰綮。刀横斷曰剺。刀直刺曰劐。剜裡曰剾。水中取物曰撈。漬物去水曰摔。對扯物裂曰斯。補曰纘補。潩曰漬。束物曰箍。棄水曰潑。打鼓曰擂。齩聲曰齣齰。咀曰齣嘸。蓄積曰纘。枝折曰殑。洗器曰涮。讀同泛。洗物去滓曰濾。置物地上曰墩。以重物繫絲縷使下垂曰鏊。讀略同墜。勉强支持曰蹭蹬。不能成事謂之齷齪。讀若握槊。馬食物謂之料，合藥一劑亦謂之一

〔一〕懂：原誤作「懂」。

料。量物輕重曰掇敠。

〔民國〕介休縣志

【解題】張赓麟修，董重纂。民國十三年（一九二四）修。介休縣，今山西省晉中市介休市。「方言」見卷十三《風土略》中。録文據民國十九年（一九三〇）鉛印本《介休縣志》。

方言

父曰爹。母曰媽。祖父曰爺。祖母曰娘。讀若牙去音。曾祖父曰老爺。曾祖母曰老娘。伯父曰伯伯。伯母曰娘娘。讀本音。叔父曰叔叔。叔母曰嬸則。外祖父曰倜爺。外祖母曰板板。婆婆之轉音。外舅曰丈人。外姑曰丈母。夫謂妻曰居舍的。婦稱姑曰婆。父稱子曰跟前的。連襟曰割不斷。外孫、外甥統稱曰外傻則。同母異父曰隔山兄弟。異姓兄弟曰拜把則。道士、和尚、尼姑統稱曰師父。匠人亦曰師父。算命、説書瞽者曰先生。客作曰長工、短工，又曰打忙工。

天曰老天爺。日曰日頭爺。月曰月明爺。晝曰白。夜曰黑夜。早霞曰早燒，去音。晚曰晚燒。電曰打閃。雹曰冷則。冰曰凍凌。霖雨曰連陰。地孔曰窟窿。地隙曰窟羅。

人强曰利害。無能曰不中用，又曰没出息。快意曰灑樂。怒曰起火。稱人富有曰活世。貧寒曰淒皇。整齊曰乾凈。汙穢曰腌髒。辱人曰欺負。鬥毆曰廝打。駡人曰捲。哄人曰塊。

勾引子弟曰捉鱉。有病曰不好，上音。又曰拍出。人愚騃曰蜜糙子。承繼曰頂門則。比鄰往來曰串門則。速來曰快些。婦女好哭曰馬大姐。婦女通脱曰馬六孅。同事者曰夥計。婦女刁者曰妖婆則，又曰牛角。

物曰東西。失物曰丢了。物少曰些微。足用曰够了。無有曰没拉。抛物曰料，又曰坎。物重曰沈。物好曰克戲。不惜物曰賊害。棺曰木頭。筆曰生活。呼鷄曰呱呱。呼猫曰糜糜。呼猪曰牢牢。呼狗曰外。鼠曰孤。臭蟲曰鱉蝨。牛馬瘠者曰乾巴蛤蜊。

〔民國〕襄垣縣志

【解題】嚴用琛等修，王維新等纂。襄垣縣，今山西省長治市襄垣縣。「方言略」見卷二中。録文據民國十七年（一九二八）鉛印本《襄垣縣志》。

方言略

方言者，諺語相傳，一方之土音也。自《爾雅》諸釋名權輿於前，而西漢楊子雲爲之最勤，其自述云：「天下上計孝廉及内郡衛卒會者，雄常把三寸弱翰，齎油素四尺，以問其異語，歸即以鉛摘次之於槧。」是《方言》爲子雲之絶學，宜其懸諸日月，與《太玄》《法言》而並傳也。襄垣爲上黨名縣，既缺方言之書，但隨俗所稱，亦自有可紀者。

襄垣居太行山之中，在上黨之北，語言界潞屬與遼沁之間。而與普通官話異者，呼我爲没你，呼伯爲大爹，伯母爲大娘，二叔三叔爲二爹三爹，二嬸三嬸爲二娘三娘，餘以類推。呼外祖父爲老爺，外祖母爲老老，呼普通之年長者亦曰老老，其音變爲勞勞，其義較外祖母次一輩也。說晚上曰黄昏，言告訴曰話論。言要要曰歡歡，說逛逛曰跑跑，呼莊丁曰莊家，叫廚夫曰廚官，說宅院曰趣處，亦曰地方。說商號曰買賣，亦曰生意。此意同而字變者也。若字同而音變者，如讀都曰兜，如都去、都來之類。若言都會，則讀都本音。讀辭曰時，祠亦讀時，如祠堂之祠，仍讀本音。讀多多曰大大。音代。此其大略也。餘則村語溝音，過於瑣屑，不及備載。兹擇其最普通及最有關係之常言短語，選要列左。

短語

他家。他爹。老老。讀勞勞則族叔也。他人。他晃。俺俺。熱炕。拾炭焦打圪垃材地。飥餎米湯。好麵河漏。榆皮煮角。菜湯。煎餅。火燒。黄蒸。乾餅。稀粥。拉麵。饅頭。曲綢袍。哈喇馬褂。兜褲。摟肚。錢褡。小哨馬。

〔民國〕沁源縣志

【解題】孔兆熊等修，陰國垣纂。沁源縣，今山西省長治市沁源縣。「方言」見卷二《風土略》中。録文據民國二十二年（一九三三）鉛印本《沁源縣志》。

方言

方言有音無字者甚夥，總有其字，而口腦仍不能合，故欲求方言之真正肖似，而與口腦相合，舍注音字母代替，無他種良法。兹先列方音與國音之别如次。按，注音字母係民國七年全國讀音統一會新編出之字母，爲全國統一之音，無論何方人，按此音讀出，即與該地口腦逼肖。

聲母韻母介母譜

ㄅㄆㄇㄈㄪㄉㄊㄋㄌㄍㄎㄫㄏㄐㄑㄬㄒㄓㄔㄕㄖㄗㄘㄙ以上聲母，ㄧㄨㄩ以上介母，ㄚㄛㄜㄝㄞㄟㄠㄡㄢㄣㄤㄥㄦ以上韻母。

	國音	方音		
		一區	二區	三區
ㄅ	波			ㄅㄠ
	泊	ㄅㄜ	ㄅㄜ	仝
ㄉ	德	ㄉㄜ	仝	ㄉㄜ
	得	ㄉㄜ	仝	ㄉㄜ
ㄆ	璞	ㄆㄜ	仝	ㄆㄜ
	魄	ㄆㄧㄜ	仝	ㄆㄧㄜ
ㄊ	忒	ㄊㄜ	仝	ㄊㄜ
	特	ㄊㄜ	仝	ㄊㄜ
ㄇ	磨			ㄇㄧ
	墨	ㄇㄜ	仝	ㄇㄜ
ㄋ	那	ㄋㄚ	仝	ㄌㄚ
	諾	ㄋㄜ	ㄋㄜ	ㄋㄜ
ㄈ	縛	ㄈㄜ	仝	ㄏㄨㄜ
	ㄅㄛ	ㄅㄜ	仝	ㄅㄨㄠ
ㄌ	勒	ㄌㄜ	仝	ㄌㄜ
	泐	ㄌㄜ	仝	ㄌㄜ

續表

國音	方音 一區	方音 二區	方音 三區
ㄍ			
戈	ㄍㄨㄜ	仝	ㄍㄨㄛ
各	ㄍㄜ	仝	ㄍㄛ
ㄐ			
朞	ㄗ	仝	仝
妓	ㄗ	仝	仝
ㄓ			
支	ㄗ	仝	ㄗ
直	ㄓㄜ	仝	ㄓㄜ
ㄗ			
眦	ㄘ	ㄘ	ㄘ
玆	ㄘ	ㄘ	ㄘ
ㄨ			
勿	ㄨㄜ	仝	ㄨㄜ
ㄎ			
科	ㄎㄨㄛ	仝	ㄎㄨㄛ
刻	ㄎㄜ	仝	ㄎㄜ
ㄑ			
跂			ㄗ
憩			ㄘ
ㄔ			
齒	ㄘ	仝	ㄘ
尺	ㄔㄜ	仝	仝
ㄘ			
詞	ㄙ	ㄙ	ㄙ
廁	ㄘㄜ	仝	ㄘㄜ
ㄩ			
菸	ㄧㄢ	仝	ㄧㄢ
ㄫㄛ			
俄	ㄫㄛ	仝	ㄫㄩㄝ
遏	ㄫㄜ	仝	仝
ㄬ			
倪	ㄧ	ㄘㄧㄝ	ㄗㄧㄝ
袂	ㄇㄧ	ㄇㄧ	ㄇㄩ
ㄕ			
時	ㄙ	ㄙ	ㄙ
十	ㄕㄜ	仝	仝
ㄙㄜ			
色	ㄙㄜ	仝	ㄕㄜ
嗇	ㄙㄜ	仝	仝
ㄚ			
啊			ㄫㄜ
ㄏ			
黑	ㄏㄜ	仝	ㄏㄜ
核	ㄏㄜ	仝	ㄎㄜ
ㄒ			
擕			ㄙ
扱	ㄐㄜ	仝	ㄐㄜ
ㄖ			
日	ㄖㄜ	仝	仝
馹	ㄖㄜ	仝	仝
ㄧ			
衣			ㄘㄧㄝ
抑	ㄧㄜ	仝	ㄧㄜ
ㄗㄨㄛ			
左	ㄐㄧ	ㄐㄩㄜ	ㄐㄩㄜ

續表

國音	方音 一區	方音 二區	方音 三區
作			ㄨㄛ
ㄛ			
ㄗㄧㄠ			
椒	ㄐㄧㄠ	仝	仝
勦	ㄘㄧㄠ	仝	仝
ㄗㄧㄤ			
獎	ㄐㄧㄤ	仝	ㄐㄧㄢ
匠	ㄐㄧㄤ	仝	ㄐㄧㄢ
ㄗㄨ			
租	ㄗㄡ	仝	仝
族	ㄗㄨㄛ	仝	仝
ㄓㄚ			

國音	方音 一區	方音 二區	方音 三區
育	ㄩㄛ	仝	ㄩㄛ
ㄕㄜ			
奢			ㄙㄧㄝ
設	ㄕㄛ	仝	仝
ㄗㄧㄡ			
啾	ㄑㄧㄡ	仝	仝
就	ㄐㄧㄡ	仝	仝
ㄗㄧㄥ			
晶	ㄐㄧㄥ	仝	仝
净	ㄐㄧㄥ	仝	仝
ㄙㄨ			
蘓	ㄙㄡ	仝	仝
溯	ㄙㄛ	仝	仝
ㄐㄩㄛ			

國音	方音 一區	方音 二區	方音 三區
阿	ㄫㄛ	仝	仝
ㄔㄞ			
差	ㄘㄞ	仝	ㄘㄞ
寨	ㄗㄞ	仝	ㄗㄞ
ㄢ			
安	ㄫㄢ	仝	仝
岸	ㄫㄢ	仝	仝
ㄘㄧㄥ			
清	ㄑㄥ	仝	ㄘㄟ
請	ㄑㄥ	仝	仝
ㄌㄨ			
爐	ㄌㄡ	仝	仝
鹿	ㄌㄨㄛ	仝	仝
ㄐㄩㄝ			

國音	方音 一區	方音 二區	方音 三區
作	ㄗㄛ	仝	ㄗㄨㄛ
ㄇㄟ			
眉	ㄇㄧ		ㄇ
煤			ㄇㄞ
ㄣ			
恩	ㄫㄣ	ㄫㄣ	ㄫㄣ
饐	ㄨㄣ	ㄨㄣ	ㄨㄣ
ㄋㄧㄥ			
濃	ㄋㄥ	仝	仝
農	ㄋㄥ	仝	仝
ㄌㄩ			
閭	ㄌㄨㄟ	仝	仝
律	ㄌㄨㄛ	仝	仝
ㄋㄨㄟ			

續表

國音	方音一區	方音二區	方音三區
渣	ㄗㄚ	仝	仝
扎	ㄗㄜ	ㄗㄜ	ㄓㄜ
ㄕㄞ			
篩	ㄙㄞ	仝	仝
晒	ㄙㄞ	仝	仝
ㄗㄣ			
津	ㄐㄧㄣ	仝	仝
進	ㄐㄧㄣ	仝	仝

國音	方音一區	方音二區	方音三區
角	ㄐㄜ		ㄐㄩㄜ
榷	ㄑㄜ	仝	仝
ㄔㄠ			
鈔	ㄘㄠ	仝	仝
朝	ㄗㄠ	仝	仝
ㄙㄧㄤ			
箱	ㄒㄧㄤ	仝	ㄒㄧㄢ
想	ㄒㄧㄤ	仝	ㄒㄧㄢ

國音	方音一區	方音二區	方音三區
絶	ㄐㄩㄜ	仝	仝
掘	ㄑㄩㄜ	仝	仝
ㄙㄧㄡ			
修	ㄒㄧㄡ	仝	仝
秀	ㄒㄧㄡ	仝	仝
ㄙㄧㄥ			
星	ㄒㄧㄥ	仝	ㄙㄟ
性	ㄒㄧㄥ	仝	仝

國音	方音一區	方音二區	方音三區
餒	ㄩㄟ	仝	仝
内	ㄋㄞ	仝	仝
ㄗㄧㄢ			
尖	ㄐㄧㄢ	仝	仝
箭	ㄐㄧㄢ	仝	仝
ㄦ			
兒	ㄦ	仝	仝
耳	ㄦ	仝	仝

三區北鄉之方音

愚，ㄗㄩㄝ。依，ㄘㄧㄝ。泥，ㄗㄧㄝ。低，ㄉㄟ。梯，ㄊㄟ。知，ㄓㄟ。遲，ㄔㄟ。世，ㄕㄟ。水，ㄙㄨㄟ。書，ㄙㄩ。火，ㄏㄩ。梭，ㄒㄩ。毛，ㄇㄨ。府，ㄏㄨ。藥，ㄩㄜ。分，ㄏㄨㄣ。楊，ㄧㄢ。箱，ㄒㄧㄢ。光，ㄍㄨㄢ。風，ㄏㄨㄥ。

身體類

頭，縣城謂之ㄉㄜㄋㄠ，北鄉謂之ㄉㄜㄌㄠ。頷，縣城謂之下ㄉㄚ子，北鄉謂之ㄏㄚㄉㄚ子。胸，縣城謂ㄆㄨ子，北鄉謂ㄅㄨㄗㄜ。乳，縣城謂之奶頭，北鄉謂之奶ㄉㄡ。指，縣城謂之ㄗㄜ頭，北鄉謂之ㄓㄜㄉㄡ。膝，謂之ㄍㄜ膝ㄎㄨㄞ。臂，縣城謂之ㄍㄜㄅㄜ，北鄉謂之ㄍㄜㄅㄜ。赤身，謂之ㄕㄜㄅㄜ條。脛，謂之ㄍㄨㄞㄍㄨ。

稱呼類

父親謂之ㄉㄚ，北鄉接近平、介稱父謂之爹。母親謂之娘，北鄉謂之ㄇㄢ。兄，縣城謂之哥，北鄉謂之ㄍㄚ，接近北鄉又謂之ㄍㄠ。祖父謂之爺爺。祖母，縣城謂之婆婆，北鄉謂之娘ㄬㄚ，讀去聲，其餘稱ㄅㄚㄅㄚ。姊，縣城附近謂之姐姐，北鄉接平、介處稱ㄉㄚㄉㄚ。伯父謂之ㄅㄧㄜㄅㄧㄜ。伯母，縣城謂之母ㄇㄨ，北鄉舊稱ㄌㄧㄬㄛ，近來北鄉謂之ㄬㄢㄬㄢ。叔父謂ㄙㄨㄜㄙㄨㄜ，叔母謂之嬸ㄕㄥ。兄妻謂之嫂ㄙㄠ。外祖父，縣城謂之老爺，北鄉謂之ㄐㄢ爺。外祖母，縣城謂之ㄌㄠ老，北鄉謂之ㄅㄢㄅㄢ，讀上聲。小孩初生謂之ㄇㄨ孩子、小孩子，北鄉謂之小ㄏㄧ。

天文類

風，北鄉謂之ㄍㄨㄜㄏㄨㄥ。雲謂之雲ㄘㄞ。霞，北鄉謂之ㄕㄠ。雹謂之冷蛋子，北鄉謂之ㄌㄧㄤㄉㄢㄗㄜ。虹，縣城謂ㄐㄤ，北鄉謂ㄐㄧㄛ。星，北鄉謂之ㄙㄟㄒㄡ。霰，北鄉謂之ㄙㄩ

ㄓㄤ。霜，北鄉謂之ㄒㄩㄠ。雹，北鄉謂之打ㄏㄨㄛㄕㄣ。

宮室類

家，縣城謂之住舍，北鄉謂之ㄐㄩㄒㄩ，讀書人普通稱家兒。牆，縣北鄉謂ㄐㄩㄠㄐㄩㄠ。房謂之ㄏㄨㄛㄗㄜ。堦謂之ㄍㄜㄌㄞ。

器具類

筆謂之生花。讀ㄙㄥㄏㄨㄛ。杓，縣北鄉謂之ㄙㄨㄛㄗㄜ。柳罐謂之ㄍㄜ栳。柳筐謂之ㄅㄜㄌㄜ。連耞謂之ㄌㄜ柯。讀ㄍ。篦子，縣鄉謂之ㄍㄨㄛㄕㄜ子。橙子極小者，北鄉謂之ㄒㄩㄠㄒㄩㄠ。

衣服類

背心謂之坎肩。貼身小衫無袖者謂之腰ㄧㄠ。小兒胸前所佩之飯巾，縣北鄉謂之ㄅㄞㄅㄞ。

飲食類

醋謂之ㄘㄡ。秦芰謂之ㄇㄚㄙㄩㄜ子，又謂之辣角子。蒸饅，縣北鄉謂之ㄇㄚㄇㄚ。餅子謂之火燒。肉謂之ㄖㄡ。

動物類

羊，縣北鄉謂之ㄙㄠ子。騾，縣城謂之ㄌ子，北鄉謂之ㄌㄩㄗㄜ。鼠，縣東鄉謂之老ㄙㄩ，北鄉謂之ㄍㄨ兒。狼，北鄉謂之ㄇㄨㄚ狐。鷄，縣城謂之ㄐㄧ兒，北鄉、東鄉謂之ㄗ兒。鷹，縣北鄉謂之ㄎㄧ兒。鳶謂之ㄌㄧㄠㄌㄧㄡ子。雀，縣城謂之ㄒㄩㄜ兒，北鄉謂之ㄑㄧㄠ兒。鴉謂之老哇〔一〕。猪，縣北鄉謂之ㄗㄩ兒。黄鸝，縣北鄉謂之ㄏㄨㄛㄌㄧㄠ。

植物類

樹，縣北鄉謂之ㄙㄩ。桑樹謂之ㄒㄩㄛㄒㄣㄙㄩ。楊樹謂之ㄙㄠㄙㄩ。杏樹，縣城謂之ㄒㄧㄦ樹，北鄉謂之ㄒㄚㄙㄩ。桃樹，縣城謂之ㄊㄜㄦ樹，北鄉謂之ㄉㄠㄙㄩ。茄子，北鄉謂之ㄐㄧㄚ子。

動作類

坐，縣北鄉謂之ㄐㄩㄝ。逐謂之ㄬㄢ。揖，北鄉謂之ㄒㄩㄛㄧㄝ。棄物謂之ㄎㄢ，縣東鄉謂之ㄌㄧㄠ。捕謂之ㄌㄞ。相逢謂之ㄙㄜㄆㄣ。耕田，縣城謂之ㄐㄧ地，北鄉謂之ㄐㄧㄚ地。推磨，縣北鄉謂之ㄊㄨㄞㄨㄞ。

形容類

大，縣北鄉謂之ㄉㄧ。物件碎小謂之ㄏㄡ子、ㄎㄨㄞ料。物汙謂之ㄏㄢㄙㄥ。物様美秀者謂之ㄑㄧㄜㄊㄜ。不清潔者謂之ㄌㄜㄊㄜ。不與人争者謂之ㄙㄨㄢㄓㄟ。好與人争者謂之怪ㄙㄜ。物瘦

〔一〕謂：原誤作「爲」。

者謂之ㄍㄢ巴。口角，縣城謂之ㄒㄧㄤ頂，北鄉謂之ㄙㄜㄊㄧㄣ。與人斡旋事情謂之ㄊㄨㄜㄌㄨㄢ。戰慄謂之ㄍㄜㄙㄡ。駡，北鄉女人謂之駡，男人謂之ㄖㄜㄗㄨㄢ，各鄉普通謂之ㄐㄩㄢ。

標示類

青，縣城謂之ㄘㄧ，北鄉謂之ㄘㄟ。黃謂之ㄏㄨㄜ。北謂之ㄅㄨㄜ。緑謂之ㄌㄨㄜ。六謂之ㄌㄧㄡ。七謂之ㄘㄧㄜ。八謂之ㄅㄨㄜ。十謂之ㄕㄜ。百謂之ㄅㄧㄜ。兩，縣北鄉謂之ㄌㄨㄜ。雙，縣城謂之ㄙㄨㄜ，北鄉謂之ㄒㄩㄜ。丈，縣北鄉謂之ㄓㄢ。人家，縣城謂之ㄬㄚ，北鄉謂之人ㄬㄚ。自家謂之咱。讀ㄗㄤ。何在，縣城謂之ㄋㄚㄌㄜ，北鄉謂之ㄌㄚ兒。

〔民國〕平順縣志

【解題】石璜等纂。平順縣，今山西省長治市平順縣。「方言」見卷三《禮俗略》中。有民國鈔本。録文據鉛印本《民國平順縣志》。

方言

方言者，一方習慣之土語也。自《爾雅》釋名權輿於前，西漢楊子雲爲之最勤，其自述云：「天下之上計孝廉及衛卒會者，雄嘗把三寸弱翰，齎油素四尺，以問其異語，歸即以鉛摘次之於槧。」是《方言》爲子雲精心之作，宜其與《太玄》《法言》並傳也。

平順爲上黨鄙邑，民俗分歧，語言哤雜，大致與鄰封各縣相同，無庸備載。惟自稱曰才，説不好曰歪，駡人曰搗母，爲平順獨立方言，至稱豫魯河北人曰草灰，呼本土人曰煤灰，語近嘲駡，意義難解，附志以備考。

〔乾隆〕長治縣志

【解題】吴九齡修，蔡履豫等纂。長治縣，今山西省長治市長治縣。「方言」見卷八《風俗志》中。録文據乾隆二十八年（一七六三）刻本《長治縣志》。

方言

麻胡子　後趙將，猛悍，人畏之，築城晝夜不止，惟鷄鳴乃息。女賢恤民，假作鷄鳴。父覺，欲撻女。女懼，逃入仙姑洞。後於黄州飛昇。俗每遇兒啼，便怖之曰麻胡子來。亦猶江南兒啼曰張遼來、夏人兒啼曰劉都護來。都護，錡官□〔一〕。麻胡子豈狐狸之謂哉？見《一統志》。

宿麥　即小麥。漢明帝詔：「宿麥潤澤。」其來遠矣。見《漢書》。

鵠卵子　圓麪食。本《淮南子》「蜂房不容鵠卵」。蓋小不包大也。

攢盒　明郊壇，遣中官以攢盒賜廷臣，貯各色甜食珍果。潞爲分封地，故有攢盒之稱。見王濛溪《野談》。

茶餅　太子、世子娶妃乃用之。潞沿王府故事僭用，是宜禁也。見皇明制書。

〔一〕□：此字漫漶不清。

下茶　凡種茶必用下子，移植他處則不復生。俗聘婦以茶爲禮，即用雁義。潞稱納徵爲下茶，祖此。見瓦全道人程百二《茶論》。

不落　酒器名。白香山詩：「銀不落，從君勸。」潞稱柳筐爲不落，雖假借，非杜撰也。見《羣碎録》。

家里　沈休文《山陰柳家女》詩：「還家問鄉里，詎堪持作夫。」〔一〕鄉里謂妻也。《南史·張彪傳》：「我不忍鄉里落他處。」今會稽人又稱家里。潞稱妻與會稽同其義，一而已矣。見姚寬《西溪叢話》。

生分　分讀去聲。師古注曰：「生分謂父母在而昆弟不同財産也。」見《漢書》。

酒疊　《抱朴子》曰：「疊，鳩鳥别名。」以此名器，殆亦旨酒之戒乎？

買郎巾　老僧泰賢云：「涇師段祐常失銀器十餘事，令貧道以千錢詣西市賈胡求郎巾。偶問官健朱秀，秀曰：『甚易得。』遂於古培摘出三枚，如巨虫，兩頭光，帶黄色。祐得，即集女奴環庭炙之。虫慄蠕動，一女奴臉唇瞤動，果竊銀器欲逃者。」今潞人偶失財物便謂買郎巾炙之。亦謂狼之筋耳。豈知乃虫類哉。見《酉陽雜俎》。

𣫍濁蟲　俗稱不曉了者之名。本楊升庵：「士有藐藐於臨文，官有憒憒於臨事，世皆目之曰𣫍濁蟲。」見《楊升庵集》。

爸爸　讀曰巴。俗稱叔曰爸，音與贛人同。

〔一〕持：原誤作「扶」。

孃　稱母曰孃。俗作娘，非。本杜詩：「爺孃妻子走相送。」

賊王八　前蜀王建，許州人，隆眉廣顙，狀貌偉然。少屠牛、盜驢、販私鹽，里人謂之「賊王八」。俗詈本此。見《五代史》。

陽壕　俗稱陽溝爲陽壕。《荀子》「入其央瀆」，注：「謂中瀆，人家出水溝也。」又稱央瀆，《太平御覽·莊子逸篇》。又稱羊溝，楊升庵所紀若此。今則陽溝堙塞，官街穿鑿糞坑，幾如蠻荒之國。環側而居，觀瞻弗雅，不可爲之厲禁乎！

咸子　樂器名。世謂之彈咸子，又謂之撥阮。蓋此樂製自晉阮咸，用其姓名示不忘初也。又《紅線傳》稱線善彈阮咸〔一〕，則分合皆無不可耳。見《太平廣記》。

漫上不漫下　漁鼓簡板。元以前謂之簡鼓息竹，靖康初，民間以竹徑二寸長五尺許，冒皮於首，其製曰漫上不漫下。俗說本此。見《墅談》。

合絡火燒　水瀹而食者，皆爲湯餅，今蝴蝶麪、水滑麪、托掌麪、切麪、挂麪、餺飥、餛飩、合絡、撥魚、冷淘、温淘、秃秃麻失之類是也。籠蒸而食者，皆爲籠餅，亦曰炊餅，今畢羅、蒸餅、蒸餋、饅頭、包子、兜子之類是也。爐熟而食者，皆爲胡餅，今燒餅、麻餅、薄脆、酥餅、髓餅、火燒之類是也。俗稱本此。見《墅談》。

以上方言悉節録程之玿《潞志拾遺》。

〔一〕傳：原誤作「傳」。

〔民國〕永和縣志

【解題】閻佩禮修，段金成纂。永和縣，今山西省臨汾市永和縣。「方言」見卷十四中。録文據民國二十年（一九三一）鉛印本《永和縣志》。

方言

天類

日曰日頭。月曰月明。星曰星宿。霞曰炤，早則占雨，晚則占晴，有「早炤不出門，晚炤曬死人」之土語。連虹形圓者曰降，占晴；形長者曰水礶子，占雨。電閃曰打閃。猛雨曰叢雨。雹曰冷雨。

地類

地之高聳者曰圪塔，低下者曰坑，又曰圪墫，平壙者曰展翅平，左右低而中起者曰圪嶺。土之堅勁者曰膠泥，土鬆和者曰黄土地，疏散者曰沙土地。田之阡頭曰地角頭。田不分界曰犂溝〔一〕。耕種適宜曰合適。

人類

士曰念書人。農曰莊户人。工曰手藝人。商曰買賣人。男女初許婚曰定親。將娶納聘

〔一〕不：疑爲「之」之誤。

曰交錢。相稱曰你我。稱無品人曰嬾東西。稱無職業以賭博謀生者曰光棍。好言人短曰口打人。好矜己長曰裝華鬼。二八月朋友，言不熱不涼泛交也。一個鼻子出氣，言二人如一，相交最厚也。人之無能爲者曰莫出息。人之伶俐者曰緊幹。壞東西，言人之頑皮。莫眼色，言人之不知進退。老寔人曰好人。狡滑者曰溜光錘。稱先生曰先生。呼同事曰夥計。女再醮曰後走。男初婚曰新女婿。稱男子無妻者曰鰥公漢。女子無夫者曰寡婦。

物類

牛子曰犢。馬子曰駒。羊子曰羔。猪子曰猪娃子。鵲曰野鵲子。烏曰老瓦。守宫曰蠍虎。蜘蛛曰蛛蛛。玉蜀黍曰玉稻黍。高粱曰稻黍。筆曰生活。硯曰硯瓦。籃曰籠兒。盆曰盔兒。鵲鴉爲報喜，鴞啼爲報灾。又如蠶老一時、麥熟一晌，牝鷄晨鳴、鴟鴞夜啼，均諺語也。

按，山川阻隔，風俗異尚，因之即一方語言遂有不同，若非詳爲解釋，難明真意。然一方之土語俚詞，率多不堪載諸文字，倘强爲附會，勢必貽笑大方。謹擇其稍近理者，著之於篇，以備觀風採俗之一助。

〔乾隆〕趙城縣志

【解題】李升階纂修。趙城縣，今併入山西省臨汾市洪洞縣。「風俗」見卷五。録文據乾隆二十五年（一七六〇）刻本《趙城縣志》。

風俗

漢揚雄《方言》：自關而西，秦晉之間，好曰妍。哀曰矜，或曰悼。凡大人小兒泣不止曰唴。憂曰惄，或曰濕。凡物壯大謂之嘏，或曰夏〔一〕。凡人之大謂之奘，或謂之壯。凡相愛敬謂之亟〔二〕。凡人語而過謂之過，或曰僉。凡取物而逆謂之篡。凡大貌謂之蒙，或謂之厖。美色謂之好，或謂之窕。凡細而有容謂之魏，或曰徥。凡物小者謂之私〔三〕，或曰纖。凡病而不甚曰殗殜。物力同者謂之臺敵。凡全物而體不具謂之倚。凡愧而見上謂之赧。痛曰憡。猛曰㨉。息曰喙。堅曰鍇。凡取物之上謂之撟捎。炊薪不盡曰藎。凡人獸乳而雙産謂之僆子。罵奴婢曰侮。無緣之衣謂之裗褔。帞頭謂之絡頭〔四〕。杯謂之盌。罌謂之甀，其中者謂之瓿甊。相勸曰聳，或曰𢯦。中心不欲而由旁人之勸語亦曰聳，凡相被飾亦曰𢯦。聾曰䏣。聾甚曰聧。所疾曰可惡。言相責讓曰譙讓。暴五穀曰曬。凡以火而乾五穀之類謂之㷄。鼅鼄謂之鼄蝥。蠀螬謂之蠹，或謂之天螻。蜉蝣謂之蟝蠀。籧謂之篨。塚謂之墳。逆婦。《左傳》隱公

〔一〕夏：原誤作「憂」，據《方言》改。
〔二〕愛：原誤作「憂」，據《方言》改。
〔三〕「私」下原衍「小」字，據《方言》删。
〔四〕帞：原誤作「陌」，據《方言》改。

二年紀裂繻來逆女〔一〕，又宋督目逆而送之。稱父曰老子。庚亮曰：「老子於此，興復不淺。」《宋史》〔二〕：大范老子、小范老子。呼小兒曰娃。吴有館娃宫，人美者皆曰娃，蓋愛惜之稱也。人憒憒曰不中用。《史記・外戚傳》：「武帝擇宫人不中用者，斥出歸之。」鬬爭曰撻拳。石勒曰：「我時飽卿老拳。」杜陵曰：「巨顙拆老拳。」〔三〕李襲吉爲晉王諭梁書：「毒手尊拳，交相於暮夜。」縉紳曰官人。杜詩曰：「劍外官人冷。」韓文志銘王處士云：「吾一女憐之，必嫁官人。」轉風曰飈風。李長吉詩：「旋風吹馬馬踏雲。」合人曰夥伴。《史記・陳勝傳》曰：「夥頤，涉之爲王沈沈者。」《木蘭詩》：「出門看夥伴。」亦作火。杜陵詩：「青春作伴好還鄉。」妬人曰不分。唐詩：「不分桃華紅勝錦。」人無賴曰惡少年。《漢書・昭帝紀》：「發三輔及郡國惡少年屯遼東。」師古曰：「無賴子弟也。」憶舊曰往年、《黥布傳》：「往年殺韓信。」曰先日。《鄒陽傳》曰：「吾先日欲獻愚計。」子招人家曰贅。賈誼論：「家貧子壯則出贅。」妻元配曰結髮。師古曰：「結髮，言始勝冠也。」《新婚別》：「結髮爲夫婦。」勉人曰努力。《翟方進傳》：「努力爲諸生學問。」人壯大者曰魁梧。張良贊：「魁梧奇偉。」應劭曰：「魁梧，壯大之意也。」蘇林曰：「梧音悟。」人懦退曰不長進。晉王夫人云：「女何以都不長進？」呼親家，親作去聲。唐盧綸《王附馬花燭》詩：「人主人臣是親家。」娶婦曰索妻。《蜀志》云吴孫權遣使索公女。《隋書・房陵王傳》獨孤后曰：「爲伊索得元家女。」兄弟妻曰先後。《郊祀志》：「見神於先後宛若。」師古曰〔四〕：「古謂娣姒，今關中呼爲先後。」小兒曰犽兒。長身曰䠷。短身曰遳。《唐書・王伾傳》：「伾貌遳陋。」謂

〔一〕裂：原誤作「需」，據《左傳》改。
〔二〕史：原誤作「書」。
〔三〕陵：原誤作「陸」。拆：原誤作「折」，據《杜工部集》改。
〔四〕師古：原誤作「孟康」，據《漢書注》改。

人粗蠢曰笨材。《晉中興書》：史疇以肥大爲笨伯。臨事憒憒曰糊塗蟲。宋吕端小事糊塗，大事不糊塗。楊用修云：「本穀濁蟲，此古語也。《周禮》有壺涿氏掌除水蟲。涿音濁，是其證也。《宋・吕端傳》作糊塗，朱子《語録》作鶻突，皆非。」打呼曰鼾睡。宋太祖曰：「臥榻之側，豈容他人鼾睡。」責人曰數説。《左傳》：「乃執子南而數之。」〔一〕《史記》：范睢數須賈，漢王數項羽。飯曰一頓。晉謝僕射陶太常詣吴領軍曰：「日已中，客比得一頓食。」杜詩：「頓頓食黄魚。」惡味傷口曰蜇。《列子》：「蜇於口，傷於腹也。」多曰夠，少曰不夠。《魏都賦》：「繁富夥夠〔二〕，不可單究。」受人之物曰賙。以物予人曰歸。歸孔子豚。齊人歸女樂。霞曰燒。語云：「早燒不出市，晚燒行千里。」電曰閃。《大人賦》：「貫列缺之倒影。」服虔曰：「天閃也。」雹曰硬雨。宋吕居仁曰：「紹興初，臨安大雨雹。太學屋瓦皆碎，學官申朝廷脩，不可言雹，稱爲硬雨。」酒帘曰望子。見《廣韻注》。牛羊不生子曰犗。昌來反〔三〕。馬不鞁而騎曰驏。令狐楚詩：「少小邊州慣放狂，驏騎蕃馬射黄羊。」孔曰窟攏。怎麽曰左。來曰釐。飛曰希。房爲縛。羊爲樂。驚爲戟。明爲覔。養爲樂上。紡爲縛上。鏡爲戟去。命爲覔去。王恭先曰：周德清《中原音韻》聲分平仄〔四〕，字别陰陽，以入聲派入平上去三聲。今乃驅三聲而就入聲，使德清有知，應爲揶揄嗍聲之病有以哉。

〔道光〕趙城縣志

【解題】楊延亮纂修。趙城縣，今併入山西省臨汾市洪洞縣。「方言」見卷十八《風俗》中。録文據道光

〔一〕南：原誤作「商」，據《左傳》改。
〔二〕夥：原誤作「够」，據《文選》改。
〔三〕昌來反：原誤作「猖」，據康熙《臨晉縣志》改。
〔四〕音：原脱。

七年(一八二七)刻本《趙城縣志》。

方言

民隱之悉於上也,必言語以爲之階。《管子》云:五方之民,其聲之清濁高下,各象其川原泉壤,故其音不能無偏。非平時繹而通之,有值訴謁而茫然莫解者矣。邑之方言,如父曰爸,母曰家,妻曰媳婦,子曰廝兒,夫曰漢家,祖曰爺爺,祖母曰娘娘,外祖曰老爺爺,外祖母曰老娘娘,妻兄曰室兄,弟妻曰弟妹,稱人妯娌曰襄婦,頭曰登腦,眼曰眼窩,家中曰居舍,同事曰連手,代人奔走曰跑事,年老曰上歲,同行曰廝趕,知曰悉下,不知曰悉不下,無曰没,收拾曰拾奪,執物曰荷,一箇曰一塊,嫁曰改,趕曰攆,難受曰佳不得,以手比勢曰等想,曰擬摹,事無傷損曰百不怎的,不理會曰不細顧,耕地曰疊地,添火曰擡火,筆曰生花,麪條曰旗子,石曰堆石,繩曰麥束,牲畜曰頭口,皆有音可釋,有義可通,雖其聲之疾徐輕重,間有不齊,可意揣而得也。

他若湯之爲拖也,狼之爲羅也,名之爲滅也,閻之爲揚也,杏之爲恨也,號之爲侯也,睡之爲樹也,桑之爲梭也,外之爲衛也,廳之爲添也,母之爲墨也,來之爲雷也,王之爲禾也,跪之爲出也,去之爲棄也,則介在疑似,審音者猶能辨之。若夫布曰慕年,樹曰薄兒,杖曰格闌,口袋曰尺頭,女子髻曰格爪,稱人連襟曰挑擔,乳曰麥麥,立曰勾,蹲曰圪垛,看曰説,身倦曰乖,罵曰捲,臥曰貼,以手掩物曰烏,妥當曰實熟彼此,撲跌曰姑闌之類,街談巷説,有令人聽之而生回惑者。蓋其人性懁急,故其音多短促而少清揚,言爲心聲,信夫。

予始至邑，凡士民童婦所云云，必默識之，久乃漸得其音之所近。每升廳事，時復效其傾吐，不待反覆究詰，而皆能喻其意。善夫，陸稼書之言曰：今之仕者，皆東西南北之人，語言未通，何論人情焉？後之君子，審求於一語一言，毋使入於耳者憒於心，未必非留心民事之一助也。

〔民國〕襄陵縣志

【解題】又題《襄陵縣新志》。李世祐修，劉師亮纂。襄陵縣，今併入山西省臨汾市襄汾縣。「方言略」見卷八中。録文據民國十二年（一九二三）刻本《襄陵縣志》。

方言略

言者，德之柄也，行之主也，身之文也。《釋名》：「言，宣也。宣彼此之意也。」人生天地，界以山河，言語因之而異。試觀各國，有各國之言語，下至於各縣村社，其言語亦不相同。昔公治長能聽鳥語，介葛盧善聞牛鳴，惜乎後世無傳。徒使康伯度繹音縱橫海上，顧盻自雄也。今將我襄之方言略舉一二，使知一方有一方之言語，其普通者則從略焉。

父爲爸。吴人呼父曰爸，襄人亦呼曰爸。母爲媽，又爲娘。音佳。父之爸爲爺。音雅。父之媽爲娘。音覺入聲。母之爸爲老爺。母之媽爲老娘。母之兄弟爲舅舅。母之兄嫂弟媳爲妗子。妯娌爲先後。婦稱夫之爸爲翁翁。婦稱夫之媽爲婆婆。男孩謂之娃。娃，女子之美稱，不知何以爲稱男之名詞。女孩謂之女子。知縣謂之太爺。典史謂之四爺。按，明制一縣之中，設知縣、縣丞、主薄、典史各一員，故稱典史爲四爺。

菽謂之豆子。玉蜀謂之粽子。高粱謂之稻黍。蓮菜謂之藕。鳳仙，花。名曰小豆葉。樹爲百枝。五穀謂之糧食。江米謂之糯米。以麵拌菜謂之穀藟。角黍謂之涼粽子。麵條謂之箕子。蓁椒謂之辣角子。

雉爲野鷄。犬謂之狗。鳶謂之丢溜溜。相聲也。雀謂之宿娃子。鵲謂之野巧子。烏鴉謂之黑老鴰。鼠曰害活。

筆曰生活。胡琴謂之胡胡。耕田謂之犁地。

馬褂謂之馬敦子。長袖馬褂謂之惡冷帶。坎肩謂之褂褂。小帽謂之瓢帽。

太陽稱日頭，亦稱爺雅窩。想係陽王轉音。太陰稱月亮，亦稱月明。

嫁女謂改女。出殯謂埋人。讀書謂之念書。務農謂之做莊稼。經商謂之做買賣。作工謂之做活。傭工稱做活的，亦曰夥計。

牲畜稱頭口。

〔萬曆〕沃史

【解題】趙彦復纂修。沃，指曲沃，今山西省臨汾市曲沃縣。「方言」見《風俗考》中。録文據萬曆四十年（一六一二）刻本《沃史》。

方言

紅爲魂。東爲敦。北爲卑。都爲兜。國爲圭。或爲回。六爲溜。函爲寒。巫爲烏。衛爲玉。王爲訛。黄爲活。張爲勺。常爲裳。頭爲低。腦額爲業樓。什器爲家火。赴市曰趕集。不托爲扁食。烏鴉爲老呱。鴴鴴爲飛蟲。巫婆爲菩薩。行腳爲賣婆。

〔民國〕新絳縣志

【解題】徐昭儉修，楊兆泰纂。新絳縣，今山西省運城市新絳縣。「方言略」見卷一。録文據民國十八年（一九二九）鉛印本《新絳縣志》。

方言略

語言者，所以發表思想也。然雙聲疊韻隨地而轉，一字不足以包數音，則新字因之以生。然推求本原，則亦不離其方位，此音聲所以通于政俗也。新絳接迹古都，語言猶襲先民遺傳，而輾轉相沿，失其本音者，亦在所不免。大約東北近汾城音，西南近稷山、聞喜音，純粹作新絳音者，獨中部耳。甄綜大凡，作方言略。

聲母譜

欲求方言，先别方音。舍方音而弟講方言，總有其字，而口腦仍不得肖。特音韻之書，如《廣韻》《集韻》，求之反切之間，難乎其難，即勉强輯集而知者，亦復寥寥。兹幸注音字母書出，人人可曉，故今輯方言多參用之。先列聲母、介母、韻母三母如左。

聲母譜

	ㄅ		ㄆ	
國音		迫帛白蘖柏伯百簿箔舶泊勃$_5$脖$_2$鵓波$_1$		粕魄珀璞$_5$
方音		ㄆ　ㄅㄟ　ㄅㄧㄝ		ㄆㄨ　ㄆㄟ　ㄆㄧㄝ

	ㄇ		ㄈ		ㄉ		ㄊ		ㄋ	
國音		幕妹脈麥默墨		縛		得德$_5$		忑特慝忒$_5$		那$_3$
方音		ㄇㄟ　ㄇㄧㄝ		ㄈㄨㄡㄅ		ㄉㄟ		ㄊㄧㄝ		ㄋㄚ

	ㄌ		ㄍ		ㄎ	
國音		泐肋勒$_5$		閤合鬲隔革格$_5$槅$_2$哿舸柯戈$_1$		錁課顆蝌科$_1$
方音		ㄌㄟ		ㄎㄨㄛ　ㄎ　ㄍㄧㄝ　ㄏ		ㄎㄨㄛ

		ㄏ		ㄐ	
國音	客克尅刻殼売$_2$窠$_1$騍		覈核嚇赫黑$_5$苛$_2$		技妓$_3$剞掎畸朞$_1$
方音	ㄨㄛ　ㄑㄧㄛ　ㄎㄟ　ㄎㄧㄝ		ㄎ　ㄏㄟ　ㄡㄏㄧㄝ　ㄏㄞ		ㄑ

	ㄑ		ㄬ		ㄒ		ㄓ	
國音		詰$_5$憩跂$_4$企$_3$譏$_2$溪谿$_1$		袂$_4$麑輗霓倪$_2$		扱$_5$禊$_4$攜$_1$		支$_1$
方音		ㄒ　ㄐ　ㄒㄝ　ㄐㄝ		ㄧ　ㄇㄧ		ㄒㄝ　ㄑ　ㄐ		ㄗ

忮摯贄至誌志4祉黹咫只枳沚趾芷址止紙旨指3脂祇梔卮芝之肢枝					國音
					方音
施獅師詩尸1	ㄕ	翅4齒3	ㄔ	跖摭蹠櫛蟄姪湜5殖值植直瘈4痔峙3	國音
ㄙ		ㄘ		ㄓㄝ ㄐㄝ ㄔㄝ　ㄔ　ㄙ	方音
視侍弑試示事4氏是恃市矢豕屎諟駛始使史柿仕士3塒匙時2鳲屍					國音
					方音
廁4祠詞辭2伺1	ㄘ	眦自字5	ㄗ	碩5螫謚嗜	國音
ㄑㄝ　ㄙ		ㄘ		ㄕㄛ ㄓㄝ	方音

斃弊敝避幣$_4$鄙彼$_3$	ㄅㄧ	熠$_5$腋液掖曳泄$_4$抑$_5$議$_4$倚$_3$儀宜$_2$椅醫依衣$_1$	ㄧ	介母韻	國音
ㄆㄧ ㄅㄟ		ㄒ 又ㄧㄝ ㄒㄝ ㄬ			方音

隄堤$_1$	ㄉㄧ	醾靡$_2$	ㄇㄧ	毗陴羆紕邳丕$_1$	ㄆㄧ	偪閟泌$_4$甓愎璧壁辟$_5$鼻嬖臂庇蔽	國音
ㄊㄧ		ㄇㄟ		ㄅㄧ ㄆㄧ		ㄇㄧ	方音

臍$_2$	ㄘㄧ	籍輯集$_5$	ㄗㄧ	例$_4$	ㄌㄧ	摘$_5$悌$_4$	ㄊㄧ	嫡敵翟糴覿笛滌迪荻$_5$諦遞棣第$_4$	國音
ㄐ		ㄑㄝ ㄑ		ㄌㄧㄝ		ㄗㄟ ㄉㄧ		ㄉㄧㄝ	方音

物勿$_5$婺霧務$_4$碔廡嫵侮鵡舞武$_3$蕪誣巫無毋$_1$	ㄨ	舄棲$_1$	ㄙㄧ	踖$_5$泚$_3$	國音
ㄪㄨ		ㄙㄧㄝ ㄑ		又ㄘ	方音

犢牘讀獨毒$_5$稌肚杜$_3$	ㄉㄨ	撫	ㄈㄨ	扑	ㄆㄨ	卜蹼$_5$哺捕步$_4$部篰簿$_5$	ㄅㄨ	國音
ㄊㄨ		ㄪㄨ		ㄆ		ㄅ ㄆㄨ		方音

國音	瀆櫝	ㄊㄨ	凸	ㄋㄨ	拏怒4弩努3駑奴2	ㄌㄨ	陸六5	ㄓㄨ	竺竹5助住4炷柱3
方音			ㄋㄡ		ㄋㄚ　ㄋㄡ		ㄌㄧㄡ		ㄗㄡ　ㄘㄡ　ㄔㄨ

國音	朮築蠋燭粥祝逐	ㄔㄨ	楮躇儲2觸矗5芻雛2攄1礎楚3鉏鋤2初1	ㄕㄨ	蜍蔬疏1
方音	ㄈㄨ		ㄓㄨ　ㄗㄡ　ㄌㄩ　ㄘㄡ		ㄙㄡ

國音	蹜縮藷4銖洙茱1澍樹4豎3樗1淑屬熟孰塾菽叔贖束5數4	ㄖㄨ	溽褥辱肉
方音	ㄈㄨㄛ　ㄓㄨ　ㄈㄨ		ㄖㄨ

國音	ㄗㄨ	足鏃族卒5莋筰阼祚4	ㄘㄨ	猝蹴蹙5	ㄙㄨ	粟蓿夙宿肅5	ㄩ	菸1
方音		ㄐㄩ　ㄘㄡ		ㄘㄨㄟ　ㄐㄡ		ㄒㄩ		ㄧㄢ

國音	聿5飫4敔3	ㄐㄩ	局5踽3	ㄑㄩ	蘧衢2墟1	ㄒㄩ	煦5	ㄙㄩ	嶼4	
方音	ㄧ　ㄨ		ㄑㄩ　ㄩ		ㄐㄩ　ㄒㄩ		ㄒㄩ		ㄩ	

韻母譜

國音	例字	方音
ㄚ	阿4	ㄛ
ㄅㄚ	跋拔5魃2	ㄆㄚ、ㄅ
ㄆㄚ	葩1	ㄅㄚ
ㄉㄚ	怛妲5	ㄉㄢ
ㄐㄚ	頡㓞5茄1	ㄑㄚ、ㄐㄝ
ㄑㄚ	掐	ㄔㄚ
ㄒㄚ	轄瞎5廈3	ㄙㄚ、ㄏㄚ
ㄓㄚ	劄扎札5詐乍3炸2渣1醡4查1	ㄘㄚ、ㄗㄚ
ㄔㄚ	詫汊4茶2槎杈差叉1	ㄘㄚ
	剎察插5岔	
ㄕㄚ	歃煞霎殺5鯊痧裟紗沙1	ㄙㄚ、ㄊㄚ
ㄗㄚ	雜5	ㄘㄚ
ㄧㄚ	壓押5啞3衙芽牙2鴉1	ㄬㄚ
	閘軋鴨	ㄈㄨㄚ
ㄨㄚ	襪	ㄪㄚ
ㄅㄛ	白	ㄅㄧㄝ
ㄫㄛ	額5訛2	ㄨㄛ、ㄫㄝ
ㄬㄛ	瘧虐搦5	ㄬㄝ、ㄧㄛ
ㄓㄛ	翟澤宅擇5	ㄐㄝ、又ㄊㄧ
ㄔㄛ	拆5	ㄘㄟ
ㄕㄛ	蝨澀瑟5	ㄒㄝ、ㄙㄟ
ㄗㄛ	側賊嘖簀昃則仄責窄5	ㄗㄟ、ㄐㄝ、ㄘㄟ、ㄑㄝ
ㄘㄛ	惻柵測策冊5	ㄑㄝ

	國音	方音
ㄙㄛ	嗇穡塞色$_5$	ㄙㄟ ㄒㄝ
ㄨㄛ	渥$_5$倭$_1$	ㄨㄟ ㄧㄛ
ㄩㄛ	躍藥禴鑰籥瀹龠譎葯約樂岳嶽$_5$	ㄧㄛ ㄧㄠ
ㄐㄝ	截	ㄑㄝ
	羯絜跲刦	ㄑㄚ ㄒㄝ
ㄒㄝ	俠$_4$械鞋$_2$	ㄏㄞ ㄐㄝ ㄐㄚ
ㄓㄝ	鵰懾$_5$炙$_4$	ㄓ ㄕㄝ ㄈㄨ
ㄧㄝ	葉夜	
ㄅㄞ	粺稗敗$_4$	ㄆㄞ ㄋㄧ
ㄉㄞ	殆待$_3$	ㄊㄞ
	岱$_4$迨紿怠	
ㄍㄞ	陔垓$_1$	ㄏㄞ
ㄫㄞ	礙$_1$	
ㄓㄞ	齋$_1$	ㄗㄞ
ㄔㄞ	儕$_2$蠆$_4$豺柴$_2$釵差$_1$	ㄘㄞ ㄗㄞ
ㄕㄞ	曬$_4$篩$_1$	
ㄙㄞ	塞	ㄙㄟ
ㄅㄟ	桮卑$_1$	ㄅㄧ ㄆㄟ
ㄇㄟ	媚$_3$楣嵋眉$_2$	ㄇㄧ
ㄈㄟ	吠沸$_4$	ㄈㄨ
ㄌㄟ	擂$_2$	ㄌㄨㄟ
ㄨㄟ	唯維惟$_2$隗$_1$	ㄎㄨㄟ ㄎㄨㄟ
ㄅㄠ	堡$_3$	ㄅㄨ
ㄉㄠ	蹈盜導$_4$稻$_3$	ㄊㄠ
ㄊㄠ	濤$_2$桃$_1$	ㄊㄧㄠ ㄉㄠ
ㄌㄠ	潦	
ㄫㄠ	傲	
ㄏㄠ	皞	ㄍㄠ

國音	字（國音）	方音
ㄐㄠ	轎酵窖攪$_3$澆$_2$	ㄑㄠ
ㄑㄠ	磽$_1$	ㄎㄠ
ㄒㄠ	斅$_4$殽爻肴淆	ㄬㄠ　ㄐㄠ
ㄓㄠ	櫂$_4$趙$_3$罩$_4$笊爪找$_3$	ㄗㄠ　ㄔㄠ　ㄘㄠ
ㄔㄠ	吵炒$_3$巢$_2$勦鈔$_1$	ㄘㄠ
ㄕㄠ	邵劭$_4$稍$_3$筲鞘$_1$	ㄒㄠ　ㄙㄠ　ㄓㄠ
ㄖㄠ	蕘橈饒$_2$	ㄋㄠ
ㄗㄠ	造皂躁藻$_3$	ㄘㄠ
ㄙㄠ	搔$_1$燥噪$_4$繅$_1$	ㄘㄠ　ㄗㄠ
ㄧㄠ	杳窅窈拗齩$_3$	ㄬㄠ　ㄇㄧㄠ
ㄇㄡ	戊袤貿懋茂$_4$蝥矛$_2$	ㄇㄠ　ㄪㄨ
ㄉㄡ	逗竇豆$_4$	ㄊㄡ
ㄊㄡ	偷$_2$	
ㄐㄡ	舊$_4$舅臼$_3$	ㄑㄡ
ㄑㄡ	糗仇$_2$揪$_1$	ㄐㄡ　ㄔㄡ
ㄓㄡ	籀咮宙縐皺晝$_4$紂帚$_3$	ㄈㄨ　ㄗㄡ　ㄌㄧㄡ
ㄔㄡ	愁$_2$	ㄘㄡ
ㄙㄡ	嗾$_3$	ㄘㄡ
ㄧㄡ	又郵尤$_2$	ㄬㄡ
ㄢ	按闇案岸暗$_4$黯$_3$盦諳鞍鵪安庵$_1$	ㄫㄢ

國音	字	方音
ㄅㄢ	瓣絆伴扮$_4$	ㄆㄢ
ㄆㄢ	攀	ㄅㄢ
ㄉㄢ	亶$_3$蛋淡$_4$澹$_1$	ㄊㄢ　ㄕㄢ
ㄏㄢ	蚶$_1$	ㄍㄢ
ㄐㄢ	縑緘$_1$	ㄒㄢ　ㄑㄢ
ㄬㄢ	黏$_1$	ㄓㄢ　又ㄖㄢ
ㄒㄢ	絃弦$_2$軒掀$_1$	ㄒㄩㄢ
ㄓㄢ	綻蘸棧站$_4$斬$_3$饘邅鸇$_1$	ㄕㄢ　ㄗㄢ
ㄔㄢ	闡鏟産$_3$饞讒$_2$孱攙$_1$	ㄘㄢ
ㄕㄢ	柵$_4$摻杉訕刪衫山$_1$	ㄙㄢ
ㄗㄢ	鏨暫$_4$咱$_2$	ㄗㄚ　ㄘㄢ
ㄘㄢ	殘	
ㄧㄢ	堰眼$_3$岩巖嚴$_2$醃$_1$	ㄬㄢ
	唁讞罨闇	ㄫㄢ　ㄒㄢ
ㄨㄢ	蔓万萬$_4$綰輓晚	ㄪㄨㄢ
ㄩㄢ	掾$_4$緣$_2$	ㄧㄢ
ㄣ	恩$_1$	
ㄐㄣ	覲妗近$_4$	ㄑㄣ
ㄓㄣ	蓁溱榛臻$_1$	ㄗㄣ
ㄔㄣ	櫬$_4$琛$_1$	ㄕㄣ　ㄘㄣ
ㄕㄣ	滲葠森$_1$	ㄙㄣ
ㄗㄣ	怎$_3$	
ㄧㄣ	嚚銀$_2$垠闇陰$_1$	ㄬㄣ

國音	字	方音
	隱飲3	
ㄨㄣ	汶紊問4抆3蚊紋文聞2	ㄪㄨㄣ
ㄩㄣ	畇勻2	ㄧㄣ
ㄅㄤ	蚌棒3	ㄆㄤ
ㄆㄤ	彷龐2	ㄆㄥ
ㄈㄤ	紡方2	ㄈㄛ
	訪房1	ㄈㄥ
ㄍㄤ	扛1	ㄎㄤ
ㄫㄤ	卬	
ㄏㄤ	頏航2	ㄎㄤ
ㄐㄤ	襁3	ㄑㄤ
ㄬㄤ	釀	ㄖㄤ
ㄕㄤ	觴裳1	ㄔㄤ
ㄧㄤ	仰3	ㄬㄤ
ㄨㄤ	王朢妄望4惘網罔3忘亡2	ㄪㄨㄤ 又ㄪㄨㄛ；ㄪㄨㄥ；ㄩㄝ惟村名讀此音。
ㄅㄥ	迸4怦1	ㄆㄧㄥ；ㄅㄧㄥ
ㄌㄥ	冷3楞稜2	ㄌㄧㄥ；ㄌㄣ；ㄌㄧㄝ
ㄍㄥ	亘4	ㄍㄣ
ㄎㄥ	肯3	ㄎㄣ
ㄏㄥ	恒3	
ㄐㄥ	勁4	ㄬㄥ
ㄓㄥ	争正蒸禎貞1	ㄓㄣ；又ㄓㄝ；ㄗㄥ
ㄔㄥ	秤4瞪錚撐1	ㄘㄥ；ㄗㄥ；ㄉㄥ；ㄔㄝ；又ㄔㄣ
ㄕㄥ	生甥笙牲1	ㄙㄥ
ㄖㄥ	仍1	ㄪㄨㄥ
ㄧㄥ	蠅應硬4迎2	ㄬㄥ；ㄧㄝ
ㄨㄥ	甕4	ㄨㄣ

天文類

雹謂之冷讀ㄌㄧㄝ，又ㄌㄚ子，又謂之冷讀音同上圪塔。星謂之星讀ㄒㄝ宿讀ㄒㄡ。霞謂之天燒。讀去聲。

人倫類

父，縣東北鄉謂之爸爸，縣城附近謂之ㄌㄧㄚ。母，縣東北鄉謂之馳，讀ㄐㄚ。其餘謂之媽。姊，縣北謂之姐姐，其餘謂之ㄐㄚㄐㄚ。妯娌謂之先讀ㄐㄚ後讀ㄏㄨ。翁姑呼婦行幾謂之幾戶。讀ㄏㄨㄛ。祖父謂之爺。讀ㄧㄚ。祖母謂之娘娘。讀ㄬㄛ。連襟謂之挑担。女壻謂之姐夫。呼小兒謂之娃子，取其名之一字加之於上，男女皆謂之某娃子，省文曰某娃。養子謂之蠻圪塔。

身體類

頭謂之ㄌㄣㄋㄠ。鼻，縣西南謂之ㄊㄧ子。眉，縣南謂之眼ㄋㄧ。睫謂之眼睁讀ㄗㄚ毛讀ㄇㄨ。輔謂之牙車讀ㄊㄚ骨。兩腮謂之臉讀ㄌㄧㄢ蛋讀ㄊㄢ子。頷謂之ㄏㄚㄅㄚ子，又謂之ㄐㄩㄅㄥ子。頂謂之天靈蓋。腦後謂之腦勺子，其下謂之燕兒窩。耳下謂之耳門叉。嗉，縣北謂之嗉口子，又謂之嗉核讀ㄏㄨ子。項下兩旁高骨謂之鑵兒系。肩，縣西南謂之ㄗㄢ，西北謂之ㄓㄢㄓㄢ，縣城附近謂之架架骨。胸部謂之ㄒㄩㄣㄅㄨㄌㄎ〔一〕。乳謂之ㄋㄞ頭。臍謂之ㄅㄨ臍窩。手，縣南謂之ㄙㄡ。兩腋謂之圪肘窩。赤身謂赤ㄅㄟㄋㄧㄚ，又謂之赤ㄅㄨㄌㄧㄢ。膝謂之鵠讀ㄍ膝蓋，縣北謂之花饃子。膝後曲處謂之曲曲灣。

〔一〕 ㄎ：似誤。

宮室類

牆，縣東南謂之ㄘㄛ，普通謂之ㄑㄛ。梲謂之小漢兒。階謂之圪臺。仰障謂之天花板。

稼穡類

高粱謂之稻黍。玉蜀黍謂之玉稻黍。麥，縣西南謂之ㄇㄧㄝ。棉，縣西南謂之ㄋㄧㄚ。

飲食類

米，縣西南謂之ㄋㄧ。麵，縣西南謂之ㄋㄧㄢ。

衣服類

小帽謂之瓢帽子。坎肩謂之褂褂子，又謂之背心子。小衫謂之背搭子。

器具類

柳罐謂之栲讀ㄍㄧ栳。盌，極大者謂之鉢盌，極小者謂之孩提讀ㄉㄧ盌，又謂之ㄍㄧㄌㄡ盌。坐牀之矮短者謂之牀讀ㄈㄨㄛ兒。表，縣西南謂之ㄉㄧㄠ。紙，縣西南謂之ㄓ。尺，縣西南謂之ㄘ。洗臉盆謂之洗鑼子。薄團，縣南謂之ㄆㄧㄝㄆㄧㄝ子。瓢，縣西南謂之ㄊㄧㄠ。梯謂之ㄆㄧ子。天平，縣西南謂之ㄊㄧㄤ。鎞子，縣西北謂之ㄉㄧ子。大筐，縣西謂之ㄍㄧㄗㄡ，又謂之ㄅㄨㄌㄎ〔二〕，普通謂之濫筌。筆，縣西謂之ㄉㄧ。衣橱謂之槅槅。鉤謂之ㄍㄧㄉㄡ。叉謂之ㄍㄘㄚ。

動物類

牲口謂之頭口。讀ㄍㄨ。雀謂之飛讀ㄒ蟲讀ㄈㄨㄢ子。鳶謂之ㄉㄧㄌㄧㄡㄌㄧㄡ。

〔二〕ㄎ：似誤。

動作類

送謂之ㄙㄨㄣ。迎謂之ㄬㄝ。來謂之ㄌㄧ。去謂之ㄑㄚ。出，縣東北謂之ㄔㄨㄝ。入，縣北謂之ㄖㄝ。攪謂之ㄓㄠ，又謂之ㄍㄧㄌㄠ。觸人癢處謂之ㄍㄧㄌㄟ。起手謂之搆駕。讀ㄓㄚ。預備謂之設理。讀ㄌㄩ。整飭謂之撫治。不要謂之ㄅㄠ。

形容類

大謂之ㄉ，又謂之ㄊ。可憐與酷慘並謂之寒噤。讀ㄘㄣ。可以謂之幫肩。讀ㄗㄢ，又ㄓㄢ。責讓之微者謂之ㄍㄧㄢㄤ，其大者謂之ㄕㄡㄕ。口辯之不直者謂之ㄍㄧ賴。其不心服者謂之ㄍㄧㄌㄚ。屋塌聲謂之ㄆㄨㄊㄚ。戰慄謂之ㄍㄧㄓㄢ。飽滿謂之鼓堆。楞謂之ㄍㄧㄌㄣ。罅謂之ㄍㄧㄢㄚ。

標示類

青謂之ㄑㄝ。紅謂之ㄏㄨㄣ。黃謂之ㄏㄨㄛ。黑謂之ㄏㄟ。兩，縣東南謂之ㄌ，普通謂之ㄌㄧㄛ。雙謂之ㄈㄨㄛ。七，縣北謂之ㄑㄝ。十，縣北謂之ㄕㄝ。東謂之ㄉㄨㄣ。北謂之ㄅㄟ。冬謂之ㄉㄨㄣ。當中謂之ㄉㄈㄣ。外頭謂之ㄨㄟㄒㄝ。人家謂之ㄬㄚ。自家謂之咱。怎麽謂之ㄗㄛ。甚麽謂之ㄕ麽，又謂之ㄕㄛ。何在謂之ㄋㄚㄌ〔一〕。

〔一〕「ㄋㄚㄌ」似誤，民國《沁源縣志》作「ㄋㄚㄌㄜ」。

〔民國〕聞喜縣志

【解題】余寶滋修，楊韍田纂。聞喜縣，今山西省運城市聞喜縣。「方言」「釋名」見卷八中。録文據民國七年（一九一八）石印本《聞喜縣志》。

方言

方民各操鄉音，習也，非性也，亦稍關於地氣。蓋喉舌齒脣之用，巧拙互呈，而清濁疾徐之呼，變通罔覺。口滑於所便，耳諳於所熟，一是莫衷，兩趨於極馴。致入鄉問俗，人訝廋辭；遊宦臨民，自愁重譯，窒亦甚矣。夫民族一系也，文字語言一源也，聲韻獨變，烏能離宗？大抵皆雙聲、疊韻、反切之轉，其實只過輕、過重、過緩、過急之變而已。循其條理而排比之，雖閩粤殊音，可一貫以究其緒矣。況汾洮之川、大夏之墟哉！閒嘗考驗音變之漸，似乎隔山變速，隔水變遲。燕趙秦川廣漠數百里，語音略同。三晉嶺峻山崇，不獨縣與縣異，甚或一縣數變。凡山脈之一開一闔，兩區必殊方音，亦理之不可解者矣。聞喜地臨通衢，鄉音仍局於境，欲倣詁訓之義，俾通《爾雅》之言，釋方言。

城東北二十里外，城西北十五里外，四聲讀近京音而稍濁，乃平兼上、上兼去、去兼入、入又兼平。餘皆讀近純音而稍輕乃平，平呼上，高呼去，遠呼入短呼。城西南十里外缺濁平聲，乃同亦讀通，田亦讀天，情亦讀清，此方音四聲之大略也。

凡輕重之變十之九，列爲三表如後。凡注方音字不論義，以下倣此。

韻轉第一表 不全變，不列之字即不變之字，列入之字姓不變讀。

凡叶他韻之字必讀其字之雙聲。略注數字，餘可類推。

	方音叶		方音叶		方音叶		方音
陽江養講漾絳韻	叶歌哿箇韻	庚青梗迥敬徑韻	叶佳蟹泰韻	蒸迴徑韻	叶真文軫吻震問韻	麻馬禡韻	讀如韻
揚	約平聲	驚	街	蒸	真	斜	霞
養		精		稱	嗔	邪	
癢		經		秤	襯	些	蝦
湯	拓平聲	井		蠅	寅	爺	衙
張	酌平聲	鏡		燈	擔(騰)根切	野	訝
長（上聲）		聲	生皆切	等		夜	壓
長	長碩切	生		磴		爹	貂牙切
場		剩		凭	貧	賒	紗
腸		横	胡嗟切	憑		捨	紗上聲
娘	尼科切	錫	協	楞	能臨切	借	假
相	相何切	争	者清平	勁	禁	惹	
想		整	者	升	中	附灰韻	

續表

	方音叶		方音叶		方音叶		方音
忘	文何切	清	切清平	東冬董腫送宋韻	叶元阮願韻	開	豤厘切
網		青		東	敦，縣東北五十里外有此音，不普通	來	黎
芒		輕		冬		外	位
牆	禽何切	晴	切濁平	動			
强（去聲）		釘	疊清平	涷			
量	臨何切	杏	亨隔切	窮	羣		
兩		星	劦清平	馮			
放	非摸切	腥		風	分		
嘗	芍濁平	醒	寫	縫			
償		零	列濁平	紅	混		
上（去聲）		嶺		銅	屯		
繮	爵清平	領		筩			
襠		猛	瞥	空	坤		
糠	可清平	聽	鐵清平	孔			

續表

	方音叶		方音叶		方音叶		方音
炕		硬	捏去聲	蟲	純		
昂	鶩	迎	捏濁平	壟			
瓤	若濁平	影	捏上聲	夢			
狼	挪或羅	贏	葉濁平				
桑	莎	坑（乾坑、迴坑村名）	竊清平				

此表所列字讀皆牙關吃力之音，變讀則否。大約方民牙關微緊，開闔微重，故從便而轉韻耳。

音變第二表 普通列入之字，姓亦變讀，四聲字全變，舉一反三可也。

凡音變之字必讀其字之疊韻。有字者注，凡不注字皆無字可注，以雅音缺此類音也。但以脣音改脣齒音讀之即得。

	方音		方音		方音		方音		方音		方音	
平	停	皮	提	瓢	條	片	㖭	貧	停臨切	撇	鐵上聲	
明	零	眉	鼈	苗 繆	遼 劉	免	斂	民	臨	滅	列	
兵	丁	卑	低	標	刁	扁	點	賓	丁臨切	別	疊	以上三行不普通
農	能	雷	鼈	盧	樓	煖	嬾	嫩	楞朕切	劣	列	以下普通

雙	方	誰	肥	書	夫	拴	翻	順	憤	血 摔 説	謝入聲，夫拙切，同前	縮	分撥切	
戎		蕊		如		軟		潤						以下無字可注
中 壯		追		朱		轉		準		拙 墜		捉		脣音改脣齒音讀即合
崇 窗		吹		除		喘		純		綴 踹		戳		

此表所列之音，皆上脣下伸之音，變讀即否。大約方民上脣微短，下伸微重，故從便而變音耳。前三行音輕，其變尚不普通；後五行音重，則全變矣。

重變第三表

	韻轉	音變	所讀
明	滅平聲	零	列濁平
平	撇濁平	停	鐵濁平
病	別去聲	定	鐵去聲
莊	捉清平	莊脣齒音	捉清平脣齒音
牀	戳濁平	牀脣齒音	戳濁平脣齒音
王（村名有之，餘不變）	握清平	亡脣齒音	月清平

凡緩急之變十之一，分爲三段如後。

二呼一字第一段

給京語音兜，鈎也。給婁，甌也。給撈，奥也，又攪也。給利，戲也，觸其癢也。給攮，讓也。給賴，賴也。給伸，震也。給叉，架也。給楞，叶侵韻。楞也。給拉，鋝也。搆駕，駕也。設理，起也，猶言起手也。古隆，孔也。骨堆，堆也，猶言飽滿也。舞飭，治也。普塔，塌也。不彈，顫也。刻囊，腔也。胡弄，誆也。只打、只多，這也。那打、那多，那也。烏打、烏多，若也。若箇、若而人之若。

二字一呼第二段

人家謂之牙。揑家切，不讀衙。自家謂之茄。叶麻韻。怎麼謂之則。叶歌韻。什麼謂之碩。這箇、這麼同謂之倭。這們音每謂之則。至既切。那們音每謂之胃。去那謂之掐。何在謂之捺。那亦曰捺。害羞省文曰害。

顛倒反切第三段

傍尖，將也，猶言可以也，尖傍切將。

中國方言無字者少，其無字者，皆二合二分之音也。三合三分者，幾無其字。一切名辭，只知其意，不知其字，不足以釋方言也。

聞喜方言，如此已大備。若夫語助之音，子讀如的茲切，乃兒子之間〔一〕。箇讀外，又讀乖

〔一〕兒子：當作「子兒」。

去聲、讀塊去聲之輕音，大抵語多失之輕忽，語末助音往往省之至無是，在聽者之審其末音而已。

釋名

執途人而有問，必呼以老大。同學、同肆之友，相呼以某大。幼呼長亦曰某大。長呼幼則曰某相公，某者其姓也。

呼祖父爲爺爺，啞啞平聲。省辭爲爺。呼祖母爲娘娘，音年何切。省辭曰娘。呼父曰爹，麻韻。呼母曰姥。婦呼翁姑如其夫，翁姑呼婦行幾曰幾户。音聒。

女子既嫁，父母亦不呼名，行幾呼以幾姐子。音在子兒之間，凡語末帶子字者，音皆同。

呼小兒爲娃子，多取其名之一字加以娃子而呼之，男女皆曰娃子。

〔民國〕榮河縣志

【解題】張柳星等修，郭廷瑞纂。榮河縣，今併入山西省運城市萬榮縣。「方言」見卷八《禮俗略》中。録文據民國二十五年（一九三六）鉛印本《榮河縣志》。

方言

我國南北東西之人，同聚一室，或摻南音，或摻北音，喉舌齒牙，輕清重濁，各有不同。斯意志隔閡，不能脗合，故不得不各記方言，以備採擇。考其字義則無不同，而聲音轉變，因之迴異。如謂長爲綽，短爲曲，王爲月，張爲酌，熟爲沸，生爲賒，去爲氣，來爲拉，房爲縮，羊爲葯，鷩爲結，墻爲雀。稱爺曰牙，稱娘曰約，稱父曰爹，稱母曰嫣，諸如此類，筆難罄述。

又有有音無字而相習既久不至迷惑者，大都上去分明，而平訛於入者不勝僂指。蓋自秦漢以來，密邇西京，語言猶近於雅。永嘉南渡以後，五胡雜處，音遂變易。

此外尚有事物相同，而稱呼名詞迥然不侔者，如朱提銀重十兩，或棉花十斤，均呼爲一泡。謂牛馬腰間虚肉曰赚窩。謂修房子曰蓋廈。謂人飯飽曰吃够。謂飲食變味曰飼氣。謂器物曰傢伙。謂疥瘡曰痎疙。土起岡陵曰圪塔。水衝窟窿曰鑽閘。

他如牝驢曰草驢。牡驢曰叫驢。牝牛曰乳牛。牡牛曰朴牛。騍馬割勢曰騸騍，騸馬。騍馬母者曰錁騍、錁馬。猪有牙草之分。羊有山綿之異。出閨之女號長官。内人之弟曰小舅。稱女婿曰姐夫。稱外甥曰衛賒。謂衣服曰穿的。謂秦椒曰麻椒。此等俗名相傳，土語相沿，有令人驟聆之而莫能究詰者。仔細繹之，非無意義。近今學校注重國語，以爲語言統一之嚆矢，採風問俗之士，其注意焉。

〔康熙〕臨晉縣志

【解題】齊以治修，王恭先纂。臨晉縣，今山西省運城市臨猗縣。「方言」見卷三《禮俗》中。録文據康熙二十五年（一六八六）刻本《臨晉縣志》。

方言

王恭先曰：風俗不同，方言亦異。臨晉在唐虞三代尚矣，秦漢以來，内史三輔，而外河東實爲首郡，當時語言文字逼近西京。自永嘉南渡，五部分居，始變中華之音。嗣後餘分閏位，間代相乘，耳濡目染〔一〕，雜糅益甚。蓋象胥不能遍諭，而瞽史不能悉聽矣。附方言，以志古今時變之慨焉。

漢楊雄云：自關而西，秦晉之間好曰妍。哀曰矜，或曰悼。凡大人少兒泣而不止謂之唴。憂曰惄，或曰濕。凡物壯大謂之嘏，或曰夏。凡人之大謂之奘，或謂之壯。凡相敬愛謂之亟。凡人語而過謂之過，于果反。或曰僉。凡取物而逆謂之篡。音饌。凡大貌謂之朦，或謂之厖。美色謂之好，或謂之窕。凡細而有容謂之魏，魏魏，小成貌。或曰徥。度皆反。凡物小者謂之私〔二〕，或曰纖。凡病而不甚曰殗殜。音嚈葉。半臥半起也。物力同者謂之臺敵。凡全物而體不具謂之倚。丘寄反。凡愧而見上謂之赧。痛曰憹。猛曰撊。呼旱反。息曰喙。堅曰鍇。凡取物之上謂之撟捎。炊薪不盡曰藎。凡人獸乳而雙産曰健子。音輦。罵奴婢曰侮。言爲人所輕弄。無緣之衣謂之裗裾。俗名裾掖。音倔。帞頭謂之絡頭〔三〕。桮謂之盃。音雅。甖之大者謂之甀，其中者謂之

〔一〕濡：原誤作「擩」。
〔二〕「私」下原衍「小」字，據《方言》删。
〔三〕帞：原誤作「陌」，據《方言》改。

⿰言瓦甋。相勸曰聳，或曰𣪠。中心不欲，而由旁人之勸語，亦曰聳。凡相被飾亦曰𣪠。聾曰⿰耳宰。音宰。聾甚者曰⿰耳闕。五刮反。所疾曰可惡。言相責讓曰譙讓。暴五穀曰曬。凡以火而乾五穀之類謂之鬻。即鬻字，創渺反。鼅鼄謂之鼄蝥。音無。蟦螬謂之蠹，或謂之天螻。蜉蝣謂之蟝蛒。籧謂之箄。籧，古筥字。箄，方氏反。冢謂之墳。

按，古今時異勢殊，如上所云，今秦晉間有絶不能曉者，博物君子亦可以觀世變焉。

今方言錯雜，然亦有近古者。

如，呼親家，親作去聲。唐盧綸《王駙馬花燭》詩：「人主人臣是親家。」

娶婦曰索妻。《關羽傳》：「孫權遣使索羽女爲子婦。」《隋書・房陵王傳》：「獨孤后曰：『爲伊索得元家女。』」

兄弟妻曰先後。《郊祀志》：「見神於先後宛若。」師古曰〔一〕：「古謂娣姒，今關中呼爲先後。」

小兒曰犽兒。牛加反。

長身曰䠷。土了反。

短身曰䟐。七禾反。《唐書・王伾傳》：「伾貌䟐陋。」

謂人粗蠢曰笨材。《晉中興書》：史疇以肥大爲笨伯。

臨事憒憒曰糊塗蟲。宋呂端小事糊塗，大事不糊塗。楊用修云：本瀫濁蟲，此古語也。《周禮》有壺涿氏掌除水蟲。涿音濁，是其證也。《宋史・呂端傳》作糊塗，朱子《語録》作鶻突，皆非。

打呼曰鼾睡。宋太祖曰：「臥榻之側，豈容他人鼾睡。」

〔一〕師古：原誤作「孟康」，據《漢書注》改。

責人曰數説。《左傳》：「乃執子南而數之。」〔一〕《史記》范雎之數須賈、漢王之數項羽是也。

飯曰一頓。晉謝僕射、陶太常詣吴領軍，曰：日已中，客比得一頓食。杜詩：「頓頓食黄魚。」

惡味傷口曰蜇。《列子》：「蜇於口，傷於腹也。」

多曰够，少曰不够。居侯反。《魏都賦》：「繁富夥够，不可單究。」

受人之物曰賙。慈盈反。

以物予人曰歸。歸孔子豚。齊人歸女樂。

霞曰燒。語云：「早燒不出市，晚燒行千里。」

電曰閃。《大人賦》：「貫列缺之倒影。」服虔曰：「天閃也。」

雹曰硬雨。宋吕居仁曰：紹興初，臨安大雨雹，太學屋瓦皆碎，學官申朝廷修，不可言雹，稱爲硬雨。

酒帘曰望子。見《廣韻注》。

牛羊不生子曰犗。昌來反。

馬不鞁而騎曰驏。令孤楚詩：「少小邊州慣放狂，驏騎蕃馬射黄羊。」

孔曰窟攏，怎麽曰左。皆反切成聲也。

至如來讀爲釐，本屬古協；飛讀若希，不出微韻；皆方言之可通者。若夫房爲縛，羊爲

〔一〕南：原誤作「商」，據《左傳》改。

藥，驚爲戟，明爲覓，養爲藥上，紡爲縛上，鏡爲戟去，命爲覓去，諸如此類，雖四聲一韻之流轉，然顛倒混淆，使聽者幾不解爲何語。予嘗謂周德清《中原音韻》聲分平仄〔一〕，字别陰陽，以入聲派入平上去三聲，今乃驅三聲而就入聲，使德清有知，應爲揶揄地下，啁聲之病有以哉。

〔乾隆〕臨晉縣志

【解題】王正茂纂修。臨晉縣，今山西省運城市臨猗縣。「方音篇」見卷二《下篇》中。録文據乾隆三十八年（一七七三）刻本《臨晉縣志》。

方音篇

《管子》云：五方之民，其聲之清濁高下，各象其川原泉壤，故其音不能無偏。四聲以平爲悠揚，入爲短促。臨之方音惟入爲多。兩之謂略也，三之謂喪也，長之謂綽也，短之謂促也，房之謂縛也，羊之謂藥也，驚之謂結也，牆之謂雀也，輕之謂慊也，名與明之謂覓也，皆以平、上、去訛於入者也，而平之訛於入尤甚，蓋其性褊急，故一矢口而即造其聲之所止。言爲心聲，信哉！

或曰：子將正其音乎？予曰：無庸。古有烈山氏，無厲山氏，而《祭法》曰厲。《祭法》：「厲

〔一〕音：原脱。

山氏之有天下也。」古有伶人，無泠人，而《左氏春秋》曰泠。《左傳》：晉侯見鍾儀問其族，曰：泠人也。四聲之訛，經傳不免，況⿱宀虫⿱宀虫者乎〔一〕？

有四聲，於是乎有七音。有七音，於是乎有三十六字母。齒牙脣舌，輕重上下之間，各得其音之所近。如臨人船曰樊，牛曰歐，墨曰木之類是也。其有事同實而異號，物異名而同情者，街談巷說，耳濡習傳，往往不戾於古。

長謂之䠷。《廣韻》《集韻》皆以長身爲䠷也。

短謂之遳。《唐書・王伾傳》：「伾貌遳陋。」

多曰够，少曰不够。《魏都賦》云：「繁富夥够，不可殫究。」《集韻》云：「够，聚也。」

親家曰親去聲家。唐盧綸詩亦以親爲親去聲也。盧綸《賦王駙馬花燭》詩：「人主人臣是親家。」

小兒曰伢兒。《集韻》云：「吳人以赤子爲⿰石亞伢。」〔二〕南北通稱，其來已久。

飯曰一頓。《增韻》云：「食一次也。」《世說新語》云：襄陽羅友嘗伺人祠，乞食，往太蚤，主人問：「何得在此？」荅曰：「聞卿祠，欲乞一頓食耳。」

責人曰數說。《左傳》云：「乃執子南而數之。」〔三〕

〔一〕⿱宀虫：原誤作「⿱亼虫」。
〔二〕⿰石亞：原作「⿰歹亞」，據《集韻》改。
〔三〕南：原誤作「商」，據《左傳》改。

若夫厚交曰燃板、拼死曰顱頭、岡陵曰圪列之類，無音可釋，無義可明，懵然而哆有令人聽之而生迷惑者。蓋自秦漢以來，内史三輔，而外以河東爲首郡，臨邑當時逼近西京，語言文字猶近於雅，自永嘉南渡，五部分居，音之變易彌多矣。

〔民國〕臨晉縣志

【解題】俞家驥等修，趙意空等纂。臨晉縣，今山西省運城市臨猗縣。「方音」見卷四《禮俗略》中。録文據民國十二年（一九二三）鉛印本《臨晉縣志》。

方音

四聲以入爲短促，臨之方音則惟入爲多。如兩之謂略也，三之謂喪急讀也，長之謂綽也，短之謂促也，房之謂縛也，羊之謂藥也，驚之謂結也，牆之謂雀也，輕之謂慊重讀也，名與明之謂覓也，皆以平、上、去訛於入者也，而平之訛於入尤甚，蓋其性褊急，故一矢口即造其聲之所止。有四聲，於是乎有七音。有七音，於是乎有三十六字母。齒牙脣舌，輕重上下之間，各得其音之所近。如臨人謂船曰樊、牛曰歐、墨曰木之類是也。其有事同實而異號，物異名而同情者。

街談巷説，耳濡口誦，往往不戾於古。如，長謂之兆，《廣韻》《集韻》皆以長身爲兆也。短謂之遳，本於《唐書·王伾傳》「伾貌遳陋」也。

多曰够，少曰不够，本《魏都賦》：「繁富夥够，不可殫究。」《集韻》：「够，聚也。」

親家親字讀去聲，本唐盧綸詩。《賦王駙馬花燭》詩：「人主人臣是親家。」

小兒曰伢兒。臨邑迤西之方音如此，東南呼小兒則曰娃，東北呼小兒則曰赫，又西北謂抱小兒曰步，餘均曰挾。本《集韻》：「吴人以赤子爲孲伢。」〔一〕南北通稱，其來已久。

飯曰一頓，本《增韻》：「頓，食次也。」

責人曰數説，本《左傳》：「乃執子南而數之。」〔二〕

若夫厚交曰燃板、拚死曰顱頭、罔陵曰圪列之類，無音可釋，無義可明，有令人聽之而生迷惑者。

蓋自秦漢以來，内史三輔，而外以河東爲首郡，臨邑當時逼近西京，語言文字猶近於雅，迄永嘉南渡，五部分居，音之變易彌多矣。

按方音隔閡，實於政治文化極有窒礙。現制令學校社會教育團體，咸注重國語，免除困難，其在斯乎！

〔民國〕解縣志

【解題】徐嘉清修，曲廼鋭等纂。解縣，今山西省運城市鹽湖區。「方言略」見卷之四。録文據民國九

〔一〕孲：原作「㱘」，據《集韻》改。
〔二〕南：原誤作「商」，據《左傳》改。

年（一九二〇）石印本《解縣志》。

方言略

載籍流傳，往往其義甚明而辭多不解者，皆方言也。後儒知爲方言，而思欲以己意解説之，又不免以己之方言解古人之方言，展轉相因，益多不解。蓋不明六書，不能識字。方言亦有六書之義，因此以求，不中不遠，可知文字能同，語言終不能同也。此風氣水土之所囿，非今有之。振古如兹，作方言略。

天類

明星曰滅雪，呼二字之入聲也。

日必曰日頭。以日爲太陽之精，日午當頭，熱之甚也。

月必曰月涼。以月爲太陰之精，月至秋涼乃明。故詩人詠月必取秋月，此會意也。

日闌爲雨聚聯，月闌爲風聚聯，試驗有得也，此象形也。

虹爲絳，名其色也。詩人以虹爲蝃蝀，虹字之雙聲疊韻也。

閃電爲火閃，象其形也。

織女星爲巧娘，取織女終日七襄之義。每逢七夕，針樓瓜果，婦女團坐，擊磬鳴鐘，名曰乞巧。此俗始自唐人，解邑甚盛。又土人慣識參星，解地以小麥爲生活，值種麥時，有常諺云：參上午，麥入土。此正秋分以後也。參後晌，麥種上。此正霜降以後也。參不落，地不凍，有籽緊著種。此正九月十月之交乎。

冰雹爲冷子。象其形，兼言其性也。

久雨爲連陰雨。三日以往爲霖。連陰，霖字之雙聲疊韻也。

早霞爲早炤。諺云：早炤不出門。即古詩「報雨早霞生」之義。

晚霞爲晚炤。諺云：晚炤行千里。即古詩「出門占晚霞」之義。

大熱爲燋，大寒爲滲。燋象火，滲象水也。

薄雲蔽日曰布陰。布，半字聲之轉也。

擂擂者，雷聲，以言其震也。許許者，風聲，以言其狂也。灑灑者，雨聲，以言其急也。皆諧聲也。

雷之迅也曰炸雷。風之暴也曰妖風。雨之猛也曰驀雨。皆驚懼之詞也。

春二三月間，家家婦女争食煎餅，名曰補天。謂女媧氏補天之時也。假借兼象形也。

地類

山之小者曰圪塔，邑之南山有菜圪塔村是也。山之幽者曰凹，邑之南山有水泉凹、核桃凹是也。皆象形也。

見水之流者曰過路濕，以其消不久也。見水之注者曰有泉眼，以其終不乾也。

城之女牆曰垛落，以其便於藏避也。附城之地曰園，以其近於場圃也。

大路曰轍，可行車也。小路曰斜，言不正也。象形兼會意也。

土之堅勁曰壚土地，土之鬆和曰綿土地，皆言其性也。

泥曰膠泥，黏滑不能行車也。水曰鹹水，硝城不能灌田也。

南山之根曰石灘。硝池之傍曰城灘。窪下之處曰乾灘。皆十種九荒，土人呼爲廢地也。

解邑無水，見潢汙行潦之水曰海、曰湖，硝池海、五姓湖是也。五姓湖在縣西虞鄉界，受姚暹渠水。

地之低處築一臺曰補星，地之高處掘一池曰財庫。土人迷信陰陽，此堪輿家謀食之術也。

水渠可涉而過者曰截河。橋梁可徑而行者曰過堰。此土人隨地立名也。

田有阡道曰地角頭。田有分界曰官背，背，畔字之轉音也。

溝以蓄水，今無水而謂之土溝。居人修築取土之處也。

近墳穿井曰洩脈氣。近墳築牆曰蔽風水。居人懸爲厲禁。

家或有小災曰此動土也，非安祭不可。清樽香楮，徹夜祝禱，此婦人女子之見也。

葬師擇地必曰斬草，此亦拔去兇邪之義。

人家建築房室前數日，必向建築之方焚香奠酒，以畚鍤挖掘一二，謂之破土，以後方可興工也。

穴居者暗必開天窗，樓處者危必施栅欄，此因地制宜也。

無根水可以燭邪，井水之懸空者。井華水可以明目，井水之夜汲者。

后土廟始於汾陰，漢成帝有祈嗣之事，後世遂謂之娘娘廟。解邑猶歷指娘娘姓名。婦女進廟插花禱祝，雖存古意，亦近媟瀆。

山有神曰夜叉，水有怪曰謎糊。土人荒誕之説，是誰見之？

租房得利者謂之喫瓦片。萬間廣廈，非瓦不能庇也。買地酬人者謂之設割辭，立券交價割斷之義也。皆會意也。

起伏所以障水，非翻地不能成澆淫，最害良田，亦犂地之所致。此象形也。

地震動摇必曰揭地神來也。有來必有去，故震不一次。

路之細小多灣者呼曰羊腸徑。水之沈深無底者呼曰老龍窩。皆象形也。

四圍寬而遠，無障翳謂之展翅平。左右低而中有高路謂之魚脊梁。皆大地之形勢也。

小城曰堡子。小村曰垛兒。小溝曰水壕。小池曰汩沱。此言其規模不大，不成爲城村濠池也。亦象形也。

築高土曰墩臺。樹短牆曰欄馬。立片石曰留記思。建小廟曰補風脈。此俗尚之所同，各因名以起義也。

人類

稱先生曰師傅，鄉人尊師之意也。而官語呼廚役亦曰師傅，賤矣。

稱雇工曰夥計，合夥計工之説也。而土人稱密友亦曰夥計，親矣。

呼父曰爹，呼母曰媽，尊父母之詞也。乃呼義父反曰老爹，呼義母反曰老媽，又尊於父母矣。

少年交友，蘭譜結盟，謂之把兄弟。官語亦稱，如胞兄，如胞弟。酒食徵逐，親密異常，而反於己之親兄弟多有鬩牆鬬狠之事。此厚其所薄，而薄其所厚也。

夫妻稱爾汝，親密之詞也。而好事者反文之，各稱以字，雅則雅矣，失古意矣。《詩》：「子兮子兮，如此良人何？子兮子兮，如此粲者何？」此夫妻相對之語，各稱以子，猶爾汝之意也。

父之兄弟，猶父也，宜稱伯父、叔父，而鄉人獨呼曰伯、叔，與兄弟無分也。而稱伯叔之妻曰娘、曰嬸，有母義焉。

稱弟之妻曰弟婦，以其有子婦之道焉。而鄉人乃稱之曰弟妹，與同生之妹無分也，文而失實矣。

妻稱夫之兄弟曰伯叔，宜矣。乃稱兄曰伯，稱弟反曰小叔，夫兄又稱弟妻曰小嬸，此褻瀆之詞，鄉里之惡習也。

父前子名，禮也。吾鄉樸實家庭，對答父子，悉稱爾我，猶合《金縢》周公告三王之義。

母之兄弟稱舅，妻之父亦稱舅，禮也。乃稱母之兄弟猶是，而稱妻之父反曰丈人、曰岳父，尊而不親矣。

妻稱夫之父母曰舅、曰姑。吾鄉稱舅曰阿翁，稱姑曰阿家，甚有古義。翁即「不癡不聾，不爲阿家翁」之解，家即班昭曹大家之解。家，古讀爲姑。《左氏傳》多如此讀。

稱有道德者曰活佛，没而可祀於社之義也。稱無品行者曰混鬼，生而猶死之義也。

稱佃户曰客夥，以不就食於己家也。稱客作曰短工，計日受值之義也。

男女淫奔者謂之臭門風〔一〕。子弟强梁者謂之惡人家。

無身家而專事遊賭者，謂之光棍。有田産而任其廢棄者，謂之懶人。

歷村鄉而醫病謂之遊方。立街市而賣卜謂之算卦。重生命知休咎者多不信之。

擊木魚而僧其首者謂之化緣，懸講牌而唱其聲者謂之勸善，此二者皆奸民之尤。

人無才以作事輒曰不中用。事有不能爲力者輒曰將即就即。

利濟手謂有材能者。伶俐人謂有智慧者。大肚子謂有學識者。謂語言無信者曰捉摸不住。

謂昏懦無志者曰提把不起。謂搬弄是非者曰心眼不端。

好言人之短者謂之口打人。好矜己之長者謂之顯華鬼。

人非無目作事蹣跚亦曰真瞎子。喜出意外用錢多少必曰好彩頭。

莊家户，農夫之稱也。買賣人，商賈之稱也。稱匠工曰耍手藝。稱讀書曰换門風。

人有譫語狂言，必請法師送鬼。家或水火盗賊，必要説書敬神。

〔一〕淫：原作「滛」。滛，「淫」的訛字。本書統改，不出校。

豐年樂歲謂之好年成。凶年饑歲謂之遭年成。好、遭字義顯然，年成又無分别，何以有豐凶之判也？此不解之詞也。

婚禮宴客，必請兩親家行禮，謂之拜席〔一〕。喪禮出殯，必用一丈夫灑掃，謂之出殃。狂人也謂之瘋子。癡人也謂之獃子。醉人也謂之酒混頭。乞人也謂之尋飯喫。能拳棒者謂之有功夫。精幻術者謂之耍把戲。善唱戲者謂之好腳色。慣騙人者謂之小綹子。

以勢力欺鄉愚，以錢財凌孤寡，此土豪家也，羣畏而惡之曰活閻王。作事故意拖累，出言故意調索，此陰謀人也，羣唾而棄之曰嚼不爛。

寒食野祭謂之上墳。十月一日家祭謂之送寒衣。忌辰而祭謂之週年。新殯而三夜墓祭謂之送飯。

女子再醮人必賤之曰後婚婦。男子初婚人必貴之曰新郎官。

物類

房曰舍，宅曰院子，此居室之異名也。

楝曰檩，樑曰扶子，此屋材之異名也。

〔一〕 謂：原誤作「請」。

拜曰風匣，長箱曰狀櫃，此木器之異名也。

籃曰籠，筲曰提斗，長筐曰簍，匾筐曰撲簍，此竹器之異名也。會意兼象形也。

罎子曰圪墖，水缸曰截頭，此瓦器之異名也。

筆曰生活，研池曰墨海，此文房器之異名也。

壓地使平曰磨。揉土使細曰齒。耙去地上之草曰刀耙。去苗隴之草曰耬刀。割地兩傍之草曰犂刀，曰掀，取其揭上翻土也；曰钁，取其注下挖土也。尉杵爲碌碡，轉音叉芭，與䩠鞠協韻，今古制作略同，吾鄉俗名如是。此農器之異名也。

后稷教稼，故以稷名官，稷爲百穀之長。後人名稷爲穀，稱其總名也，非徒吾鄉也，各處皆是。世人遂不辨稷爲何物，儒生聚訟，各執一說，終未得解，非老農烏足以辨此。

有一種穀長甚高，莖亦粗壯，穗在腰，花在頂，吾鄉名曰包穀，象其形也；亦曰玉穀，取其色也。各處皆有，此不在六穀之數。

有一種瓜，俗名倭瓜，又名南瓜，此種傳自日本，故名倭瓜，後因倭與訛同音，訛有南義，遂誤爲南瓜，來歷不明矣。聞日本此瓜甚多，且甚甘美。

吾鄉無垂柳，偶見之必曰顛倒柳。吾鄉無龍爪槐，偶見之必曰顛倒槐。此土人之少見多怪者。

蔓青根可煮食，居人謂之蠻切。蠻切，蔓青字之轉音也。長山藥出於南，圓山藥出於北，吾鄉無此二者，偶種圓山藥於條山陰，山人謂之土豆，不如北方之肥大，味且不佳。

菽之中可菜食者，有菜豇豆，有大紅豆。菜豇豆結角名曰長豆角，大紅豆結角名曰匾豆角，皆農家之常味。

鄉人常言，欠人一覺渴睡也要還。鄉人讀睡爲負。此語不解。渴睡於人必無欠還之理，繼而思之，一抄糠麩之轉音也。鄉人讀糠爲渴。糠麩，穀麥之皮物之微者。一抄，數之少者。言至微至少尚不可欠人，況大者多者乎。

牛生子曰犢。馬生子曰駒。犬生子曰娃。羊生子曰羔。同一生也，而取名各異。烏曰老哇，諧其聲也。雀曰棲房，宿依人也。鳩曰齊邱。鵲曰野角。皆本字之雙聲疊韻也。

山有老虎稱曰代王，澤有大蛇稱曰將軍。此皆能爲人患，畏而惡之之詞也。假借兼會意也。

鴟鴞夜鳴必曰叫人死，豺狼當道必曰天狗來。此亦不常有之物，人多惡之。

蜂本有毒，人重其蜜，稱曰國王。蠶誠可畏，女愛其絲，號曰姑姑。此皆有利於人者，日畜於家焉。

蜻蜓曰傍水落落，以其愛落水上也。

顛當曰天甲甲，顛天同音，甲當字之入聲也。

蚰蜒曰地龍。守宫曰壁虎。蜣螂曰鐵冠將軍。皆象其形也。蟋蟀曰措諸、促織，音之轉也。秋蟬曰支老、都了，音之轉也。山東人呼蟬爲都了。

論曰，方言多鄙俗粗野，不可爲訓，其雅馴而能誦者，亦不多有。是篇所録，擇其近於理而可成文字者，比類屬辭，皆出於田野農夫之口，蔀屋婦孺之談。自鳴天籟，不擇好音，而口角留没字之碑，舌本闡誅心之論，其好惡有得於人心之所同，然而無矯激偏私之處。士君子採風觀俗，往往一聞街談巷議，即知其人情習尚之所在，間或登録俗語，皆是此邦之人聞之古而誦於今者，雖近於諺言俚語，然質而有味，樸而不華，當亦雅人之所樂道也。古昔太史陳詩以觀民風，其有取於方言乎。

〔乾隆〕虞鄉縣志

【解題】周大儒修，尚雲章等纂。虞鄉縣，今併入山西省運城市永濟市。「方言」見卷一《地輿志·風俗》中。録文據乾隆五十四年（一七八九）刻本《虞鄉縣志》。

方言

有與古可通者：

娶妻曰索婦。兄弟妻曰先後。長身曰䠷子。短身曰㦒子。辦事不清曰糊塗蟲。責人曰數説。多曰够。少曰不够。受人物曰接來。予人物曰歸你。霞曰燒。電曰火閃。雹曰硬雨洌子。不生子曰犆。馬不鞁曰騬。孔曰窟壠。怎麽曰左。相與曰挨家子。不材曰囊包。

有四聲傳訛者：

兩讀作略。三讀作喪。長讀作綽。短讀作促。紡讀作縛。上聲。羊讀作藥。驚讀作結。鏡讀作結。去聲。牆讀作雀。輕讀作慊。名明讀作覓。去聲。强讀作噱。水讀作缶。方讀作朔。生讀作色。耕讀作經。來讀作厘。飛讀作希。莊讀作卓。王讀作月。朔讀作説。平讀作撇。嘗讀作杓。牛讀作歐。船讀作樊。墨讀作木。筋讀作根。蝉讀作能。湯讀作陀。喂讀作與。去聲。上讀作杓。去聲。

有無字無韻全不可曉者：

厚交曰然板。拼死曰陸土。岡陵曰圪列。蹲曰圪蹴。語不清曰三塔子。語反復曰流番語。教不悟曰墓骨蟲。差不多曰幫肩。賭類曰孤轤子。辱先曰下上聲花。

如此類最多，略記數條，以例其餘。

〔光緒〕虞鄉縣志

【解題】崔鑄善修，陳鼎隆等纂。虞鄉縣，今併入山西省運城市永濟市。「方言」見卷一《地輿志·風俗》中。録文據光緒十二年（一八八六）刻本《虞鄉縣志》。

方言

有與古可通者：

娶妻曰索婦。兄弟妻曰先後。長身曰鵝子。短身曰遳子。辦事不清曰糊塗蟲。責人曰數説。多曰够。少曰不够。受人物曰接來。予人物曰歸你。霞曰燒。電曰火閃。雹曰硬雨洌子。不生子曰犗。馬不鞁曰騬。孔曰窟攏。怎麽曰左。相與曰挨家子。不材曰囊包。

有四聲傳訛者：

兩讀作略。三讀作喪。長讀作綽。短讀作促。紡讀作縛。上聲。羊讀作藥。驚讀作結。鏡讀作結。去聲。牆讀作雀。輕讀作慊。名明讀作覓。去聲。强讀作噱。水讀作缶。方讀作朔。生讀作色。耕讀作經。來讀作厘。飛讀作希。莊讀作卓。王讀作月。朔讀作説。平讀作撇。嘗讀作杓。牛讀作歐。船讀作樊。墨讀作木。筋讀作根。聾讀作能。湯讀作陀。喂讀作與。去聲。上讀作杓。去聲。

有無字無韻全不可曉者：

厚交曰然板。拚死曰陸土。岡陵曰圪列。蹲曰圪蹴。語不清曰三塔子。語反復曰流番語。教不悟曰墓骨蟲。差不多曰幫肩。賭類曰孤驢子。辱先曰下上聲花。

如此類最多，略記數條，以例其餘。

〔民國〕虞鄉縣志

【解題】徐貫之等修，李無逸等纂。虞鄉縣，今併入山西省運城市永濟市。「方言略」見卷四中。録文據民國九年（一九二〇）石印本《虞鄉縣志》。

方言略

有與古可通者：

娶妻曰索婦。兄弟妻曰先後。長身曰䠷子。短身曰𨁈子。辦事不清曰糊塗蟲。責人曰數説。多曰够。少曰不够。受人物曰接來。予人物曰歸你。霞曰燒。電曰火閃。雹曰硬雨冽子。不生子曰犗。馬不韍曰騬。孔曰窟壠。怎麽曰左。相與曰挨家子。不材曰囊包。

有四聲傳訛者：

兩讀作略。三讀作喪。長讀作綽。短讀作促。紡讀作縛。上聲。羊讀作藥。驚讀作結。鏡讀作結。去聲。牆讀作雀。輕讀作慊。名明讀作覓。去聲。强讀作噱。水讀作缶。方讀作朔。生讀作色。耕讀作經。來讀作厘。飛讀作希。莊讀作卓。王讀作月。朔讀作説。平讀作撇。嘗讀作杓。牛讀作歐。船讀作樊。墨讀作木。筋讀作根。聾讀作能。湯讀作陀。喂讀作與。去聲。上讀作杓。去聲。

有無字無韻全不可曉者：

厚交曰然板。拚死曰陸土。岡陵曰圪列。蹲曰圪蹴。語不清曰三塔子。語反復曰流番語。教不悟曰墓骨蟲。差不多曰幫肩。賭類曰孤轤子。辱先曰下上聲花。

有絶無義意而共衆胥認者：

毫不費事曰驟而杓。事多煩瑣曰麻撻逆料。不能曰不腫。無理取鬧曰佯憨。語言不實曰申倈。爲時無多曰一轄轄。大怒曰高咧。畏懼曰鈎麻。抛卻權利曰囊包。無能爲曰浄浄的。夫綱不振曰枯髏子。婦女淫亂曰嫁漢精。

有語涉嘲笑而微有義意者：

多材藝曰大把式。顛倒是非曰鬼搗皮。螟蛉子曰鑾圪塔。隨嫁子曰夥契眷。有志未逮曰莫搆得。有初鮮終曰莫頭尾。不承認曰我，又曰你。

有語言反用者：

以多見憎曰不厭煩，稱不美曰不歹，稱至美曰歹哩太。

有借物形容者：

無稽之言曰扔圪塔。聞風相傳曰拜帖匣。作事慌唐曰扔物蛋。語言恍忽曰大火閃。舉動老實曰木頭圪塔。不能改良曰鎖子鐵。簸弄是非曰挑事膾。

如此類最多，略記數條，以例其餘。

〔民國〕芮城縣志

【解題】牛照藻修，蕭光漢等纂。芮城縣，今山西省運城市芮城縣。「方言」見卷十四《叢載》中。録文據民國十二年（一九二三）鉛印本《芮城縣志》。

方言

天類

日曰日頭。月曰月亮。星曰些星。霞曰炤。早則占雨。晚則占晴。日暈則雨曰雨聚連。月暈則風曰風聚連。虹曰絳。電曰閃火。雷曰忽雷。凍曰猛雨。雹曰冷子。霰曰納料子。

地類

地之高聳者曰圪塔，低下曰坑窩，平壙者曰展翅平，左右低而中起者曰魚脊梁。土之堅勁者曰壚。土地鬆和者曰綿。土地疏散者曰沙土地。田之阡頭曰地角頭。田不分界曰犂溝。耕種立時遇大雨曰澆濕。耕種適宜曰和濕。

人類

士曰念書人。農曰裝稼户。工曰手藝人。商曰生意人。男女初許婚曰拜允，將娶納聘曰行禮。相稱曰爾汝。稱無品人曰混鬼。無職業者曰光棍。好言人短曰口打人。好矜己長曰裝華鬼。二八月朋友，言不熱不涼泛交也。一鼻孔出氣，言二人如一相親。人之無能爲者曰木頭人。人之伶俐者曰京花子。榆木根，言人之頑皮。莫成分，言人不知趣。靠實人曰一把鎖。狡滑者曰溜光錘。稱先生曰師傅。呼密友曰夥計。女再醮曰後婚婦。男初婚曰新女壻。清明拜掃曰上墳。十月一日燒紙曰送寒衣。

物類

牛子曰犢。馬子曰駒。羊子曰羔。鵲曰野鵲。鳩曰集鳩。烏曰老鴉。雀曰棲蟲。蜻蜓曰傍水。守宫曰蠍虎。蟋蟀曰醋蛛蛛。秋蟬曰吱不老。玉蜀黍曰玉穀。高粱曰稻黍。箄曰生活。硯曰硯臺。棟曰檁。梁曰扶子。籃曰籠。簣曰笼。聞鵲鳴謂爲報喜，烏鳴爲報災。又如蠶老一時、麥熟一晌，牝鷄晨鳴、鴟鴞夜啼，皆諺語也。

按，山川阻隔，風俗異尚，一方言語，遂各不同。非詳爲解釋，鮮有能明其意者。然諺語俚辭，多不堪入文字，苟强爲穿鑿附會，將必貽笑于雅人。兹擇其近理者，略著于篇。况里巷歌謡，多自成音韻，古人嘗取以爲詩，今之觀風採俗者，其能無取于方言乎？

内蒙古自治區 凡六種

〔光緒〕綏遠志

【解題】又題《綏遠旗志》。貽穀修，高賡恩等纂。綏遠，轄境包括今内蒙古自治區呼和浩特市、包頭市及周邊縣市。「方言」見卷十中。録文據光緒三十四年（一九〇八）刻本《綏遠志》。

方言

目録〔一〕

天文類　時令類　數目類　地輿類　五行類　方向類　物形類　城池類　宫室類　人倫類　職官類　禮制類　音樂類　政事類　德性類　福祉類　文學類　文具類　武備類　身體類　流品類　人事類　言動類　助語類　技術類　殘病類　冠服類　器用類　飲食類　生熟類　權量類　車轎類　顔色類　寶貨類　五穀類　蔬果類　花卉類　藥

〔一〕目録爲編者所加。

草類　飛禽類　走獸類　水族類　蟲豸類

凡志多有方言一門，不過傳其土音俗語，蓋無庸也。官話通譯，可以達四方，詔萬國，何事於齊登楚穀、南北黃王而傚之。綏遠所屬土默特暨烏伊兩盟，皆係蒙部，而蕳萹所載亦多蒙語，况夫山川村落概沿蒙旗之舊號，無以譯之，將使開卷茫然，致歎於索解之無從。爰擇蒙古精通中文之士，逐類繙譯。雖未能悉臻全備，亦可得其大略。庶使不習於蒙者，皆因以嫻蒙文蒙語，而彼蒙人亦得識我國文。以視向之第傳其土音俗語者，或少有裨助歟。

天文類

騰格哩：天。得該都騰格哩：上天，天。裕根騰格哩：清天。庫克騰格哩：蒼天。格哥爾巴：天亮了。烏的希保力巴：晚了。納楞：日。格哷勒：光。巴嚕克搜的勒：影晷。納楞克爾時巴：日食。薩楞：月。格根薩楞：明月。薩楞補嚕凱依：月暗。得該都哈噶斯：上弦。倒勒都哈噶斯：下弦。薩楞都古令：月圓。薩楞克爾特巴：月食。鄂都：星。阿勒坦噶達素：北辰天德。巧勒孟：明星。倒倫鄂都：七星。瑪奇特：昴星〔一〕。安吉順諾胡希古：畢星。烏立：雲。圖納勒巴：霞。補爾庫巴：陰。諾古庫烏立：浮雲。補登：霧。阿

〔一〕昴：原誤作「昂」。

雲格：雷。阿雲格都：響雷。格爾巴[一]。察克勒幹：電。包朗：雨。包朗襖拉巴：下雨。索倫噶：虹。們都爾：雹。希古的爾：露。克嚕古：霜。恪素：雪。阿烏爾：氣。薩力肯：風。迺力圖薩力肯：和風。哈隆薩力肯：温風。

時令類

阿爾噶：陽。畢里格：陰。阿爾板額希：十天干。庫克：甲。庫克圪沁：乙。烏藍丙。烏拉格沁：丁。什拉：戊。什拉克沁：己。察汗：庚。察汗圪沁：辛。哈拉：壬。哈拉格沁：癸。阿爾板和彥爾額哩奇騰：十二地支。胡拉格納：子。烏庫爾：丑。巴拉斯：寅。挑賴：卯。禄：辰。茂蓋：巳[二]。茂哩：午。和尼：未。密奇：申。特克雅：酉。諾亥：戌。噶亥：亥。恰克：時。烏拉哩拉：季[三]。哈布爾：春。郡：夏。納穆爾：秋。額佈勒：冬。額爾騰：古。鄂多：今。塔本瑪哈漠特：五行。吉勒：年。吉勒補哩：每年。恩格爾生吉勒：去年。烏哩都吉勒：先行。烏爾濟能吉勒：前年。亥圖吉勒：明年。依哩庫吉勒：來年。孟吉：本年。巴彥吉勒：富歲。額力伯克勒：豐年。烏彥爾：澇。剛：旱。依柳色楞：閏月。薩楞依克：月大。薩楞巴格：月小。額羅遜薩拉：單月。特古斯薩拉：

[一] 缺漢語詞。
[二] 巳：原誤作「己」。
[三] 季：原誤作「李」。

雙月。額都爾：日子。賽音額都爾：吉日。茂古額都爾：凶日。胡沁烏的希：除夕。額勒吉圖額都爾：節日。烏爾都額都爾：昔日。額楚克額都爾：昨日。額諾哥額都爾：今日。瑪爾嘎額都爾：明日。額都爾補哩：每日。希能尼更：初一日朔。阿爾板塔佈：十五日望。畢圖公：三十日晦。額柯爾：早。烏得：午。烏得希：晚。木奇：刻。哈隆：熱。奎騰：冷。穆素：冰。庫拉得巴：凍子。

數目類

尼格：一。和彥爾：二。古爾板：三。都爾板：四。塔布：五。珠爾噶：六。多羅：七。迺木：八。伊蘇：九。阿爾板：十。和林：二十。古沁：三十。都沁：四十。塔畢：五十。吉楞：六十。達楞：七十。納彥：八十。伊林：九十。昭：百。明格：千。圖孟：萬。補木：億。

地輿類

噶咱爾：地。迺騰：濕。奇各大：潮。胡賴：乾。達布素太噶咱爾：鹽地。胡吉爾圖噶咱爾：鹹地。鄂勒噶咱爾：本地。哈拉雅圖噶咱爾：所管地。果畢：沙漠。額哩素：沙。討告素：塵土。沙補爾：泥。塔拉：野灘。庫得額：澤。托布齊克：丘。古獨古爾：阜。和托果爾：下濕抵窪。凱哩：曠野。阿烏拉：山。習勒：岡。托博：陵。茫哈：沙岡。達巴：山嶺。哈畢爾：山肋。哈木爾：山鼻。哈少：山嘴。額爾更：河灣。哈波爾：山陽。

阿魯：山陰。哈達：石峯。和布海：荒山。阿貴：洞。齊魯：石。烏庫爾齊魯：盤石。達賴：海。穆楞：江。潭各勒：湖。果勒：河。淖爾：池。多海：丈海灣〔一〕。佈拉克：泉。胡都克：井。烏素：水。烏彥爾：山水。烏藍以力更：紅土坎。和爾買：山根。蘇巴克：溝渠。畢柳：磨石。巧凱古爾：火石。必拉哈巴：水泛濫。希爾圪巴：水干了。

五行類

阿力塔：金。們格：銀。古哩：銅。吉斯：紅銅。挑拉格：鉛錫。特穆爾：鉄。希哩密：生鉄。印獨：木。伍素：水。噶勒：火。習羅：土。

方向類

郡特：東。巴隆特：西。額木納：南。惠納：北。郡額木納：東南。巴隆額木納：西南。巴隆惠納：西北。郡惠納：東北。得該希：往上。倒郜希：往下。烏嚕克希：往前。惠希：往北。郡希：向左。巴隆希：向右。德該勒：在上。倒郜勒：在下。東木達：中。奇克：正。哈吉該：歪。吉嚕：斜。昆都倫：橫。都爾板足克：四方。珠爾汗阿吉勒吉爾：六合。和力圖：縱。德該都：上。倒力都：下。額特該德：方。珠布克斯：拐角。鄂賴：頂上。哈珠：側傍。德力格特：根前。和隆特：中間。嘉哈：邊上。

〔一〕丈：疑爲「大」之誤。

物形類

烏爾圖：長。阿胡爾：短。通格拉克：清。補林爾：濁。恭：深。歸肯：淺。和洛：遠。哀爾：近。德該都：上。倒爾都：下。珠講：厚。寧根：薄。阿古吉木：廣。哈布楚肋：狹。思都爾：高。保部尼：低。噶爾：出。鄂羅：入。額爾根：寬。爲騰：窄。都爾波力津：方。波林凱依：圓。奇力波爾：易。波爾凱依：難。哈挑：硬。蔣楞：軟。烏尼爾騰：有味。和凱：臭。哈格爾亥：破。畢圖：整。烏：實。胡達拉：虚。賽狼：狠好。莫烏：不好。

城池類

和屯：城。巴力噶素：土郭。尼斯拉力和屯：京都。烏魯斯：國。庫克和屯：歸化城。阿色爾：城樓。甲木：路。拏庫該蘇：關。察汗克力密：邊關。

宫室類

鄂爾登：宫。哈爾希：殿。伊順達不胡哩：九重。色古哩：寶座。蘇密：廟。召：大寺。格爾：家。板申：房。哈沙：栅子。什不個：藩籬。蘇布爾噶：塔。烏達：門。哈拉克：關。强吉：窗。

人倫類

漢：君。額正：王。賽特：大臣。諾彦：官。胡隆齊：高祖。額隆齊：曾祖。額補克作齊克：祖父。額密更額琦：祖母。額奇克：父。額珂：母。依克阿巴格：伯。巴格阿巴格：叔。阿哈：兄。波哩更：嫂。扣：子。波勒：媳。阿巴該：阿哥。斗：弟。斗波勒：弟婦。諾庫爾：朋。哈尼：友。哈同：夫人。諾庫爾：丈夫。額爾：男人，夫。額密：女人，妻。阿奇：孫。吉齊：曾。古奇：玄。烏爾：嗣。圖嚕勒：族。鄂保克：姓。烏彥：世。哀爾：親近。阿克拉各：踈遠。昆：人。巴克什：師。設畢：生徒，門人。扣肯：女。庫哩更：婿。扣克特：孩子們。鄂木克：姓。尼哩：名。圖嚕勒：宗族。忒吉該僧扣：養子。巴汗額密：妾。

職官類

賽特：臣。圖布穆勒：官。噶畢牙圖賽特：功臣。塔爾哈噶拉克僧賽特：原品致仕大臣。珠爾幹雅不達拉：衙門六部。額勒肯賽特：尚書。托特噶都賽特：侍郎。補占特甲凱嚕克僧賽特：總督。察克登交卡克齊賽特：巡撫。將軍：將軍。胡希古諾賽特：都統。姜楞尼章京：副都統。扎薩克得力格嚕克僧圖希木力：布政司。拜察幹布古庫圖希木力：按察。府吉密特圪齊：知府。州音密達格齊：知州。縣諾密達圪齊：知縣。哈木圖密特圪齊：同知。尼楞希古克齊：通判。察克達格齊：巡檢。巴克齊圖：巴總。朋安圖：千總。

禮制類

邀斯拉力：禮。吉各斯各力：儀仗〔一〕。邀斯倒得：贊禮。達不習：前進。索古得：跪。牡爾古：叩頭。包斯：起。牡歸斯凱：揖。迺力塔力畢：讓。額該：退。珂希克都牡爾古：謝恩。阿力巴板哩：進貢。吉隆吉習雅：年班。楚拉斡：會盟。塔拉買：散了。

音樂類

塔本阿雅拉克：五音。肯格爾各：鼓。中肯：鐘。哈楞各：鑼。强：鐃鈸。托卡强：雲板。烏庫爾波連：牛腿號。比拉爾：嗩吶。鄂齊拉經乎：木鐸。圖利雅土克：琴。畢習古爾：簫。雅吐克：箏。茂屯楚古爾：胡笳。茂屯茂哩：竹馬。

政事類

扎薩克：政事。蘇爾噶古哩：教。可斯該：感化。和隆：威。額爾可：權。商：賞。巴：罰。和里：律例。察噶吉：法。察噶特買：巡狩。拜奇：查。希特該：辦。寧吉：搜。阿力板可哩克：公務。可本可哩克：常事。噶必牙：功。察噶吉：律。和例：例。

德性類

邀素：道。額嚕希彥勒：仁。珠嚕密：義。邀素拉勒：禮。密爾更：智。巴圖：信。

〔一〕仗：原誤作「伏」。

素嚕：威炙。額力波爾力：孝。斗伍奇：弟。阿斯爾：事奉。甲勒：使令。額依波哩：順。爲拉特買：事。察賴克楚：色難。珂奇彥歸：謹敬。勒齊庫烏貴：無違。固圖噶乎烏貴：無忝，不玷辱。阿齊拉勒：極孝。茂好希烏貴：不匱。希達爾古：忠。齊克：正。尼古爾齊拉胡烏貴：不徇情。達嚕胡烏貴：不諱。達力特力胡烏貴：不瞞。額磨力胡烏貴：不護短。克力波哩胡烏貴：不偏。齊波勒：廉。奇哩烏貴：無瑕。尼古爾太：體面。齊沁：聰明。特古力得爾：靈，聰慧人。哥更：明白。密得齊：通慧者。索諾不色爾：心靈。阿布木該：從善。烏化補爾：聰敏。烏化太：敏悟。密達：知識。

福祉類

補音：福分〔一〕。補音太：有福分。伊囉勒圖：全福人。額勒濟：壽。額勒濟太：有壽。克什格：造化。克什格太：有造化。巴彥：富。額爾克密：□〔二〕。巴彥爾：喜。賽音：好。恩克：太平。阿穆古楞：安康。圖布陞：平。邀羅：祥瑞。巴力克：先兆。伊布格巴：保佑。該哈本希克：神妙，奇瑞。

文學類

額爾德穆騰：文學人。都爾板畢奇克：四書。塔本諾穆：五經。依克蘇爾塔力：《大

〔一〕福分：原無，據譯音補。
〔二〕□：原空。

學》。奇布東達都：《中庸》。希古穆吉力奇拉力：《論語》。《孟子》：《孟子》。習力克拉力圖諾木：《詩經》。札薩克圖諾木：《書經》。珠爾亥圖諾木：《易經》。邀素拉力圖諾木：《禮記》。沙津圖諾木：《春秋》。額爾德木圖：有才，有學問〔一〕。烏特哈：文。烏銀格：章。滿吉畢奇克：滿州書。蒙古力畢奇：蒙古書。特木的茂都：策簡。丹巴：册檔。通幹力：榜文。色都布：題目。烏爾奇古勒：繙譯。蘇嚕力噶：習。蘇嚕買：學。文習買：讀。齊該吉力：背。克奇彥：勤學。習木達買：發憤。達古哩雅：効法。尼布達爾吉：通了。泰力補哩力：講。

文具類

畢奇克：書。甲奇的力：信。察阿素：紙。波珂：墨。比依哩：筆。交羅力：硯。依的古力：蘸筆。

武備類

奇力克：兵。印哩圖奇哩克：馬兵。雅步幹奇哩克：步兵。薩克圖奇爾克：防兵。習力達克：精兵。丹音：戎師旅。補哩彥：海螺。脱克：纛。凱依哩：旗。哈拉哈力：籐牌。訥木：弓。素木：箭。果都里：包頭箭。强格拉：灸緊。安該：部隊位支。倒古拉克：盔。

〔一〕問：原誤作「開」。

胡彥克：甲。吉達：矛。色勒木：順刀。伊勒都：腰刀。色哩彦：鋼叉。佈：鳥槍。烏庫爾佈：大炮。丹哩：火藥。束木：鉛子。畢力特該：預備。

身體類

討力蓋：頭。額斯：髮。尼都：眼。奇克：耳。哈麻爾：鼻。阿穆：口。庫木色克：肩。索爾茂斯：眼睫毛。哥吉各：辮。尼力補斯：淚。尼素：鼻涕。習力素：津涎。齊素：血。切賴：臉面。莽迺：額顱。切穆爾亥：鬢。尼古爾：臉。噶力齊齊凱：瞳人。杭箔爾：山根。習都：牙。貝勒：牙關。克勒：舌。甲究爾：腮。烏嚕力：唇。和賴：咽喉。色胡勒：胡鬚。庫珠：脖項。牡隆：眉甲。托亥：肘。噶爾：手。阿拉各：掌。胡魯：指。胡木斯：指甲。謙吉：胸膛。庫可：奶頭。阿邀力亥：心窩。奎斯：臍。叟吉：胯。補各斯：臀。古彦：大腿。額力迷：腳面。保爾畢：腳後跟。烏力：腳心。牙斯：骨。哈畢斯：肋骨。賽爾：脊骨。珠爾克：心。額力各：肝。德里古：脾。烏什凱：肺。波勒：腎。額可：油。習爾布素：筋。訥古素：脊髓。束力蘇：胆。和倒的：胃。哥的素：腸。遠不色克：尿泡。阿密：命。烏各烏力：元氣。阿密斯胡力：氣。束尼素：魂。素克：魄。庫录斯：汗。習布力：足心汗。

流品類

滿吉昆：滿洲人。蒙古力昆：蒙古人。可塔特昆：民人。畢齊克昆：讀書人。塔拉迺昆：農。遠爾汗昆：工人。胡都力特汗諾昆：買賣人。喇嘛：黄衣僧。和尚：青衣僧。本布：道士。哥更：清明活佛。迪彥齊：修行人。呼弼力汗：知前世仙人。呼圖克圖：活佛封號。阿倒齊：放馬人。蘇拉：閑散。哈拉昆：俗人。果尼：鰥。波力伯松：寡孀。噶克齊：獨。額拏沁：孤。文奇：媒人。巴達爾沁：化緣人。歸林齊：乞丐。甲拉齊：听差人。奇哩克昆：兵丁。密特格：傳事人。庫奇諾昆：工人。古祿格齊昆：獵人。察八斡齊：女姑子。額密齊：醫生。倒齊：唱曲人。庫圖齊：跟馬人。包拉：奴才。音吉：婢。

人事類

克哩格：事。烏奇勒：情。阿力巴：公務。加嚕克：呈詞。加哩亥：訟。圖布克太：煩。奇嚕勒：争。楚斡：鬭。胡哩木：冥席。泰音：邀請。烏楚爾：緣故。巴圖魯勇賽音：好。牧：惡。賽狠：狠好。

言動類 附語助

烏噶：言。庫德勒：動。拜那：有。烏貴：没有。惱奇太：有礙。該貴：不妨。牙布：走。伊勒：來。鄂齊：去。哈哩：回。噶拉：出。鄂勒：進。可布特：臥。掃：坐。包斯：起。德布希：陞。交克掃：站。克勒：説。阿掃：何。梭納斯：听。烏吉：看。額克：給與。伊念：笑。危拉：哭。那特：要。倒達：呼。阿巴奇：拏去。阿巴依勒：拏來。阿布那：要。阿不胡貴：不要。齊：你。齊尼：你的。畢：我。密你：我的。特勒：他。

特登迺凱：他們的。瑪迺：咱們的。懇：誰。克你凱：誰的。阿力巴迺凱：公中的。孟：是。布魯：非。畢替：不要。包勒那：可以。佑凱那：做甚麽。察噶那：那邊。那噶那：這邊。

助語類

特斯克力烏貴：不勝。巴拉蘇魯克烏貴：無踪迹。由貝：有甚麽傷傷。牙公都爾：何所，夫何，何以，何爲。牙奇拜蘇保力胡：如何是好，奈何。由奈：豈是，那裡。哈密噶：何處。哈那斯：從何處。克哩波哩：如東〔一〕。額公都爾：於此。何賴：幾乎。額那肯特爾肯：這門、那門支晤。保力胡烏貴：不可。鄂克圖：全然，並。依魯：常是。和果色噶爾：徒然。畢替：休要，不可。依木：如此，這樣。該貴：不妨。得迷力：平白的。可哩克烏貴：無用。畢林：現成。密特庫烏貴：不知。哈密噶烏貴：無干涉。哈密噶太：有干涉。特公都爾：問他。推拉：極至。梯木：那樣。烏達：次。肯：誰。特力：彼。八斯：又。

技術類〔二〕

烏林：巧。達爾亨：匠。察賴新吉各奇：相面人。烏吉拉各齊：推算人。烏里各爾齊：説書人。倒齊：唱曲人。古羅齊：打牲人。色特古力：報捷人。補哥齊：祈福人。

〔一〕如東：疑爲「如果」之誤。
〔二〕技：原作「枝」。

殘病類

和吉格爾：秃子。梭和爾：瞎。潮哈爾：麻子。倒哈楞：拐子。塔珂爾：□〔一〕。都哩：聾子。克哩該依：啞子。色特爾凱：缺唇。額木特可爾：豁牙。格力吉格爾：歪脖。戴不噶爾：蹩足。涷尼公：羅圈腿。額布沁：病。圖土吉不特克：殘廢人。

冠服類

瑪拉蓋：帽。津斯圖：有頂戴。胡不七蘇：衣。胡諾爾：服。圖哩依和不七蘇：朝衣。德波勒：袍子。庫魯木：褂。德哩：枕頭。蟒訥克德波勒：蟒袍。蒲斯圖庫魯木：補褂。瑪海：靴。古特力：皮靴。額木特：褲子。哎木素：韈子。挑不齊：扣子。布蘇：腰帶。珠不察：皮襖。齊該吉木七：砍肩。察木七：襯衣。喀波能：毡雨衣。拏木爾該：蓑衣。沙亥：鞋。

器用類

習連：桌子。散逵哩：椅子。鄂尼蘇：鎖子。圖勒庫爾：鑰。德波爾：壺。洪達汗：罇。隆乎：鑼。阿彥各：碗。薩不哈：箸。丕勒：盤。安吉蘇：犁。湯那古爾：耙。托里：犁鏡。阿爾齊古爾：鋤。麻拉塔古爾：杷子。田呼木：磙子。盈：磨。麽楚爾：木石杵。得布爾：

〔一〕□：原空。

簸箕。額力格克：篩籮。補拉：碌碡。哈達古爾：鐮刀。

飲食類

布達：米飯。古哩爾：面。瑪哈：肉。塔爾紅：肥。圖弄害：瘦。胥勒：湯。胡賴庫尼素：乾糧。阿爾凱依：酒。達哩素：黄酒。包爾素克：餑餑。伊第：吃。烏：飲。烏達勒：打中伙。甲吉拉：嚼。掃克托：醉。阿木塔力：嘗。察達吉：飽了。額魯斯吉：餓了。額力波爾吉：飢。圖凱：生的。包魯吉：熟了。哈隆：熟的。奎騰：冷。波聯：温。胡賴：乾。佘騰：濕。阿哩凱依：燒酒。達哩素：黄酒。阿爾：奶子酒。巴齊麻格：燒酒粕。沙嚕格：黄酒糟。才：茶。通格勒才：清茶。哈拉才：熬茶。蘇太才：奶茶。麻林古牙：芝麻茶。吉哩爾太才：面茶。蘇：奶子。哀哩克：酸奶子。額嚕木：奶皮。伊斯古楞：醋。

生熟類

圖凱：生。圖凱肯：略生。保拉吉：熟。哈隆：熱。補連：温和。奎騰：冷。額該達爾吉：成餬。星更：稀。額特更：稠。吉哥楞：軟。哈圖：硬。叩哩克：脆。

權量類

阿拉得：丈。脱亥：尺。伊穆古：寸。昏：分。金拉古爾：稱。輕拉古爾：戥子。巴洞：石。稍拉格：斗。申：升。金：斤。郎：兩。

車轎類

特爾格：車。阿拉勒：轅。保拉噶：轅端横木。楚哈達素：羊角樁。哈希拉克：車箱。騰可里克：車軸。庫勒特：車轎。和勒果布齊：車轄。格該素：輻條。穆克爾：車輞。叟克：轎。叟肯特爾格：轎車。登訥古爾：巴山笼。額勒古：抬。庫哩：套。齊嚕：拉。

顔色類

庫克：藍。什拉：黄。烏藍：紅。察汗：白。哈拉：黑。保羅：紫。諾綢：录。恩哥：顔。諾綢不塔爾什拉：秋香色。庫克不塔爾烏藍：紅青。哈拉不塔爾：淡黑。

寶貨類

額爾德尼：寶貝。青補特：珍珠。胥勒：珊瑚。瑪嫩：瑪瑙。洞：車渠。胡布：琥珀。瑙明：青金。烏由：录松。阿力塔：金。們各：銀。交素：錢。哈斯齊老：玉石。

五穀類

塔哩牙：糧。阿拉各那：芝麻。蒙部力阿木：庥子。和諾克：穀。佈代：麥。補哩七各：豆。阿木：米。圖土爾各：稻。阿爾拜：草麥。薩各達：喬麥。習希：莜麥。旭拉凱：黍。烏庫爾習希：高粱〔一〕。

〔一〕粱：原作「糧」。

蔬果類

惱部：菜。邀希：餚饌。車斯：茄子。察汗惱部：白菜。該木惱部：茶采。桑該惱克：葱。部部特：韭菜。色哩木斯格：蒜。巧部爾：芹菜。哈隆額佈：薑。和蘆送索邀：竹笋。穆古：蘑菇。塔力圖：木耳。什拉齊七克：金針。達賴惱部：海帶。希魯凱依：莴苣菜。吉密斯：果子。桃羅：桃。阿力本拉特：蘋果。阿里本：梨。毛東諾沙不塔哈：柿子。里斯：李子。歸拉素：杏。察不噶：棗。烏珠木：葡萄。圖賴波勒：栗子。蘇水爾：松子。希得：榛子。哈得：杜棣。塔爾不斯：西瓜。索力古瓜：小瓜。胡希格：核桃。

花卉類

哩彥化奇七克：蓮花。瑪達爾巴奇七克：牡丹花。古哩古木奇七克：紅花。烏拉補爾阿爾貴：鷄冠花。察那奇七克：芍藥。胡爾登察汗：桔梗花。甲特爾奇七克：薔薇花。交素奇七克：金錢花。烏順希木力達克：馬蓼花。烏達補力奇七克：梅。奇胡魯爾：花架。亥拉素：柳。納拉素：松。阿爾奇：柏。巴爾格素：榆。烏梁素：楊。

藥草類

額密：藥。額佈素：草。哩勒：丸藥。胡勒蘇：竹葦。吉個蘇：菖蒲。甲凱力達克：馬蓮。哈拉蓋：棘草。哈木胡力：蓬蒿。蘇魯：芸香。昆額密：人參。沙哈力：參鬚。甲拉噶素：參蘆。得力蘇：白草，芨芨。胡蘆素：蘆葦。桑各那：葱。補達那：靛花。部部特：韮菜。都爾波力津額布蘇：益母草。什拉烏哩彥古：兔系草。吉哩力克補爾奇克：淡竹葉。

飛禽類

噶爾第：鳳凰。秃古嚕：仙鶴。脱古斯：孔雀。補特納：鵪鶉。特卡：鷄。奴古斯：鴨。噶嚕：鵝。什包：雀。可聯：烏鴉。必力鳩亥：小雀。吉古爾騰：禽。特該力：鷺鷀。補爾古特：鵰。甲噶哩：芝麻鵰。討德：鸚鵡。塔克塔：鵓鴿。波不格力津：戴勝。阿力坦和哩古力代：黄鸝。

走獸類

郭羅：獸。嘉：象。包克：鹿。哈達罕：四不相。科巴爾伊瑪：青羊。巧鬧：狼。烏尼克：狐。麻哩爾：野猫。圖魯告：貛子。塔爾巴：獺。茂哩爾：馬。鉄勉：駱駝。莫勒：牲口。額力吉克：毛驢。烏念：乳牛。圖古力：牛犢。達噶：馬駒。胡嚕克：羊羔。老斯：騾子。阿克塔：騸馬。密貴：毛虎子。青達噶：天馬。可哩木：灰鼠。伊爾不色：豹子。希柳蘇：舍利孫。補拉克：貂鼠。

水族類

录：龍。阿布魯茂蓋：蟒。茂蓋：蛇。吉噶素：魚。拉各密那凱：鼈。密力凱：蝦蟆。迺木力吉：螃蟹。元拉各密那凱：黿。殺木和爾亥：蝦。哈布塔蘇圖：有介者。牙斯圖密力凱：黽。

蟲豸類

伊拉又什牡力：蒼蠅。希哩古力濟：螻蟻。和爾亥：蟲。固哩和爾亥：蠶。江察和爾亥：盤蝨。察爾奇該：螞蚱。高料：蟈蟈爾。吉爾可力：蟬。固魯力吉各納：金鐘爾。巴力圖珠貴：蠍蜂。額爾拜凱：蝴蝶。噶力圖和爾亥：螢燭。

〔民國〕綏遠通志稿

【解題】綏遠通志館編纂。民國二十六年（一九三七）修。綏遠，即綏遠省，轄境包括今内蒙古自治區呼和浩特市、包頭市及周邊縣市。「漢族」見卷五十《民族》、「滿族」見卷五二《民族》中。録文據内蒙古人民出版社二〇〇七年點校整理本《綏遠通志稿》。

漢族

語言類

各縣漢人，其始均屬寄民，迨後漸變而爲土著。所操語言，雖歷年久遠，其音調仍多含有原籍地方之成分。

口外舊爲五廳，即歸、薩、托、和、清是也。今稽其城鄉大户，歷世較久者，則多爲晉北各地人最初占籍之户，故其語言，雖略有不同，而大體不出晉北各州縣之範圍。清時歸化城，即今歸綏縣治，昔爲歸綏道駐所，城内居民，五方雜處，語音與各廳特異，自成一種土語，而發音輕緩，酷似大同。據故老相傳，城内商民最先至者，爲大同籍，禮俗亦多相近，理或然歟。鄉間則以忻、代兩籍爲主。蓋居城者，其初多以商來；在鄉者，則皆以農至焉。薩縣城鄉語言較勁直，原籍亦以忻州、定襄爲主。晉之中部，如祁縣、壽陽等處者亦有之。故全縣鄉村語言，有與忻、定相同，迄今未稍改易者。托、和、清則又與歸、薩稍異矣。三縣居省之南部，地近晉、陝。和林接近朔平屬地，而與省垣相距不遠，繹其語音，殆合綏與左雲、右玉之方言而構成者。托、清二縣毗連晉、陝北邊，故托民多由保德、河曲等處，及清縣多由平魯、偏關一帶陸續移來。聽其發言，即可知其原籍所在，最爲明晰也。清光緒間始割晉之豐、寧來隸，共爲七廳。豐原屬大同，寧原屬朔平，至今二縣話音仍與原地相近。豐語近似陽高、天鎮，涼城則與和林大致相同。此從前七廳語言之大較，亦可爲本縣語言之主幹也。

自清末至民國，歷年劃分新廳，今雖有十八縣局，而所劃之縣，仍未出舊有七廳所轄之區。是以新設各縣，較諸舊縣，其通行語言，無大懸殊。武川與歸綏鄉村爲近，包頭與薩縣爲近，惟武、包較歸、薩發音又高吭矣。固陽與武川、包頭連界，而語音則與包頭相近，惟語音較低緩耳。大約各縣語言，以薩、包一帶爲語急而音洪，其民俗亦特爲剛勁也。安北人民，以晉、陝沿邊及省境山前各縣者各居其半，語言仍近乎薩、包。惟五、臨土語頗爲複雜，晉、冀、陝各處移民雜處其間，故有操河北口語者，而大部語言則多爲陝邊之音調。如榆林、府谷等處與薩、包又不相類矣。東勝亦操陝音，沃野雖多陝籍，而又雜以寧夏口腔，因平羅民籍居其半也。興和縣民多來自晉、冀兩省北部，其語音略近張家口，而與東五縣稍異。惟陶林、集寧原由豐、涼劃出，故陶之與涼、集之與豐，語言幾爲一致，無甚分辨焉。

綜論本省之語言，就其大體言之，歸綏城内完全以大同爲主幹，由歸綏而西，自薩、包，北至武川、固陽，其語音完全以忻、代、崞、定爲主幹，再西則參以陝邊之音。由歸綏而南，則參以朔屬之音。由歸綏而東，則參以大同之音。故除中部如歸、薩二縣外，其他各縣，殆各因其接近之地，語音隨之而變，惟歸、薩其初不與内地相接，故其語言亦難以一地名之，蓋混合忻、代、崞、定而成爲一種特有之土語。是則以歸、薩語言爲代表本省之語言，亦無不可也。

綏人發言，土音稍重，而吐字清晰，出音爽朗，最易練習國語。以其舌本柔和，字音正確，通行語體，絶無牽混澀滯之病。曩者部院召集各省學子赴京傳習國語，以爲文言統一之基，綏人士成績甚優，此其明驗也。

案，綏語東近雲中，西近陝北，南近朔平，惟中部迤北，如歸、薩、武川一帶，語音特殊，不相因襲，所謂綏語者，差可當之，其言蓋由晉北各縣融化而成者也。至省屬各縣之語言源流，區分略如上述。而山川異其形，習俗殊其趣，所謂土音方言，在本省通行，視爲故常，遠客初聞，莫知其義。語言本爲交際之媒介，乃方言俚語，反致隔膜而難明。就本省或一縣，其爲人事所恒接觸而堪資紀述者，爰據採訪録彙爲一篇，以備考覽云。

方言俚語

綏人通稱父曰達。讀平聲。母曰媽。祖父曰爺爺。祖母曰奶奶。伯父曰大爺，托縣亦稱伯伯。外祖父曰老爺。外祖母曰姥姥。岳父母曰外父、外母。妻兄曰大兄哥。而外祖母之母通稱曰老姥。平聲姥。歸綏城内呼叔父曰叔叔，音讀如收。鄉間曰伯伯。音讀如擺。祖母曰娘娘。伯母曰大娘。叔母曰嬸嬸。城内或按叔父母之行輩曰二達、二媽、三達、三媽。托屬人亦如之。城市呼女曰姑娘，鄉村多曰閨女。托俗呼小兒曰猴子。綏人形容物之小者多曰猴，或其義也。歸、托一帶，合稱人之兄姊弟妹，皆可謂之姊妹，他縣則否。而通省稱哥哥、姊姊、妹妹，獨於弟弟則謂之兄弟。或自稱或詢人之昆仲有幾，則反其詞曰弟兄。托屬亦稱叔輩行曰二爹、三爹也。其指尊長，直接言曰你老，間接則曰他老。

稱廚師曰大師傅。接産婦曰老娘婆。鈴醫曰游方先生。堪輿曰二宅先生。無賴賭徒曰白滑。隨車攫炭曰黑刁。潛入人家攫物曰闖槽。街市潛取人物曰小綹。乞丐曰討吃子。此均綏人之通稱耳。凡執雜役者，又多謂之倌。御者曰車倌。司更者曰夜倌。碾米麵者曰磨倌。茶坊酒肆之侍者曰堂倌。牧馬、牛、羊者曰馬倌、牛倌、羊倌。而牧猪者，則不曰倌也。至若窑場探礦工頭曰把總，酒坊造酒廠工頭曰酒頁，施術驅邪者曰神倌，狐仙樹神附身者曰香童，又其類别也。

綏人謂日爲陽婆，又曰日頭。星爲星宿。讀如秀。月爲月亮。雲爲雲彩。露爲露水。呼時皆加一形容詞，而呼風、雨、霜等字則否。天微陰曰麻陰。日正中曰晌午。雨後復陰曰濕夾陰。虹曰絳。雹曰冷雨，曰冷子，又曰冷蛋子。雷聲連綿曰磨兒雷。逆風而行曰搶風。雨在晚秋者曰封地雨。雪在十月降者曰坐冬雪，以其難消也。綏有「十月雪，硬如鐵」之諺。雪後大風曰白毛風。綏諺「天遇風交雪，窮人不得活」，寒極也。河見浮冰曰流淩。天微熱曰暖和，微寒曰涼哨。薄寒中人曰撇着。昨日曰夜來，省垣謂之夜兒箇。上午曰前晌。下午曰後晌。前二日曰前日。前三日曰現前日。前四日曰大現前日。後一日曰後天。後三日曰外後天。後四日曰老外後天。又稱天寒甚曰硬。夜已深曰静。微霰曰輕雪。户牖凝霜曰呵雪。雨連朝曰普蓋。日將出曰指清。日將落曰黑將來。日將出時曰清早起。

地之高者曰梁，低者曰洼，寬者曰坪，狹者曰堰，凸者曰圪堆，凹者曰圪洞。水聚處亦曰圪洞。湖泊曰淖爾，又曰海子。溝壑曰口子。岡阜曰梁子。村落曰營子。石山有路者曰壩。平原多草者曰灘。凡喇嘛寺皆曰召。居僧、道者皆曰廟。田間土埂曰圪棱。土圍、土堡，或有牆無室之處曰圐圙。壘石成堆曰腦包。殯而封土曰墳。甃以磚石曰葬。榛莽深密處曰梢林。採樵結蓋年曰窩鋪〔一〕。室内頂棚曰仰塵。廚室曰火房。階砌曰沿臺。貯藏室曰涼房。農人看田草盧曰庵窩。刈禾成捆曰個子。地經耕而未種曰澀地。秋收後未翻土，次年曰白地。農

〔一〕年：似爲「處」之誤。

人地産總賬曰地巴。村社懸牌開列花户地數曰地榜。種小麥、草麥、青莜麥曰夏田。粱、黍、糜、穀曰秋田。種期已過〔一〕，補種小糜、小麥曰趁田。商家按季收賬曰過標，按月收賬曰長騾。凡商家過騾備現款曰頂卯。貸款出重利曰滿加。購貨當月付款曰現銀。後數月付者曰客銀。標、騾期討賬曰收溜子。派人兜售貨物曰上街。

衣之背心曰坎肩。短衣如馬褂而掩襟者曰鵝翎袋。封襟而袖較寬者曰馬褂。鵝翎袋之名今已廢。而所謂馬褂者，其形制亦與内地相同矣。單袍曰大衫。夾棉者始稱袍。貼身之衣曰主腰。從前婦女上衣稍短者曰拱身，用爲常服；較長者曰榜身，用爲禮服。皆指棉、夾者言也，鄉間至今仍之。冬用暖鞋，男曰毛鉢爾，女曰靴靴。被曰蓋窩，又曰蓋底。鬻女用雜物者曰貨郎子。

小麥粉之精者曰籽兒麵，次者曰上麵，再次者曰混麵。其食油，歸、薩、和、托産者曰蔴油，武川、陶林各縣産者曰山油，又名菜籽油，套地及綏東各縣産者曰胡油，又名胡蔴油。鷄鳩，《唐書》所謂「突厥雀」也，俗名沙鷄。居民日常食物名稱亦頗詭異，多有費解者。莜麥麵食有魚魚、鉋札、窩窩、塊磊、丸丸諸目。蕎麥麵食有剥麵、餄餎、圪突爾、拿糕、餂餅。豆麥麵食有抿㧱、擦圪蝌、剔煎、麵劑諸稱。綏人謂事之危險者多曰恶。音如懸。又謂高聲喧呼曰叫嘩。巷

〔一〕期：原誤作「其」。

之狹者曰合朗。物歪斜者曰圪流。午睡曰歇晌。夜眠曰歇息。黎明曰五明頭。伴行曰相跟，相字鄉人作入聲。親知看人曰眊，托、清一帶亦曰眝。音如鋤。思念曰結記。閑談曰道喇。注意曰操心。作嘔曰惡心。頭暈曰昏。暫睡曰躺。音如倘。蹲曰圪就。心有不遂及身有不適均曰克佷。音如良。誇人服飾整齊曰嫋。譏人語言失實曰謅。音如鄒。謂人性情拘執曰牛，其慧黠者曰玲。産婦曰忌門，曰坐月子。食飽曰得、曰好，不曰彀，俗所忌也。釀資爲食曰打平伙。兩家共食曰朋鍋。早餐不曰點心，午餐不曰開飯，俱曰吃飯。而麥麵蒸饃小者曰點心，稍大者曰饃饃，大者曰大供，最大者曰饅頭，惟凶禮始用。呼蒸饃爲饅頭，俗之大忌也。茶坊酒肆遇親知代爲付資曰會。炊餅爲烙。音如澇。物焦曰熰。音如偶。遺失曰撩。音如料。擲物曰冒。棄物曰摱。負物曰背。音如碑。脱帽曰抹。繫帶曰經。稱人饌精曰幾舒。譏人愚昧曰觳濁。音如忽濁。婦人出外爲傭曰上鍋。農工按日給值曰打短爾。佃户與地主分收曰伴種。地莊所在處曰公中，曰櫃上。互相戲謔曰耍笑。有事互談曰告誦。兒童入塾曰上學。婦女過從曰串門。親家責讓曰奚落。商家折成清債曰候教。鄉人有事互助曰穿忙。贖地減少錢數曰爛價。改典爲買曰找價。年前七日嫁娶，不擇吉日曰亂歲。姊死妹續曰續親，亦曰填房。女嫁續娶者曰補後。童養媳成婚曰梳頭，又曰圓房。

凡食物及語言淡而無味者皆曰寡。謂事物之適當者皆曰慊。歲荒曰遭年景。農家春種，預儲食料曰太糧。亂翻物品曰刀握。惡人糾纏曰衝客。爲人幫忙曰張落。少年蕩産曰踢搭。

勇敢無忌曰潑辣。假獻殷勤曰忽略。佻達驕狂曰娵詐。收拾雜物曰輟攞。渾身戰栗曰兜達。矜持曰拿捏。埋怨曰抱怨。憂懼曰慪鞠。胸懷寛暢曰灑樂。心不順暢曰圪料。愚拙曰老斗。鄙吝曰小氣。疾趨曰段、曰跣，皆跑之意也。倒退曰褪。以手取物曰搩。手搔曰撓。手摸曰揣。見人色愠面赤曰燒，又謂晚霞亦曰燒。野火燃草曰燒坡。燒，皆讀去聲。溜冰曰打滑岔兒。山前人運物赴山後易糧曰打換。每年赴山後種地曰跑青。夏間牧馬於山場曰放青。商人結伴赴鄉看禾收成曰踩青。草盛苗劣而耕翻之田曰壓青。田禾至秋不熟而返緑色者曰泛青。入溝採薪曰砍山、曰背山。入山運煤炭曰跑車、曰跑溝。田禾曰莊稼。刈禾時曰開鐮。秋糧入倉時曰起場。秋水溉田曰淤地。失意曰闌興。形容奮力曰吃勁。相遇曰碰。相戲曰混。悲憂曰淹心。可厭曰扎眼。長工附種地畝曰捎種。計苗徵賦曰丈青。農忙餉於田間曰刁餉。早耘晚歸午不歇工曰老晌。養羊曰滋生。誘人淫賭曰拉黑牛。詐遺物誣人財曰料白。愚弄人曰捉鼈。乘疲迫人曰趕累羊。從中漁利曰打兜嘴。管物竊取曰打條。暗得利益曰吃葱。事後反悔曰回杓。鄉間攫取鷄猪者曰鞭趕子。刦路脱人衣服者曰剥蒜。賣酒羼水曰行龍。走草地者，每日動身曰搬起，風雪阻路連宿曰温居。閑遊曰逛達。閑望曰瞭哨。三節祭期，有前三後四之説；料事穩定，有拿五坐六之言。暴富曰初發户爾。漸貧曰下翻人家。物有霉臭曰惡。人不長進曰乏。謂齊備曰便宜。讀如字。謂便宜便音偏曰相贏。物垂曰特拉，縮曰圪促。壘物曰攞。浸物曰濛。音如孟。水半沸曰勿突。飯半熟曰介生。緊物曰⿸广乘。音如律。捕物曰逮。

酵麵曰起。油凝曰洪。撫慰小兒曰過哄。嚴詞責人曰嗻嗆。惡聲向人曰嗓。言行執拗曰僵。搶白曰頂兑。詞遁曰拉鈎。諂媚曰流餂。困苦曰栖皇。不合時宜曰古板。俗所趨尚曰時興。藉端訛賴曰跌皮。語言相抵曰撥嘴。謂驚恐曰吓。謂缺少曰短。購物論價曰嗃。音如稿。托屬亦曰嗷，音如襖。又曰揑，互以手指在袖中揑之。壟斷市場曰霸盤。匯兑貼水曰調頭。水没田盧，自歸綏以東曰淹，音如掩。以西各縣謂淹如庵。清、托等縣謂住曰扇，扇音如膻。謂喊曰吼。各縣謂移居皆曰搬。謂客人曰戚。音如妾。人靈活曰歡。故意曰專。人物小而好者曰七塔。完整者曰囫圇。人整潔者曰精拔。普通謂破曰爛。謂怒曰惱。與人賠情曰秧濟。辦事松懈曰佯誤。漫不注意曰舀南。遲緩曰圪陰，又曰圪延。對人輕視或語含譏嘲曰小覷。待人慷爽或舉止洒脱曰大樣。玷辱門庭曰背姓。淩落不堪曰爬長。饑寒傴僂曰偃倒臥。流蕩異鄉曰刮野鬼。析炊曰分家、曰另家。繼嗣曰頂門、曰墊户。姘度曰打伙計。女已嫁曰出聘。男已婚曰成家。稱婦人曰某某家。宰羊祀神曰領牲。冬月屠户積肉曰臥羊。走草地稱駱駝曰旱船。休妻，或誤休爲羞，故有遮羞之費。增喜，又訛增爲争，故有争喜之錢。婦受淩虐，母家有當人主之説。醵資作樂，羣衆有請牌官之言。俗以負債爲搨譏荒。又以互相争嚷爲鬧譏荒。各縣指結夥行劫者曰獨立隊。綁票勒贖曰請財神。匪中類多隱語以掩耳目，其最通行者，如謂官軍來捕曰水洪，受傷曰掛彩，子彈曰魚子，暗報官軍曰改水。又謂通匪誘搶者曰寫頭。匪夥首領曰班兒頭。綏俗嬰兒在哺乳懷抱時睡則曰臥，一離哺乳則不曰臥而曰睡。婦人乳頭曰妞妞。乳汁曰奶。謂哺兒曰奶娃娃。兒之肥壯者，城市多曰發脫，鄉村多曰起結。謂肥曰胖。音普浪切。謂腫曰膖。音如龐。兒初能行曰圪趔。音如咱。凡訂婚先以物換爲信曰結把定。從旁作讕語，壞人婚事曰破頭楔。無希望之乞貸曰撞木鐘。巧言希人厚酬曰打秋風。商家總結號務曰清鈔。折閲曰賠錢。盈餘曰長錢，亦曰掙錢。投資營商曰墊財。爲人經紀婚喪曰代東。司茶酒之役者曰小倖子。賀喜通謂道喜。路祭則曰邀祭。鄉人謂弔喪皆曰燒紙，亦有以吃糕而爲賀喜之代詞者。肩物曰腦。徐行曰溜。急行而蹶曰楚倒。馬足磨傷曰礎蹄。凡物或覆或合不使有罅隙者皆曰嚴。凡物用罄，或謂物之滑潔者皆曰光。契據年久遠者曰老約。因典賣另立新契曰嫩約。物之皺折不平者曰圪簇。事之和緩不急者曰松閑。有所猜曰噴。有所賭曰帶。謂這個曰者。那個曰乃。没曰木。失曰丢。握曰撰。兩手斷物曰撅。音如捐。兩手緊物曰拘。物斷而續曰彌。受屈不言曰受制。遇事挑剔曰矯情。謂掩蔽曰遮、曰苫、曰蓋，而不言掩。省垣附近謂搔曰挖。鄉間謂咬皆曰鳥。城内謂襖曰襖爾。鄉間謂褲曰褲爾。詈爲人執賤役者曰撈毛，又謂之八達孫。詈人齷齪可憎者曰爬拉孫。詈遊手好閑者曰二打六。詈人貪食曰下注。詈人横暴曰日惡。詈人痴呆曰二百五。詈人糊塗曰暑迷。謂撒嬌曰圪恥、曰圪諂。躉買剩貨曰煞閣。有所布置或吩咐皆曰安頓。謂快及猛多曰樸，如謂口樸、手樸。又謂毆人致死曰折割。綏西各縣詈人不成材者曰倒斷串。謂人相嬲曰麻纏。言事之忽然曰定猛札。問人何往曰那圪呀。海利、海貢，皆廣括之詞。約莫、怎耶，皆大概之謂。曰嚷、嚷嚷，乃驚詫之詞。曰喃，則表示領會之意。順利曰一展手。爲難曰亂碰頭。謂人刁狡無賴曰嘎雜子。綏東謂人劣性者曰破背性。巧妙曰日能。奇異曰日怪。鄉間謂梆子腔曰大戲。謂土戲曰秧歌。城市票友清唱曰坐腔。用諸樂器歌雜曲者曰小唱班。鄉間年節扮雜劇者曰跑圈秧歌。

其關於語詞者。有所驚訝則先曰噫，有所誇美則先曰喝，有所失意先曰呀，有所拂意則先曰哼，痛惜則先曰唉，詢問則先曰嗐。

其在婦女者，失笑，爲譏彈之詞；黑眼，爲討厭之意。曰枯、曰灰，皆怨詈之言。嘤噫，乃驚怖或驚羡之語。

小兒安祥聽話曰乖。成人性情和柔曰疲。醇厚者曰憨。怯弱者曰松。語人凶狠曰狰。普通詈人最甚之詞曰灰鬼。婦人詈人最甚之詞曰没頭。面麻曰疤子。美曰雋整，音如拴真。又曰克喜。醜曰惡雜、曰憨蠢。又不潔亦曰惡雜。巧曰爽利。快曰麻利。

其有一字衍爲雙聲者。如言棒爲不浪，巷爲合朗，擺爲不徠，攔爲不爛，太甚曰更震，地埂曰圪楞，動曰忽騰，墜曰突累。其類甚繁，難悉舉也。

呼驢必冠以毛〔一〕。呼雁必冠以大。鼠曰耗子。猫曰猫兒。蟋蟀曰蛐蛐。鵓鴿曰婁婁。

〔一〕必：原誤作「心」。

鴟鴞曰突尸怪。蜣螂曰糞巴牛。蟑螂曰蟑毛。蜻蜓曰麻絡兒。虹曰瞎蠓。草螽曰蕎麥翅。馬騾之小者曰駒子。駝之小者曰崽子。小狗曰狗娃子。小狼曰狼兒子。

又有文字入俗語而變音者。如熟讀收,没讀木,落、烙、絡皆讀如澇,忘讀望,相讀習,皆其例耳。

綏地蒙漢雜處,漢語中亦有羼入蒙言得〔一〕。如謂人之忠實者曰惱木漢。廚夫曰討合氣。竊盜曰忽拉蓋。走路曰雅步。皮袍曰大點連。帽曰莫勒蓋。謂事能暢通曰塔哈拉。皆此類也。

又歸綏縣城北部多爲回民所居,相習年深,漢人語言亦往往以回語代之,久之遂成慣語。如謂善心人曰好輩田。謂人作壞主意者曰歹堵瓦兒。譏人愚蠢曰獻媚。嫌人歪纏曰以不利司。謂猪曰江鴿子,亦曰黑子。仇人曰堵什滿。吃曰攬札。打曰捕札。小偷曰黑什混。死曰無常。病曰貶瑪兒。行乞曰要輩田。施舍曰出散。禮拜曰主瑪兒。又回語呼月音如願,故歸綏縣城内漢民亦呼月亮、月餅、坐月子概爲去聲,此外如某月、月報、月食一切用語,則均用本字矣。此則因習染而來者也。

綏人言脊背皆爲支入聲背。言膝必曰圪膝,又曰圪齊。足則言腳,鄉間音皆如甲,指甲鄉

〔一〕得:疑爲「者」字之誤。

音如支恰。額顱曰眉顱骨。額角曰鬢角。言臂則音如圪波。言項曰後燕兒窩。頸曰脖腔骨，亦曰脖子。又言五指皆加以末字，如言大指曰大末指，言食指曰二末指。拳頭曰圪毒。凡言火熄多曰謝。水沸多曰滾。水熱使温、晒物使乾多曰晾。以箸夾物謂之敧。以繩作結謂之挽。物之斑痕曰忽薾。謂人物之影曰影要子。硬物折斷者曰闕。飯焦甚者曰糊剥。民間宴請親友，先期專人往約，曰安人。迷糊，是疲倦欲睡之詞。舒坦，乃身心俱適之意。敷衍謂之姑攏。恰當謂之合適。以疾言厲色責人曰寸、曰嗆。選物曰挑、曰揀、曰濾。熱鬧謂之紅活。寂寞謂之哨。又鄉村間謂少亦曰哨。不甚憐愛曰寡情。有所怨望曰沈意。詈人兩頭討好曰白面鬼。暴戾淩人曰黑煞神。稱物輕重曰至。欠人財物曰該。

托縣語音亦有與他縣特殊者。如謂光爲剛、黄爲杭、外爲未、雙爲傷、拐爲鬼、快爲跪、賠爲牌、裝爲張。和、清兩縣語音亦多與托相近。歸縣西區畢鎮一帶，則黄爲禾、王爲倭、窗爲搓、忙爲磨、張爲遮。薩縣則與歸縣鄉音爲近。皆原於晉之忻、代、定、襄、大同口音轉變而成者也。

案，本省語言就大體言之，咬字稍見吃力，發音亦頗沈重。長處則在字句清晰，音調純正，無含糊詰聱之弊。故昔之初至北京者，雖不善官話，但能依京語用字，即純以鄉音出之，無不通曉者。再就發音之輕重言之，自省垣以東各縣，漸東而語音漸輕。省垣以西各縣，漸西而語音漸重。此其大較也。若就省垣一隅而言，歸綏城内由中部而北，漢語幾雜回音之半，而南部則帶鄉音爲多。同城之語，南北各殊，一省之音，東西特異，此亦限於地域風土之常態也。惟本省較他省有所不同者，則方言類難以縣强分。各縣習用流傳，大同小異，其爲一縣所獨有者絶少。良以内地州縣，歷年久遠，居其土者，概屬舊族，既非各方雜處，復非新舊相錯，故其語言可以方域論。若本省情形正與相反，一縣所有户籍，大都來自各省屬縣，以一縣推及各縣，仍無二致。而新户源源而來，舊籍互有遷動，亦較内地爲甚。基此原因，習用語言遂多混同，必欲指爲某縣之土語，事甚難焉。是以本篇所列各項方言，多爲一省所通行，其略能斷以區域，界以今昔者，則皆隨條就明，期免淆混，資以考辨。又省境與晉地相接，住民亦多晉籍，所列方言，間有與晉語從同者。要以省民承用已久，亦或言是而意非，字同而音異，亦備録之，以備一方語方之特徵云〔一〕。

滿族

語言類

今稱父曰阿瑪。稱母曰額呢。稱他人之子侄曰阿哥。謂事物之奇怪曰噶紐。彼此相同曰阿達拉。幾幾乎曰額勒克。分位很大曰烏布。衣服簇新曰依車。辦事敏捷曰瑪利。人之直爽曰唐色莫。畜之琵琶骨曰哈拉巴。又謂貼於神祖龕前之白色挂牽曰佛羅戈楚克。行合

〔一〕語方：疑爲「語言」之誤。

翻曰阿查布密。通常所用者大概如此。

〔民國〕綏蒙輯要

【解題】陳玉甲編。綏蒙，指綏遠，轄境包括今内蒙古自治區中部、南部部分地區。「語言文字」見《烏伊兩盟各旗一般情況》中。録文據民國二十五年（一九三六）鉛印本《綏蒙輯要》。

語言文字

蒙古言文屬於烏拉爾阿達語系之喀爾喀語，音較低，其結構與日本、朝鮮略同，有語韻之法，大要以諧聲爲宗，是與漢語不同之點。至其口語及文言之區别，則口語較文言，音稍簡略，用字亦少。

蒙古文字，始於成吉斯汗滅乃蠻部，以異兀字教授王族，與臘丁文結構略同。又有謂當時薩利喇嘛抄襲羅馬文法，配置以樹枝象形而製成。有固定字母，動詞變化分着過去、現在、將來三種，用尾音區别。最初蒙古文字，僅有四十一字，創於元世祖帝師怕克巴者。以後漸次增加，至數百字之多。其綴合方法，有數字母相合成一字一義，分主音、輔音、併音、轉音四種。其讀法由左向右，書法直下右行，共計十二字母，爲阿、愛、阿爾、安、昂、阿格、阿斯、阿特、阿普、敖、阿勒、阿木十二音。每一音内，有百數字母，互相應用，以成文字。

〔民國〕熱河經棚縣志

【解題】康清源編。經棚縣，在今内蒙古自治區赤峯市克什克騰旗。「語言表」見卷二七中。録文據民國十八年（一九二九）鉛印本《熱河經棚縣志》。

語言表

縣地自元明以後普通爲蒙語，清初冀晉魯民徙居此地，各帶本省之元音，同處二百餘年，蔚成混合之漢語。嶺南蒙人莫不解漢語，漢回人出草地莫不解蒙語，其語言溝通有不其然而然者。蒙語漢譯別見山川、物産、風土、雜志，今輯諺語別爲一表，可以覘農候，可以察習俗，後之考方言者於此求之其可乎〔一〕。

長蟲過道：蛇過車道，主將雨之兆。癩蛤蟆躲端午：端午黎明捕蛙，裝以香墨，涼乾研敷皮膚病極收效，但彼時不易見，以喻人之善於避事也。先下牛毛没有雨，後下牛毛不晴天：先降牛毛細雨，不過暫時；先降大雨，后降牛毛雨，則主連綿。若要收，雹子溜：禾苗尺餘，被雹稍輕〔二〕，則怒葉滋茂，猶得秋收。老斗兒：質樸者不嫻于時事。星星隨着月亮走，借光兒：

〔一〕以下僅摘録含有方言詞語的條目。

〔二〕輕：似當作「侵」。

借人之力。三吹六哨：大言自矜。老西吃年糕，那一輩子吧：此生無能爲也。二横子：不合理。没有教調的東西：言未受訓育者。裝土鼈：吝嗇。打幫拳：協助相争者之一方。秧子：紈絝子弟。摔大鞋：放浪。敲邊：輕視譏侮人也。拉管：閒談。拉幫套：謂暗娼本夫之别駕，喻其妻爲車。那可難：不能也。抓啦：氣暴好武。迷糊：不明。很機密：明白。不含忽：認真。死色：駡人。還饑荒：償債。玻璃球二大旦：流氓。直筒子：率直。半弔子：憨直。地上：鄉間。好打花胡哨：好戲謔。很着調：循規蹈矩。打牌子：買賣房地立契。鴨子腿一擰：不正其儀。上不去抬：落拓。手換：回教謂之信誓。好乜貼：回教齋供，喻人之心善也。老研：待聘之女不知相攸何家，俗以此稱之。

〔民國〕薩拉齊縣志

【解題】韓紹祖修，望月稔纂。薩拉齊縣，在今内蒙古自治區包頭市土默特右旗。「方言」見卷十一《禮俗》中。録文據民國三十年（一九四一）鉛印本《薩拉齊縣志》。

方言

漢蒙回雜處日久，濡洗已深，所操語言，胥無隔閡。漢多晉裔，半近晉音。蒙年長者亦諳蒙語，惟不習用。本邑語系屬北方官語，故方言限於一隅。兹特將略異名詞語音縷述於後，以備職方者之甄考。

隙曰圪拉。隅曰圪老。隆起曰圪堆。角曰拐。穴曰窟窿。巷曰黑浪。妻曰老婆。夫曰漢。父曰大。母曰媽。祖父曰爺爺。祖母曰娘娘，或曰奶奶。外祖父曰老爺。外祖母曰老姥。

訪問曰摸。姘度曰夥計。收拾曰拾奪。以手比勢曰等。想曰捉摹。去曰刻。添曰抬。扒灰曰燒八頭。彼此撲跌曰丢交。繼子曰帶犢。相公曰老五。私生子曰圪泡。龜曰泥頭。鞋曰亥。盆曰盔。腫曰龐。肩負曰惱。田塍曰圪棱。壓根曰也根。此處曰這兒。彼處曰那兒。以手掩物曰烏。硯台曰硯瓦。棒曰不浪。諂媚曰溜甜。婚喪曰辦事筵。問人何處去曰那圪呀。談話曰島拉。現在曰這活兒。過去曰那活兒。將來曰道明兒。案以上多係土音，語故以同音字代替，究本音有此字否，尚待深考。

〔民國〕武川縣志

【解題】文炳勳纂修。武川縣，今内蒙古自治區呼和浩特市武川縣。「語言」見五《社會狀況》中。録文據民國二十九年（一九四〇）鉛印本《武川縣志》。

語言

本縣地廣人稀，昔爲蒙民遊牧之區，土著者無多，自清季末葉墾殖以來，移民漸多，由晉北、陝北移來者約佔十分之七八，冀魯豫各省移來者，佔十分之二三，故商民之語言口音，多類山西，近年來由地理關係，又轉變成一種聲腔洪混不清之本地口語。

遼寧省 凡十八種

〔民國〕奉天通志

【解題】翟文選修，王樹枏、吴廷燮、金毓黻等纂。「方言」見卷一百《禮俗志四》中。録文據民國二十三年（一九三四）鉛印本《奉天通志》。

方言

昔揚子雲以典莫出於《爾雅》，作《方言》十五卷。夫絶代異言，出於輶軒使者之所採，以子雲之博學，歷載掇拾，始就斯文，蓋亦難矣。惟其時遼東一郡，僻邊徼，巡遊罕到，於此方人語，存録甚尠。間或涉及，亦僅在燕之北鄙、朝鮮洌水之間。遼東屬中夏版圖幾二千年，而方言略而不備，非闕典歟？兹仿《雲南通志》《順天府志》先例，纂入省志，以補《遼東志》《全遼志》《盛京通志》之闕。雖滿漢異俗，並直、魯、豫、晉之人雜居此地，語言各殊，而日久同化，自成一方俗語，相沿或存古誼。謹依《爾雅》列次，並録於篇。附以方音、俗諺，用備採風者擇焉。志方言。

妥，諧也。凡事允諧謂之妥。《正韻》：「安也。」《詩·大雅》：「以妥以侑。」韓愈《薦士》詩

謂〔一〕：「妥帖力排奡。」省俗謂工穩熨帖曰妥拉，或曰妥當。

夥〔二〕，多也。省俗謂同居曰夥居，謂傭工、農工曰夥計。揚子《方言》：「凡物盛多，齊宋

楚魏曰夥。」又：「楚謂多曰夥。」《史記·陳涉世家》：「夥頤！涉之爲王沈沈者。」

取，索也。省俗凡物在彼而取來，謂之取。《正韻》《集韻》並此苟切。《詩》：「如酌孔取。」

杜甫《遭田父泥飲》詩：「今年大作社，拾遺能住否。叫婦開大瓶，盆中爲吾取。」揚子《方言》：

「撏、攓、摭、挻，取也。」

顙，令人恐怖謂之顙〔三〕。省諺云：「衣是顙人毛。」顙，「大車檻檻，毳衣如菼。豈不爾思，

畏子不敢」，諺語本此。揚子《方言》：「顙，怒也。」《玉篇》《廣雅》亦曰怒也。《廣韻》于禁切，音

歆，顙顱，切齒怒貌。《玉篇》：「顙齘者，切齒怒也。」今人以恐怖爲顙，亦含有怒意。

憨，愚也。《集韻》《韻會》並呼甘切，音蚶。《玉篇》：「愚也，癡也。」省俗謂人愚笨「憨頭

憨腦」，或謂人假託哭泣痛楚曰裝憨。

闊，羨人華貴謂之闊。《説文》：「闊，疏也。」《順天府志》云：「順天人羨人奢曰闊，讀作

〔一〕謂：原作「爲」。

〔二〕夥：原誤作「多」。

〔三〕顙：原誤作「比」，依體例改。

溻。」省音讀如字。有闊大爺、闊爺之稱。或謂某人驟貴曰「闊起來啦」〔一〕。

惃，惛也。省俗詈人昏迷曰惃蛋，或曰溷蛋。揚子《方言》：「惃、惷、頓湣，惛。」〔二〕注：「昏也，迷也。楚揚謂之惃。」溷，《説文》：「亂也。一曰水濁。」《離騷》：「世溷濁而不清。」惃，《廣韻》古渾切。溷，《韻會》胡昆切，音魂。

䑋，省俗謂人體肥而力薄曰䑋包。䑋，汝兩切，音壤。又汝陽切，音穰。揚子《方言》：「梁益之間，凡人言盛及其所愛，偉其肥晠謂之䑋。」李善注《文選》云：「《方言》瑋其肥盛。」晉灼注以瑋爲諱。《説文》：「益州鄙言人盛，諱其肥謂之䑋。」總之，䑋，多肉也。盧文弨曰：「江淮人謂質弱力薄者爲䑋，亦語之反也。」然體肥人率多力薄，正可以互參見義。

苶，精神疲弱曰苶。《正韻》乃結切，音涅。《韻會》：「疲貌。一曰忘也。」《莊子·齊物論》：「苶然疲役，而不知其所歸。」《唐書·白敏中傳》：「是時居易足病發，宰相李德裕言其衰苶不任事。」今省俗以人少精神曰苶。

皰，面瘡也，俗謂黃水瘡。《正字通》。省俗凡人手足臂肘暴起如水泡者，謂之皰，皮教切，音庖，去聲。《淮南子·説林訓》：「潰小皰而發痤疽。」韓愈《蝦蟆》詩：「雖然兩股長，其奈脊

〔一〕謂：原誤作「謀」。

〔二〕惛：原誤作「惃」，據《方言》改。

皴皰。」《集韻》亦作皻皰。

疿，俗以觸熱膚疹如沸者曰疿子。《廣韻》芳味切。《玉篇》：「熱生小瘡。」《黄帝素問》「汗出見濕，乃生痤疿」是也。

皴，凡手足皮膚皴裂謂之皴。《唐韻》七倫切，讀如春。《説文》：「皮細起也。」《梁武帝紀》：「執筆觸寒，手爲皴裂。」蘇軾《龍眼》詩「獨使皴皮生，弄色映琱俎」是也。

皻，面皮觸犯寒濕而皻瘃謂之皻，俗讀如鸇。《集韻》黨旱切，音亶。《廣韻》：「皮寛也。」又：「皮肉上魄膜也。」《禮·内則》「濯手以摩之，去其皻」是也。按，《莊子·逍遥遊》：「宋人有善爲不龜手之藥者，世世以洴澼絖爲事。」〔一〕注：「不龜，謂凍不皻瘃。」此藥亦可以已皻。

洛，多言好揭人短曰洛。省俗曰洛嘴子。《順天府志》：「燕謂喜言人惡爲洛。」按《集韻》洛，步臥切。揚子《方言》：「自關而西，秦晉之間，凡人語而過謂之過。」過，郭音于果切。洛、過聲近義通。

客，省俗謂往爲客。揚子《方言》：「嫁、逝、徂、適，往也。自家而出謂之嫁，由女而出爲嫁也〔二〕。逝，秦晉語也。徂，齊語也。適，宋魯語也。往，凡語也。」按省俗旗籍人謂往某處爲上那客。凡自外至者皆曰客。《易·需卦》：「有不速之客三人來。」然則謂往爲客，義亦可通。

〔一〕絖：原誤作「洸」，據《莊子》改。
〔二〕而：原脱，據《方言》補。

睄，小視也。農人謂視察田苗曰睄地，探問人曰睄人，或睄睄。《集韻》：「所教切，小視也。」揚子《方言》：「瞯、睇、睎、略，眄也。」《廣雅》：「睎、略、眄、睇，視也。」與睄義同。

嗄，驚也。俗謂受驚曰驚嗄。《玉篇》云：「聲破。」《集韻》：「聲變也。」或作歎。《順天府志》云：「據此皆有驚意。」

莿，凡草木刺人謂之札莿。揚子《方言》：「北燕朝鮮之間謂之莿，或謂之壯。自關而西謂之刺，江淮之間謂之棘。」《爾雅》：「莿，刺也。」《山海經》謂刺爲傷。

搡，推擊也。《集韻》：「搡，寫朗切，搷也。四浪切，揨也。」《廣雅》：「揨，距也。」是則謂推擊曰搡，猶有古義。

行，謂允可曰行，省俗通語也。《廣韻》：「適也；往也；去也。」《爾雅・釋詁》：「行，言也。」注：「今江東通謂語爲行。」〔一〕今人凡事妥不妥曰行不行。

蹨，追逐謂之蹨。《廣韻》乃殄切，音撚。《類篇》：「蹈也；逐也。」或作跈，作蹍，亦作趁。省俗謂犬逐兔曰蹨。

⿱髟忽，鼻息也。《廣韻》《集韻》並呼骨切，音忽。《玉篇》：「寢熟也。」

趧，追也。省俗謂車夫御車曰趧車，農賈赴市曰趧集。《正字通》：「趧，同赶。」《説文》：

〔一〕通：原脱，據《爾雅注》補。

「赶，舉尾走也。」《類篇》：「馬走也。」《字彙》：「趕，追也。義同。」

賺，省俗謂欺騙曰賺。《集韻》與賺同，《唐韻》佇陷切，《說文》：「重買也。錯也。」《類篇》：「一曰市物失實。」即欺騙也。

掐，以爪按物曰掐。《說文》：「爪刺也。」《集韻》乞洽切，音恰。《玉篇》：「爪按物曰掐。」《晉書·郭舒傳》「掐鼻灸眉頭」是也。

逛，省俗謂閒游曰逛。逛，居往切，狂上聲。《玉篇》：「走貌。」土人赴香火會謂之逛廟。

撆，以手擊也。省俗謂以手擊人曰一撆子。撆，匹蔑切，音撇。《說文》：「別也。一曰擊也。」俗言亦合古義。

撇，以手抛物曰撇。《字書》：「丿，亦曰撇。」王褒《洞簫賦》：「聯縣彯撇，生微風兮。」《書法離鉤》云「長撇須迅其鋒」是也。撇又同撆。

挑，揀選人物謂之挑。挑，取也。前清功令，舉人三科後歸大挑班，以知縣、教職分用，旗職遴員補缺，曰挑缺。又《增韻》：「杖荷也。」肩荷謂之挑。

摳，探取也。省諺云：「摳漚木頭。」謂於馴順之人挑剔無已時也。《唐韻》摳，口侯切，《正韻》驅侯切，並音彄。《列子·黄帝篇》：「以瓦摳者巧，以鉤摳者憚，以黄金摳者惛。」注：「以手藏物〔一〕，探而取之也。」《說文》：「繑也。」揚子《方言》：「摳揄，旋也。秦晉凡樹稼早成熟謂

〔一〕手：原誤作「子」，據《列子注》改。

之旋〔一〕，燕齊之間謂之搵揄。」與此義異。

捱，凡事延遲謂之捱。《集韻》捱，宜佳切，音崖。省俗云：「捱不過去。」蓋以延宕爲捱也。

挨，依次而及謂之挨。《唐韻》於駭切，唉上聲。《説文》：「擊背也。」《六書故》：「旁排也。」揚子《方言》：「强進曰挨。」〔二〕《正字通》：「今俗凡物相近謂之挨。」〔三〕

竵，不正也，俗作歪。《廣韻》竵，火媧切，《集韻》火鼃切，並音䬋。《説文》：「不正也。」《正字通》：「竵，《説文》訓不正，俗合不正二字該作歪，不知歪即竵之譌也。」

𧿳，路之分歧謂之𧿳。《集韻》：「楚嫁切，歧道也。」俗呼歧出之路曰𧿳道，或作叉。又《玉篇》：「踏也。」與此異。

楞，四方木也。省俗則曰四楞木。《唐韻》魯登切，冷平聲，同棱。俗音讀作上聲。殿堂上最高處曰柧棱。《唐書・蘇味道傳》：「『決事不欲明白，誤則有悔，摸棱持兩端可也。』世號摸棱手。」〔四〕

〔一〕凡：原脱，據《方言》補。

〔二〕進：原誤作「近」，據《六書故》《正字通》引《方言》改。

〔三〕今：原誤作「省」，據《正字通》改。

〔四〕棱：《新唐書・蘇味道傳》作「稜」。

璺，裂也。揚子《方言》：「器破而未離謂之璺〔一〕。南楚之間謂之敀。」《正韻》璺，文運切，音問。《廣韻》：「璺，裂也。」《集韻》：「玉破也。」《洪範》疏：「灼龜爲兆，其璺拆形狀有五種。」敀，妨美反。《説文》：「㾷，散聲。」器破也。此二字義同。

罅，疏漏謂之罅。《廣韻》呼訝切。《集韻》虛訝切，並音嚇。《説文》：「裂也。缶燒善裂也。」《史記・田齊世家》：「然而不能傳合疏罅。」韓愈《進學解》：「補苴罅漏。」省俗謂器物裂壞爲罅，或謂之臼罅。

癟，穀不實曰癟。《廣韻》蒲結切，音蹩，「戾癟不正」。《玉篇》：「不能飛也。枯病也。」《明史》：「諺云：丞相作事業，專用王蔡葉〔二〕。一朝西風起，乾癟。」省俗謂穀黍等不成實者曰癟子〔三〕，謂高粱粟皮曰癟花。

䯯，省俗高粱穗去粒謂之䯯。《集韻》女教切，音鬧。《類篇》：「䯯，多鬚貌。」

穠，省俗謂五穀豐收曰穠收，音讀作㲯。《集韻》㲯，乃朗切，音曩。㲯㲯，毛深亂貌。俗謂人鬚髮太多爲㲯。穠，奴董反。揚子《方言》：「䵗、穠、腜，多也。南楚凡大而多謂之䵗，或謂之穠。」《後漢・崔駰傳》：「若夫紛穠塞路。」注引《方言》「繷，盛多也」。繷、穠古通用，盛、腜古

〔一〕器：原誤作「物」，據《方言》改。
〔二〕專：原誤作「尊」，據《明史》改。
〔三〕謂：原誤作「謀」。

通用。今𧳋讀作㲜，聲之轉也。

膔，肥曰膔。《韻會》悲嬌切，音鑣。《廣韻》：「脂膔，肥貌。」《六書故》：「肥盛也。」或作臕。《説文》：「牛脅後髀前合革肉也。」徐曰：「按《詩傳》下殺射中臕。今謂馬肥爲臕肥也，言最薄處。合革肉，皮肉相合也。」

熓，炊黍或煮肉方熟仍留釜中使之爛熟謂之熓。《五音篇海》熓，烏没切。《字彙》：「火煾也。」又烏古切，音鄔，義同。

𤎖，省俗謂熬粥曰𤎖粥。《玉篇》𤎖，丑涉切，音鍤。《篇海》：「火燒殘也。」熬粥欲極熟，至火燒殘乃已，故謂之𤎖。此亦略有古義。

炖，用火煮菜使熟曰炖。《類篇》炖，杜本切，讀如遯，上聲。《集韻》：「風而火盛貌。」揚子《方言》：「炖，赫也。」注：「火盛熾之貌。」又音屯，音噋，義同。

𪉑，味淡謂之𪉑。字書並吐濫切，音賧。《廣韻》：「無味也。」蓋平縣方音或謂𪉑曰善。

餕，飯食味變謂之餕。《廣韻》所鳩切，《集韻》疏鳩切，並音搜。《玉篇》：「飯壞也。」《字林》：「飯傷濕熱也。」餕，同餿。

跴，足踏謂之跴。查字書無跴字，俗音讀如採。蓋從晒、洒等字義毋相沿而用之也。省俗謂履勘地畝曰跴地，領匪人化裝偵查人家門户曰跴盤子。按《廣韻》有躧字，「步也」，所蟹切，音灑。

撈，省俗以網取魚、以笊籬取乾飯皆謂之撈。揚子《方言》：「撈，取也。」注：「謂鈎撈也。撈音料。」曹憲音釋：「撈，音牢。」俗讀爲力幺切。李白詩「舉網撈明月」是也。

紾，引戾也；偕也。《廣韻》章忍切，《正韻》止忍切，並音軫。《孟子》：「紾兄之臂。」《説文》：「轉也。」揚子《方言》：「軫，戾也。」注：「相了戾也。」戴震據「李善注引《方言》：『謂相乖戾也』」。盧文弨曰：「案軫與紾、抮並同。了有繆曲之義，作了戾方與紾義尤切。」歷引《考工記》「老牛之角紾而昔音錯」、《酉陽雜俎》「野牛高丈餘，其角了戾，長一丈」、《淮南・原道訓》「抮抱〔一〕，了戾也」、《荀子・修身》篇注「擊戾，猶了戾也」各説以駁之，是也。省俗以互相糾戾曰紾。或欲與人廝鬬，呼曰紾出來。

畉，舂米也。《廣韻》畉，房越切，音伐，「舂米也」。《韻會》：「舂也。」省俗碾高粱去其糠粃，謂之畉米。碾黍粟秫稻則謂之碓米。碓，誤讀推。

磥，擲物石上碎之謂之磥。《篇海》公懷切，音乖，「又碎也」。今人盛氣時擲器於地皆曰磥。

齺，物截斷處曰齺。《廣韻》初八切，《韻會》初戛切，並音察。《玉篇》：「齒利也。」按齒利能斷物，故謂之齺。俗語云「打盌有齺」是也。

〔一〕抱：原脱，據高誘《淮南子注》補。

楦，本作楥，今之鞋楦也。《唐韻》虛願切，《集韻》呼願切，並音喧，去聲。《説文》：「履法也。」徐曰：「織履中模範，故曰法。」《朝野僉載》：「唐楊炯每呼朝士爲麒麟楥，曰：『今弄假麒麟者，必修飾其形，覆之驢背，及去皮，還是驢。』」

鏇，旋轉之器謂之鏇。《廣韻》云：「轉軸裁器。」是木工所用者也〔一〕。《六書故》：「温器也，旋之湯中以温酒。」或曰今之銅錫盤謂之鏇，取旋轉爲用也。如今粉匠用以片粉者也。又《説文》：「圜鑪也。」名詞亦動詞也。省諺云「砍的不如鏇的圓」是也。

蹘，省俗謂走曰蹘。蹘，《集韻》力交切，音寥。《玉篇》：「走也。」俗沿用之，謂人走曰蹘拉，或曰蹘千子。

爹，民籍呼父曰爹，或重言之曰爹爹，讀如衣階切。又《廣韻》爹，徒可切〔二〕，音舵，「父也」。《南史·梁始興王憺傳》：「詔徵還朝，人歌曰：『始興王，人之爹，赴人急，如水火，何時復來哺乳我？』」荆土方言謂父謂爹。《廣韻》：「爹，北方人呼父。」與《南史》不合。韓愈《祭女挐女文》：「阿爹阿八。」《字典》：「按《集韻》云：《説文》：『爹，奢，父也。』《説文》本無父部，又不載多部，《集韻》引《説文》誤。《正韻》爹，丁邪切，雅平聲。羌人呼父也。」

〔一〕者：原誤作「都」。
〔二〕徒：原誤作「奢」，據《廣韻》改。

搭拉，凡物低垂，省俗謂之搭拉〔一〕。康熙《幾暇格物編》云：「梅堯臣詩用搭拉二字，北方言以歆垂爲搭拉，是答遝名果，或因其下垂也。」今弔答果或是答遝轉音耳〔二〕。

奏做，故意妝點不爽直也。《順天府志》：「順天人謂不率真曰做作，聲若奏做。」與此地同。

躴躿，人自大爲躴躿，或以冠履大爲躴躿。《廣韻》躴，魯當切。躴躿，身長貌。此方言略有古誼。《寧河關志》：「寧河人謂大不潔爲躴躿。」

麻煩，託人求事曰麻煩。凡事叢脞亦曰麻煩。按麻之爲物，棼亂則難理，故凡煩瑣皆曰麻煩。

憦忉，凡事費心力曰憦忉。《唐韻》憦，魯力切。《玉篇》：「心力乏也。」忉〔三〕，《廣韻》都勞切〔四〕，《正韻》都高切，並音刀，「憂心貌」。《詩·陳風》：「勞心忉忉。」

粘絮，言之多也。《廣韻》粘，女廉切，《集韻》尼占切，並音黏。《説文》：「相著也。」即連屬不斷之義。《順天府志》：「按今南人謂凡牽連不斷曰詁。」似詁爲粘之本字。又《説文》：「嚙，

〔一〕之：原誤作「又」。
〔二〕遝：原誤作「還」。
〔三〕忉：原脱。
〔四〕勞：原作「憥」，據《廣韻》改。

多言也。」亦粘之轉音。絜，《説文》：「潎絲也。」《漢書》師古注：「絜，綿也。」《禮記・曲禮》：「毋絜羹。」注：「調也。」釋文：「謂以鹽梅也。」按亦有連屬不斷之義，故曰粘絜。

蹬蹬，小兒學立也。省俗謂小兒學立曰打蹬蹬。《順天府志》云：「按《集韻》蹬，都騰切。蹬蹬，立皃。此亦方言之存古誼者，順天語亦然。」

踏踏，小兒學步也。踏，《玉篇》：「足著地也。」〔一〕《集韻》：「踐。」《説文》蹋，亦訓「踐」。《釋名》：「蹋，榻也。榻著地也。」

咠詧，省俗謂附耳私語曰咠咠詧詧。按《唐韻》《集韻》《正韻》並七入切，音緝。《説文》：「咠，聶語也。从耳口。」耳部：「聶，附耳私小語也。」《玉篇》：「咠咠，口舌聲也。」《廣韻》：「咠，譖言也。」《説文》引《詩》「咠咠幡幡」，今本作「緝緝翩翩」。詧，通作察。《爾雅》：「明明、斤斤，察也。」《順天府志》：「喞查，咠詧，皆一聲之轉。」

呴呴，省俗謂低聲對語曰呴呴。《集韻》呴，匈于切。《前漢・東方朔傳》：「愉愉呴呴。」注：「呴呴，言語順也。」〔二〕《玉篇》：「呴，噓吹之也。」《集韻》呴與嘔同。

㗊㗊，省俗謂人多言曰㗊㗊。《集韻》㗊，側立切，音戢。《説文》：「衆口也。从四口，讀若戢。」此俗言猶合古誼者。

〔一〕地：原脱，據《玉篇》補。
〔二〕順：原誤作「傾」，據《漢書注》改。

咭咭，省俗形容人之笑貌曰笑咭咭的。《廣韻》許吉切，音欯。《玉篇》：「笑貌。」又《集韻》：「本作欯。」《博雅》：「欯欯，喜也。」

吘吘，省俗謂羣喧聲曰吘吘，或謂之起吘。《廣韻》呼東切，音烘，「吘吘，市人聲也」。《集韻》胡公切，音洪，「大聲也」。本作訌〔一〕，或作夆〔二〕。

殗纏，省俗謂人病久不愈曰殗纏病。《集韻》衣廉切，音淹。左思《吳都賦》「重葩殗葉」，注：「重也。」《說文》：「纏，繞也。」《詩・唐風》「綢繆束薪」，傳：「綢繆，纏綿也。」故省人以久病謂殗纏。《方言》：「殗、殜，微也。秦晉之間凡病而不甚曰殗殜。」〔三〕注：「半起半臥也。」與此小異。

喔喔，呼鷄聲。省俗讀若穀。《廣韻》於角切，《正韻》乙角切，並音喔。《說文》：「鷄聲也。」韓愈《送楊凝賀正旦》詩：「天星牢落鷄喔咿。」《順天府志》：「喌喌，呼鷄也。《說文》：『喌，呼鷄重言之，讀若祝。』《博物志》：『祝鷄翁善養鷄，故呼祝祝。』《廣韻》亦作咮。《夏小正》：『鷄桴粥粥也者，相粥粥呼。』《風俗通》：『呼鷄朱朱。』順天人呼喌喌，聲若朱。」此呼喔喔，象聲也。喔、祝、喌，音相近。

〔一〕訌：原誤作「訌」。
〔二〕夆：原作「夆」。
〔三〕殗：原脱，據《方言》補。

呷呷，呼鴨聲也。《唐韻》呼甲切，音訲。《埤雅》：「鶩，一名鴨，蓋自呼其名曰鴨也。」《禽經》：「鴨鳴呷呷，其名自呼。」《順天府志》云：「順天人呼鴨曰頤頤。頤頤，疑鴨鴨之聲轉。」

嗾嗾，使犬聲也，重言之。《廣韻》《正韻》並蘇后切[一]，音叟。《説文》：「使犬聲。」《玉篇》：「《方言》：秦晉冀隴謂使犬曰嗾。」《左傳》宣二年：「公嗾夫獒焉。」服虔云：「嗾，嗾也。」《順天府志》云：「簇簇，呼犬也。」

吆喝，呼騾馬聲，連呼之。《五音集韻》吆，於宵切，音腰。「吆吆，聲也。」《集韻》喝，何葛切，音曷，「呼也」。《廣韻》「嗷」作「本訶也」。《戰國策》：「恫疑虚喝。」又：「横人日夜務以秦權恐喝諸侯。」按恫喝與吆喝之喝，音同義異。

呶呶，諠譁不已曰呶呶。《唐韻》女交切，《正韻》尼交切，並音鐃。《説文》：「讙聲也。」[二]《詩·小雅》「賓既醉止，載號載呶」是也。

作活，省俗謂操作曰作活，或曰幹活，又曰作活計。《書·堯典》：「平秩東作。」作，爲也。《詩·鄭風》：「敝予又改作兮。」《後漢·廉范傳》：「廉叔度，來何暮。不禁火，民夜作。」活，《廣韻》《正韻》並户括切，「生也」。《詩·周頌》：「實函斯活。」魯褒《錢神論》：「危可使安，死可使活。」作活計，作生活計也。

[一] 后：原誤作「谷」。
[二] 讙：原誤作「諠」，據《説文解字》改。

饑荒，謂債累爲饑荒。《説文》：「穀不熟曰饑，從食，幾聲。」「荒，蕪也。一曰草掩地也。」《韓詩外傳》：「四穀不升謂之荒。」《爾雅》：「果不熟爲荒。」俗以債累爲饑荒，義亦可通。

跳踏，謂足履輕佻爲跳踏。《正韻》跳，田聊切。《説文》：「蹶也。一曰躍也。」《莊子·逍遥遊》：「東西跳梁。」《廣韻》踏，他合切，音踏。《方言》：「踏，跳也。陳鄭之間曰踰，楚曰蹠。自關而西，秦晉之間曰跳，或曰踏。」今俗併言之曰跳踏。

詾詾，謂責讓無已曰詾詾。按詾，讀如刀。《説文》：「詾，往來言也。一曰小兒未能正言也。」《集韻》或作啕。《三蒼》云：「言語詾詾曰讙。」揚子《方言》：「凡言語相責讓，北燕曰讙。」讙，與詾詾義同。

拏卡，勒抑使之不得周轉曰拏卡，或曰拏把。《寧河縣志·方音》：「拏卡兒，使動轉不得也。」揚子《方言》：「杷，宋魏間謂之渠拏。」《説文》：「拏，持也。」韓愈《李花》詩：「當春天地争奢華，洛陽園苑尤紛拏。」《字彙補》：「卡，從納切，楚屬關隘地方設兵立塘，謂之守卡。」今之徵收局設分所曰分卡，以防走漏。拏卡之義本此。

撒謊，謂人妄言也。《集韻》撒，桑葛切，音薩，「散之也。一曰放也」。《集韻》謊，呼光切，音荒。《説文》：「夢言也。」《博雅》：「忽也。」散放夢言，故曰撒謊。

擠白，省俗謂言無實據曰擠白。閒聒亦曰擠白。擠，即扯之本字。《集韻》《韻會》齒者切，並車上聲，「裂開也」。劉克莊《題跋》：「温李諸人，困於撏擠。」《正字通》：「下告上曰禀白，同輩述事陳義亦曰白。」《後漢・鍾皓傳》：「鍾瑾常以李膺言白皓。」此方言獨有古誼。

含䝰，省俗謂失體面曰含䝰。《集韻》䝰，止忍切，音軫。《說文》：「顏色䝰𧸖，愼事也。」一曰慚也。《廣韻》：「䝰𧸖，少頭髮也。」含䝰云者，謂顏面含帶慚恧也。

體面，省俗謂人品方正、處事光明曰體面。體面者，含䝰之反也。《釋名》：「體，第也。骨肉毛血表裏大小相次第也。」《禮記》：「體不備，謂之不成人。」《說文》：「面，顏前也。从𦣻，象人面形。」體面云者，完全人格也。

憨厚，謂人忠厚老實曰憨厚。憨，愚也。言惟憨乃厚，人貴尚質也。憨厚之反曰精窮。

麤皵，省俗凡言語鄙俚、皮膚皴瘃、事物不精，均謂之麤皵。皵，讀若草。《廣韻》七雀切。《韻會》七約切。《爾雅・釋木》：「大而皵，楸；小而皵，榎。」疏：「皵，猪皮也，謂樹皮麤皵也。」俗語字義與古相合。

耍黠，土棍好行譎詐曰耍黠。《篇海》耍，沙下切。「尖耍，俊利也，戲也。」《正韻》黠，胡八切。揚子《方言》：「黠，慧也。自關而東，趙魏之間謂之黠，或謂之鬼。」盧文弨曰：「謂黠爲鬼，今吳越語尚然。」又曹爽小字黠。黠，今俗作生，但字書無生字。

拉扯，省俗邀人同行曰拉扯，事物相連屬亦曰有拉扯。《正韻》拉，落合切，讀如臘。《說文》：「摧也。」《廣韻》：「折也。」《前漢・鄒陽傳》：「范雎拉脅折齒於魏。」又《正韻》：「拉，招也。」諺言邀人同行曰拉扯。扯同撦。《唐韻》撦，昌者切，車上聲，「裂開也」。

句當，謂辦事曰句當。《正韻》句，居候切，音遘。歐陽修《歸田録》：「曹彬平江南，詣閤門求見，其榜子云：奉敕江南，句當公事回。」又《職官分紀》：「奏舉京朝官知縣資序二人，充本司句當。」今省人遇喜慶事皆曰辦句當。

胡謅，無稽之談也。《廣韻》謅，楚鳩切。《類篇》：「謅諏，陰私小言也。」又《集韻》：「小言私授謂之謅。」省俗以人説謊曰胡謅。

駭謼，驚懼叫呼也，音讀如邪呼。《正韻》駭音蟹。《玉篇》：「驚起也。」《公羊傳》：「諸大夫見之，皆色然而駭。」《正韻》謼，荒故切，呼去聲。《爾雅・釋言》：「號，謼也。」疏：「謂叫謼。」《詩・大雅》：「式號式呼。」俗言音近義同。

嫫性，謂醜而大曰嫫性。《廣韻》嫫，莫胡切。《史記・五帝紀》索隱注「嫫母」，黄帝第四妃。《説文》：「嫫母，都醜也。」一曰大醜也。省俗謂人醜而有力曰嫫性。

憋悶，困極思通曰憋悶，猶憤悱也。《正韻》憋，匹蔑切，音瀎。《五音集韻》并列切，音鼈。揚子《方言》：「憋，急性也。」《列子・力命篇》：「嘽咺憋敷。」《説文》：「悶，懣也。」《易・乾卦》：「遯世無悶。」此言自合古誼。

害慅，省俗謂人害羞曰害慅。慅同慅。《説文》：「慅，愁不安也。」《詩》：「勞心慅兮。」又：「念子慅慅。」與羞字義略近。

別謬，省俗謂乖於人情曰別謬。《爾雅・釋山》：「小山別大山，鮮。」孫注：「別謂形體異也。」《孝經説》曰：「故上下有別。」謂分系緒也。《説文》：「謬，狂者之妄言也。」《前漢書・司馬遷傳》：「差以毫釐，謬以千里。」謬訓差，又訓誤。俗言別謬尚合古誼。

拐騙，誘取也。《正字通》拐，古買切，乖上聲。省俗以騙取人物爲拐騙。

略包，省俗以誘取人之財物爲略包。揚子《方言》：「求也。於道曰略。略，强取也。」《左傳》成二年：「略其武夫，以爲己腹心、股肱、爪牙。」杜注：「略，取也。」又襄四年：「匠慶請木，季孫曰：『略。』」注：「不以道取謂略。」

孟晉，努力進取也。或曰猛進。《廣韻》：「孟，勉也。」《説文》晉作𣈆，「進也」。班固《通幽賦》：「盍孟晉以迨羣兮〔一〕，辰倏忽其不再。」揚子《方言》：「釗、薄，勉也。秦晉曰釗，或曰薄。故其鄙語曰薄努，猶勉努也。周鄭之間曰勔釗。齊魯曰勖茲。」字異而義同。

纏縛，不得脱也。省人常言被事纏縛，或被人纏縛。《説文》：「纏，繞也。」《廣韻》：「束也。」《詩》「綢繆束薪」，傳：「綢繆，纏綿也。」縛，《廣韻》符钁切。《正韻》符約切，訓束，又訓繫。《左傳》僖六年：「許男面縛銜璧。」義皆同。或又作抮縛，見《周禮・考工記》注。

捆約，省俗以綆束物謂之捆，束物之綆謂之約。農家如薪蘇禾稼，商户如紗布菸麻等類皆用捆。《正韻》捆，苦本切，「齊等也」。《孟子》「捆屨織席」，注：「捆猶叩椓也，欲使堅，故叩

〔一〕兮：原脱。

之。」約音葯。《説文》：「約，纏束也。」《詩・小雅》「約之閣閣」，傳：「約，束也。」揚子《方言》：「捆〔一〕，就也。」注：「捆約〔二〕，成就貌。」《説文》：「稇，絭束也。」捆與稇字異而音義同。

疙疸，凡皮膚墳起，繩索結處，省俗皆謂之疙疸，音讀如噶達。《集韻》疙，居氣切，音既；又戟乙切，音暨。《正字通》：「疙，頭上瘡突起也。俗呼疙禿。」《淮南子・齊俗訓》：「親母爲其子治疙禿，血流至耳。」疸，得案切，音旦。《説文》：「黄病也。」《集韻》黨旱切，音亶。又惡瘡也。俗謂瘡突起爲疙疸，音異而義同。按《通俗編》：「今以皮膚小腫爲疙瘩。瘩，都合切，音答。元人秋胡劇作扢搭。」

抖擻，省俗謂舉動輕佻曰抖擻，謂振起精神亦曰抖擻，美惡同辭也。《唐韻》抖，當口切。擻，蘇后切，音斗叟，「舉也」。揚子《方言》：「東齊曰鋪頒，猶秦晉言抖擻也。」王維詩：「抖擻辭貧里。」《釋氏要覽》：「梵語杜多，華言抖擻。」是方言亦通語也，惟意義略别。

霾汰，省俗謂汙垢曰霾汰。遼陽縣北有地名霾汰河。《説文》：「霾，風雨土也。」《詩》「終風且霾」，釋文：「風而雨土爲霾。」《禮記・檀弓》「汰哉叔氏」，釋文：「厚志隱行謂之潔，反潔謂汰。」俗言霾汰猶有古義。

褦襶，俗謂人萎靡不興奮曰褦襶。《集韻》褦，乃代切，音耐。耐通能。《禮記》：「聖人耐

〔一〕 捆：《方言》作「梱」。
〔二〕 捆約：《方言注》作「梱梱」。

以天下爲一家。」《荀子》「假舟檝者非能水也」，集解「能，通耐」是也。襶，丁代切〔一〕，音戴。《類篇》：「褦襶，不曉事。」《篇海》：「謂當暑，人樂袒裸，而固盛服請見也。」魏程曉詩：「今世褦襶子，觸熱到人家。」今人凡不勝勞苦，不堪暑熱，皆謂之褦襶。

斡挑，俗謂撥弄是非曰斡挑。《正韻》斡，烏活切。《説文》：「蠡柄也。楊雄、杜林説，皆以爲軺車輪斡。」〔二〕《玉篇》：「轉也。」《增韻》：「旋也；運也。」《前漢·賈誼傳》：「斡棄周鼎，寶康瓠兮。」挑，《説文》：「撓也。一曰摷也。」《唐韻》：「引也；撥也。」《博雅》：「疾也。一曰弄也。」此方言與古誼合者。

冒失，妄言妄爲以致過曰冒失。冒，《説文》：「蒙而前。从冃目。」以物自蔽而前也，謂貪冒若目無所見也。《前漢·翟方進傳》：「冒濁苟容。」師古注：「貪蔽也。」失，《説文》：「縱也。」一曰錯也，過也。杜甫詩：「雖乏諫諍資，恐君有遺失。」

毦毴，俗謂鹵莽潦草曰毦毴，又以人發急躁曰發毦毴。《集韻》毦，莫報切，音帽。《博雅》：「解也。」《玉篇》毴，蘇到切，音燥，「毛也」。《唐國史補》：「舉子不捷而醉飽，謂之打毦毴，謂拂其煩悶也。」俗遇事拂情則動氣曰發毦毴，尚合古誼。

〔一〕代：原誤作「襶」。
〔二〕爲：原脱，據《説文解字》補。

浪蕩，無正業而隨波逐流謂之浪蕩，或曰浪蕩公子。蓋鄙夷之辭也。

嚼牙，謂齮齕不已、錙銖必較曰嚼牙。《説文》嚼本作噍，「齧也」。《後漢書·五行志》：「嚼復嚼者，京都飲酒相强之辭也。」齮、齕，《説文》並訓齧。《前漢書·田儋傳》：「秦後得志於天下，則齮齕用事者墳墓矣。」俗語曰嚼牙磨嘴，其義略同。

蹦諞，謂詐欺取財而潛逃曰蹦諞。《集韻》：「蹦，蒲登切。」讀如崩。《玉篇》：「走也。」《唐韻》《正韻》諞，蒲眠切，並音蹁〔一〕。《説文》：「便巧言也。《書》：『惟截截善諞言。』」《論語》「友諞佞。」今文作便。按，諞，俗用騙，如誆騙、欺騙，並用騙。

懶散，謂不整理曰懶散。俗讀如賴色。《集韻》懶音賴，「憎懶，嫌惡也」。《正字通》云：「六書無懶字，懶訓同嬾。」蘇轍《閒燕亭》詩：「此樂只自知，傍人任嫌懶。」《廣韻》：「散誕也。」《韻會》：「不自檢束爲散。」

糟坍，廢棄有用物曰糟坍。《莊子·天道》「古人之糟魄已夫」〔二〕，釋文引李注。又《淮南·道應訓》：「且聖人之糟粕耳。」許注：「酒滓曰糟。」《集韻》坍，他甘切，「水打岸也」。一曰崩坍。

相贏，謂佔便宜曰相贏。相，方言讀如湘，於義無取。贏音盈。《説文》：「有餘賈利也。」

〔一〕《唐韻》「諞」字作「部田切」。

〔二〕糟魄：原作「魂」。夫：原作「矣」。據《莊子》改。

《左傳》昭元年：「賈而欲贏，而惡囂乎。」注：「言譬如商賈求贏利者，不得惡喧囂之聲。」《前漢・食貨志》：「操其奇贏，日游都市。」師古注：「奇贏，謂有餘財而畜聚奇異也。」〔一〕

川換，往來交通財物曰川換。《爾雅・釋水》：「湀闢，流川。」疏：「湀闢者，通流大川之別名也。」《前漢・敘傳》「項氏畔換」，注：「孟康曰：換，易也。」農商人言川換，正合古誼。

卯期，商場以定期清債爲卯期。向以夏正三月一日爲期，後沿爲三、六、九、臘爲卯期。按，二月爲卯月。《說文》：「卯，冒也。二月，萬物冒地而出。象開門之形，故二月爲天門。」三月一日，二月終了，應了前債，故曰卯期。至六、九、臘，則於義不合矣。

古力，商人謂物價增長曰古力。書柬往往用之，於字義無取，蓋滿語也。

疲行，商人謂物價下落曰疲行。《正韻》疲音皮。《說文》：「勞力也。」《玉篇》：「乏也。」《增韻》：「倦也。」《管子・小匡》篇：「諸侯以疲馬犬羊爲幣。」注：「疲，謂瘦也。」《集韻》行，寒岡切。《左傳》「行出犬鷄」，注：「二十五人爲行。」《吳語》：「吳王陳士卒百人，以爲徹行百行。」今工商列肆亦曰行，故價落曰疲行。

帖子，紙幣曰帖子。從前謂之憑帖，言憑紙帖取錢也。《集韻》帖，託協切，音貼。《說文》：「帛書署也。」《廣韻》：「券帖。」義皆通。

〔一〕畜：原誤作「餘」，據《漢書注》改。

鑪銀，銀鑪熔鑄成寶曰鑪銀。始於營口商埠。商賈交付貨銀，具兑銀條，到銀鑪取銀，名曰抹鑪。

撅開，兩人争價從中分之曰撅開。《説文》：「撅，以手有所把也。」〔一〕又《集韻》紀劣切，音蹶，「撥也」。《韓詩外傳》：「草木根荄淺，未必撅也；飄風興，暴雨墜，則撅必先矣。」

壓密，積柴水中聚魚謂之壓密。《淮南・説林》高注：「積柴水中捕魚爲罧。幽州名之謂涔。」《爾雅正義》：「幽州名之爲槮。」《懷柔吴志》：「積柴養魚謂之下溺。」按，釋文：「槮，《爾雅》舊文及《詩傳》並米旁，惟《小爾雅》以木旁。」涔，潛之叚音。毛傳：「潛，糝也。」故《御覽》云：「以米投水中養魚爲涔也。」〔二〕槮乃罧之叚音。《説文》：「罧，積柴水中以聚魚也。」今俗壓密之法，以樹枝、秫稭或蘇稭投水中，插木樁，時或投以蘇子以養魚。及冰合後，下薄圍之，以取魚。壓密，即下溺之轉聲。

逿潲，凡由淺流涉河曰逿潲。逿，《韻會》大浪切，音宕。又徒郎切。《唐韻》《廣韻》：「過也；突也。」俗音讀如湯。《廣韻》《正韻》潲並七肖切，音陗。《文選・海賦》：「潲泋潎而爲魁。」潲泋，波也。按《玉篇》潲作潲，峻波也。本作潲。今謂河流湍激之處爲潲。

咱們，獨言我們也。咱，《篇海》：「子葛切，俗稱自己爲咱。」《中州音韻》玆沙切，音查，義

〔一〕以：原脱，據《説文解字》補。
〔二〕米：原誤作「末」，據《太平御覽》改。

同。章炳麟《新方言》：「《爾雅》：『朕，我也。』今北方音轉爲簪，俗作偺。偺即晉字，本朕字耳。自秦以來無敢稱朕者，而語言不能禁也。」或曰俺們。今詞曲小説多用之。

小李，謂翦綹也。《水東日記》：「京師小李之類〔一〕，取人腰藏於稠衆中如己物。小李云者，意其爲昔時此盜之首，猶健訟者所云鄧思賢耳。」省音讀如小吕。

把頭，猶言工頭也。把，《説文》：「握也。」《廣韻》：「持也。」謂握持其事而爲之領袖也。《安圖縣志》：「放山打獵、伐木，各有把頭，以其爲首領故也。」

大炕，謂暗娼也。北地候寒，寢處皆以火炕，娼家招客，即於其上，故俗以大炕呼之。《正字通》：「北地煖牀曰炕。」《大金國志》「穿土爲牀，煴火其下，而寢食起居其上」是也。

串門，俗謂戚友往還曰串門。串，《廣韻》《集韻》《正韻》並古患切，與慣通，「狎習也」。謝惠連《秋懷》詩：「聊用布親串。」注：「言賦詩布與親狎之人也。」是串本有親狎之義，俗言亦有所本。俗讀穿去聲。

搭夥，聚而營業、相結行旅皆謂之搭夥。搭，《集韻》德合切，音答，「附也；挂也」，俗讀如哥答切。夥，多也。見前字夥條。謂搭合多人共相經營也。揚子《方言》：「吴音謂多曰夥。」問幾何曰幾夥。又俗謂同本合謀曰夥計，義與此同。

〔一〕京師：原作「師京」，據《水東日記》改。

看香，《義縣志》：「看香，跳神也。」此蓋土語而無意義者。跳神，見祭祀。

抖神，省俗形容人之得意曰抖神。神，讀如思兒切，微含輕視之意。蓋賤者暴貴，貧者驟富，恒自矜露，故譏之曰抖神。或曰某人抖起來了，義同。

窩囊，謂人居處不整潔曰窩囊。窩，《集韻》烏禾切，音倭，「窟也」。囊，奴當切，音瀼，「槖也」。按窟、槖貯物均不整潔〔一〕，故借用之，今並引申其義，凡人庸懦，事無主見，亦曰窩囊，或曰窩囊廢。

利索，謂清結糾葛、兩無交涉曰利索。利，《説文》：「銛也，从刀。」《小爾雅》：「大者謂之索，小者謂之繩。」以利刀割索兩相斷離，或即利索之本義。

稀糟，謂事物敗壞也。《説文》：「稀，疏也。」又薄也。糟，《説文》：「酒滓也。」是疏薄〔二〕、渣滓均有不精之義，故俗以喻事物敗壞曰稀糟。

上當，謂買賣喫虧曰上當。按當，訓適可也。《易·履卦》：「位正當也。」又抵也。《史記·屈賈傳》：「以一儀而當漢中地。」又凡出物質錢，俗謂之當。上當之辭不合古誼，當或是盪，盪，動也，突也。

跑蹚，謂資本流動曰跑蹚。《集韻》蹚，他郎切。與踼同。跌踼，行不正也。今沿用爲射馬

〔一〕槖：原作「囊」。
〔二〕薄：原作「簿」。

箭蹚子之蹚。馬跑一次曰一蹚。資本常川來往，故曰跑蹚。

滑脱，謂人作事捷利曰滑脱。滑，《廣韻》音猾。《説文》：「利也。」謂不凝滯也。脱，簡易也。故俗謂人捷利曰滑脱。又引申其義，凡人衣履整理、容貌修治亦曰滑脱，讀如蹚。

底墊，底，《説文》：「下也。山居也。」〔一〕《爾雅·釋詁》疏云：「底者，在物之下，是亦止也。」揚子《方言》：「埕〔二〕、墊，下也。凡柱而下曰埕，屋而下曰墊。」今俗凡有始基者，謂之底墊。

翹棱，謂置物不平曰翹棱。翹，《廣雅》：「舉也。」《集韻》：「起也。」棱，《廣韻》：「凡物有廉角者曰觚棱。」是翹棱原有不安之義。又引伸其義，凡人不服箝制訓斥者，亦曰翹棱。

二虎，謂人鹵莽暴横曰二虎。虎性兇猛，當二虎争食，勢尤横暴，俗言二虎，當即本此。又二與兒音相近，二虎或兒虎。兒與乳義同。《莊子》：「聲如乳虎。」《漢書》：「寧見乳虎，無值寧成之怒。」注：「師古曰：猛獸産乳，養護其子，則搏噬過常。」故俗以喻人之暴横也。

抬杠，俗謂言語相左曰抬杠。按，抬杠二字無意義，疑即太戇之聲譌。戇，《廣韻》《集韻》《韻會》《正韻》並陟降切，與戇惷同。《説文》：「愚也。」謂語言不近人情也。《漢書·汲黯傳》：「甚矣，汲黯之戇也。」俗言太戇，或本此。

〔一〕山居：段玉裁《説文解字注》改作「止凥」。

〔二〕埕：原誤作「埋」，下同，據《方言》改。

胡謅，謂人言行之不正當者曰胡謅。《爾雅·釋訓》：「謅謅，崇讒慝也。」注：「樂禍助虐，增譖惡也。」疏：「《詩·大雅》『多將熇熇』，鄭箋：『多行熇熇，慘毒之惡。』謅、熇音義同。」謅，讀高上聲。

搘淡，搘見前搘白條。淡，《說文》：「薄味也。」《史記·叔孫通傳》：「吕后與陛下攻苦食啖。」注：「啖，亦作淡。如淳曰：食無菜茹爲淡。」故俗以語言無味曰搘淡，義猶胡説也。

打幺，二字原爲寶局中之賭語。盒出某點，則喝曰某點。打幺，意謂當令也。《說文》打，从手丁聲。《能改齋漫録》謂打字從手從丁，蓋以手當其事也。寶官以手覆某點，故曰打。俗呼一爲幺。《說文》：「惟初太始，道立於一。」《廣韻》：「數之始也，物之極也。」《易》：「天一地二。」《老子》：「道生一，一生二，二生三，三生萬物。」是一爲物之極，故寶官以某點當令，則曰打幺。俗借以喻人物之當權者，亦曰打幺，或曰打一。俗則誤以人打腰，反語則曰打胯骨。蓋相沿之訛也。

光棍，俗以爲强梁不守禮法而爲人所畏敬者曰光棍。《通俗編》：「李紳《拜三川守》詩序：『閭巷惡少年，免帽散衣，聚爲羣鬬。或差肩追繞擊大毬〔一〕，里言謂之打棍，士庶苦之。』是蓋棍字之始。」俗沿用之以號無賴，如訟棍、賭棍之類是也。光，蓋謂其無恒産也。棍，蓋取

〔一〕差：原誤作「若」，據《通俗編》改。

其强硬也。

按，奉省民性强悍，當清拳匪亂後，政令廢弛，各地賭風極熾，一局聚衆常數十百人，呼盧喝雉，通宵達旦。賭徒多攜匕首以自衛，一語不合，輒抽刃相仇。其中尤桀者，賭資輸罄，往往自剸股肉用作孤注。贏則頭家例須割股以償之，否則倩人和解，設宴負荆，事乃已。輸則局家以繩縛其手足，用鹽敷其創處，以手驟揉之，受者談笑自若，面無戚容，則釋其縛而稱道之。於是，錫以光棍之號，到處可以横行矣。

土鼈，俗稱倒退牛。《説文》：「甲蟲。」《本草注》：「土鼈，畜象處象屎所生，斬斷復自合，能續骨。」《洮南縣志》：「倒退牛，一名倒爬蟲，生沙土中，形似臭蟲而大，頭上有鬚，倒行甚速，盛暑時既生愈繁，每自退居沙土中。」俗借以喻人之有錢而刻嗇退縮、不肯急公好義者曰土鼈。

秧子，《唐韻》《集韻》《韻會》《正韻》並於良切，音央，「禾苗」。《正字通》：「苗始生尚稚也。」蓋禾苗始生，根莖嬌嫩，灌溉培養，務在精心，故俗借以喻年少富有、族里鍾愛者曰秧子。又曰養秧子，同此義也。

虎人，謂假借勢力、大言嚇人曰虎人。猶狐假虎威也。

溜躂，省俗謂無事閒遊曰溜躂，多重言之。溜與流通。《靈樞經》「所溜爲滎」，注：「溜、流同意。」謂無事閒遊，順步所之，猶水之隨過流下也。又俗謂游手好閒之人曰街溜子，同此義也。

缺德，《韓子》：「德者，得身也。」〔一〕無失本性之謂，得則德全矣。本性澆漓，言行悖謬，故曰缺德。

搗亂，搗字本作擣。擣亂猶攪亂也。凡紊亂秩序，遇事生風，皆謂之擣亂。

活該，該，《正字通》：「俗借爲該當之稱，猶言宜也。凡事應如此曰該。」省俗言活該，含有稱願之意，或單言曰該。

各路，各，《説文》：「異辭也，从口，从夂。夂者，有行而止之不相聽也。」路，《説文》：「道也。」注：「徐鉉曰：道路人各有適也。」故俗謂人性行殊異者曰各路，又曰各色。

多餘，餘，《廣韻》：「賸也。」賸餘之數，非必需也。故俗謂不當言而言、不當行而行則曰多餘，言蛇足也。

死倒，俗謂人死於路無人收葬者曰倒。引伸之謂人坐受欺辱無能應付者，斥之曰死倒。

大頭，俗謂買物被欺，或爲人利用皆曰大頭。意謂頭雖大而無所用也。或曰大腦袋，又曰冤大頭，同此義也。

肉頭，俗言肉頭，含有兩義。如二字皆重讀，謂人慳吝而不慷慨也；如二字皆輕讀，謂人忠厚易與也。

〔一〕身：原脱，據《韓非子》補。

趕集，集，《説文》本作雧，「羣鳥在木上也」。是集本有聚合之義。故衆人聚合一地，互相交易亦曰集，即古「日中爲市」是也。昔日市集皆有定時，過時則散，人皆按時趨赴，故曰趕集，今則鄉人進城通曰趕集。

胡子，省俗稱强盜曰胡子。凡有二説：一説胡子之稱起於明代，漢人即稱東北夷曰胡兒。明時，胡人往往逾界擄掠，漢人見之則曰胡子。胡子猶胡兒也。後遂沿爲强盜之稱。一説往時强盜搶劫，恐人相識，常戴假面，垂紅鬚，借以掩遮，故又稱紅鬍子。鬍、胡音同，故通用。東北强盜多乘馬，又曰馬胡子。

綁票，强盜擄人勒贖曰綁票。意謂以人爲抵，猶典商之以票取信也。如至期不贖則殺戮之，名曰撕票。

霸道，《孟子》：「五霸，假之也。」又曰：「仲尼之徒，無道桓文之事者。」蓋謂霸者，外假仁義，心則背之。故省俗謂人兇很曰霸道。

不善，按善本美義，而省俗贊人精明强幹則曰不善。蓋俗以善人爲無用，故以精明强幹爲不善也。是亦俗薄而起之辭也。

火啦，謂人生氣曰火啦。蓋火於五行屬陽，人陽盛則易怒，陰盛則柔和。故謂人暴怒曰火啦。

耍熊，熊體重性頑，每食飽則堅臥地上，不聽訓使，雖重笞之猶是也。故借以喻人之撒潑狡賴者曰耍熊。

毬子，《初學記》：「鞠即毬字。」今蹴鞠曰戲毬。古用毛糾結爲之，今用皮，以胞爲裹，嘘氣閉而蹴之。或以韋爲之，實以柔物，謂之毬子。是毬之爲物，堅靭油滑，難於捉取，故借喻幼童之頑劣不服約束者曰毬子。

打凍，省俗農工服役，率以臘前期滿。貧苦無歸者，借處食宿名曰打凍，或曰煨冬。

瞎讕，謂游談無根據，信口妄語者曰瞎讕。讕，《説文》：「詆讕也。」《漢書·谷永傳》：「滿讕誣天。」師古注：「謂欺罔也。」又《廣韻》：「逸言也。」是讕原有不實之意，故借以喻也。

放山，東邊各縣謂入山挖蔘曰放山。《安國縣志》：「放山打獵伐木，各有把頭。」放山，謂挖蔘也。

哈酒，哈本字作欱。《唐韻》《集韻》《韻會》並呼合切，音稖。北人通讀平聲。《説文》：「歠也。」《廣韻》呼洽切，齊魯音同。本省東邊各縣又從齊魯之音讀作哈酒，音異也。

賣獃，《集韻》魚開切，音皚。《廣韻》：「獃癡，象犬小時，未有分別。」省俗謂觀望熱鬧曰賣獃。

爸爸，呼父曰爸爸，旗籍人皆然，近民人亦多從之。《正字通》：「夷語稱老者爲八八，或巴巴，後人加父字，作爸。蜀謂老爲波。宋景文謂波當作皤，黄山谷貶涪，號涪皤。」又《集韻》爸，必駕切，音霸，「吴人呼父曰爸」。與此同。

阿嗎，旗人稱父曰阿嗎，滿語也。

阿娘，旗人稱母曰阿娘，或曰葛娘，滿語也。

阿哥，旗人等輩彼此稱呼曰阿哥，滿語也。

爺爺，俗呼祖父爲爺爺，見後老爺們條。按，爺，古語本以稱父。杜甫詩「耶孃妻子走相送」，又《古木蘭詩》「軍書三十卷，卷卷有爺名」是也〔一〕。今轉以稱祖，蓋因單言重言而義固不同耳〔二〕。

嬭嬭，俗稱祖母爲嬭嬭。《順天府志》：「按，《寧河志》：嬭，原作奶。奶疑嬭之俗字。《廣韻》：『楚人呼母也。』」章炳麟《新方言》：「《廣雅》：『嬭，母也。』乃今多謂祖母爲嬭嬭，或以稱母。按稱母，稱祖母，或亦因單言、重言而異其義耳。」

老爺，外祖稱也。見《順天府志》，此地亦然。

姥姥，外祖母稱也。《順天府志》：「按，寧河人稱外祖母曰姥姥，其音如老。然考姥古音同姆。《廣韻》《集韻》姆，莫補切，又《集韻》莫候切，並無老音。且姆，女師也，姆也，以稱外王母，誼亦未符。姥姥，疑是媪媪，媪有母誼，母之母，故呼媪媪。《漢·外戚傳》：『求得外祖母

〔一〕 三十：現作「十二」。

〔二〕 固：原誤作「因」。

王媪。』〔一〕《廣韻》媪，烏皓切，音襖。今言如襖，即姥之轉聲。《康熙字典》亦云：『北人稱外祖母爲嫽。嫽，一曰盧皓切，音姥，與媪通。』」按，此地通稱外祖母曰姥姥。或曰老娘，言娘之老也。

公公，婦謂舅曰公公。前漢賈誼《策》「抱哺其子，與公併倨」是也。又父曰公。《列子·黄帝篇》：「家公執席。」又尊稱曰公。賈誼《策》：「此六七公皆無恙。」又相呼曰公。《史記·毛遂傳》：「公等碌碌。」又《集韻》諸容切，音鍾，同妐。夫之兄爲兄妐。一曰關中呼夫之父爲妐，或省作公。是則謂舅爲公，亦俗通語也。

婆婆，婦謂姑曰婆婆。《廣韻》《集韻》《正韻》並音皤。《説文》作媻，「奢也」。一曰老母稱。俗稱姑曰婆。又廣西猺俗：男子老者，一寨呼之曰婆，其老婦則呼之曰公。是大謬矣。

舅舅，母之昆弟曰舅。《爾雅·釋親》：「母之㲖弟曰舅，母之從父㲖弟爲從舅。」《詩》「我送舅氏」是也。又《爾雅·釋親》：「婦人謂夫之父曰舅。」《禮記·檀弓》：「昔者，吾舅死於虎。」舅，久也，久老稱也。

姑姑，父之姊妹曰姑。《詩·邶風》「問我諸姑」是也。又婦稱夫之母曰姑，謂夫之女妹曰小姑〔二〕。《新婦》詩：「未諳姑食性，先遣小姑嘗。」

〔一〕母：原脱，據《漢書》補。

〔二〕夫：原誤作「婦」。

嬸娘，叔母曰嬸娘。夫之弟婦曰嬸。《廣韻》嬸，式荏切，音審，「俗呼叔母曰嬸」。通語也。章氏《新方言》：「叔、審雙聲，故通語謂叔母爲嬸。」

姐姐，弟呼女兄曰姐。古文她、毑。《唐韻》兹也切。《正韻》子野切，並同姊。《説文》：「蜀人呼母曰姐。」則宜從古文作毑。

妯們，妯娌統稱曰妯們。《唐韻》《正韻》妯並音逐。《廣雅》兄弟之妻相呼曰妯娌。揚子《方言》作築里，音同。《續方言》：「古謂之娣姒，吴楚俗呼爲妯娌，音軸里。」又亭歷切，音迪。揚子《方言》：「人不静曰妯，秦晉曰蹇，齊宋曰妯。」音義並異。們音門，填詞家我們、俺們。方人長者與少者相呼，男子曰爺們，婦人曰娘們，與此同。

連襟，兩婿相呼曰連襟。《説文》：「襟，交衽也。」《廣韻》：「袍襦前袂也。」《爾雅·釋器》：「衣眥謂之襟。」〔一〕《釋名》：「襟，禁也。交於前所以禁禦風寒也。」亦作衿。《爾雅》〔二〕：「衿謂之袸。」注：「衣小帶也。」揚子《方言》：「謂衿之交。」注：「衣交領也。」《玉篇》巨禁切，音妗。《禮·内則》：「衿纓，綦屨。」注：「衿，猶結也。」《儀禮·士昏禮》：「母施衿結帨。」連襟之名，殆本之昏禮。

姑舅，《爾雅·釋親》：「父之姊妹曰姑，母之舅弟曰舅。」故父黨母黨相稱曰姑舅親。

〔一〕 眥：原誤作「皆」，據《爾雅》改。

〔二〕 爾雅：原誤作「説文」。

兩姨，母之姊妹曰姨，妻之姊妹同出爲姨。故俗呼爲兩姨親。《朝野僉載》：「狄仁傑爲相，候問盧氏堂姨。仁傑曰：『表弟有何願？』盧曰：『老姨止一子，不欲令事女主。』」又《詩・衛風》：「邢侯之姨。」

叔伯，謂堂兄弟、從堂兄弟及父之堂兄弟皆曰叔伯。《釋名》：「叔，少也。」幼者稱也。父之兄曰伯父，父之弟曰叔父。《説文》：「伯，長也。」今通稱曰叔伯，以別於同胞也。

你老，尊輩稱也。《順天府志》：「按，《廣韻》《集韻》你，乃里切，汝也。《通雅》：『爾、汝、而、若、乃，一聲之轉。爾又爲尔，俗書作你。』寧河人不以你呼尊輩，故加老字。你老二字急呼之，則聲近儜。故順天人相稱加敬則曰儜，否則曰你。」與此同。

丫頭，俗呼小女曰丫頭，又曰小妞。《廣韻》《集韻》《正韻》並於加切，音鴉。《六書統》：「丫，岐物之耑，象其耑叉分形。」女子雙髻象形，故曰丫頭。《唐韻》妞，去鳩切，女字。按妞，俗作妞。

奴才，詈卑賤者曰奴才。清時漢員稱臣，滿員稱奴才，微賤辭也。揚子《方言》：「臧、甬、侮、獲，奴婢賤稱也。」注或曰取貨謂之臧，擒得謂之獲，皆謂有罪爲奴婢者。故《周禮》云：「其奴，男子入於罪隸，女子入於舂槀。」按今法無没人奴婢，乃以奴才爲賤稱，言才可爲奴也。

老伴，老夫呼其妻，老妻呼其夫，謂之老伴，言老相伴侶也，即偕老之義。又白居易詩：「與琴爲老伴。」蘇東坡詩：「魏花非老伴，盧柚是鄉人。」

火伴，俗謂同伴者曰火伴。《唐書・兵志》：「府兵十人爲火，火有長。彍騎十人爲火〔一〕，五火爲團。」《通典・兵制》：「五人爲烈，二烈爲火，立火子。五火爲隊。」《古木蘭詩》：「出門看火伴。」《廣韻》：「伴，侣也，依也，陪也。」宋時有館伴使，今沿古兵制，凡結同伴者，通謂之火伴，或曰夥伴。

車科，車夫也，見《寧河縣志》。本省呼車夫爲車科，科讀如渴。或曰車户。按，《説文》：「科，程也。」《廣韻》：「條也，本也，品也。」《釋名》：「科，課也。課其不如法者，罪責之也。」又取人條格曰科第。《後漢・徐防傳》：「立博士十有四家，設甲乙之科。」是則車夫曰車科，誼亦可通。

貨郎，負篋販賣閨閣用物者曰貨郎。文嘉《嚴氏書畫記》有宋蘇漢臣《嬰兒戲貨郎》八軸。又本朝名筆《貨郎擔》十四軸，見《通俗編》。

上頭，童養媳加笄謂之上頭。《寧河縣志》：「上頭，女冠笄也。」按，《正韻》笄音鷄。《説文》：「簪也。」《儀禮疏》：「凡笄有二種：一是安髮之笄，男子、婦人俱有。一是爲冠笄，皮弁、爵弁笄，惟男子有而婦人無也。」《寧河縣志》謂女冠笄，未合。《儀禮・士昏禮》：「女子許嫁，笄而醴之，稱字。」是加笄也。今惟童養媳始有上頭之名。若親迎于歸，俗謂之過門。

〔一〕 彍：原誤作「纊」，據《唐書》改。

換帖，用帖寫姓名、履歷、三代，彼此互換曰換帖，俗稱拜把子，或曰磕頭帖，即訂交之金蘭譜也。《易》：「二人同心，其利斷金。同心之言，其臭如蘭。」《世説新語》：「山公與稽阮一面，契若金蘭。」《雲仙雜記》：「戴宏正每得密友一人，則書於編簡，焚香告祖考，號爲金蘭簿。」按，即後世金蘭譜之始。省俗通稱曰帖。

小的，民國以前，平民對長官自稱曰小的。小的，猶小人也。《順天府志》：「燕北士庶皆自稱小人。」按《左傳》：「小人有母，皆當小人之食矣。」小的之稱類是。

老奤，《集韻》奤，普伴切，音坢〔一〕，「面大」曰奤。又《字彙補》胎上聲。《菽園雜記》：「南人詈北人爲奤子。」今省人呼吕黎、欒亭人曰老奤，蓋以音異，不以面大也。

老東，按東不見字書。今省俗以魯人語音殊異，呼之曰東子，亦曰老東，讀誇上聲。

老爺們，按爺，古文作斋。《玉篇》以遮切，音耶，俗呼爲父。今北方稱祖爲爺，或重言曰爺爺。又通稱官長曰老爺。是爺總以屬之男性，故燕京稱男子則曰爺們，省俗又加老字，曰老爺們，讀重爺字。

老娘們，《集韻》《韻會》娘，尼良切，並同孃，「少女之號」。俗稱母曰娘。《古樂府》：「不聞耶孃唤女聲。」杜甫《兵車行》：「耶孃妻子走相送。」是孃皆以屬之女性，故燕京稱女子曰娘們，

〔一〕坢：原誤作「伴」。

省俗則曰老娘們。

不大離，省俗謂人物諸事尚可曰不大離。離，《玉篇》：「散也。」《易·乾卦》：「進退無恒，非離羣也。」是離本有分離、支離之義。不大離者，謂不甚離也，是有尚可之義，故俗沿用之。

麻溜的，省俗謂快曰麻溜的，催促之辭也。溜，水溜下也。又水流湍急處亦曰溜。是溜原有快義，方言亦有所本。

磨不開，磨不開是有所礙也。凡事礙於情面不肯即爲，則曰磨不開。或曰不好意思，同斯義也。

海來這，海，《説文》：「天池也，以納百川者。」《詩·小雅》：「沔彼流水，朝宗於海。」是海於水無不容也。故省俗謂人容量闊大、無所拒絶者曰海來這。

屯不錯，省俗稱村曰屯，蓋沿屯堡之稱也。村不錯者，謂人無遠見，稱名鄉里，用以自矜。猶鄉原之類也。

淹纏病，淹通奄。《爾雅·釋詁》：「淹、留，久也。」李密《陳情表》：「氣息奄奄。」是淹本有久留意。故省俗謂人病久纏綿不愈曰淹纏病，或曰殃强病，義同。

老疙疸，《正字通》：「疙疸，頭上瘡突起也。」棍之末端突起如錘者，俗亦謂之疙疸。是疙疸多在末端。故省俗稱弟兄中之最末者曰老疙疸。又省俗稱人兒女之最末者曰老兒子，或老女兒。老疙疸之稱，猶是意也。

挖棒棰，東邊各縣俗呼人葠曰棒棰，故謂採葠曰挖棒棰。

打哈哈，《唐韻》呼訝切。《廣韻》：「笑聲。」按，哈哈本作嚇嚇，古諺有「田公笑嚇嚇」之語。俗讀平聲，因訛爲哈。打哈哈，謂彼此取笑也。

冷丁的，凡事物意不及料，猝然而至，俗曰冷丁的。意謂冷然而起也。

僵眼子，僵，《唐韻》《集韻》《韻會》《正韻》並居良切，音姜，「偃也」。《宋史》：「僵立失措。」意謂木立失所舉措也。故人言行固執，不知通變，俗謂僵眼子，聲讀若姜去聲。

吃嚼咕，俗謂美食曰嚼咕。嚼，《玉篇》：「噬嚼。」謂以齒噍物也。咕，口動也。蓋人吃美味，咀嚼精細。方言取義或以此與？

打平夥，俗謂醵食曰打平夥。意謂衆人均資購食耳。

儹體己，儹，《説文》：「冣也，徐曰：古以聚物之聚爲冣。從人贊聲。」揚雄《覈靈賦》：「會賢儹智。」《正韻》積産切，贊上聲，「聚也」。俗謂私自積錢不以屬之公産者曰儹體己。《山居新語》：「嘗見徽宗在五國城寫歸御批，有云『可付與體己人者』。」亦作梯己。《心史》：「元人謂自己物曰梯己物。」

土頭命，農人種地偏得者，謂之有土頭命。

面子事，恭敬而無實者，謂之面子事。

一條藤，遇事勾通一致者，俗謂之一條藤。

破天荒，無所憑藉、無所依傍而創爲之者，謂之破天荒。

一撕臉，言不顧情面也。

真可矣，稱人有能力也。

生摘瓜，稱事用强硬手段，謂之生摘瓜。

打快拳，祇顧眼前，不慮其後，謂之打快拳。

轉影壁，傳達人不肯上達，輒謝客，謂之轉影壁。

直羅郭，瘫背，人俗呼爲羅鍋。直訐人短，謂之直羅鍋。

半瓶醋，古諺云：「滿瓶不響，半瓶摇。」俗於道聽途説之輩，以此語譏之。

尺頭短，傳云老將至而耄及之，即尺頭短之謂也。

現世報，善惡之報及身受之者，謂之現世報。俗以此語爲辱駡人。

道不去，謂人庸愚而無才能者，曰道不去。

媽巴子，章炳麟《新方言》：「荆州枝江謂女陰曰巴巴〔一〕。巴借爲魄。《左傳》：『人生始化曰魄。』《祭義》注：『耳目之聰明爲魄。』《爾雅》孔、魄同訓閒，故形體空竅曰魄。魄聲古同霸，故今呼如巴矣。」按，省俗亦謂女陰曰巴子，故常用以駡人。

〔一〕上「巴」字原誤作「也」，據《新方言》改。

裝大瓣蒜，謂人不重己，遇事則强自争先也。俗謂首領曰頭，蒜之頭大，故借以取喻，意謂小器。本無首領資格而强自争先，猶本非頭而强作頭也。大瓣者，甚之之辭耳。又《爾雅翼》：「大蒜曰葫〔一〕，小蒜曰蒜。」已本小才，而高自位置，故曰裝大瓣蒜。義亦可通。

雲山霧罩，謂人言語狂妄，不切實際，猶山爲雲霧籠罩，視不清澈也。

餂嘴抹舌，謂人垂涎美食不得到口，故餂嘴抹舌。《易》：「觀我朶頤。」即斯義也。

隔二偏三，謂人言行疏略，不能按序精審，如數物者或遺其二，或漏其三也。

紅口白牙，人口本紅，人牙本白，並無缺陷，但食物而不償值，蓋譏斥之辭也。

鬼頭蛤蟆眼，鬼則變化無端，蛤蟆俗呼蝦蟆爲蛤蟆雖蠢，其眼則流利，借以喻人之狡黠也。

提心弔膽，謂人罹危難，戰競自持也。

心到神知，此至誠感神之理。俗謂盡心爲人而不爲對方所知者，曰心到神知。

家長里短，舉家庭鄰里之事以爲談資，則曰家長里短。

一奶同胞，《詩》云：「戚戚兄弟，莫遠具爾。」〔二〕況屬同胞，尤當親愛。俗曰一奶同胞，親之之辭也。

走星照命，星命家所謂客星犯驛馬也。俗以人勞碌庶務，不得清閒自適者，則謂之走星照命。

〔一〕葫：原作「胡」，據《爾雅翼》改。
〔二〕具爾：原作「伊邇」，據《詩經》改。

一命二運，《論語》：「死生有命。」《孟子》：「知命者不立乎巖牆之下。」是命運之說，自古有之。俗言一命二運，謂人富貴窮達皆有命運，不必强求也。

土裏刨食，此老農恒言，即鑿井而飲、耕田而食之謂也。

聾倉啞庫，言管倉庫者種種舞弊，不言亦不聞也。

送空頭情，如雨後送蓑衣、關過送護照之類，是之謂空頭人情。

人忙無智，言臨事貴詳審也。故俗云「忙中有錯」，又曰「忙莫忘了消停」。皆是義也。

人多勢重，言衆情不可違也。

張口結舌，謂以情理責人，受之者無詞以對也。

打胡盧語，胡盧，笑也。《後漢書·應劭傳》：「掩口胡盧而笑。」此謂不吐露真情，曰打胡盧語。

照猫畫虎，謂人作事不能自立機杼，猶依樣畫胡盧也。《後漢書·馬援傳》：「畫虎不成反爲狗也。」

葉落歸根，此即樹葉落在樹根下之説，蓋謂人不可背本也。又贖回本産亦謂之落葉歸根。

大海撈針，言冒昧妄求，終難得也。

刓冰取火，猶言緣木求魚也[一]。

[一] 緣：原誤作「緑」。

細水長流，言人用度有節，乃能源源不絶也。

幫虎喫食，謂附勢分肥之流，猶助虎勢而分得其瀝餘也。

走馬觀花，謂事不能詳察，猶走馬觀花，不能賞其情韻也。

順風掣旗，言揣摩風氣，工於將順也。

順水推舟，言善於取勢，不肯廢力也。

鑽牛犄角，不智之人務爲奇邪，比之如此。

横草不過，謂人趨利避害過於分明，猶蛇之不過横草也。

一毛不拔，慳吝太甚，即在至親亦不通假，每以是語譏之。

口儹肚挪，言省食儉用，計及飲食也。

人奸地薄，傷時憤俗之語。

牛頭别棒，謂人不順情理也。李唐末季有「牛頭曳棒」之謡。别、曳音近，故云。

金粃假馬，粃，《説文》：「不成粟也。」〔一〕《莊子》：「塵垢粃糠。」金粃、假馬，皆不實之物，用以喻行僞之欺人也。

老雲接駕，日落時紅霞掩日，俗謂之「老雲接駕，不是陰就是下」，言將陰雨之兆也。

〔一〕粟：原誤作「米」，據《説文解字》改。《説文解字》作「秕」。

成穀癟稗，謂人絮談往事，厭人聽聞，則以斯言喻之。驢年馬月，驢不屬十二支内，本無驢年。俗於不可期之事輒爲此言。猶言甁生角、牛打滾。蓋絶望之詞也。

滿語沿爲方言

佩，滿語譏誚之辭也。俗人相口角，輒曰你佩，或曰佩不佩是也。

察喇，省俗謂人勇敢曰察喇。《舊五代史·漢高祖本紀》：「契丹主送晉高祖至上黨，指帝謂高祖曰：『此都軍甚操剌，無大故，不可棄之。』」據此，則察喇乃由契丹語流爲方言者。

勒索，滿語不歷落也。

忽剌，滿語風動物也。又風動物聲。

秃魯，滿語事不履行，約不踐言，曰秃魯。

八來，俗謂無稽之談爲胡謅八來，來讀上聲，滿語妄也。

喀喇，謂室隅黑暗處曰喀喇，或曰隔朗。滿語黑也。

戈楞，今蒙古境謂地畝幾晌曰幾戈楞，滿語塊也。地一戈楞即地一塊。又謂木塊曰木頭戈楞。

稀罕，謂喜歡或罕見曰稀罕。滿語合意也。

穀利，謂物質精美曰穀利。又曰精神。滿語穀利，心意相合也。

喇忽，滿語謂遇事疏忽曰喇忽。

巴隮，希望向上進步曰巴隮，或曰巴結。滿語謂少前進步也。

羅娑，俗謂事不順利曰羅娑。滿語謂春雨雪多曰羅娑。

打扮，俗謂婦人裝飾曰打扮。滿語過奢侈也。

扎孤，俗謂治病爲扎孤病。滿語治也。

邋遢，謂不爽利、不潔浄曰邋遢。滿語遲慢也。《廣韻》：「邋遢，不謹事也。」音臘榻。

搪塞，俗謂推諉曰枝梧搪塞。滿語話熟流不停也。

活洛，俗謂議未定曰活洛話。滿語話不真也。

多縮，俗謂戰慄瑟縮曰多縮。重言之曰多多縮縮。滿語苦楚耐得曰多縮。

特勒，俗謂衣履不整曰特勒。滿語凡繃皮張布之繃曰特勒。

嗒嗒，俗謂説閒話曰嗒嗒。滿語嘴張開了曰嗒嗒。

得合，凡言行彼以爲是，而此非之之辭也。滿語以鈎鈎之曰得合。

哈達，俗謂人和光同塵曰哈達。疑是豁達之轉音。滿語山峯曰哈達。

扯勒，彼此牽連曰扯勒。事未果斷亦曰扯勒。滿語鋪磚砌石相牽連曰扯勒。

集合，聚會一處曰集合，係普通語。滿語來了爲集合，意義略通。

叉瑪，滿語女巫也。《北盟録》云：「金以女巫爲薩滿，或曰珊蠻，亦稱叉瑪。」奉者多爲婦人，祀先禱神時，戴尖冠，著長裙，腰繫銅鈴，擊鼓蹲舞，口喃喃，辭不可辨。又謂可以療疾。今遼東各地猶存此俗。

小駒，滿語小人也。俗以小駒爲賤者之稱，遇事不肯服從輒曰「我不是小駒」。

伙洛，滿語河溝也。撫順有地名二伙洛，即二道溝也。

撇拉，滿語謂碟子爲撇拉。俗以器物之口外張者皆曰撇拉。如撇拉碗之類是也。

者扎，滿語者，是也；扎，容易也。侍者應主人呼喚曰者扎是也。

疏單，《清文彙》云：「蘇單，遠了也。」今俗於親友不常來往則曰疏單。

噯呀，《清文彙》云：「驚贊詞，土人口吻常用之。」

合婁蘇，言合式也。《遼史》有赫埒蘇者，音同，亦滿語也。

衛呀何，驚訝之詞，即衛拉特之轉音。滿語衛拉特，人傑也。

訥木憨，渾樸愚鈍也。滿語訥木憨，老實也。

郭思哈，又作戈什哈。滿語使用近人也。

鄂喲喲，《清文彙補》：「輕笑人之詞也。」今省人往往如此。

得勒我合，滿語車夫驅使羸馬聲。

阿羅巴圖，謂人粗鄙也。或曰胡里巴圖。皆滿語也。

沙拉沙拉，俗令羣人零星布散曰沙拉沙拉，或曰沙拉閒。滿語閒遊也。

胡里嗎里，俗謂不曉事也。滿語因循也。

雅密雅密，遇事不肯對人宣揚也。滿語令人閉口不言也。

特特塔塔，猶泄泄沓沓也。滿語輕浮不定之貌。

吉勒噶拉，無處不到也。滿語凡物净盡了。

背鼓加鉦，負擔過重也。滿語謂家事過多爲婢衮加增，音同相假。

附方音

獲讀如槐。《唐韻》獲，胡柏切。《説文》：「獵所獲也。」《周禮・射人》「三獲」，釋文胡柏切〔一〕，並無槐音。蓋北音無入，故誤如平聲。

矢讀如時。失、石、實並同。韻書矢，式視切，又矧視切，音尸，上聲。《説文》：「矢，弓弩矢也，從入，象鏑栝羽之形。」時，市之切，音蒔，讀矢如時，誤作平聲。失，式質切，音室，得失之失，入聲。石，常隻切，音碩。又山石之石，入聲。實，食質切，音失，入聲。皆讀如時，誤爲平聲。

竹讀如足。韻書竹，張六切，音竺，入聲。《説文》：「冬生草〔二〕，象形，下垂者〔三〕，箁箬

〔一〕釋：原誤作「譯」。
〔二〕「草」上原衍「青」字，據《説文解字》删。
〔三〕者：原脱，據《説文解字》補。

也。」足，子句切，又遵遇切，滿足也，去聲。讀足如竹，音相近耳。至手足之足，即玉切，亦入聲。土人亦讀如去聲之足。

皆讀如捷。皆，古諧切，又居諧切，音街，平聲。《説文》：「俱詞也。」《小爾雅》：「同也。」捷，入聲。皆、捷聲轉。方音讀皆如捷，作去聲。

墨讀如密。《唐韻》墨，莫北切，音默，入聲。《説文》：「書墨也。」《禮·玉藻》：「史定墨。」密，美畢切，亦入聲。方音均讀作去聲。

筆讀如比。《唐韻》筆，鄙密切，入聲。《爾雅》：「不律謂之筆。」比，《廣韻》卑履切，又補履切，去聲。北音無入，故讀如比。

色讀如灑。《廣韻》色，所力切，《集韻》殺測切，音嗇。《説文》：「顏氣也。」入聲。灑，《正韻》所蟹切，音洒。方音讀色，如灑上聲。

合讀如河。合，韻書並音盒，入聲。《説文》：「合口也。」《玉篇》：「同也。」河，呼哥切，平聲。北音無入，故誤讀如河。

日讀如意。日，《集韻》《韻會》並入質切，音馹，入聲。意，於記切，又於戲切，音薁，「志之發也」，去聲。日意音近，故讀如意。

月讀如越。月，韻書並魚厥切，音軏，入聲。《説文》：「闕也，太陰之精。」越亦入聲。方音重讀月如越，作去聲。

雪讀如屑。雪，《唐韻》相絶切，音蠑。《正韻》蘇絶切，入聲。屑，先結切，亦入聲。雪屑音近，讀如屑，作去聲。

髮讀如法。髮，韻書並方伐切，音發，入聲。《説文》：「根也。」《玉篇》：「首之毛也。」法亦入聲，方音讀如法，作上聲。

骨讀如古。骨，《韻會》古忽切，音汩，入聲。《説文》：「肉之覈也。」古，果五切，上聲。讀骨如古，誤爲上聲。

防讀如訪。防，韻書並扶芳切，音房，平聲。《説文》：「隄也。」訪，敷亮切，去聲。駐防之防，誤讀如訪。

郭讀如鍋。郭，《正韻》古博切，音椁，國名，又姓。鍋，古禾切，音戈，平聲。郭姓之郭，誤讀如鍋。

闖讀如創。闖，韻書並丑禁切，讀如郴。《説文》：「馬出門貌。」俗誤讀如創，上聲。如呼李自成爲闖王是也。

吉讀如鷄。吉，《唐韻》居質切，《集韻》激質切，並音拮。方音於吉林之吉讀如鷄。按唐時鷄林行賈，購白居易詩。吉、鷄聲之轉也。或以此耳。

時讀如池。時，市之切。《説文》：「四時也。」本省有時姓者，俗呼時姓爲池姓。池時音近，故相沿未改。

落讀如澇。落，盧各切，音洛，入聲。澇，魯刀切，又郎到切，音勞，去聲。《莊子·天地》篇：「夫子盍行耶？無落吾事。」又著落之落，俗呼如澇。

骰讀如洒。骰，《廣韻》度侯切，音頭，平聲，「骰子，博陸采具」。温庭筠詩：「玲瓏骰子安紅豆。」洒，音灑。俗呼骰子之骰如洒，相沿之誤。

笛、迪讀如抵。笛，亭歷切，迪，杜歷切，並音狄，入聲。抵，典禮切，音邸，上聲。北音無入，故讀如抵。又如敵，作上聲。

轅讀如檐。《集韻》轅，于元切，音袁。《説文》：「輈也。」《釋名》：「轅，援也。車之援也。」檐，《集韻》余廉切，音鹽。轅檐音近，俗於車轅之轅，多半讀如檐。

佳讀如家。《唐韻》佳，古膎切，又居膎切，音街，「美也，好也」。家，古牙切，音加。二音相近，故佳讀如家。

暇讀如霞。《唐韻》《正韻》暇並胡駕切，音夏，去聲。《説文》：「閒也。」《書·酒誥》：「不敢自暇自逸。」暇霞聲轉，故讀如霞。

挾讀如攜。《正韻》挾，胡頰切〔一〕，音協，入聲，「持也」。《詩》：「既挾四鍭。」攜，户圭切，音畦，平聲。挾攜聲轉，故讀如攜。

〔一〕 切：原誤作「也」。

漆讀如齊。《正韻》漆，親吉切，音七，入聲，水名，又漆樹。齊，平聲。俗呼油漆之漆如齊。

肉讀如宥。《唐韻》肉，如六切，音衄，入聲。宥，尤救切，音又，去聲。肉宥聲轉，故讀如宥。

學讀如斆。《唐韻》學，胡覺切，入聲。《説文》：「學，覺悟也。」本作斆。今斆，胡教切，音效，去聲。讀學爲斆，聲之轉也。

或讀如懷，又或讀如何。《廣韻》或，胡國切。《正韻》稶北切，入聲，「惑疑也」。凡或人或曰，皆闕疑之詞。方音讀如懷，又或讀如何，皆譌爲平聲。

惑讀如悔，又或讀如懷。《正韻》惑，户國切。《韻會》稶北切，入聲。《説文》：「亂也，从心或聲。」方音讀如悔，作上聲。又或讀如懷，平聲。

戚讀如妻。戚，韻書並倉歷切，入聲，「親也」。《詩》「戚戚兄弟」，傳：「戚戚，内相親也。」正義曰：「猶親親也。」俗讀戚如妻，譌爲平聲。

慼讀如悽。《唐韻》慼，倉歷切，入聲。《説文》：「憂也。」《書・盤庚》：「率籲衆慼。」悽，《正韻》子西切，音妻。方音讀慼如悽，譌爲平聲。

殺讀如沙。《唐韻》殺，所八切。《韻會》山戛切，音煞，入聲。《説文》：「戮也。」《周禮・春官》：「内史掌王之八柄之法，以詔王治。五曰殺。」又獲也。《禮・王制》：「天子殺則下大綏，諸侯殺則下小綏。」《史記・漢高帝紀》：「殺人者死。」沙，平聲。殺沙聲轉。讀殺如沙，譌爲平聲。

六讀如溜。《唐韻》六，力竹切，音陸，入聲，「老陰數也」。溜，力救切，去聲。北音無入，故譌爲溜。

七讀如齊。七，韻書並戚悉切，音桼，入聲，「少陽數也」。齊，《唐韻》徂兮切，音臍。方音讀七如齊，譌爲平聲。

八讀如巴。《唐韻》八，博拔切，又布拔切〔一〕，音捌，入聲，「少陰數，木數也」。巴，伯加切，音芭，國名，又地名。方音讀八如巴，譌爲平聲。

危讀如委。《唐韻》危，魚爲切。《韻會》虞爲切，並譌平聲〔二〕。《説文》：「在高而懼也，从产，人在厓上，自卪止之也。」徐曰：「《孝經》：『高而不危，制節謹度。』故从卪。」《玉篇》：「不安貌。」《禮·儒行》：「有比黨而危之者。」皆讀平聲。委，《廣韻》於詭切，音骫，「委蛇」。委，平聲，方音讀如委屈之委，上聲。危委聲轉故也。

黑讀黑平聲。《唐韻》黑，呼北切，又迄得切，入聲。《説文》：「火所熏之色也。」韓康伯曰：「北方陰色。」方音讀黑如平聲。

白讀白平聲。《唐韻》白，旁陌切，又薄陌切，音帛，入聲。《説文》：「西方色也。陰用

〔一〕布：原誤作「希」。

〔二〕譌：原誤作「僞」。

事，物色白。从入合二。二，陰數也。」《禮·檀弓》：「殷人尚白。」又白姓。方音讀白如平聲。

席讀席平聲。席，《唐韻》祥易切，音夕，入聲。《説文》：「藉也。」《玉篇》：「牀席也。」《增韻》：「槀秸曰薦。」衽席，單席也。《釋名》：「席，釋也。可卷可釋。」北音無入，如讀席如平聲。

錫讀如習平聲。錫，《唐韻》先擊切。《韻會》先的切，音裼，入聲。《説文》：「錫，銀鉛之間。从金易聲。」徐曰：「銀色而鉛質也。」《爾雅·釋詁》：「賜也。」習，亦入聲。方音讀錫如習平聲。

鞋讀如邪。鞋，《廣韻》户佳切。又《集韻》懸圭切。《玉篇》本作鞵。鞋邪聲轉，故誤讀如邪。

索讀如鎖。鎖，《廣韻》蘇各切，「繩索也」，入聲。《説文》：「索，草有莖葉，可作繩索。从宋糸。杜林説：宋亦朱市字。」《小爾雅》：「大者謂之索，小者謂之繩。」《左》昭十二年「八索」，釋文：「索，本作素。」《離騷》「憑不厭乎求索」，注：「索，音素。鎖門鍵也。」上聲。方音讀索如鎖，聲相轉也。

翟讀如轍上聲。翟，《廣韻》徒歷切。《韻會》亭歷切。入聲。又作狄。《國語》：「自竄於戎翟之間。」《詩·衛風》：「翟茀以朝。」又《集韻》《韻會》直格切。《姓苑》翟改音宅。本省呼翟姓音如轍平聲。

俗讀如徐。俗,《唐韻》似足切。《集韻》《韻會》松玉切,音續,入聲,「習也」。上所化曰風〔一〕,下所習曰俗。《釋名》:「俗,欲也。」黄庭堅曰:「土俗不可醫。」今土人譏人太俗及僧人還俗,皆讀俗如徐,亦聲相轉耳。

瑞讀如類。瑞,《唐韻》是僞切。《集韻》《韻會》樹僞切,音睡,去聲,「祥瑞也」。《説文》:「以玉爲信也。」類,力遂切,音淚,亦去聲。二音相近,故讀瑞如類。

略讀如料。略,《唐韻》離灼切。《集韻》《韻會》力灼切,音掠,入聲。《説文》:「經略土地。」《廣韻》:「用功少者皆曰略。」料,平去二聲,量也,理也,計也。讀略如料,一聲之轉。

郁讀如於。郁,《唐韻》於六切。《集韻》《韻會》乙六切,入聲,地名。又郁郁,文盛貌。於于古通用,方音讀郁如於,一聲之轉。

更讀如經。更,諸韻書並作㪅。《廣韻》古行切。《集韻》居行切,音庚。《説文》:「改也。」《釋文》:「更,代也。」又因時變易刻漏曰更。張衡《西都賦》「衛以嚴更之署」,注:「督夜行鼓也。」方音於更改更事等更字,讀如字,於嚴更之更讀如經。

飯讀如泛。飯,今分上去二聲。《廣韻》扶晚切。《集韻》父遠切。《玉篇》:「所謂餐飯也。」又《唐韻》符萬切。《集韻》扶萬切。指炊黍爲飯言。然飯,古止反聲。《説文》篆文列籑養

〔一〕 上:原誤作「土」。

下：「飯，食也。」《曲禮》：「飯黍毋以箸。」《文王世子》：「一飯。」「再飯。」飯字皆用本義。《曲禮》：「毋摶飯。」〔一〕飯字是引申意。方音讀如泛，與《唐韻》合，非古音也。

客讀如渴。客，《唐韻》苦格切，《集韻》《韻會》乞格切，並坑入聲。《説文》：「寄也。从宀各聲。」《周禮·秋官》：「大行人掌大賓之禮及大客之儀。」渴，音磕。方音呼客音近課。土人於來客、請客等客字，讀如渴。

屋讀如吴。屋，韻書並烏谷切，音沃，入聲。《説文》：「居也。从尸。尸，所主也。一曰尸象屋形，从至。至，所止也。」《周南》詩：「何以穿我屋。」與獄叶。《小雅》：「仳仳彼有屋。」與穀叶。未有讀平聲者。北音無入，故讀如吴。又或讀如烏。

堡讀如普。堡，《廣韻》博抱切。《集韻》《韻會》補抱切，音保。「堡障，小城也。」堡通保，古文作𤓽。今於村堡之堡，通呼如普。《唐書·哥舒翰傳》：「拔連城堡。」轉音普。方音與唐音合。

福讀如府。福，《唐韻》《集韻》《韻會》並方六切。膚入聲，「祐也，善也」。《禮·祭統》：「福者，備也。」又《集韻》《韻會》敷救切，音副，「藏也」。《龜筴傳》：「邦福重龜。」又叶筆力切，音偪。《詩·大雅》：「自求多福。」《儀禮·士冠禮》：「介爾景福。」俱上叶德字。《正字通》云

〔一〕摶：原誤作「搏」，據《曲禮》改。

福本有偪音。《説文》从示畐聲。賈誼《治安策》：「疏者或制大權，以福天子。」乃福爲偪之叚借字，非與偪通也。諸韻書以爲福偪同音共義，非也。方音讀福如府，一聲之轉。

覺讀如絞。覺，《唐韻》古孝切。《集韻》《韻會》訖岳切。《説文》：「悟也。从見，學省聲。」《禮·緇衣》引《詩》「有梏德行」，《詩》本作覺。《韻會》覺通作梏。又韻書覺並音教。今方音讀覺若絞，蓋絞教同母，一聲之轉。

畏讀作威。畏，《唐韻》於胃切，《集韻》紆胃切，並音尉，「惡也」。《廣韻》：「畏，懼。」《增韻》：「忌也。」又：「心服也。」「怯也。」《易·震卦》：「雖凶無咎，畏鄰戒也。」《書·吕刑》：「永畏惟罰。」又《集韻》於非切，音威。《書·皋陶謨》：「天明畏，自我民明威。」釋文：「畏如字。徐音威。」按《古文尚書》威、畏同。「天威棐忱」，今文作畏。《禮·表記》引《書》「德威惟威」，注：「讀作畏。」又《周禮·考工記·弓人》：「夫角之中，恒當弓之畏，畏也者必橈。」注：「畏作威。」謂弓淵，角之中央與淵相當。鄭謂畏讀如秦師入隈之隈。《釋文》：「畏，烏回反。」今方音於畏懼之畏亦讀如威，尚合古音古義。

麥讀如賣。麥，《唐韻》莫獲切。《韻會》莫白切，音脈，入聲。《説文》：「麥，芒穀，秋種厚薶。麥，金也。金王而生，火王而死。」關裏麥秋種夏熟，故四月爲麥秋。本省春種夏杪熟。又訖力切，音極。《詩·鄘風》：「爰采麥矣，沬之北矣。」又叶莫故切，音暮。晉太和末童謡：「白門種小麥。」叶上路。今讀麥如賣，去聲，亦聲之轉也。

榖讀如古。榖，《唐韻》《集韻》《韻會》並古禄切，入聲。《説文》：「榖，續也。」此以疊韻字爲訓。又云从禾㱿聲，此制字時之本音。今方音讀如古，誤爲上聲。

我讀如諾。我，《唐韻》五可切，《集韻》《韻會》語可切，並俄上聲。《説文》：「或説我，頃頓也。」按，頃、頓義與俄同，然字書並無作俄音者。諾，本入聲，本省遼河左右人讀我如諾去聲，聲之轉也。

鵝讀如挪。鵝，五何切，音峨，平聲，輕，牙音。《爾雅》：「舒雁，鵝。」遼河左右人呼鵝如挪，重唇音。

謂哥曰格。哥，《唐韻》古俄切，音舸，平聲。《説文》：「聲也。从二可〔一〕。古文以爲謌字。」《廣韻》：「今呼爲兄。」格，《正韻》各額切。遼河左右人呼哥哥爲格格。

謂叔曰搜。韻書叔並音菽。又昌六切，同俶。搜，疏鳩切，音蒐。二音不相通。遼河左右人呼叔父爲搜，或者即叟之聲轉，譌爲平聲也。

襖讀如惱。襖，韻書並烏皓切，音懊。《玉篇》：「袍襖也。」惱，《正韻》乃老切，音腦。二字皆上聲，音近。遼河左右人呼襖曰惱。

松讀如雄。松，《唐韻》詳容切。《集韻》思恭切。《字説》：「松，百木之長，猶公，故字从

〔一〕可：原誤作「哥」，據《説文解字》改。

公。」雄，胡弓切。二音相近。本省安東、寬甸人往往讀松如雄。

扔讀如哼。扔，韻書如蒸切，音仍。《博雅》：「引也。」後漢馬融《廣成頌》「竄伏扔輪」，注：「言爲輪所摧也。」今俗以拋棄器物爲扔。哼，虛庚切，音亨。二音相近。本省安、寬等縣人呼扔如哼。

鑪讀如攄。鑪，《唐韻》洛乎切。《正韻》龍都切，音盧。《説文》：「方鑪也。」《廣韻》：「火牀。」《韻會》：「一曰火函。」攄，抽居切。二音相近。山東北部人往往呼鑪如攄，本省岫巖、莊河等處與由山東接近，故亦呼爲攄。又如擼，音魯。

淡讀如善。味淡之淡，《廣韻》《正韻》徒覽切。《史記・叔孫通傳》：「呂后與陛下攻苦食啖。」注：「啖亦作淡。」又食無菜茹爲淡。善，常演切。二音相近。蓋平縣東區人往往謂淡爲善，字義殊不相通。

〔民國〕西豐縣志

【解題】蕭德潤等修，張恩書等纂。西豐縣，今遼寧省鐵嶺市西豐縣。「語言」見卷二十《禮俗志》中。録文據民國二十七年（一九三八）鉛印本《西豐縣志》。

語言

語言爲社會之精神，社會之份子愈雜，則語言之紛歧愈甚。良以我國山水皆東西横貫，故語言之隔每囿於方域，而不能統一其辭氣。設一旦州里聚處，此則呼得曰登，彼則謂乳爲彀，此則呼豉曰嗜，彼則謂虎曰於兔。巷議街談，嘔啞嘲哳，亦勢之所不免者。縣境地係新闢，人係雜處，語言之習慣，不免各操其土音。於是而類別之，亦足供關心國語者之研究焉。

語言以種族而異者

漢人呼父曰爹，滿人呼父曰阿瑪，又曰爸爸，回人呼父曰徘得嚅。漢人呼母曰媽，滿人呼母曰哦哦，回人呼母曰璐得嚅。漢人呼子曰兒，滿人呼子曰阿哥，回人呼子曰皮賽嚅。漢人呼女曰閨女，滿人呼女曰妞妞，回人呼女曰都合太嚅。

漢人謂外出曰去，滿人謂外出曰客，回人謂外出曰來夫台。漢人謂安眠曰睡覺，滿人謂安眠曰罷卜子，回人謂安眠曰什白得。

漢人之領袖人曰族長，滿人之領袖人曰牟昆達，回人之領袖人曰阿訇。漢人之殺牲人曰屠户，回人之殺牲人曰老表。漢、滿之門上横疋曰横頭，回人之門上横疋曰杜哇。

語言之以方域而異者

北方之鞋，南方曰海子。北方靰鞡，南方曰綁。北方之刷帚，南方曰炊帚。北方之小罐，南方曰小龕。玉蜀黍，北方曰苞米，南方曰棒子。留客，北方曰呆呆，南方曰耍耍。竈突出烟處，北方曰烟甬，南方曰富台。前一日，北方曰昨日，南方曰早隔，又曰夜隔。

語言以音韻而異言者[一]

謂襖曰腦。謂襪子曰娃子。謂牛曰妞。謂胳臂曰生臂。謂東曰董。謂山曰閃。謂河曰黑。

語言之以俚俗而異者

謂醋曰忌諱。謂吃飯曰叨飯。謂吃菜曰刀菜。謂困倦曰卡睡。謂筆曰飛管,又曰寫管。謂老兄弟曰老疙疸,又曰老幫子。

〔民國六年〕鐵嶺縣志

【解題】陳藝修,蔣齡益等纂。鐵嶺縣,今遼寧省鐵嶺市鐵嶺縣。「稱謂」見卷六《禮俗志》中。録文據民國六年(一九一七)鉛印本《鐵嶺縣志》。

稱謂

漢俗,稱父母曰爹媽。孫稱祖父曰爺爺,祖母曰奶奶。姪稱伯父曰大爺。平輩年長者通稱亦曰大爺。外孫稱外祖父曰老爺,外祖母曰老老。妻孫稱祖姑之夫曰姑爺。妻姪稱姑之夫曰姑夫,或亦曰姑爺。岳父母稱子婿而仍曰姑爺。爺之稱,混淆莫甚焉。兄稱弟妻曰妹。弟妻稱夫兄曰伯,而實則通稱曰兄。姒娣相稱曰嫂,曰妹。弟與妹稱姊

〔一〕音:原誤作「言」。

曰姐。姻婭相稱曰連襟，俗更呼連喬，取大小喬之義。而通俗稱女子曰姑娘。名辭最混，滿洲稱父曰阿麻。母曰額木。讀平聲。叔稱嫂曰姐。長者稱幼輩曰阿哥。其餘與漢俗同。

〔民國二十二年〕鐵嶺縣志

【解題】黄世芳等修，陳德懿等纂。鐵嶺縣，今遼寧省鐵嶺市鐵嶺縣。「稱謂」見卷十二《禮俗》中。録文據民國二十二年（一九三三）鉛印本《鐵嶺縣志》。

稱謂

漢俗，呼父曰爹。呼母曰媽。孫呼祖曰爺爺，呼祖母曰奶奶。姪呼伯父曰大爺，大字重讀。呼叔父曰叔叔。平輩之年長通稱亦曰大爺。爺字重讀。妻姪呼姑之夫曰姑夫，亦曰姑爺。姑字重讀。岳父母呼子婿亦曰姑爺。姑爺之稱呼，混淆甚矣。兄呼弟妻曰弟妹。妻呼夫兄曰伯。娣姒相呼曰嫂，曰妹。弟與妹呼姊曰姐姐。兩婿相稱曰聯襟，又曰聯喬，取大小喬之義。通呼女子曰姑娘。滿人呼父曰阿嗎，亦曰爸爸，呼母曰阿娘。叔呼嫂曰姐。長輩呼晚輩曰阿哥。其餘與漢人同。

〔宣統〕承德縣志書

【解題】都布林修，李巨源等纂；金正元增修，張子瀛等纂。承德縣，今遼寧省沈陽市。「語言」見第五類《風俗志》中。録文據宣統二年(一九一〇)石印本《承德縣志書》。

語言

此處雖爲滿洲故地，土人皆曰漢語，微特民人無習滿語者，即土著之滿洲人亦如之。蓋以客籍之寄居者日衆，是以久而自化。

〔宣統〕撫順縣志略

【解題】趙宇航等修，黎鏡蓉等纂。撫順縣，今遼寧省撫順市撫順縣。「土語」見《風俗略》中。録文據宣統三年(一九一一)石印本《撫順縣志略》。

土語

吾國交通不便，南北語言多有不同。兹就土語中難以索解而有興趣者，擇要編入，或亦大雅所樂聞也。

潦嗑，説話。賣呆，觀景。溜達溜達，散步。飛管，毛筆。扒下，睡覺。噶磳，牆之角耳。得飯，問吃飯。廣東師，廚子。吃嚼咕，吃好菜飯。吃靠勞，賞給工人好菜飯。創門，探親友之謂。老崗子，前輩之稱。洛幫子、老疙疸，父母稱小兒，長兄稱小弟。猫下，婦女分娩。有了，婦女懷孕。小妞，女孩。展體息，婦女私積之款。拜門子，新婦偕新郎歸寧拜年。爸爸，旗人稱父。娜娜，旗人稱母。阿姐，宗室稱母。過去了，人死。道惱，弔唁。橛把子、腰别子，均係手槍。不善，狠利害。不大離，尚可。半拉，左近。換鍾，親家初次宴會。埋態，骯髒。可不，答是。破袴纏腿，糾纏不休之意。裝腔作勢，擅作威福之意。白乾，燒酒。免探，羞於見人及説話之意。秧子，富有家産而不事正業者。一大扒拉，甚多。跑屁頭，因生氣而出門。甚麽玩意、算那道，均駡人詼諧語。撩拉、撓扛、穿兔鞋、小辮朝南，均稱人跑走。虎的老，假作威勢。閒扯，説話不實。胡謅八扯，撒謊。雜顧雜顧，治病。吃揚性了，譏誚不愛吃好菜飯。要脾氣、紅臉、上火，均説人生氣。將就、對付、對付事，均是成全之意。頭項人，鄉間首事人。初希拉，羨人發達之意。吃勞金，傭工。抗年造，鄉間僱長工者。隔路，性與人異。拉飢荒，借貸。糟賤人，破壞名譽。糊弄拉，事屬可行。打攪，阻撓。拉村，説蠢話。可村、含村，均難看。刺撓。赶蹚，來得及。頂得，甚好。華堂，美麗。混子，土棍。冷丁子，猝然之意。街溜，游蕩子。麻溜的，辦事迅速。什麽勾當，作何事。妯門，妯娌。一擔挑，姻親之連襟者。拉倒罷，勸人了事。搔邦，無能力者。拉鬆了，作事難成。當件，當中。老爺子，稱父老。漏臉、漏一鼻子，均作事出奇。磕頭，結盟兄弟。冷丁子，意外發生之事。下道，中途變性者。轉面兒，爲人調停事而圓滿者。海來子，慷慨好事之人。人不壓衆帽不壓風，自謙之詞。磨不開，有情面難卻者。覺之不差，自以爲有能力者。黄花郎，年長未娶。利素、好搗秩，均謂漂亮。屯不差兒，能了事者。哈斯，空廂房不住人。生，謂人有脾氣。窮棒會，窮而無賴者。爛了之，足疾。

〔民國〕興京縣志

【解題】沈國冕等修，蘇民等纂。興京縣，今遼寧省撫順市新賓滿族自治縣。「土語」見卷十五《雜志》中。録文據民國十四年（一九二五）鉛印本《興京縣志》。

土語

體面，闊綽也。冷丁，突然，猶冷孤丁也。寒慚，可恥也。急流，從速之意。調理，處置也。多暫，何時，猶多早晚也。倘弄，揶揄也。那麽，這莫轉語，儘教也。

〔民國〕黑山縣志

【解題】梁學貴修，龐國士纂。黑山縣，今遼寧省錦州市黑山縣。「方言」見卷十一《禮俗志》中。録文據民國三十年（一九四一）鉛印本《黑山縣志》。

方言

方言者，一方特有之俚語，不能通之於他方者也。例如同一年老之人也，在齊東謂之眉，在燕代北鄙則謂之黎。又母子之愛，此萬方所同也，乃蜀人呼母曰姐，齊人呼母曰妳，吴人呼母又曰媒。此皆方言也。非有書以溝通之，則彼此往來均感困難。此楊子雲所以有《方言》之作也。況本邑之在滿洲，開闢較早，特殊之俚語爲數尤夥，方言之志顧可緩乎哉！第方言雖夥，然大別之，可分三類，謹述於左。

甲、由書史演出之方言應予考證者八則

子、本邑謂來客曰來茄，亦成一種方言也。按《明史》天啓間客、魏用事，當有「茄花委鬼」之謡，可見當時京都已讀客爲茄矣。故本邑因之謂客爲茄也。

丑、本邑俚語謂人之不分好歹者曰麻漫不分，此亦有所本也。按鑄錢之制，皆一面有字，一面無字。有字之面爲文，無字之面爲漫，又爲幕。《前漢・西域傳》：「罽賓以金銀爲錢，文爲騎馬，幕爲人面。」張晏云：「文面作騎馬形，漫面作面目也。」師古曰：「幕即漫也，謂其平而無文也。」無文之面既曰漫，則有文之面亦隨謂之麻矣。明天啓大錢始於漫鑄「一兩」字，崇禎錢又於漫鑄「户工」等字，自是錢法益雜，天下愈亂，真假難辨，而麻漫不分矣。此方言麻漫不分之來歷也。

寅、本邑駡人動曰穭生子，此亦有根據也。按《廣韻》穭，力舉切，音吕，自生稻也。又與稆同。《後漢・獻帝紀》：「尚書郎以下自出採稆。」稆亦自生稻也。又通作旅。《後漢・光武紀》「嘉穀旅生」，注：「旅，寄也。不因播種而生也。」總之，穭也、稆也、旅也，實一聲之轉音。又通爲秜。秜，亦不種而自生也。本邑駡人曰穭生，即係私生之意，亦猶穀之不種而生也。

卯、本邑俚語謂青年人之荒唐不實在者曰粃小子。粃，一作秕。《書・仲虺之誥》：「若粟之有秕。」《説文》：「粃，不成粟也。」《國語》：「軍無粃政。」似粃又有不良之意。故本邑以粃小子三字加諸青年荒唐不實在者之身，非無據也。

辰、本邑俗言輕視其人動曰算個毛。按《佩觿集》：「河朔謂無曰毛。」又《後漢書·馮衍傳》「飢者毛食」，李賢注：「毛作無。」是本邑俗言算個毛者，即謂算個無也。

巳、本邑俚語凡食物之對口味者曰可口。此其義見《莊子·天運》篇：「莊子曰：『譬三皇五帝之禮儀法度，其猶柤棃橘柚耶！其味相反而皆可於口。』」此即俚語之根據也。

午、本邑人凡對於長者之稱謂必尊之曰你老，此亦有來歷也。按《吴語》：「今王播棄黎老，而近孩童焉比謀。」〔一〕韋注：「鮐背之老曰黎老。」今方言稱你老，蓋即黎老之轉音也。

未、本邑俚語以馬之四蹄皆白者曰雪裡站，謂如帶色之馬站在雪中也，此於古亦有所本。按《廣韻》載騙，馬蹄皆白，即雪裡站之意也。

乙、由古語訛誤之方言應予糾正者六則

子、本邑人恫嚇小兒輒曰麻呼來，但係古語麻胡之訛也。查《朝野僉載》石虎以麻將軍秋爲帥，秋，胡人，暴厲好殺，國人畏之，有兒啼，母輒恐之曰「麻胡來」，啼聲即絶。又《大業拾遺記》云：「煬帝將幸江都，令將軍麻胡濬河，虐用其民，百姓惴慄，常呼其名以恐小兒。」此本邑

〔一〕《國語》無「近」字。

以麻胡嚇小兒之來歷，不過誤胡之音爲呼耳。

丑、本邑俚語以人家子弟聰明外似能事而所爲實非者曰敗子，殊不知此乃稗草之稗，蓋謂其是苗而非苗故也。又《寶積經》：「謂僧之無行者亦曰如麥田中生稗子，其形不可分別也。」本邑方言乃悞稗爲敗，斯應糾正耳。

寅、本邑俚語以同人協力勞作曰齊下火輪關，殊不知此乃《三國演義》劉關張齊下虎牢關之訛也。按《三國演義》爲明人羅貫中所編，其所載劉關張齊下虎牢關之事雖爲正史所無，但昭烈君臣，爲後世人類所崇拜。凡《演義》所載昭烈君臣勝利之事，無論根據正史與否，無不認爲其真實，歡誦謳歌，若身與其慶者，以故齊下虎牢關之事競傳爲佳話，演成方言。特訛虎牢爲火輪，未免數典忘祖耳。

卯、本邑俚語以人用全力解鬥或攻擊曰破打神舟，不知此乃破釜沈舟之訛也。按《史記·項羽本紀》：秦章邯以兵百萬圍趙距鹿，急，旦夕且破，趙數請救於羽。羽乃悉兵渡河，破釜沈舟，燒廬舍，以示士卒必死，無還心。用能九戰，皆捷，大破秦軍，解距鹿之圍。今俚語乃誤破釜沈舟爲破打神舟，未免可笑。

辰、本邑商人以上下交代清楚曰上下交征利，殊不知上下交征利一語乃孟子駁斥梁惠王利國之言，並非美辭也。按朱注：「征，取也。」上下交相取利，則必有弑奪之禍，故下文緊接之曰「國危矣」。本邑商人乃以上下交征利爲上下交代清楚，視爲一種美辭，未免謬誤。

巳、本邑俚語謂巫曰叉媽，殊不知此乃薩滿之轉音也。按《國史教科書》第八章内載金代故俗有薩滿教，《北盟録》亦有此記載。清初其教益盛，爲之者善能降神，使神附其身，託之神言，以示休咎。滿族人禍福悉委之於薩滿，此即中國古代之巫也。本邑人謂巫曰叉媽，殆即薩滿二字之轉音耳。

丙、由本地自然發生之方言無義可尋者九則

子、本邑青年人入商鋪學買賣曰住地方。

丑、本邑貧農爲作年工曰夯活。

寅、本邑人稱趕車者曰老把。

卯、本邑人謂贓汙曰埋苔。

辰、本邑人謂無事對談曰樂音洛科，亦猶山東人之寡也。

巳、本邑人謂飯後散步曰溜達，亦猶北平人之所謂繞灣也。

午、本邑人謂鬥毆曰打架，解鬥曰拉架。

未、本邑人謂因事舌戰曰抬槓。

申、本邑人謂婦女持有財産曰梯息，又曰體己。

〔民國〕義縣志

【解題】趙興德修，王鶴齡纂。義縣，今遼寧省錦州市義縣。「語言文字」見中卷九《民事志・禮俗》中。録文據民國十九年（一九三〇）鉛印本《義縣志》。

語言文字

俗言語

你老，稱老人之分疏者。咱們，猶言我們。小吕，即小偷。跑腿，指無家室者。把頭，工頭也。燒鍋，製燒酒之鋪。大炕，暗娼。串門，過往之意。搭夥，聚而營業之謂。看香，跳神。寶局，賭場之一種。老爺們，男子。老娘們，女子。不大離，尚可之意。官項兒，辦官事者。抖神，人之得意。撩干子，跑去也。麻流的，快。埋苔，汙穢。窩囊，庸懦之意。羅梭，麻煩也。立索，清了之意。生固，慳吝。稀糟，事壞之意。華堂，贊美之意。澇科，談話。嘎𥓰，隱僻幽狹之處。翹稜，放置不平。冷丁，驟然。二虎，謂愚呆者。忽拉扒，不及料。阿拉烏都，糊塗。抬扛，言故意相左也。胡稿，胡行胡説。扯大攔，與扯淡同。害臊，羞愧。打腰，好之意。要錢，賭博。光棍，賭徒也。土鼈，謂吝嗇者。秧子，謂浪子。虎人，大言嚇人。堂郎子，謂不諳事理者。皮麻撒眼，不經意。胡打海摔，任意不求好。溜達，閒游。扎顧，醫治。街溜子，市上之游民。缺德，不好。搗亂，相擾。活該，謂人自取也。隔路，謂性與人殊，亦曰隔色。多餘，不應爲而爲。磨不開，愧對。海來這，闊大有容。屯不錯，謂鄉中之好出頭者。喝出來，拋棄一切。冤大頭，無故吃虧之人。殃强病，病之久而可忽者。信馬由韁，出於無心。下三亂，謂淫亂者。裝大瓣蒜，謂色莊者。死倒，謂坐受人侮。大腦袋，謂買物被欺者。肉頭，謂頭腦不清者。河落海乾，喧鬧太甚。雲山霧罩，語言狂妄。趕集，由鄉入市也。胡子，馬賊。綁票，匪擄人勒贖也。老疙疸，平輩中最幼者。

滿洲語言 ᠮᠠᠨᠵᡠ ᡤᡳᠰᡠᠨ

職官稱道 [illegible]

子 ᠰᡳᠩᡤᡝᡵᡳ 義州城守尉 [illegible] 丑 ᡳᡥᠠᠨ 八旗佐領 [illegible] 寅 ᡨᠠᠰᡥᠠ 八旗驍騎校 [illegible] 卯 ᡤᡡᠯᠮᠠᡥᡡᠨ 八旗領催 [illegible] 辰 ᠮᡠᡩᡠᡵᡳ 城守尉署委官 [illegible] 巳 ᠮᡝᡳᡥᡝ 印務筆帖式 [illegible] 午 ᠮᠣᡵᡳᠨ 倉官 [illegible] 未 ᡥᠣᠨᡳᠨ 倉外郎 [illegible] 申 ᠪᠣᠨᡳᠣ 清河門防禦 [illegible] 酉 ᠴᠣᡴᠣ 九關台門防禦 [illegible] 戌 ᡳᠨᡩᠠᡥᡡᠨ 白土廠門防禦 [illegible] 亥 ᡠᠯᡤᡳᠶᠠᠨ 八旗兵 [illegible]

族戚稱呼 [illegible]

甲 ᠨᡳᠣᠸᠠᠩᡤᡳᠶᠠᠨ 父母 ᠠᠮᠠ ᡝᠮᡝ 乙 ᠨᡳᠣᡥᠣᠨ 公婆 [illegible] 丙 ᡶᡠᠯᡤᡳᠶᠠᠨ 兄弟 ᠠᡥᡡᠨ ᡩᡝᠣ 丁 ᡶᡠᠯᠠᡥᡡᠨ 子女 [illegible] 戊 ᠰᡠᠸᠠᠶᠠᠨ 祖孫 [illegible] 己 ᠰᠣᡥᠣᠨ 姊妹 ᡝᠶᡠᠨ ᠨᠣᠨ 庚 ᡧᠠᠨᠶᠠᠨ 姑姨 [illegible] 辛 ᡧᠠᡥᡡᠨ 甥

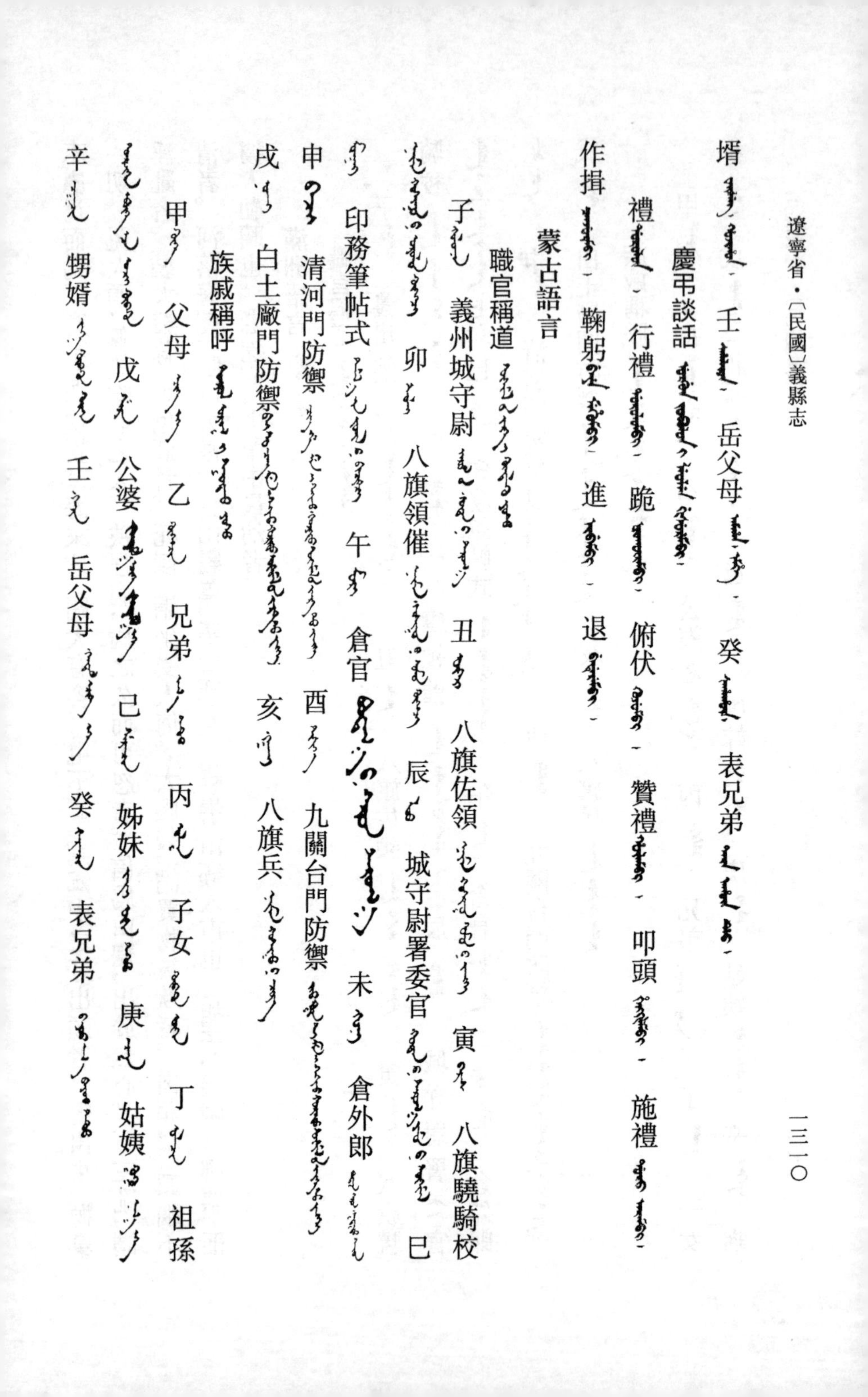

壻　壬　岳父母　癸　表兄弟

慶弔談話

禮　行禮　跪　俯伏　贊禮　叩頭　施禮

作揖　鞠躬　進　退

蒙古語言

職官稱道

子　義州城守尉　丑　八旗佐領　寅　八旗驍騎校

卯　八旗領催　辰　城守尉署委官　巳

印務筆帖式　午　倉官　未　倉外郎

申　清河門防禦　酉　九關台門防禦

戌　白土廠門防禦　亥　八旗兵

族戚稱呼

甲　父母　乙　兄弟　丙　子女　丁　祖孫

戊　公婆　己　姊妹　庚　姑姨

辛　甥婿　壬　岳父母　癸　表兄弟

慶弔談話 [illegible]

禮 [illegible] 行禮 [illegible] 跪 [illegible] 俯伏 [illegible] 贊禮 [illegible] 叩頭 [illegible] 施禮 [illegible]

作揖 [illegible] 鞠躬 [illegible] 進 [illegible] 退 [illegible] 禮畢 [illegible]

〔民國〕建平縣志

【解題】田萬生纂。建平縣，今遼寧省朝陽市建平縣。「方言」見卷四《政事》中。録文據民國二十年（一九三一）稿本《建平縣志》。

方言

《記》曰：「五方之民，言語不通。」揚子雲之作《方言》尚矣，後世州縣志書鮮有志之者，豈以一方之語言而遂無可紀焉？要以車書大同，而隨俗之方言無幾勿專紀也？至若南北東西語言之大異在音聲，各族語言文字之不同，又各有其特殊之點，自非州縣志書所能盡紀也。縣境漢蒙雜居，垂三百年，兹撮本地隨俗之言與蒙語之通於漢族者，並著於篇，以備采風問俗之一覽焉。

清代《御製詩》注謂：熱河本無土著，率皆直隸、山東、山西遷移來者。歷二百餘年，而自爲方言，殊異乎直、魯與晉，亦可怪也。如謂事之可曰中，否曰不中，贓物曰潮物，僱用種地工人曰鎊青。鎊，鋪岡切，音滂，削也，所以治骨角之屬者。讀如榜，有修治之意義，亦可通，或謂幫，青聲之轉也。謂人物之骯髒者皆曰埋胎。意者霉汙之胎也。謂小孩之靈敏者曰歡適，愚笨及有病者曰騃讀如揑些二讀如邪。謂人性情乖僻曰各色，活潑曰灑脱，不穩重曰跳蹦，機伶曰跳躍，難看曰可嗔，亦曰頊村，紈絝少年曰秧子，鄉富曰土包，其性壞曰嘎雜子，性滑曰琉璃球，胡匪曰馬韃子，無賴曰二混子，又曰下色濫，脅制人曰尅他，脱離人曰閃版，夫婦脱離曰罷刀，其口頭語不可以形容者尚多，兹不具列。

蒙語見面寒暄曰烏其勤住阿勒嫩，天氣很好曰阿鵝阿都力伊合三，問貴旗曰阿力痕赫束答喀喇沁旗名赫束，問貴村曰阿力痕嗳拉答某某嗳拉，問貴姓曰阿力痕敖穆嘎答，如白姓曰畢邱得，即白姓，係蒙古舊姓，與赤白之白異。如問你好呀曰其三白家裏都，好呀曰格力特浩三白，答曰三，即好也，你們曰塔歹，我們曰畢歹，稱父曰阿其格，母曰阿合，爺曰阿巴，媽曰阿磨，男孩曰胡博棍，女孩曰伊痕，孩子曰胡合德，老者曰阿卜格德，老婦曰阿穆格德，男之壯者曰阿勒，青年婦人曰阿合額力，美曰才痕，你曰其，我曰畢，他曰特勒，祖父曰阿卜格，祖母曰阿穆格，叔曰阿卜嘎，嬸曰新節，兄曰阿哈，嫂曰博力根，弟曰德古，弟婦曰德古博力，媳婦曰博力，義兄曰朱力們阿哈，夫曰額勒，婦曰額摩，姪曰阿其，皇帝曰汗，佛曰包利汗，喇嘛曰郝卜拉嘎，官曰嗷音，作官曰嗷音薩古哪，出門曰烏德嘎拉哪，上學曰酥拉嘎利都伊其額，北京曰呢色勒勒，省曰毛吉，野曰塔拉，見曰烏其拉哪，内曰陶吐拉，外曰嘎打拉，打圍曰阿卜阿卜哪，放畜曰嗎拉阿都拉哪，撻曰古格，撻架曰古格勒沁，食物曰伊德格恩，飯曰巴達，吃曰伊的，菜曰嗷皋，飲曰烏，如問吃飯没有曰巴達伊的其吉白，飲茶没有曰差讀平聲烏其吉白，問上那裏去曰汗伊其額，門曰烏德，桌曰希來，椅橙曰曹德拉，即座也，蒙古堡曰本卜格，以木爲架，外蒙以氊，俗曰蒙古包是。帳房曰麥韓，貧家用者，以布爲之。天曰騰格勒，日曰那拉，月曰薩拉，星曰敖道，地曰嘎吉拉，風曰薩拉痕，雨曰包拉恩，雪曰察酥雲，晴曰烏勒阿利阿吉，田曰他拉，種田曰他拉太利哪，關曰包古穆他，山曰敖喇，水曰烏酥，石曰潮魯，跪曰測古敦，請安俗曰打千曰阿穆拉額嫩，叩頭曰摩勒姑，筆曰畢勒，墨曰博合，紙曰察薩，書曰畢其格，讀曰敖穆希，看曰烏吉，等曰畢其，找曰阿勒，字曰烏斯嘎，掃地曰嘎吉拉束勒德，掃院曰胡來束勒德，炕曰汗吉，火曰嘎拉，皮曰阿拉酥，毛曰臥斯，毯曰翁嘎斯氊阿斯隔，碗曰阿伊嘎，鍋曰陶臯，杓曰沙那嘎，筷子曰薩卜哈，刀曰烏塔嘎，叉子曰希畢，盅子曰混達嘎，壺曰郝兵，牆曰合勒摩，城曰郝塔，房曰招勒，堦曰盈特勒，土曰少若，走曰牙卜，跑曰貴，快曰胡拉敦，慢曰烏丹，入曰敖力哪，出曰嘎拉哪，好曰三，壞曰毛，有曰白拏，無曰烏歸，問有無曰白奴烏歸呦，人曰混額，臉曰其來，頭曰陶利蓋，脖子曰胡朱，鼻曰哈穆拉，髮曰格吉格，鬚曰薩哈喇，眉曰胡木斯格，口曰阿嗎，牙曰希德，唇曰烏魯拉，舌曰黑勒，喉曰浩勒，耳曰其合，胸曰其格吉，背曰奴如，手曰嘎拉，手指曰郝木酥，足曰胡勒，肚曰格德酥，膝曰烏卜德格，骨曰伊酥，頂子清代官有頂戴曰吉勒格，衣領曰扎嗎，衣曰德勒，衣鈕曰陶卜其，袖曰汗其，帽曰嗎拉嘎，袴曰烏穆德，靴曰嗎海，鞋曰古他拉，襪曰敖穆斯，腿帶曰包打薩，被曰混朱勒，褥曰敖拉卜嘎，枕曰德勒，金曰阿拉他，銀曰孟格，銅曰高麗，鐵曰吐穆勒，吐音近特，即前史帖木兒音之訛也。　錫曰吉斯，錢曰昭酥，綢曰陶拉格，緞曰吐勒格，布曰卜斯，棉花曰胡蚌，麻曰敖拉斯，油曰陶酥，鹽曰達酥，茶曰才，酒曰阿拉哈，柴曰吐勒希，炭曰呢勒斯，鐮曰胡吉拉，糧食曰阿穆，小米音同。　穀子曰那力嗎，高粱曰希希，豆曰包力其格，大曰伊合，小曰巴嘎，凡大小皆同。　蕎麥曰薩嘎，麪曰古力拉，牛奶曰酥牛，奶豆腐曰阿吉格，奶皮子曰烏魯摩，黄油曰希拉陶酥，牛曰烏合勒，棉羊曰郝呢，山羊曰伊嗎，馬曰毛力，驢曰伊力吉格，騾曰拉古薩，駱駝曰土摩，猪曰嘎海，狗曰敖海，鹿曰古勒斯，熊曰哈喇古勒斯，虎曰巴拉，狼曰潮呢，狐曰烏額格，兔曰陶來，猴曰薩木吉麗，鼠曰嗅力登，禽鳥曰阿力呀呑，鷄曰的哈，鵝曰奴古斯，雁曰嘎嚕，燕曰烏嚕哈拉，雀曰畢力朱海，蛋曰温德格，野鷄曰合林的哈，老鸛曰陶德格，喜鵲曰沙幾蓋，鵪鶉曰博敦，蝶曰阿勒白亥，蜂曰朱該，蜜曰巴拉，與虎音同。　魚曰吉嘎酥，樹木曰毛都，松曰那拉斯，柏曰麥拉斯，榆曰海拉斯，楊曰混德拉，柳曰巴利嘎斯，椴曰道穆，果曰吉穆斯，棃曰阿利嗎，杏曰貴勒斯，棗曰茶卜嘎，栗曰陶來博利，胡桃曰胡希嘎，葡萄曰烏吉嘎，杏仁曰貴勒孫楚摩，竹曰胡拉斯，花曰其其格，草曰阿卜斯，葱曰松根，山韮曰嗅格酥，蒜曰薩力母薩嘎，人參曰敖利害代，煙草曰淡巴菇，煙袋曰代，茅曰希拉吉，蒿音同。　艾曰遂哈。

至若顔色，謂白曰察甘，赤曰烏藍，紅同。　緑曰敖甘，黄曰希拉，黑曰哈拉，青同。　藍曰候合，紫曰包拉。

其數目，謂一曰呢格，二曰郝伊拉，三曰古拉本，四曰都勒本，五曰塔卜，六曰朱力嘎，七曰道老，八曰奈嗎，九曰伊酥，十曰阿拉本，二十曰郝力，三十曰古其，四十曰獨其，五十曰太畢，六十曰吉拉，七十曰大拉，八十曰奈伊，九十曰伊勒，百曰兆，千曰明嘎，萬曰土們，億曰寶們。

此皆蒙語之通於漢族者，參校蒙古李濟島所譯也。《元史·釋老傳》紀番僧語，今喇嘛方言也。縣境喇嘛尚多，並以志之。原《傳》云：若歲時祝釐禱祠之常，號稱好事者，其目尤不一〔一〕。有曰辰賚索勒斡〔二〕，華言慶讚也。有曰滿拉，華言藥師壇也。有曰綽克絅，華言護城也。有曰多爾沁，華言大施食也。有曰多爾濟埒克多爾，華言美妙金剛迴遮施食也。有曰齊爾多克巴，華言迴遮也。有曰隆科爾，華言風輪也。有曰贊多爾，華言作施食也。有曰楚多爾，華言出水濟六道也。有曰當喇克多爾，華言迴遮施食也。有曰登多爾，華言常川施食也。有曰坐靜、曰嚕磋，華言獅子吼道場也。有曰黑雅滿達噶，華言黑獄帝主也。有曰吹斯絅多爾瑪，華言護法神施食也。有曰吹古朗絅，華言自受主戒也。有曰辰賚坐靜，有曰尼古察坐靜，華言祕密坐靜也。有曰扎木揚，華言文殊菩薩也。有曰衮布多爾，華言至尊大黑神迴遮施食也。有曰赫巴匝爾，華言大喜樂也。有曰璸匝雅，華言無量壽也。有曰都克噶爾，華言白繖蓋呪也。有曰班匝喇克察，華言《五護陀羅尼經》也。有曰阿斯達薩達實哩，華言《八十頌般若經》也。有曰薩斯納總，華言《大理天神呪》也。有曰科爾

〔一〕尤：原脱，據《元史·八思巴傳》補。
〔二〕本篇記音與《元史·八思巴傳》本有差異，不出校。

羅普爾布總，華言《大輪金剛呪》也。有曰策巴克默特總，華言《無量壽經》也。有曰多克巴，華言《最勝王經》也。有曰薩斯納總，華言《護神呪》也。有曰納木卓木總，華言《壞相金剛》也〔一〕。有曰卜嚕卜巴，華言呪法也。

〔民國十九年〕桓仁縣志

【解題】侯錫爵修，羅明述纂。桓仁縣，今遼寧省本溪市桓仁滿族自治縣。「方言」見卷九《風俗志》中。録文據民國十九年（一九三〇）石印本《桓仁縣志》。

方言

居民除本省人外，山東人居多數，故其音聞均係北方之官話，惟一部分韓僑言語須由通譯者譒譯，普通言語無不通曉。

〔民國二十六年〕桓仁縣志

【解題】常荷禄修，趙國棟纂。桓仁縣，今遼寧省本溪市桓仁滿族自治縣。「語言」見第六章《禮俗志》中。録文據民國二十六年（一九三七）鉛印本《桓仁縣志》。

〔一〕壞：原誤作「懷」。

語言

聞語言，即知情愫，先哲已言之矣。本縣五方雜處，語言不一，若非熟悉土語者，則不能得其真意，此收輯土語，所以爲當務之急也。兹録土語。

下黑，指晚間言。馬那來，問自何處來也。冷丁的，忽然之意。丫頭旦子，指小姑娘而言。措付事，將就之意。犯碰，遇機會。熊人，訛賴人也。莊不錯，色莊好人也。點兒背，時運不好。啞穆悄的，言寂静也。倒霉，時運不佳也。溜達溜達，閒遊也。黏牙，嘵舌。有的是，言很多也。够强，支持不住也。亂搶湯，不知其事争先説話也。亂抵咕，小聲參加意見也。吆飯，喫飯也。埋胎，謂骯髒也。作月子，女子分娩。賣呆，看熱鬧之謂也。活該，應當也，但係忿恨之詞。忙三跌四，急迫。亂七糟八，謂無秩序也。力巴，老趕。虎情形，仗勢欺人。馬馬虎虎，不經意也。上當，受騙之意。熊色，譏人之面色可憎也。光棍子，善賭者，亦指無妻者言。喀巴，口吃之重者也。小伙子，少年男子。土鱉，懦弱無能常受人之欺逼者。老幫子，兄弟中之最幼者。簡直趕，俗謂之簡直也。小樣，蔑視人之詞。花貨，如俗謂螳螂子者。抖起來了，形容人之得意也。串門，探望親友也。隔路，性情與人不同也。鬼頭鬼腦的，指人之詭詐而鬼鬼祟祟者也。嘮閒科，説閒話也。要熊，狡賴也，亦指不用心作事者也。毬子，吝嗇之人。小秧子，指富家子弟言。到得了，能辦事也。扯淡，謂胡説也。好喪，遭遇太不幸也。二虎，癡也。要錢，賭博。不斤不釐，適乎中也。自來火，即火柴也。老牛婆，即産婆。外櫃的，商家之討債者。外城，商家特派住於外埠之辦事者。打頭的，農家耕作之領導者。打官司，訴訟也。一號號的，謂人之大聲喧嚷也。走水，鬧火險也。打腰，謂人之有勢也。太字號了，亦言人之有勢力也。完蛋，言無濟於事也。皮子，有錢而善抗債者。卡跟頭，跌倒也。登登的，言極堅固也。

〔民國〕岫巖縣志

【解題】劉景文等修，郝玉璞纂。岫巖縣，遼寧省鞍山市岫巖滿族自治縣。「語言」見卷三中。録文據民國十七年（一九二八）鉛印本《岫巖縣志》。

語言

言爲心之聲，文乃言之表。有語言，方有文字。故有不能直書之語言，無不能直言之文字。語言能直書，以文字有音有義，謂之文言；不能直書，以文字即書出，亦無音無義。僅按一方之習慣，不加思索，脱口而出，人人皆曉者謂之習慣語，亦曰土語。本邑語言約分數種，東西無甚差别，南北稍有異點。或有音無文，或有文無義，或音字之讀法不同，或物事之名稱各異，蓋以南界莊河而瀕海之語音俗呼曰南海語，此外如旗族語、回民語，各有不同，而匪語尤其特殊。爰將各語採録卷末，以備民風之覘焉可也。

土語

抖，雖贊人得意，卻寓褒於貶。扛，真强之詞，又曰真扛。撩，謂跑也。溜，讀陰平聲，臨事走脱。蹓，譏妄談者曰瞎蹓。棒，言非和順也。㕷，吃也，吃飯曰㕷飯。出息，發迹也。打幺，闊綽。體面，佳好。爽神、麻流，皆言快也。華堂，美好也。乾固，作事廉潔也。皮拉，性情遲緩也。馬糊，事不經意也。耍熊，狡賴也。科蠢、罕蠢，皆不好看之意。串門，探親訪友。潦科，談話也。各路，性與人殊也。埋態、勒特、昂贓，皆言不潔浄也。幹活，工作。利速，整潔也。拉撒，言不整潔也。窩囊，言不清爽也，自謙亦曰窩囊。彆屈，言事不如意。抬扛，言悖人情也。二虎，愚蠢也。扯攔、扯淡、瞎扯，皆言不是正話。漚眼，求人不允不言亦不去，故曰漚眼。胡稿，猶亂説也。臭美，言自大無恥也。死蛋、死倒、死熊，譏人無能。害臊，羞慚也。肉頭，富而奇吝，事不慷慨。窩攞，受挫折也。不離、不錯、不善，均贊美人之意也。不行，不許可也。噶磘，室内窔窔處。王道，蠻横也。多餘，不應爲而爲。活該，自尋其苦。爺們，指前輩而言，又曰老凸子，有時稱男人曰爺們，稱女人曰娘們。粧蒜，臨事自大，無恥而不自覺，以此譏之。街溜，無賴之人。掩人，羞辱人也。不覺，譏人無恥，按不覺雖係俗語，實乃道話，佛云覺即是佛。翻臉啦、翹扔啦，皆發怒之意。不舒坦、不慰着，皆不暢快之意，又言微疾也。不着調，言作事不合道理，俗稱淫婦亦云。不含糊，贊美之詞。不大離，不十分贊許。二性子，呆痴也。花眼圈，亦無賴之謂。胡咧咧，即胡説也。打哈哈，戲謔也。冷不丁、急拉扒，皆云猝然未及料也。屯不錯，鄉人中之能者，亦寓褒於貶也。到得了，言能辦事也。醬眼子，倔强不服理。吃嚼沾，美食也。打平伙，均錢共餐也。攢梯希，家人積私財者，亦云小份子。抹不開，言愧對人之意也。瞥象眼，藉端難人也。要猴頭，言反復無常。海來子，闊大有容。半瓶醋，學而未成，一知半解也。虎的老，譏以大言嚇詐人者。體動啦，損失之意也。火龍啦，暴怒之稱也。簡直桿，就是之意，言人作事不可挽回也。一股攏通，是統共之詞。馬二騙三，以事無倫次。三花五轉，言弄手段以欺人。三稜八甲，不規矩，不馴順。五鷄六獸，輕賤之詞也。云三造五，言動狂妄，毫不謹飭也。虎拉八幾，粗莽之稱也。含答忽疵，事不經意。紅眼把皮，言人凶貪之意也。胡打海摔，言作事任性。皮麻撒眼，臨事不知着急也。札顧札顧，治病及修理器物也。溜達溜達，言一人或多人同行散步也。老實把交的，言其人憨厚，不可欺哄他也。鬼頭蛤蟆眼的，言其人狡詐，不可近也。

旗人語

阿嗎，稱父也。額孃、娜娜，皆稱母也。䠒子，言睡臥也。摸摸，呼兩乳曰摸摸，以乳食小兒曰吃摸摸，又曰吃咂，民人曰吃奶。帶孩子，伴兒嬉戲也，民人曰哄孩子。往乃客，即問人何處去之意。

回民語

伯伯，即稱其父之兄也。别言語，即不可聲張，毋告他人之意。無常拉，稱其人之死曰無常。不各一，言性情相合、不分彼此之意也。黑毛子、黑牲口，皆呼猪之名稱也。

南海語

牛，念曰妞，尼歐切。門，念曰捫，木恩切。來，勒哀切。不，念曰卜。文，念曰温。吃，念曰乞，吃飯則曰乞飯，又曰吻飯。跟這吧，留客住宿也。要兩天，再住兩天也。丁不住，即不勝任也。閑子來跕，請再來的意思。

〔民國〕寬甸縣志略

【解題】程廷恒修，陶牧纂。不分卷。寬甸縣，今遼寧省丹東市寬甸滿族自治縣。「方言」見《風俗略第六》中。録文據民國四年（一九一五）石印本《寬甸縣志略》。

方言

方言複雜，不能一致。土語即所謂鄉談是也，寬邑時尚者如：

土語

釜台，烟囱。小鉢子，小盆。酒一斤，是一兩。吻飯，吃飯。哈酒，飲酒。抖起來了，形容他人得意之謂。辦事情，家有婚喪事。嗐扯蛋、嗐胡嘷，均是説人撒謊。亮停，難以支持。撩啦，是已跑了。玩完、下道無公，均指人不務正業日趨下流者。秧子、大頭秧子，均指人富有家貲不作正事者。冤大頭，不應受虧而吃虧者。禍出來了，與人拼命之意。不走時，指時運不好。瞎攔，説不中聽之話。屯不錯，是鄉間小有材而能辦事者。臭美、裝蒜，均指人不知羞恥。老爺子，子稱父。老崗子，是稱前輩。老疙疸、老幫子，均長者稱呼小輩。族們，稱妯娌。官項，指在官署當差者。那流蕩，是問往何處。來個歌，是家來一客。吃咂，小孩吃乳。二虎、虎拉叭叽，均説人遇事鹵莽或不怕生死之意。科村，説人愚蠢。半拉，是指左近或物在身邊之意。打腰、出希拉，均是指人發迹抑或辦事孚衆望者。害臊、免探，均是見人羞愧。扒下，睡覺。猫下，婦女分娩。下小茶、換盅，均指訂親兩家初見之禮。翻啦、火啦，均是説人生氣或將用武者。截號、拉倒撩貨，均説人無用可擯棄者。領丁的，是猝然意。不趕蹚，趕辦不及者。穩得那，是將物件放在那邊。過去了，是説人已死。道腦，弔唁。忽拉扒的，是忽遇不如意事。噶磆，牆之角耳。老娘婆，收生婆。皮子，刁頑滑稽之稱。窩心、窩擺，均受人曲枉有難明之意。多預，不應爲而爲者。王道，説人驕横。酸嘖嘖的，脾氣尖怪之稱。要熊，忽然狡賴。竄門，往探親友。打哈哈，談天。各路、三楞八甲的、隔眼，均其性與人殊。擺浪子，喜歡穿吃。展體息，婦女積錢。不大利，可行。不善，甚强幹。埋態，汙穢。可不，是。抬扛，彼此言語不合。降眼子，剛愎自用。唬的老，説大話。雜顧雜顧，治病及修理物件。吃揚性了，譏笑不愛吃好菜飯。嘈踐人，毁謗他人。吃勞金，作工。抗年終，論年作工。刺兒拉，口出惡言。華堂，好看。街溜，無正業者。麻溜的，催人速辦之謂。真露臉，辦事出奇。海來子，慷慨好事者。磨不開，慚愧對人。覺之不錯，自以爲有能力者。離素，作事果決。生，有脾氣者。你掩我，責人輕己之詞。嘮嗑，説話。賣呆，看景。流達流達，閒步。吃嚼咕，好飲食。吃犒勞，賞下人飯。逼項眼，逼索之意。活該，自尋煩惱。取燈，火柴。可以，遇事遂心。毬子，説人狡滑。老老，外祖。精貴，難得見之貴重品。羅鍋，駝背。跑腿子，隻身游民。鑼鼓響，敗家子之代名詞。甩痰吐沫，議論風生也。臨風掃地，發皮氣也。起早攤黑，昕夕操勞之意。隔二騙三的，猶言無次序。多頭之厚的，朋友莫逆。癲狗吱牙的，不合拍也。跑肚拉稀的，泄瀉也。皮襖達糊的，形容闊綽之意。五脊六獸的，難過也。三花五繞的，弄手段也。半天一晌的，時間甚久。手腳不使閒兒的，佻達之形容詞。信馬由韁的，聽其自然之意。一骨攏董的，全體也。阿里烏都的，不明白。紅口白牙的，猶言偌大一個人也。

〔民國〕鳳城縣志

【解題】馬龍潭等修，蔣齡益纂。鳳城，今遼寧省丹東市鳳城市。「土語」見卷十六中。録文據民國十年（一九二一）石印本《鳳城縣志》。

土語

有語言，始有文字。文以定義，天下通行；而語本箇人，隨意變幻，不必盡合文義。一方能解，且習慣成自然，脱口而出，彼此皆同。有文明者，有野蠻者，即此足覘民風，故間録之附諸卷末。

隱語

有音無字，以同音字代之，文義費解，故曰隱語。扛，猶强也，謂真强曰真扛。抖，形容他人得意曰真抖。撩，謂跑曰撩。蹽，譏妄談者曰瞎蹽。棒，以人不聽曰棒。溜，臨事走脱曰溜。乾固，言辦事誠實。麻流，疾快。窩囊，謂懦弱無剛者；又親朋住宿，主人自謙曰受窩囊。離素，謂事無糾葛。生固，不慈善。埋態，不潔浄。稀糟，謂事辦壞。華堂，言其美也。滂嗑，談話。噶碯，宅内奧窔處。翹扔，以事相商，聞之暴怒曰翹扔；器具安放不平亦云然。領不丁，猶猝然間。忽拉扒，未及料也。虎拉叭嘰，謂遇事鹵莽不顧生死者。阿哩烏都，不明白。

夢語

音與字合，聯貫成詞，文義尚可半解，故以夢語名之。

擡扛，言近理而事不同曰擡扛。胡嗃，猶胡説也。扯攔，猶言扯淡。漚眼，未允所求，久坐不去，以此二字譏之。窩攞，謂事不順。害臊，羞愧之意。探缸，事難述白，先以婉言探試也；亦曰過聲。打腰，行事能孚衆望。耍皮子，斥其刁頑。虎的老，謂以大言嚇人。二搭六，言其癡傻。堂郎子，言非老成可靠者。皮麻撒眼，臨事不著急。胡打海摔，作事任性。雜顧雜顧，治人病或修理器具。流達流達，閒步。

俗語

出俗口，音與字合，形諸筆墨，文義可解。

官項，在官署當差者。爺們，指前輩而言；亦曰老囫子。你老，指前輩而分疏者。街溜，市街遊蕩，不務正業，有此名稱。臭美，謂無羞恥。缺德，謂行爲不愜人意。搗亂，忙碌之時復來相擾。擺酸，譏以傲性待人。活該，謂自尋苦腦。甘穀，事非願爲，復令撤手，有此自謝語。各路，謂性與人殊；亦曰各舍。多餘，不應爲而爲。磨不開，愧於對人。海來子，闊大有容。不大離，事未滿意，已屬可行，輒爲是言。屯不錯，鄉間有事嘗出首助辦者。禍出來，爲事所迫，不顧身家性命，而有此語。冤大頭，謂無故喫虧。佯答忽失，事不經心。三花五轉，舞弄手段。信馬由韁，謂出於無心。下道無功，事不正當。一股攏董，合併之意；於器物純全者亦云然。嗎二蹁三，事無倫次。

譬語

即土語之取譬者。

裝蒜，臨事若不自覺，以此語譏之。要球，施其刁狡。死倒，比坐受人欺。肉頭，富而吝嗇者。癞象眼，藉端難人。要猴頭，比反覆無常。生軋油，言事不慷慨。半瓶醋，謂學而無成者。四稜八角，謂人不文雅。五脊六獸，形其輕佻。河落水乾，以喧鬧太甚而有此語。雲山霧罩，語言妄狂。

〔民國〕安東縣志

【解題】王介公修，于雲峯纂。安東縣，今遼寧省丹東市東港市。「語言志」見卷七。録文據民國二十年（一九三一）鉛印本《安東縣志》。

語言志

語言者，所以達個人之意，通彼此之情也。人類初生，本無歧異，及散居各地，因其水土習慣，漸生差異，幾於百里不能相同。今世界語言，約分三千五百餘種，括之爲千餘種，常用者惟十二種。總之爲變音、聯音、獨音三種而已。

中國本部語言本屬獨音，而南北殊方，語言迥别。滿、蒙語原屬聯音，因與漢族同居既久，漸次變化，而歸於獨音。

安東五方雜處，語言似不能爲異。然聿考其始，大抵皆自直、魯二省遷徙而來。直、魯語言皆爲漢語，本屬相同，雖有他省寄寓之人，若晉若豫若鄂若江浙，而于時處處，于時言言，于時語語，自能彼此達意，初無待於迻譯而後能通也。至考其民族，雖有漢、滿、蒙、回之殊，而語言則皆用漢語一種，求其能爲滿、蒙語者幾希矣。回族惟禮拜祈禱及掌教誦經尚用天語，方其普通皆用漢語。

〔民國〕興城縣志

【解題】恩麟修，楊蔭芳纂。興城縣，今遼寧省葫蘆島市興城市。「言語」見卷十一《禮俗》中。録文據民國十六年（一九二七）鉛印本《興城縣志》。

言語

土語之矯正

壺中無酒難留客。按此語爲青年嫠婦再醮，其母家戚屬之習慣語。既嫌其傷風敗俗，又嫌其儗不於倫，亟應根本矯正。

理由：酒爲速客必需之品，酒罄客自應去。若婦人則從一而終，夫故自應守節。其因家貧無贍，或意外之障礙不獲已而再醮者，乃人生最大之不幸，非於義理上爲正當也。

填房偏房之不分。按此爲社會習慣之孟浪語。

理由：填房云者，人死房空，復娶妻實之也。人有嫡妻年逾商瞿，不得不納篷，以謀嗣續，謂之偏房。偏房云者，對於正室而言之也。今人於戚友之女與人續絃，統稱之曰偏房，殊爲不合。

家弟。按此種名辭不惟爲莊農人之習慣語，即薦紳先生亦言之。

理由：語云家大、舍小、令他人。凡家父、家伯皆尊之之辭也，舍弟、舍孫皆卑之之辭也，令堂、令正皆他人稱謂之辭也。今人之稱家弟，意不過謂此吾家中兄弟。殊不知其義有未協。

稱嫂曰姊。按此爲滿人呼嫂之名稱。

理由：庶妻稱嫡妻曰姊，其沿襲由於古之娥皇、女英，似屬尚可。若弟及弟婦稱其兄妻亦曰姊，此與稱其胞姊何異？最爲悖謬，此理易明，爲待深辯。

老嫂稱母。按此即鄉間之習慣語。源出於小説之包孝肅。

理由：古人叔嫂受授不親，所以遠嫌。今若以嫂即母也之概念，凡母子間一切不必拘之行迹，一例施之於叔嫂間，似屬不甚相宜，此亦爲應行矯正者。

大爺。按此爲社會猶子呼其伯父之名稱。

理由：因嫌其與呼祖父之兄之名稱相混，亦應矯正。

老爺子、老頭、老太太。按此爲鄉間對於他人呼其父母之通稱。

理由：爲人子者不應稱其父母與陌路人等。

不乾不净吃了靡病。按此爲婦人撫其子女之習慣語。

理由：因此種無知識之言與衛生大有妨礙，亟應根本矯正。

〔民國〕莊河縣志

【解題】王佐才等修，楊維嶓等纂。莊河縣，今遼寧省大連市莊河縣。「言語志」見卷十一。録文據民國二十三年（一九三四）鉛印本《莊河縣志》。

言語志

言語敘

昔在楊生嘗慨輶軒使絶，采覽先代之絶言殊語，爲十五卷書，其甄解已多矣。今餘杭章太炎先生爲《新方言》十一篇，於殊言絶代之語存於今者，明以六例，經以音變，於諸州國之殊言詁詘者，比輯診發，開示模略，夫而後聲音之奥，訓詁之原，百物之正名，羣言之達詁，則居可知矣。顧惟茲書之作，方當息肩於夷禹。域之大，州邑之僻，未盡甄也。

遼左一隅，昔屬建州，莊河之土，僻在海陬，而委巷之談，婦孺之語，由舊不失與古訴合，以知漢族化於夷貊，而言語詞氣固無殊於中原姬漢矣。雖千載之遠，諸夏之微，而十口之傳〔一〕，三人之師，迒貊不越，䚡理如侖〔二〕，率詞揆方，不以遠而有所異，則知販豎之愚不容標弁〔三〕，雅故之書未可尊閣也。

今就莊河民諺、農諺、俗謠、方言支離採拾，謬注荒輯，非敢善野言而騰巧説。然通語以著名理，俚詞以達民情，未始不可與他方相參證也。如其制復保氏人習小學，則出話皆然，聖文

〔一〕傳：原誤作「傅」，據《開原語徵自叙》改。
〔二〕䚡：原作「鰓」，據《開原語徵自叙》改。
〔三〕愚：《開原語徵自叙》作「語」。標：《開原語徵自叙》作「僄」。

不墜。出之於口，爲如心之志；筆之於書，爲嘉令之文。言文一致之真，古人垂訓之美，則誠未敢策動〔一〕，一效其績也。

方言

拾掇　《說文》：「拾，掇也。」「掇，拾取也。」《芣苢》釋文云：「掇，都奪反。」凡從叕聲之字皆有短義。莊河語謂攈拓微細、補苴罅漏者曰拾掇，掇音都奪反。

詇告　《廣雅》：「詇，告也。」莊河語謂强求人曰詇告，告音如各。詇之言鞅。《方言》：「鞅、侼，强也。」

舀　《說文》：「舀，引擊也。張流切。」〔二〕莊河語謂捶擊人曰舀，舀轉爲去聲。《說文》：「舀，抒臼也。以沼切。」莊河語謂以器抒水曰舀水，名舀水之器曰水舀子。

貞文　《說文》：「貞，卜問也。從卜，貝以爲贄〔三〕。陟盈切。」古者卜以決疑。《周禮・天府》：「陳玉以貞來歲之媺惡。」「太卜凡國大貞。」鄭司農曰：「貞，問也。」莊河語謂根問事之究竟曰貞問，貞音如丁。古音舌上歸舌頭，故貞古讀爲端紐。貞者以贄，莊河語謂固求締審事之究竟曰好好贄問。贄問，貞贄聲之轉，義得兩用。俗作質問殆非。

〔一〕動：原誤作「動」，據《開原語徵自叙》改。
〔二〕此條誤，《說文解字》中釋爲「引擊也。張流切」之字是「盩」。
〔三〕貝：原誤作「貞」，據《說文解字》改。

薅　《説文》：「薅，拔去田草也。從蓐，好省聲。」茠薅，或從休。《詩》曰：「既茠荼蓼。」呼毛切。莊河語謂以手拔去田草曰薅草。

場　《説文》：「場，治穀田也。」莊河語納禾稼之處曰場圃，謂所築場圃治所穫禾稼曰打場，場皆讀澄紐。謂用犁起土曰場地，場讀定紐，音如湯。古澄紐歸定。

眙　《説文》：「眙，直視也。丑吏切。」澄紐古音歸定。莊河語謂人目直視曰眙，讀殆平聲。謂目大而直視曰眼睛眙。

謾　《説文》：「謾，欺也。」莊河語謂欺隱爲謾，俗以瞞爲之。古或作滿，《漢書·谷永傳》曰：「滿讕誣天。」章先生説。

靡　《説文》：「靡，披靡也。」莊河語謂人坐而極疲，强欲不寐，身嚮前後俯仰者曰發靡，亦披靡之意也。

笙　《方言》：「凡細皃謂之笙。」莊河語稱至微秒之物曰笙笙，音如星。亦曰星星點點，或曰零星笙星，皆生聲有小義。

願　《説文》：「願，大頭也。」莊河語謂人皆以爲不直而獨願爲之者曰冤大頭。案，願之本字爲愸，一曰説也，一曰甘也。《詩》毛氏傳訓思也，即欲甘之義。訓每者，即自以爲直之義。「皇皇者華」傳：「每，雖也。」《玉篇》：「雖，詞兩設也。」

悝　《説文》：「里，居也。」莊河語謂此處曰者里，彼處曰那里，或讀里爲苦回切去聲。《説文》悝，從心里聲。《春秋傳》有孔悝，《唐韻》讀苦回切，是里音可讀入來、溪兩紐。俗書作魄非也。

蹶　《釋詁》：「蹶，嘉也。」莊河語讚歎人之善曰蹶，居月切。或作絶。按，三絶亦當作蹶。《論語》言五美四惡，知三絶非三昇之稱矣。

約　《説文》：「約，纏束也。」莊河語謂以草爲柴束曰柴穫約子。

穫　《大東》傳：「『薪是穫薪。』穫，艾也。」莊河語謂薪蒸曰柴穫，猶《詩》言穫薪矣。俗作柴火，柴以燎火，不得謂未燎櫵之柴爲柴火也。

佻　《方言》：「佻，縣也。」丁小切。莊河語謂自上縣下謂之佻，音讀如弔。

俾　《釋詁》：「俾，使也。」莊河語謂使命曰俾，音如派。俗書以派爲之。

啜　《説文》：「啜，嘗也。昌悦切。」莊河語訶兒食曰啜生，啜音如揣。生即甚之音轉，詩言可憐生、太瘦生，生亦甚也。亦有言吃飯爲啜飯者，啜音如代上聲，穿紐古讀如透也。

介　《説文》：「介，畫也。從八從人。」「八，别也。象分别相背之形。」莊河語謂樹之枝分處曰樹介八，蓋以象枝之丵嶽分别相背矣。

鐧　《説文》：「鐧，車軸鐵也。古莧切。」《釋名》：「鐧，間也。間釭軸之間。」莊河語謂當轂之軸所置之鐵，與緣轂之空裝置之鐵相切磨者曰鐧。日久鐵脱，更舊以新曰挑鐧。

當該　《説文》：「該，軍中約也。」約成則分定，故今人謂分所應爲曰該，該猶當也。

厖壯　《爾雅》：「壯，大也。」莊河謂人肥大曰厖壯。

火計　朋輩謂之火計，此合語也。元魏時軍一同食者稱火伴，漢時吏民被徵詣長安者，令與計偕，故今合語爲火計。

杍㹸　《周易》朋盍簪，京作撍，虞作戠，云叢合也。《廣雅》：「躦，止也。」今莊河謂車行所至小有停留曰杍仝打㹸俗作尖，即撍躦等字也。

轉彎趄角　莊河人行道方折者曰轉彎，邪越者曰趄角。趄音陌。

窟籠　《説文》：「空，竅也。」「堀，兔堀也。」引伸凡空竅曰堀，字亦作窟。今莊河謂地空竅爲窟籠〔一〕，或曰窟籠，合音爲空。

補靪　《説文》：「靪，補履下也。」今莊河謂衣破補處爲補靪。

開衩　《聲類》：「開衩，衣張。」〔二〕今莊河謂開裳下齊爲開衩，俗書作乞無義。

馬蟻　古人於大物輒冠馬字，如馬藍、馬蓼是也。今莊河謂大蟻爲馬蟻，猶沿古義也。

寬綽　《説文》：「綽，緩也。」《爾雅》：「寬，綽也。」今莊河謂屋及器寬大爲寬綽。

塵千塵萬　《爾雅》：「塵，久也。」今人謂物久爲陳積，亦曰塵。今莊河狀物之多曰塵千塵萬。

〔一〕窟：似當作「堀」。

〔二〕張：原誤作「領」，據《説文解字》「衩」字條改。

介八　《説文》：「介，畫也。從八從人。」「八，别也。象分别相背之形。」今莊河謂兩物根柢相連之間曰介八，若兩指間曰手介八、腳介八，樹兩枝間曰樹介八是也。

亭當　《説文》：「亭，民所安定也。」今莊河謂物之安、事之定曰亭當。

行貨　《九章算術》有行酒，行者，粗惡之義。今莊河謂器物楛音户，器物濫惡曰楛窳音愈，器不堅緻也爲行貨。

胡侜　《説文》：「譸，詶也。《周書》曰：『無或譸張爲幻。』」「侜，有廱蔽也。」《陳風》「誰侜予美」，傳曰：「侜，張誑也。」譸、侜聲義同。今人謂妄語爲侜誑，或曰胡侜。俗作謅。

馬起臉　《説文》：「馬，怒也，武也。」今莊河謂面含怒色爲馬起臉。

吉林省 凡十二種

〔光緒〕吉林通志

【解題】長順等修，李桂林等纂。「風俗」見卷二七《輿地志》中。録文據光緒二十六年（一九〇〇）刻本《吉林通志》。

風俗

等輩彼此稱呼曰阿哥，有呼名者。稱年高者曰馬發，朋友曰姑促。父曰阿馬，母曰葛娘。大伯曰昂邦阿馬，叔曰曷克赤。子曰濟，女曰叉而漢濟，甥曰濟須即哈。夫曰愛根，妻曰叉而漢。男人曰哈哈，女人曰赫赫。兄曰阿烘，弟曰多，嫂曰阿什，姊曰格格，妹曰那。小廝曰哈哈朱子，丫頭曰叉而漢朱子。好曰山音，不好曰曷黑。喫飯曰不打者夫，喫肉曰煙立者夫，喫酒曰奴勒惡米，喫燒酒曰阿而乞惡米。讀書曰必帖黑呼辣米，射箭曰喀不他米。書曰必帖黑，筆曰非，墨曰百黑，紙曰花傷，硯曰硯洼。金曰愛星，銀曰蒙吾，錢曰濟哈。水曰目克，木曰木，土曰鼈烘，火曰托，炭曰牙哈。有曰畢，無曰阿庫。是曰音喏，不是曰洼喀。

富曰拜央，窮曰呀。打人曰亞馬，坐曰突，立曰衣立，行曰弗立米，走曰鴉波，睡曰得多蜜，去曰根吶蜜，來曰朱，要曰該蜜，不要曰該辣庫。小曰阿即格，大曰昂邦。買曰烏打蜜，賣曰温嗟蜜。兩曰央。一曰曷术，二曰朱，三曰衣朗，四曰對音，五曰孫查，六曰佞我，七曰那打，八曰甲工，九曰烏永，十曰壯，百曰貪吾，千曰銘牙，萬曰土墨。貂皮曰色克，人蔘曰惡而訶打。《寧古塔紀略》。

〔民國〕吉林彙徵

【解題】郭熙楞纂。「風俗」見第六章中。録文據民國三年（一九一四）鉛印本《吉林彙徵》。

風俗

滿洲舊俗向用遼、金語，故其稱父曰阿馬，母曰葛娘，大伯曰昂邦阿馬，叔曰曷克赤，子曰濟，女曰叉而漢濟，甥曰濟頒即哈，夫曰愛根，妻曰叉而漢。男人曰哈哈，女人曰赫赫。兄曰阿烘。

〔民國〕安圖縣志

【解題】陳國鈞修，孔廣泉纂。安圖縣，今吉林省延邊朝鮮族自治州安圖縣。「語言」見卷四《人事志》中。録文據民國十八年（一九二九）鉛印本《安圖縣志》。

語言

安圖縣境旗民雜居，風俗禮貌雅尚質樸，言論著作皆用漢語，即或僑居之韓人，言語雖異，而與我國交接，亦多效之。蓋因僑居者日衆，是亦久而自化，足見孔教之入人者深矣。

〔民國〕撫松縣志

【解題】張元俊修，車焕文纂。撫松縣，今吉林省白山市撫松縣。「土語」見卷四《人事》中。録文據民國十九年（一九三〇）鉛印本《撫松縣志》。

土語

查撫松原係邊荒，人煙稀少。設治以來，五方雜處，惟以魯人爲最，口操聲音多係魯語。謹將雜集無關風俗之土語，分别列後。

哈酒，飲酒。㕦飯，吃飯。打幺，發迹。活該，應當之謂。火拉，生氣。街溜，無正業。跑腿，隻身外出。吃晌，午飯。要熊，狡賴。放山，採山貨。毬子，吝嗇。秧子，紈絝。打圍，打獵。打凍，閉門過冬。串門，探望親友。撩啦，跑了。嘮科，説閒話。二虎，鹵莽。瞎攔，説話不中聽。埋態，不潔净的意思。各路，性與人殊。抬扛，言語不合。幹活，作事。趕禮，辦事情上禮。爽神，快快。統通，總共。幹架，打仗。舢艓，帆船。胡咧咧，瞎説。挖棒棰，挖人葠。馬溜的，快快。一大些，多的意思。到得了，能辦事。打哈哈，快樂。不趕蹚，趕辦不及。瞎扯蛋，説謊話。零丁的，忽然間。僵眼子，倔强。埋態人，不潔人。你掩我，責人輕己。吃嚼咕〔一〕，美食。打平伙，均錢購食。吃勞金，作工的。花眼圈，無正業。賺體己，婦人積錢。磨不開，慚愧對人。老把頭、趕利路，均入山謀生。打罷刀，離婚。老爺子、老頭子，尊長之稱。老幫子、老疙疸，對幼小兄弟之稱。老把頭、趕利路，均入山謀生。一骨龍總，全總。溜達溜達，閒步。抖起來了，形容人之得意。扎箍扎箍，治病及修理物件之謂。實在不善，贊美人。起早攤黑，昕夕勞動。真踢動啦，損失之謂。真正王道，説人凶横。真不大利，好的意思。餂嘴抹舌的，口饞。鬼頭蛤蟆眼，詭詐。老實八腳的，説人忠厚。隔二偏三、拉裹拉忽的，均疏忽之意。懈裡懈怠的，懈怠不精神之謂。紅口白牙的，猶言好好一個人也。開鍋，秋天做棒棰謂之開鍋。刷水子，刷棒棰之謂。買賣水子，總之生棒棰謂之水子。坡口，嶺之謂。掌櫃的，家主之謂。

〔民國〕臨江縣志

【解題】劉維清等修，羅寶書等纂。臨江縣，今吉林省白山市臨江市。「方言」見卷七《民族志·言語》中。録文據民國二十四年（一九三五）鉛印本《臨江縣志》。

方言

考古之方言，即土語、俗語也。囿於一方，不能通行各地，故曰「方言」，其書凡十三卷，爲

〔一〕咕：原誤作「咭」。

漢楊雄所撰，即一名一物，亦必詳其語言之異同。訓詁家多資考證，如孫炎之注《爾雅》、杜預之注《左傳》，都援引之以證故實。清代杭世駿復有《續方言》二卷，考覈詳盡，極有根柢。

臨邑五方雜處，籍多外省人民，語言哤雜，音韻各殊。聽其語言，便知情愫。或操反語，吐露真義；或操文言，道達俗情。此職方者所以取重方言也。

哈酒，即飲酒。歹飯，即吃飯。打腰，即有勢力之義。缺德，即作歹事之義。要雄，即狡猾之義。火啦，即生氣之義。街溜，即無正業之義。跑腿，即孤身出外之義。吃晌，即吃午飯之義。遛達，即閒遊之義。夜隔，即昨天之義。夜來，同上。年上，即去年之義。小八怪，即形狀古怪之義。小樣、小勢、小癩癩、熊色，均是模樣醜陋之義。不大離、不離，均是好看之義。湊付，即將就之義。湊付事，即能行之義。要人的，即無正業之義。光棍，即要錢的。打光棍，無妻之義。屯不錯，即鄉下人好自出頭之義。狗食，即鄙吝之義。要馬流，即不安分之義。拜把子，即换譜之義。打平夥，即多人在一處均錢買食物。捉呆，大夥在一處賭輸贏，贏錢買食物之義。老鼻子啦，很多之義。二屄朝天的，即心神顛倒之義。隔眼、隔色、隔路，俱係行爲特别之義。秧子，即富家子弟不務正業之義。土客子，即鄉間人鄙嗇作態〔一〕、身多俗骨之義。貼六餅，即曲己從人、隨聲附和之義。山土鱉，即鄉下人注重金錢者。吹牛屄、吹牛腿，均係説大

〔一〕 態：原誤作「熊」。

話之義。刷勺啦，即被裁撤之義。白話，即言多説話之義。蛤子皮、蛤雜子、二柳皮，均係素無正業義。雛把，即未學會之意。自覺不錯、覺之不錯，即不量力之意。好大譜，即大架子之意。懈力懈呆的，即不振作之意。鬼頭蛤螞的，即鬼計多端之意。劣力劣得的，即懈怠之意。隔裡隔生的，即感情不容洽之意。亂七八遭的，即不整齊之意。嘲而廣急的，即精神不足之意。虛頭把腦的，即縷鬚之意。大模大樣的，自滿之意。不二無眼，即好的意思。楞力楞争的，即冒失之意。真寒慘，即受侮辱之意。二虎，即鹵莽之意。打凍，即閉門過冬之意。打圍，打獵之意。串門，探望親友。撩桿子啦，即逃跑之意。嘮科，即閒談之義。幹活，即謀生活之義。挖棒棰，即挖人參之義。扛抬〔一〕，言語不合。趕禮，即趕人情之意。爽神，即迅速之義。統通，總共。胡咧咧，胡説。老爺子，即尊長之稱。老疙疸、老幫子，均爲最幼兄弟之稱。幹力路，作營業之義。老把頭，即木把之祖師。拉忽，疏忽之義〔二〕。磨不開，即慚愧之義。一股龍總，即全數之義。攢體己，個自積錢之意。起早攤黑，朝夕勞動。札箍札箍，治病及修理物之義。老實點，囑咐人不得張鬧之義。老實八腳的，即忠厚之義。開套，耙犂動工。打哈哈，鬧笑話及輕忽之義。到得了，即能辦事之義。吃勞金，即爲人作工之義。拌嚼鍋吃，即購買美味烹飪之義。踢動啦，挪動之義。麻溜的，爽神之義。不趕蹚，趕辦不及之義。糟了，即事物破壞之義。

〔一〕扛抬：民國《通化縣志》、民國《寬甸縣志》、民國《義縣志》均作「抬扛」。
〔二〕忽：原誤作「忍」。

扯蛋，謊語。楞頭八腦的，即冒失之義。上火，即作急之義。羅梭，即麻煩之義。酸急歪歪的，即不和氣之義。

匪語

臨邑地當邊塞，人羣雜遝，性情兇悍，伏莽爲患，民不安堵。關於匪語宜於熟悉，俾便緝捕，故附及之。

碰碼，即見面之義。碰，即有交情。頂，即無交情。滑，走道。蹻，行路。水，官兵。項，錢財。板山，飲酒。山串，飲醉。押白，休息。活窰〔一〕，有認識人可以串通。頂天，帽子。拉線，偵探。嘈腹、肯腹，均是吃飯。開克，打仗。踢筋，打傷。狗子，巡警。皮子，狗。風子，馬。水櫃，看人票。跳子，兵。飛子、柴火，均是子彈。別梁子，劫路。放亮子，放火。漂洋子，水餃。壓水，設卡。翻張子，餅。珍珠散，粳米飯。馬牙散，蜀黍飯。星星散，小米飯。肯海草，吸食鴉片。拉篇子，分贓。大頁，長衣。寶蓋子，馬鞍子。提手子，馬勒。摔手子，馬鞭子。順旗子、插旗子，均是藏鎗。摔旗子、摔條子，均是打鎗。挂柱，入幫。拉柱，糾合之意。追央子，綁票。響窰，是有槍之家。打窰，堵。線頭子，即偵探人。樓子，日。插蓬，天陰。越邊，解散。脱下，散幫。睡覺，擊斃。蹚橋、安根、脱條，均是睡眠之義。馬刺，黑天。上窰、攏窰，均是進

〔一〕窰：原誤作「窹」，據民國《通化縣志》改。

屋。梗子，山。山頭，即匪號。輭軟雹，即夏天强搶之義。秧子，即所綁人票。黑頁，書信。頁子，衣裳。換頁子，换衣裳。

〔民國〕輝南縣志

【解題】白純義修，于鳳桐纂。輝南縣，今吉林省通化市輝南縣。「語言」見卷三《人事》中。録文據民國十六年（一九二七）鉛印本《輝南縣志》。

語言

輝境民籍龐雜，四方聚處，較之内地，名物稱謂雖有不同之點，不過以地分内外，音辨重輕，故致實同而名異，物是而稱非，所謂單獨方言固無有也。

按境内農民皆魯，商民皆直，無非魯、直之語言也。東南山中皆用魯語，城鎮各處商賈多用直語，西北平原與夫城鎮之非商賈者則用地方語言，句讀短促，聲音重濁，義意俚鄙，普通似省城。迤東各縣，如往候曰串門，工作曰做活，山中謀生曰山利樂，離婚曰打罷刀，赴市曰趕集，此地方之語言也。至於類似他處之語言，則更僕難，終未能較列矣。

〔民國〕海龍縣志

【解題】王永恩修，王春鵬纂。海龍縣，今吉林省梅河口市。「語言」見卷十四《禮俗》中。録文據民國二十六年（一九三七）鉛印本《海龍縣志》。

語言

本縣民族雖屬複雜，然同化日久，語言早趨一致〔一〕。其間稍有岐異者，如滿蒙人呼父爲爸爸，呼母爲娜娜或阿娘；而漢人則呼父爲爹，呼母爲媽是也。他若日讀作意，人讀作銀，熱讀作熟，肉讀作幼。大半滿洲人之發音，舌拗齒豁，聽其音尾多帶魯人之口調。歷來南無平、北無入，南人讀回曰懷，讀情曰秦〔二〕，開水讀作該死。北人無入聲，已如上述。北平人擅上聲，音清字朗，發言如唱曲，極圓活聯接之能事，故上下唇端緊。天津人發言如打架，「麼你老」「喝」「改透了」，音沈語壯，生硬異常，故上下唇涉獵，俗曰列豁咀。南人擅入聲，其發言，唇收舌掉，皆向内拃，故其下頦上兜，俗曰兜齒。山西人發言爲鼻音。山東人發言爲舌音，鼻音多哼聲，舌音多捲味。蓋五方元音，各有不同，語曰百里不同風，吾曰百里不同音，故一地之人，乃有一地之音，宫商角徵羽，各以其地而別其音耳。

〔民國〕通化縣志

【解題】李春雨修，邵芳齡纂。通化縣，今吉林省通化市。「語言」見卷二《人民·風俗志》中。録文據

〔一〕言：原誤作「亡」。
〔二〕曰：原誤作「回」。

民國十六年(一九二七)鉛印本《通化縣志》。

語言

先哲有言:我入斯土,略聞語言,即知情愫夠在。通化五方雜處,籍多魯人,口操魯語,出言或反,真意斯露。比年多匪,民不安堵,宜熟匪言,俾易緝捕。詎僅雜陳,無關風土。志風俗畢,以語言附。

土語

吙飯,吃飯。哈酒,飲酒。打腰,發迹。活該,應當之謂。開套,耙犂動工。火喇,生氣。街溜,無正業。跑腿,隻身外出。吃晌,午飯。耍雄,狡賴。毬子,吝嗇。秧子,紈絝。打圍,行獵。打凍,閉門過冬。串門,探望親友。可蠢,愚陋。寒忖,受辱。撩啦,跑走。嘮科,閒語。瞎攔,說話不中聽。二虎,鹵莽。各路,性情與人不同。抬扛,言語不合。埋態,不潔。趕活,謀生。趕火,作事。放山,挖人葠。趕禮,送禮。爽神,迅速。拉稀,泄瀉。統通,總共。胡咧,胡說。老爺子,尊長之稱。老幫子、老疙疸,均最幼兄弟之稱。老把頭、趕力羅,均入山謀生。挖棒棰,挖人葠。麻溜的,迅速。趕仗,徒勞。一大堆,全體。到得了,能辦事。鬼嗞牙,黎明天奇寒之謂。不趕蹚,趕辦不及。瞎扯蛋,謊語。打哈哈,輕忽之謂。零不丁零不丁〔一〕,

〔一〕原文如此。

均猝不及防。僵眼子，倔强。埋態人，汙巇人。你掩我，責人輕己。吃嚼焗，美食。打平夥，均錢購食。吃勞金，作工。花眼圈，無正業。攢體己，婦女積錢。磨不開，慚愧對人。拉花樹，尋蜂蜜。一骨龍總，全總。抖起來了，形容人之得意。老冬狗子，入山伐木之稱。怙老山音，仗勢之謂。扎箍扎箍，治病及修物件。溜達溜達，閒步。起早攤黑，昕夕勞動。真踢動啦，損失之謂。餂嘴抹舌的，口饞。鬼頭蝦蟆眼，詭詐。老實八腳的，説人忠厚。懈裏懈怠的，懈怠。隔二偏三、拉裡拉忽的，均疏忽之謂。紅口白牙的，猶言好好一個人也。

反語

王道，説人凶横。不善，贊美人。不大利，可行。

匪語

滑，走路。蹻，行道。碰，有交情。頂，無交情。水，官兵。項，錢財。上啃、嘈腹，均吃飯。板山，飲酒。山串，飲醉。蹚跣、安根、脱條，均睡。押白，休息。馬剌，黑天。開克，接仗。踢筋，受傷。睡覺，擊斃。壓水，設卡。拉綫，偵探。上窑、攏窑，均進屋〔一〕。活窑，有認識人可以串通。打窑，堵。相窑，打過仗之家。大頁，長衣。頂天，帽。越邊，解散。脱下，散幫。拉柱，糾衆。梗子，山。皮子，狗。風子，馬。旂子、條子，均鎗。秧子，人票。跳子，營兵。狗子，

〔一〕進：原誤作「建」，據民國《臨江縣志》改。

巡警。樓子，日。央子、柴火，均子彈。生點，狗叫。插蓬，天陰。水櫃，看人票。順旂子，藏鎗。插旂子，同上。摔旂子，打鎗。摔條子，同上。追央子，綁人票。別亮子，劫畢〔一〕。放亮子，放火。寳蓋子，馬鞍。踢手子，馬勒。摔手子，馬鞭。拉篇子，分贓。飄洋子，水餃。翻張子，餅。珍珠散，粳米飯。馬牙散，蜀黍飯。星星散，粟米飯。啃孩草，吸食鴉片。

〔民國〕輯安縣志

【解題】劉天成等修，張拱垣纂。輯安縣，今吉林省通化市集安市。「語言」見卷三《禮俗》中。有民國二十年（一九三一）石印本。録文據吉林省圖書館一九六〇年油印本《輯安縣志》。

語言

輯安居民除本省人外，多係魯省移殖，故其語言多操山東口音。至一部分韓僑，須有通譯者譒譯。

詳閱縣志，語言編内尚闕土語一則，因於公餘蒐羅，得百餘則，以供留心方言者之參考焉。

快刀割不斷長流水，真親惱不上一百日。親戚雖惡，終有好時。

是親三分向，是火熱起炕。沾親則有關係。

〔一〕畢：似爲「路」之誤。民國《臨江縣志》：「别梁子，劫路。」

人無千日好，花無百日紅。厚交終敗。
美不美，長流水。臭不臭，羊羔肉。親戚雖惡，終有關係。
長短是個棍，大小是個會。村會有權意。
老燈官、老鼻烟壺、老枷板子。輕視年老者之詞。
玩闊、鬧譜〔一〕。言奢華。
柳啦。衣食不濟之意。
掰啦、擰啦。決裂之意。
好花也得緑葉扶。謂須得人助。
大黄米乾飯養出賊來，好心賺了驢肝肺。不得善報之意。
鼓肚馬蛇的〔二〕。不平滑。
三稜八角的。言人不和靄。
刺拉蛤讖。語含罵意。
扭頭别膀的。恨他人不隨意。
猴頭八怪的。過於俐也。

〔一〕譜：石印本作「普」。
〔二〕鼓：石印本作「古」。

花脖子四眼的。惡少年之稱。
挑大的扔。誇大之意。
七八家子搬一塊。謂疾首蹙額。
抖弔蒂芭、抖斷繮繩、抖弔褥套。言人揮霍傾家。
不是好乾糧。不是好人。
一肚子壞水。心惡也。
假二横子。外强中乾。
翹首躡腳的。舉動輕微,恐人知也。
歪三扯四的。以偏言屈人心者。
騎雙頭馬。言欲兼顧也。
玩不轉轉拉。乍窮;辦事不靈活。
小二姐玩泥鰍,愛上是條龍。譏嗜癖者。
王八瞅緑豆。言對眼拉。
有個老灰子。莫有之詞。
兔子能架轅,誰用轅馬呢?譏不勝任。
紅糖打底。以甘言荒人也。

羊死不留皮。愈趨愈下之意。
熊拉八及的。輭弱。
夜晚千條路，朝起賣豆腐。譏徒思也。
騎毛驢看唱本，走着瞧。謂慢慢報覆。
小様、缺德、缺洋德、損様子、七八九、看你那神〔一〕。不滿意其所爲而詈之。
捏不動瓜來捏花。凌弱也。
蛤雜子、死蛋、琉璃球。無賴之意。
耍人的。男女之廣交際，不十分務正者。
摔硬繮。作勢於人前。
不走點、倒霉。謂人運蹇。
熊弔貨、熊蛋包、熊餅子、熊墩、屎泥。譏懦弱也。
莊户孫、土窠子〔二〕。俗而特别者。
屯不錯。假充聞通。

〔一〕神：石印本作「十」。
〔二〕窠：石印本作「克」。

急趕子〔一〕。急之甚也。

老由子〔二〕。富有經驗者。

鱉茄子。不語也。

鄭英子。逃跑也。

栽跟頭〔三〕、捲簷。作事失敗。

遭挖眼。被人欺也。

檢蘑菇〔四〕。被官人誣爲不正而拘留之也。

發冒揚。怒也。

馬溜的。促人快快。

二不扔燈。呆也。

抖、抖神。罵人高興也。

艮、艮氣。讚美之詞。

〔一〕急趕：石印本作「激幹」。

〔二〕由：石印本作「柔」。

〔三〕栽：原誤作「我」，據石印本改。

〔四〕檢：石印本作「揀」。

薰、吹。誇大之意也。
歹。言吃。
撑、揎。駡吃。
翻拉、弔臉子。怒也。
狗蹦子〔一〕、螳螂子、狗食。無賴之甚者。
虎的老。欺之深也。
醬眼子。不聽指導也。
糟糕。壞也。
俏皮。譏修飾也。
擂、毁、奏、挺、廣。打也。
乜個。是那個。
令丁的。是早没有預備之意。
溝溜。無正業者，即街溜一類。因輯安地處偏僻，無街道，均山溝，故名。
咋個。是昨天。
明個。是明天。

〔一〕蹦：石印本作「崩」。

今個。是今天。

〔民國〕扶餘縣志

【解題】張其軍纂修。扶餘縣，今吉林省松原市扶餘市。「語言」見第十八章《風俗習慣·補箋》中。有民國十三年（一九二四）鉛印本。録文據吉林省圖書館一九六〇年油印本《扶餘縣志》。

語言

縣内語言普通官語近於京話，昔日之滿蒙語所存者已無幾，即滿人現在不解滿語者當居大半。各村鎮則復有土語如今兒即今日及老娘們即婦女類雜糅其間。操外國語者以俄語較多，英語、日語次之，若法德語，恐除家兄張令聞外，無能之者。但操俄語者，多爲不完全語及誤解語。如上高，即狠好意。俄國本無此語。在中人以爲俄語，在俄人以爲中語。其他如必流流大歪，本爲給我丸藥之類，而中人則誤解爲打人之語。種種笑語，不堪枚舉。

〔民國〕梨樹縣志

【解題】包文俊修，李榕纂；曲廉本續修，范大全續纂。民國十八年（一九二九）始修。梨樹縣，今吉林省四平市梨樹縣。「親戚稱謂」見丁編《人事》卷二《禮俗》中。録文據民國二十三年（一九三四）鉛印本《梨樹縣志》。

親戚稱謂

俗稱曾祖爲太爺，曾祖母爲太奶，祖曰爺爺，祖母曰奶奶，父曰爹，或曰爸爸，母曰媽，或曰娘，庶母曰姨娘，伯父曰大爺，讀若耶。伯母曰大娘，叔曰叔叔，叔母曰嬸娘，父之姊妹曰姑，夫之兄曰大伯，夫之弟曰小叔，夫兄之妻曰大伯嫂，夫弟之妻曰小嬸，夫之姊曰大姑子，夫之妹曰小姑子，外祖曰老爺，外祖母曰老老，母之兄弟曰舅舅，母之姊妹曰姨，姑婿曰姑夫，婿曰姑爺，讀若耶。姊妹之婿曰姐夫、妹夫，妻父曰丈人，妻母曰丈母，妻之兄弟曰舅子，妻之姊妹曰姨子，姊妹之子曰甥，女之子女曰外孫，外兄弟曰表兄弟，僚婿相稱曰姐夫或妹夫，或稱襟兄弟，他人呼曰一擔挑。此語不知何本，恐係戲言嘲笑意。

〔民國〕東豐縣志

【解題】邢麟章修，李耦纂。東豐縣，今吉林省遼源市東豐縣。「語言」見卷三《人事志·民族》中。録文據民國二十年（一九三一）鉛印本《東豐縣志》。

語言

縣境居民無論漢滿回，各族語言向皆一致，要以漢語爲最普通。蓋滿回各種雖各有其語言文字，然因氏族特少，又與漢人雜處，習濡既久，已爲漢人同化。故縣中居民語言從來一致，與北平所謂國語標準音者不少別焉。

黑龍江省 凡六種

〔民國〕黑龍江志稿

【解題】萬福麟修，張伯英纂。「方言」見卷七《地理志·風俗》中。録文據民國二十二年（一九三三）鉛印本《黑龍江志稿》。

方言

目録〔一〕

天文類　地理類　時令類　人物類　人倫類　禮儀類　形體類　衣服類　飲食類　宫室類　文事類　政治類　數計類　武事類　器用類　動物類　植物類　礦物類　神怪類　俗語類

〔一〕目録爲編者所加。

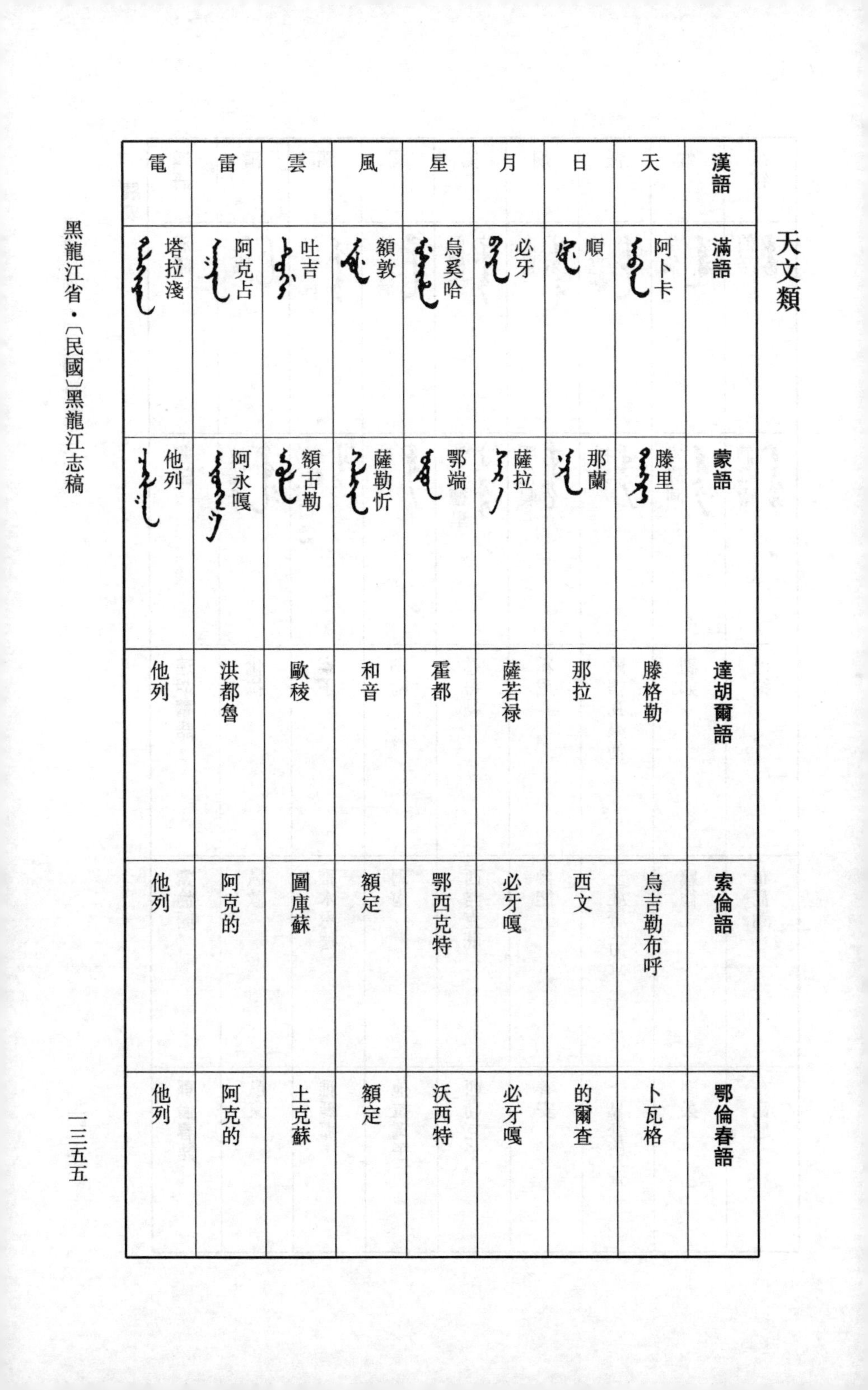

天文類

漢語	滿語	蒙語	達胡爾語	索倫語	鄂倫春語
天	阿卜卡	滕里	滕格勒	烏吉勒布呼	卜瓦格
日	順	那蘭	那拉	西文	的爾查
月	必牙	薩拉	薩若禄	必牙嘎	必牙嘎
星	烏奚哈	鄂端	霍都	鄂西克特	沃西特
風	額敦	薩勒忻	和音	額定	額定
雲	吐吉	額古勒	歐棱	圖庫蘇	土克蘇
雷	阿克占	阿永嘎	洪都魯	阿克的	阿克的
電	塔拉淺	他列	他列	他列	他列

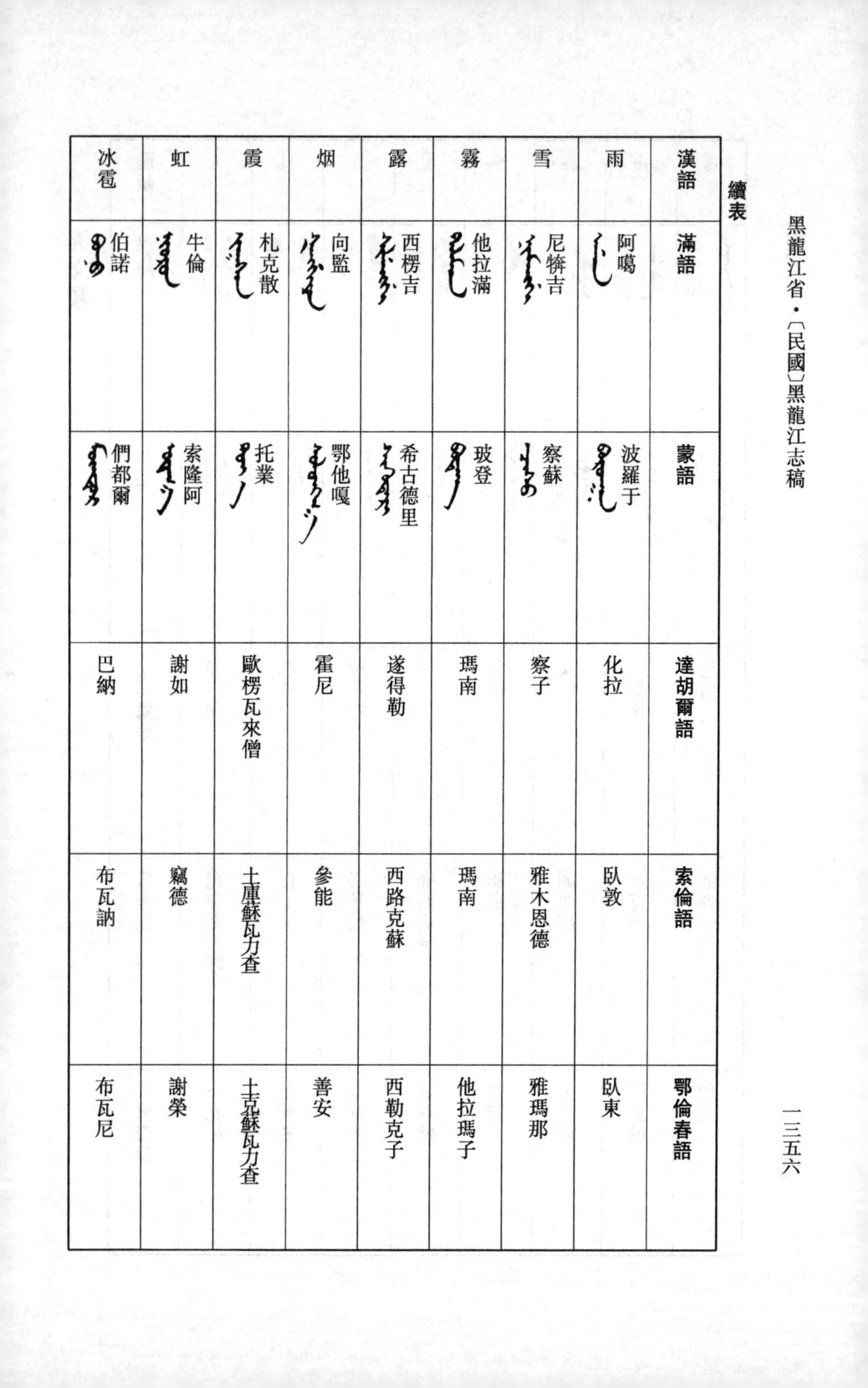

續表

漢語	滿語	蒙語	達胡爾語	索倫語	鄂倫春語
雨	阿噶	波羅于	化拉	臥敦	臥東
雪	尼倖吉	察蘇	察子	雅木恩德	雅瑪那
霧	他拉滿	玻登	瑪南	瑪南	他拉瑪子
露	西楞吉	希古德里	遂得勒	西路克蘇	西勒克子
烟	向監	鄂他嘎	霍尼	參能	善安
霞	札克散	托業	歐楞瓦來僧	土庫蘇瓦力查	土克蘇瓦力查
虹	牛倫	索隆阿	謝如	竊德	謝榮
冰雹	伯諾	們都爾	巴納	布瓦訥	布瓦尼

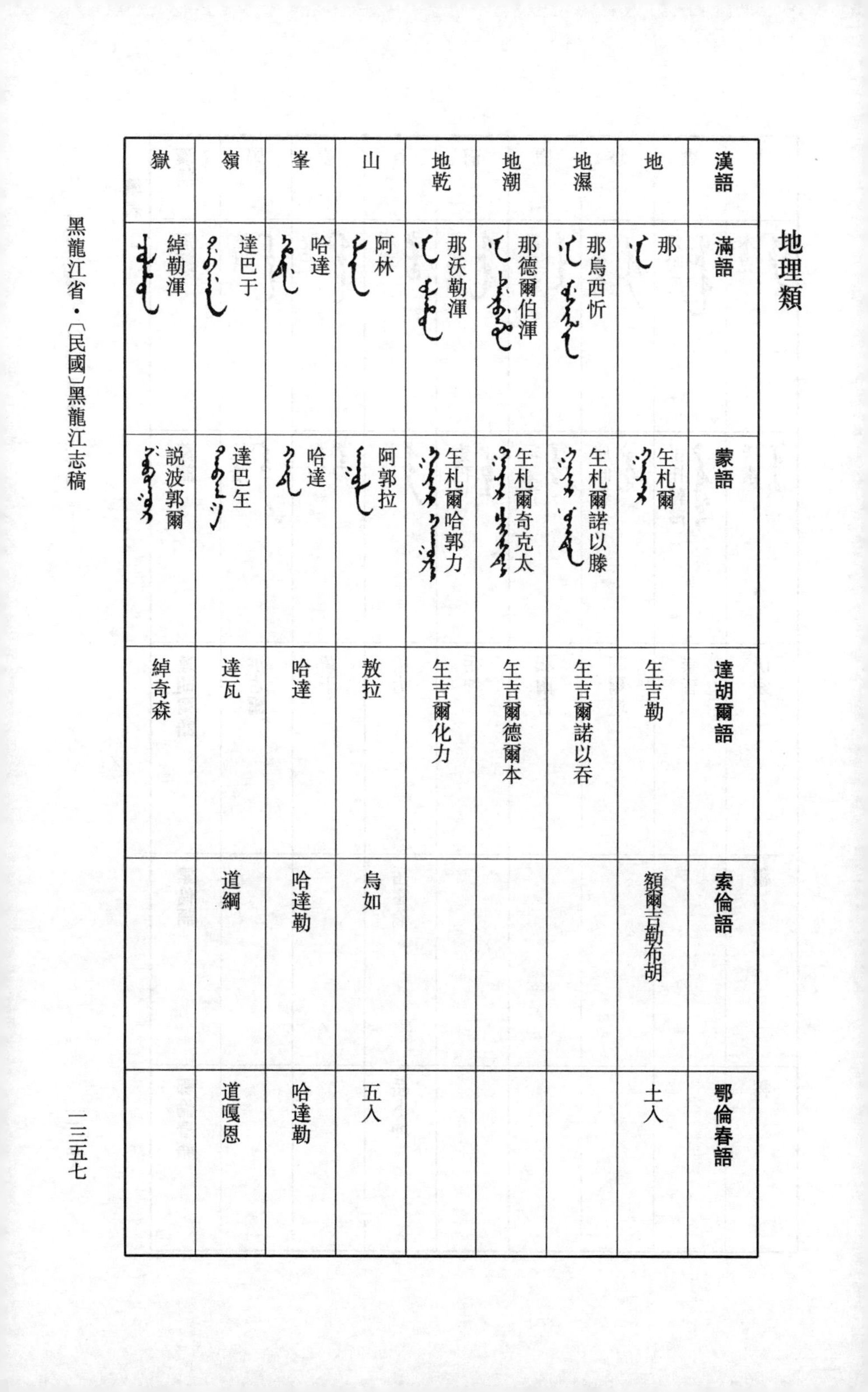

地理類

漢語	滿語	蒙語	達胡爾語	索倫語	鄂倫春語
地	那	乍札爾	乍吉勒	額爾吉勒布胡	土入
地濕	那烏西忻	乍札爾諾以滕	乍吉爾諾以吞		
地潮	那德爾伯渾	乍札爾奇克太	乍吉爾德爾本		
地乾	那沃勒渾	乍札爾哈郭力	乍吉爾化力		
山	阿林	阿郭拉	敖拉	烏如	五入
峯	哈達	哈達	哈達	哈達勒	哈達勒
嶺	達巴于	達巴乍	達瓦	道綱	道嘎恩
嶽	綽勒渾	説波郭爾	綽奇森		

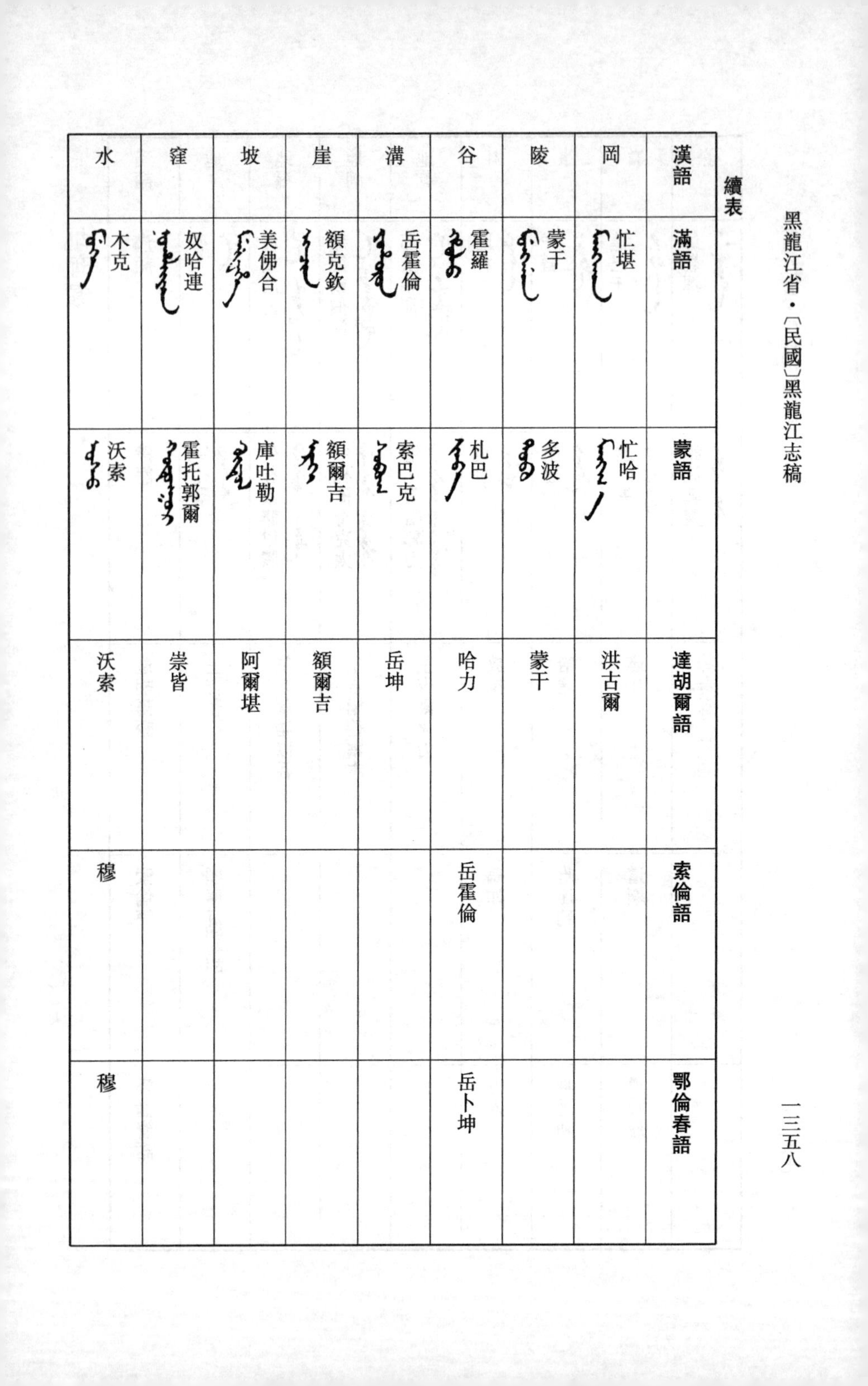

續表

漢語	滿語	蒙語	達胡爾語	索倫語	鄂倫春語
岡	忙堪	忙哈	洪古爾		
陵	蒙干	多波	蒙干		
谷	霍羅	札巴	哈力	岳霍倫	岳卜坤
溝	岳霍倫	索巴克	岳坤		
崖	額克欽	額爾吉	額爾吉		
坡	美佛合	庫吐勒	阿爾堪		
窪	奴哈連	霍托郭爾	崇皆		
水	木克	沃索	沃索	穆	穆

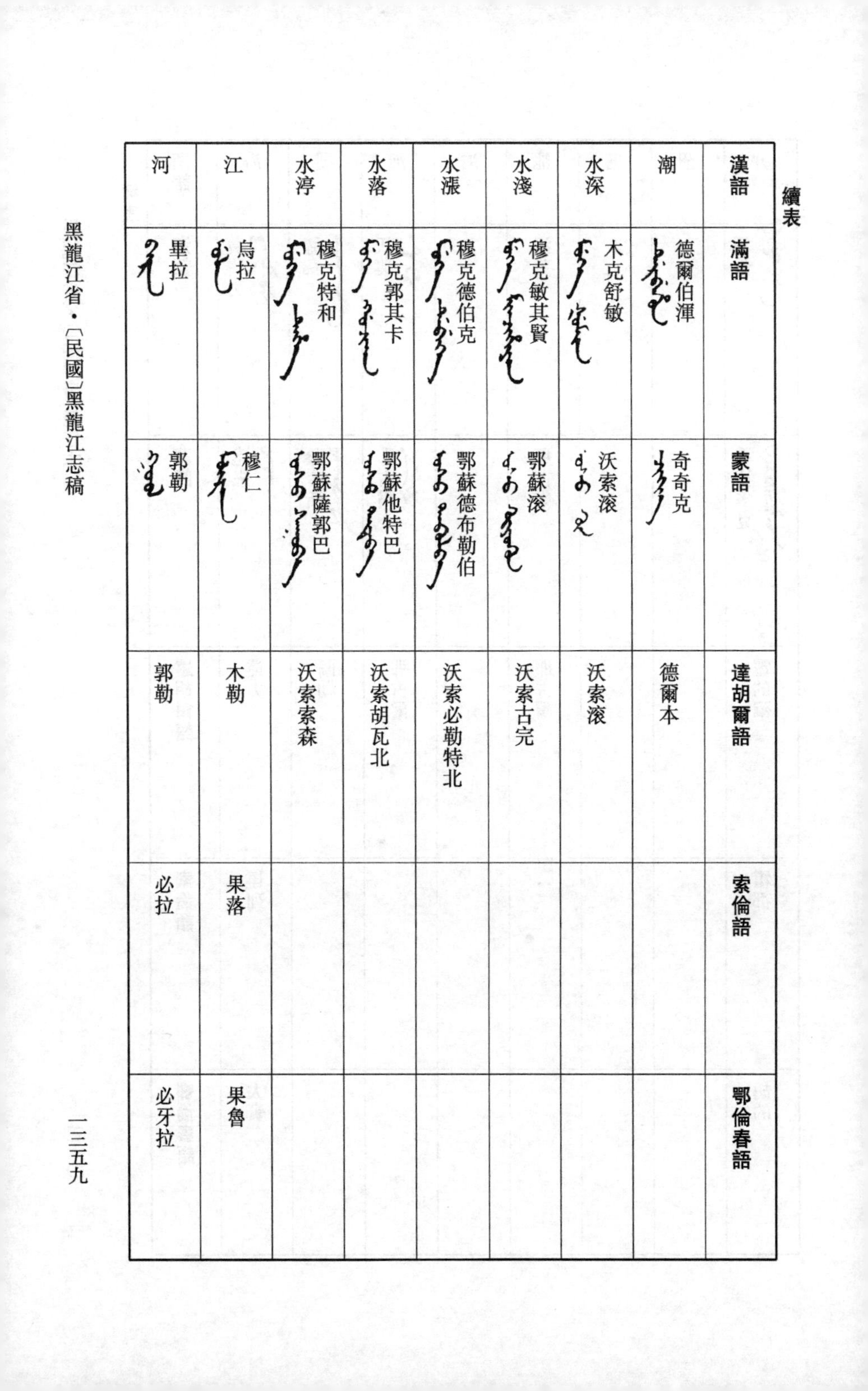

續表

漢語	滿語	蒙語	達胡爾語	索倫語	鄂倫春語
潮	德爾伯渾	奇奇克	德爾本		
水深	木克舒敏	沃索滾	沃索滾		
水淺	穆克敏其賢	鄂蘇滾	沃索古完		
水漲	穆克德伯克	鄂蘇德布勒伯	沃索必勒特北		
水落	穆克郭其卡	鄂蘇他特巴	沃索胡瓦北		
水渟	穆克特和	鄂蘇薩郭巴	沃索索森		
江	烏拉	穆仁	木勒	果落	果魯
河	畢拉	郭勒	郭勒	必拉	必牙拉

續表

漢語	滿語	蒙語	達胡爾語	索倫語	鄂倫春語
海	莫得力 ᠮᡝᡩᡝᡵᡳ	達來 ᠳᠠᠯᠠᠢ	達力	達列	大賚
湖	滕錦 ᡨᡝᠩᡤᡳᠨ	滕吉斯 ᠲᠩᠭᠢᠰ	闊勒		
泡	沃莫 ᠣᠮᠣ	那古爾 ᠨᠠᠭᠤᠷ	那古爾		
泊					
池	沃莫	那古爾	那古爾		
塘					
沼					
井	霍欽 ᡥᡡᠴᡳᠨ	霍特多克 ᠬᠤᠳᠳᠤᠭ	霍的爾	霍都	胡的

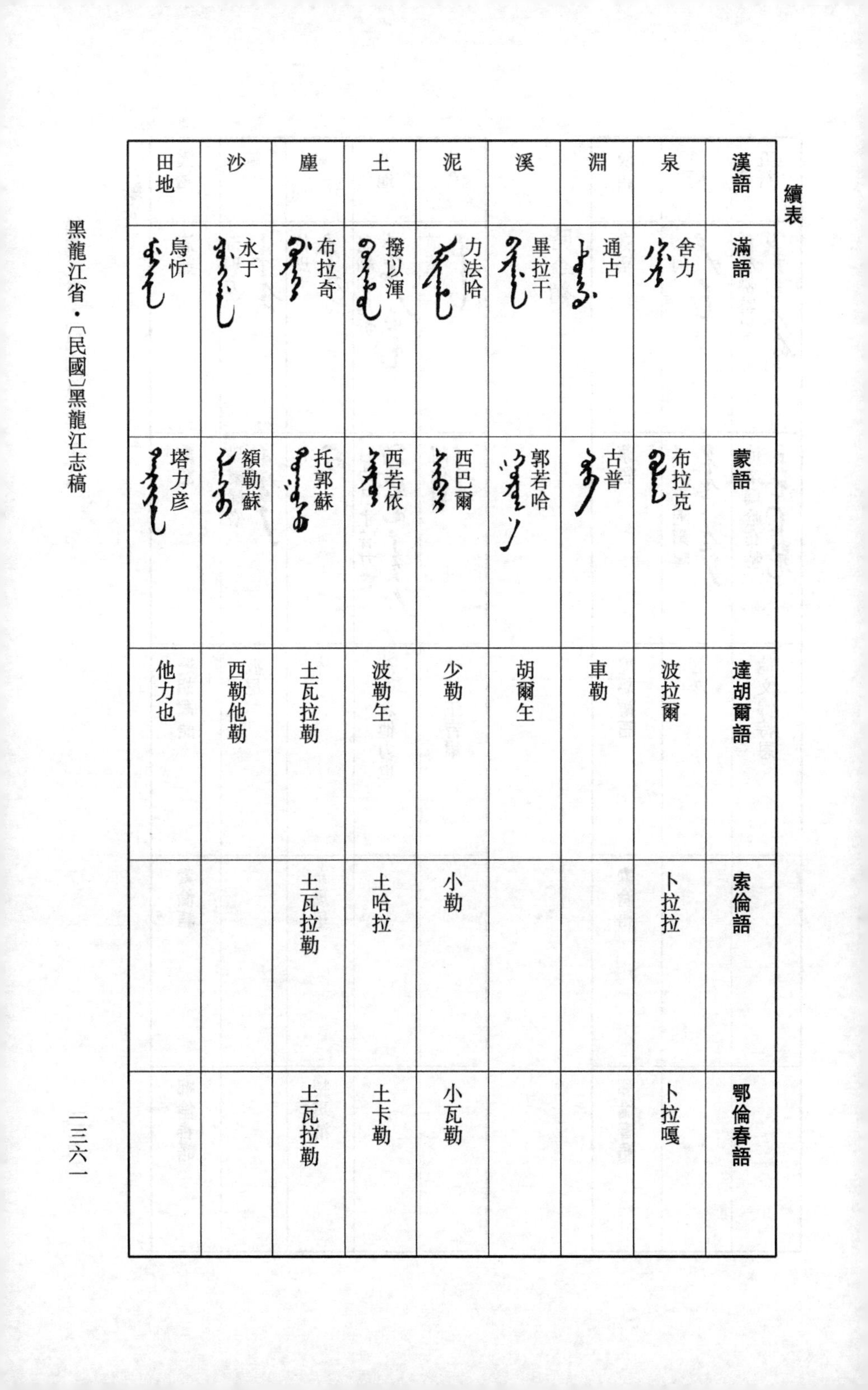

續表

漢語	滿語	蒙語	達胡爾語	索倫語	鄂倫春語
泉	舍力	布拉克	波拉爾	卜拉拉	卜拉嘎
淵	通古	古普	車勒		
溪	畢拉干	郭若哈	胡爾乍		
泥	力法哈	西巴爾	少勒	小勒	小瓦勒
土	撥以渾	西若依	波勒乍	土哈拉	土卡勒
塵	布拉奇	托郭蘇	土瓦拉勒	土瓦拉勒	土瓦拉勒
沙	永于	額勒蘇	西勒他勒		
田地	烏忻	塔力彥	他力也		

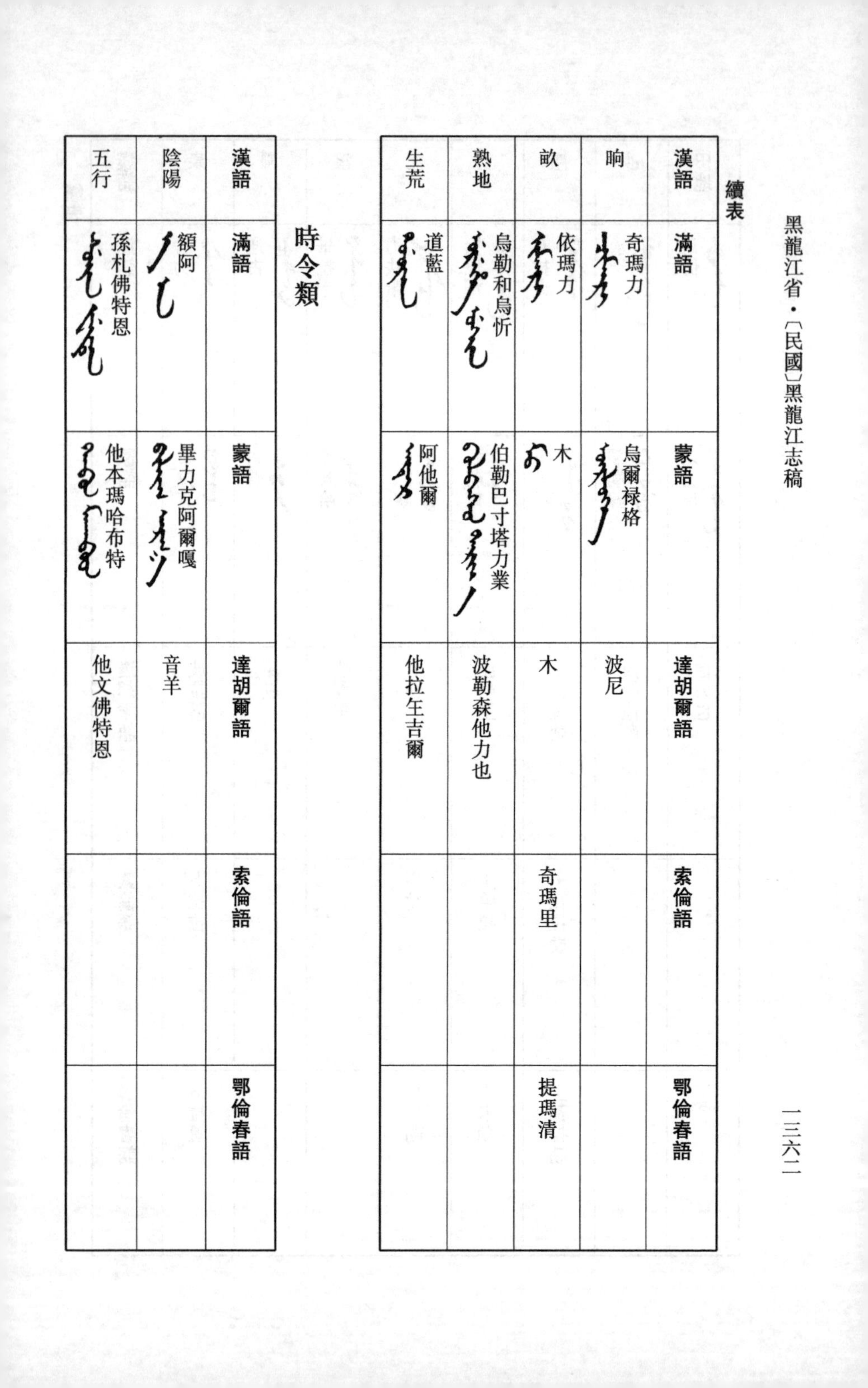

續表

漢語	滿語	蒙語	達胡爾語	索倫語	鄂倫春語
晌	奇瑪力	烏爾禄格	波尼		
畝	依瑪力	木	木	奇瑪里	提瑪清
熟地	烏勒和烏忻	伯勒巴寸塔力業	波勒森他力也		
生荒	道藍	阿他爾	他拉生吉爾		

時令類

漢語	滿語	蒙語	達胡爾語	索倫語	鄂倫春語
陰陽	額阿	畢力克阿爾嘎	音羊		
五行	孫札佛特恩	他本瑪哈布特	他文佛特恩		

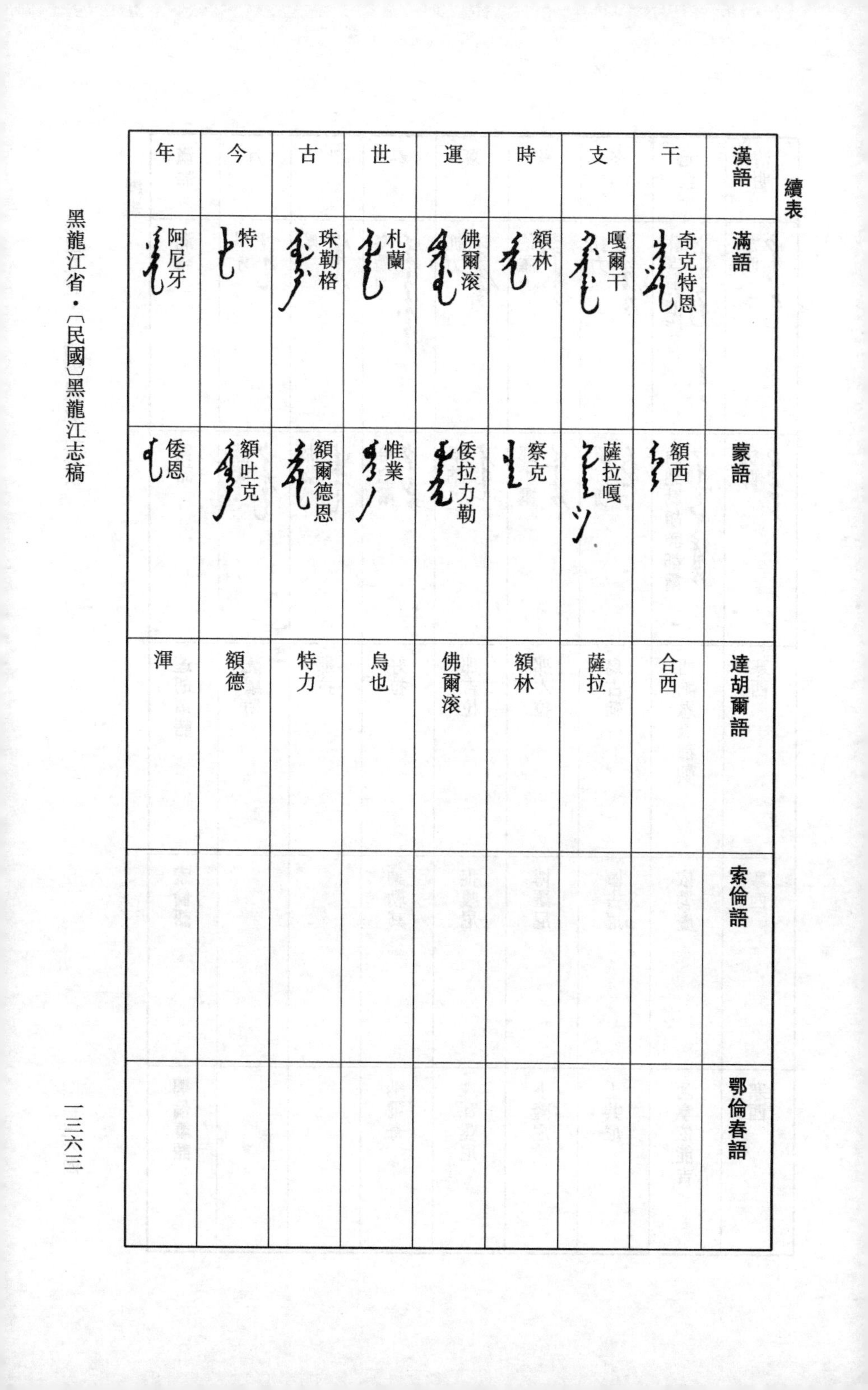

續表

漢語	滿語	蒙語	達胡爾語	索倫語	鄂倫春語
干	奇克特恩	額西	合西		
支	嘎爾干	薩拉嘎	薩拉		
時	額林	察克	額林		
運	佛爾滾	倭拉力勒	佛爾滾		
世	札蘭	惟業	烏也		
古	珠勒格	額爾德恩	特力		
今	特	額吐克	額德		
年	阿尼牙	倭恩	渾		

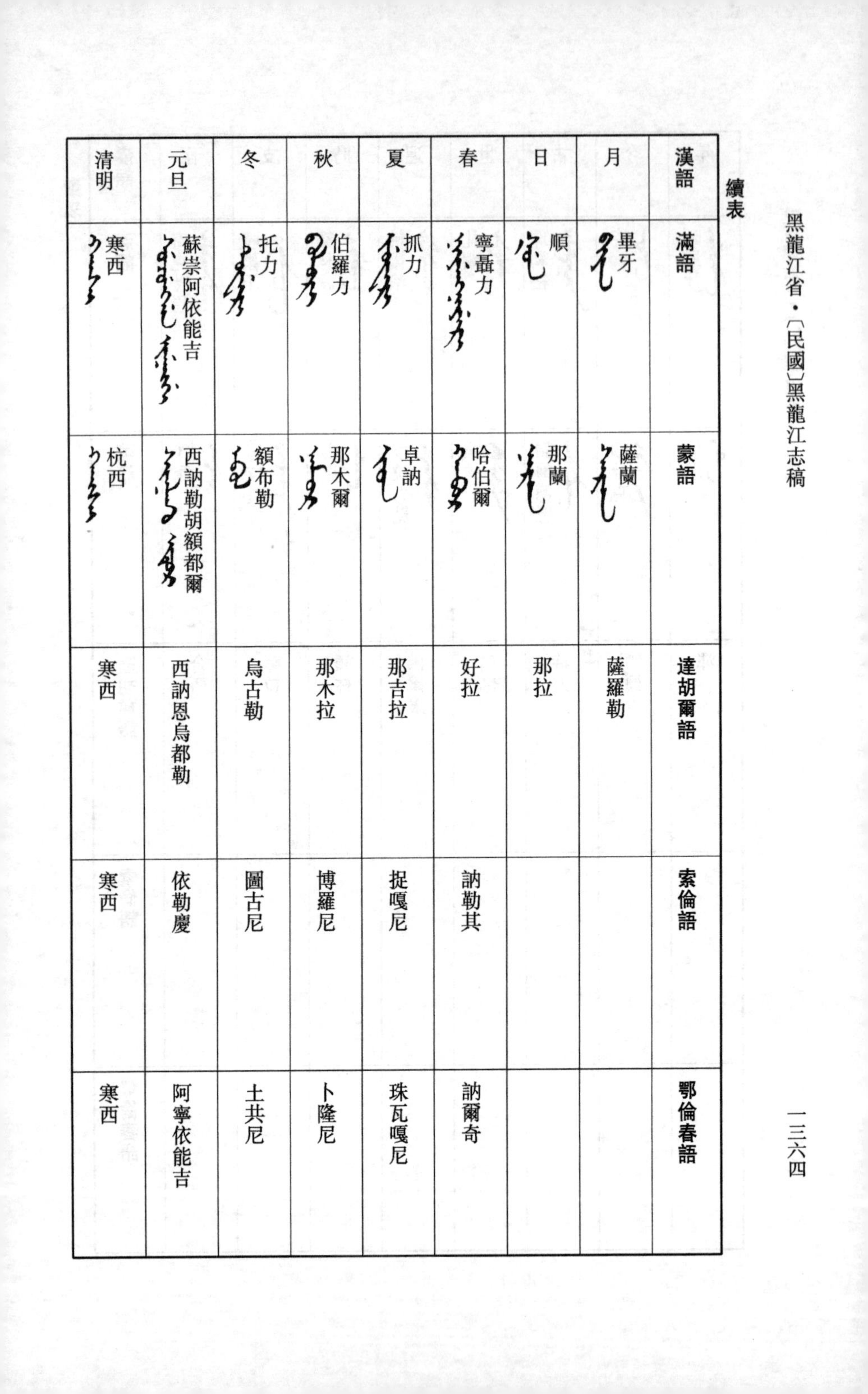

續表

漢語	滿語	蒙語	達胡爾語	索倫語	鄂倫春語
月	畢牙	薩蘭	薩羅勒		
日	順	那蘭	那拉		
春	寧聶力	哈伯爾	好拉	訥勒其	訥爾奇
夏	抓力	卓訥	那吉拉	捉嘎尼	珠瓦嘎尼
秋	伯羅力	那木爾	那木拉	博羅尼	卜隆尼
冬	托力	額布勒	烏古勒	圖古尼	土共尼
元旦	蘇崇阿依能吉	西訥勒胡額都爾	西訥恩烏都勒	依勒慶	阿寧依能吉
清明	寒西	杭西	寒西	寒西	寒西

續表

漢語	滿語	蒙語	達胡爾語	索倫語	鄂倫春語
端午	孫章嘎依能吉	他本薩拉音他本	寸札必牙他文	聰札必牙依勒清依能恩吉	松札畢依爾清土瓦仍
七夕	那當嘎依能吉	多羅干薩拉音多倫	那丹必牙多倫	那旦必牙那旦依能吉	那丹畢依爾清那登
中秋	畢陽嘎依能吉	乃滿薩拉音得勒格勒	札坤必牙阿爾本他文	姜圖瓦仍	札洪必牙札恩圖瓦仍
重陽	烏用格依能吉	依孫薩拉音以孫	烏雲必牙衣寸	烏雲必牙爺金	烏雲必牙依勒清業金
臘日	卓爾滚依能吉	色古勒薩拉音乃滿	拉巴額都爾	腊八宜能吉	羅克泰宜能吉
除夕	佛牙木吉	卡郭欽烏德西	卡古欽素尼	布圖	布通西克西
皂祭	準倭臣畢	卓哈他奇美	郭勒札爾沃奇北	托古巴爾漢得格勒仍	卓羅卜拉堪他奇滕
閏月	阿那干以畢牙	依勒古薩拉	阿拉干薩拉	阿那甘必牙嘎	阿那耿畢嘎

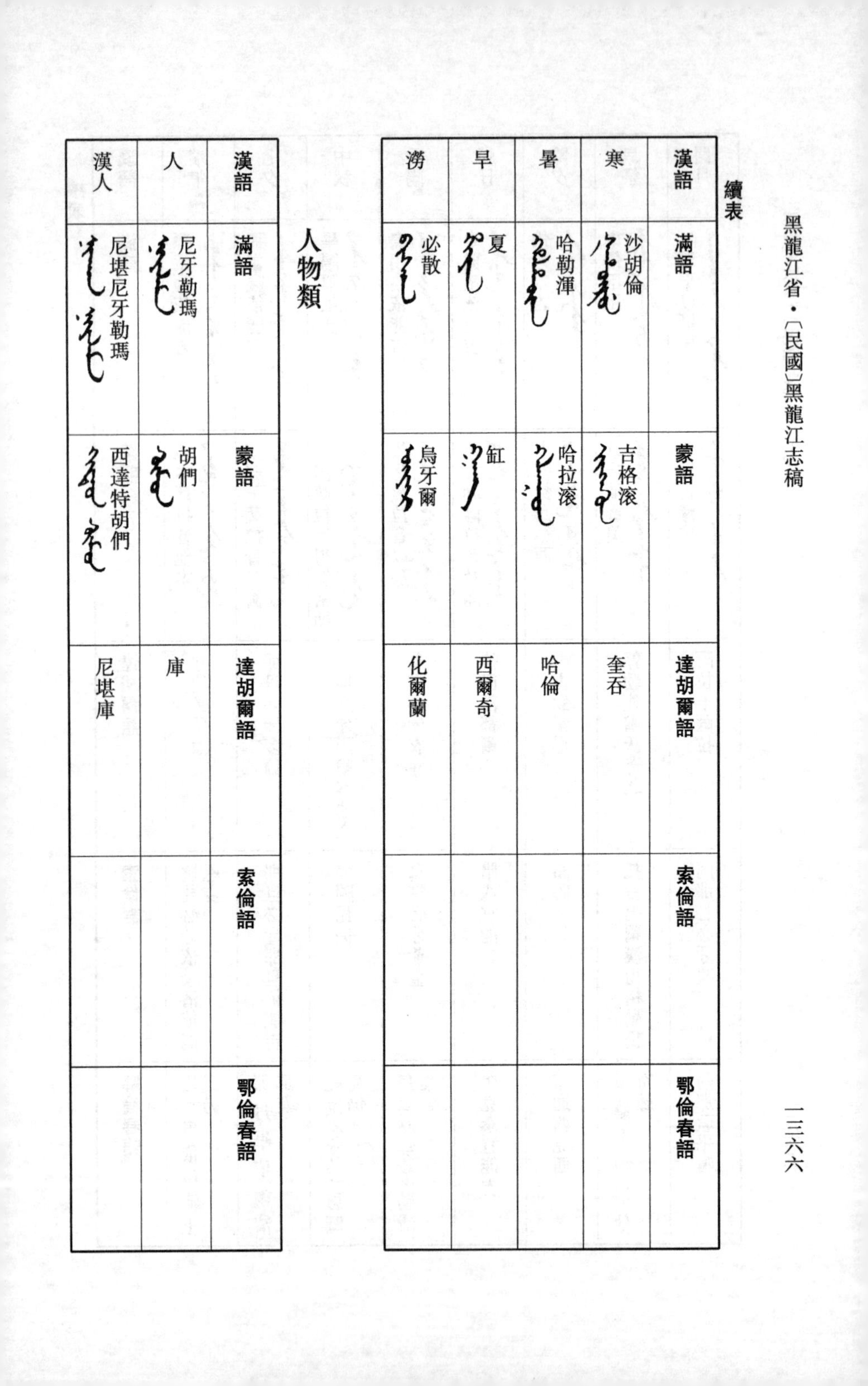

續表

漢語	滿語	蒙語	達胡爾語	索倫語	鄂倫春語
寒	沙胡倫	吉格滾	奎吞		
暑	哈勒渾	哈拉滾	哈倫		
旱	夏	缸	西爾奇		
澇	必散	烏牙爾	化爾蘭		

人物類

漢語	滿語	蒙語	達胡爾語	索倫語	鄂倫春語
人	尼牙勒瑪	胡們	庫		
漢人	尼堪尼牙勒瑪	西達特胡們	尼堪庫		

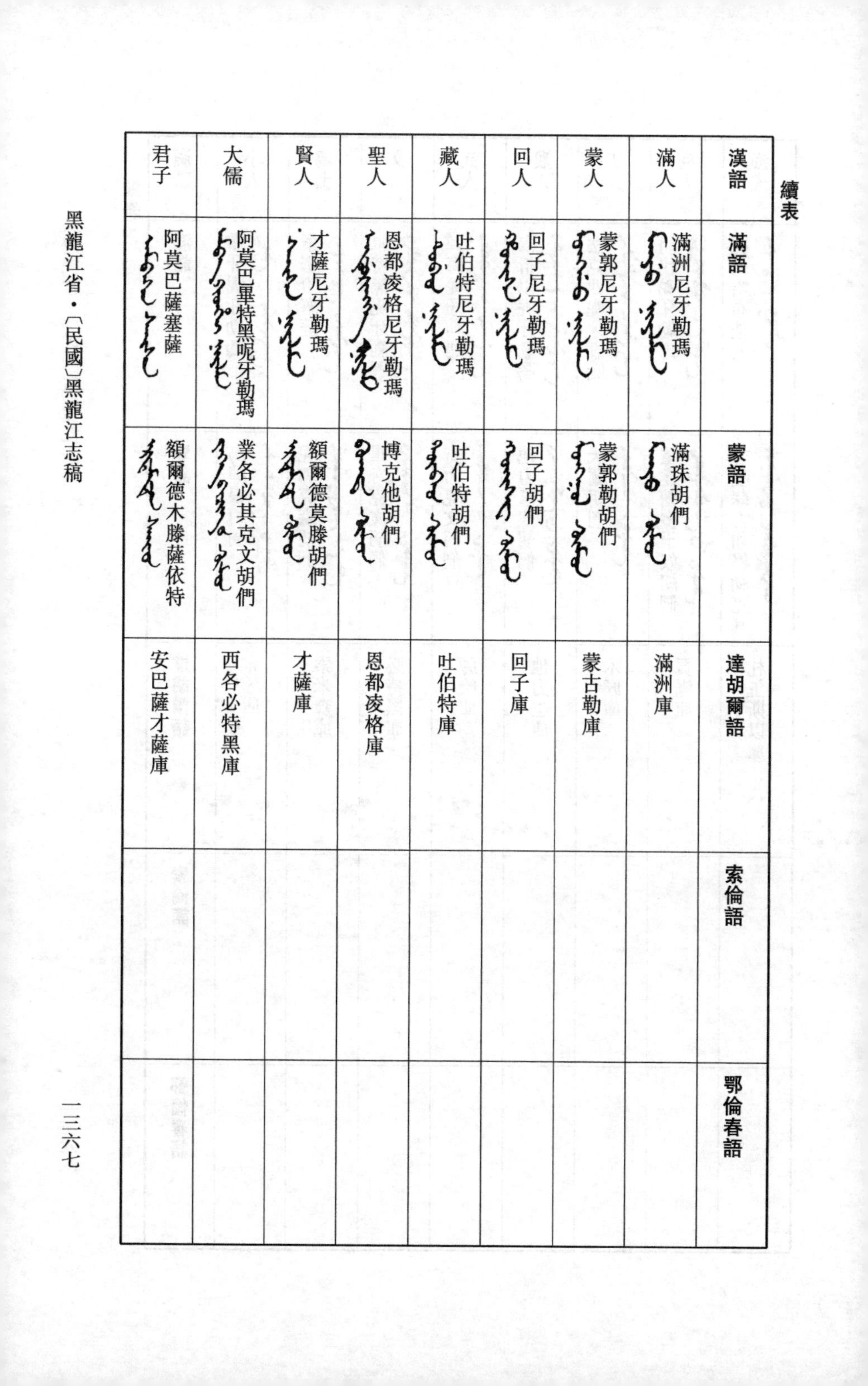

續表

漢語	滿語	蒙語	達胡爾語	索倫語	鄂倫春語
滿人	滿洲尼牙勒瑪	滿珠胡們	滿洲庫		
蒙人	蒙郭尼牙勒瑪	蒙郭勒胡們	蒙古勒庫		
回人	回子尼牙勒瑪	回子胡們	回子庫		
藏人	吐伯特尼牙勒瑪	吐伯特胡們	吐伯特庫		
聖人	恩都凌格尼牙勒瑪	博克他胡們	恩都凌格庫		
賢人	才薩尼牙勒瑪	額爾德莫滕胡們	才薩庫		
大儒	阿莫巴畢特黑呢牙勒瑪	業各必其克文胡們	西各必特黑庫		
君子	阿莫巴薩塞薩	額爾德木滕薩依特	安巴薩才薩庫		

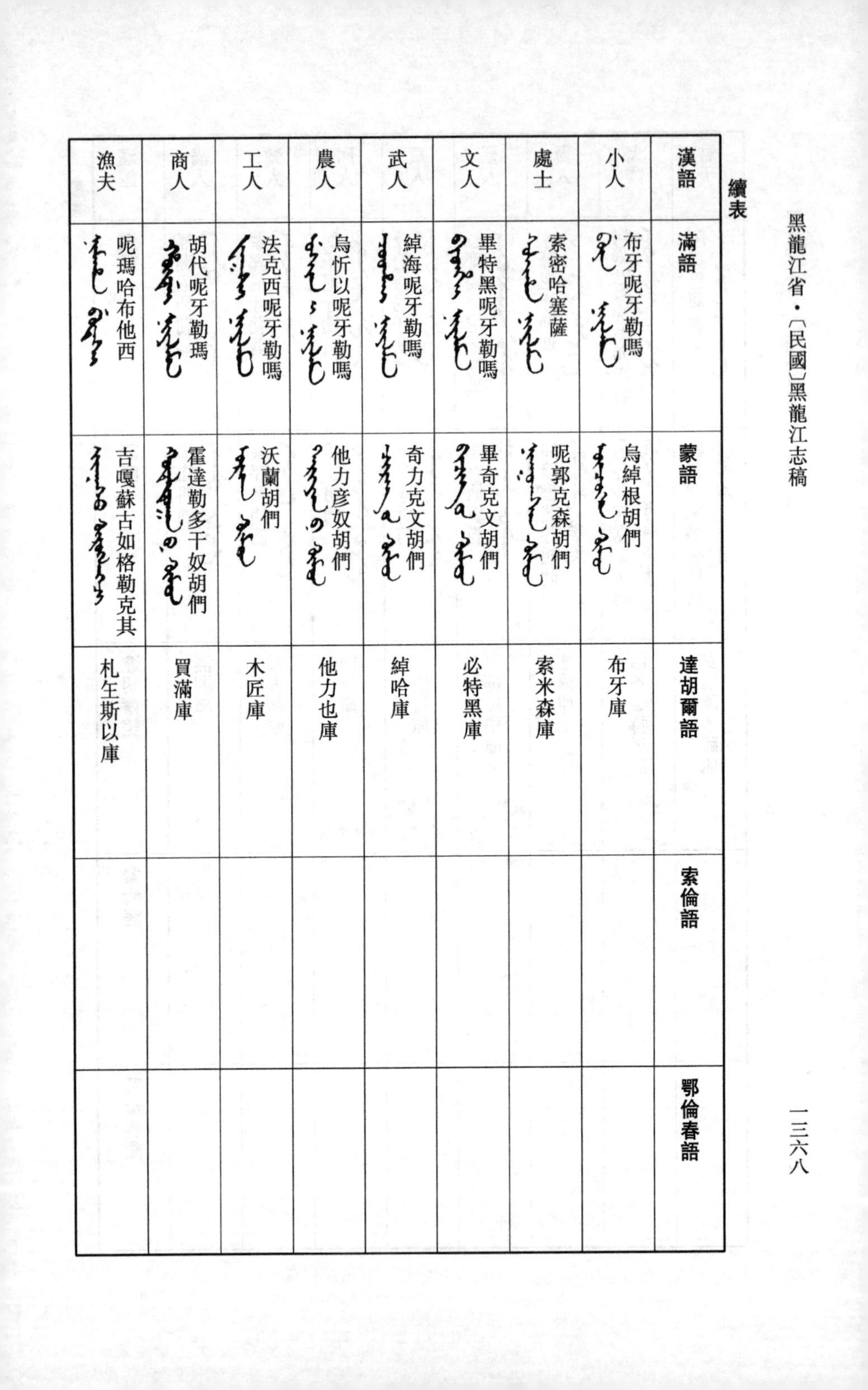

續表

漢語	滿語	蒙語	達胡爾語	索倫語	鄂倫春語
小人	布牙呢牙勒嗎	烏綽根胡們	布牙庫		
處士	索密哈塞薩	呢郭克森胡們	索米森庫		
文人	畢特黑呢牙勒嗎	畢奇克文胡們	必特黑庫		
武人	綽海呢牙勒嗎	奇力克文胡們	綽哈庫		
農人	烏忻以呢牙勒嗎	他力彥奴胡們	他力也庫		
工人	法克西呢牙勒嗎	沃蘭胡們	木匠庫		
商人	胡代呢牙勒瑪	霍達勒多干奴胡們	買滿庫		
漁夫	呢瑪哈布他西	吉嘎蘇古如格勒克其	札乍斯以庫		

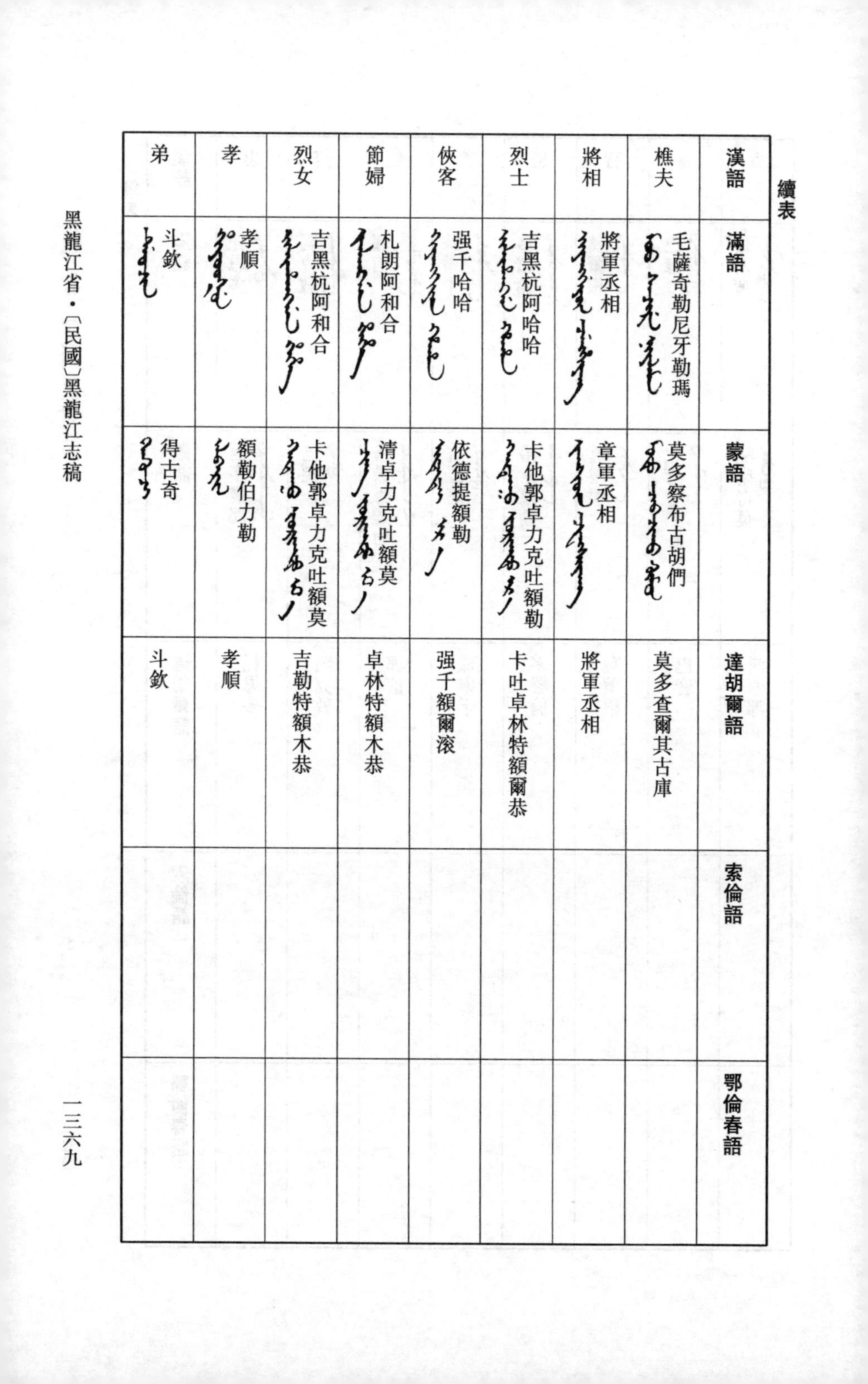

漢語	滿語	蒙語	達胡爾語	索倫語	鄂倫春語
樵夫	毛薩奇勒尼牙勒瑪	莫多察布古胡們	莫多查爾其古庫		
將相	將軍丞相	章軍丞相	將軍丞相		
烈士	吉黑杭阿哈哈	卡他郭卓力克吐額勒	卡吐卓林特額爾恭		
俠客	强千哈哈	依德提額勒	强千額爾滚		
節婦	札朗阿和合	清卓力克吐額莫	卓林特額木恭		
烈女	吉黑杭阿和合	卡他郭卓力克吐額莫	吉勒特額木恭		
孝	孝順	額勒伯力勒	孝順		
弟	斗欽	得古奇	斗欽		

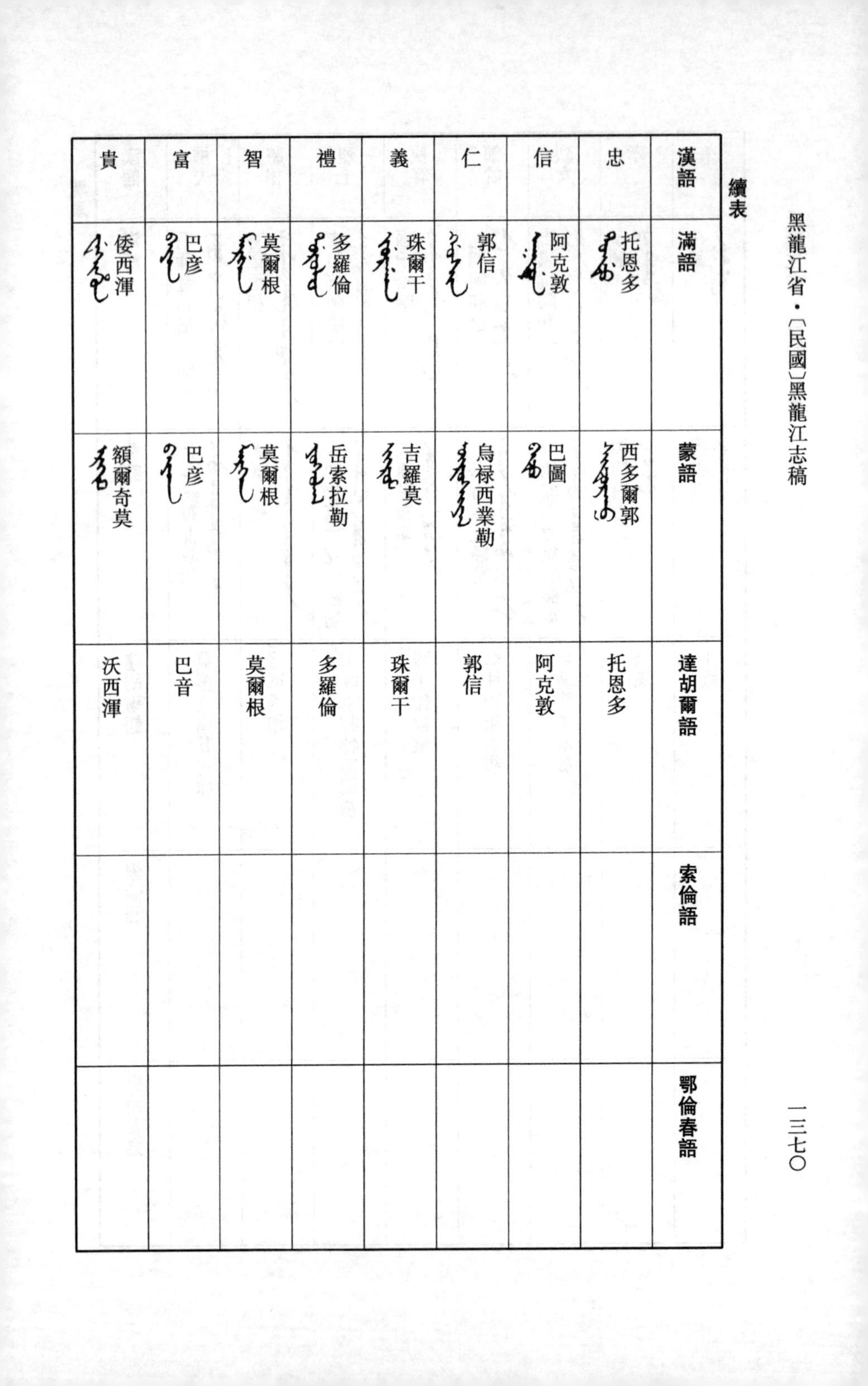

續表

漢語	滿語	蒙語	達胡爾語	索倫語	鄂倫春語
忠	托恩多	西多爾郭	托恩多		
信	阿克敦	巴圖	阿克敦		
仁	郭信	烏禄西業勒	郭信		
義	珠爾干	吉羅莫	珠爾干		
禮	多羅倫	岳索拉勒	多羅倫		
智	莫爾根	莫爾根	莫爾根		
富	巴彦	巴彦	巴音		
貴	倭西渾	額爾奇莫	沃西渾		

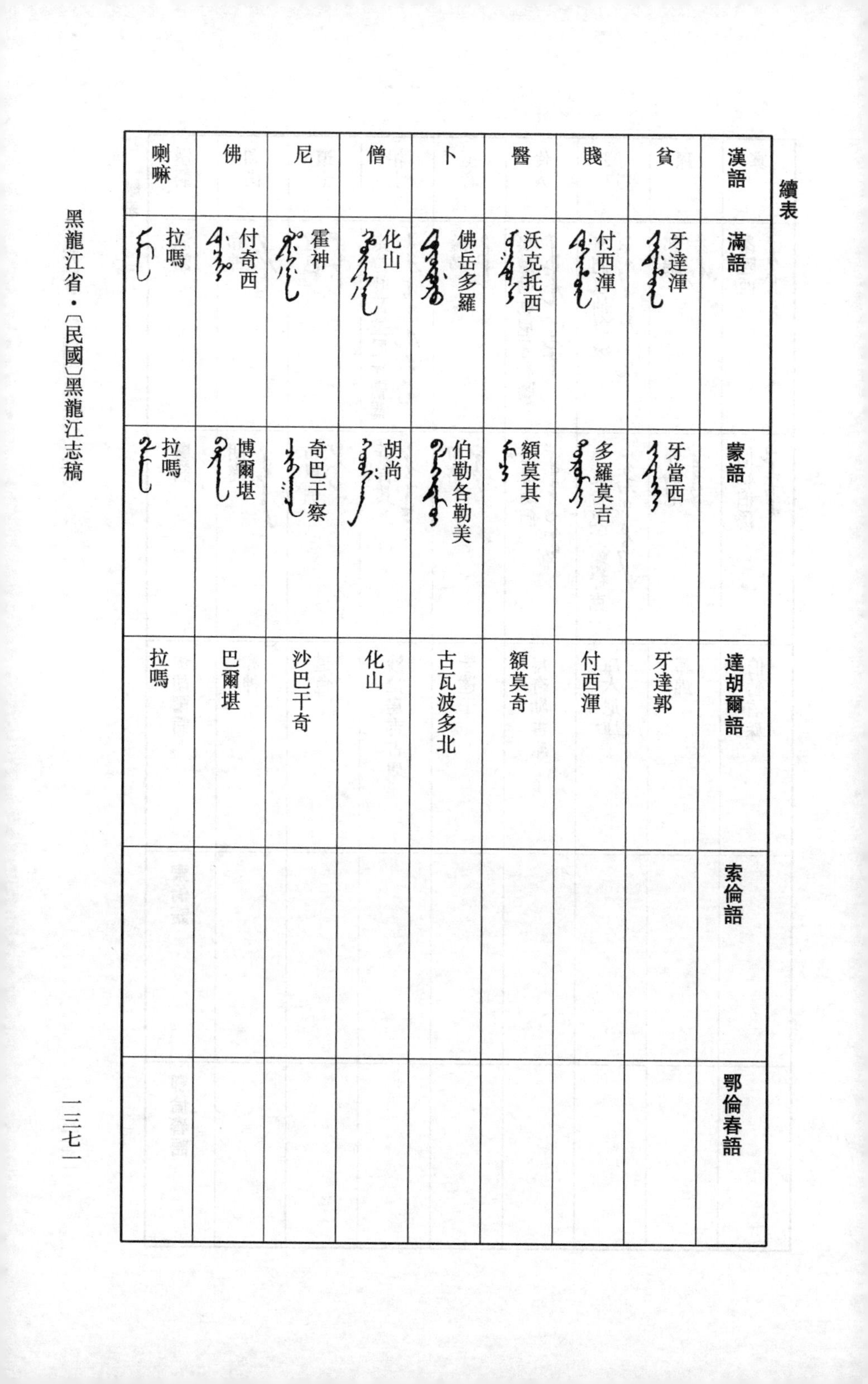

續表

漢語	滿語	蒙語	達胡爾語	索倫語	鄂倫春語
貧	牙達渾	牙當西	牙達郭		
賤	付西渾	多羅莫吉	付西渾		
醫	沃克托西	額莫其	額莫奇		
卜	佛岳多羅	伯勒各勒美	古瓦波多北		
僧	化山	胡尚	化山		
尼	霍神	奇巴干察	沙巴干奇		
佛	付奇西	博爾堪	巴爾堪		
喇嘛	拉嗎	拉嗎	拉嗎		

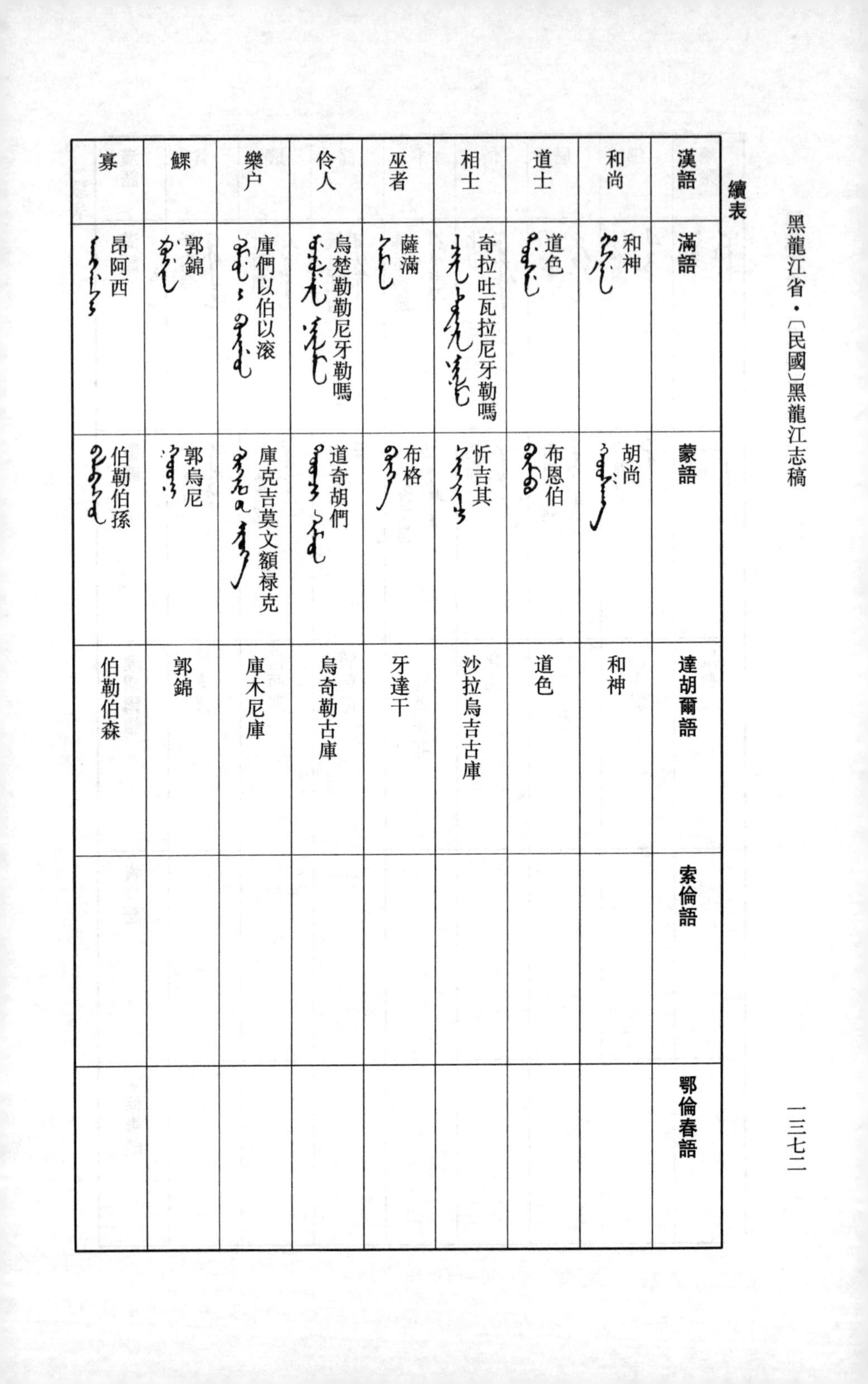

續表

漢語	滿語	蒙語	達胡爾語	索倫語	鄂倫春語
和尚	和神	胡尚	和神		
道士	道色	布恩伯	道色		
相士	奇拉吐瓦拉尼牙勒嗎	忻吉其	沙拉烏吉古庫		
巫者	薩滿	布格	牙達干		
伶人	烏楚勒勒尼牙勒嗎	道奇胡們	烏奇勒古庫		
樂户	庫們以伯以滚	庫克吉莫文額禄克	庫木尼庫		
鰥	郭錦	郭烏尼	郭錦		
寡	昂阿西	伯勒伯孫	伯勒伯森		

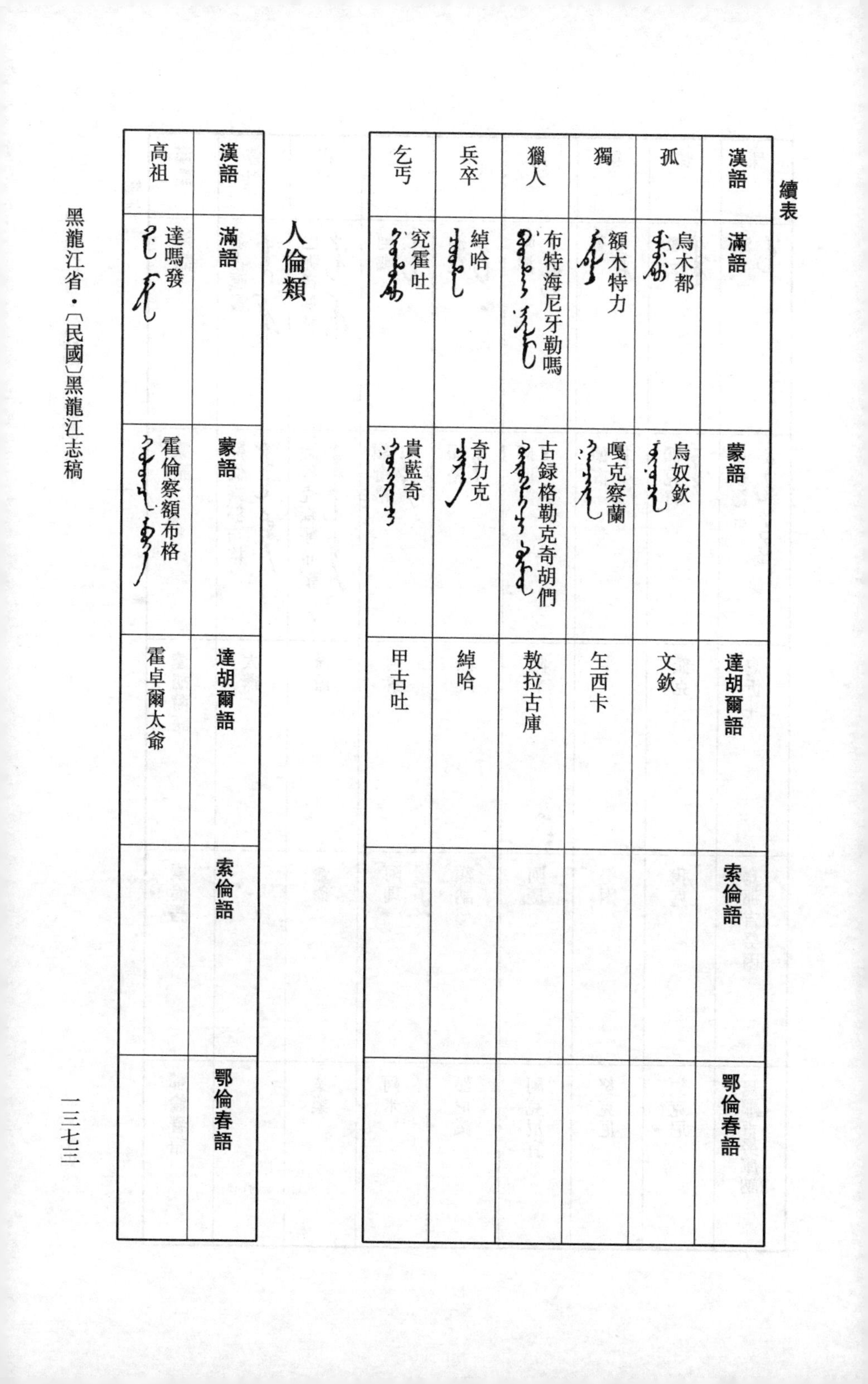

續表

漢語	滿語	蒙語	達胡爾語	索倫語	鄂倫春語
孤	烏木都	烏奴欽	文欽		
獨	額木特力	嘎克察蘭	生西卡		
獵人	布特海尼牙勒嗎	古録格勒克奇胡們	敖拉古庫		
兵卒	綽哈	奇力克	綽哈		
乞丐	究霍吐	貴藍奇	甲古吐		

人倫類

漢語	滿語	蒙語	達胡爾語	索倫語	鄂倫春語
高祖	達嗎發	霍倫察額布格	霍卓爾太爺		

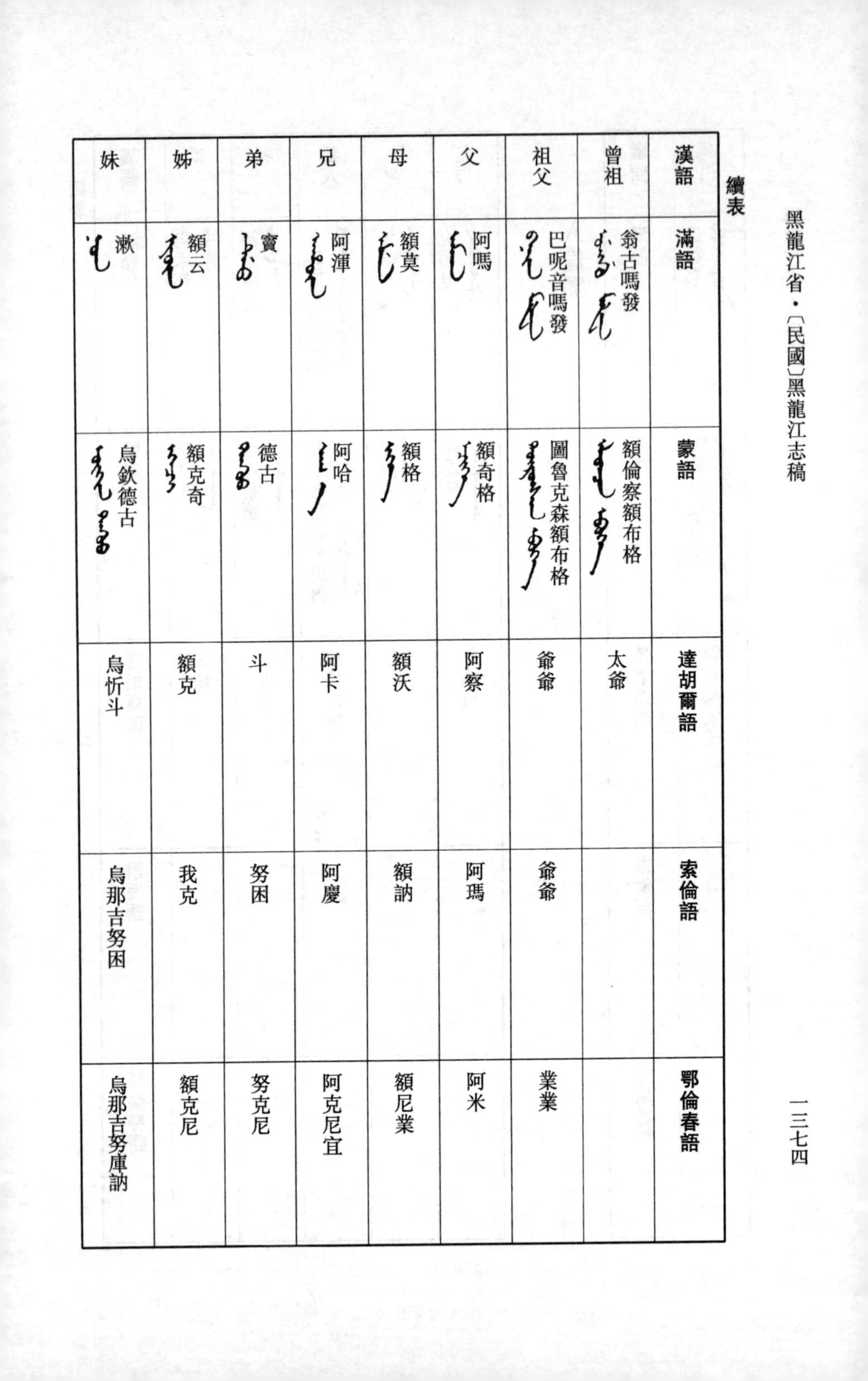

續表

漢語	滿語	蒙語	達胡爾語	索倫語	鄂倫春語
曾祖	翁古嗎發	額倫察額布格	太爺		
祖父	巴呢音嗎發	圖魯克森額布格	爺爺	爺爺	業業
父	阿嗎	額奇格	阿察	阿瑪	阿米
母	額莫	額格	額沃	額訥	額尼業
兄	阿渾	阿哈	阿卡	阿慶	阿克尼宜
弟	竇	德古	斗	努困	努克尼
姊	額云	額克奇	額克	我克	額克尼
妹	湫	烏欽德古	烏忻斗	烏那吉努困	烏那吉努庫訥

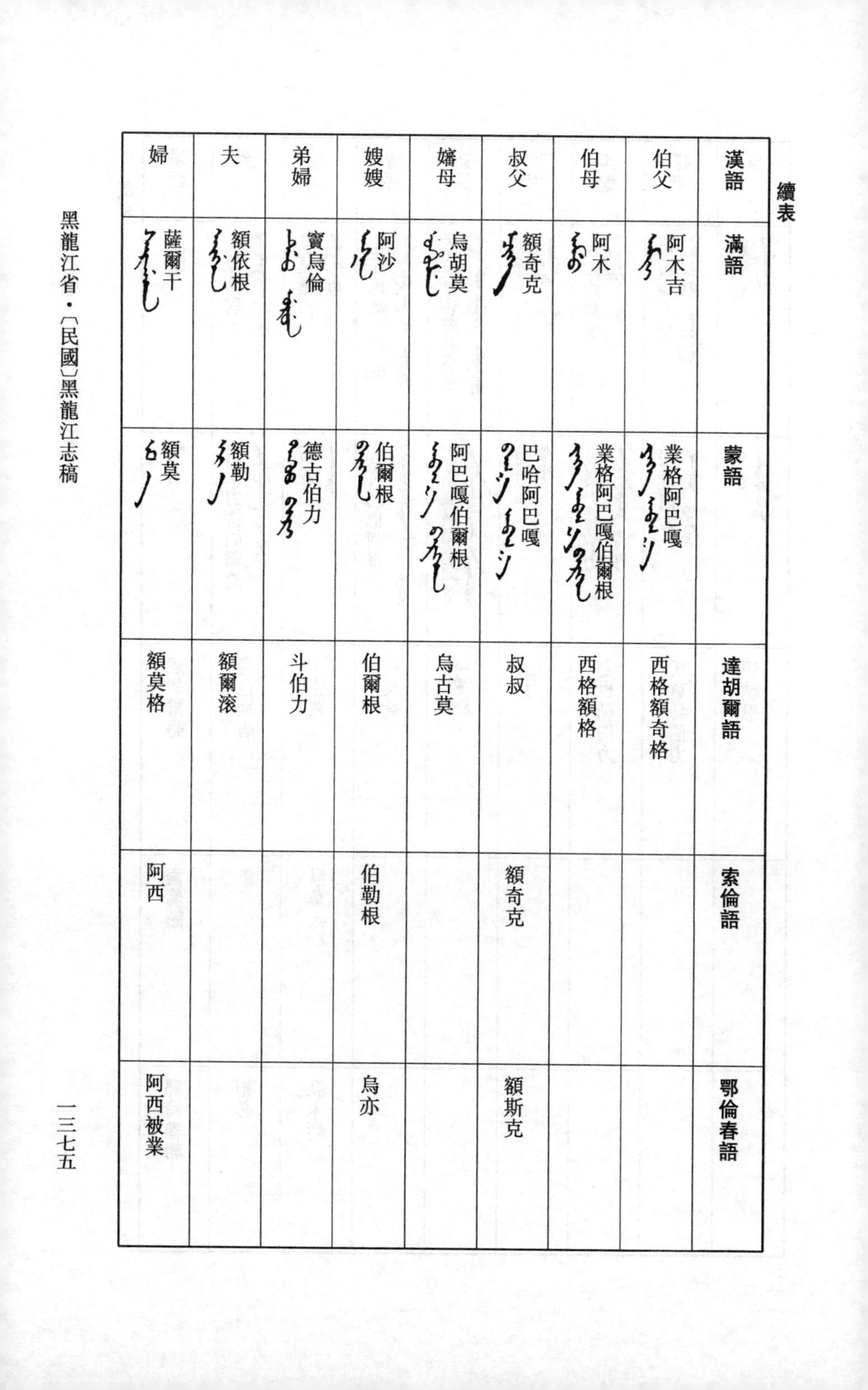

續表

漢語	滿語	蒙語	達胡爾語	索倫語	鄂倫春語
伯父	阿木吉	業格阿巴嘎	西格額奇格		
伯母	阿木	業格阿巴嘎伯爾根	西格額格		
叔父	額奇克	巴哈阿巴嘎	叔叔	額奇克	額斯克
嬸母	烏胡莫	阿巴嘎伯爾根	烏古莫		
嫂嫂	阿沙	伯爾根	伯爾根	伯勒根	烏亦
弟婦	寶烏倫	德古伯力	斗伯力		
夫	額依根	額勒	額爾滾		
婦	薩爾干	額莫	額莫格	阿西	阿西被業

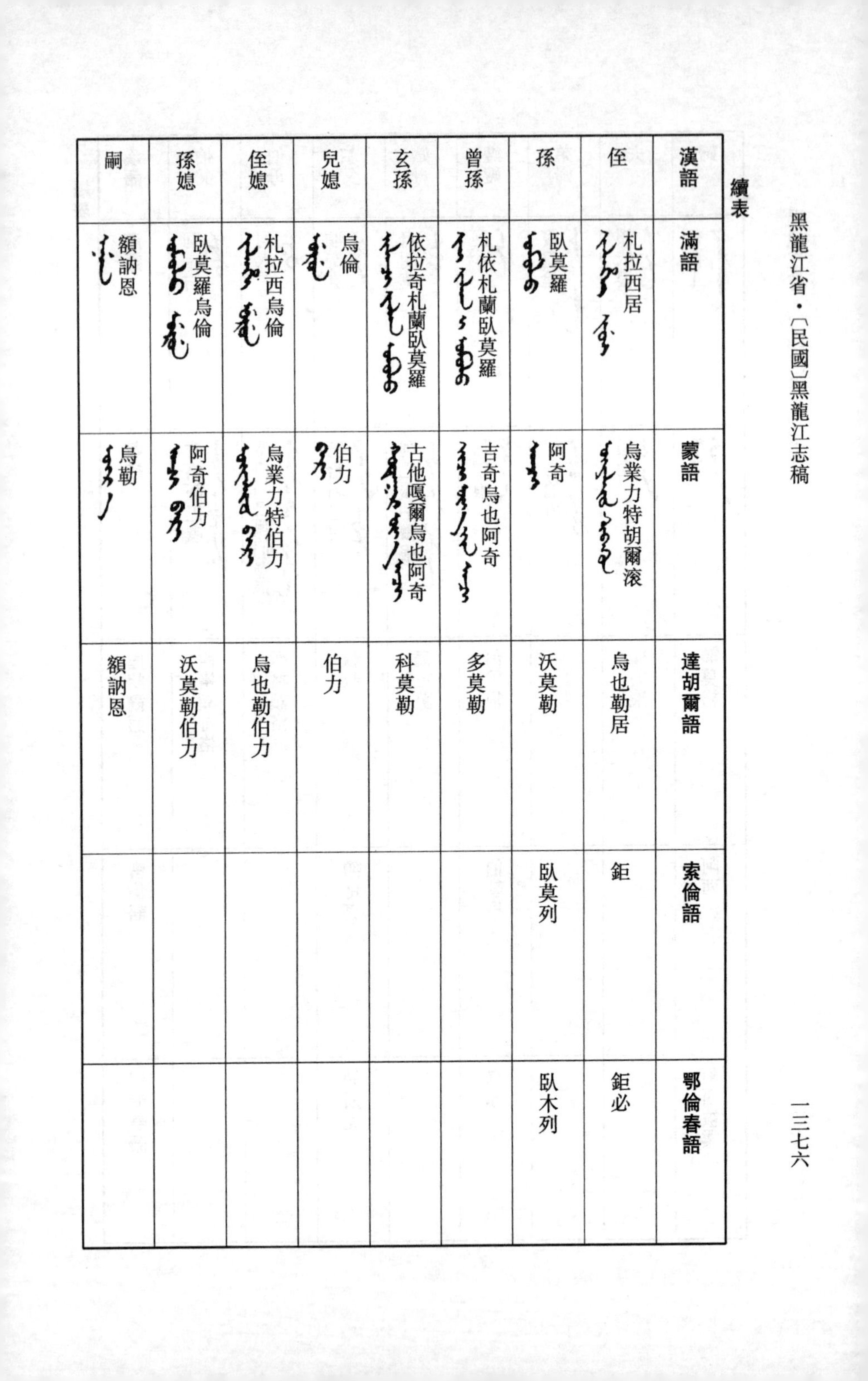

續表

漢語	滿語	蒙語	達胡爾語	索倫語	鄂倫春語
侄	札拉西居	烏業力特胡爾滚	烏也勒居	鉅	鉅必
孫	臥莫羅	阿奇	沃莫勒	臥莫列	臥木列
曾孫	札依札蘭臥莫羅	吉奇烏也阿奇	多莫勒		
玄孫	依拉奇札蘭臥莫羅	古他嘎爾烏也阿奇	科莫勒		
兒媳	烏倫	伯力	伯力		
侄媳	札拉西烏倫	烏業力特伯力	烏也勒伯力		
孫媳	臥莫羅烏倫	阿奇伯力	沃莫勒伯力		
嗣	額訥恩	烏勒	額訥恩		

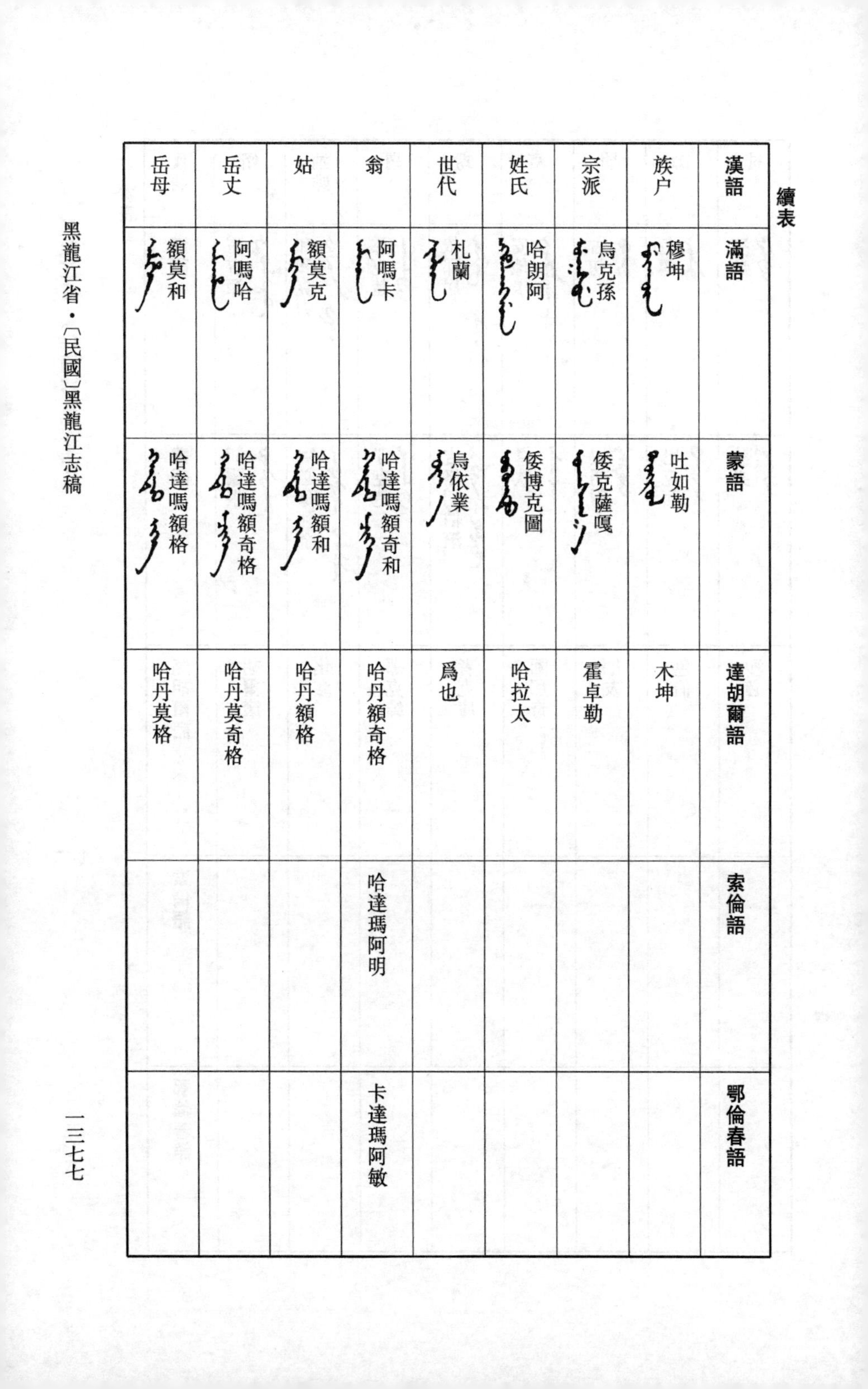

續表

漢語	滿語	蒙語	達胡爾語	索倫語	鄂倫春語
族户	穆坤	吐如勒	木坤		
宗派	烏克孫	倭克薩嘎	霍卓勒		
姓氏	哈朗阿	倭博克圖	哈拉太		
世代	札蘭	烏依業	爲也		
翁	阿嗎卡	哈達嗎額奇和	哈丹額奇格	哈達瑪阿明	卡達瑪阿敏
姑	額莫克	哈達嗎額和	哈丹額格		
岳丈	阿嗎哈	哈達嗎額奇格	哈丹莫奇格		
岳母	額莫和	哈達嗎額格	哈丹莫格		

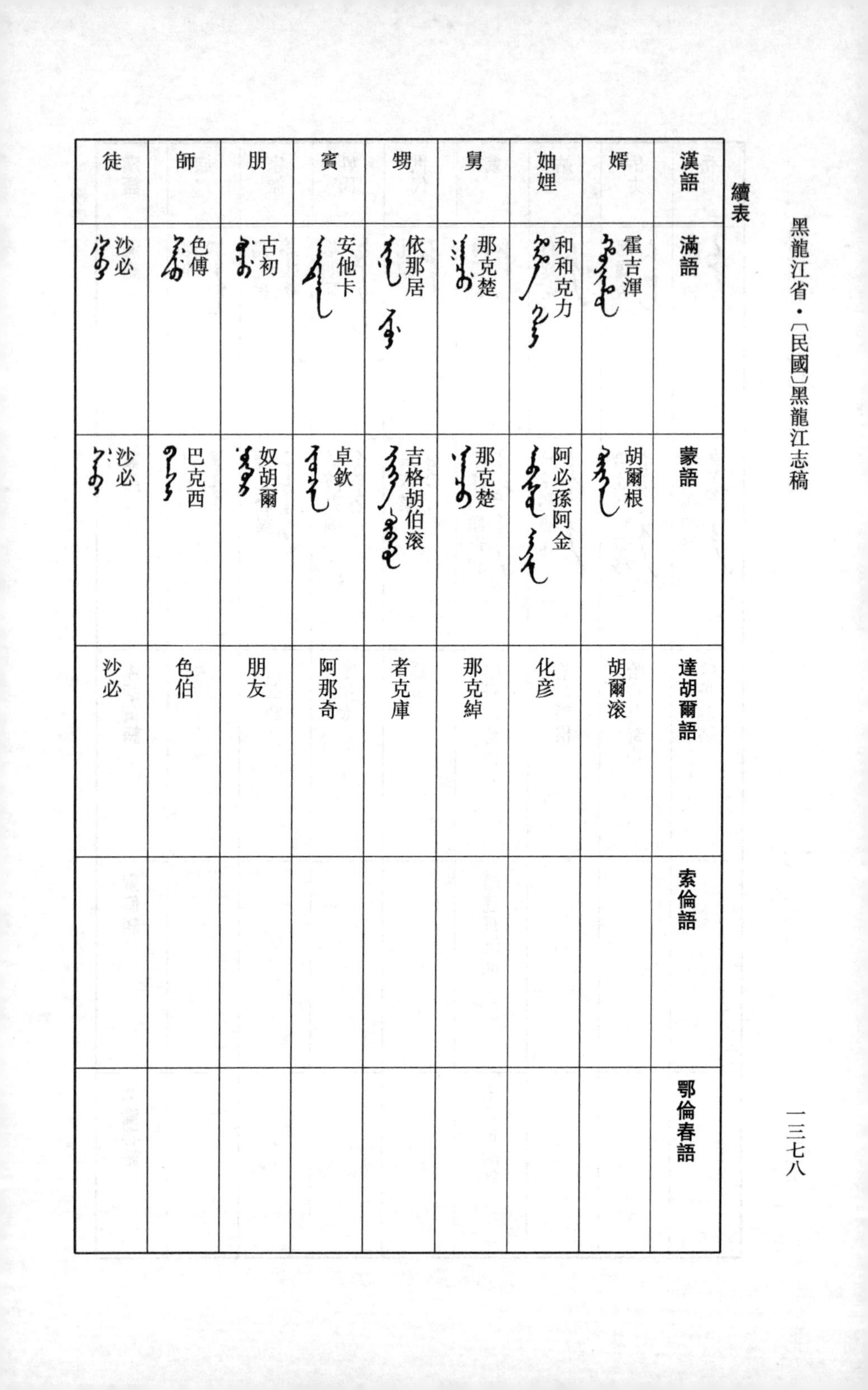

續表

漢語	滿語	蒙語	達胡爾語	索倫語	鄂倫春語
婿	霍吉渾	胡爾根	胡爾滾		
妯娌	和和克力	阿必孫阿金	化彥		
舅	那克楚	那克楚	那克綽		
甥	依那居	吉格胡伯滾	者克庫		
賓	安他卡	卓欽	阿那奇		
朋	古初	奴胡爾	朋友		
師	色傅	巴克西	色伯		
徒	沙必	沙必	沙必		

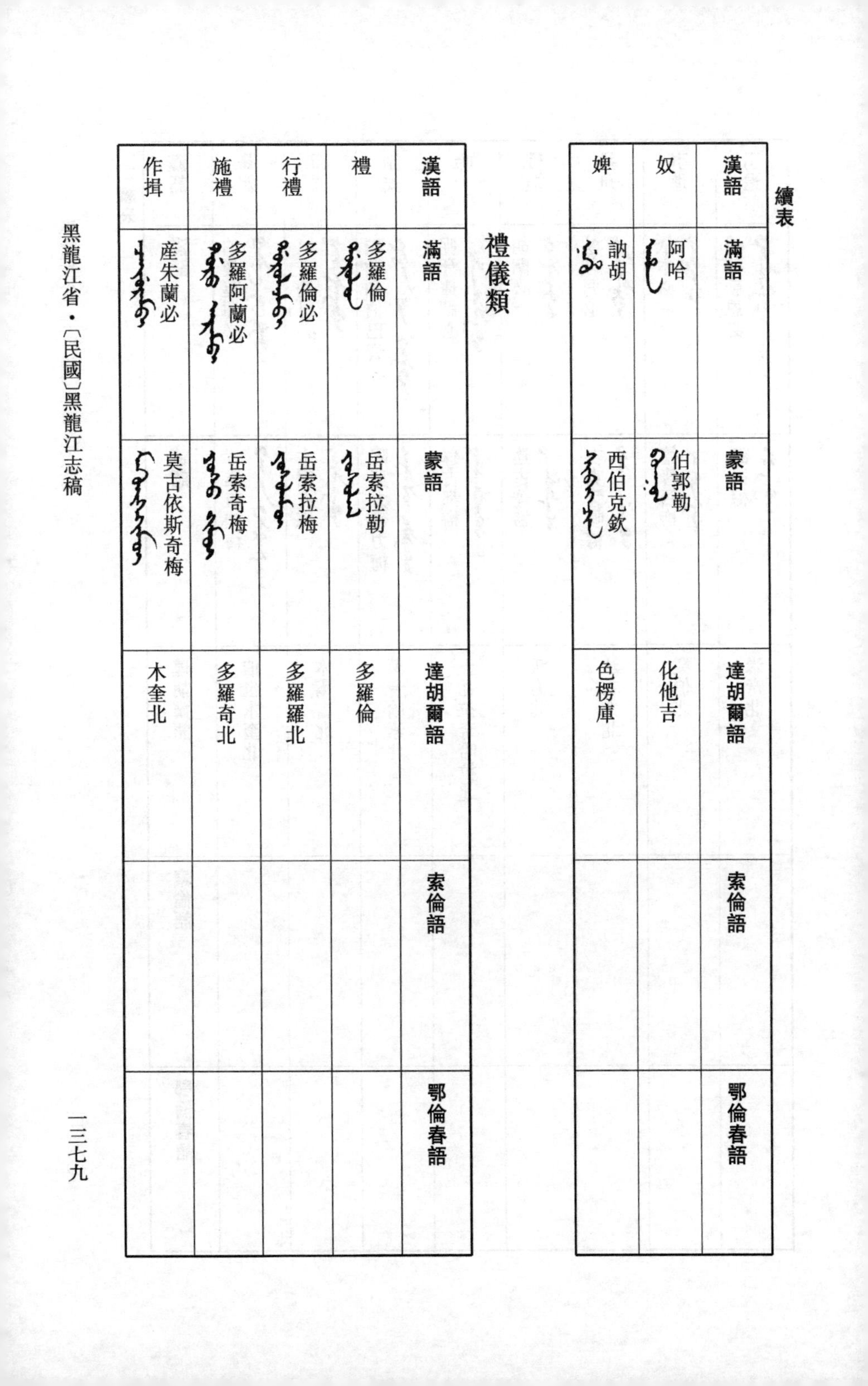

續表

漢語	滿語	蒙語	達胡爾語	索倫語	鄂倫春語
奴	阿哈	伯郭勒	化他吉		
婢	訥胡	西伯克欽	色楞庫		

禮儀類

漢語	滿語	蒙語	達胡爾語	索倫語	鄂倫春語
禮	多羅倫	岳索拉勒	多羅倫		
行禮	多羅倫必	岳索拉梅	多羅羅北		
施禮	多羅阿蘭必	岳索奇梅	多羅奇北		
作揖	產朱蘭必	莫古依斯奇梅	木奎北		

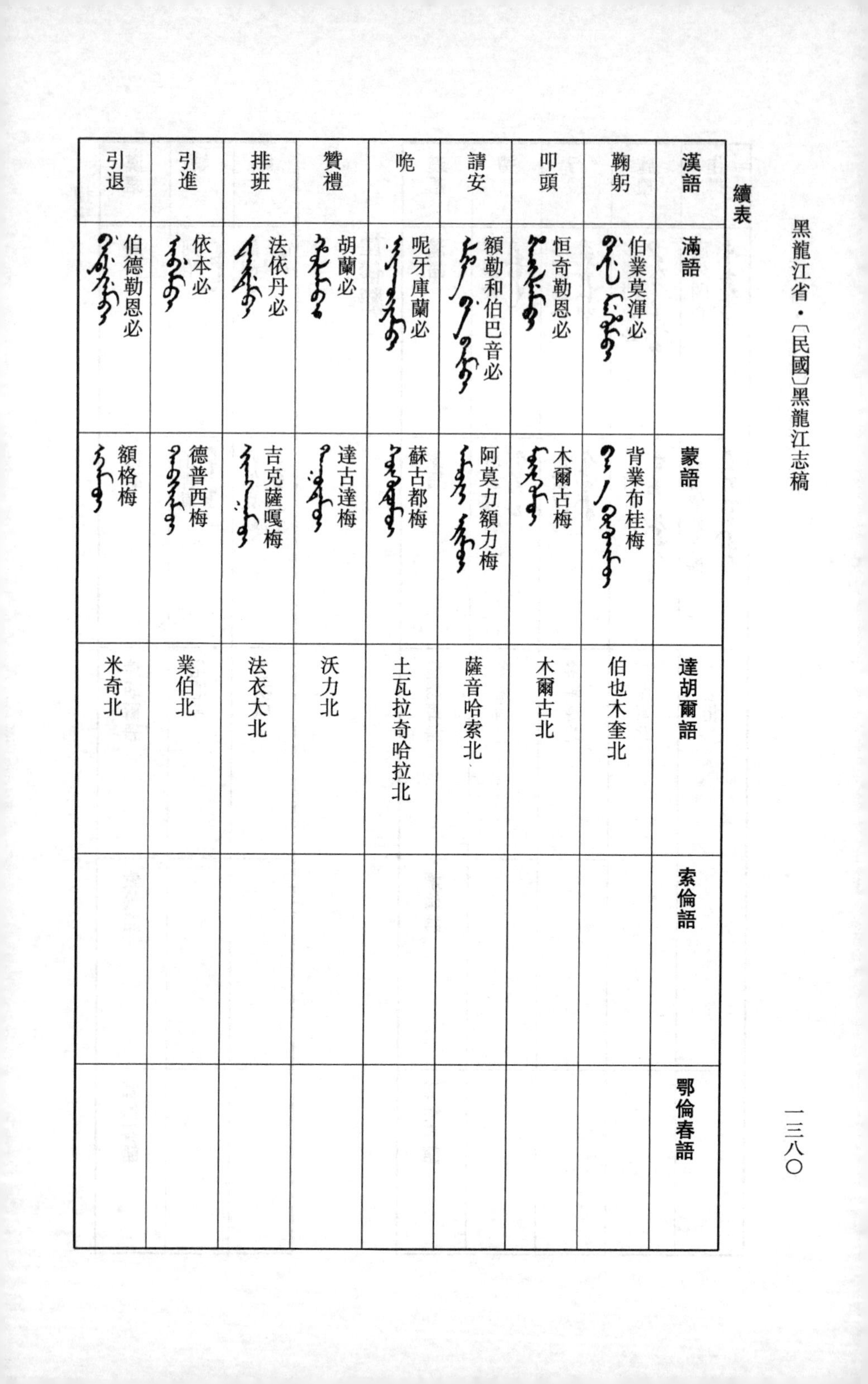

續表

漢語	滿語	蒙語	達胡爾語	索倫語	鄂倫春語
鞠躬	伯業莫渾必	背業布桂梅	伯也木奎北		
叩頭	恒奇勒恩必	木爾古梅	木爾古北		
請安	額勒和伯巴音必	阿莫力額力梅	薩音哈索北		
唵	呢牙庫蘭必	蘇古都梅	土瓦拉奇哈拉北		
贊禮	胡蘭必	達古達梅	沃力北		
排班	法依丹必	吉克薩嘎梅	法衣大北		
引進	依本必	德普西梅	業伯北		
引退	伯德勒恩必	額格梅	米奇北		

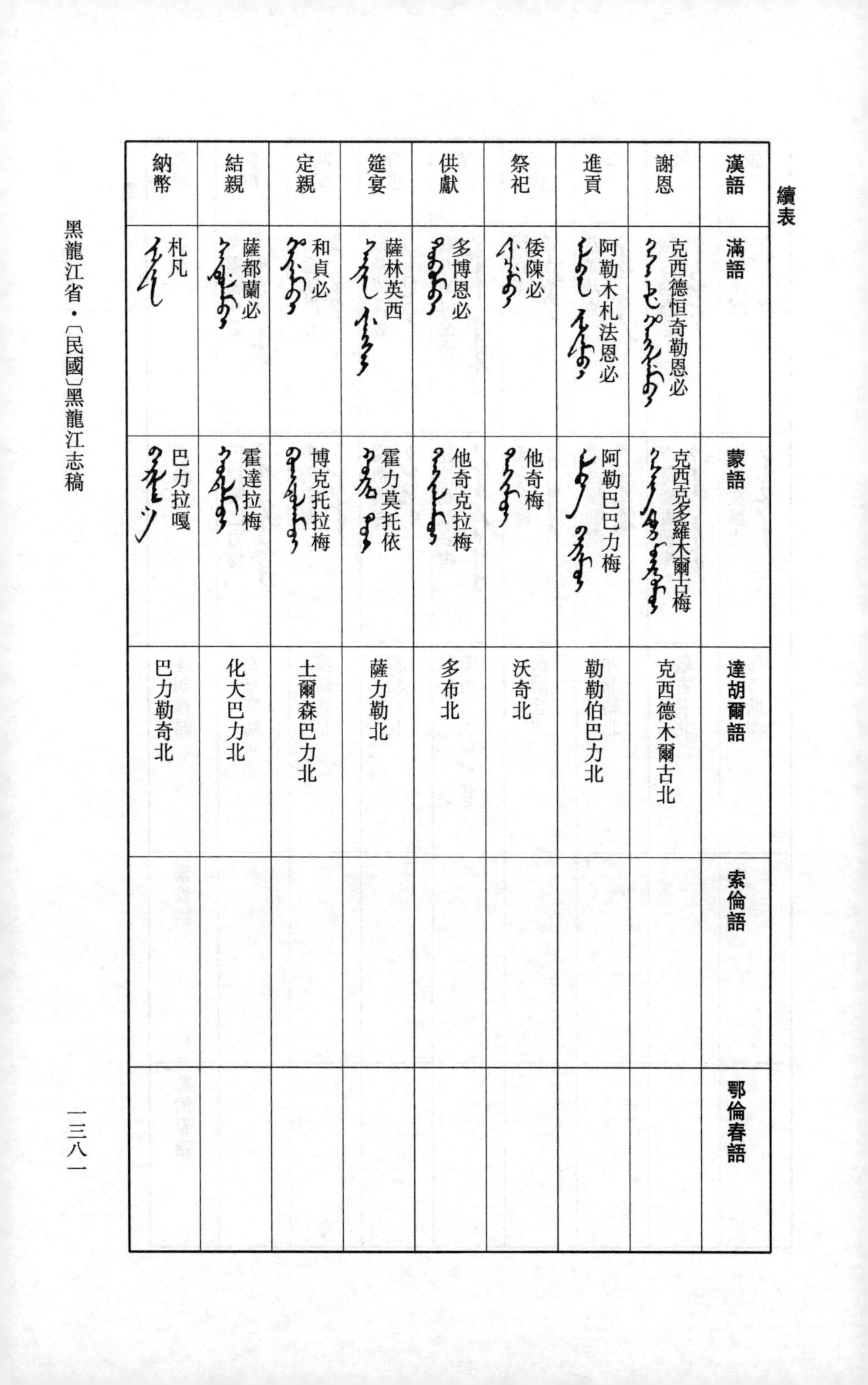

續表

漢語	滿語	蒙語	達胡爾語	索倫語	鄂倫春語
謝恩	克西德恒奇勒恩必	克西克多羅木爾古梅	克西德木爾古北		
進貢	阿勒木札法恩必	阿勒巴巴力梅	勒勒伯巴力北		
祭祀	倭陳必	他奇梅	沃奇北		
供獻	多博恩必	他奇克拉梅	多布北		
筵宴	薩林英西	霍力莫托依	薩力勒北		
定親	和貞必	博克托拉梅	土爾森巴力北		
結親	薩都蘭必	霍達拉梅	化大巴力北		
納幣	札凡	巴力拉嘎	巴力勒奇北		

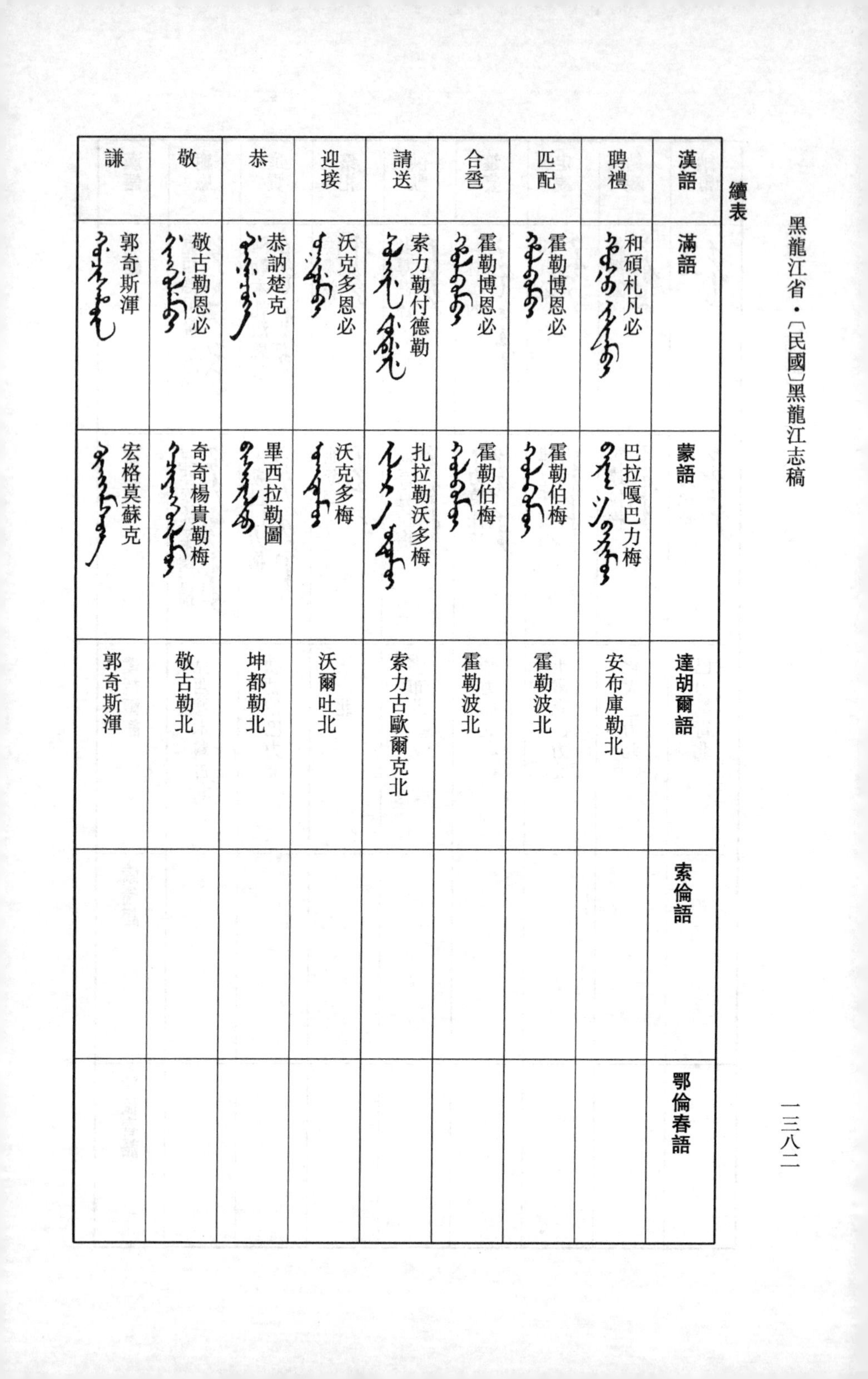

續表

漢語	滿語	蒙語	達胡爾語	索倫語	鄂倫春語
聘禮	和碩札凡必	巴拉嘎巴力梅	安布庫勒北		
匹配	霍勒博恩必	霍勒伯梅	霍勒波北		
合巹	霍勒博恩必	霍勒伯梅	霍勒波北		
請送	索力勒付德勒	扎拉勒沃多梅	索力古歐爾克北		
迎接	沃克多恩必	沃克多梅	沃爾吐北		
恭	恭訥楚克	畢西拉勒圖	坤都勒北		
敬	敬古勒恩必	奇奇楊貴勒梅	敬古勒北		
謙	郭奇斯渾	宏格莫蘇克	郭奇斯渾		

續表

漢語	滿語	蒙語	達胡爾語	索倫語	鄂倫春語
讓	阿那渾占必	那依爾他勒必梅	阿那渾吉北		
孝喪	西那干	伯勒伯索拉勒	西那吉		
入殮	特布莫必	阿巴薩拉梅	特北		
出殯	圖奇布莫必	嘎爾嘎梅	生爾生北		
下葬	布爾欽必	布爾奇梅	布爾奇北		
丁艱	西那嘎蘭必	伯勒巴索拉果羅梅	西那吉勒北		
守制	西那嘎蘭必	伯勒巴索拉果羅梅	西那吉勒北		
祭掃	札蘭必				

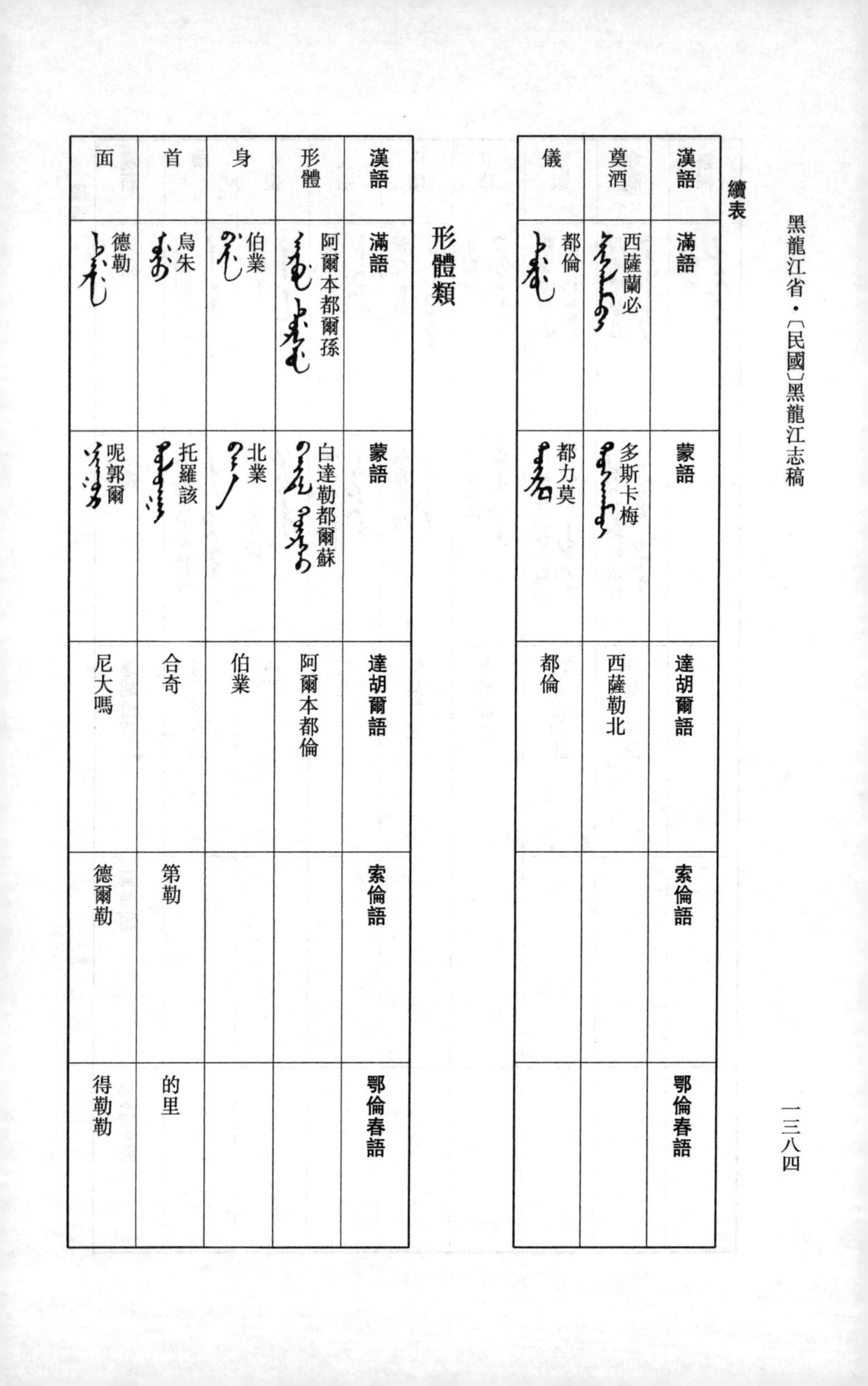

續表

漢語	滿語	蒙語	達胡爾語	索倫語	鄂倫春語
奠酒	西薩蘭必	多斯卡梅	西薩勒北		
儀	都倫	都力莫	都倫		

形體類

漢語	滿語	蒙語	達胡爾語	索倫語	鄂倫春語
形體	阿爾本都爾孫	白達勒都爾蘇	阿爾本都倫		
身	伯業	北業	伯業		
首	烏朱	托羅該	合奇	第勒	的里
面	德勒	呢郭爾	尼大嗎	德爾勒	得勒勒

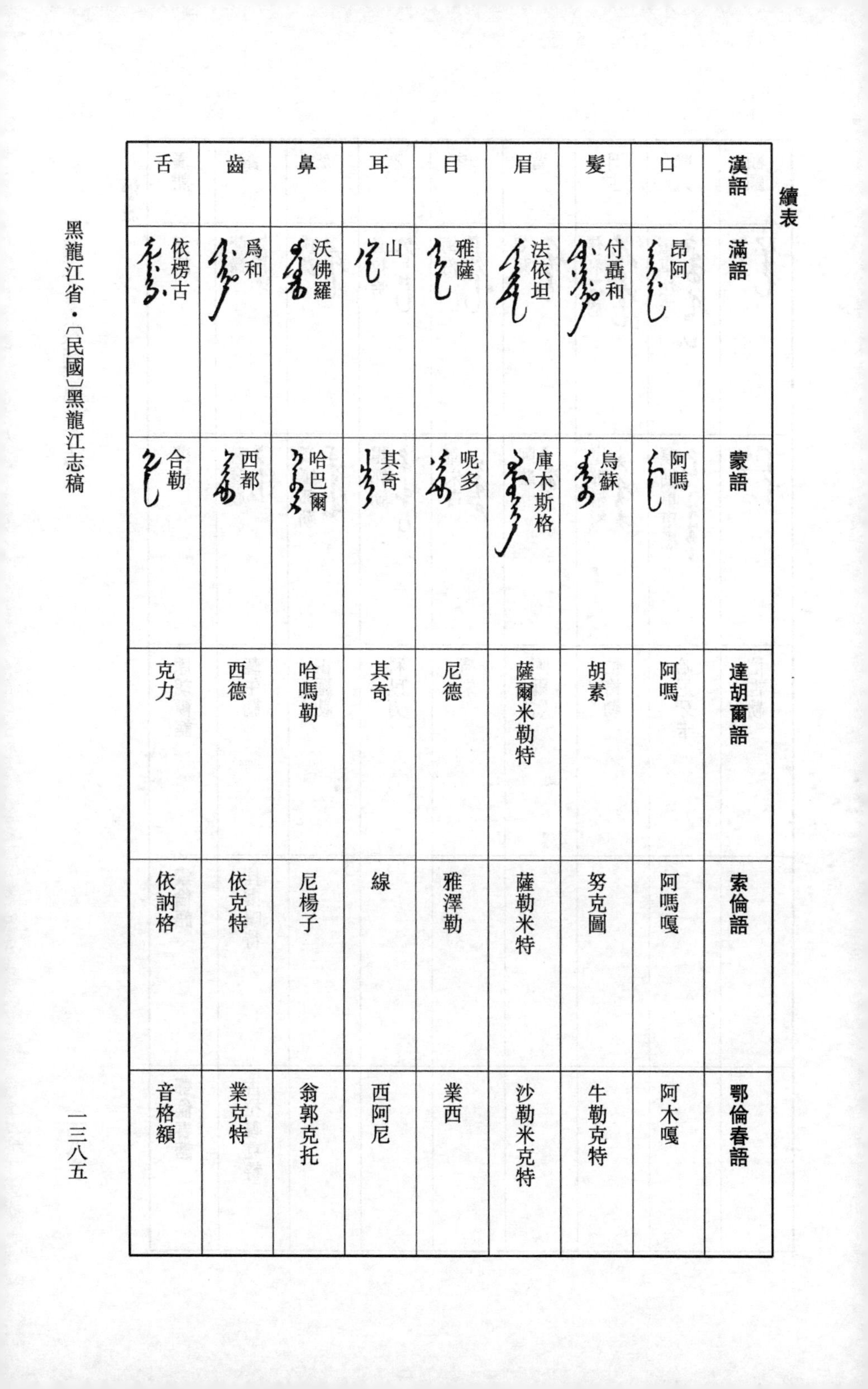

續表

漢語	滿語	蒙語	達胡爾語	索倫語	鄂倫春語
口	昂阿	阿嗎	阿嗎	阿嗎嘎	阿木嘎
髮	付聶和	烏蘇	胡素	努克圖	牛勒克特
眉	法依坦	庫木斯格	薩爾米勒特	薩勒米特	沙勒米克特
目	雅薩	呢多	尼德	雅澤勒	業西
耳	山	其奇	其奇	線	西阿尼
鼻	沃佛羅	哈巴爾	哈嗎勒	尼楊子	翁郭克托
齒	爲和	西都	西德	依克特	業克特
舌	依楞古	合勒	克力	依訥格	音格額

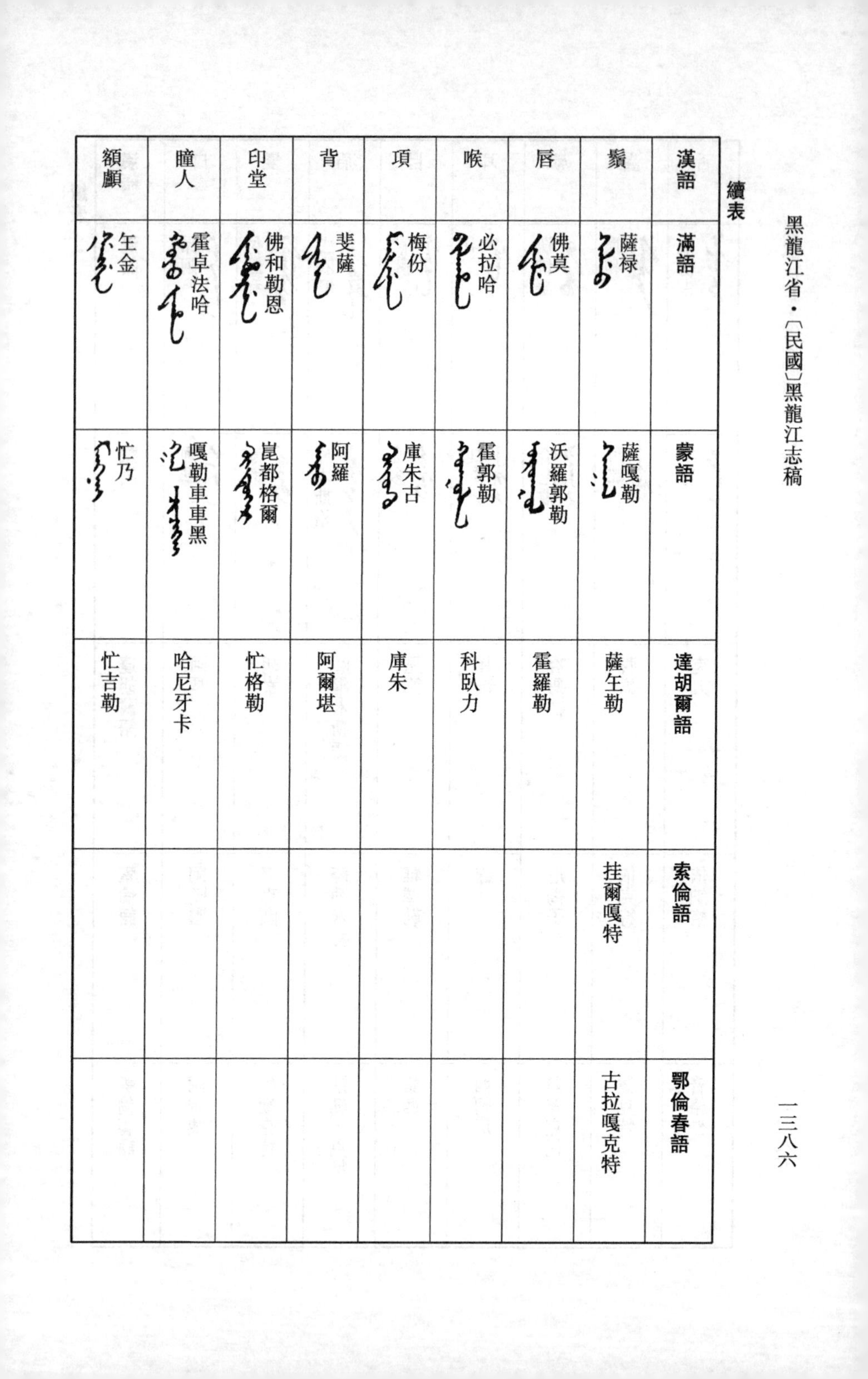

續表

漢語	滿語	蒙語	達胡爾語	索倫語	鄂倫春語
鬚	薩祿	薩嘎勒	薩乍勒	挂爾嘎特	古拉嘎克特
唇	佛莫	沃羅郭勒	霍羅勒		
喉	必拉哈	霍郭勒	科臥力		
項	梅份	庫朱古	庫朱		
背	斐薩	阿羅	阿爾堪		
印堂	佛和勒恩	崑都格爾	忙格勒		
瞳人	霍卓法哈	嘎勒車車黑	哈尼牙卡		
額顱	乍金	忙乃	忙吉勒		

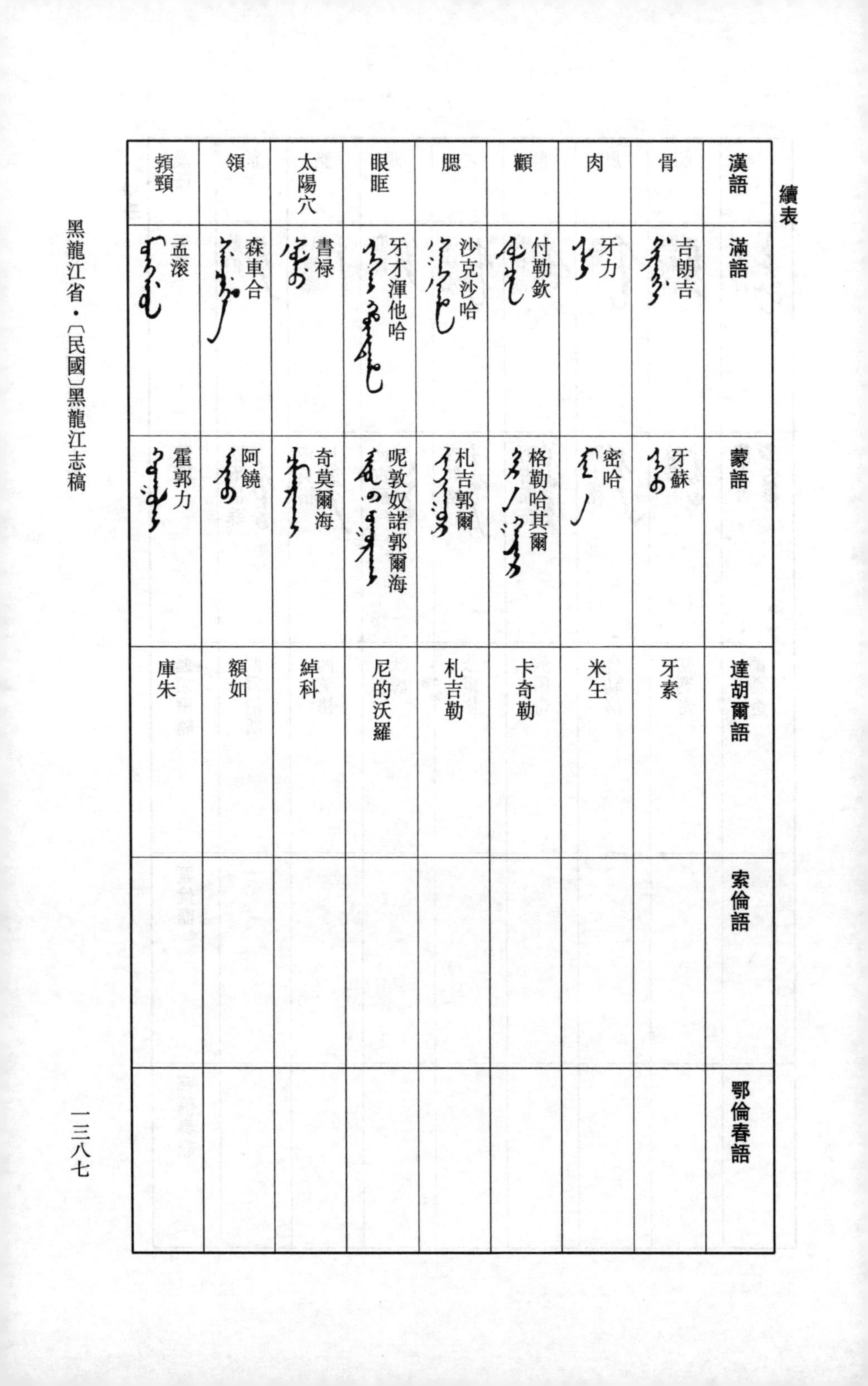

漢語	滿語	蒙語	達胡爾語	索倫語	鄂倫春語
骨	吉朗吉	牙蘇	牙素		
肉	牙力	密哈	米生		
顴	付勒欽	格勒哈其爾	卡奇勒		
腮	沙克沙哈	札吉郭爾	札吉勒		
眼眶	牙才渾他哈	呢敦奴諾郭爾海	尼的沃羅		
太陽穴	書祿	奇莫爾海	綽科		
領	森車合	阿饒	額如		
頦頸	孟滚	霍郭力	庫朱		

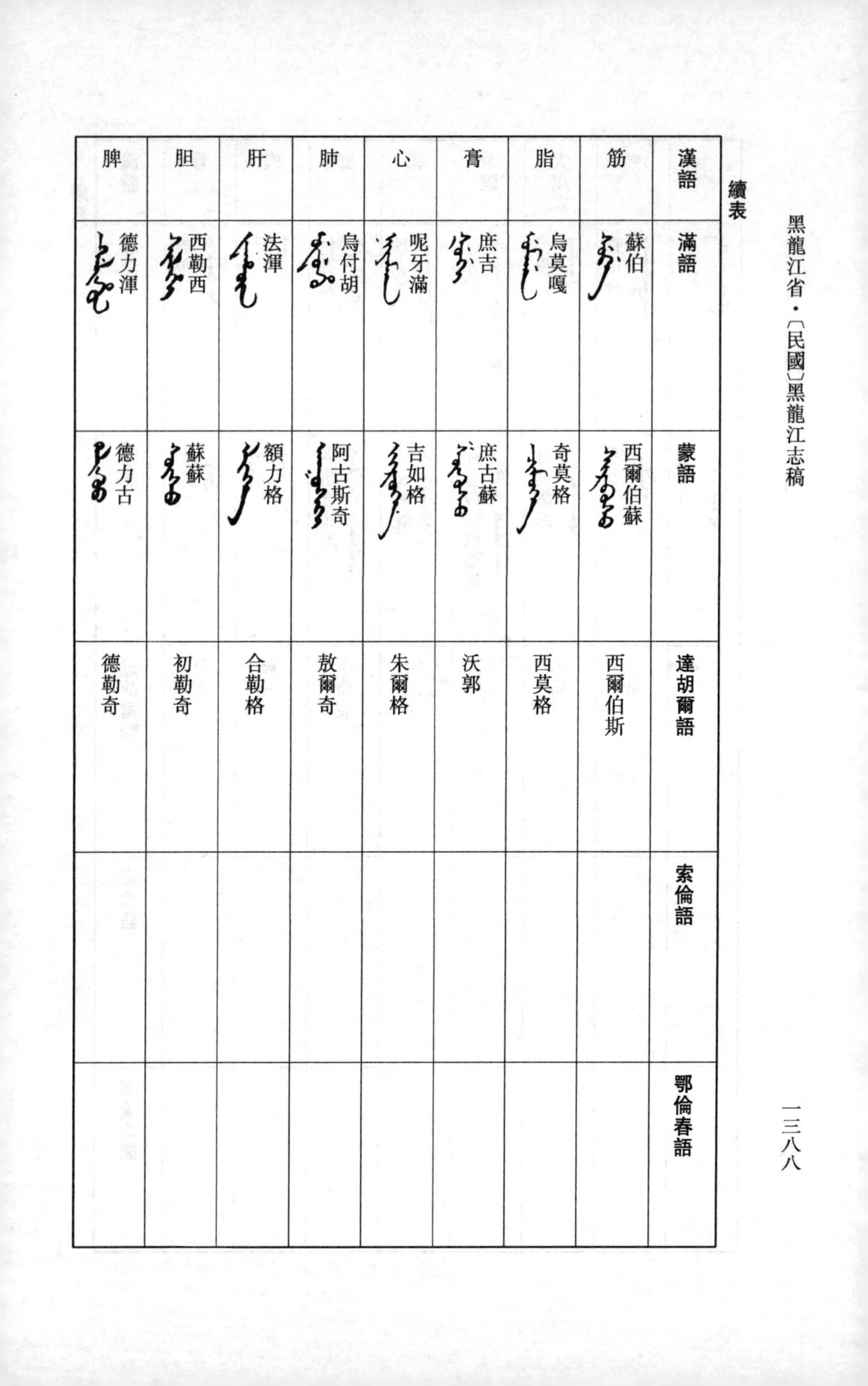

續表

漢語	滿語	蒙語	達胡爾語	索倫語	鄂倫春語
筋	蘇伯	西爾伯蘇	西爾伯斯		
脂	烏莫嘎	奇莫格	西莫格		
膏	庶吉	庶古蘇	沃郭		
心	呢牙滿	吉如格	朱爾格		
肺	烏付胡	阿古斯奇	敖爾奇		
肝	法渾	額力格	合勒格		
胆	西勒西	蘇蘇	初勒奇		
脾	德力渾	德力古	德勒奇		

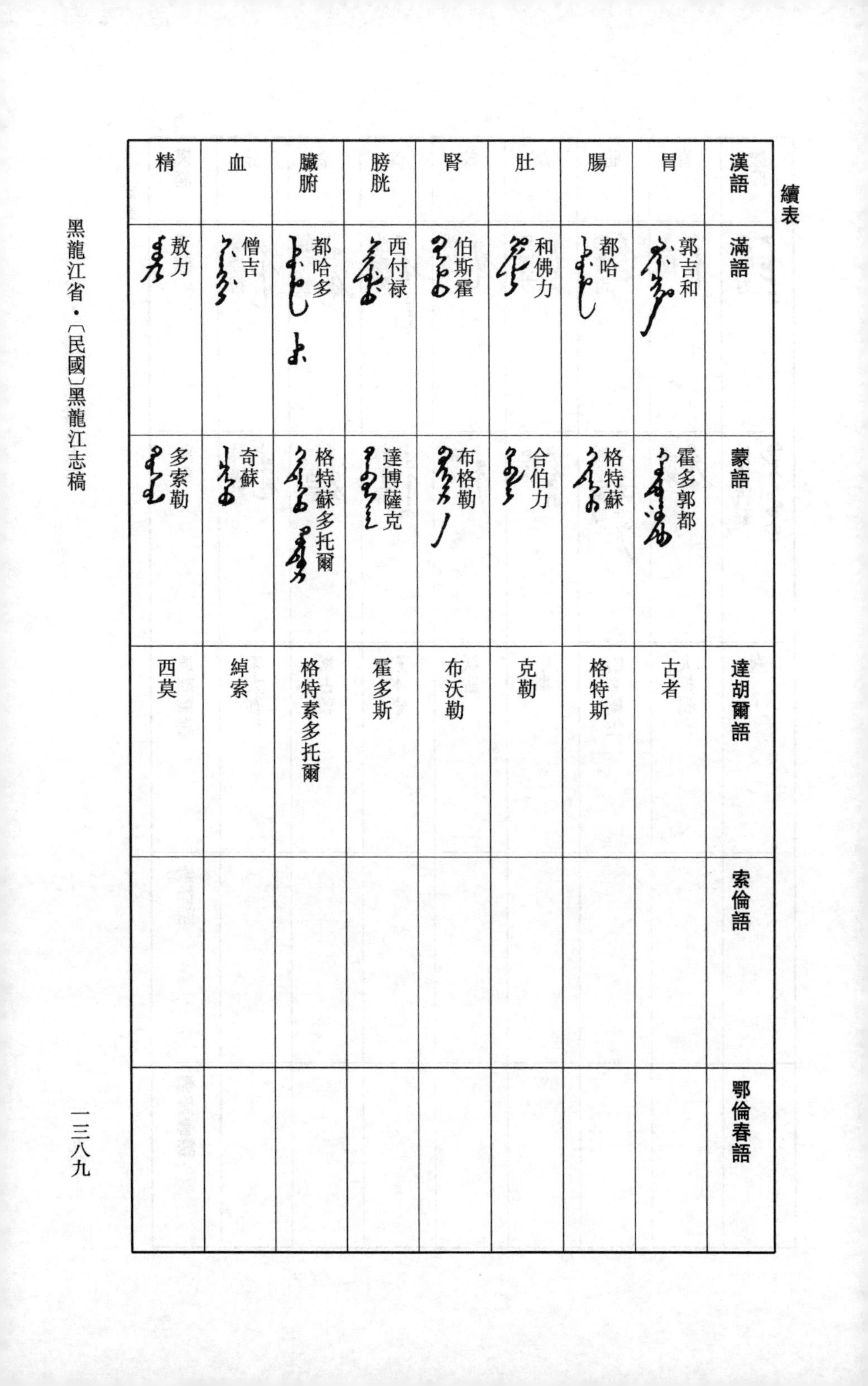

續表

漢語	滿語	蒙語	達胡爾語	索倫語	鄂倫春語
胃	郭吉和	霍多郭都	古者		
腸	都哈	格特蘇	格特斯		
肚	和佛力	合伯力	克勒		
腎	伯斯霍	布格勒	布沃勒		
膀胱	西付禄	達博薩克	霍多斯		
臟腑	都哈多	格特蘇多托爾	格特素多托爾		
血	僧吉	奇蘇	綽索		
精	敖力	多索勒	西莫		

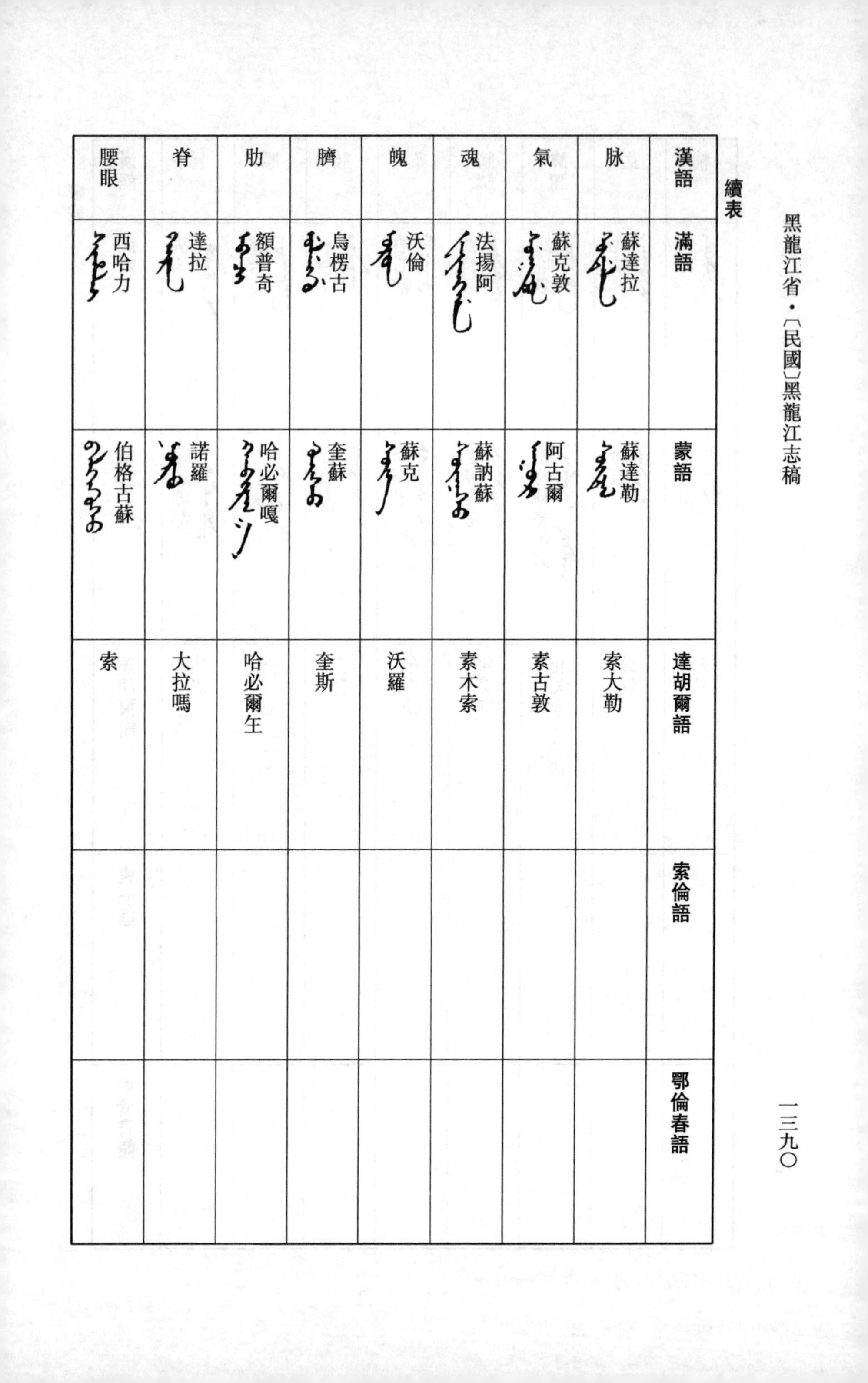

續表

漢語	滿語	蒙語	達胡爾語	索倫語	鄂倫春語
脉	蘇達拉	蘇達勒	索大勒		
氣	蘇克敦	阿古爾	素古敦		
魂	法揚阿	蘇訥蘇	素木索		
魄	沃倫	蘇克	沃羅		
臍	烏楞古	奎蘇	奎斯		
肋	額普奇	哈必爾嘎	哈必爾乍		
脊	達拉	諾羅	大拉嗎		
腰眼	西哈力	伯格古蘇	索		

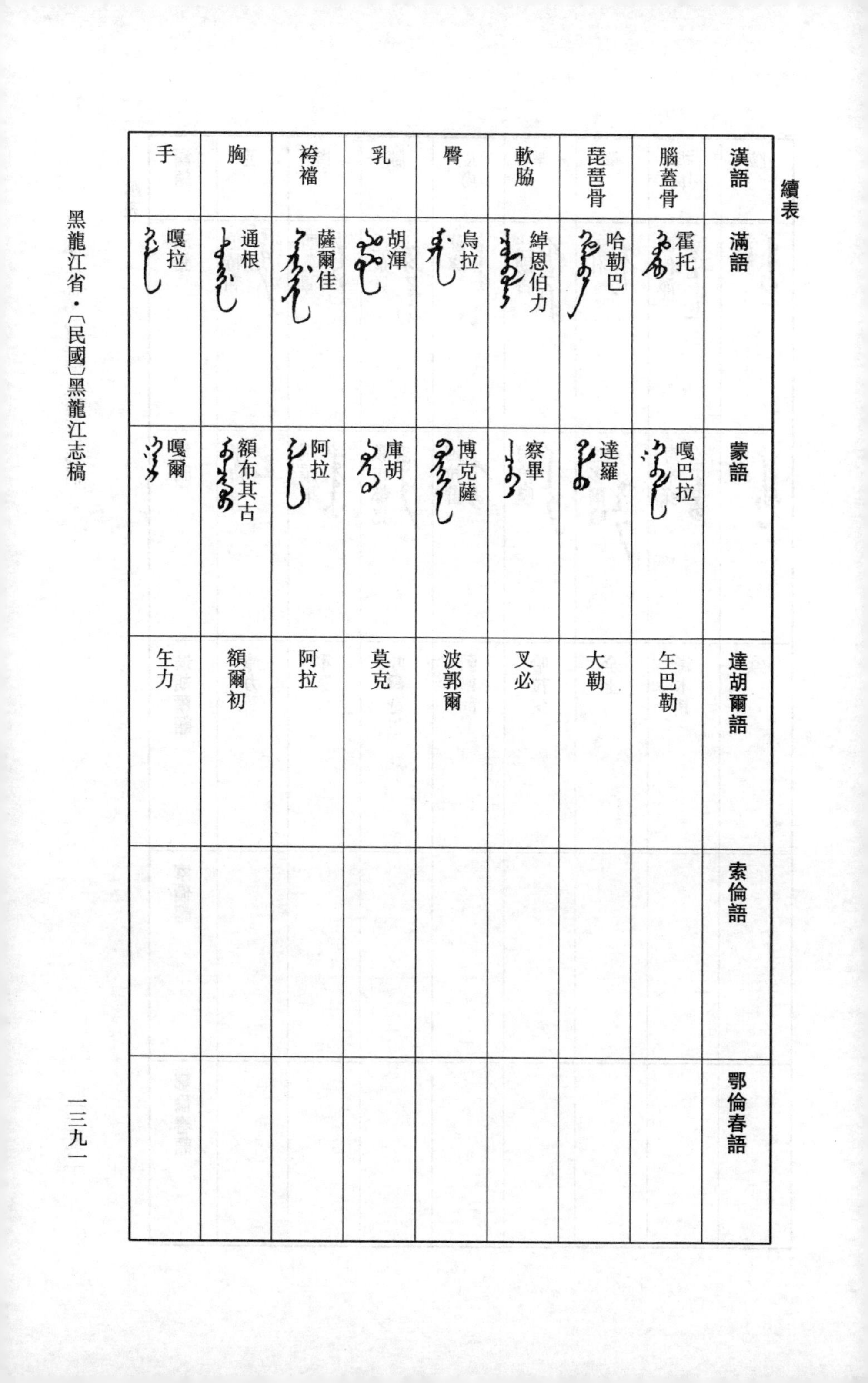

續表

漢語	滿語	蒙語	達胡爾語	索倫語	鄂倫春語
腦蓋骨	霍托	嘎巴拉	乍巴勒		
琵琶骨	哈勒巴	達羅	大勒		
軟脇	綽恩伯力	察畢	叉必		
臀	烏拉	博克薩	波郭爾		
乳	胡渾	庫胡	莫克		
袴襠	薩爾佳	阿拉	阿拉		
胸	通根	額布其古	額爾初		
手	嘎拉	嘎爾	乍力		

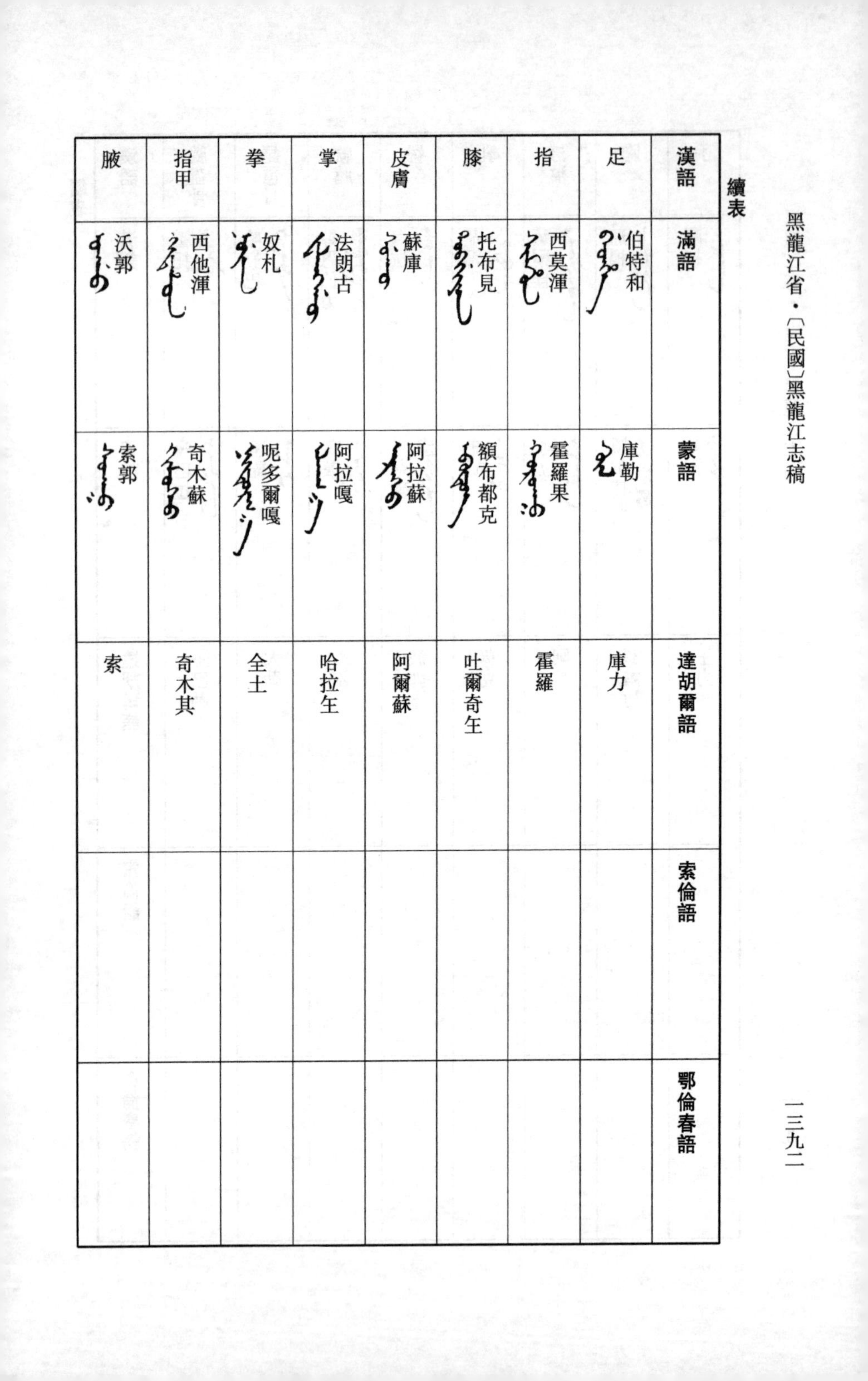

續表

漢語	滿語	蒙語	達胡爾語	索倫語	鄂倫春語
足	伯特和	庫勒	庫力		
指	西莫渾	霍羅果	霍羅		
膝	托布見	額布都克	吐爾奇乍		
皮膚	蘇庫	阿拉蘇	阿爾蘇		
掌	法朗古	阿拉嘎	哈拉乍		
拳	奴札	呢多爾嘎	全土		
指甲	西他渾	奇木蘇	奇木其		
腋	沃郭	索郭	索		

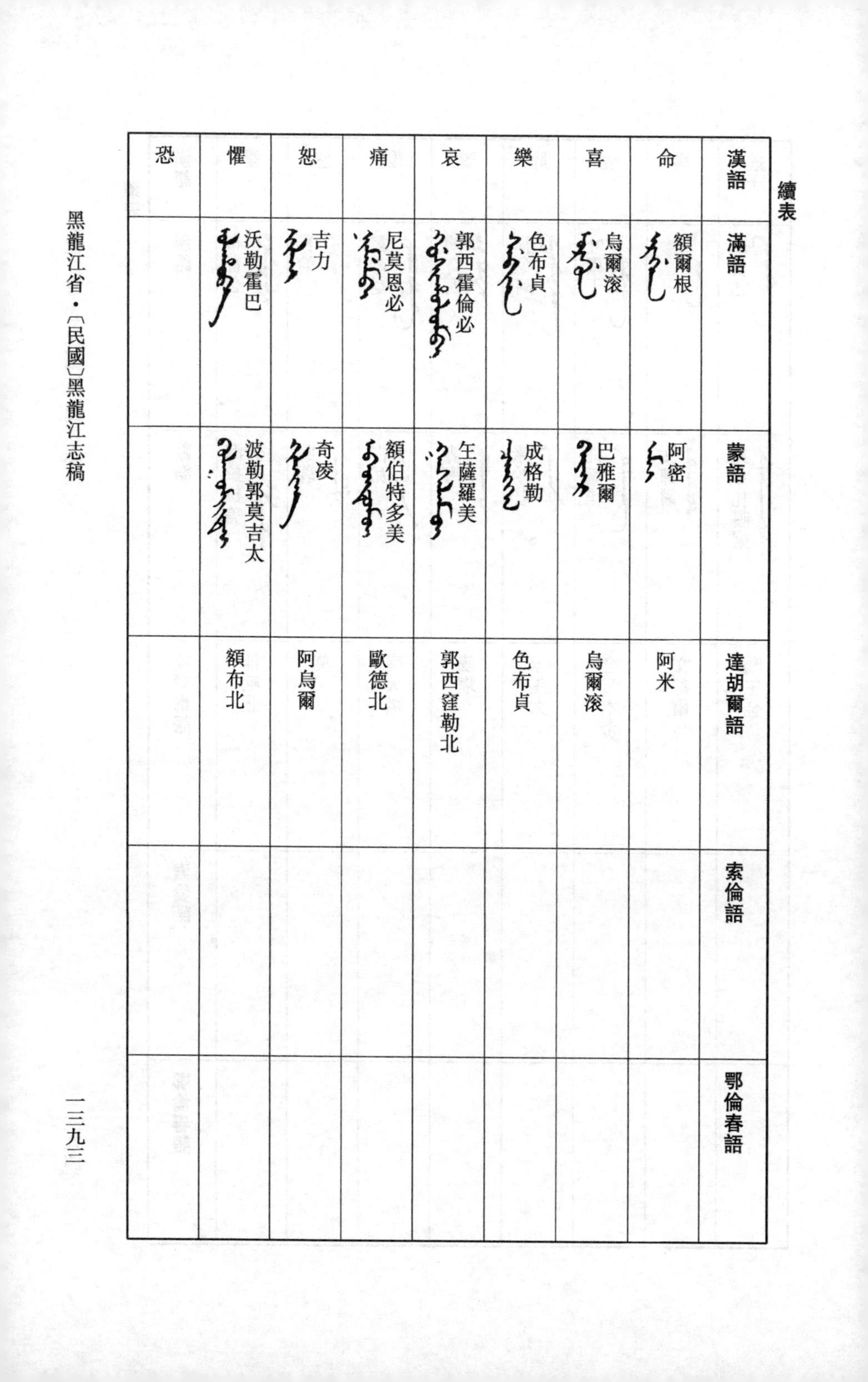

續表

漢語	滿語	蒙語	達胡爾語	索倫語	鄂倫春語
命	額爾根	阿密	阿米		
喜	烏爾滾	巴雅爾	烏爾滾		
樂	色布貞	成格勒	色布貞		
哀	郭西霍倫必	乍薩羅美	郭西窪勒北		
痛	尼莫恩必	額伯特多美	歐德北		
恕	吉力	奇凌	阿烏爾		
懼	沃勒霍巴	波勒郭莫吉太	額布北		
恐					

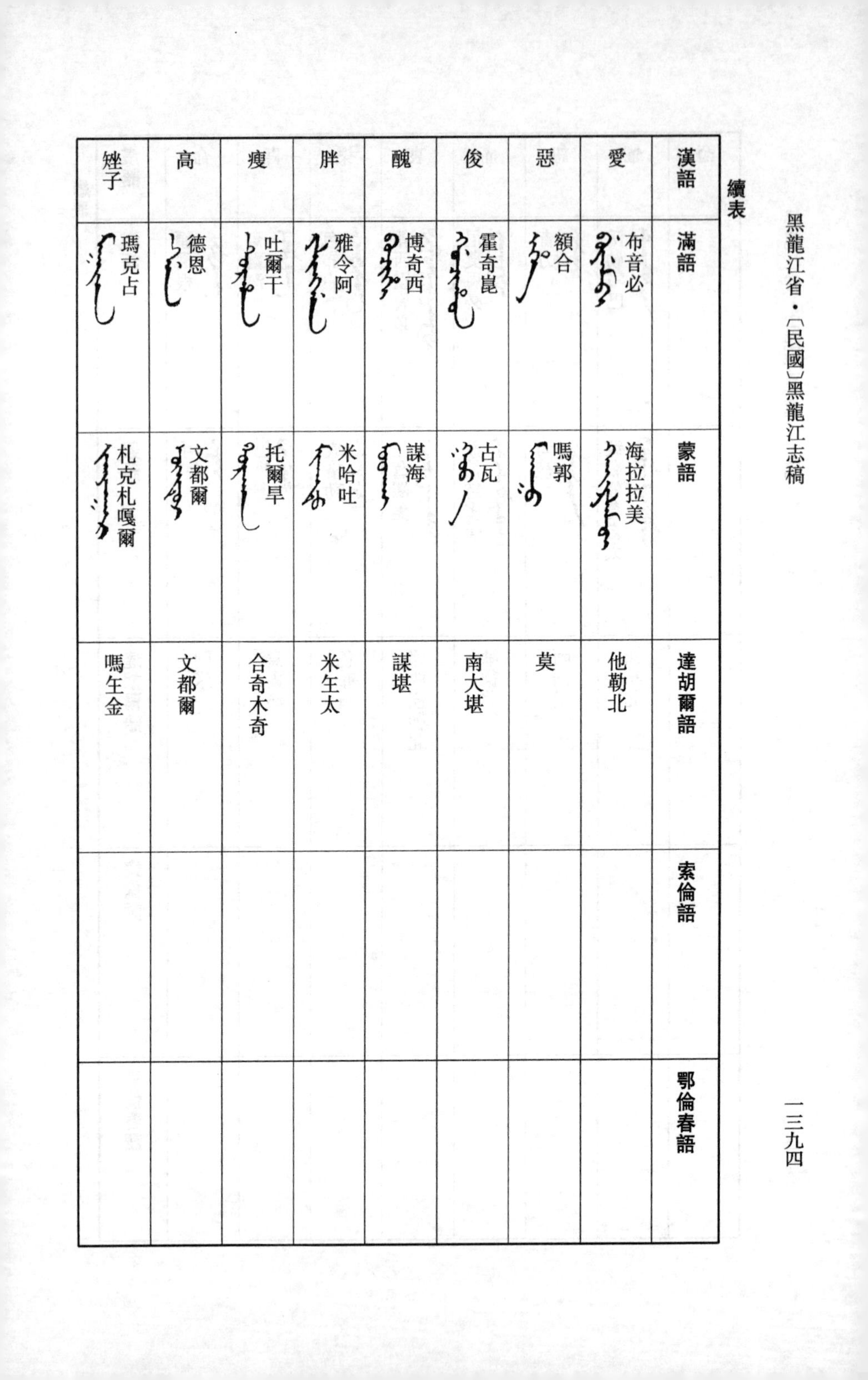

續表

漢語	滿語	蒙語	達胡爾語	索倫語	鄂倫春語
愛	布音必	海拉拉美	他勒北		
惡	額合	嗎郭	莫		
俊	霍奇崑	古瓦	南大堪		
醜	博奇西	謀海	謀堪		
胖	雅令阿	米哈吐	米乍太		
瘦	吐爾干	托爾旱	合奇木奇		
高	德恩	文都爾	文都爾		
矬子	瑪克占	札克札嘎爾	嗎乍金		

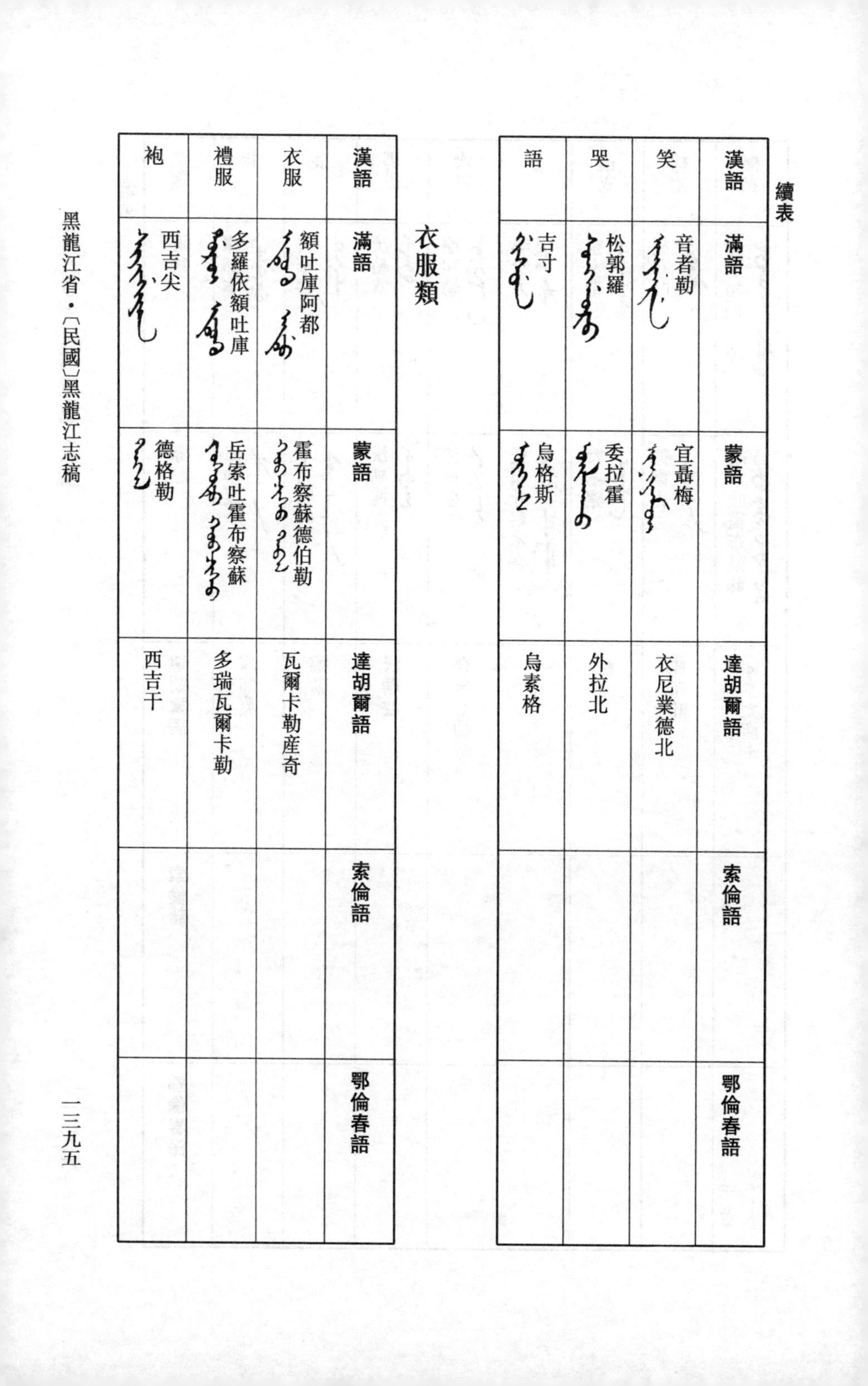

續表

漢語	滿語	蒙語	達胡爾語	索倫語	鄂倫春語
笑	音者勒	宜聶梅	衣尼業德北		
哭	松郭羅	委拉霍	外拉北		
語	吉寸	烏格斯	烏素格		

衣服類

漢語	滿語	蒙語	達胡爾語	索倫語	鄂倫春語
衣服	額吐庫阿都	霍布察蘇德伯勒	瓦爾卡勒産奇		
禮服	多羅依額吐庫	岳索吐霍布察蘇	多瑞瓦爾卡勒		
袍	西吉尖	德格勒	西吉干		

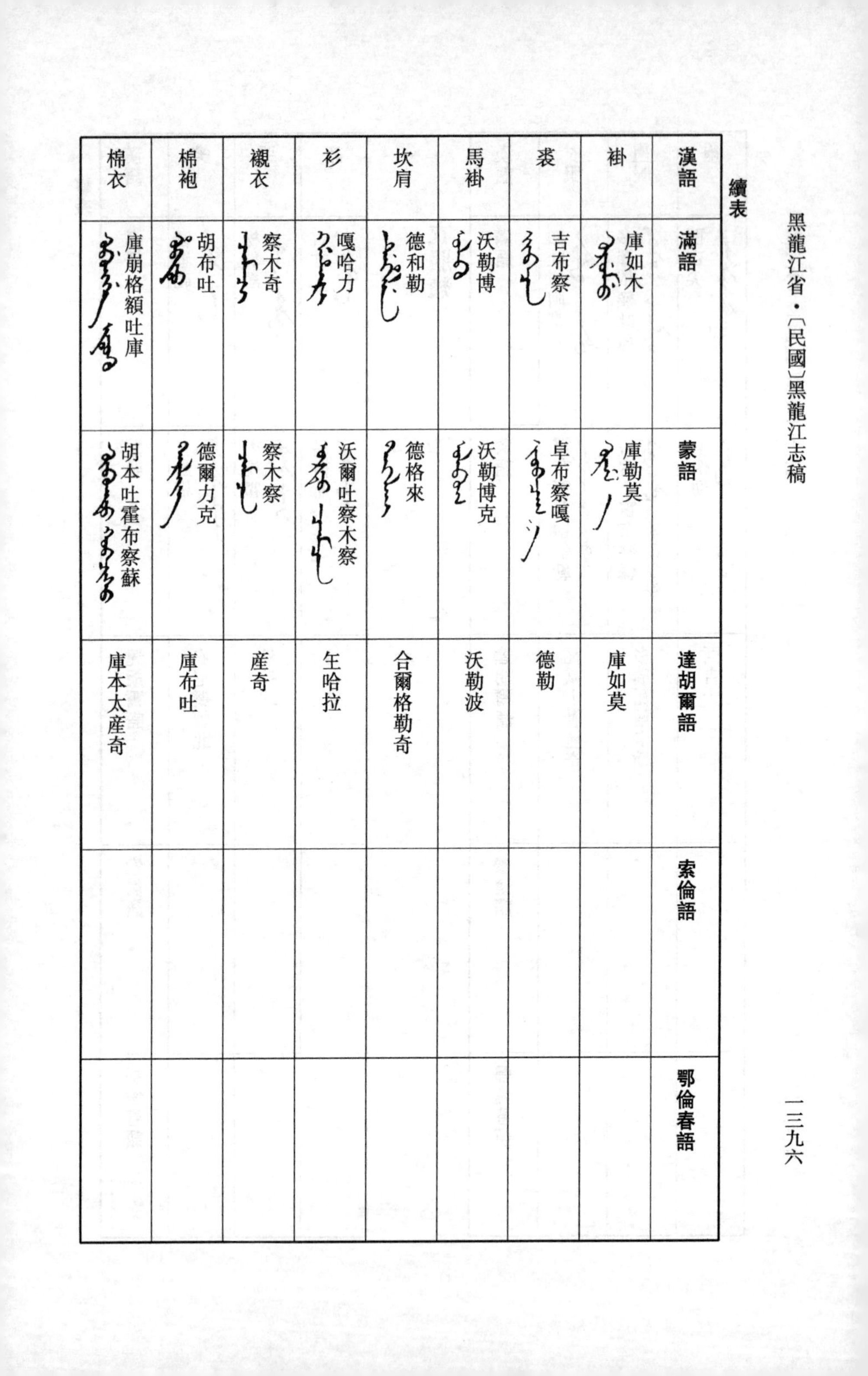

續表

漢語	滿語	蒙語	達胡爾語	索倫語	鄂倫春語
褂	庫如木	庫勒莫	庫如莫		
裘	吉布察	卓布察嘎	德勒		
馬褂	沃勒博	沃勒博克	沃勒波		
坎肩	德和勒	德格來	合爾格勒奇		
衫	嘎哈力	沃爾吐察木察	乍哈拉		
襯衣	察木奇	察木察	産奇		
棉袍	胡布吐	德爾力克	庫布吐		
棉衣	庫崩格額吐庫	胡本吐霍布察蘇	庫本太産奇		

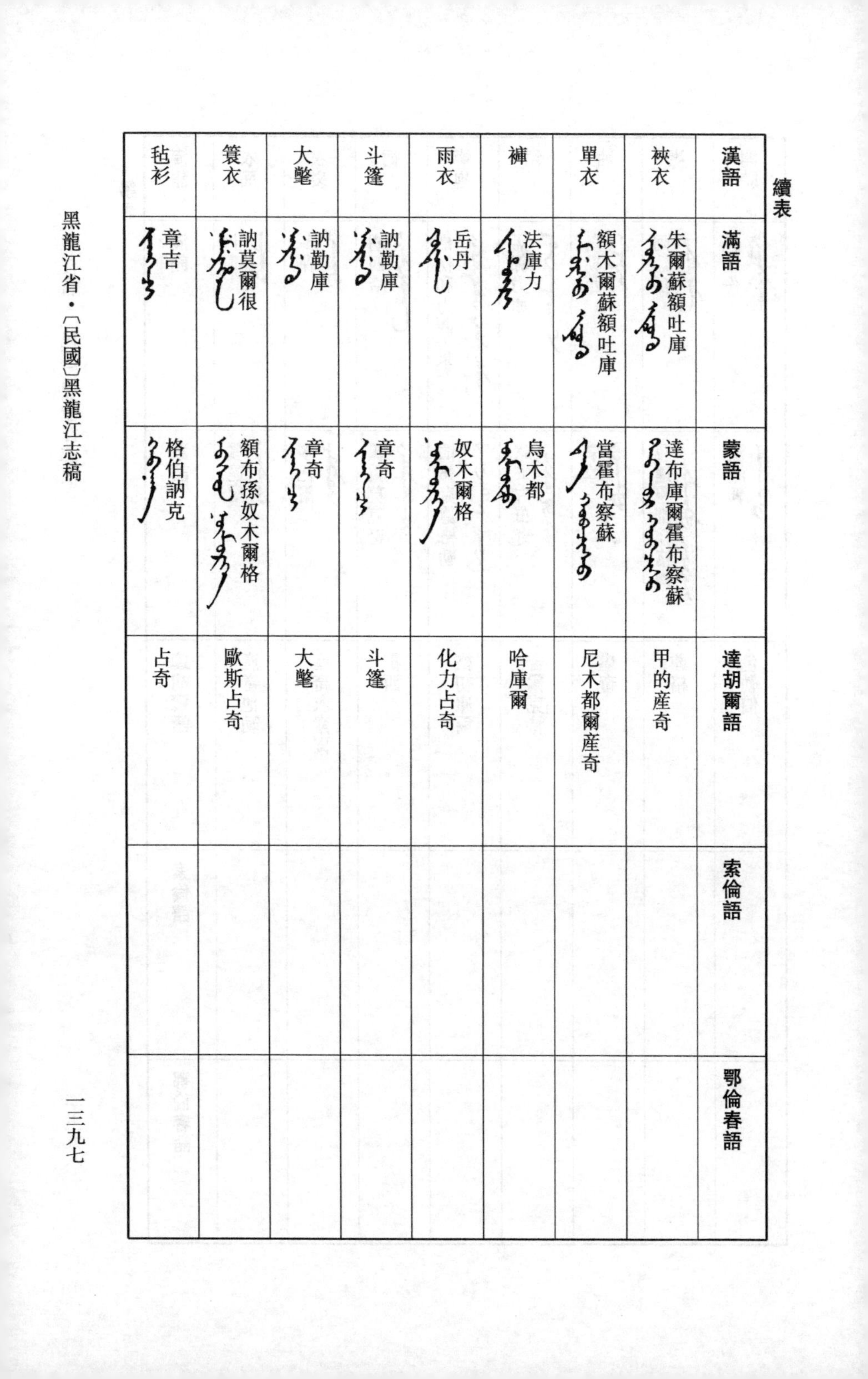

續表

漢語	滿語	蒙語	達胡爾語	索倫語	鄂倫春語
袷衣	朱爾蘇額吐庫	達布庫爾霍布察蘇	甲的産奇		
單衣	額木爾蘇額吐庫	當霍布察蘇	尼木都爾産奇		
褲	法庫力	烏木都	哈庫爾		
雨衣	岳丹	奴木爾格	化力占奇		
斗篷	訥勒庫	章奇	斗篷		
大氅	訥勒庫	章奇	大氅		
簑衣	訥莫爾很	額布孫奴木爾格	歐斯占奇		
毡衫	章吉	格伯訥克	占奇		

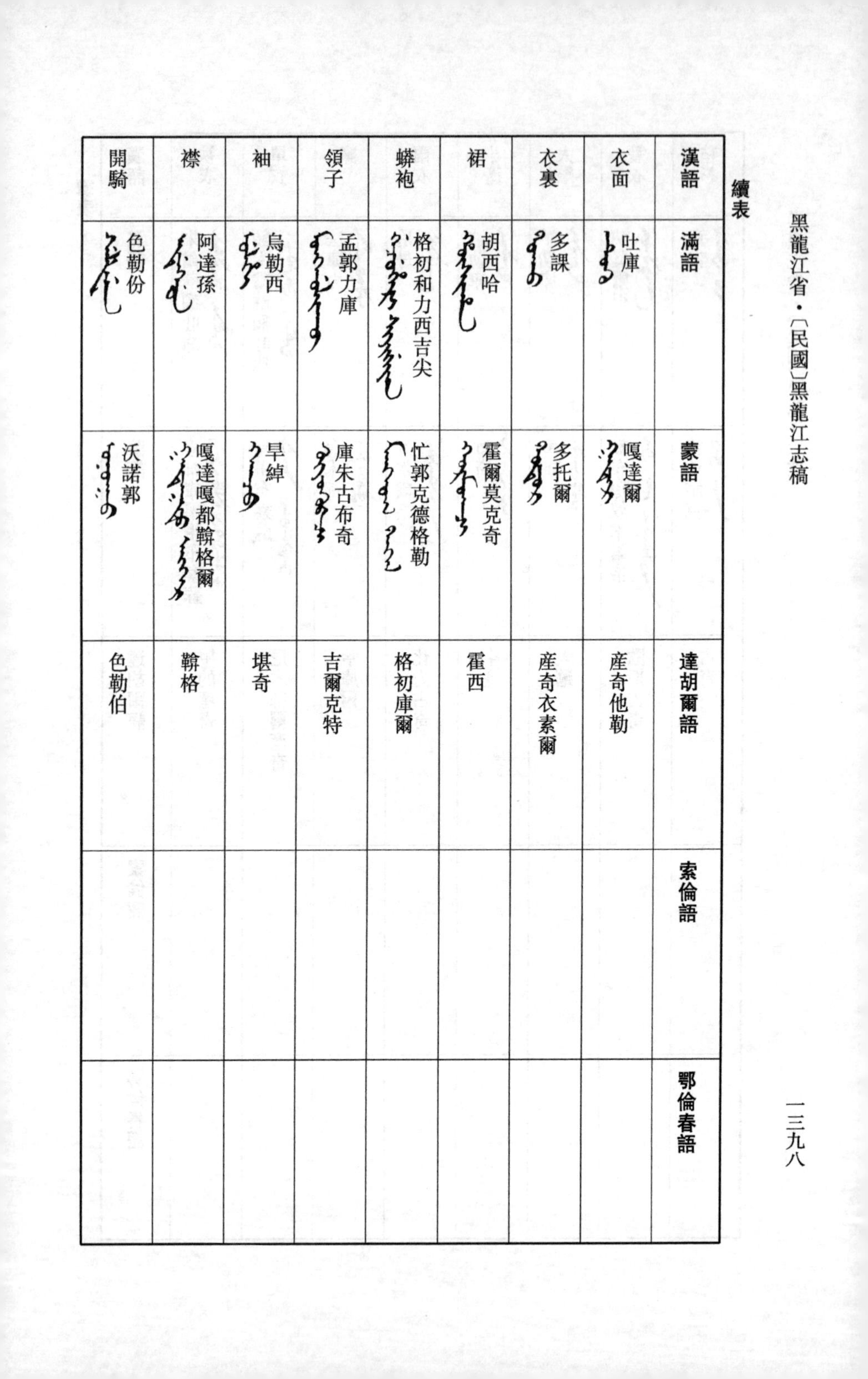

續表

漢語	滿語	蒙語	達胡爾語	索倫語	鄂倫春語
衣面	吐庫	嘎達爾	産奇他勒		
衣裏	多課	多托爾	産奇衣素爾		
裙	胡西哈	霍爾莫克奇	霍西		
蟒袍	格初和力西吉尖	忙郭克德格勒	格初庫爾		
領子	孟郭力庫	庫朱古布奇	吉爾克特		
袖	烏勒西	早綽	堪奇		
襟	阿達孫	嘎達嘎都鞥格爾	鞥格		
開騎	色勒份	沃諾郭	色勒伯		

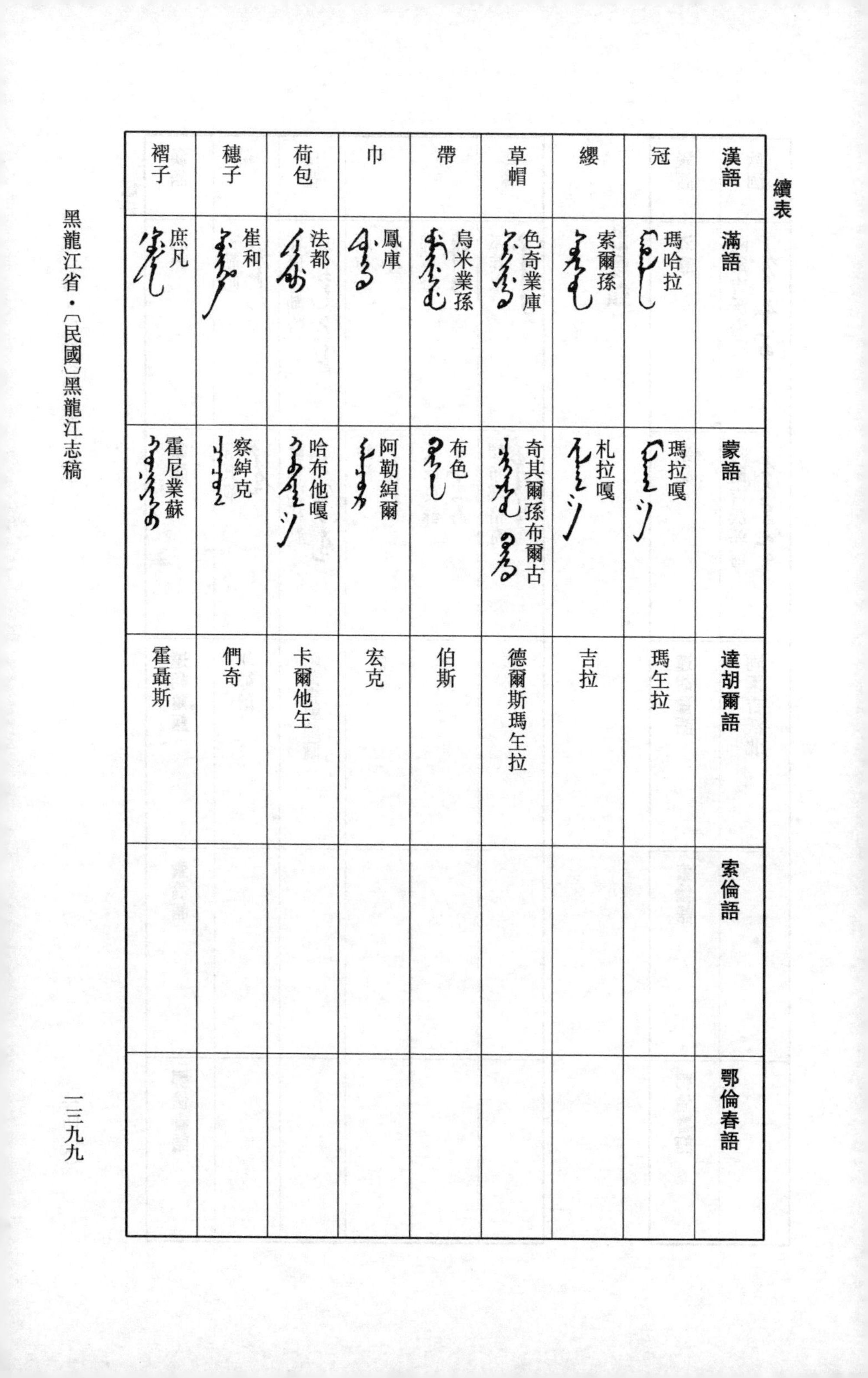

續表

漢語	滿語	蒙語	達胡爾語	索倫語	鄂倫春語
冠	瑪哈拉	瑪拉嘎	瑪乍拉		
纓	索爾孫	札拉嘎	吉拉		
草帽	色奇業庫	奇其爾孫布爾古	德爾斯瑪乍拉		
帶	烏米業孫	布色	伯斯		
巾	鳳庫	阿勒綽爾	宏克		
荷包	法都	哈布他嘎	卡爾他乍		
穗子	崔和	察綽克	們奇		
褶子	庶凡	霍尼業蘇	霍聶斯		

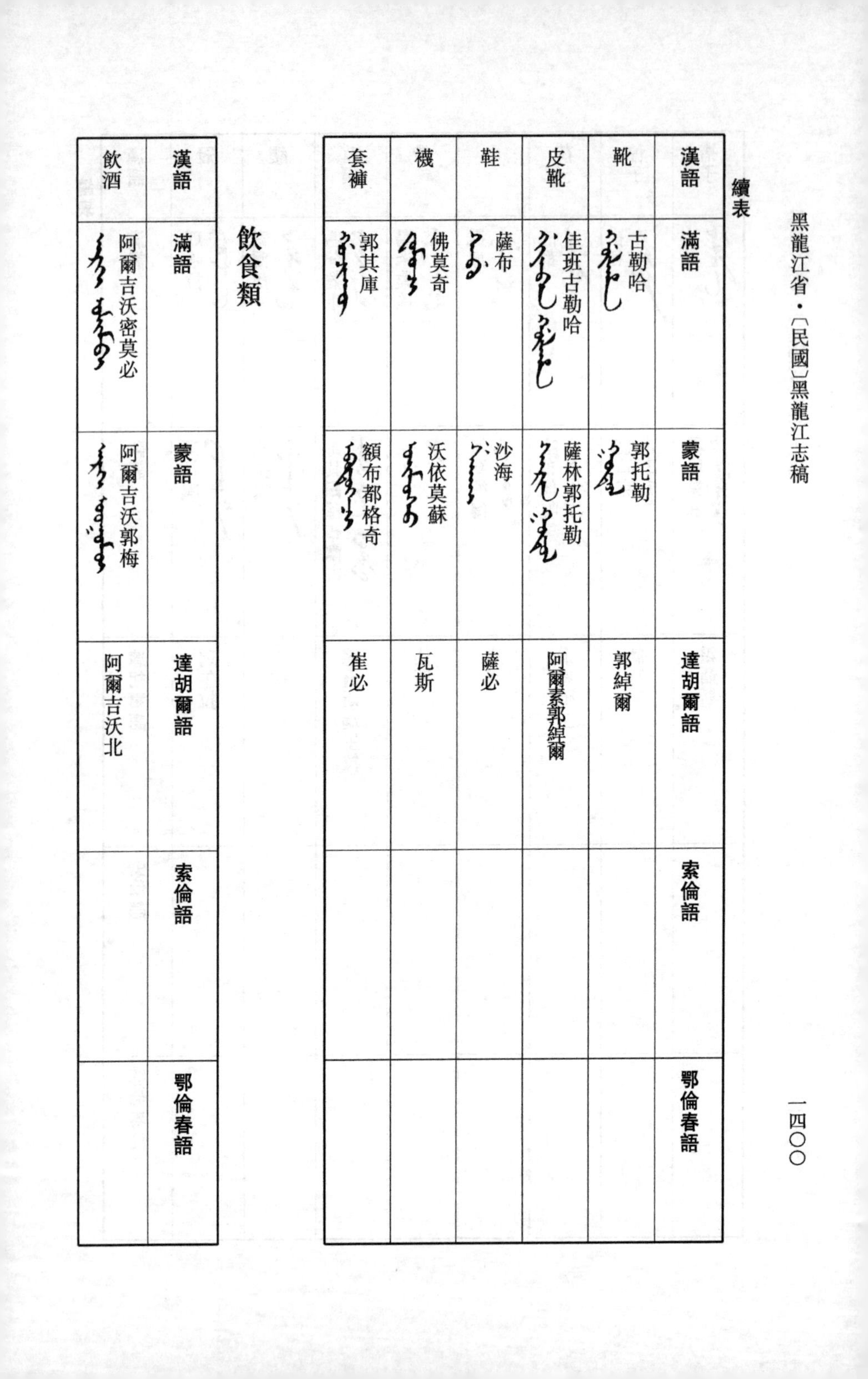

續表

漢語	滿語	蒙語	達胡爾語	索倫語	鄂倫春語
靴	古勒哈	郭托勒	郭綽爾		
皮靴	佳班古勒哈	薩林郭托勒	阿爾素郭綽爾		
鞋	薩布	沙海	薩必		
襪	佛莫奇	沃依莫蘇	瓦斯		
套褲	郭其庫	額布都格奇	崔必		

飲食類

漢語	滿語	蒙語	達胡爾語	索倫語	鄂倫春語
飲酒	阿爾吉沃密莫必	阿爾吉沃郭梅	阿爾吉沃北		

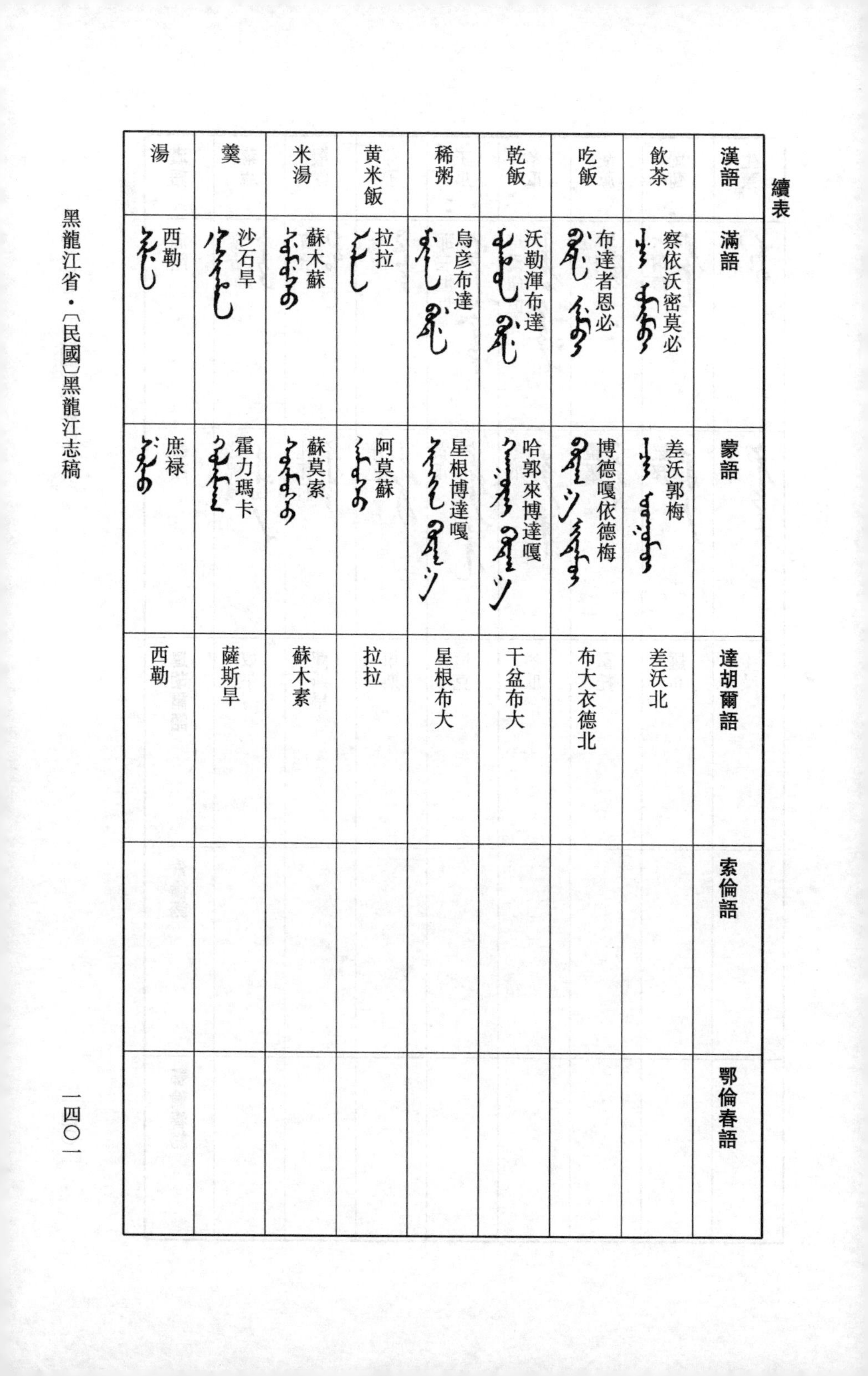

續表

漢語	滿語	蒙語	達胡爾語	索倫語	鄂倫春語
飲茶	察依沃密莫必	差沃郭梅	差沃北		
吃飯	布達者恩必	博德嘎依德梅	布大衣德北		
乾飯	沃勒渾布達	哈郭來博達嘎	干盆布大		
稀粥	烏彥布達	星根博達嘎	星根布大		
黃米飯	拉拉	阿莫蘇	拉拉		
米湯	蘇木蘇	蘇莫索	蘇木素		
羹	沙石旱	霍力瑪卡	薩斯旱		
湯	西勒	庶禄	西勒		

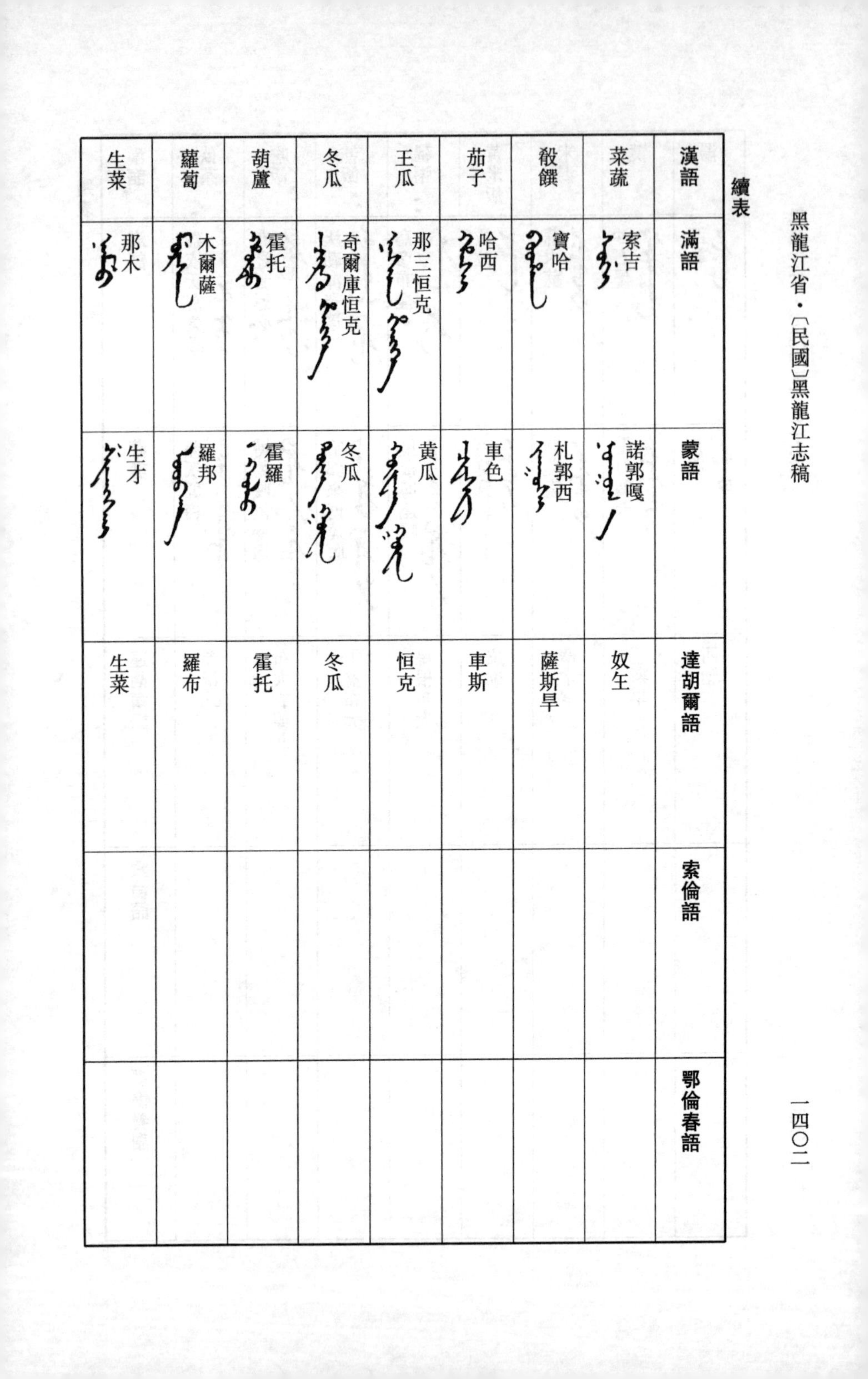

續表

漢語	滿語	蒙語	達胡爾語	索倫語	鄂倫春語
菜蔬	索吉	諾郭嘎	奴乍		
餑餑	寶哈	札郭西	薩斯旱		
茄子	哈西	車色	車斯		
王瓜	那三恒克	黄瓜	恒克		
冬瓜	奇爾庫恒克	冬瓜	冬瓜		
葫蘆	霍托	霍羅	霍托		
蘿蔔	木爾薩	羅邦	羅布		
生菜	那木	生才	生菜		

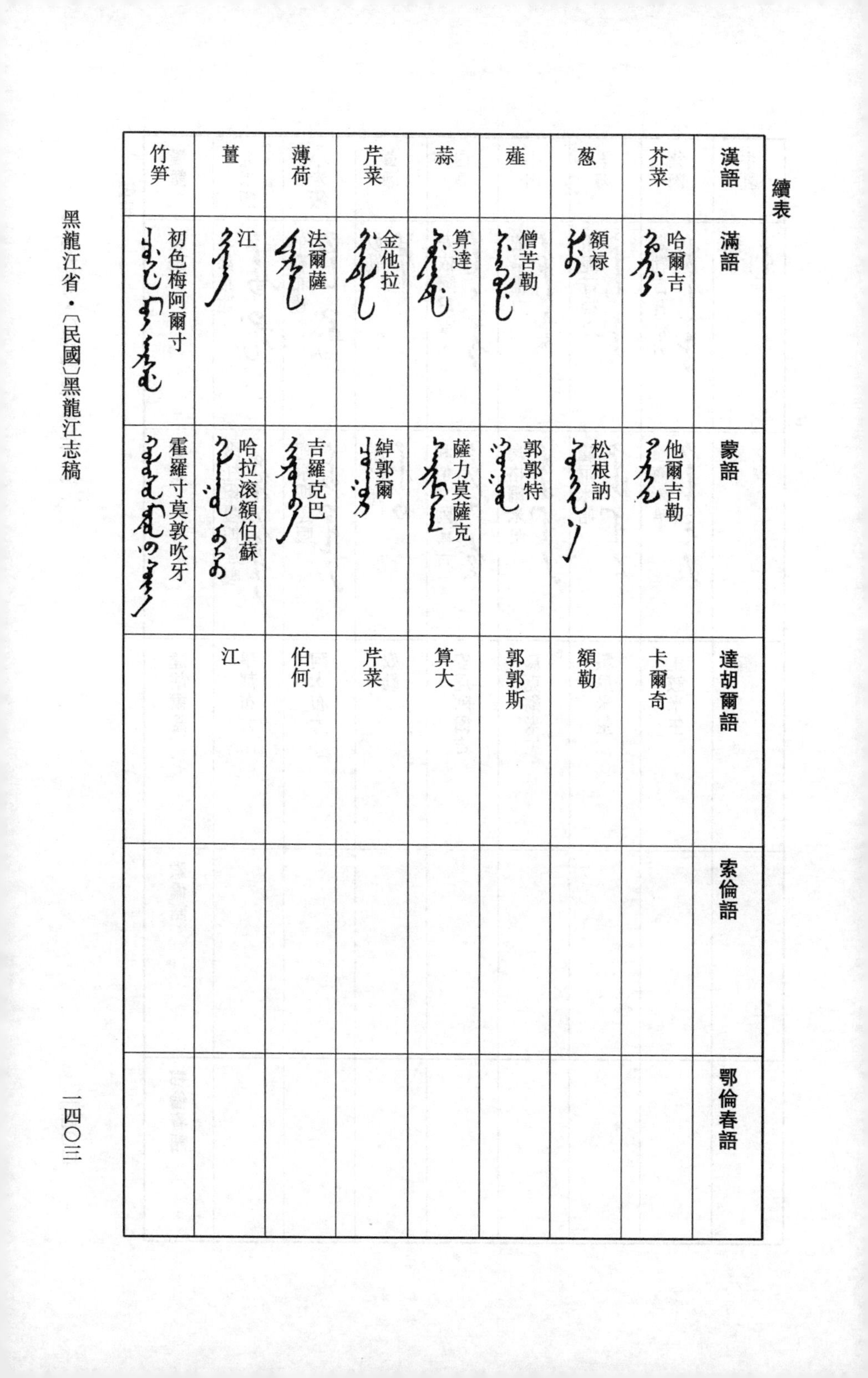

續表

漢語	滿語	蒙語	達胡爾語	索倫語	鄂倫春語
芥菜	哈爾吉	他爾吉勒	卡爾奇		
葱	額禄	松根訥	額勒		
薤	僧苦勒	郭郭特	郭郭斯		
蒜	算達	薩力莫薩克	算大		
芹菜	金他拉	綽郭爾	芹菜		
薄荷	法爾薩	吉羅克巴	伯何		
薑	江	哈拉滚額伯蘇	江		
竹笋	初色梅阿爾寸	霍羅寸莫敦吹牙			

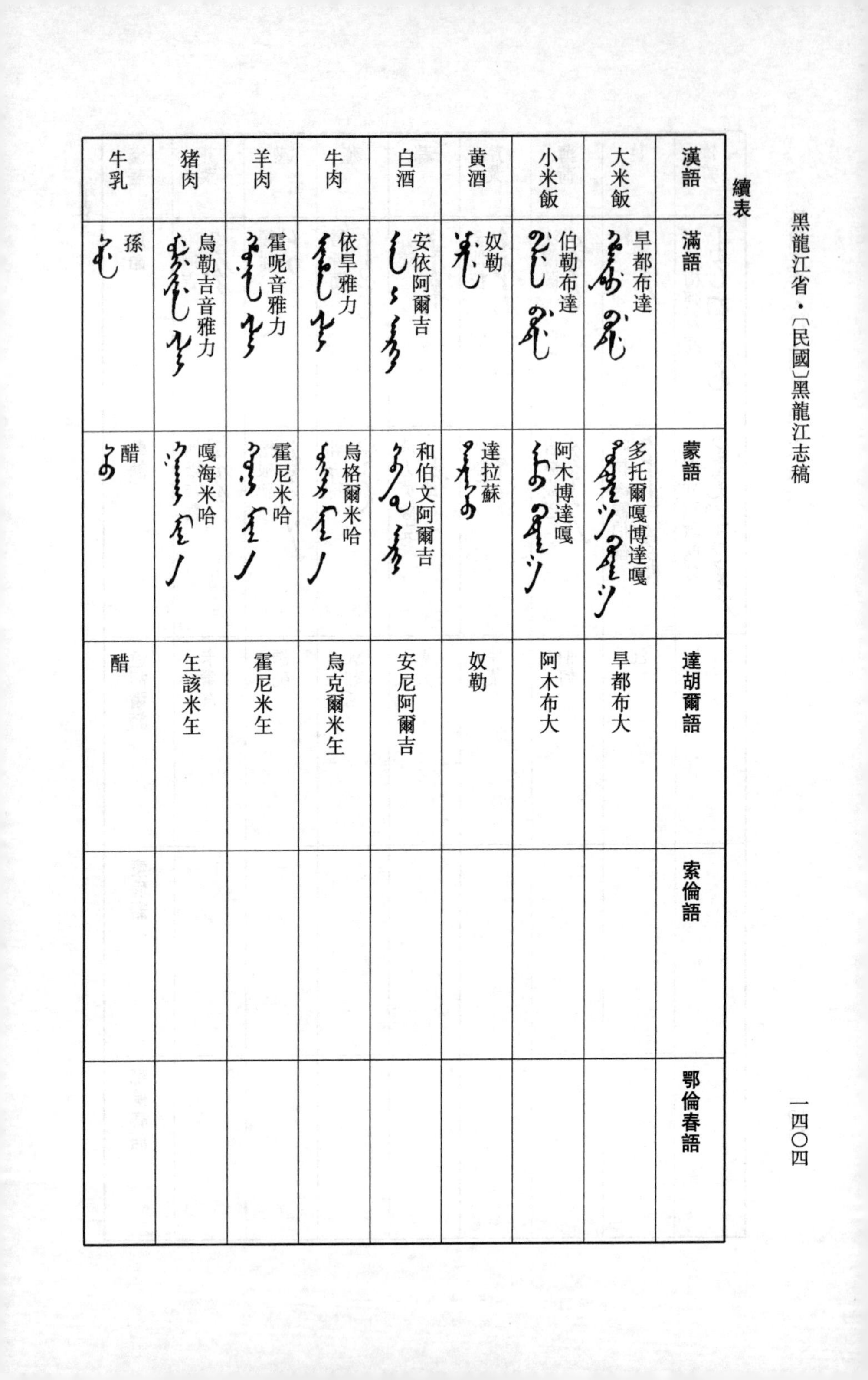

續表

漢語	滿語	蒙語	達胡爾語	索倫語	鄂倫春語
大米飯	旱都布達	多托爾嘎博達嘎	旱都布大		
小米飯	伯勒布達	阿木博達嘎	阿木布大		
黃酒	奴勒	達拉蘇	奴勒		
白酒	安依阿爾吉	和伯文阿爾吉	安尼阿爾吉		
牛肉	依旱雅力	烏格爾米哈	烏克爾米乍		
羊肉	霍呢音雅力	霍尼米哈	霍尼米乍		
猪肉	烏勒吉音雅力	嘎海米哈	乍該米乍		
牛乳	孫	醋	醋		

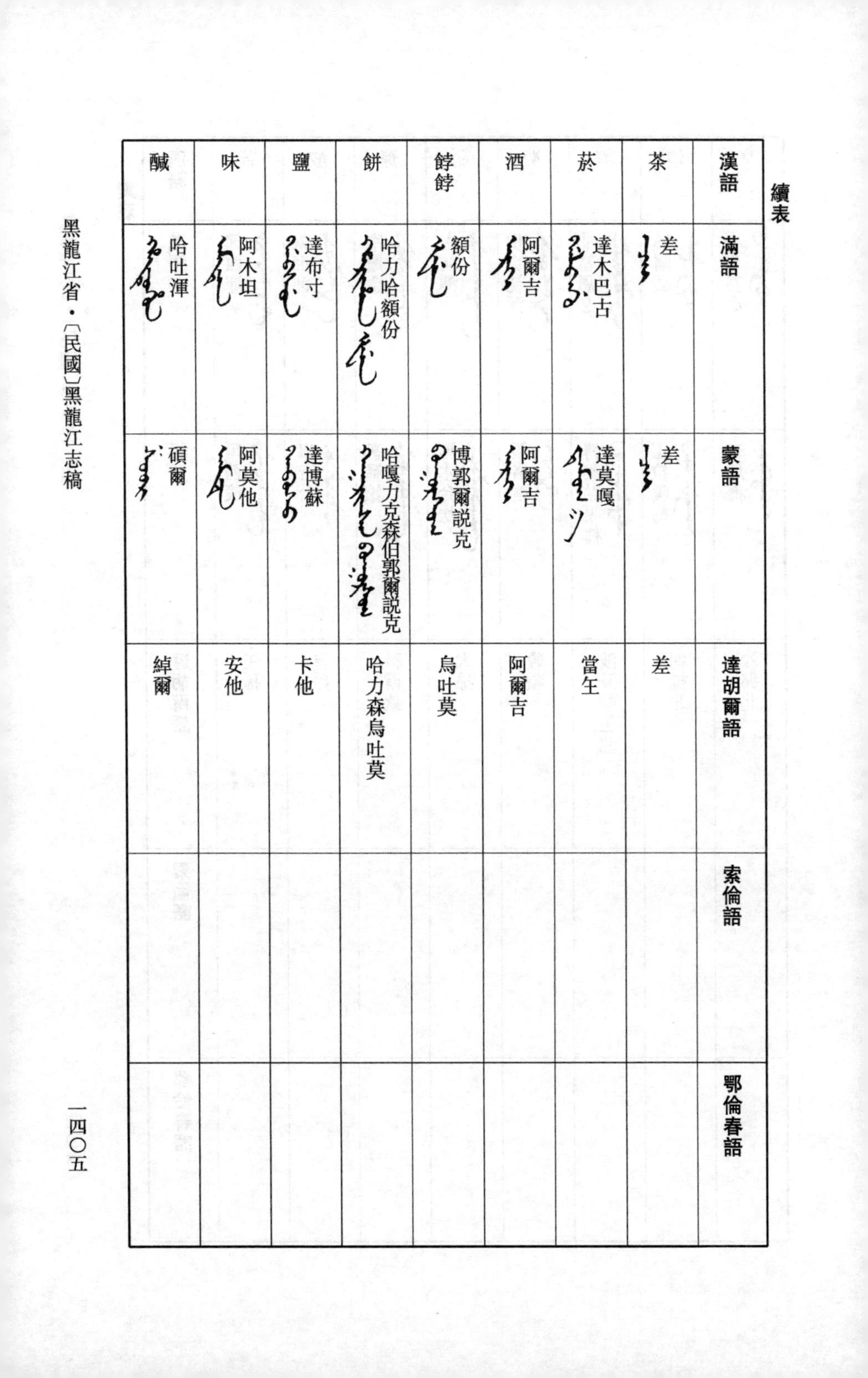

續表

漢語	滿語	蒙語	達胡爾語	索倫語	鄂倫春語
茶	差	差	差		
菸	達木巴古	達莫嘎	當乍		
酒	阿爾吉	阿爾吉	阿爾吉		
餑餑	額份	博郭爾說克	烏吐莫		
餅	哈力哈額份	哈嘎力克森伯郭爾說克	哈力森烏吐莫		
鹽	達布寸	達博蘇	卡他		
味	阿木坦	阿莫他	安他		
鹼	哈吐渾	碩爾	綽爾		

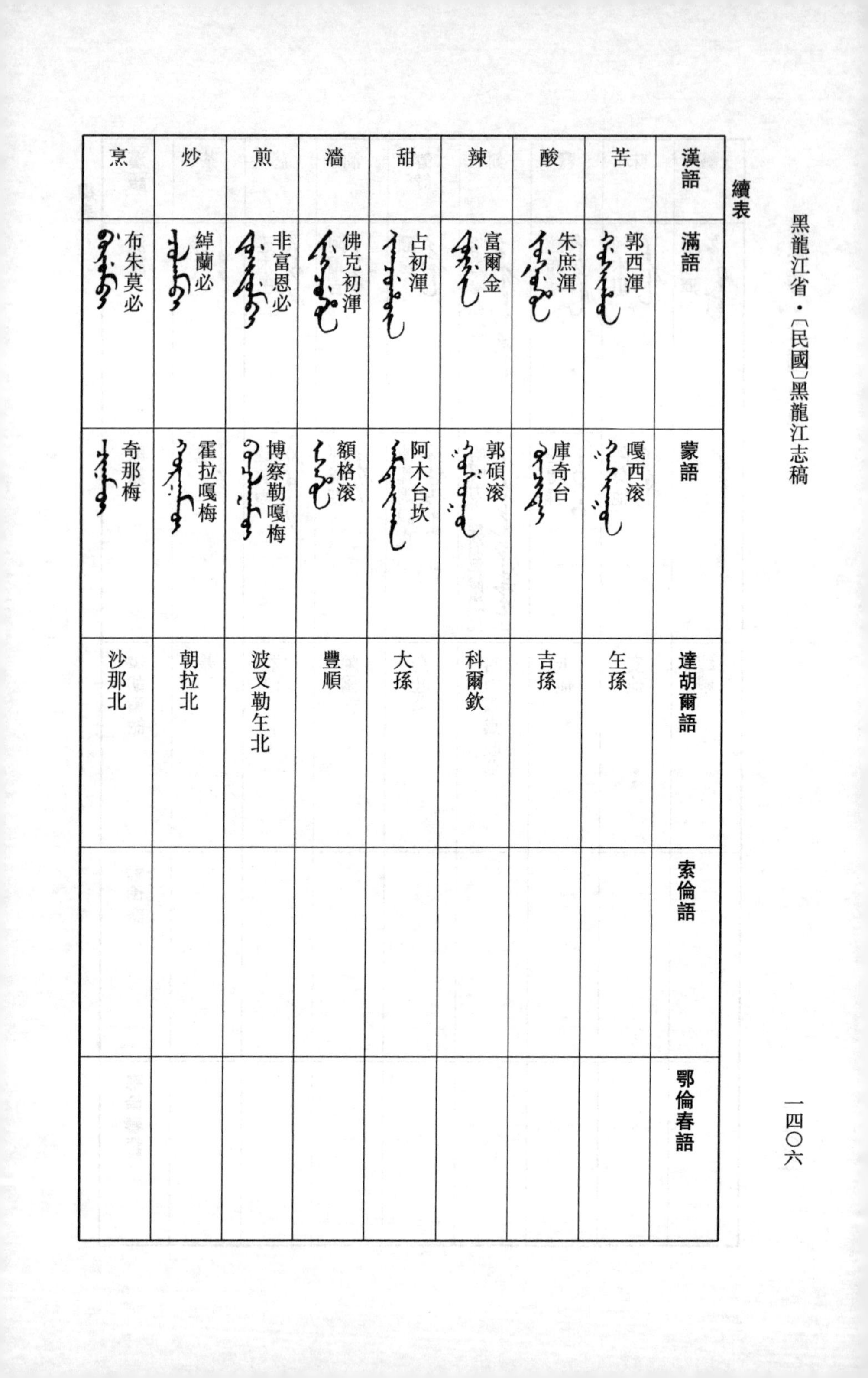

續表

漢語	滿語	蒙語	達胡爾語	索倫語	鄂倫春語
苦	郭西渾	嘎西滾	乍孫		
酸	朱庶渾	庫奇台	吉孫		
辣	富爾金	郭碩滾	科爾欽		
甜	占初渾	阿木台坎	大孫		
濇	佛克初渾	額格滾	豐順		
煎	非富恩必	博察勒嘎梅	波叉勒乍北		
炒	綽蘭必	霍拉嘎梅	朝拉北		
烹	布朱莫必	奇那梅	沙那北		

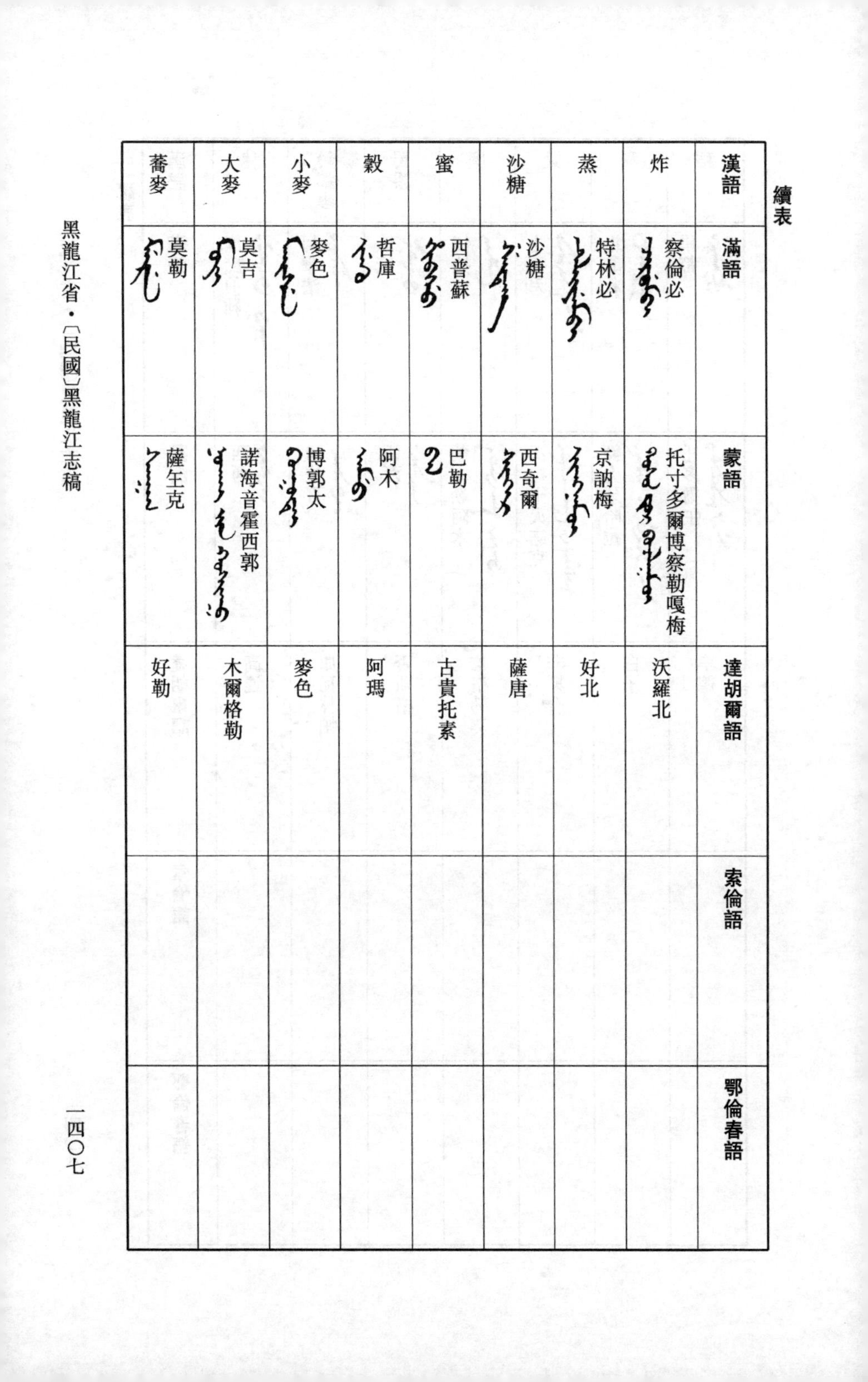

續表

漢語	滿語	蒙語	達胡爾語	索倫語	鄂倫春語
炸	察倫必	托寸多爾博察勒嘎梅	沃羅北		
燕	特林必	京訥梅	好北		
沙糖	沙糖	西奇爾	薩唐		
蜜	西普蘇	巴勒	古貴托素		
穀	哲庫	阿木	阿瑪		
小麥	麥色	博郭太	麥色		
大麥	莫吉	諾海音霍西郭	木爾格勒		
蕎麥	莫勒	薩乍克	好勒		

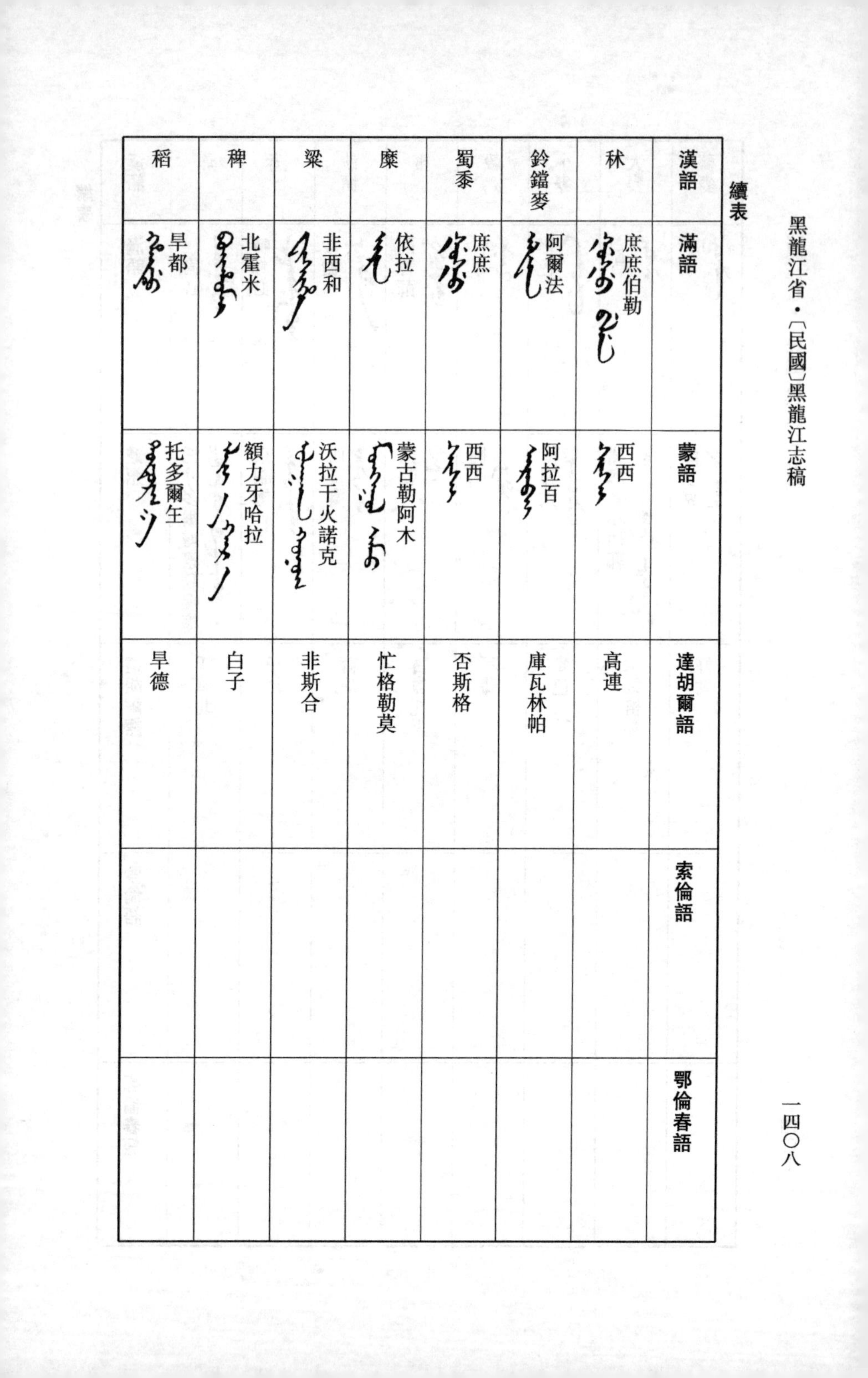

續表

漢語	滿語	蒙語	達胡爾語	索倫語	鄂倫春語
秫	庶庶伯勒	西西	高連		
鈴鐺麥	阿爾法	阿拉百	庫瓦林帕		
蜀黍	庶庶	西西	否斯格		
糜	依拉	蒙古勒阿木	忙格勒莫		
粱	非西和	沃拉干火諾克	非斯合		
稗	北霍米	額力牙哈拉	白子		
稻	旱都	托多爾乍	旱德		

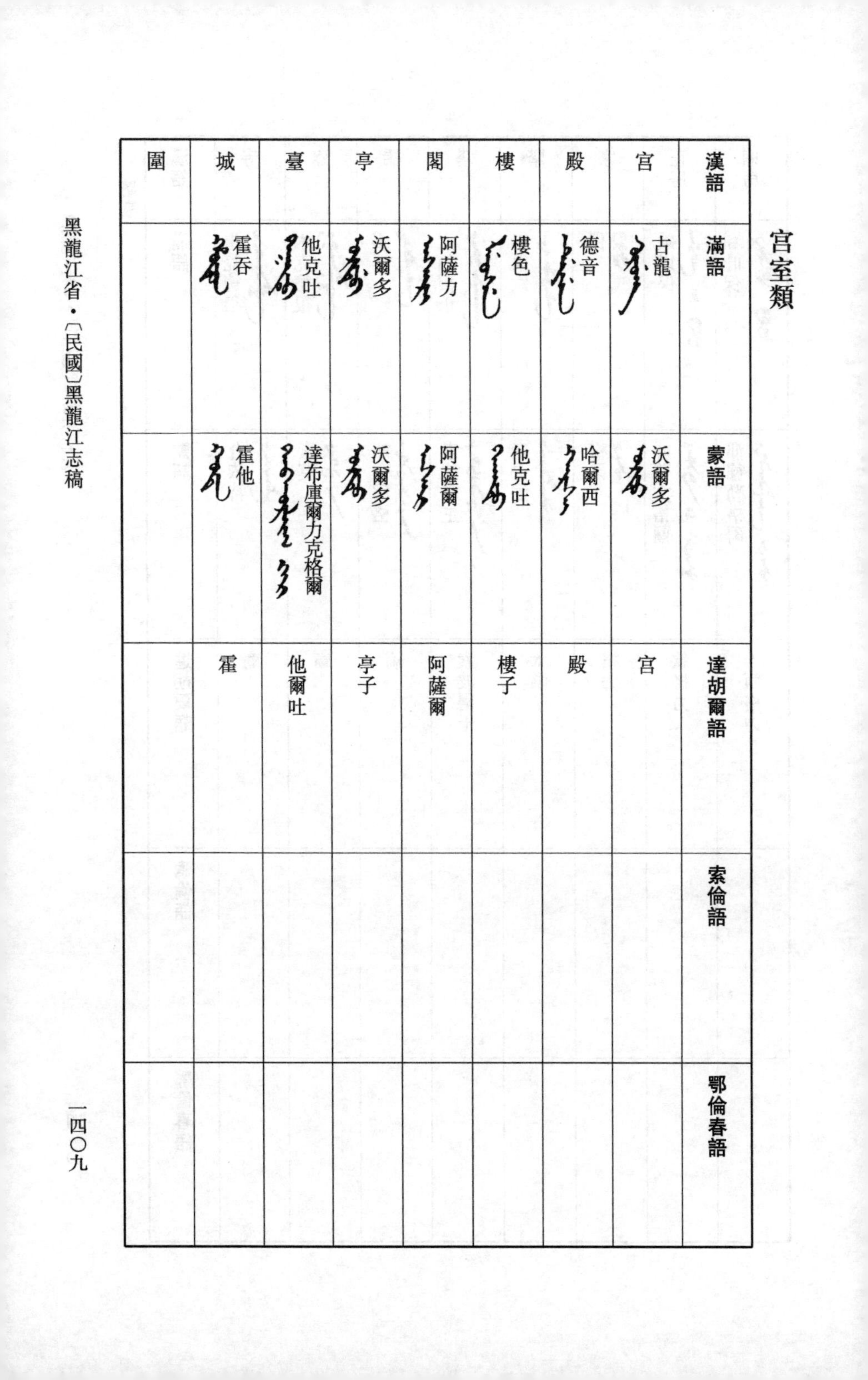

宮室類

漢語	滿語	蒙語	達胡爾語	索倫語	鄂倫春語
宮	古龍	沃爾多	宮		
殿	德音	哈爾西	殿		
樓	樓色	他克吐	樓子		
閣	阿薩力	阿薩爾	阿薩爾		
亭	沃爾多	沃爾多	亭子		
臺	他克吐	達布庫爾力克格爾	他爾吐		
城	霍吞	霍他	霍		
圍					

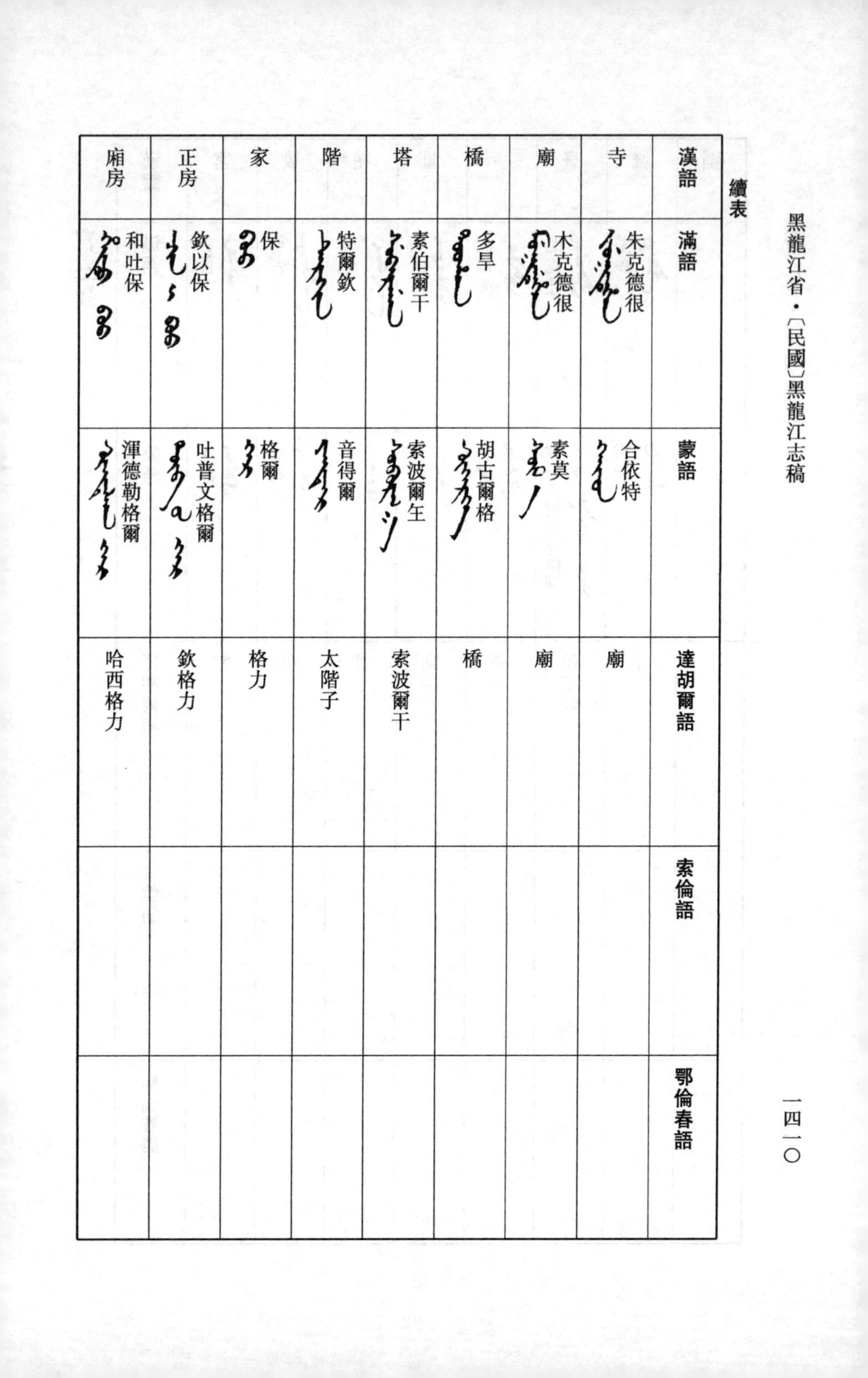

續表

漢語	滿語	蒙語	達胡爾語	索倫語	鄂倫春語
寺	朱克德很	合依特	廟		
廟	木克德很	素莫	廟		
橋	多早	胡古爾格	橋		
塔	素伯爾干	索波爾乍	索波爾干		
階	特爾欽	音得爾	太階子		
家	保	格爾	格力		
正房	欽以保	吐普文格爾	欽格力		
廂房	和吐保	渾德勒格爾	哈西格力		

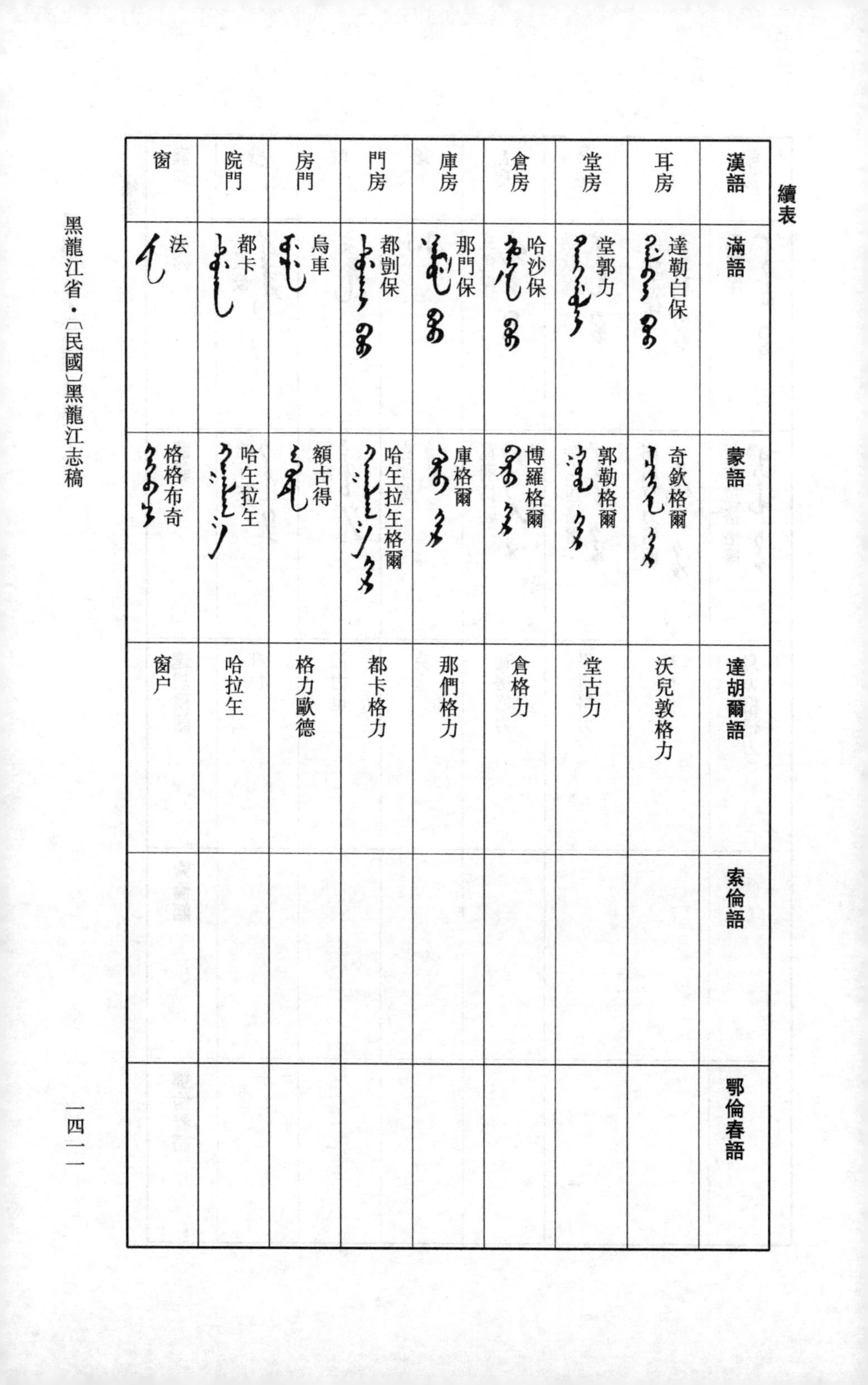

續表

漢語	滿語	蒙語	達胡爾語	索倫語	鄂倫春語
耳房	達勒白保	奇欽格爾	沃兒敦格力		
堂房	堂郭力	郭勒格爾	堂古力		
倉房	哈沙保	博羅格爾	倉格力		
庫房	那門保	庫格爾	那們格力		
門房	都剴保	哈乍拉乍格爾	都卡格力		
房門	烏車	額古得	格力歐德		
院門	都卡	哈乍拉乍	哈拉乍		
窗	法	格格布奇	窗户		

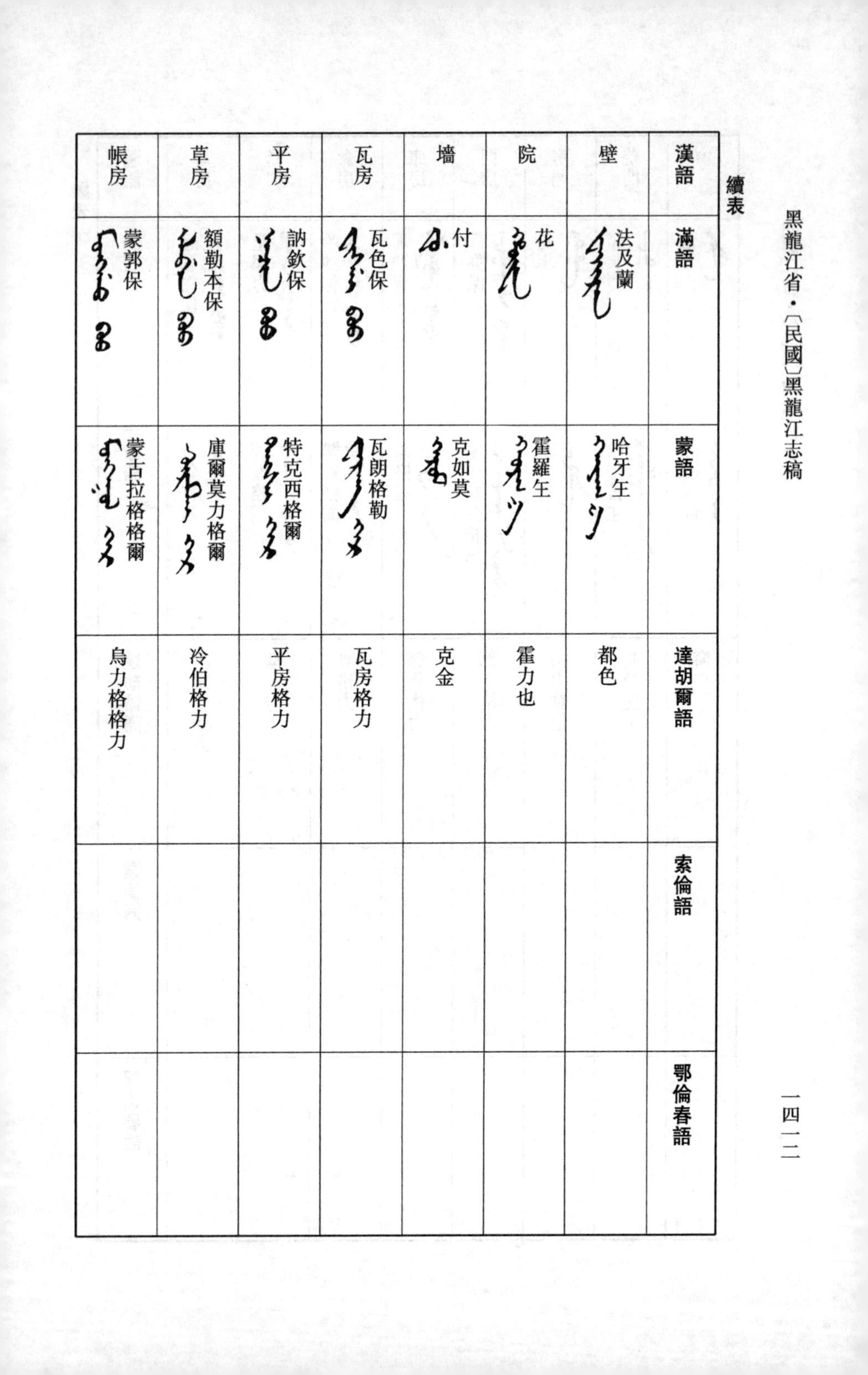

續表

漢語	滿語	蒙語	達胡爾語	索倫語	鄂倫春語
壁	法及蘭	哈牙乍	都色		
院	花	霍羅乍	霍力也		
墻	付	克如莫	克金		
瓦房	瓦色保	瓦朗格勒	瓦房格力		
平房	訥欽保	特克西格爾	平房格力		
草房	額勒本保	庫爾莫力格爾	冷伯格力		
帳房	蒙郭保	蒙古拉格格爾	烏力格格力		

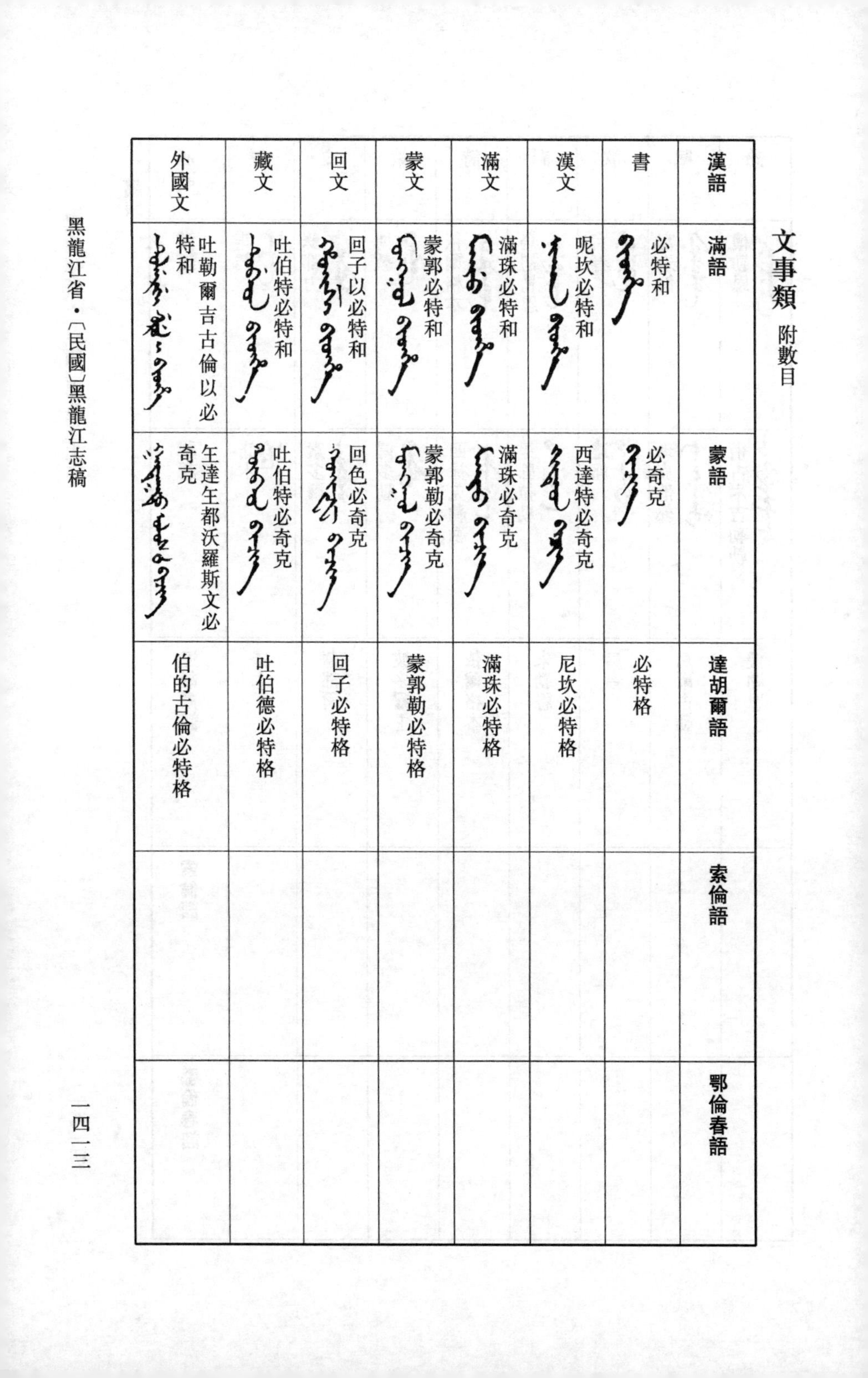

文事類 附數目

漢語	滿語	蒙語	達胡爾語	索倫語	鄂倫春語
書	必特和	必奇克	必特格		
漢文	呢坎必特和	西達特必奇克	尼坎必特格		
滿文	滿珠必特和	滿珠必奇克	滿珠必特格		
蒙文	蒙郭必特和	蒙郭勒必奇克	蒙郭勒必特格		
回文	回子以必特和	回色必奇克	回子必特格		
藏文	吐伯特必特和	吐伯特必奇克	吐伯德必特格		
外國文	吐勒爾吉古倫以必特和	乍達乍都沃羅斯文必奇克	伯的古倫必特格		

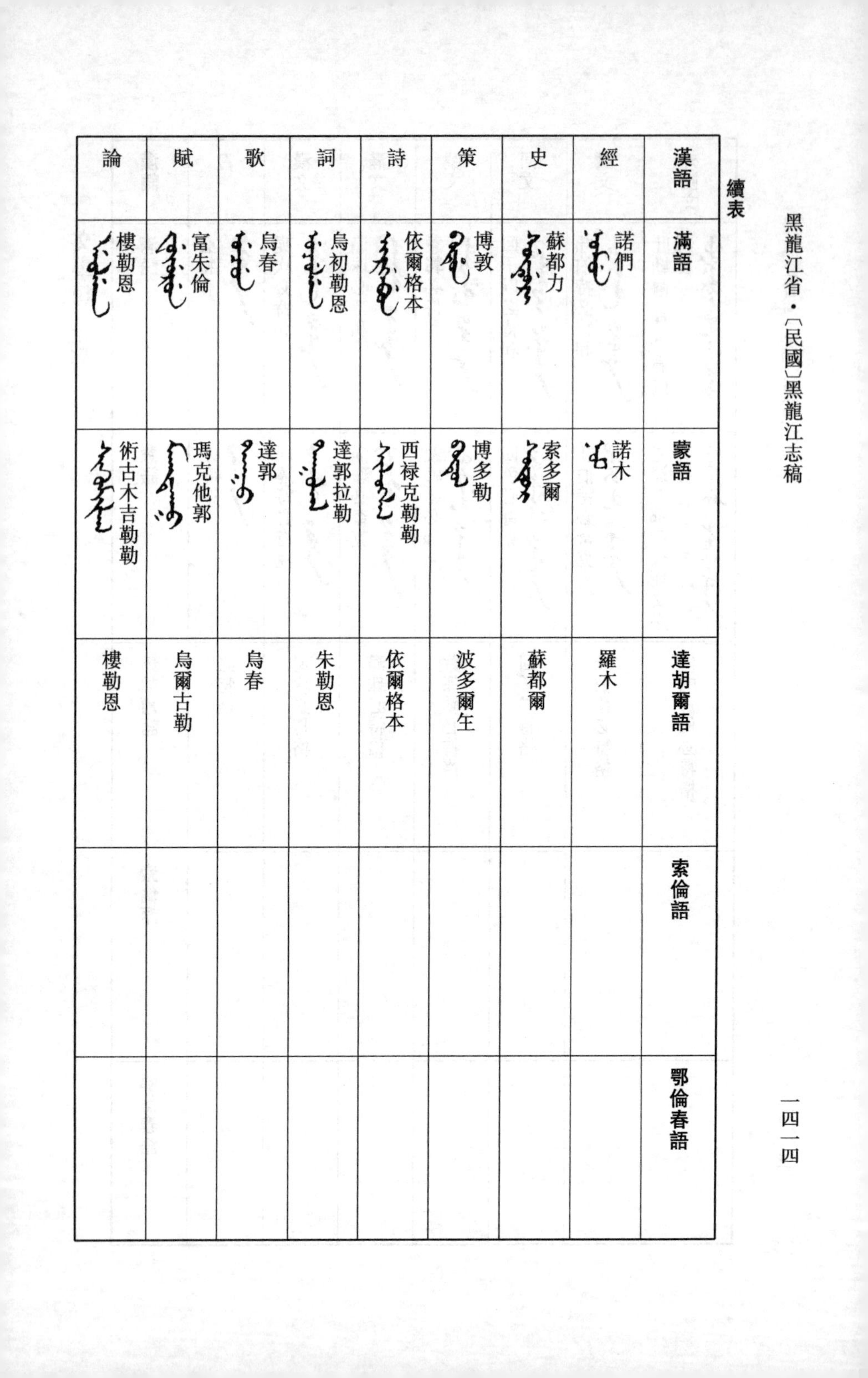

續表

漢語	滿語	蒙語	達胡爾語	索倫語	鄂倫春語
經	諸們	諸木	羅木		
史	蘇都力	索多爾	蘇都爾		
策	博敦	博多勒	波多爾乍		
詩	依爾格本	西禄克勒勒	依爾格本		
詞	烏初勒恩	達郭拉勒	朱勒恩		
歌	烏春	達郭	烏春		
賦	富朱倫	瑪克他郭	烏爾古勒		
論	樓勒恩	術古木吉勒勒	樓勒恩		

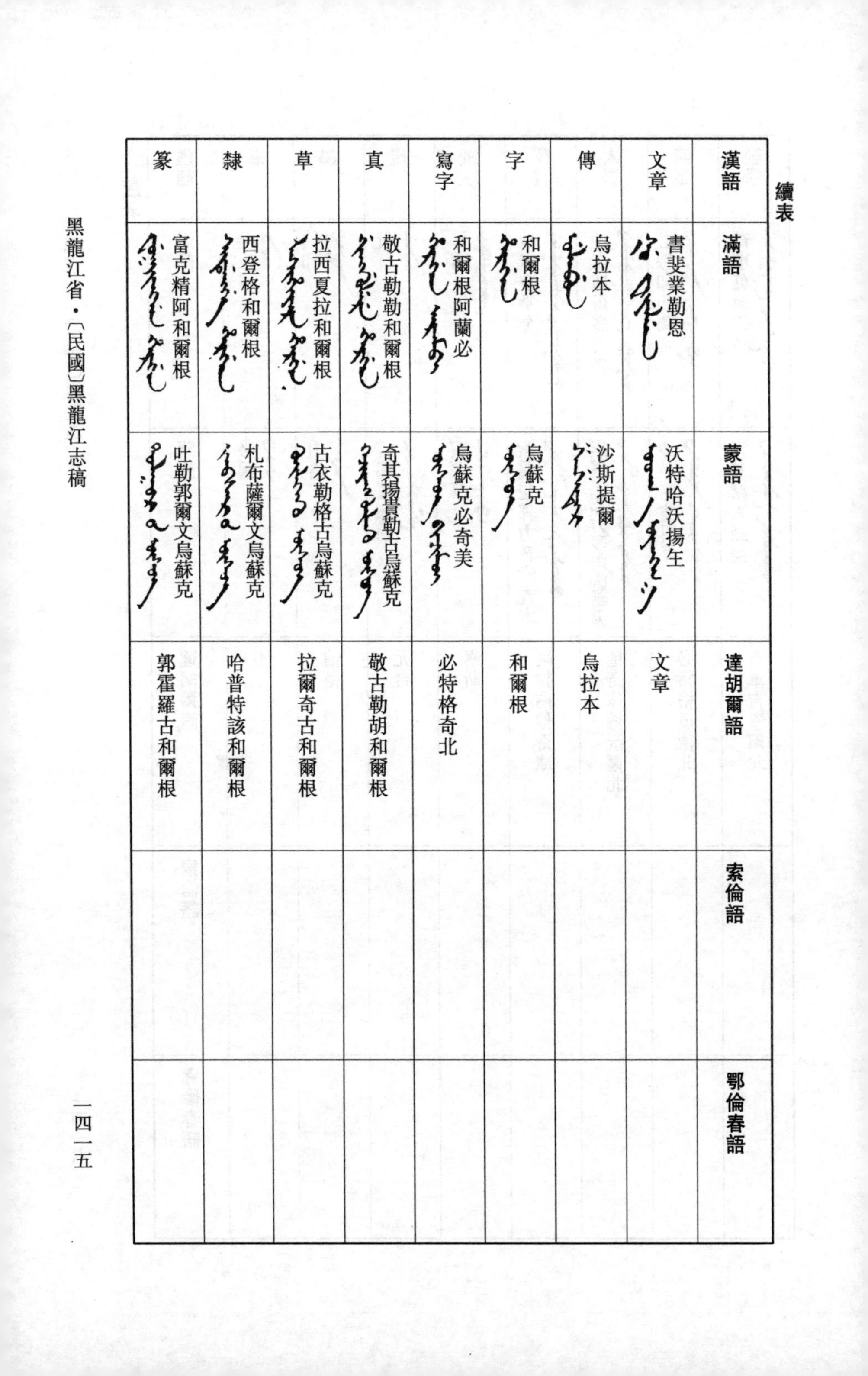

續表

漢語	滿語	蒙語	達胡爾語	索倫語	鄂倫春語
文章	書斐業勒恩	沃特哈沃揚乍	文章		
傳	烏拉本	沙斯提爾	烏拉本		
字	和爾根	烏蘇克	和爾根		
寫字	和爾根阿蘭必	烏蘇克必奇美	必特格奇北		
真	敬古勒勒和爾根	奇其揚貫勒古烏蘇克	敬古勒胡和爾根		
草	拉西夏拉和爾根	古衣勒格古烏蘇克	拉爾奇古和爾根		
隸	西登格和爾根	札布薩爾文烏蘇克	哈普特該和爾根		
篆	富克精阿和爾根	吐勒郭爾文烏蘇克	郭霍羅古和爾根		

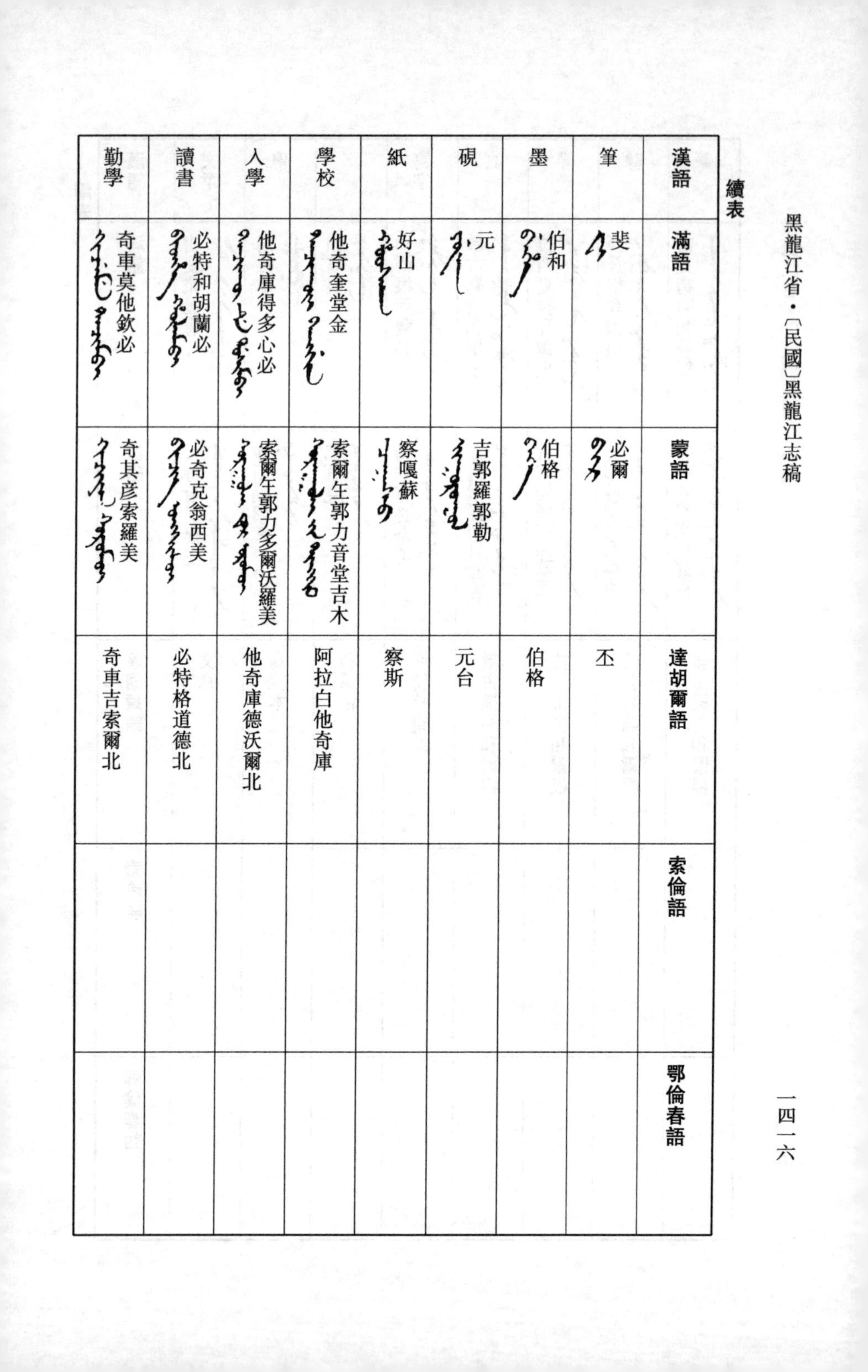

續表

漢語	滿語	蒙語	達胡爾語	索倫語	鄂倫春語
筆	斐	必爾	丕		
墨	伯和	伯格	伯格		
硯	元	吉郭羅郭勒	元台		
紙	好山	察嘎蘇	察斯		
學校	他奇奎堂金	索爾乍郭力音堂吉木	阿拉白他奇庫		
入學	他奇庫得多心必	索爾乍郭力多爾沃羅美	他奇庫德沃爾北		
讀書	必特和胡蘭必	必奇克翁西美	必特格道德北		
勸學	奇車莫他欽必	奇其彥索羅美	奇車吉索爾北		

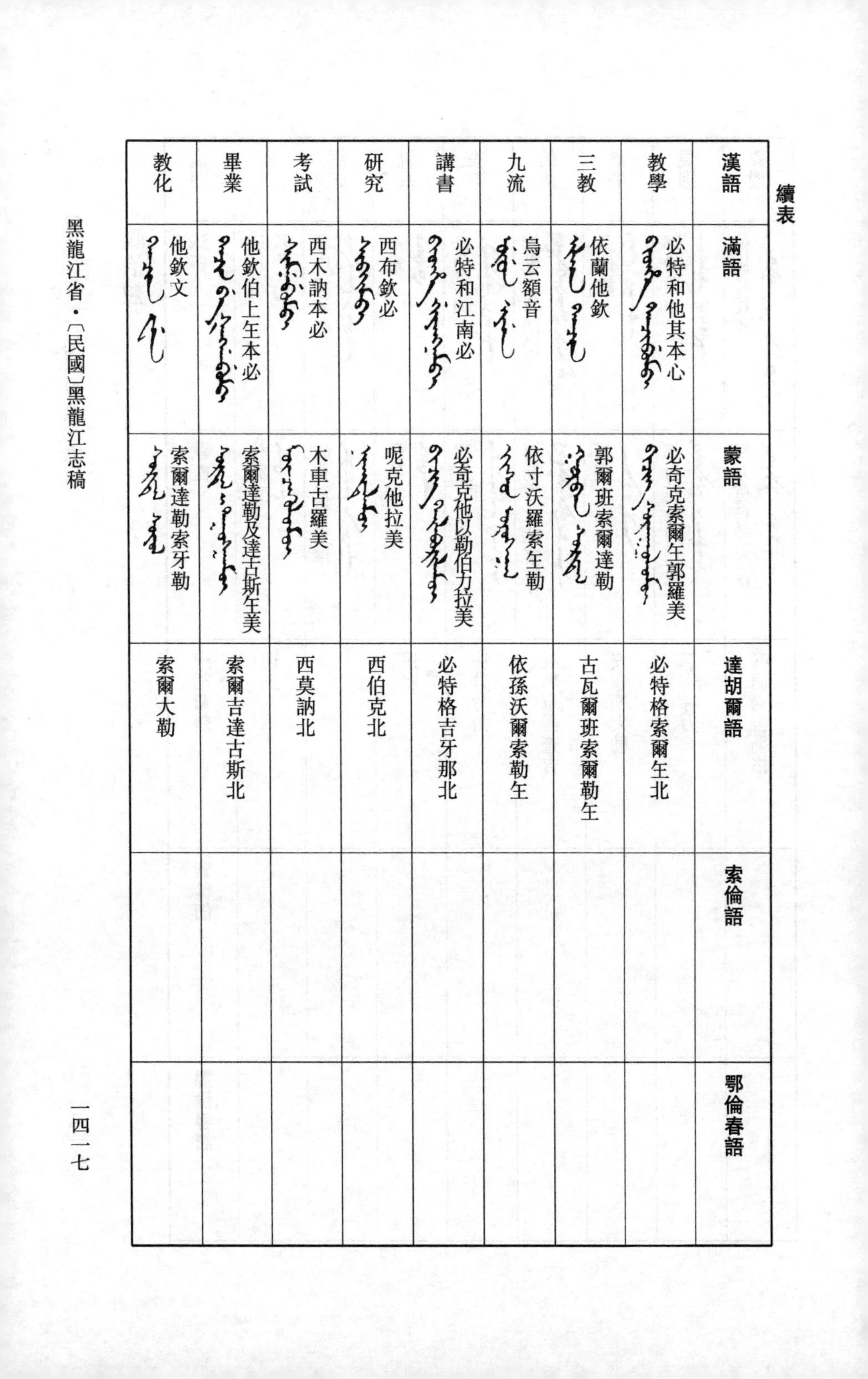

續表

漢語	滿語	蒙語	達胡爾語	索倫語	鄂倫春語
教學	必特和他其本心	必奇克索爾乍郭羅美	必特格索爾乍北		
三教	依蘭他欽	郭爾班索爾達勒	古瓦爾班索爾勒乍		
九流	烏云額音	依寸沃羅索乍勒	依孫沃爾索勒乍		
講書	必特和江南必	必奇克他以勒伯力拉美	必特格吉牙那北		
研究	西布欽必	呢克他拉美	西伯克北		
考試	西木訥本必	木車古羅美	西莫訥北		
畢業	他欽伯上乍本必	索爾達勒及達古斯乍美	索爾吉達古斯北		
教化	他欽文	索爾達勒索牙勒	索爾大勒		

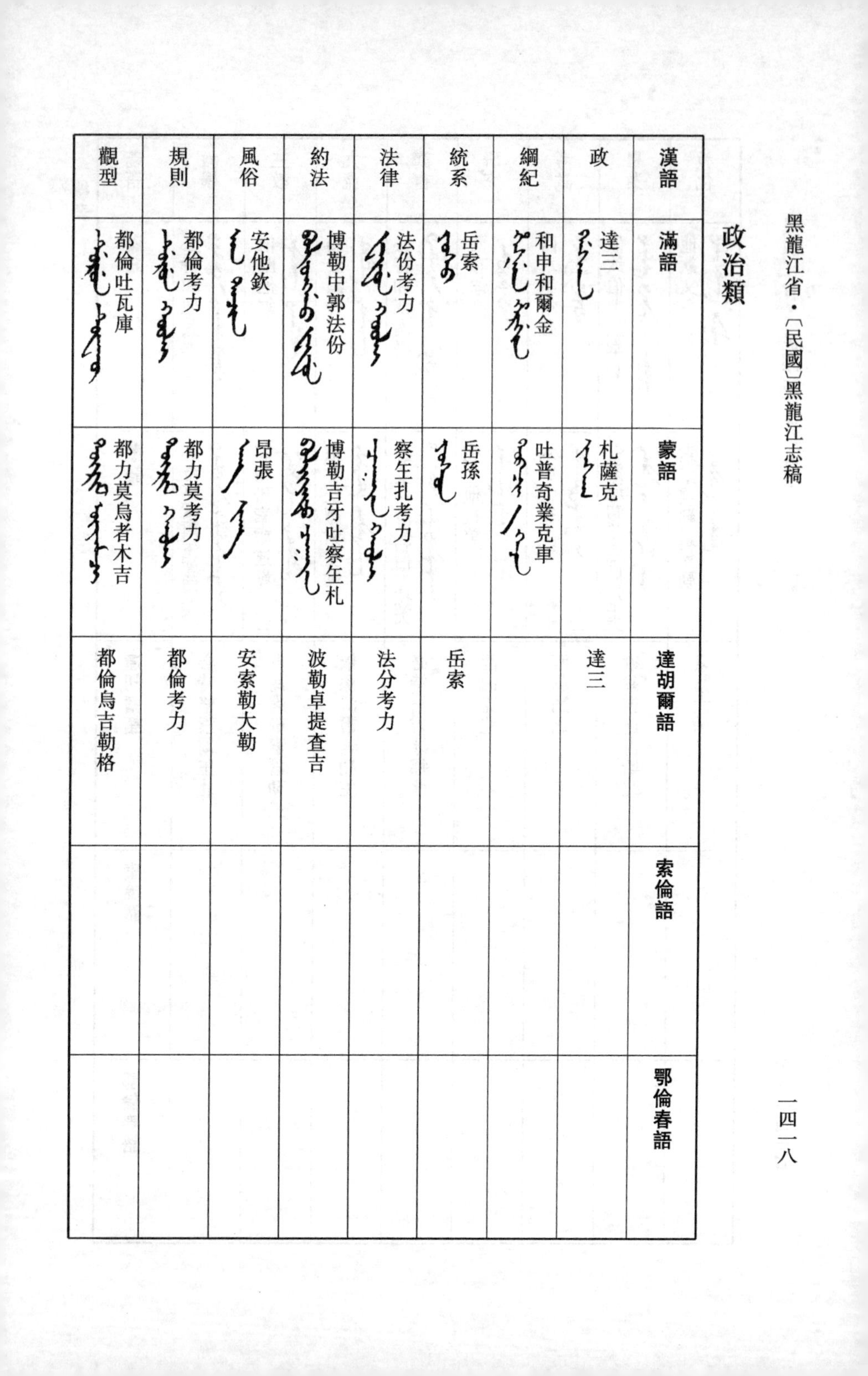

政治類

漢語	滿語	蒙語	達胡爾語	索倫語	鄂倫春語
政	達三	札薩克	達三		
綱紀	和申和爾金	吐普奇業克車			
統系	岳索	岳孫	岳索		
法律	法份考力	察乍扎考力	法分考力		
約法	博勒中郭法份	博勒吉牙吐察乍札	波勒卓提查吉		
風俗	安他欽	昂張	安索勒大勒		
規則	都倫考力	都力莫考力	都倫考力		
觀型	都倫吐瓦庫	都力莫烏者木吉	都倫烏吉勒格		

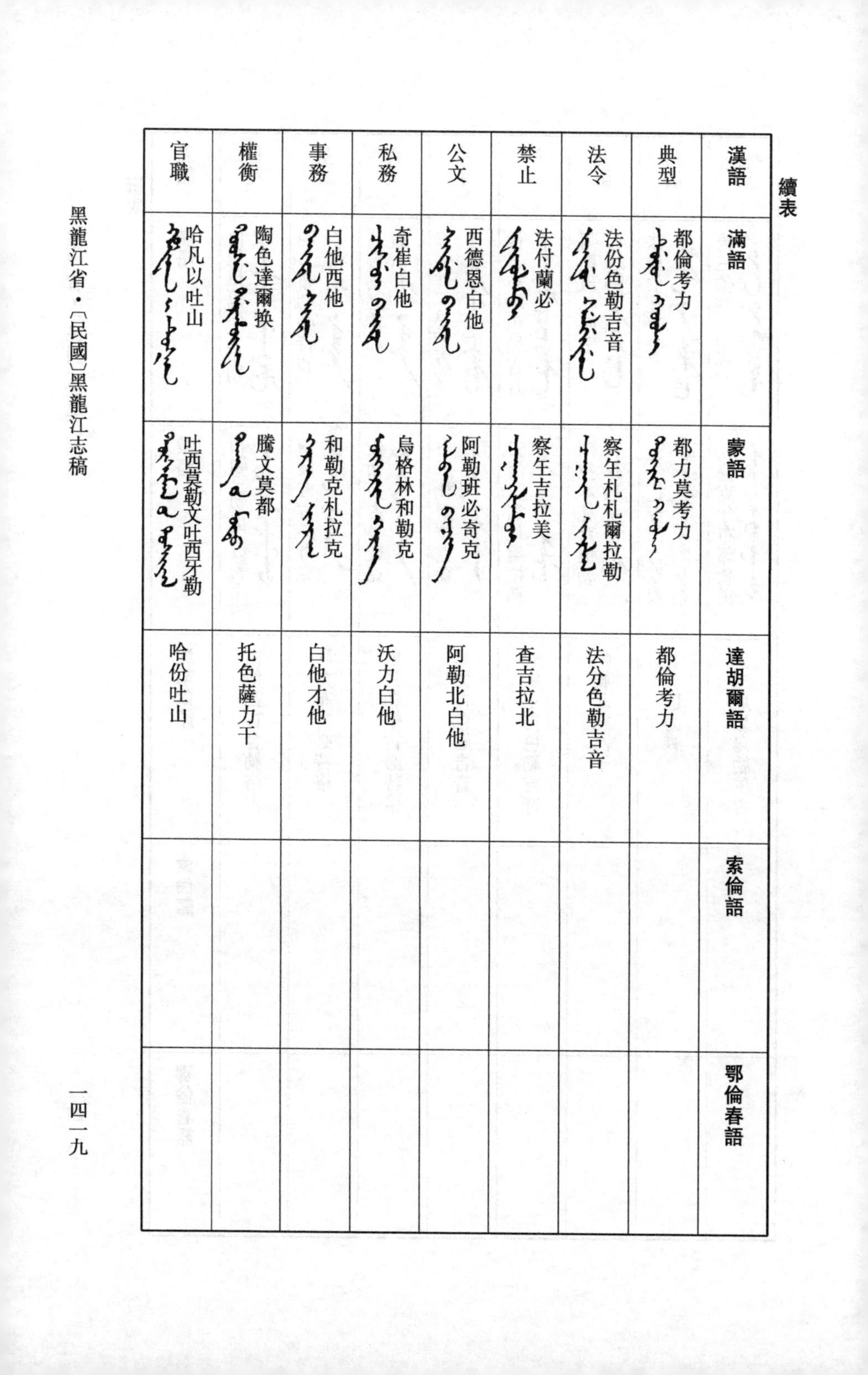

漢語	滿語	蒙語	達胡爾語	索倫語	鄂倫春語
典型	都倫考力	都力莫考力	都倫考力		
法令	法份色勒吉音	察乍札札爾拉勒	法分色勒吉音		
禁止	法付蘭必	察乍吉拉美	查吉拉北		
公文	西德恩白他	阿勒班必奇克	阿勒北白他		
私務	奇崔白他	烏格林和勒克	沃力白他		
事務	白他西他	和勒克札拉克	白他才他		
權衡	陶色達爾換	騰文莫都	托色薩力干		
官職	哈凡以吐山	吐西莫勒文吐西牙勒	哈份吐山		

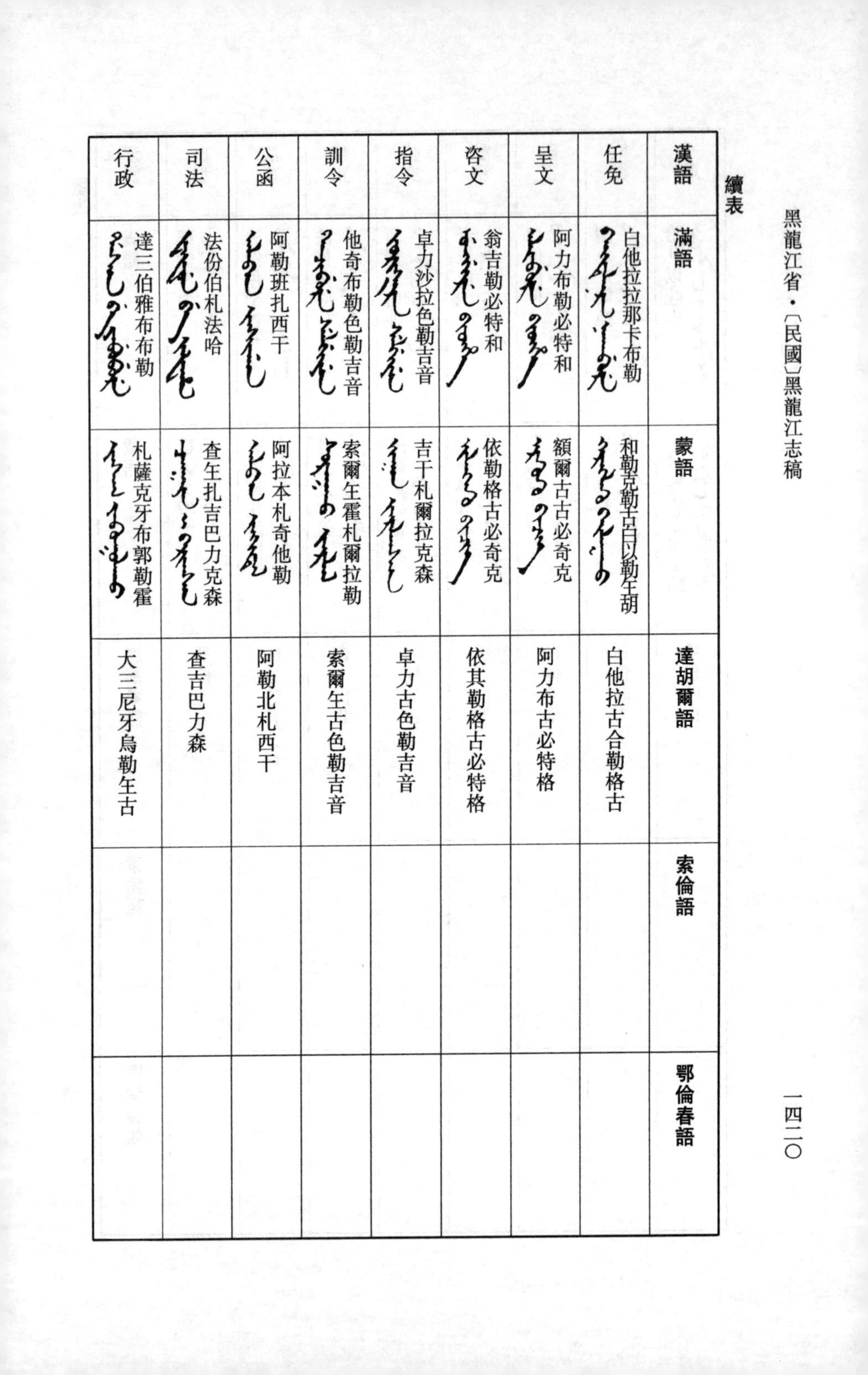

續表

漢語	滿語	蒙語	達胡爾語	索倫語	鄂倫春語
任免	白他拉拉那卡布勒	和勒克勒古白以勒乍胡	白他拉古合勒格古		
呈文	阿力布勒必特和	額爾古古必奇克	阿力布古必特格		
咨文	翁吉勒必特和	依勒格古必奇克	依其勒格古必特格		
指令	卓力沙拉色勒吉音	吉干札爾拉克森	卓力古色勒吉音		
訓令	他奇布勒色勒吉音	索爾乍霍札爾拉勒	索爾乍古色勒吉音		
公函	阿勒班扎西干	阿拉本札奇他勒	阿勒北札西干		
司法	法份伯札法哈	查乍扎吉巴力克森	查吉巴力森		
行政	達三伯雅布布勒	札薩克牙布郭勒霍	大三尼牙烏勒乍古		

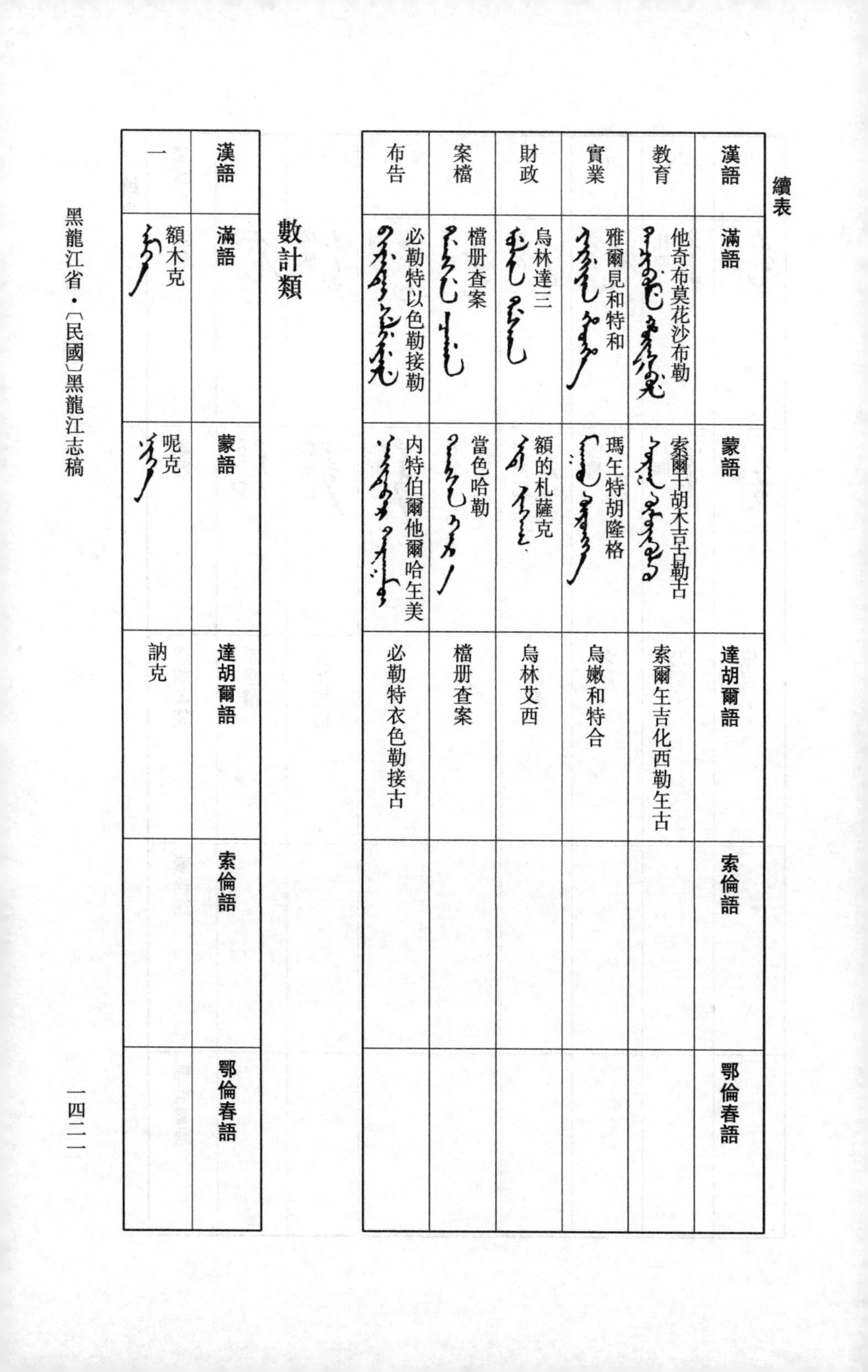

續表

漢語	滿語	蒙語	達胡爾語	索倫語	鄂倫春語
教育	他奇布莫花沙布勒	索爾干胡木吉古勒古	索爾乍吉化西勒乍古		
實業	雅爾見和特和	瑪乍特胡隆格	烏嫩和特合		
財政	烏林達三	額的札薩克	烏林艾西		
案檔	檔册查案	當色哈勒	檔册查案		
布告	必勒特以色勒接勒	内特伯爾他爾哈乍美	必勒特衣色勒接古		

數計類

漢語	滿語	蒙語	達胡爾語	索倫語	鄂倫春語
一	額木克	呢克	訥克		

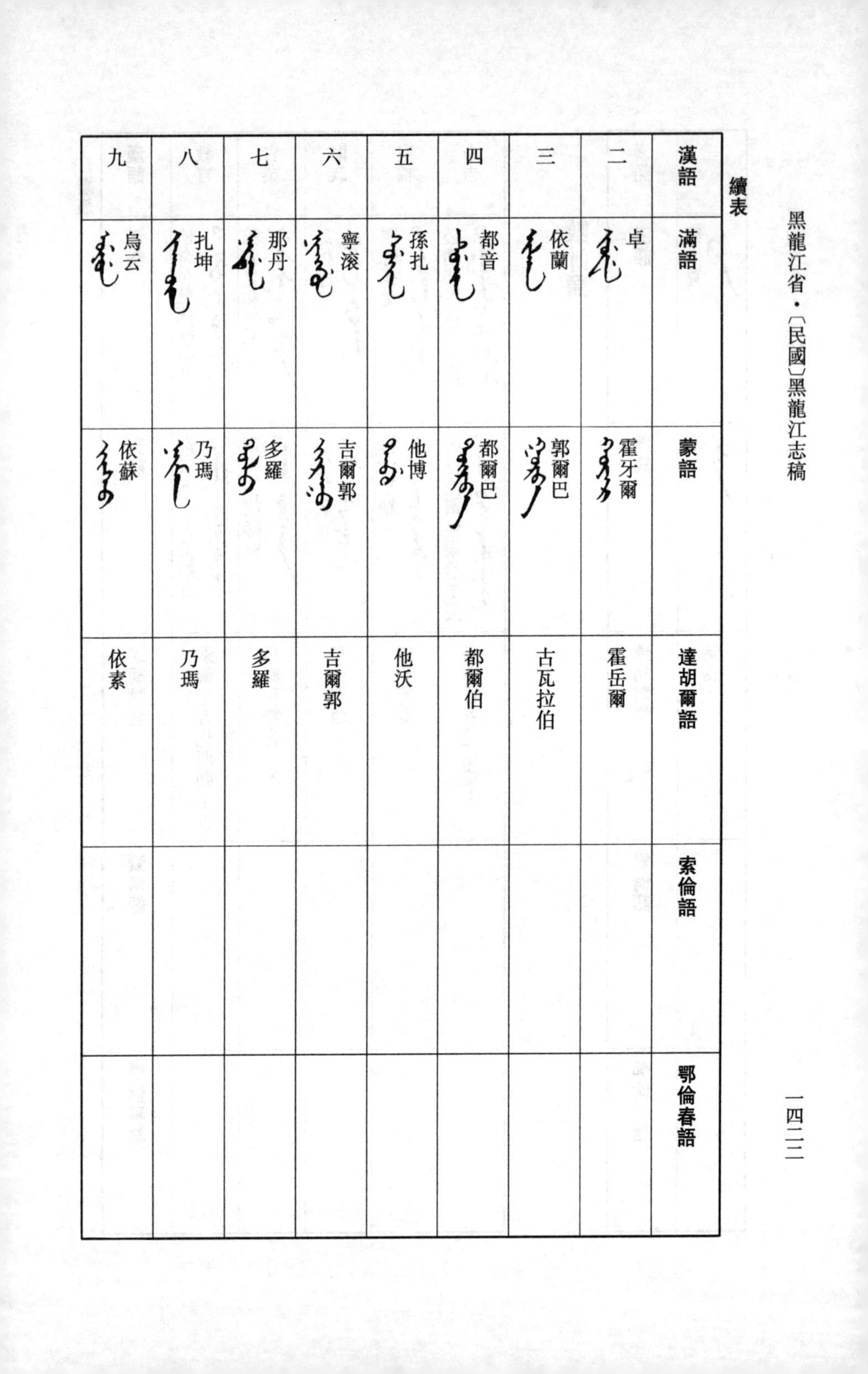

續表

漢語	滿語	蒙語	達胡爾語	索倫語	鄂倫春語
二	卓	霍牙爾	霍岳爾		
三	依蘭	郭爾巴	古瓦拉伯		
四	都音	都爾巴	都爾伯		
五	孫扎	他博	他沃		
六	寧滚	吉爾郭	吉爾郭		
七	那丹	多羅	多羅		
八	扎坤	乃瑪	乃瑪		
九	烏云	依蘇	依素		

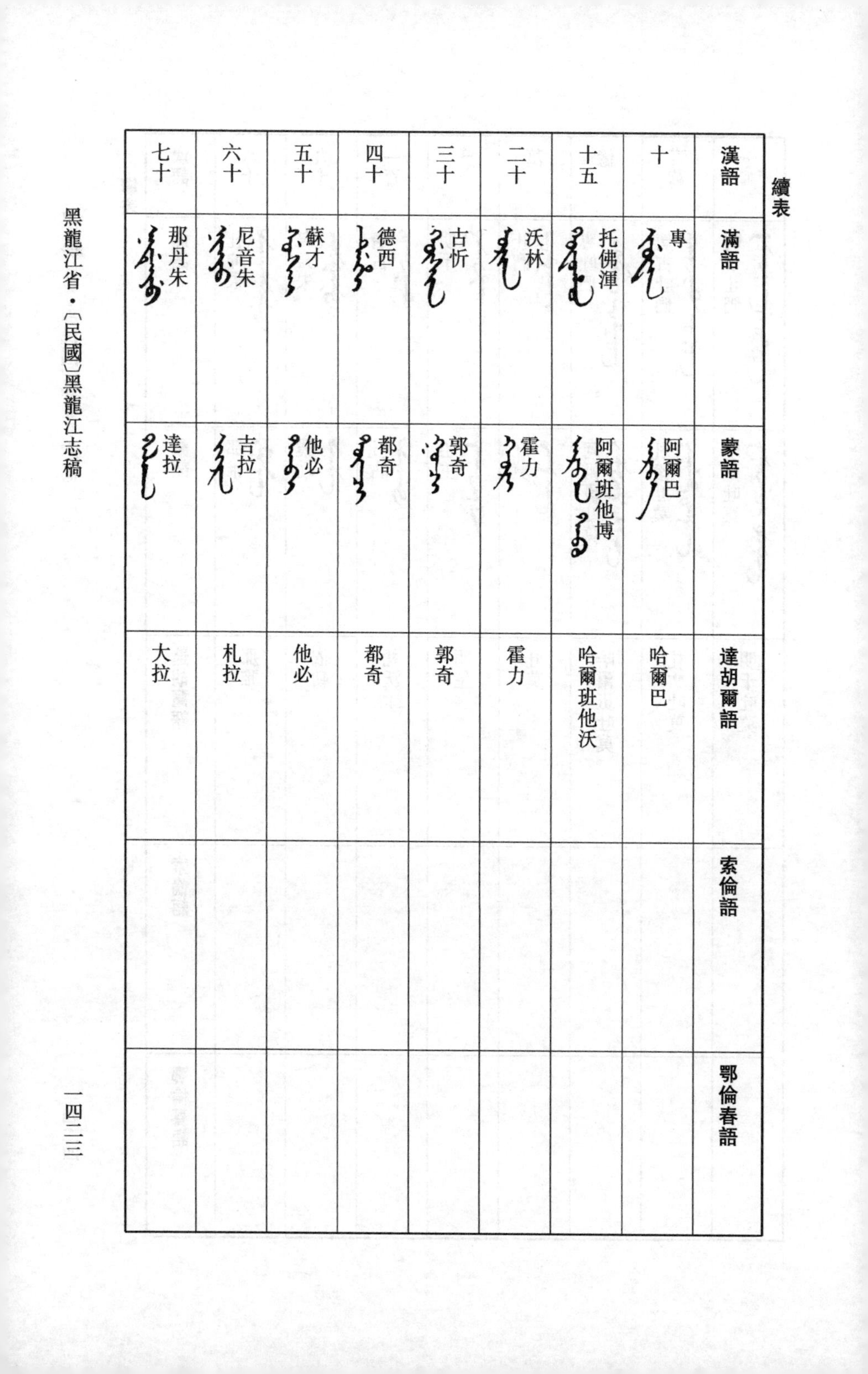

續表

漢語	滿語	蒙語	達胡爾語	索倫語	鄂倫春語
十	專	阿爾巴	哈爾巴		
十五	托佛渾	阿爾班他博	哈爾班他沃		
二十	沃林	霍力	霍力		
三十	古忻	郭奇	郭奇		
四十	德西	都奇	都奇		
五十	蘇才	他必	他必		
六十	尼音朱	吉拉	札拉		
七十	那丹朱	達拉	大拉		

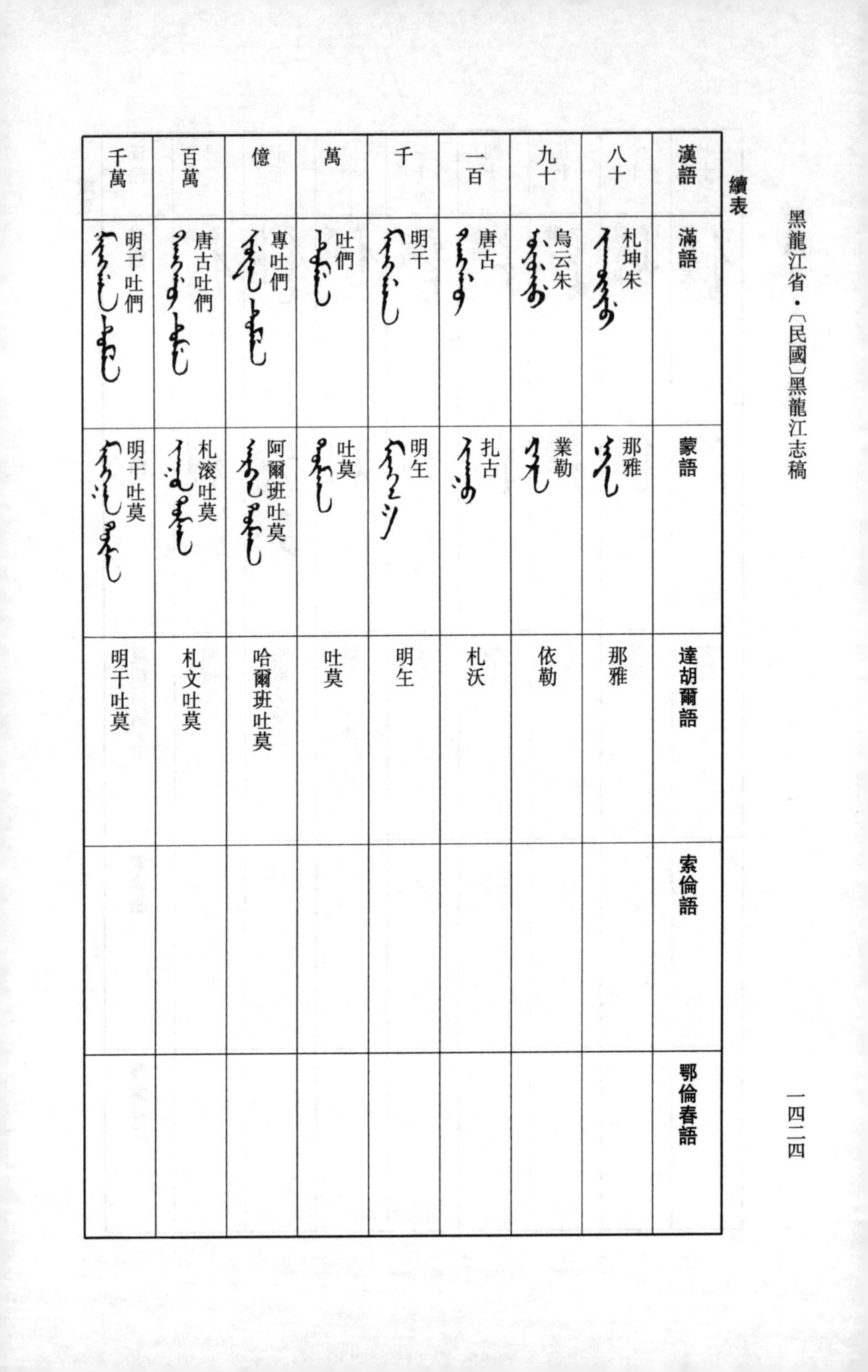

續表

漢語	滿語	蒙語	達胡爾語	索倫語	鄂倫春語
八十	札坤朱	那雅	那雅		
九十	烏云朱	業勒	依勒		
一百	唐古	扎古	札沃		
千	明干	明乍	明乍		
萬	吐們	吐莫	吐莫		
億	專吐們	阿爾班吐莫	哈爾班吐莫		
百萬	唐古吐們	札滾吐莫	札文吐莫		
千萬	明干吐們	明干吐莫	明干吐莫		

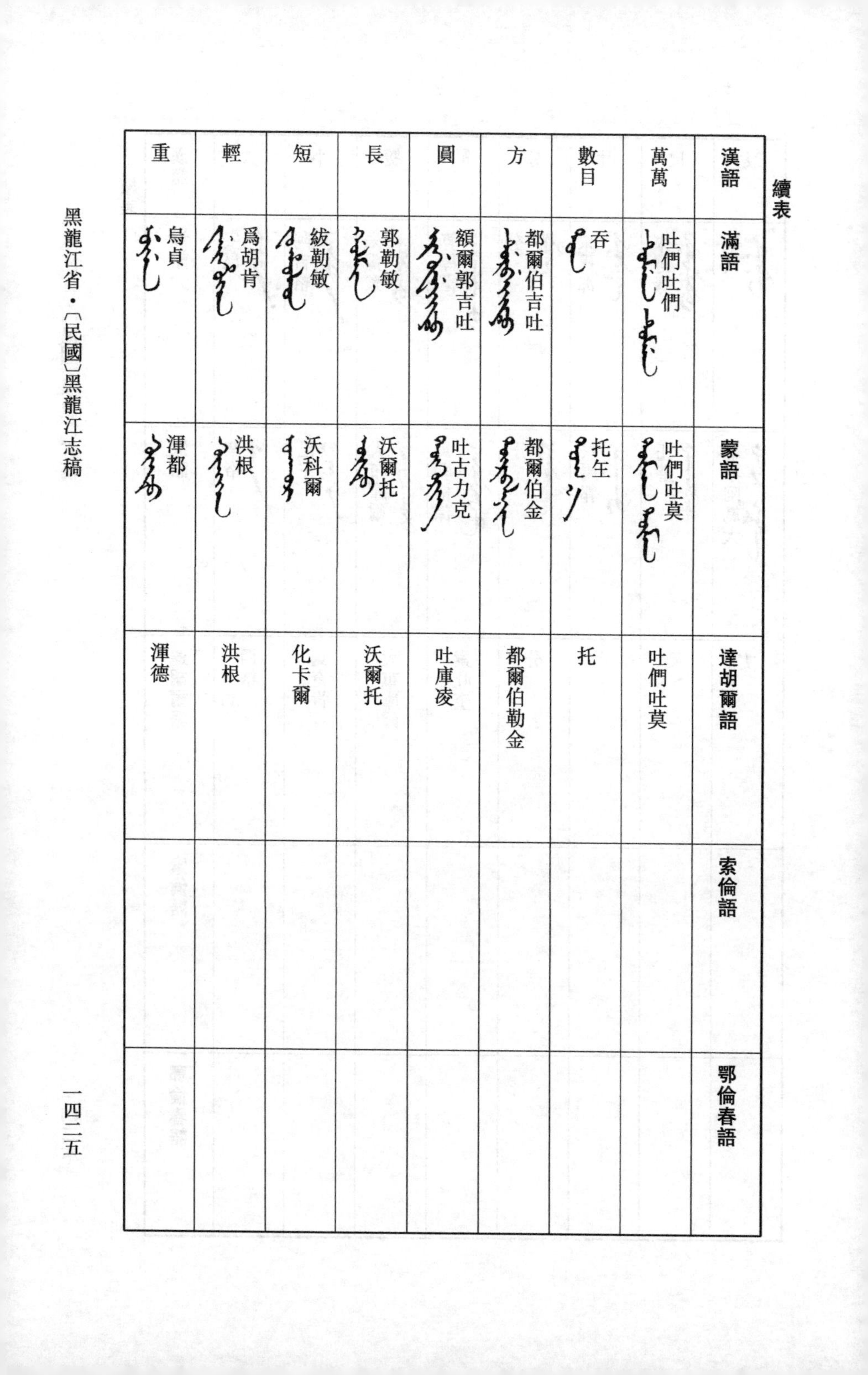

續表

漢語	滿語	蒙語	達胡爾語	索倫語	鄂倫春語
萬萬	吐們吐們	吐們吐莫	吐們吐莫		
數目	呑	托乍	托		
方	都爾伯吉吐	都爾伯金	都爾伯勒金		
圓	額爾郭吉吐	吐古力克	吐庫凌		
長	郭勒敏	沃爾托	沃爾托		
短	紱勒敏	沃科爾	化卡爾		
輕	爲胡肯	洪根	洪根		
重	烏貞	渾都	渾德		

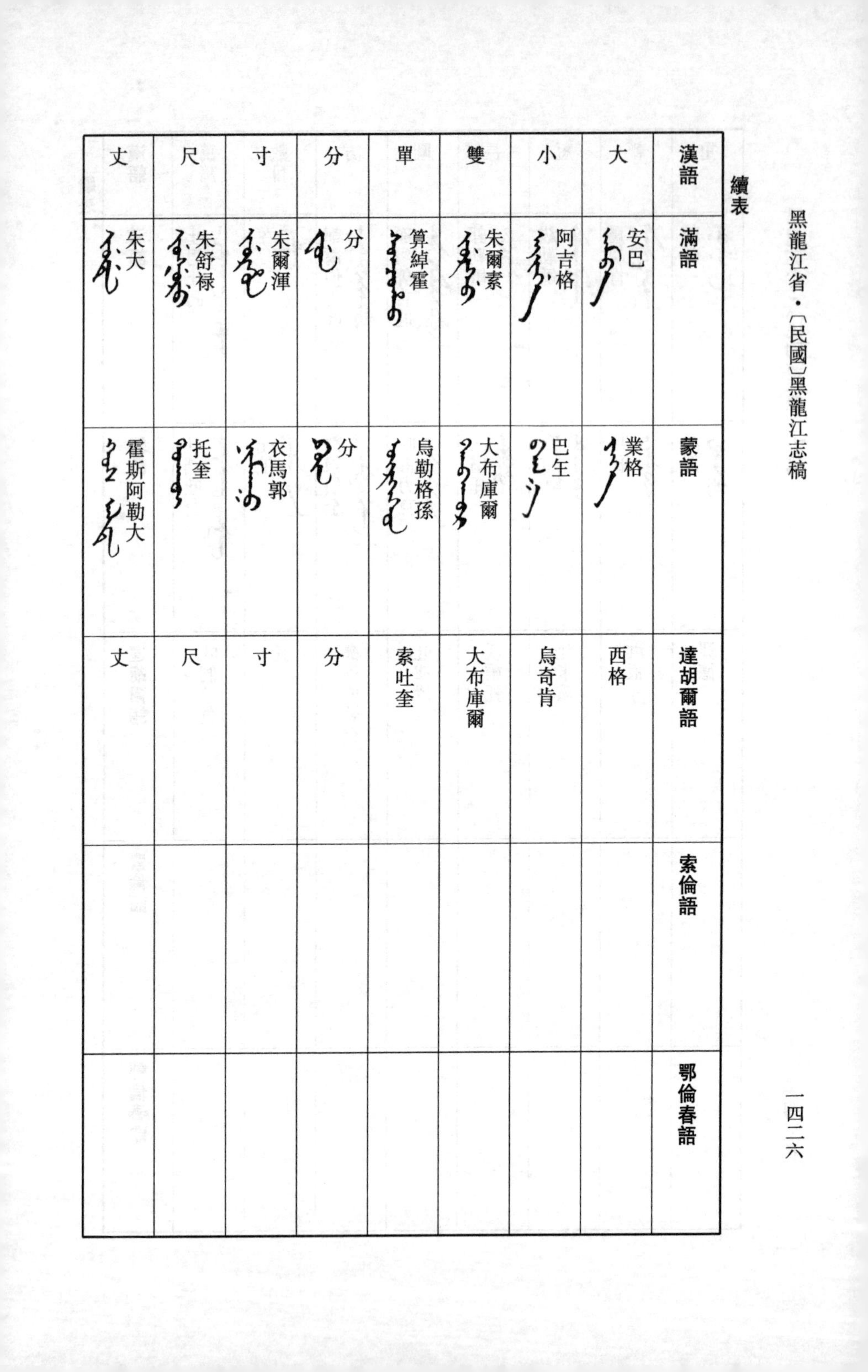

續表

漢語	滿語	蒙語	達胡爾語	索倫語	鄂倫春語
大	安巴	業格	西格		
小	阿吉格	巴乍	烏奇肯		
雙	朱爾素	大布庫爾	大布庫爾		
單	算綽霍	烏勒格孫	索吐奎		
分	分	分	分		
寸	朱爾渾	衣馬郭	寸		
尺	朱舒禄	托奎	尺		
丈	朱大	霍斯阿勒大	丈		

續表

漢語	滿語	蒙語	達胡爾語	索倫語	鄂倫春語
疋	德佛凌古	鞥特衣	古魯滾		
觔	敬金	金	金		
兩	彥	朗	彥		
錢	吉哈	欽	吉生		
分	分	分	分		
毫	西那	毫	毫		
厘	額力	厘	厘		
隻	額木特	尼者格特	尼者勒		

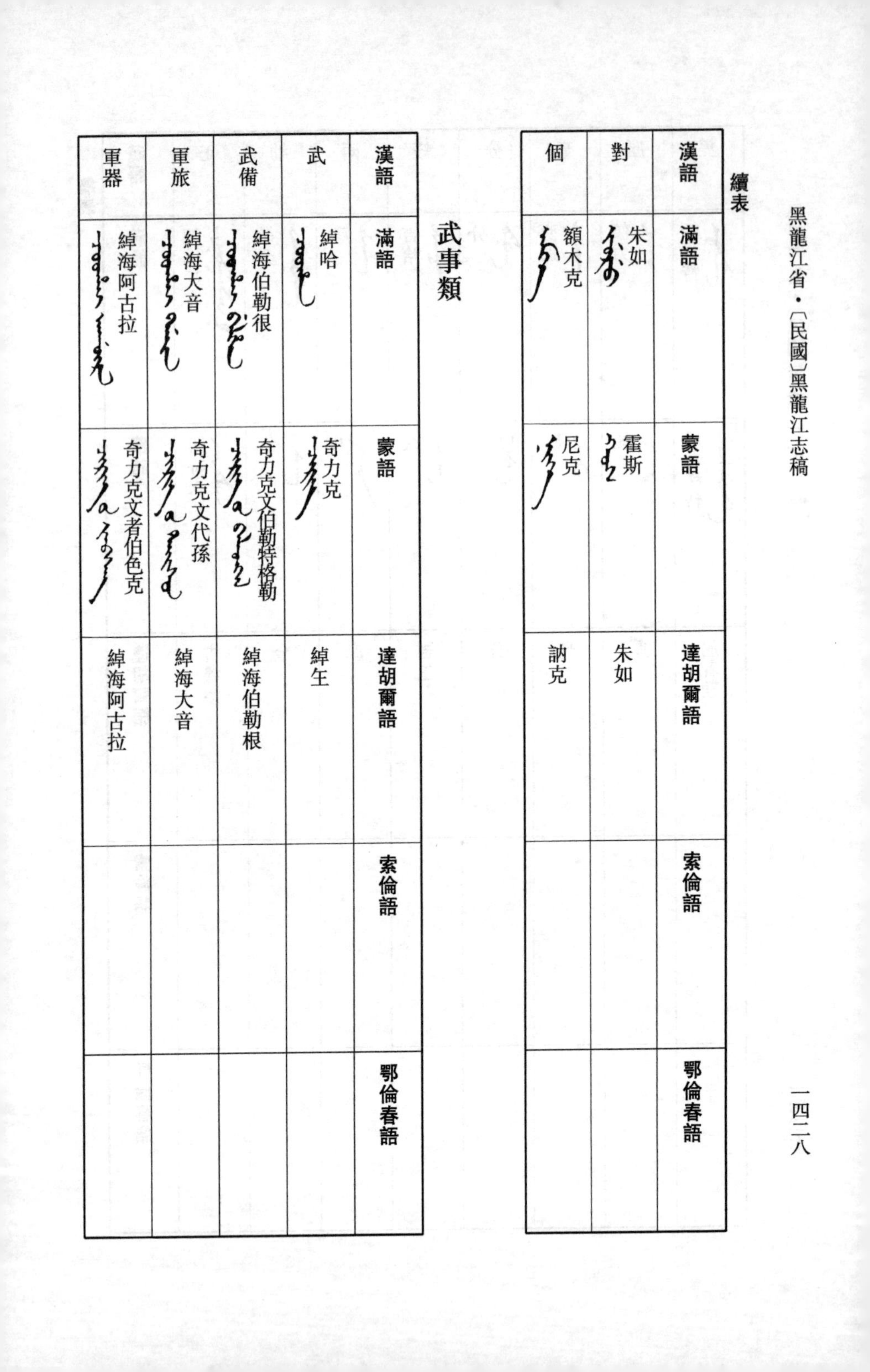

續表

漢語	滿語	蒙語	達胡爾語	索倫語	鄂倫春語
對	朱如	霍斯	朱如		
個	額木克	尼克	訥克		

武事類

漢語	滿語	蒙語	達胡爾語	索倫語	鄂倫春語
武	綽哈	奇力克	綽生		
武備	綽海伯勒很	奇力克文伯勒特格勒	綽海伯勒根		
軍旅	綽海大音	奇力克文代孫	綽海大音		
軍器	綽海阿古拉	奇力克文者伯色克	綽海阿古拉		

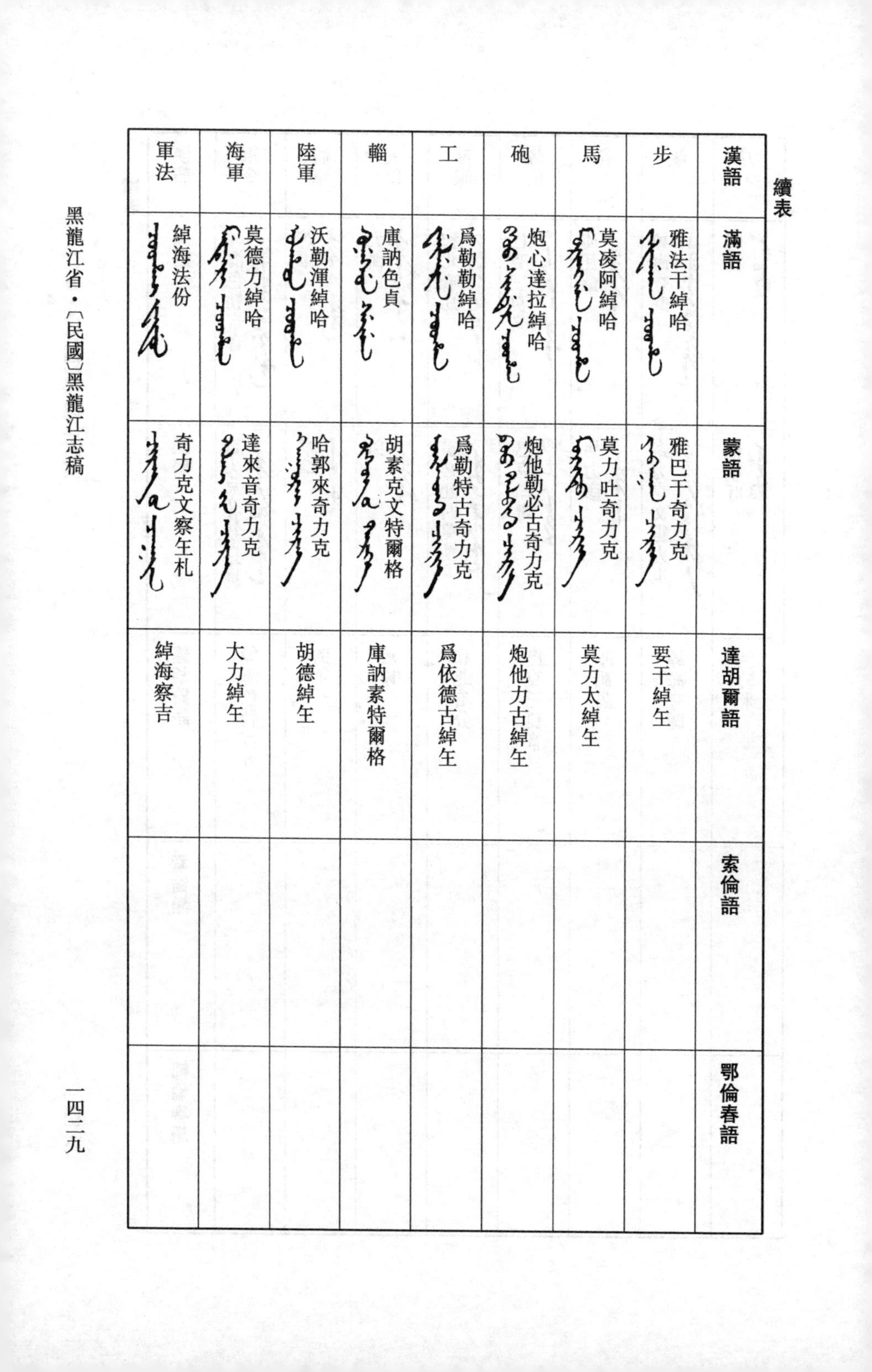

續表

漢語	滿語	蒙語	達胡爾語	索倫語	鄂倫春語
步	雅法干綽哈	雅巴干奇力克	要干綽生		
馬	莫凌阿綽哈	莫力吐奇力克	莫力太綽生		
砲	炮心達拉綽哈	炮他勒必古奇力克	炮他力古綽生		
工	爲勒勒綽哈	爲勒特古奇力克	爲依德古綽生		
輜	庫訥色貞	胡素克文特爾格	庫訥素特爾格		
陸軍	沃勒渾綽哈	哈郭來奇力克	胡德綽生		
海軍	莫德力綽哈	達來音奇力克	大力綽生		
軍法	綽海法份	奇力克文察生札	綽海察吉		

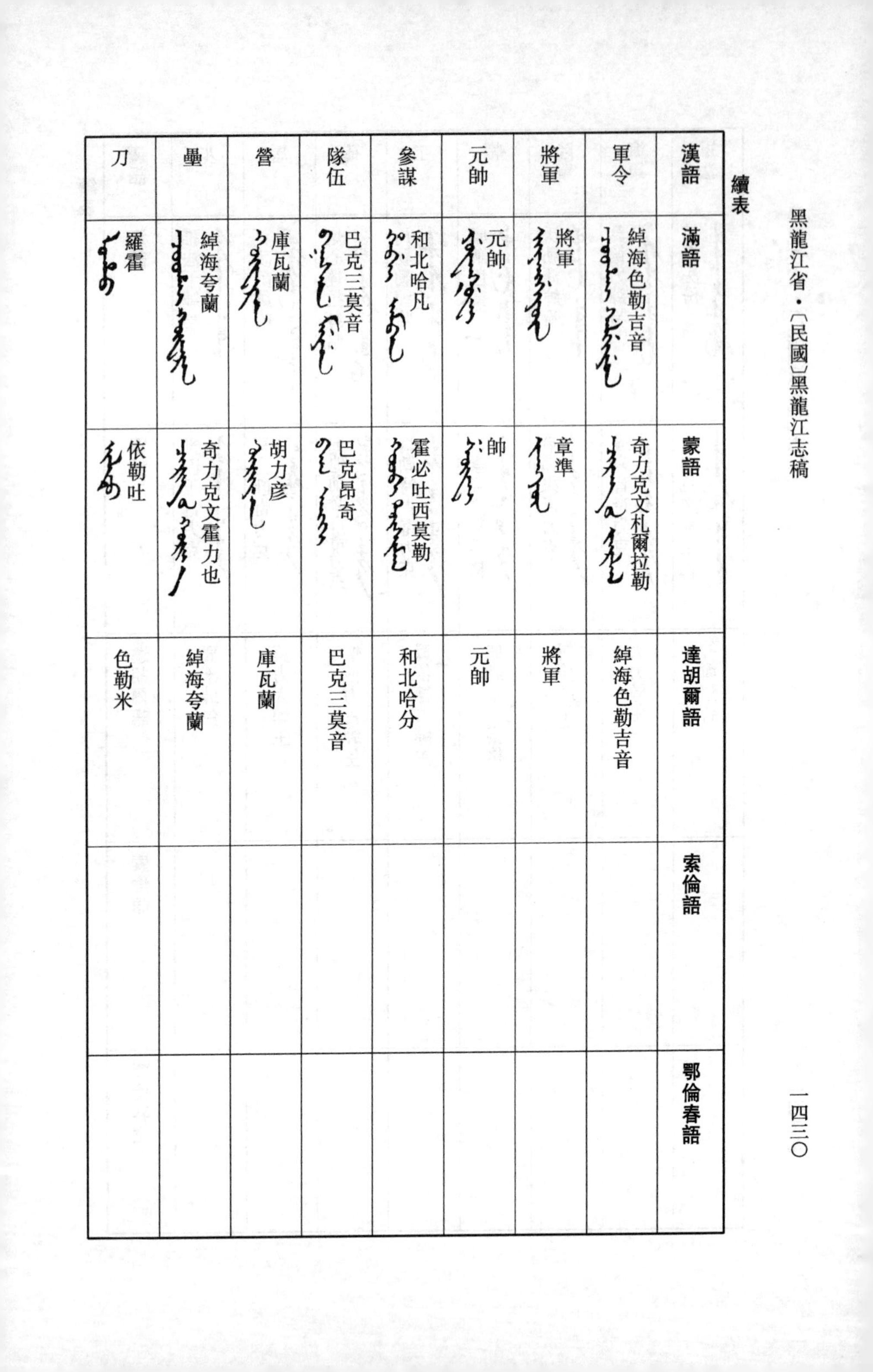

續表

漢語	滿語	蒙語	達胡爾語	索倫語	鄂倫春語
軍令	綽海色勒吉音	奇力克文札爾拉勒	綽海色勒吉音		
將軍	將軍	章準	將軍		
元帥	元帥	帥	元帥		
參謀	和北哈凡	霍必吐西莫勒	和北哈分		
隊伍	巴克三莫音	巴克昂奇	巴克三莫音		
營	庫瓦蘭	胡力彥	庫瓦蘭		
壘	綽海夸蘭	奇力克文霍力也	綽海夸蘭		
刀	羅霍	依勒吐	色勒米		

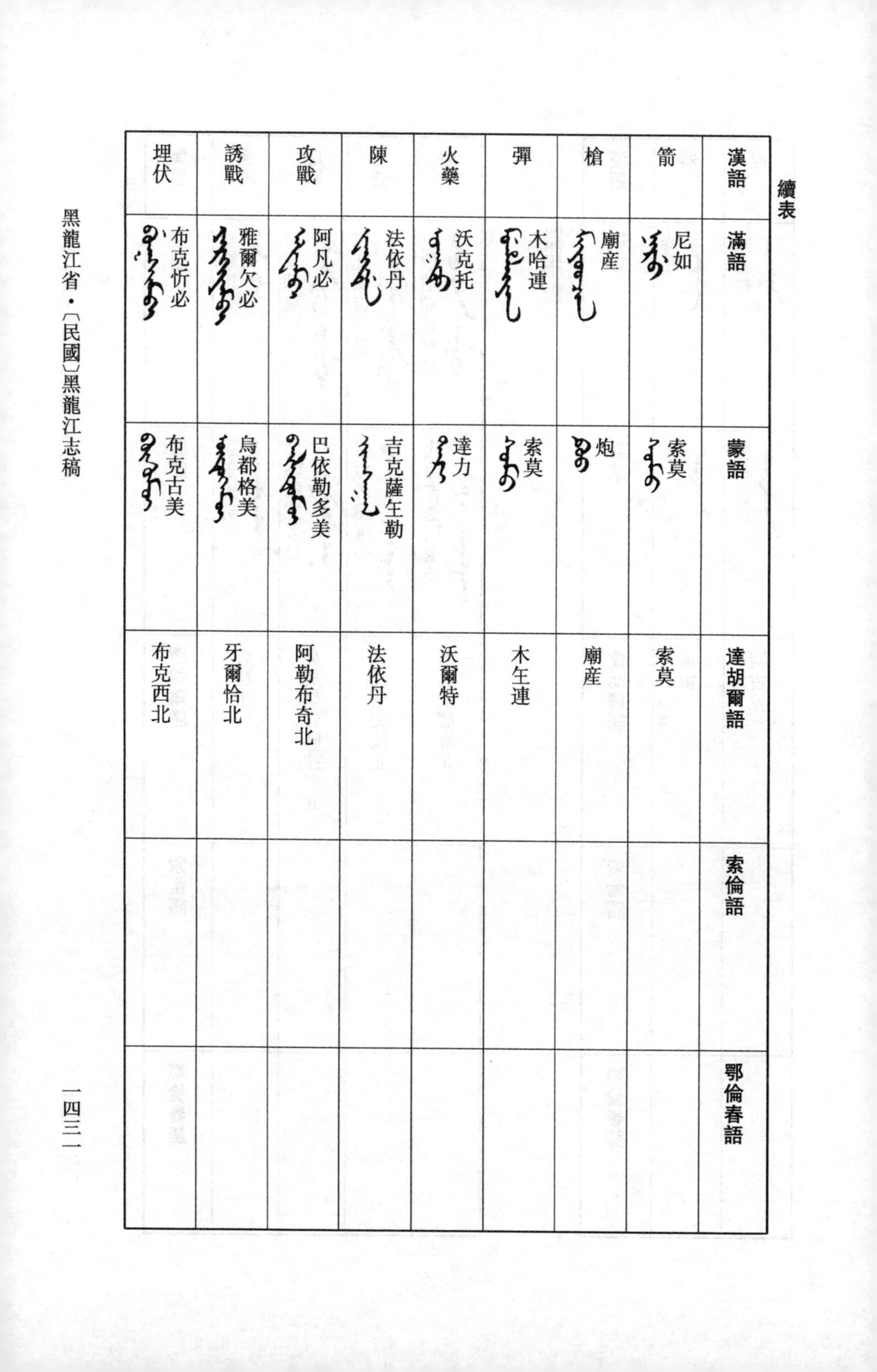

續表

漢語	滿語	蒙語	達胡爾語	索倫語	鄂倫春語
箭	尼如	索莫	索莫		
槍	廟産	炮	廟産		
彈	木哈連	索莫	木生連		
火藥	沃克托	達力	沃爾特		
陣	法依丹	吉克薩生勒	法依丹		
攻戰	阿凡必	巴依勒多美	阿勒布奇北		
誘戰	雅爾欠必	烏都格美	牙爾恰北		
埋伏	布克忻必	布克古美	布克西北		

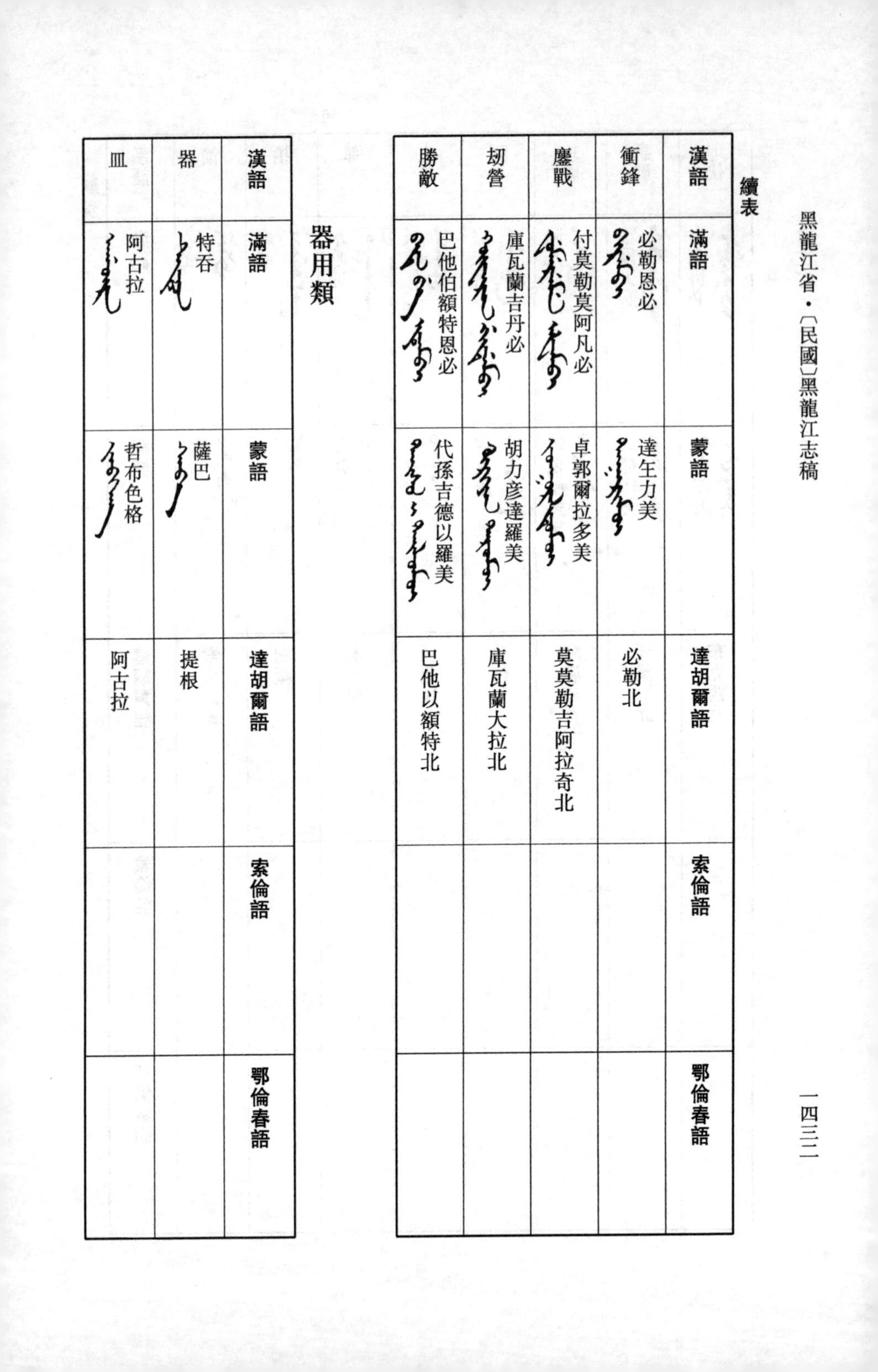

續表

漢語	滿語	蒙語	達胡爾語	索倫語	鄂倫春語
衝鋒	必勒恩必	達乍力美	必勒北		
鏖戰	付莫勒莫阿凡必	卓郭爾拉多美	莫莫勒吉阿拉奇北		
刼營	庫瓦蘭吉丹必	胡力彥達羅美	庫瓦蘭大拉北		
勝敵	巴他伯額特恩必	代孫吉德以羅美	巴他以額特北		

器用類

漢語	滿語	蒙語	達胡爾語	索倫語	鄂倫春語
器	特吞	薩巴	提根		
皿	阿古拉	哲布色格	阿古拉		

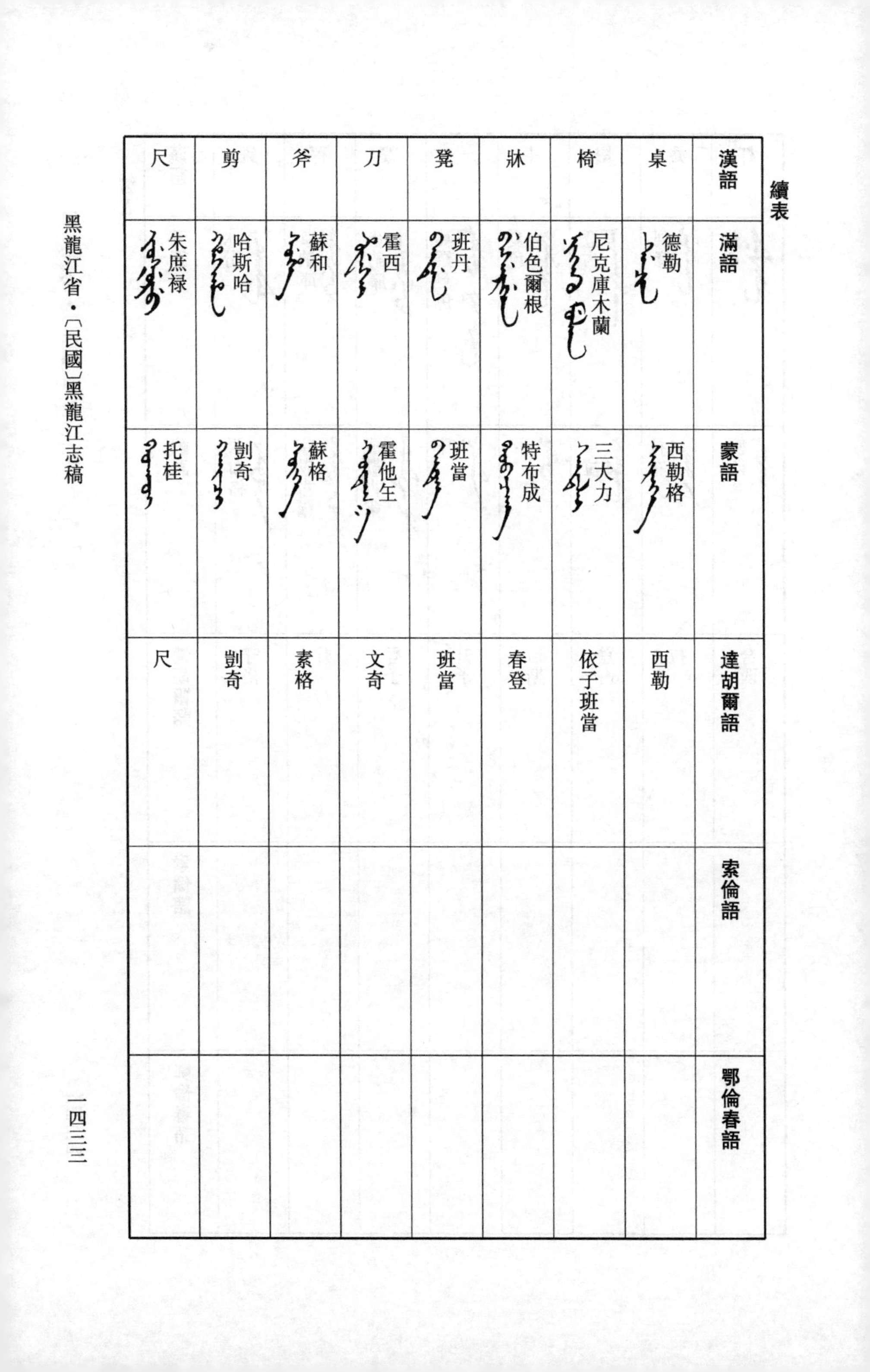

續表

漢語	滿語	蒙語	達胡爾語	索倫語	鄂倫春語
桌	德勒	西勒格	西勒		
椅	尼克庫木蘭	三大力	依子班當		
牀	伯色爾根	特布成	春登		
凳	班丹	班當	班當		
刀	霍西	霍他乍	文奇		
斧	蘇和	蘇格	素格		
剪	哈斯哈	剴奇	剴奇		
尺	朱庶禄	托桂	尺		

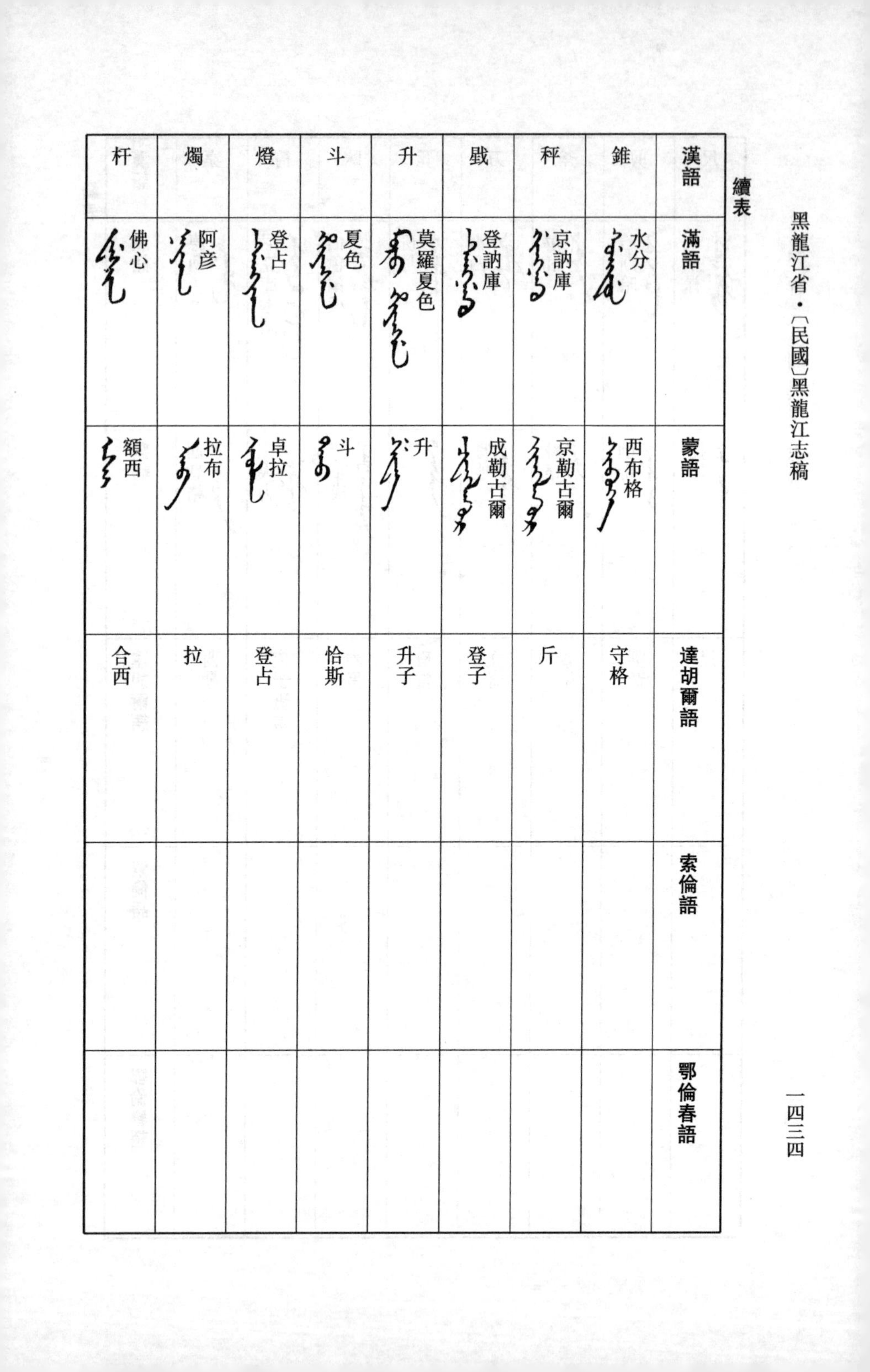

續表

漢語	滿語	蒙語	達胡爾語	索倫語	鄂倫春語
錐	水分	西布格	守格		
秤	京訥庫	京勒古爾	斤		
戥	登訥庫	成勒古爾	登子		
升	莫羅夏色	升	升子		
斗	夏色	斗	恰斯		
燈	登占	卓拉	登占		
燭	阿彦	拉布	拉		
杆	佛心	額西	合西		

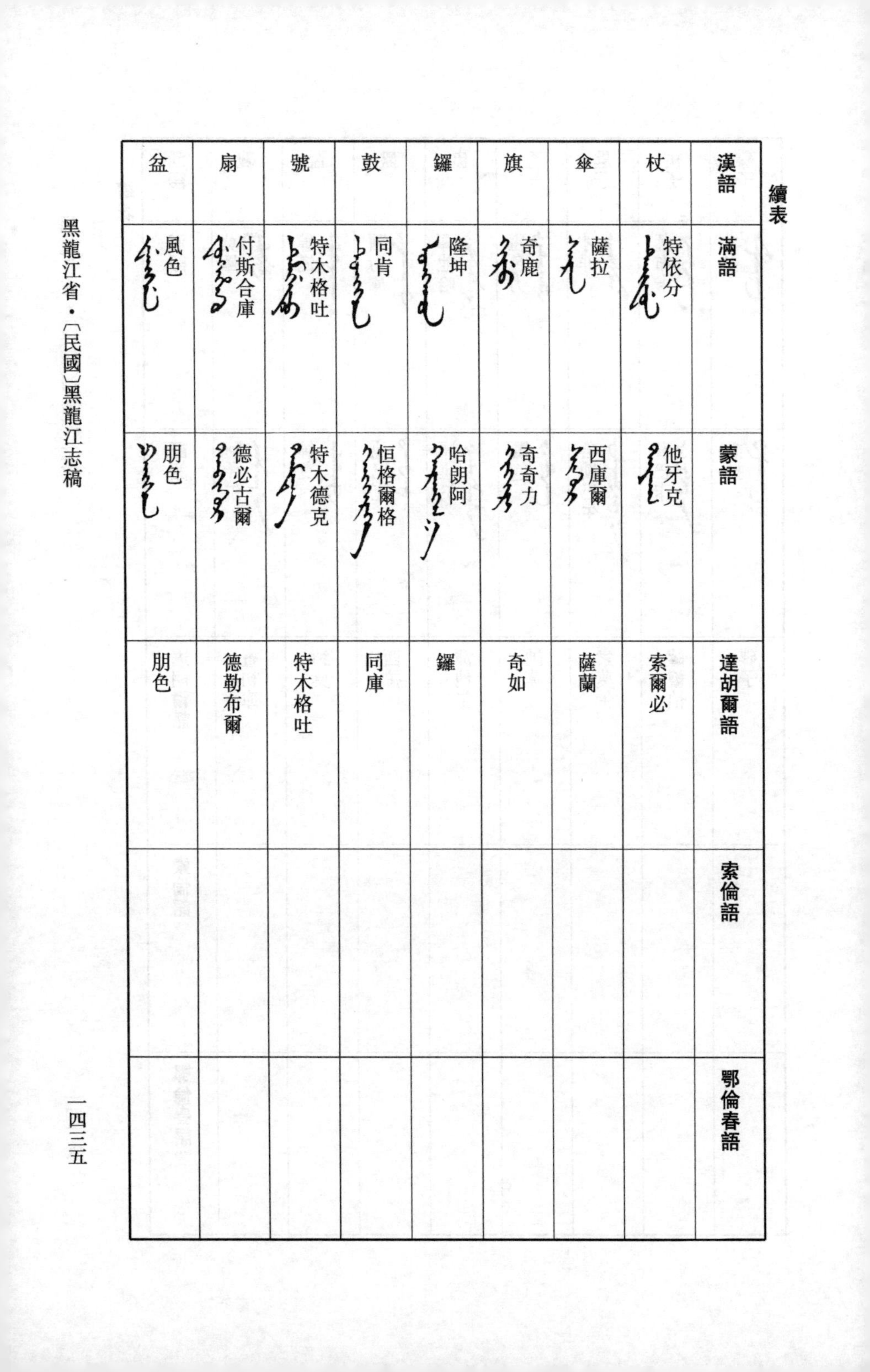

續表

漢語	滿語	蒙語	達胡爾語	索倫語	鄂倫春語
杖	特依分	他牙克	索爾必		
傘	薩拉	西庫爾	薩蘭		
旗	奇鹿	奇奇力	奇如		
鑼	隆坤	哈朗阿	鑼		
鼓	同肯	恒格爾格	同庫		
號	特木格吐	特木德克	特木格吐		
扇	付斯合庫	德必古爾	德勒布爾		
盆	風色	朋色	朋色		

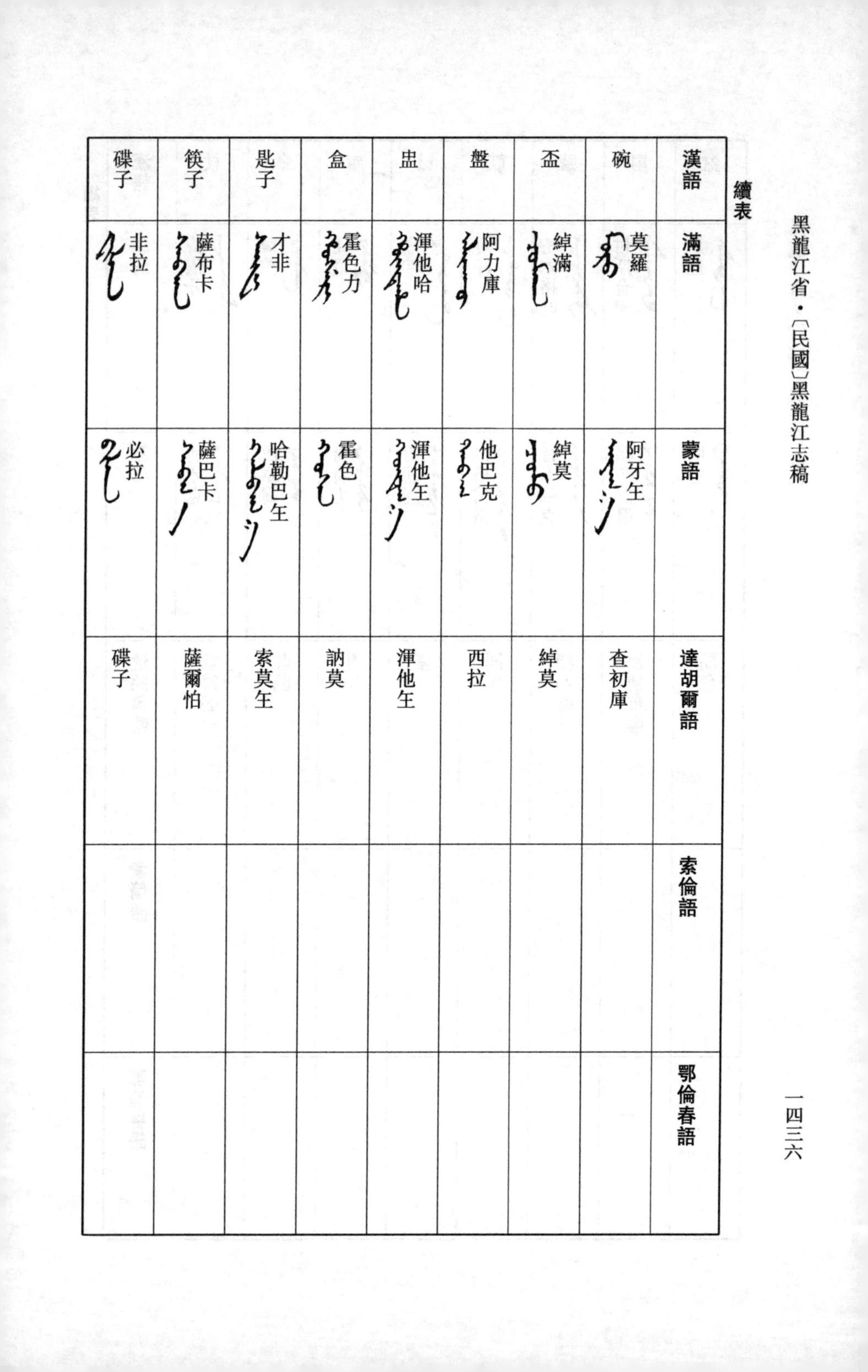

續表

漢語	滿語	蒙語	達胡爾語	索倫語	鄂倫春語
碗	莫羅	阿牙乍	查初庫		
盃	綽滿	綽莫	綽莫		
盤	阿力庫	他巴克	西拉		
盅	渾他哈	渾他乍	渾他乍		
盒	霍色力	霍色	訥莫		
匙子	才非	哈勒巴乍	索莫乍		
筷子	薩布卡	薩巴卡	薩爾怕		
碟子	非拉	必拉	碟子		

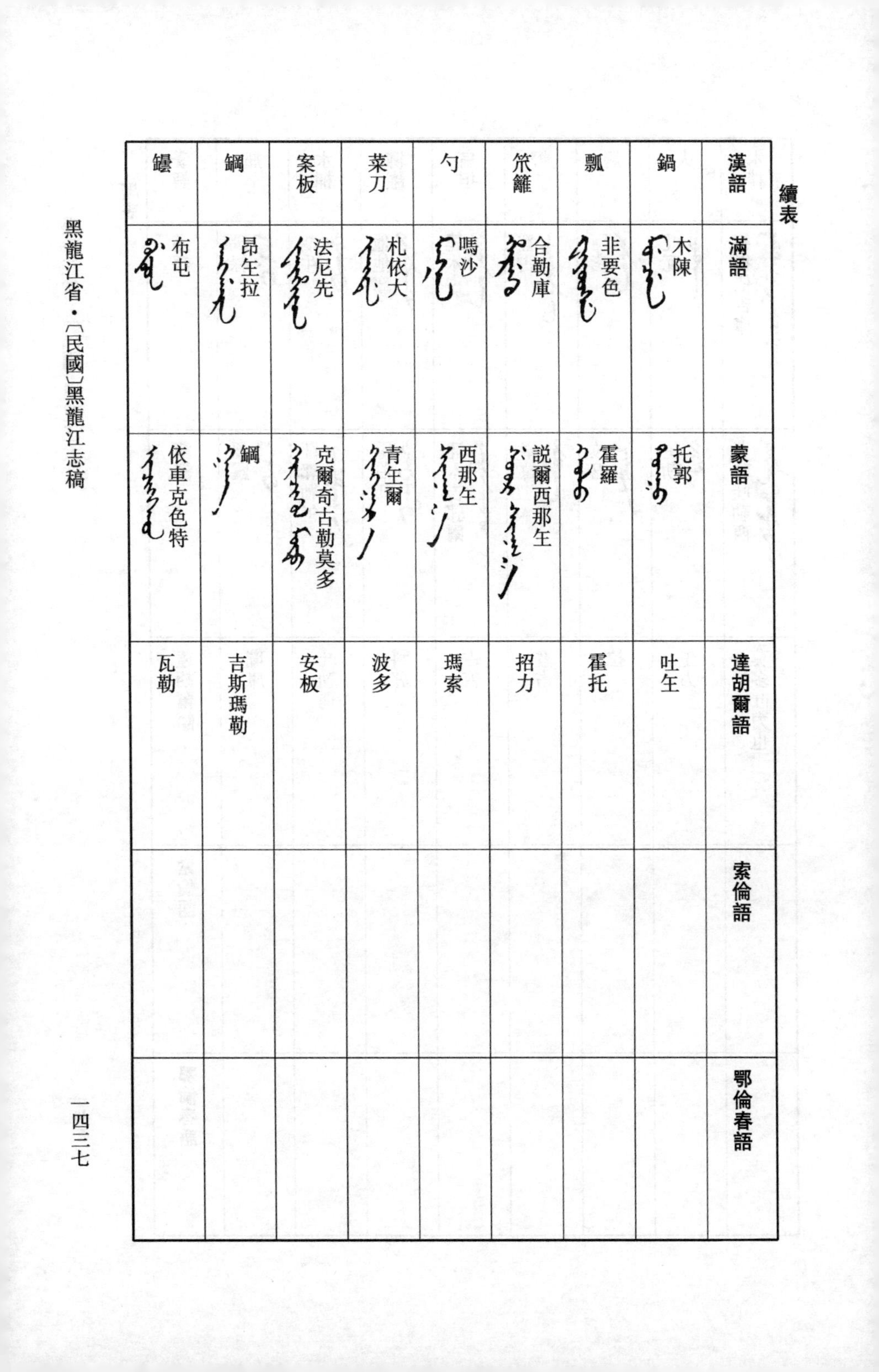

續表

漢語	滿語	蒙語	達胡爾語	索倫語	鄂倫春語
鍋	木陳	托郭	吐乍		
瓢	非要色	霍羅	霍托		
笊籬	合勒庫	説爾西那乍	招力		
勺	瑪沙	西那乍	瑪索		
菜刀	札依大	青乍爾	波多		
案板	法尼先	克爾奇古勒莫多	安板		
鋼	昂乍拉	鋼	吉斯瑪勒		
鏝	布屯	依車克色特	瓦勒		

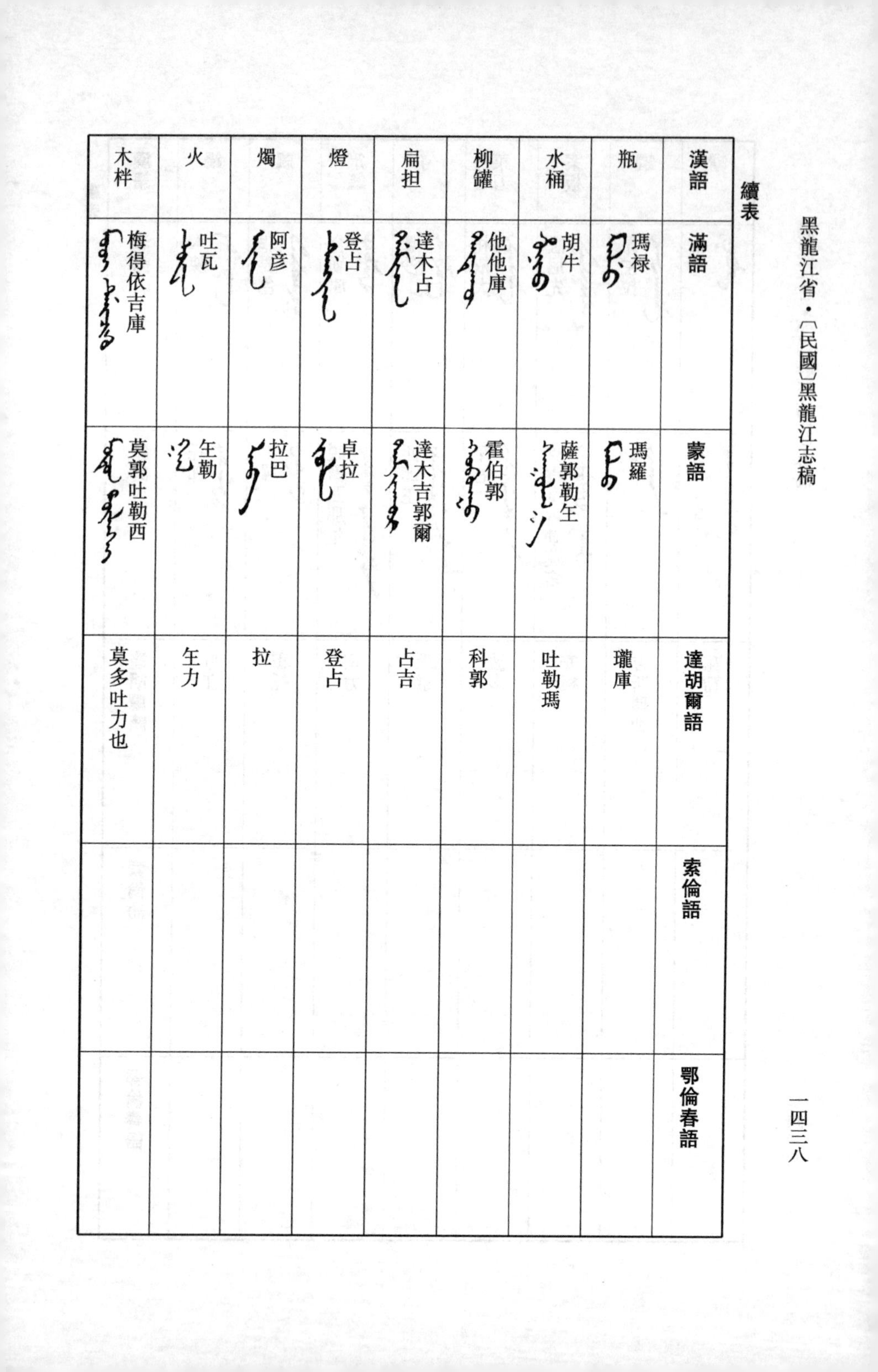

續表

漢語	滿語	蒙語	達胡爾語	索倫語	鄂倫春語
瓶	瑪祿	瑪羅	瓏庫		
水桶	胡牛	薩郭勒乍	吐勒瑪		
柳罐	他他庫	霍伯郭	科郭		
扁担	達木占	達木吉郭爾	占吉		
燈	登占	卓拉	登占		
燭	阿彥	拉巴	拉		
火	吐瓦	乍勒	乍力		
木杵	梅得依吉庫	莫郭吐勒西	莫多吐力也		

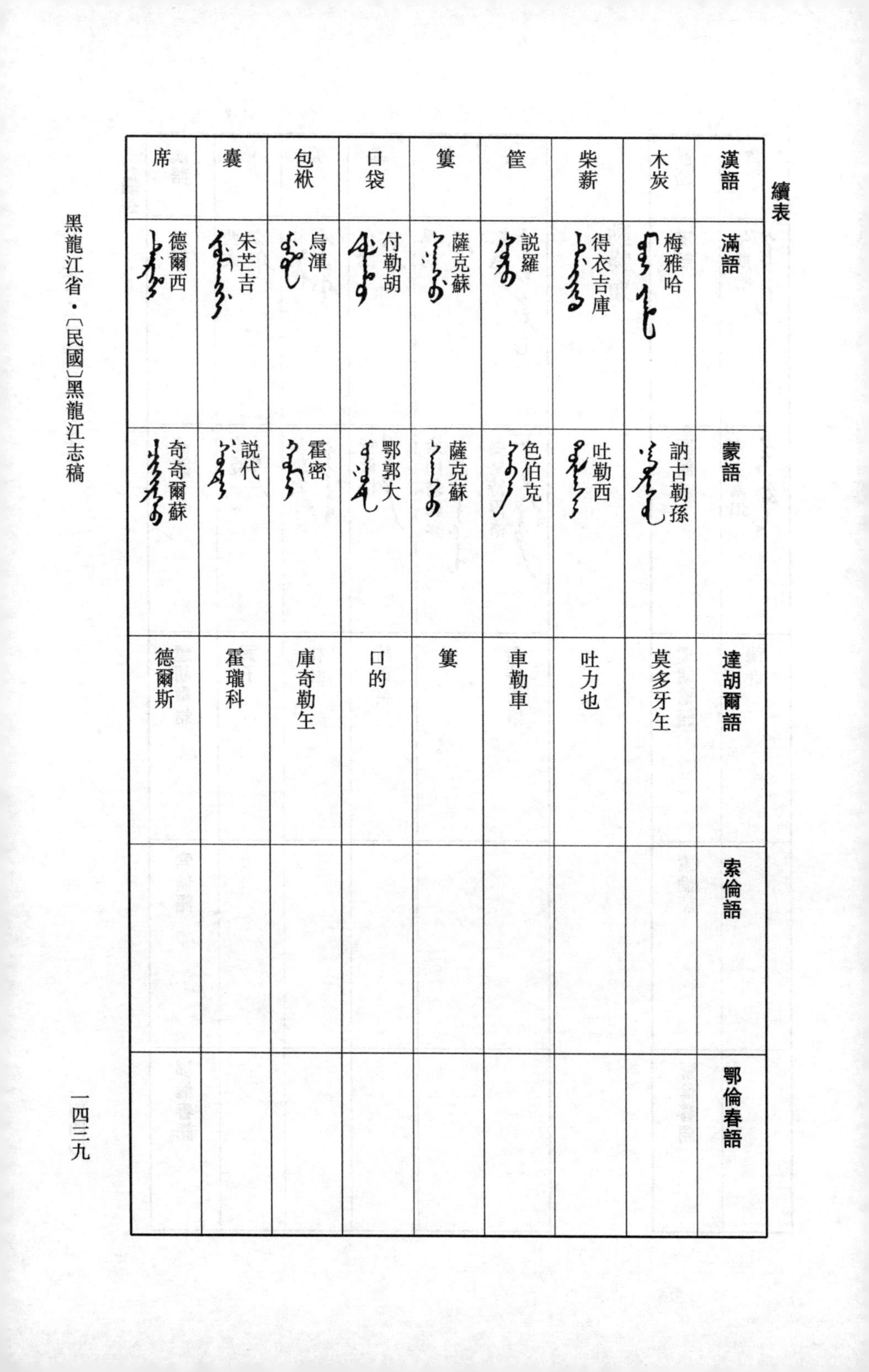

續表

漢語	滿語	蒙語	達胡爾語	索倫語	鄂倫春語
木炭	梅雅哈	訥古勒孫	莫多牙乍		
柴薪	得衣吉庫	吐勒西	吐力也		
筐	說羅	色伯克	車勒車		
簍	薩克蘇	薩克蘇	簍		
口袋	付勒胡	鄂郭大	口的		
包袱	烏渾	霍密	庫奇勒乍		
囊	朱芒吉	說代	霍瓏科		
席	德爾西	奇奇爾蘇	德爾斯		

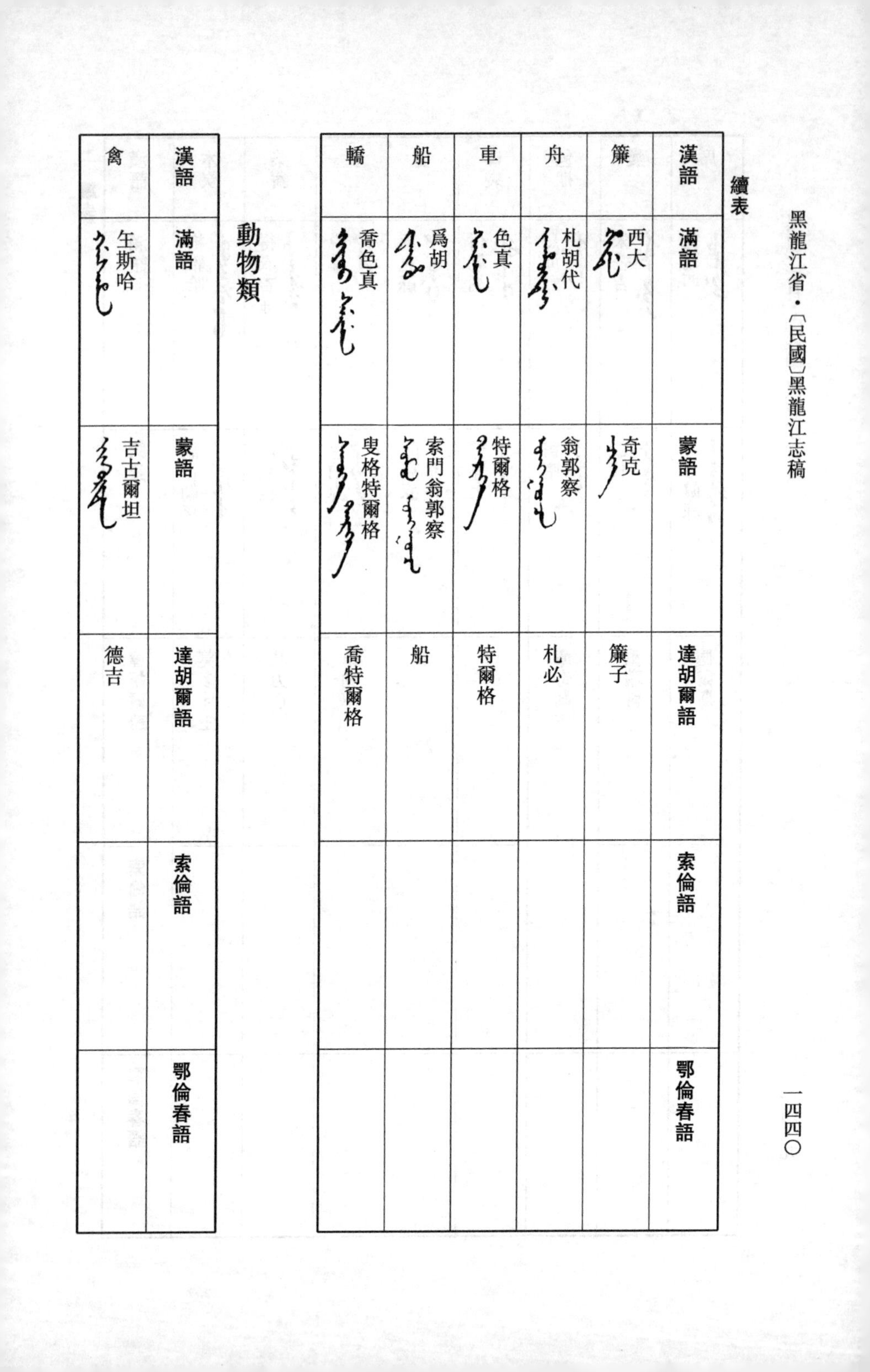

續表

漢語	滿語	蒙語	達胡爾語	索倫語	鄂倫春語
簾	西大	奇克	簾子		
舟	札胡代	翁郭察	札必		
車	色真	特爾格	特爾格		
船	爲胡	索門翁郭察	船		
轎	喬色真	叟格特爾格	喬特爾格		

動物類

漢語	滿語	蒙語	達胡爾語	索倫語	鄂倫春語
禽	乍斯哈	吉古爾坦	德吉		

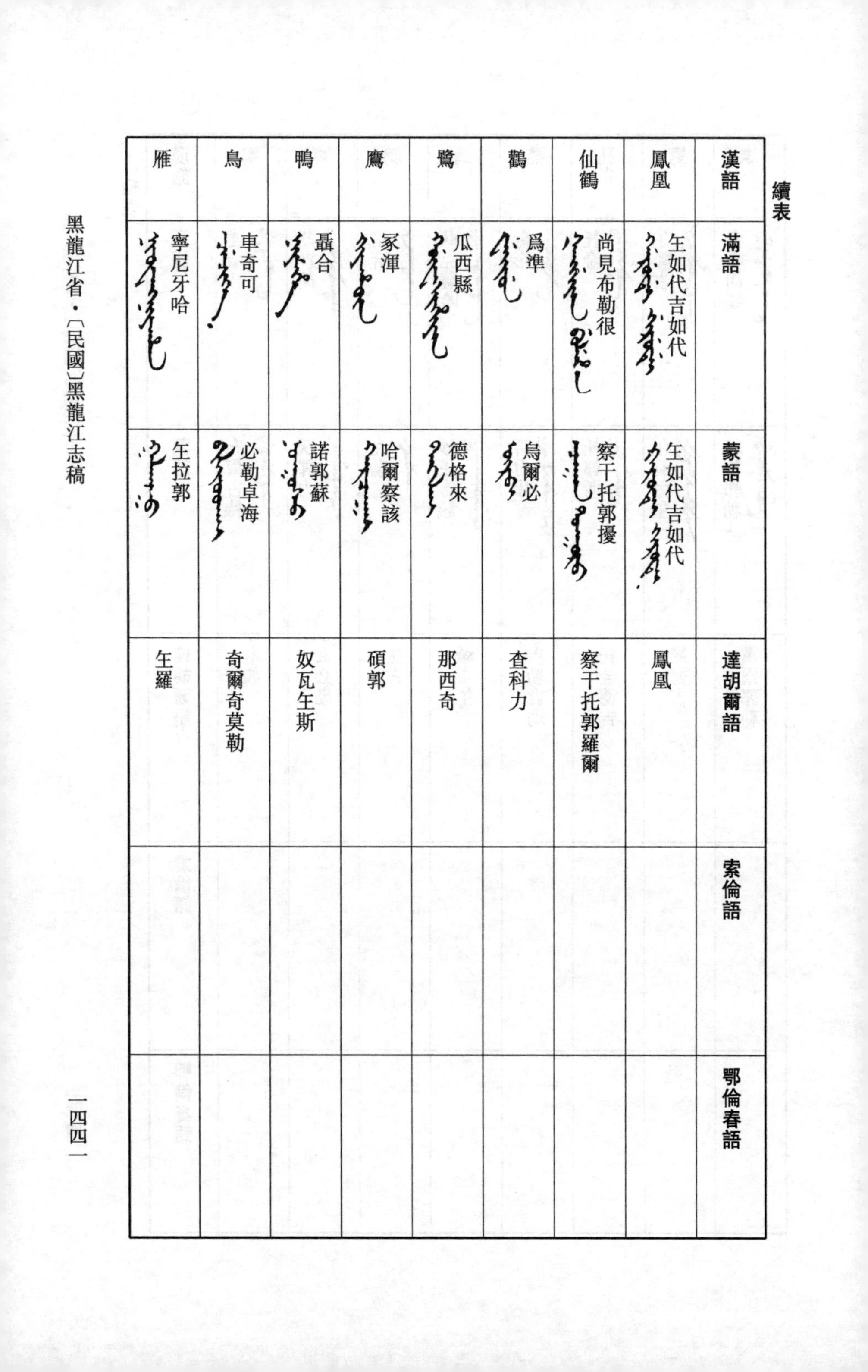

續表

漢語	滿語	蒙語	達胡爾語	索倫語	鄂倫春語
鳳凰	乇如代吉如代	乇如代吉如代	鳳凰		
仙鶴	尚見布勒很	察干托郭擾	察干托郭羅爾		
鶬	爲準	烏爾必	查科力		
鷺	瓜西縣	德格來	那西奇		
鷹	冢渾	哈爾察該	碩郭		
鴨	聶合	諾郭蘇	奴瓦乇斯		
烏	車奇可	必勒卓海	奇爾奇莫勒		
雁	寧尼牙哈	乇拉郭	乇羅		

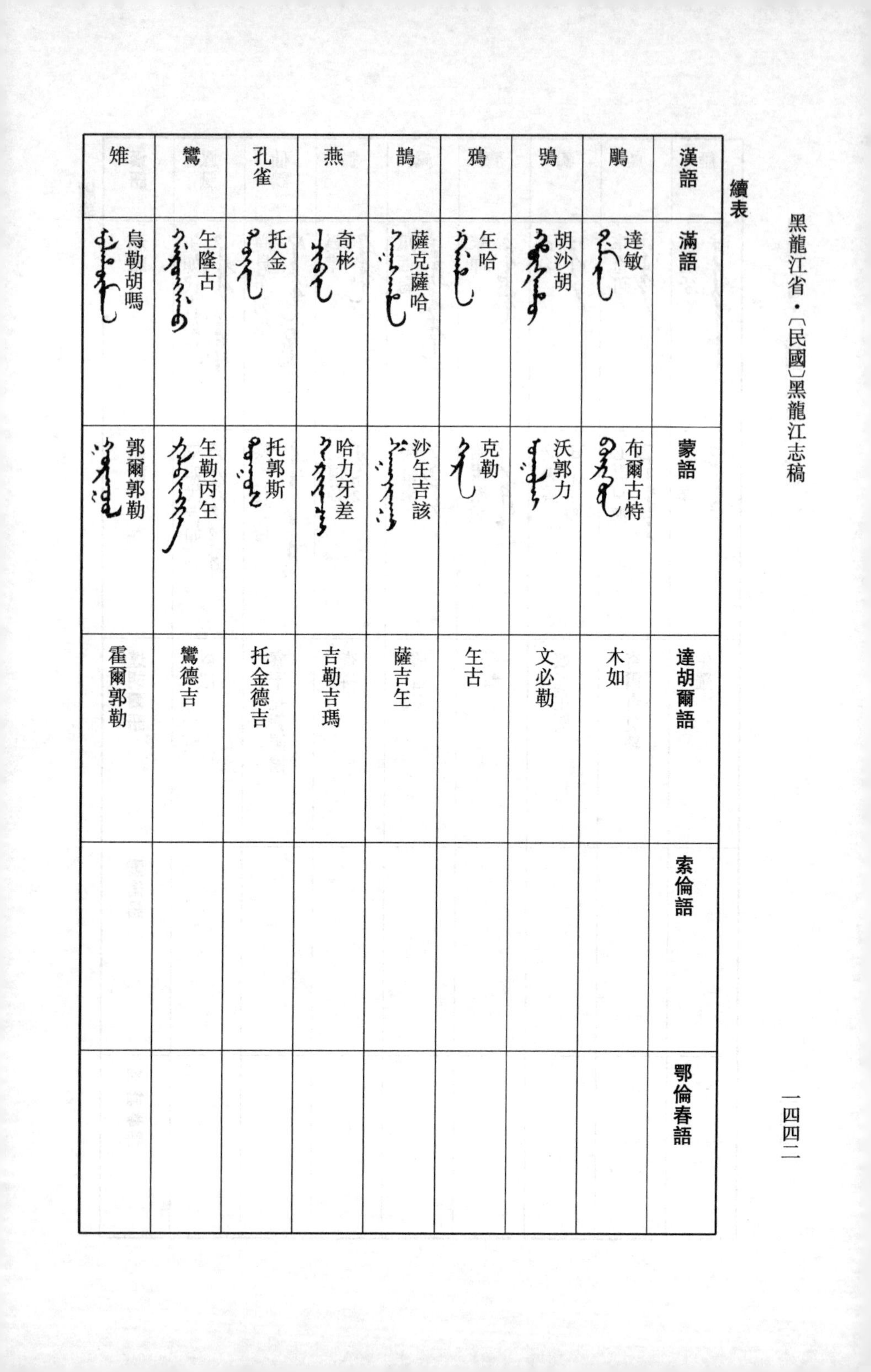

續表

漢語	滿語	蒙語	達胡爾語	索倫語	鄂倫春語
鵬	達敏	布爾古特	木如		
鴞	胡沙胡	沃郭力	文必勒		
鴉	生哈	克勒	生古		
鵲	薩克薩哈	沙生吉該	薩吉生		
燕	奇彬	哈力牙差	吉勒吉瑪		
孔雀	托金	托郭斯	托金德吉		
鸞	生隆古	生勒丙生	鸞德吉		
雉	烏勒胡嗎	郭爾郭勒	霍爾郭勒		

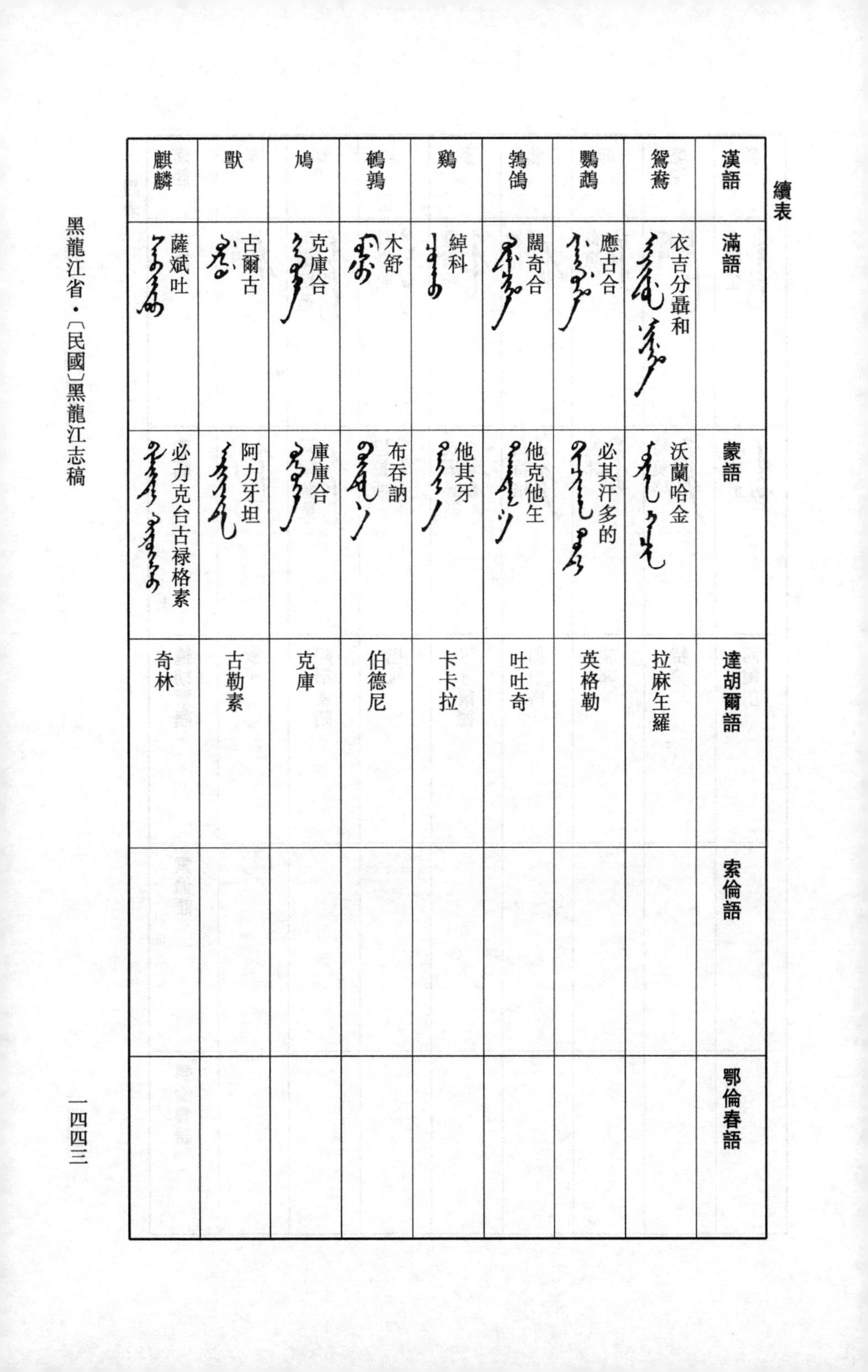

續表

漢語	滿語	蒙語	達胡爾語	索倫語	鄂倫春語
鴛鴦	衣吉分聶和	沃蘭哈金	拉麻乍羅		
鸚鵡	應古合	必其汗多的	英格勒		
鵓鴿	闊奇合	他克他乍	吐吐奇		
鷄	綽科	他其牙	卡卡拉		
鵪鶉	木舒	布呑訥	伯德尼		
鳩	克庫合	庫庫合	克庫		
獸	古爾古	阿力牙坦	古勒素		
麒麟	薩斌吐	必力克台古祿格素	奇林		

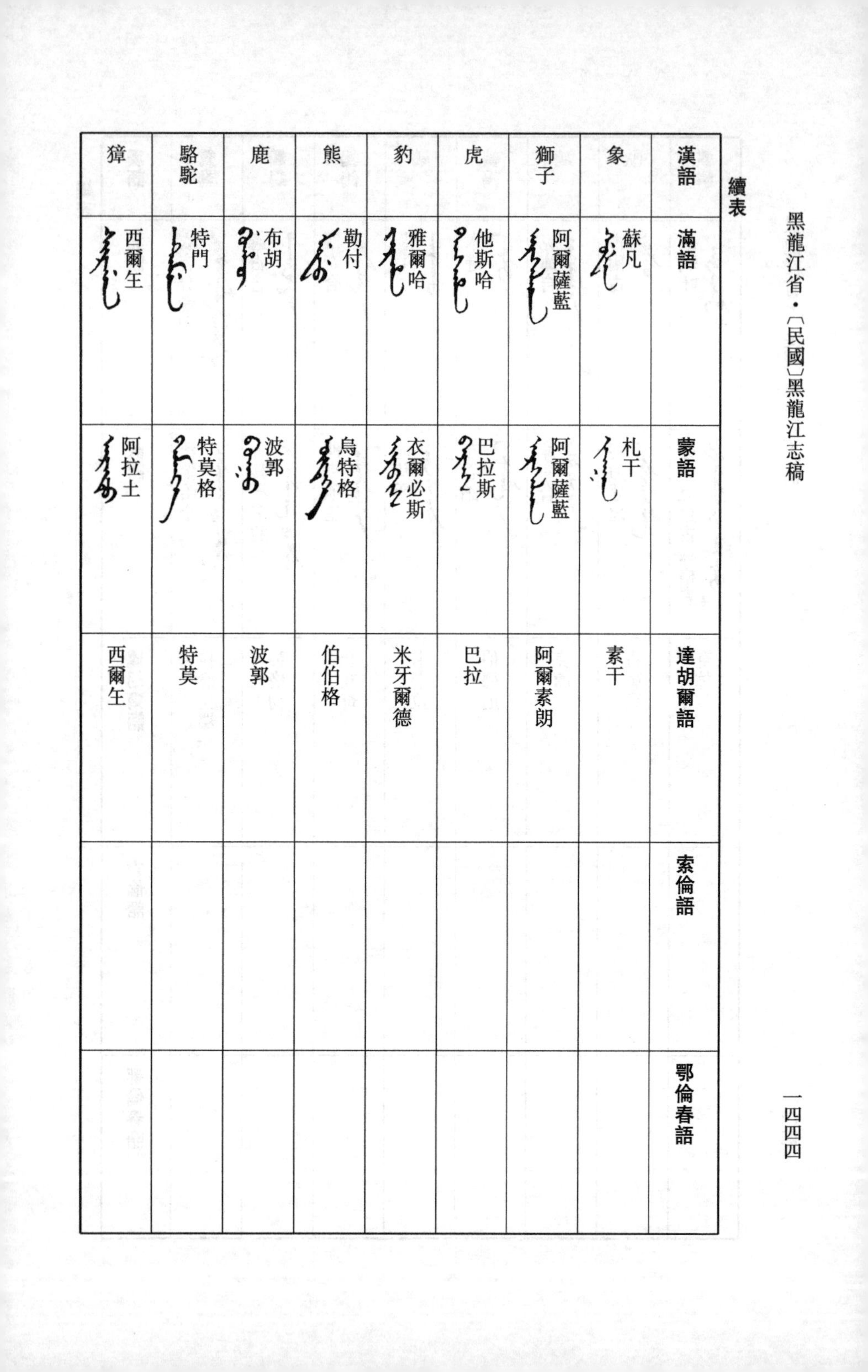

續表

漢語	滿語	蒙語	達胡爾語	索倫語	鄂倫春語
象	蘇凡	札干	素干		
獅子	阿爾薩藍	阿爾薩藍	阿爾素朗		
虎	他斯哈	巴拉斯	巴拉		
豹	雅爾哈	衣爾必斯	米牙爾德		
熊	勒付	烏特格	伯伯格		
鹿	布胡	波郭	波郭		
駱駝	特門	特莫格	特莫		
獐	西爾乍	阿拉土	西爾乍		

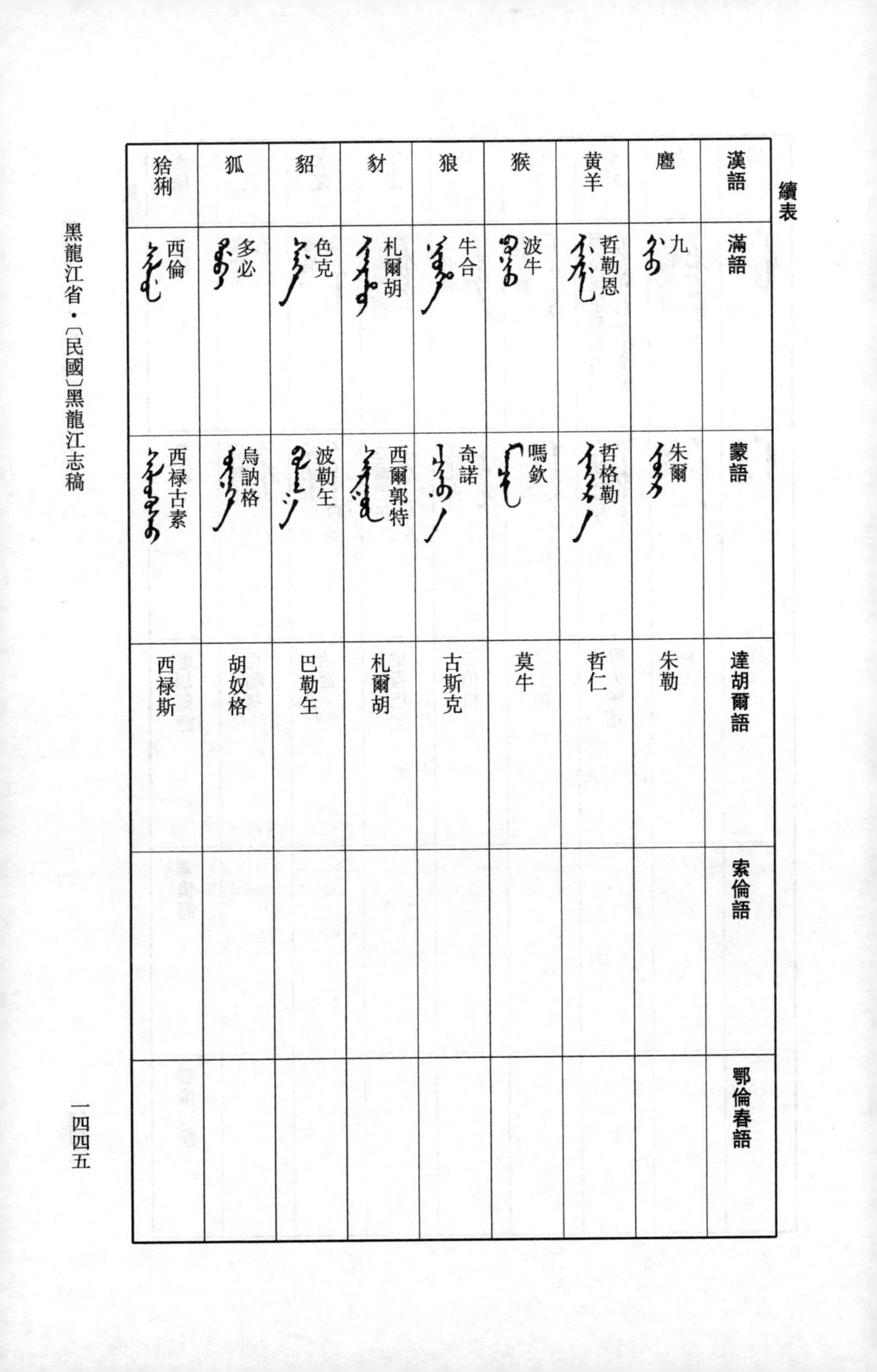

續表

漢語	滿語	蒙語	達胡爾語	索倫語	鄂倫春語
麅	九	朱爾	朱勒		
黄羊	哲勒恩	哲格勒	哲仁		
猴	波牛	嗎欽	莫牛		
狼	牛合	奇諾	古斯克		
豺	札爾胡	西爾郭特	札爾胡		
貂	色克	波勒乍	巴勒乍		
狐	多必	烏訥格	胡奴格		
猞猁	西倫	西禄古素	西禄斯		

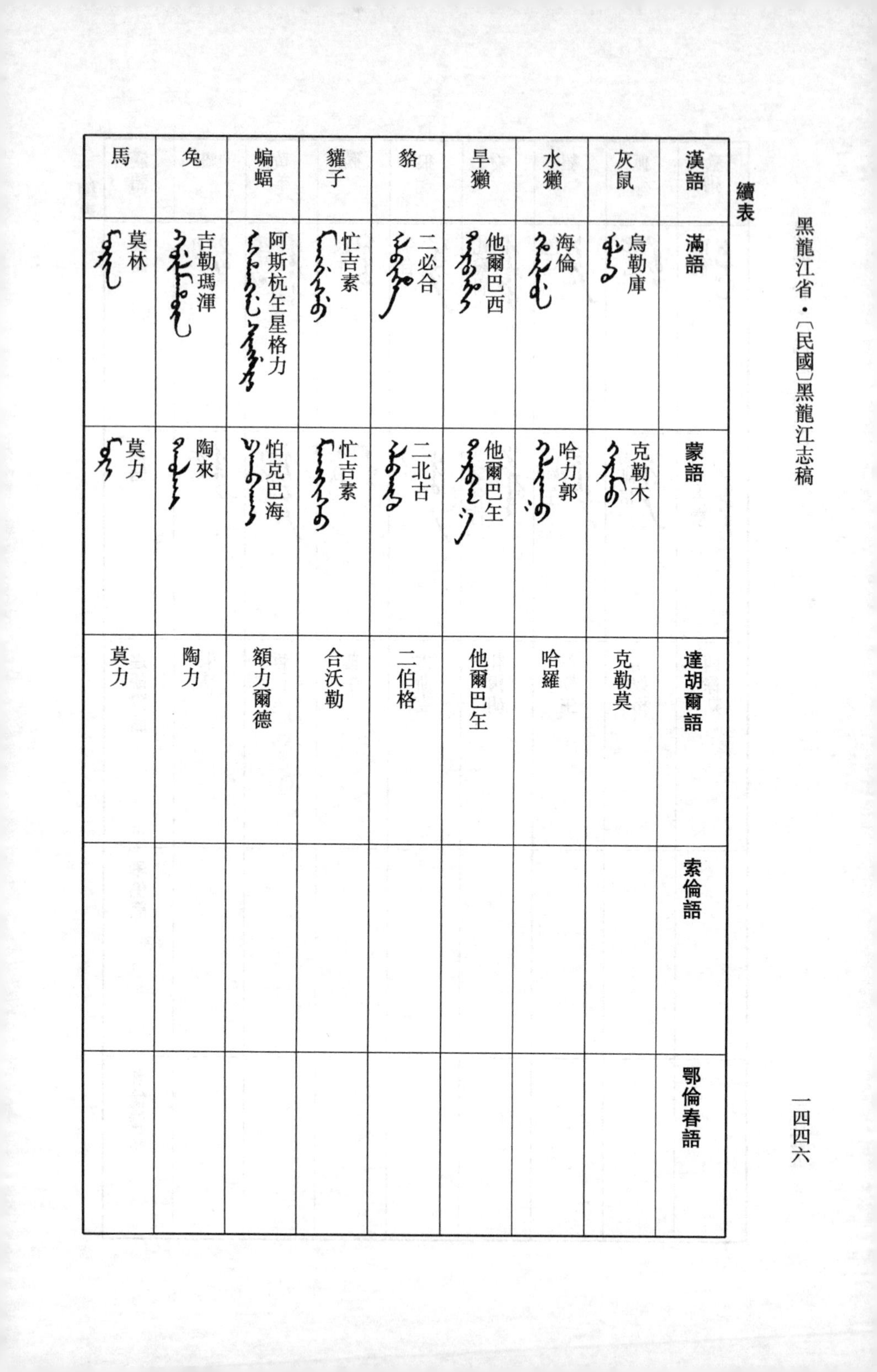

續表

漢語	滿語	蒙語	達胡爾語	索倫語	鄂倫春語
灰鼠	烏勒庫	克勒木	克勒莫		
水獺	海倫	哈力郭	哈羅		
旱獺	他爾巴西	他爾巴乍	他爾巴乍		
貉	二必合	二北古	二伯格		
貛子	忙吉素	忙吉素	合沃勒		
蝙蝠	阿斯杭乍星格力	怕克巴海	額力爾德		
兔	吉勒瑪渾	陶來	陶力		
馬	莫林	莫力	莫力		

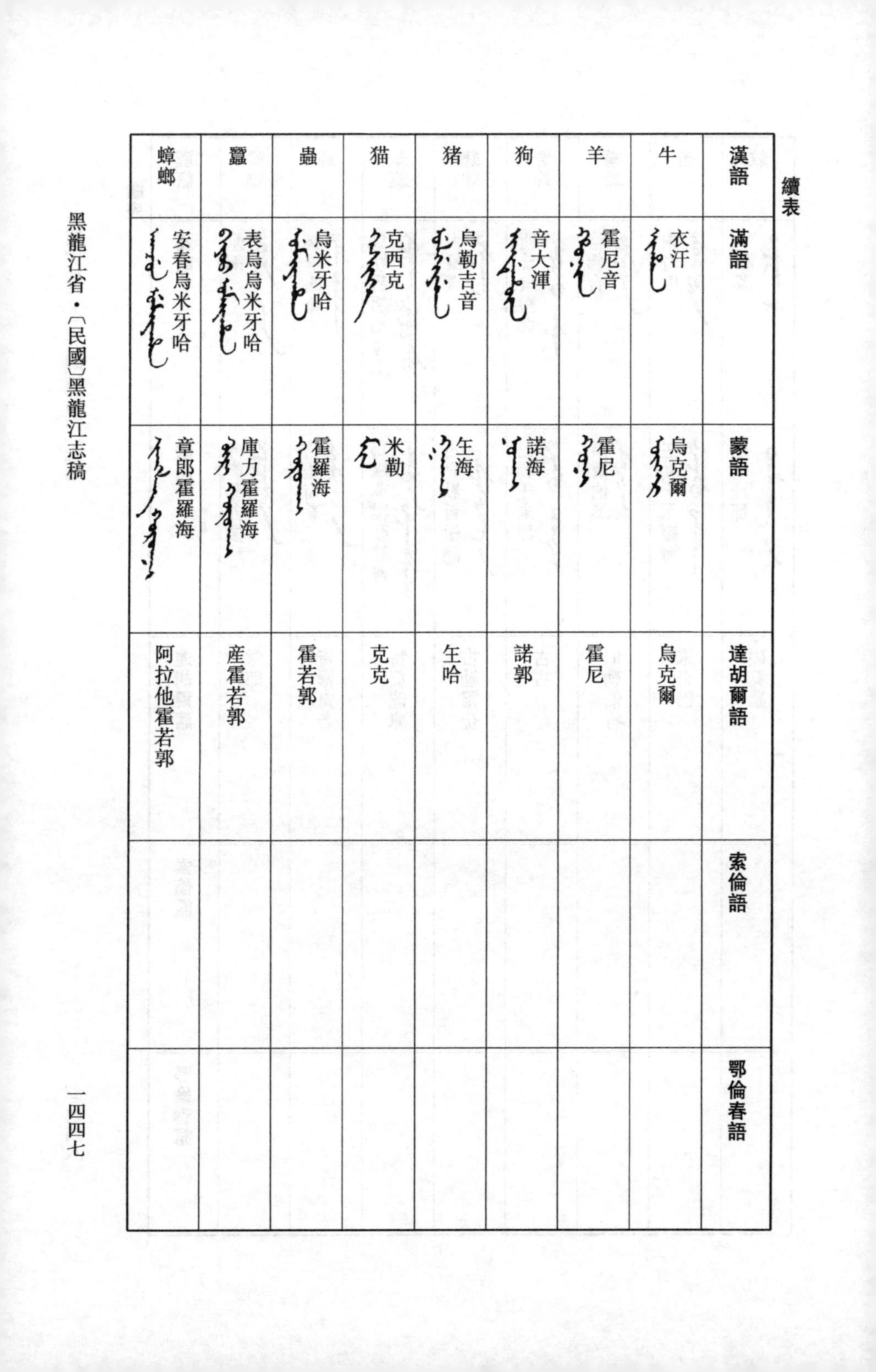

續表

漢語	滿語	蒙語	達胡爾語	索倫語	鄂倫春語
牛	衣汗	烏克爾	烏克爾		
羊	霍尼音	霍尼	霍尼		
狗	音大渾	諾海	諾郭		
猪	烏勒吉音	生海	生哈		
猫	克西克	米勒	克克		
蟲	烏米牙哈	霍羅海	霍若郭		
蠶	表烏烏米牙哈	庫力霍羅海	産霍若郭		
蟑螂	安春烏米牙哈	章郎霍羅海	阿拉他霍若郭		

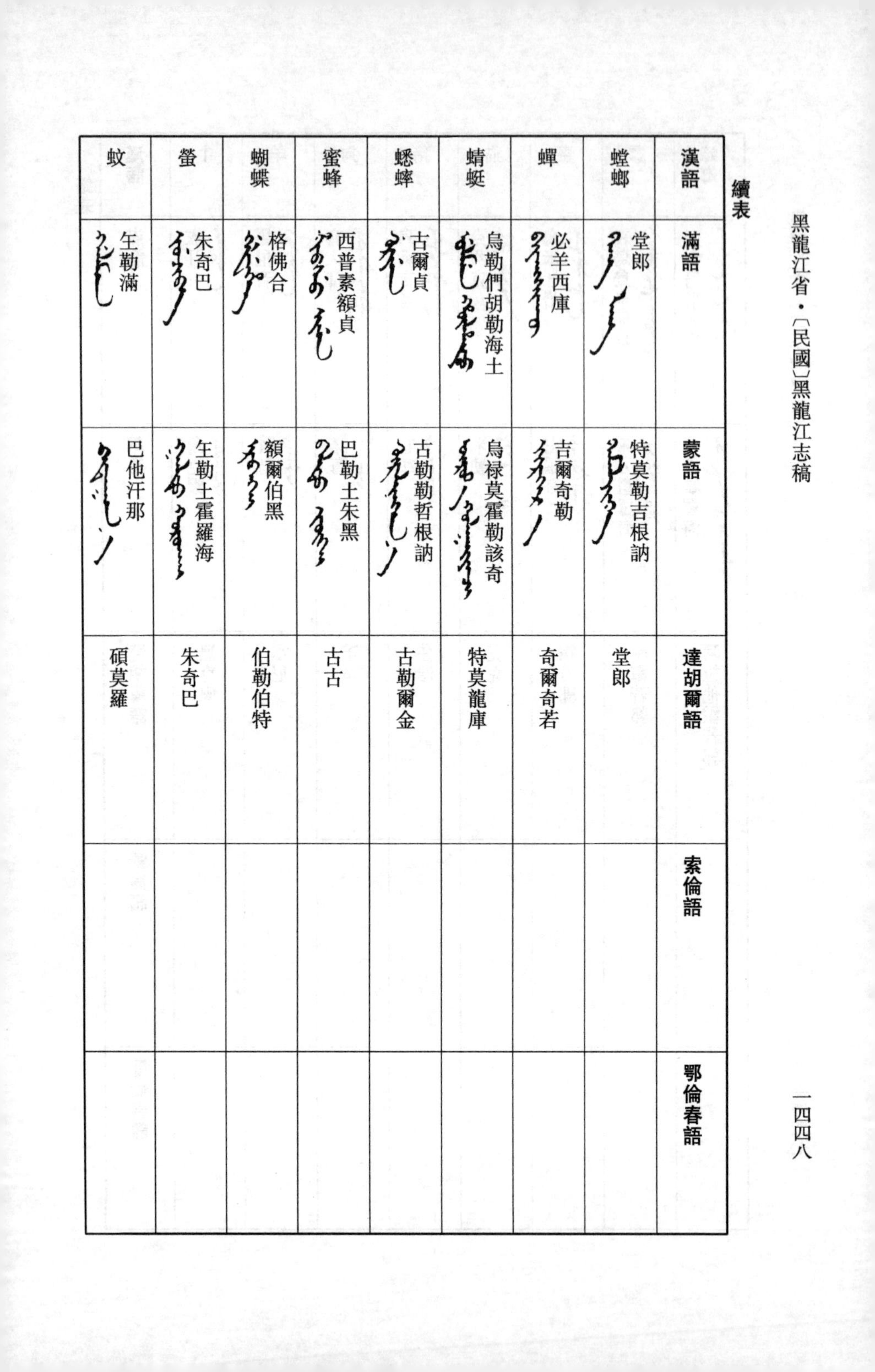

續表

漢語	滿語	蒙語	達胡爾語	索倫語	鄂倫春語
螳螂	堂郎	特莫勒吉根訥	堂郎		
蟬	必羊西庫	吉爾奇勒	奇爾奇若		
蜻蜓	烏勒們胡勒海土	烏禄莫霍勒該奇	特莫龍庫		
蟋蟀	古爾貞	古勒勒哲根訥	古勒爾金		
蜜蜂	西普素額貞	巴勒土朱黑	古古		
蝴蝶	格佛合	額爾伯黑	伯勒伯特		
螢	朱奇巴	乍勒土霍羅海	朱奇巴		
蚊	乍勒滿	巴他汗那	碩莫羅		

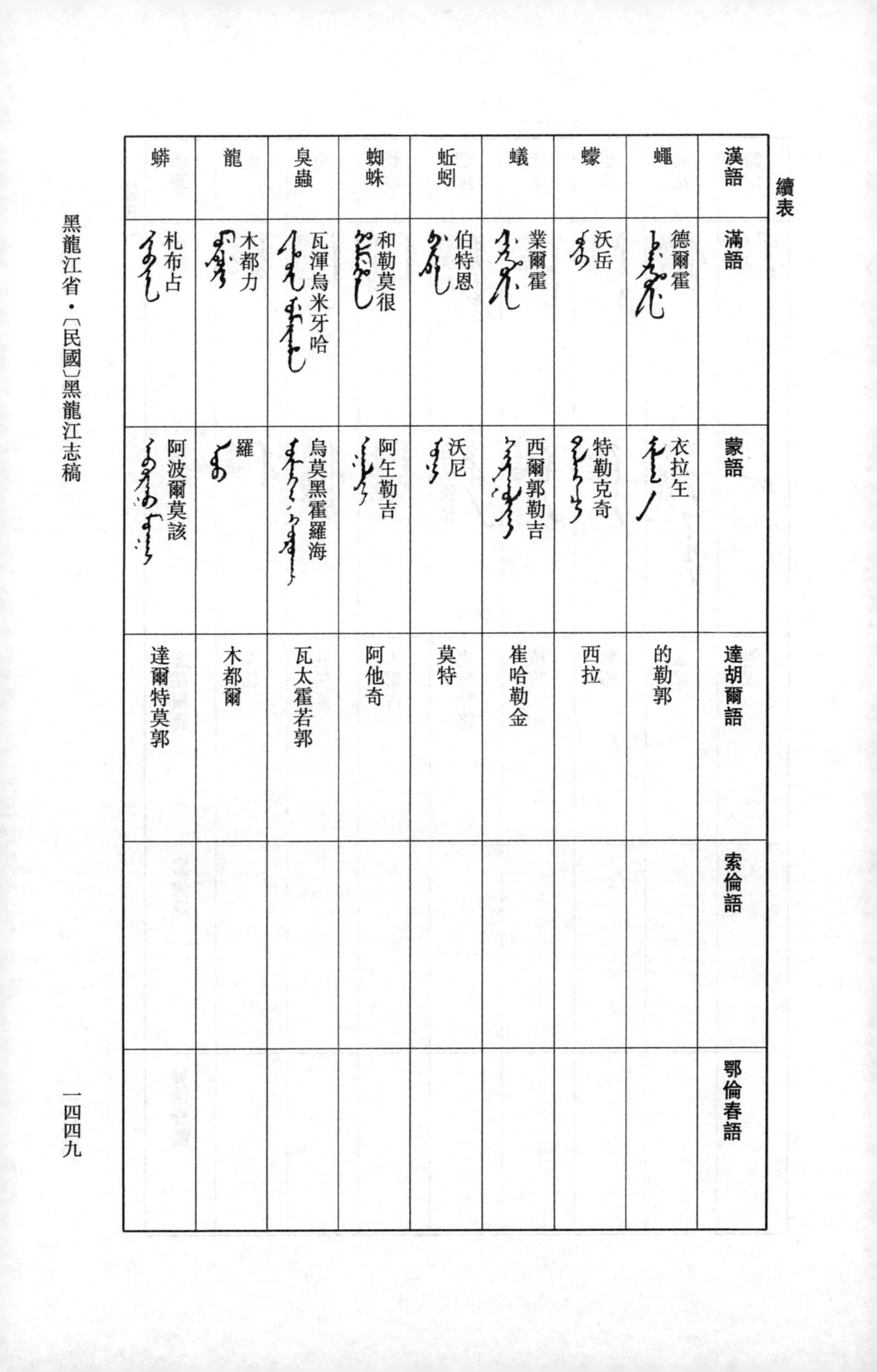

續表

漢語	滿語	蒙語	達胡爾語	索倫語	鄂倫春語
蠅	德爾霍	衣拉生	的勒郭		
蠓	沃岳	特勒克奇	西拉		
蟻	業爾霍	西爾郭勒吉	崔哈勒金		
蚯蚓	伯特恩	沃尼	莫特		
蜘蛛	和勒莫很	阿生勒吉	阿他奇		
臭蟲	瓦渾烏米牙哈	烏莫黑霍羅海	瓦太霍若郭		
龍	木都力	羅	木都爾		
蟒	札布占	阿波爾莫該	達爾特莫郭		

續表

漢語	滿語	蒙語	達胡爾語	索倫語	鄂倫春語
蛇	美合	莫該	莫郭		
魚	尼瑪哈	吉乍素	札乍斯		
鯉魚	木朱胡	木爾古	木爾古		
鯽魚	翁郭順	克勒特格	克勒特格		
淮子	拉哈	拉哈	拉哈		
魴魚	海花	海乍	海郭		
鯿花	法禄	哈拉海乍	法禄		
鰟頭	他庫	他庫	他庫		

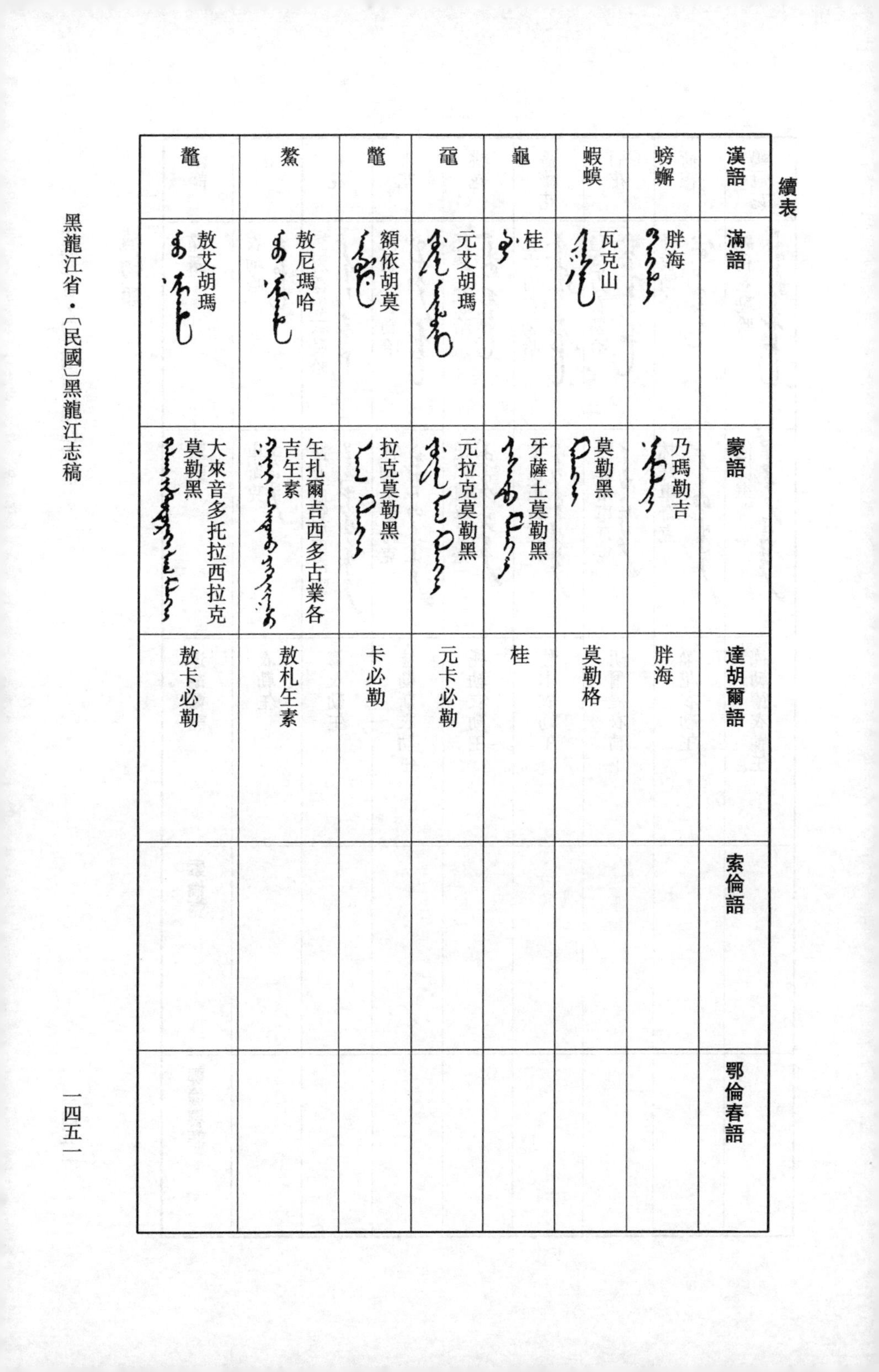

續表

漢語	滿語	蒙語	達胡爾語	索倫語	鄂倫春語
螃蟹	胖海	乃瑪勒吉	胖海		
蝦蟆	瓦克山	莫勒黑	莫勒格		
龜	桂	牙薩土莫勒黑	桂		
黿	元艾胡瑪	元拉克莫勒黑	元卡必勒		
鼈	額依胡莫	拉克莫勒黑	卡必勒		
鰲	敖尼瑪哈	乍扎爾吉西多古業各吉乍素	敖札乍素		
鼇	敖艾胡瑪	大來音多托拉西拉克莫勒黑	敖卡必勒		

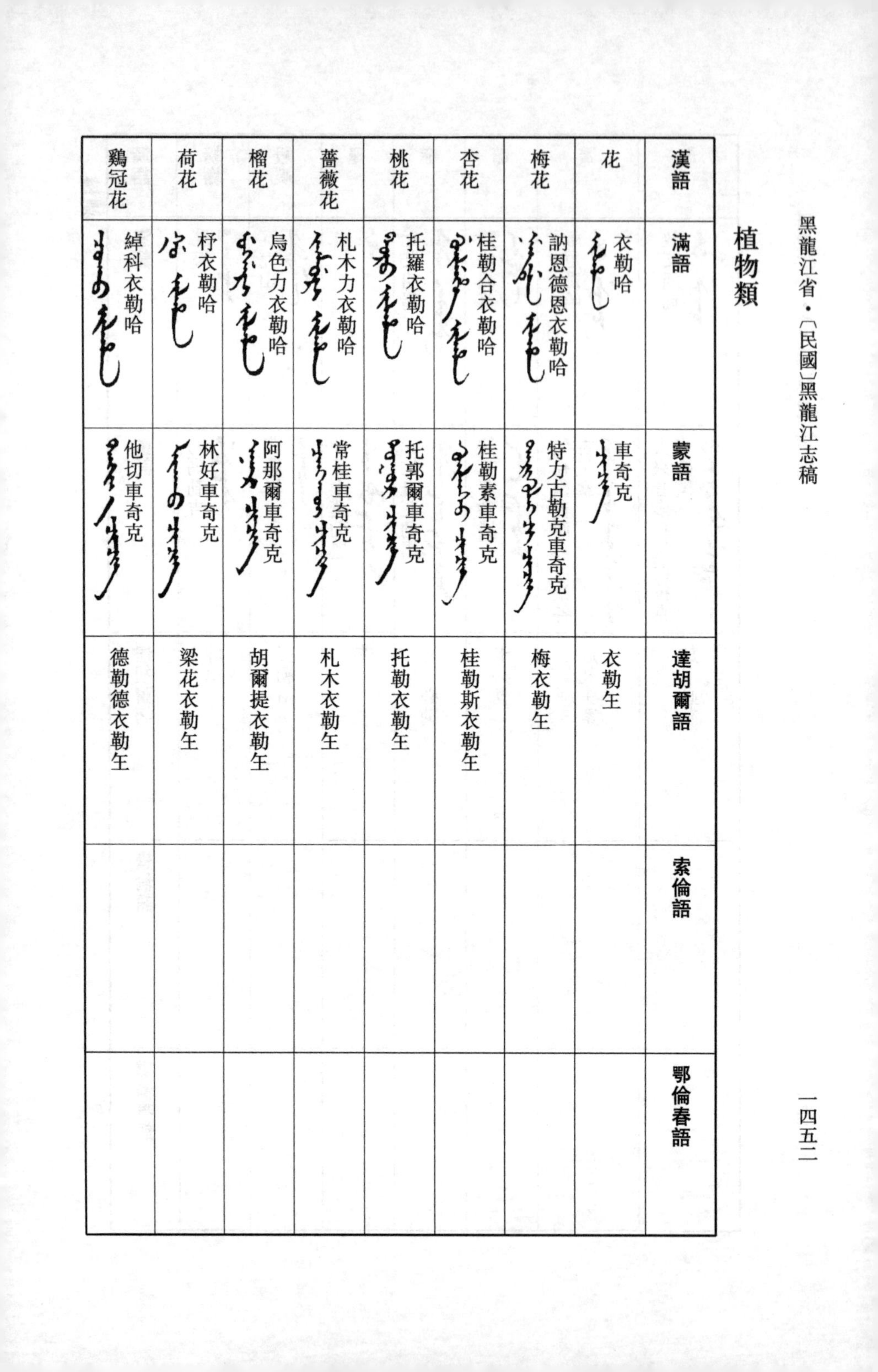

植物類

漢語	滿語	蒙語	達胡爾語	索倫語	鄂倫春語
花	衣勒哈	車奇克	衣勒乍		
梅花	訥恩德恩衣勒哈	特力古勒克車奇克	梅衣勒乍		
杏花	桂勒合衣勒哈	桂勒素車奇克	桂勒斯衣勒乍		
桃花	托羅衣勒哈	托郭爾車奇克	托勒衣勒乍		
薔薇花	札木力衣勒哈	常桂車奇克	札木衣勒乍		
榴花	烏色力衣勒哈	阿那爾車奇克	胡爾提衣勒乍		
荷花	杍衣勒哈	林好車奇克	梁花衣勒乍		
鷄冠花	綽科衣勒哈	他切車奇克	德勒德衣勒乍		

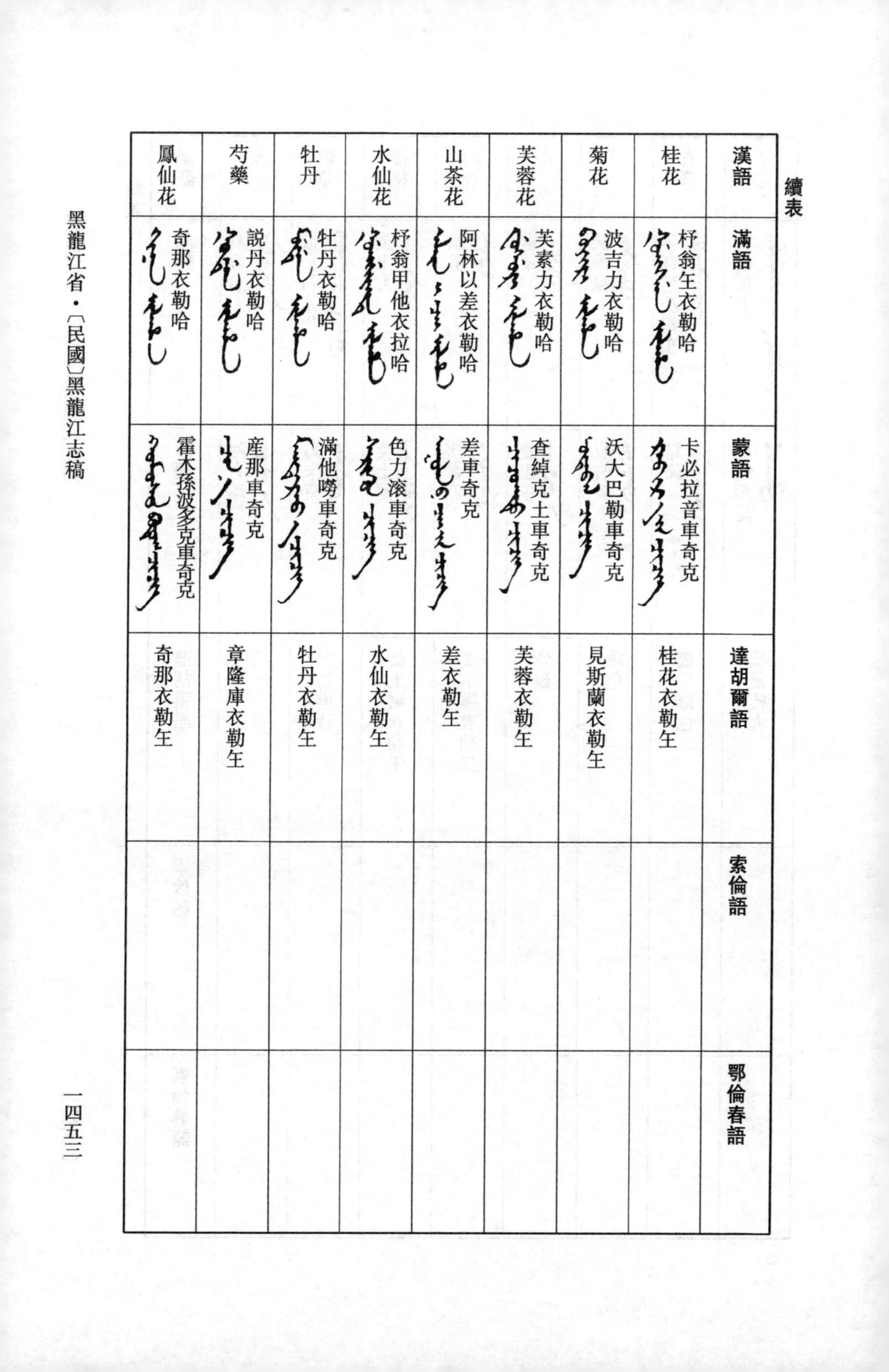

續表

漢語	滿語	蒙語	達胡爾語	索倫語	鄂倫春語
桂花	杼翁生衣勒哈	卡必拉音車奇克	桂花衣勒乍		
菊花	波吉力衣勒哈	沃大巴勒車奇克	見斯蘭衣勒乍		
芙蓉花	芙素力衣勒哈	查綽克土車奇克	芙蓉衣勒乍		
山茶花	阿林以差衣勒哈	差車奇克	差衣勒乍		
水仙花	杼翁甲他衣拉哈	色力滚車奇克	水仙衣勒乍		
牡丹	牡丹衣勒哈	滿他嘮車奇克	牡丹衣勒乍		
芍藥	説丹衣勒哈	産那車奇克	章隆庫衣勒乍		
鳳仙花	奇那衣勒哈	霍木孫波多克車奇克	奇那衣勒乍		

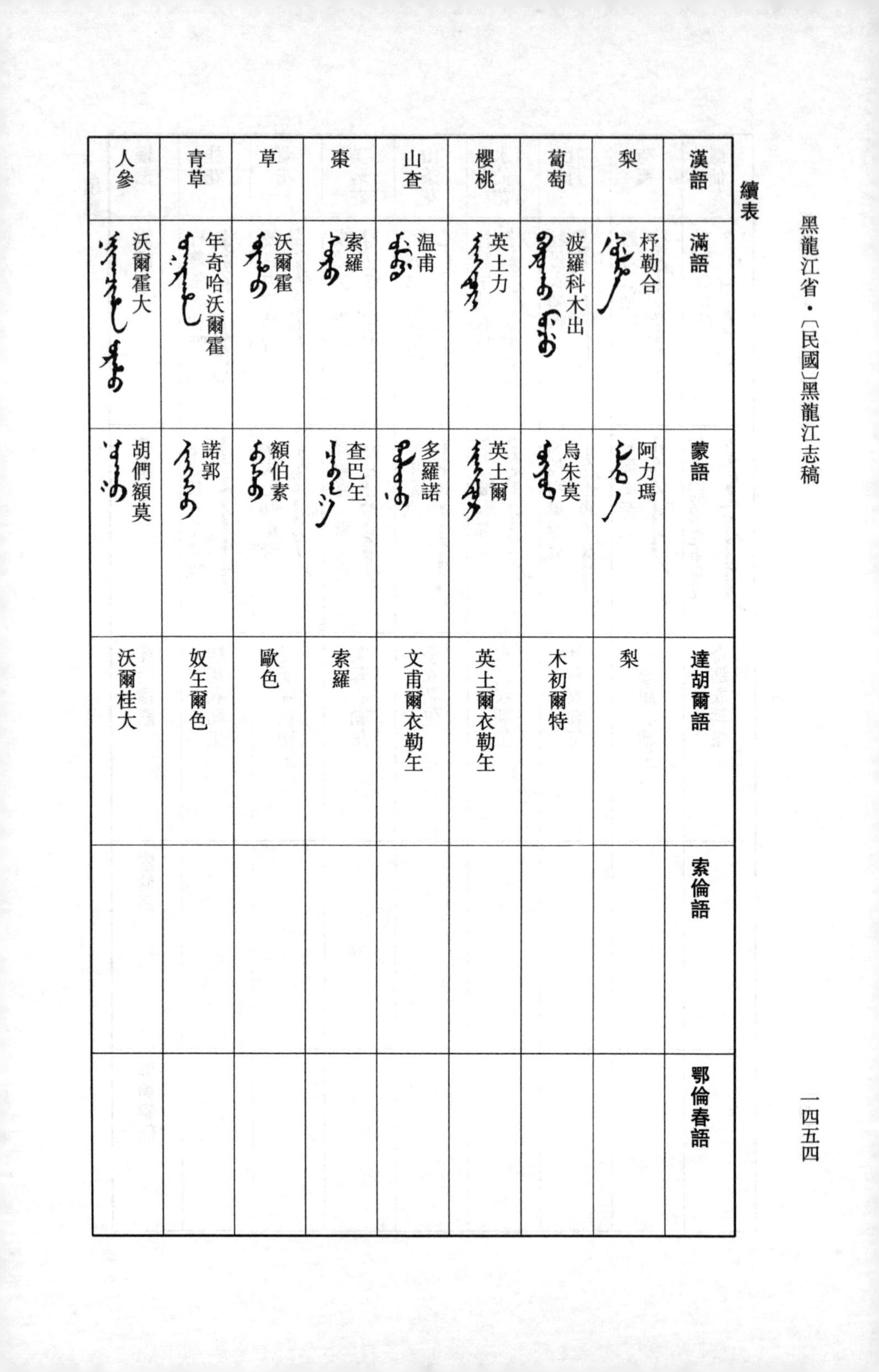

續表

漢語	滿語	蒙語	達胡爾語	索倫語	鄂倫春語
梨	杼勒合	阿力瑪	梨		
葡萄	波羅科木出	烏朱莫	木初爾特		
櫻桃	英土力	英土爾	英土爾衣勒乍		
山查	温甫	多羅諾	文甫爾衣勒乍		
棗	索羅	查巴乍	索羅		
草	沃爾霍	額伯素	歐色		
青草	年奇哈沃爾霍	諾郭	奴乍爾色		
人參	沃爾霍大	胡們額莫	沃爾桂大		

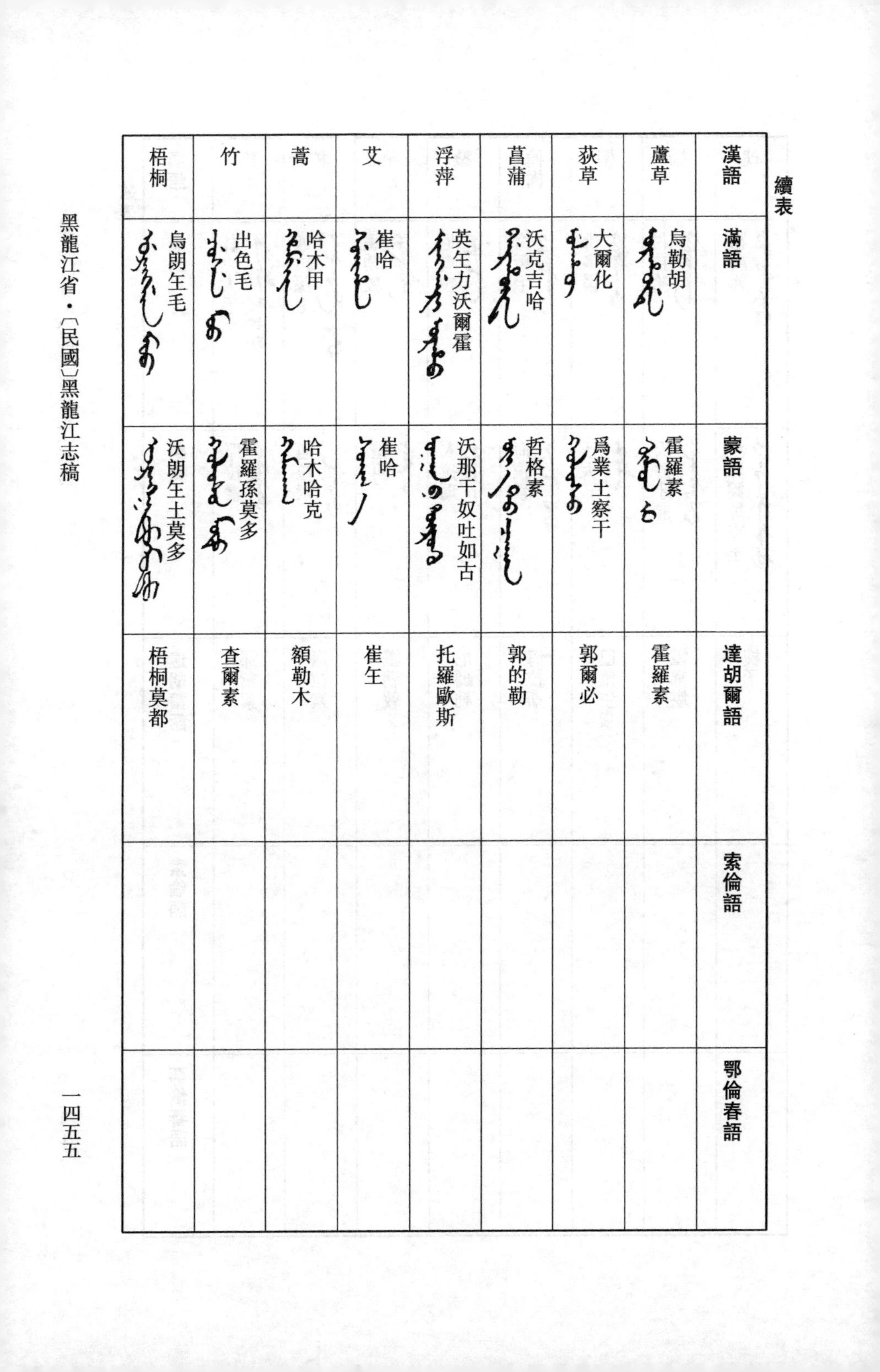

續表

漢語	滿語	蒙語	達胡爾語	索倫語	鄂倫春語
蘆草	烏勒胡	霍羅素	霍羅素		
荻草	大爾化	爲業土察干	郭爾必		
菖蒲	沃克吉哈	哲格素	郭的勒		
浮萍	英生力沃爾霍	沃那干奴吐如古	托羅歐斯		
艾	崔哈	崔哈	崔乇		
蒿	哈木甲	哈木哈克	額勒木		
竹	出色毛	霍羅孫莫多	查爾素		
梧桐	烏朗乍毛	沃朗乍土莫多	梧桐莫都		

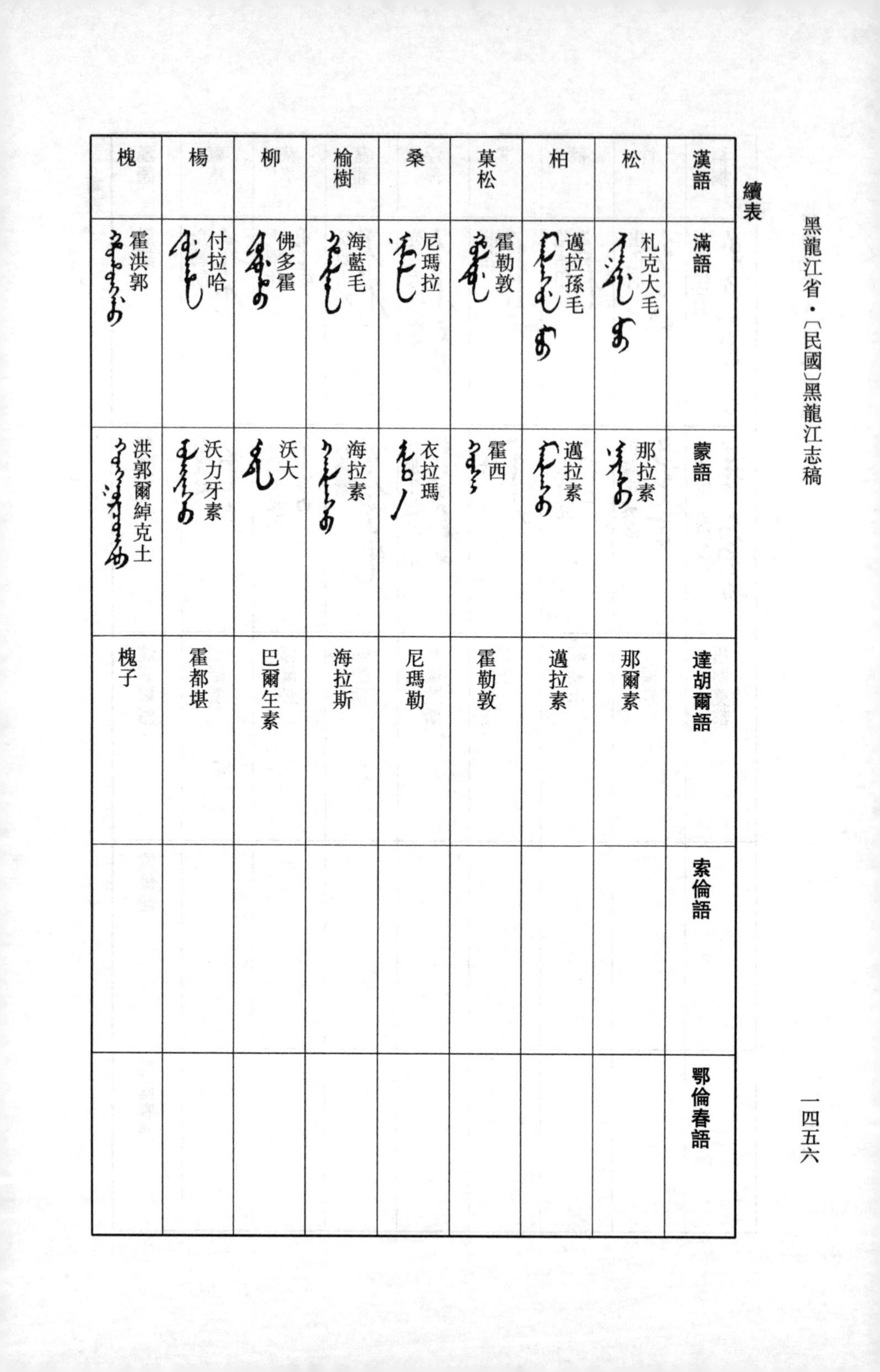

續表

漢語	滿語	蒙語	達胡爾語	索倫語	鄂倫春語
松	札克大毛	那拉素	那爾素		
柏	邁拉孫毛	邁拉素	邁拉素		
菓松	霍勒敦	霍西	霍勒敦		
桑	尼瑪拉	衣拉瑪	尼瑪勒		
榆樹	海藍毛	海拉素	海拉斯		
柳	佛多霍	沃大	巴爾乍素		
楊	付拉哈	沃力牙素	霍都堪		
槐	霍洪郭	洪郭爾綽克土	槐子		

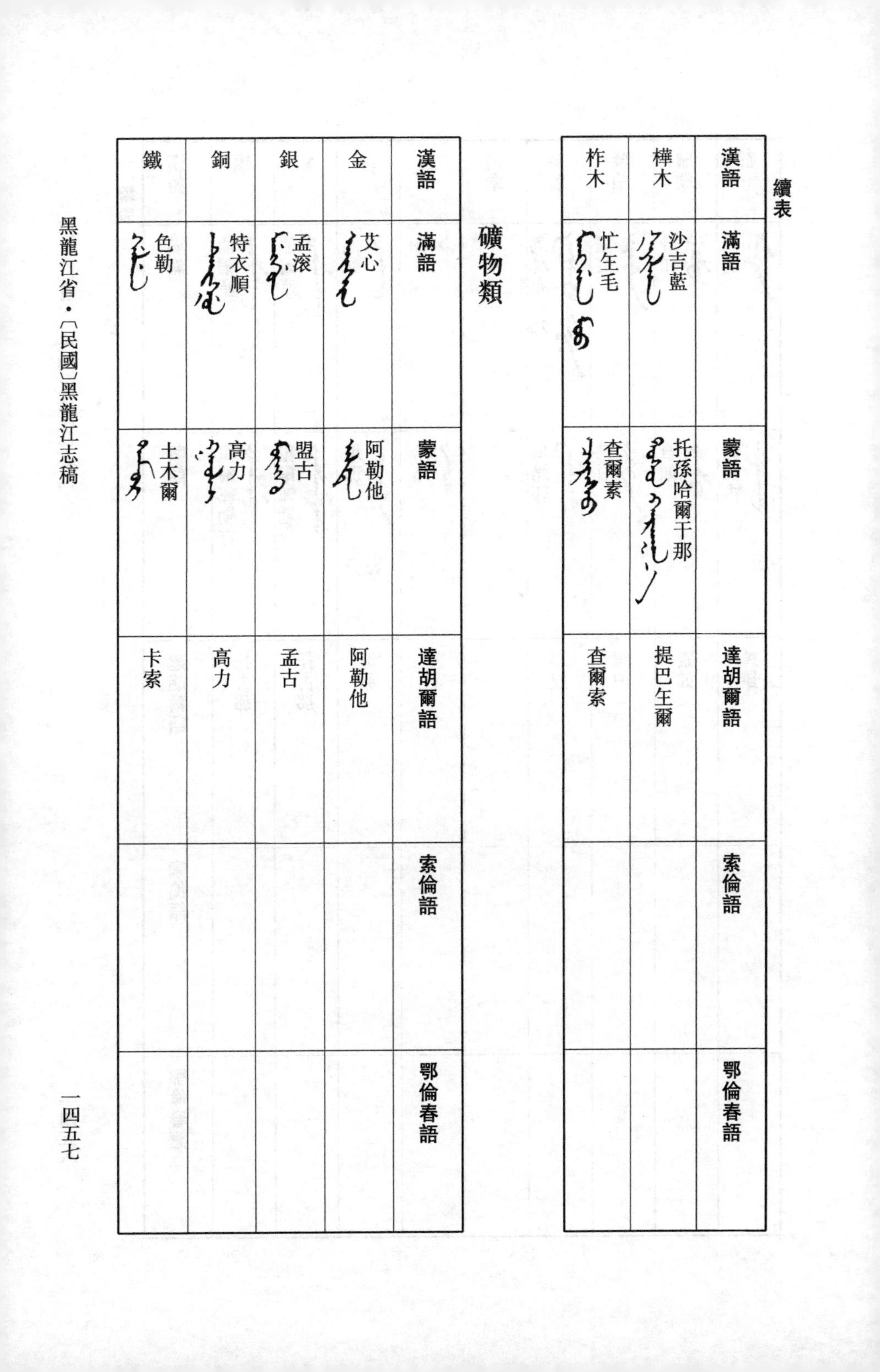

續表

漢語	滿語	蒙語	達胡爾語	索倫語	鄂倫春語
樺木	沙吉藍	托孫哈爾干那	提巴乍爾		
柞木	忙乍毛	查爾素	查爾索		

礦物類

漢語	滿語	蒙語	達胡爾語	索倫語	鄂倫春語
金	艾心	阿勒他	阿勒他		
銀	孟滾	盟古	孟古		
銅	特衣順	高力	高力		
鐵	色勒	土木爾	卡索		

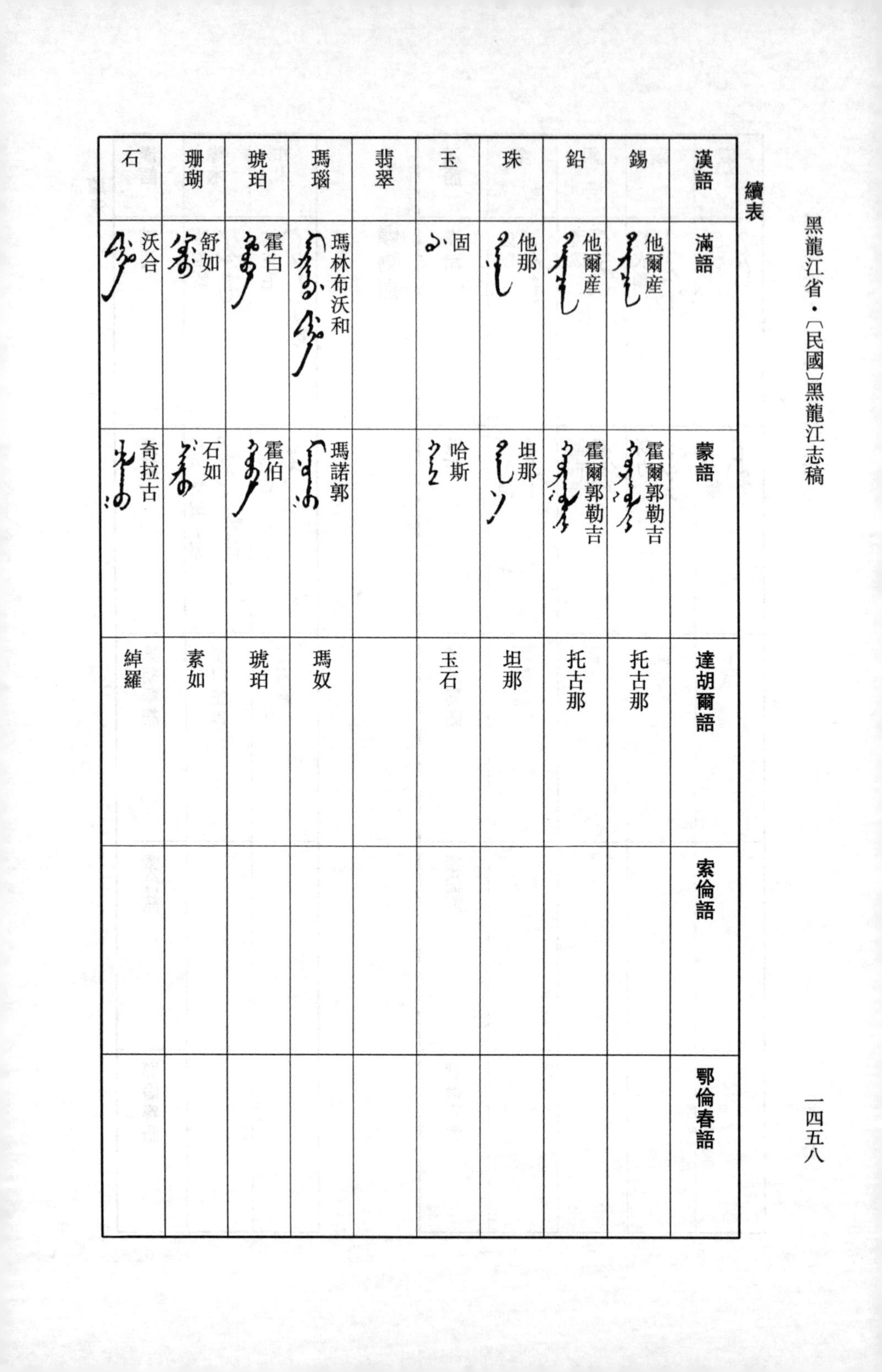

續表

漢語	滿語	蒙語	達胡爾語	索倫語	鄂倫春語
錫	他爾産	霍爾郭勒吉	托古那		
鉛	他爾産	霍爾郭勒吉	托古那		
珠	他那	坦那	坦那		
玉	固	哈斯	玉石		
翡翠					
瑪瑙	瑪林布沃和	瑪諾郭	瑪奴		
琥珀	霍白	霍伯	琥珀		
珊瑚	舒如	石如	素如		
石	沃合	奇拉古	綽羅		

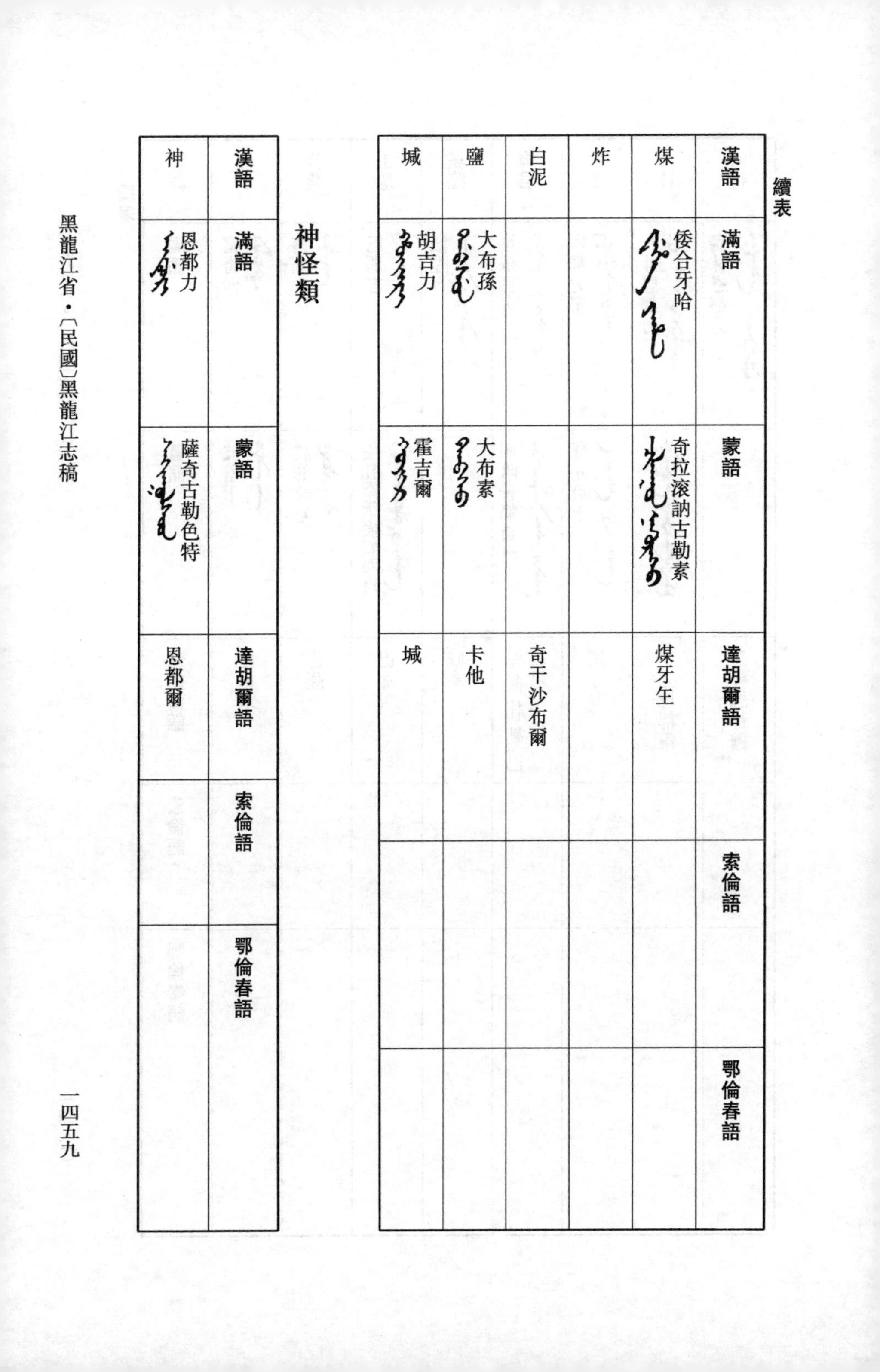

續表

漢語	滿語	蒙語	達胡爾語	索倫語	鄂倫春語
煤	倭合牙哈	奇拉滚訥古勒素	煤牙生		
炸					
白泥			奇干沙布爾		
鹽	大布孫	大布素	卡他		
城	胡吉力	霍吉爾	城		

神怪類

漢語	滿語	蒙語	達胡爾語	索倫語	鄂倫春語
神	恩都力	薩奇古勒色特	恩都爾		

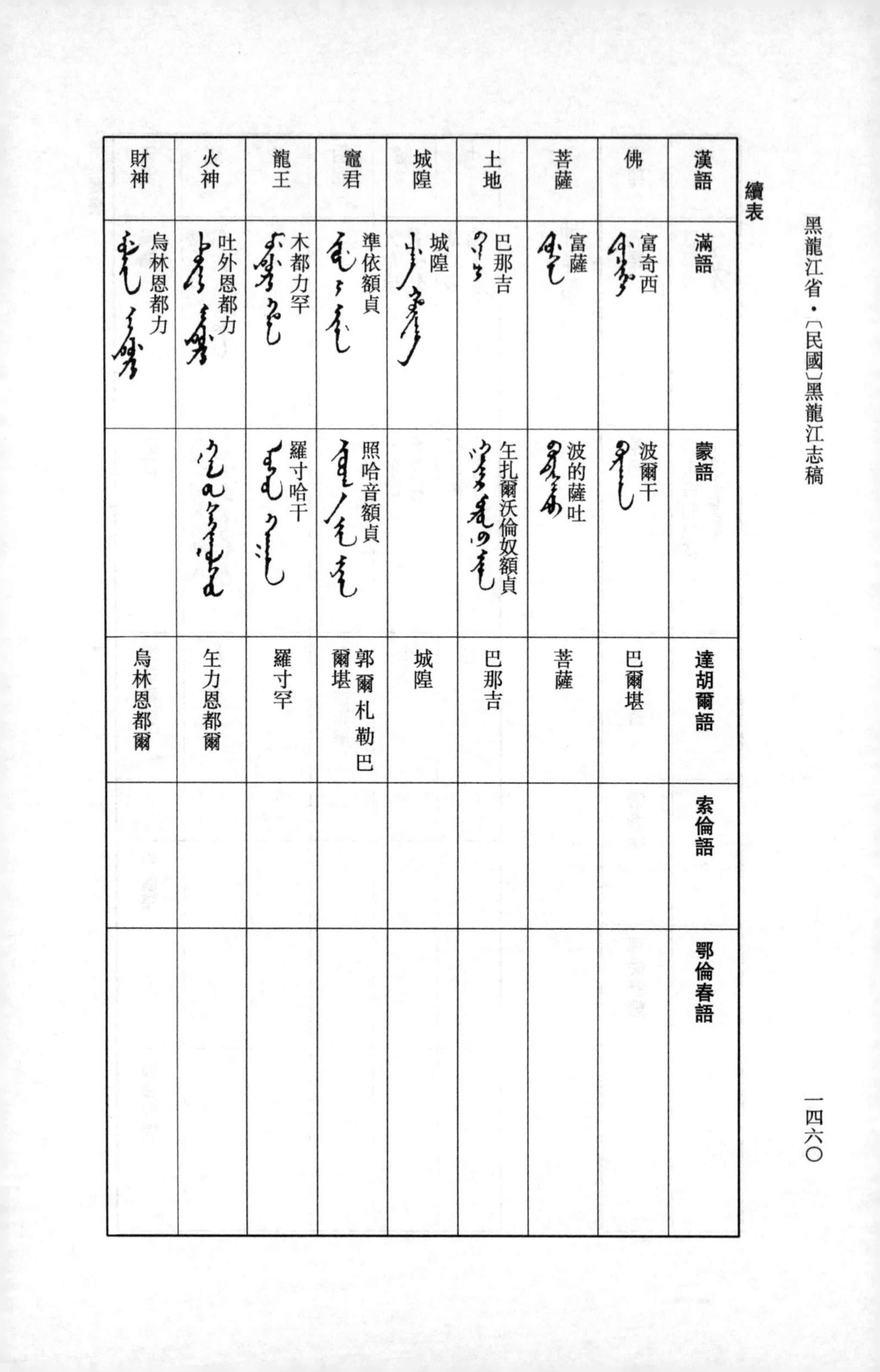

續表

漢語	滿語	蒙語	達胡爾語	索倫語	鄂倫春語
佛	富奇西	波爾干	巴爾堪		
菩薩	富薩	波的薩吐	菩薩		
土地	巴那吉	乍扎爾沃倫奴額貞	巴那吉		
城隍	城隍		城隍		
竈君	準依額貞	照哈音額貞	郭爾札勒巴爾堪		
龍王	木都力罕	羅寸哈干	羅寸罕		
火神	吐外恩都力		乍力恩都爾		
財神	烏林恩都力		烏林恩都爾		

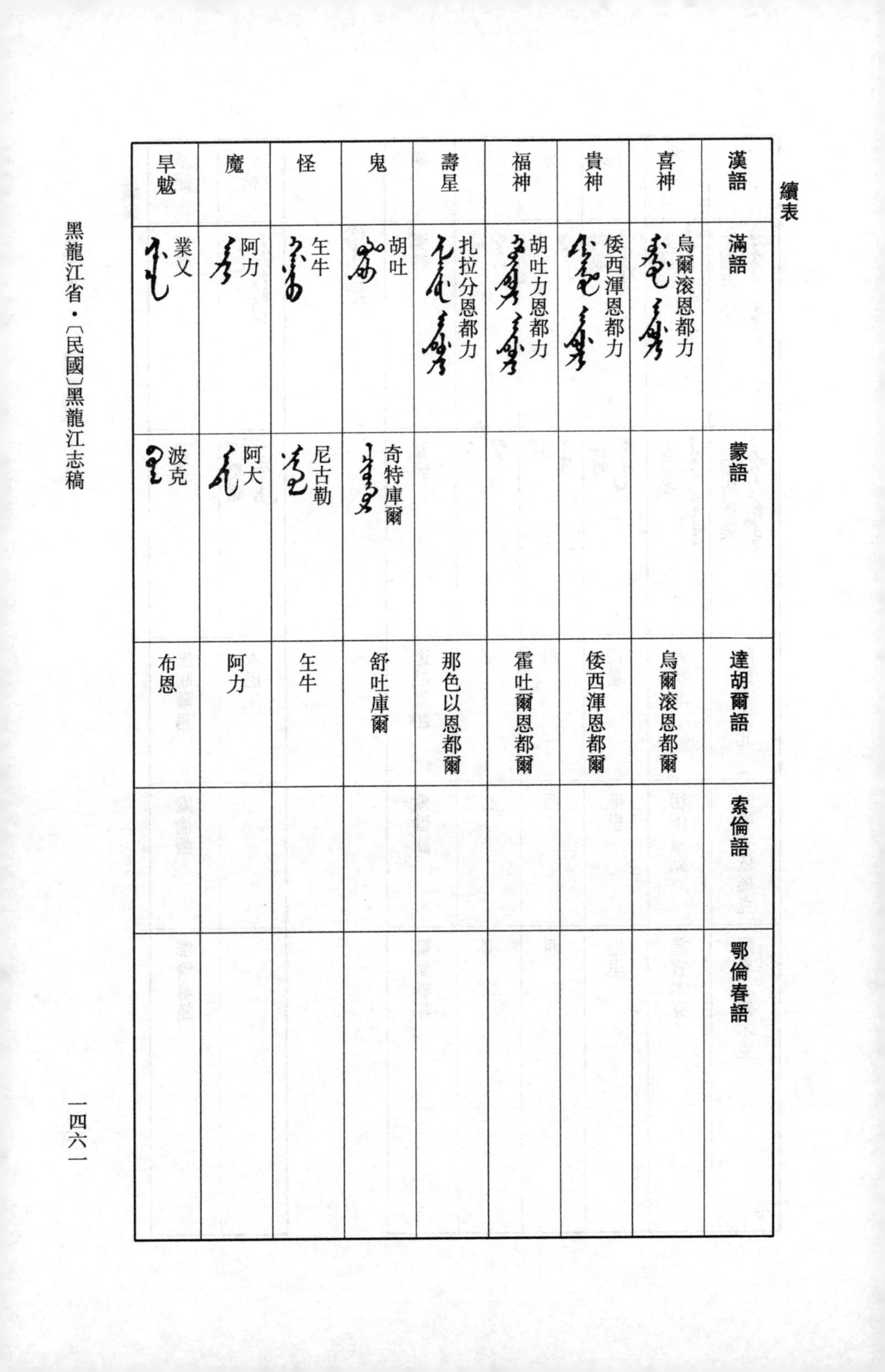

續表

漢語	滿語	蒙語	達胡爾語	索倫語	鄂倫春語
喜神	烏爾滾恩都力		烏爾滾恩都爾		
貴神	倭西渾恩都力		倭西渾恩都爾		
福神	胡吐力恩都力		霍吐爾恩都爾		
壽星	扎拉分恩都力		那色以恩都爾		
鬼	胡吐	奇特庫爾	舒吐庫爾		
怪	乍牛	尼古勒	乍牛		
魔	阿力	阿大	阿力		
旱魃	業乂	波克	布恩		

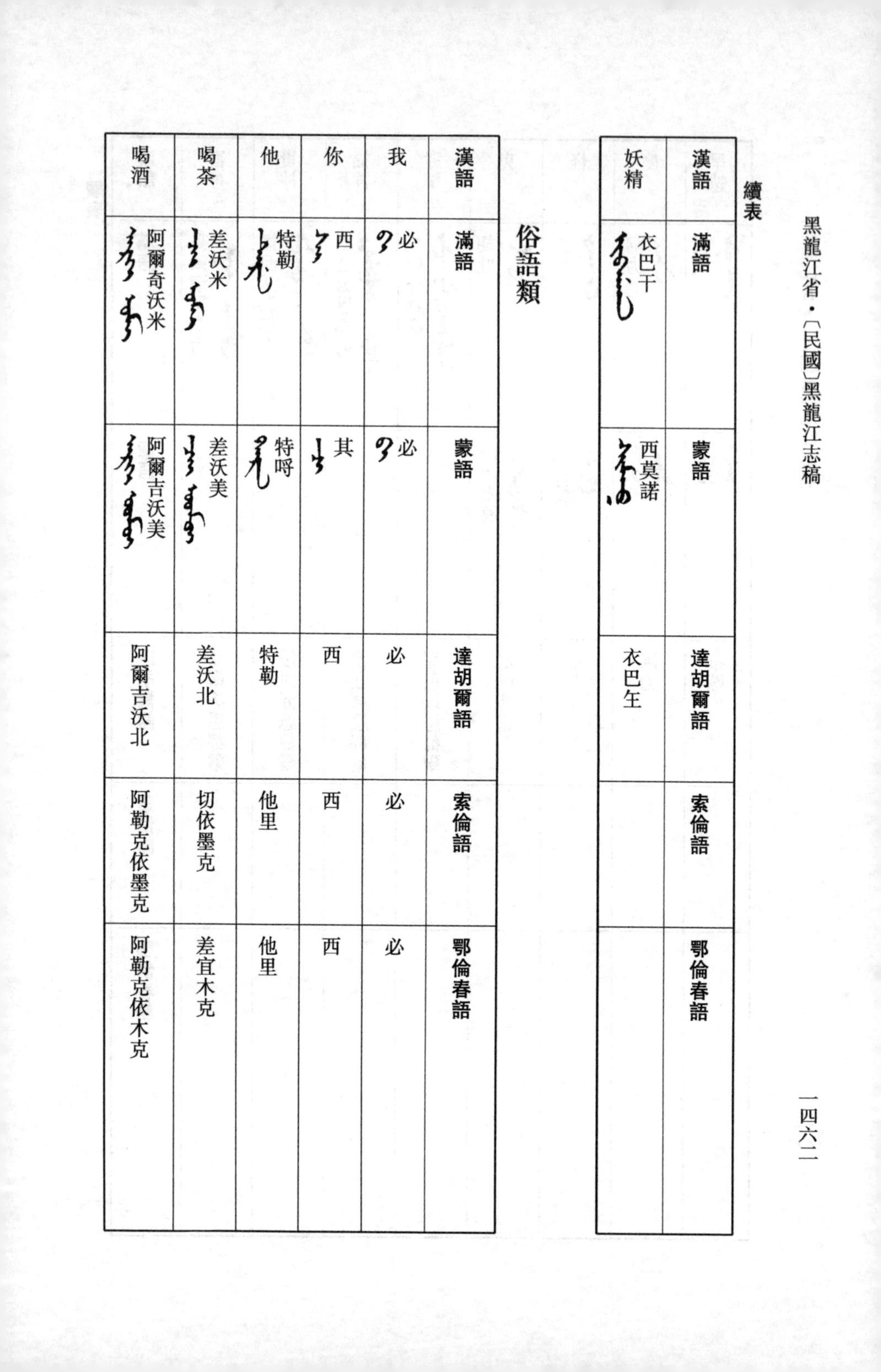

續表

漢語	滿語	蒙語	達胡爾語	索倫語	鄂倫春語
妖精	衣巴干	西莫諾	衣巴乍		

俗語類

漢語	滿語	蒙語	達胡爾語	索倫語	鄂倫春語
我	必	必	必	必	必
你	西	其	西	西	西
他	特勒	特呼	特勒	他里	他里
喝茶	差沃米	差沃美	差沃北	切依墨克	差宜木克
喝酒	阿爾奇沃米	阿爾吉沃美	阿爾吉沃北	阿勒克依墨克	阿勒克依木克

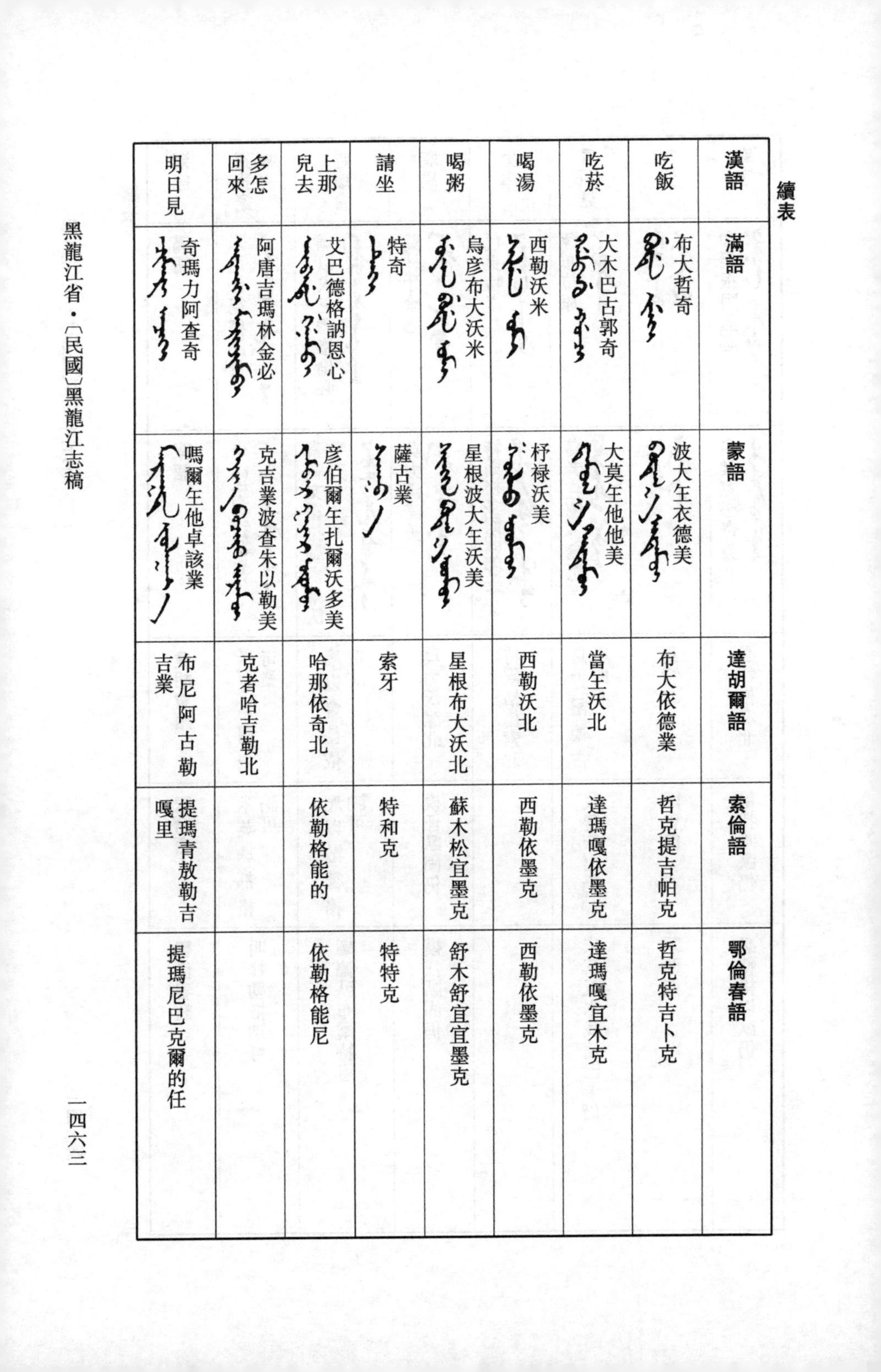

續表

漢語	滿語	蒙語	達胡爾語	索倫語	鄂倫春語
吃飯	布大哲奇	波大乍衣德美	布大依德業	哲克提吉帕克	哲克特吉卜克
吃菸	大木巴古郭奇	大莫乍他他美	當乍沃北	達瑪嘎依墨克	達瑪嘎宜木克
喝湯	西勒沃米	杼禄沃美	西勒沃北	西勒依墨克	西勒依墨克
喝粥	烏彥布大沃米	星根波大乍沃美	星根布大沃北	蘇木松宜墨克	舒木舒宜宜墨克
請坐	特奇	薩古業	索牙	特和克	特特克
上那兒去	艾巴德格訥恩心	彥伯爾乍扎爾沃多美	哈那依奇北	依勒格能的	依勒格能尼
多怎回來	阿唐吉瑪林金必	克吉業波查朱以勒美	克者哈吉勒北		
明日見	奇瑪力阿查奇	嗎爾乍他卓該業	布尼阿古勒吉業	提瑪青敖勒吉嘎里	提瑪尼巴克爾的任

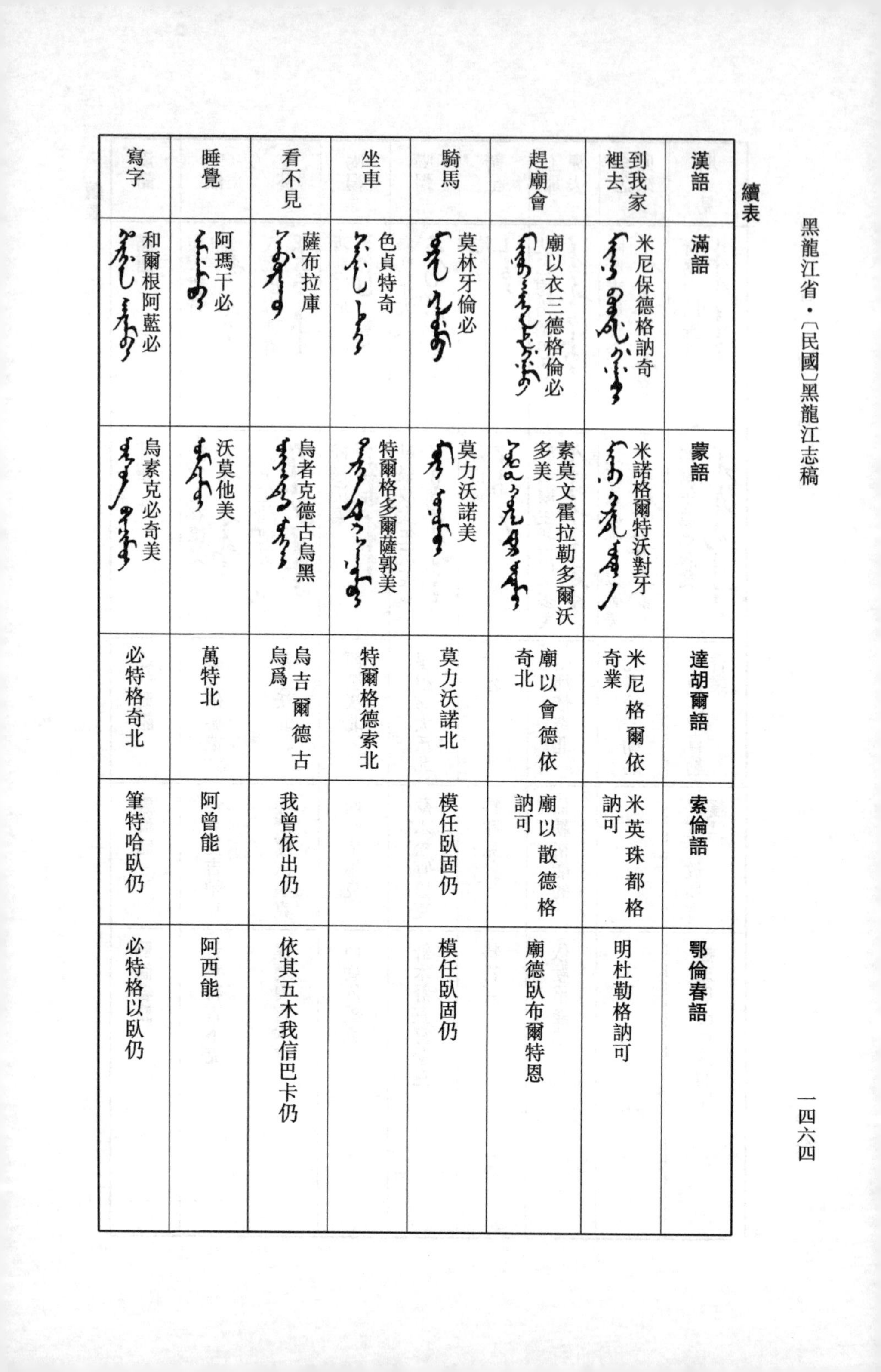

續表

漢語	滿語	蒙語	達胡爾語	索倫語	鄂倫春語
到我家裡去	米尼保德格訥奇	米諾格爾特沃對牙	米尼格爾依奇業	米英珠都格訥可	明杜勒格訥可
趕廟會	廟以衣三德格倫必	素莫文霍拉勒多爾沃多美	廟以會德依奇北	廟以散德格訥可	廟德臥布爾特恩
騎馬	莫林牙倫必	莫力沃諾美	莫力沃諾北	模任臥固仍	模任臥固仍
坐車	色貞特奇	特爾格多爾薩郭美	特爾格德索北		
看不見	薩布拉庫	烏者克德古烏黑	烏吉爾德古烏爲	我曾依出仍	依其五木我信巴卡仍
睡覺	阿瑪干必	沃莫他美	萬特北	阿曾能	阿西能
寫字	和爾根阿藍必	烏素克必奇美	必特格奇北	筆特哈臥仍	必特格以臥仍

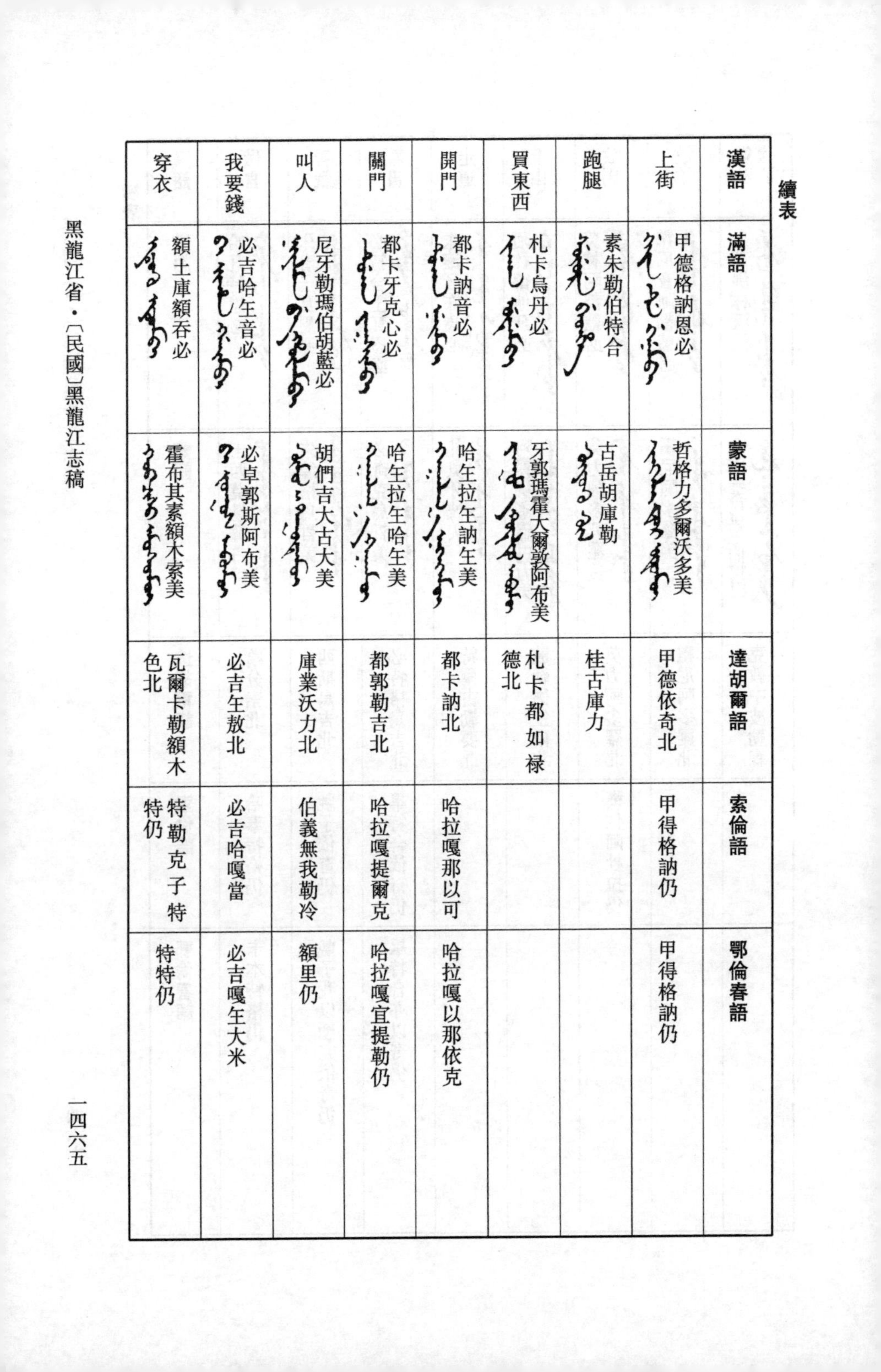

續表

漢語	滿語	蒙語	達胡爾語	索倫語	鄂倫春語
上街	甲德格訥恩必	哲格力多爾沃多美	甲德依奇北	甲得格訥仍	甲得格訥仍
跑腿	素朱勒伯特合	古岳胡庫勒	桂古庫力		
買東西	札卡烏丹必	牙郭瑪霍大爾敦阿布美	札卡都如禄德北		
開門	都卡訥音必	哈乍拉乍訥乍美	都卡訥北	哈拉嘎那以可	哈拉嘎以那依克
關門	都卡牙克心必	哈乍拉乍哈乍美	都郭勒吉北	哈拉嘎提爾克	哈拉嘎宜提勒仍
叫人	尼牙勒瑪伯胡藍必	胡們吉大古大美	庫業沃力北	伯義無我勒冷	額里仍
我要錢	必吉哈乍音必	必卓郭斯阿布美	必吉乍敖北	必吉哈嘎當	必吉嘎乍大米
穿衣	額土庫額呑必	霍布其素額木索美	瓦爾卡勒額木色北	特勒克子特特仍	特特仍

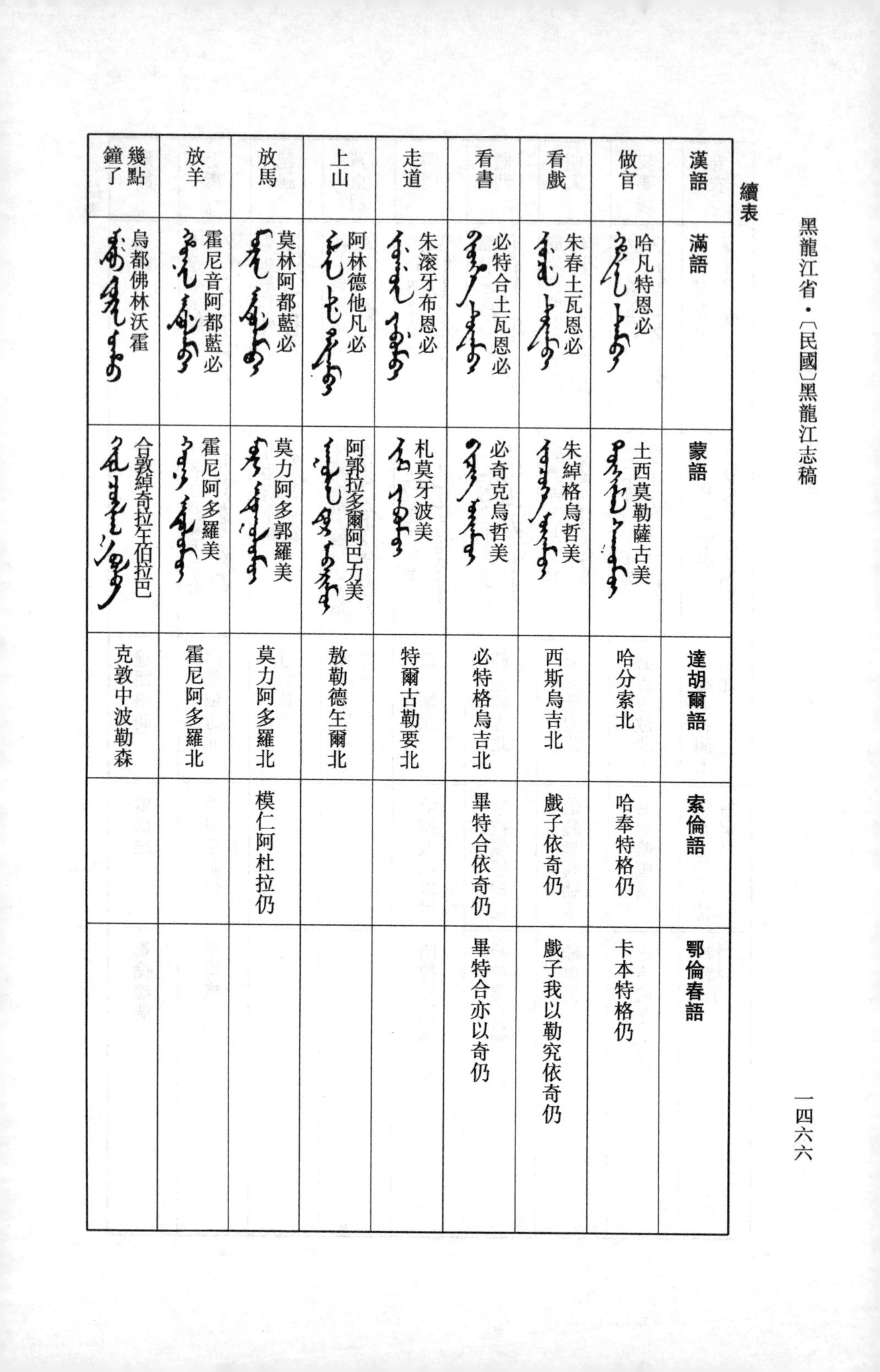

續表

漢語	滿語	蒙語	達胡爾語	索倫語	鄂倫春語
做官	哈凡特恩必	土西莫勒薩古美	哈分索北	哈奉特格仍	卡本特格仍
看戲	朱春土瓦恩必	朱綽格烏哲美	西斯烏吉北	戲子依奇仍	戲子我以勒究依奇仍
看書	必特合土瓦恩必	必奇克烏哲美	必特格烏吉北	畢特合依奇仍	畢特合亦以奇仍
走道	朱滚牙布恩必	札莫牙波美	特爾古勒要北		
上山	阿林德他凡必	阿郭拉多爾阿巴力美	敖勒德乍爾北		
放馬	莫林阿都藍必	莫力阿多郭羅美	莫力阿多羅北	模仁阿杜拉仍	
放羊	霍尼音阿都藍必	霍尼阿多羅美	霍尼阿多羅北		
幾點鐘了	烏都佛林沃霍	合敦綽奇拉乍佰拉巴	克敦中波勒森		

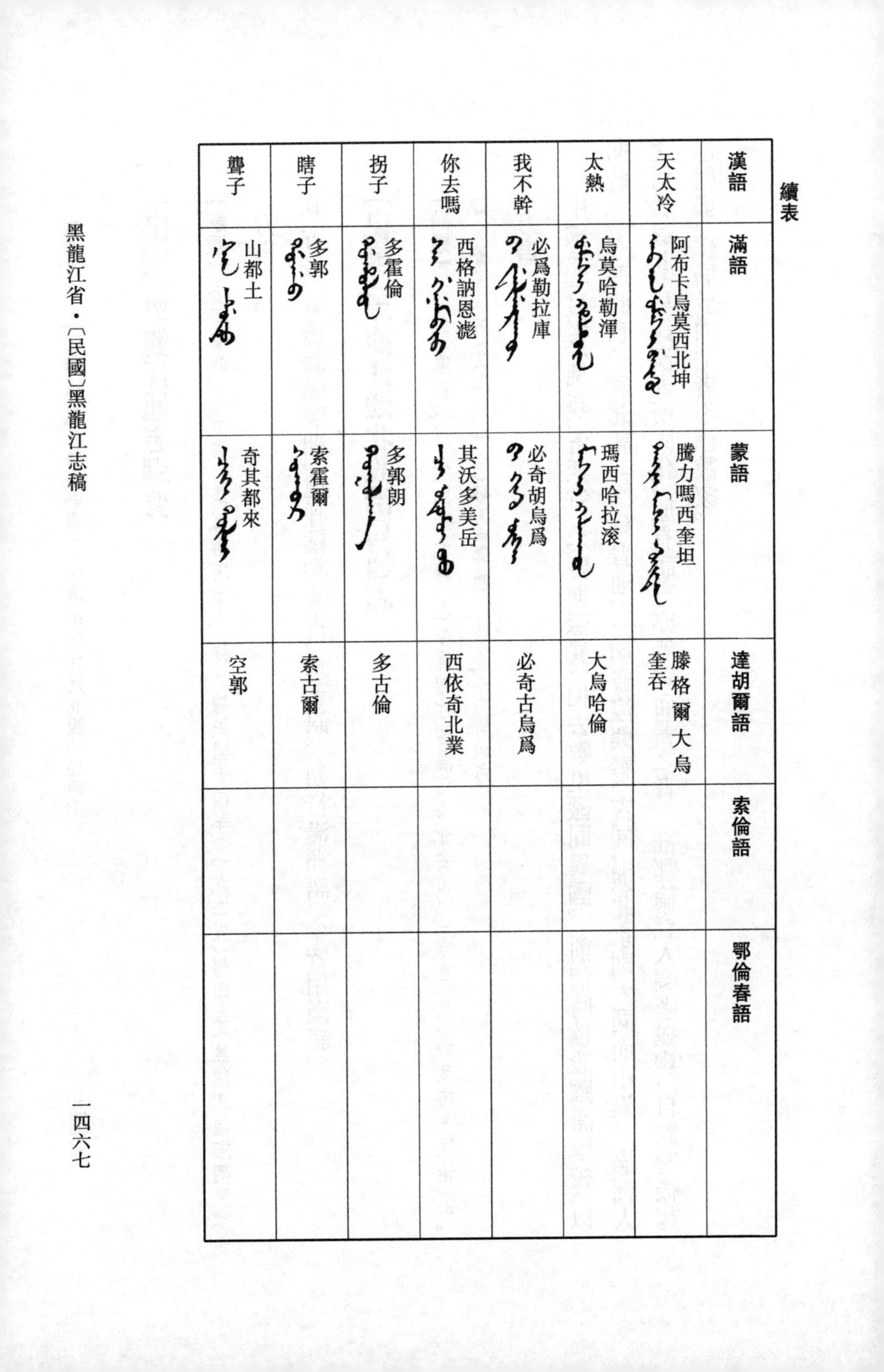

續表

漢語	滿語	蒙語	達胡爾語	索倫語	鄂倫春語
天太冷	阿布卡烏莫西北坤	騰力嗎西奎坦	滕格爾大烏奎呑		
太熱	烏莫哈勒渾	瑪西哈拉滚	大烏哈倫		
我不幹	必爲勒拉庫	必奇胡烏爲	必奇古烏爲		
你去嗎	西格訥恩滮	其沃多美岳	西依奇北業		
拐子	多霍倫	多郭朗	多古倫		
瞎子	多郭	索霍爾	索古爾		
聾子	山都土	奇其都來	空郭		

〔民國〕黑龍江通志綱要

【解題】金梁纂輯。「方言」見《風俗志》中。録文據民國十四年（一九二五）鉛印本《黑龍江通志綱要》。

方言

其方言，索倫語類滿洲，達呼爾類蒙古，爲土語。初行滿洲語，今皆用漢語。

〔民國〕黑龍江通北設治局通志

【解題】熊良弼纂修。通北，即通北縣，在今黑龍江省黑河市北安市。「方言」見《經政志·民治》中。録文據民國五年（一九一六）鈔本《黑龍江通北設治局通志》。

方言

中國語言最爲龐雜，省與省異，縣與縣異，相去數里儼同異國。前清時欲設國語學校，以期統一，亦即此意。通北語言尚稱普通，一切音浪與奉、吉同，與北京則大同而小異。滿洲人之居於通北，早爲漢人所同化，原有語言亦無肄而習之者。惟鄂倫春人啁哳難辨，自開墾後趨避罄盡，雜居於內地者不過數家。

〔民國〕慶城縣志

【解題】佚名纂。不分卷。慶城縣，今黑龍江省綏化市慶安縣。「方言」見《經政·民治·風俗》中。録文據鈔本《慶城縣志》。

方言

縣境人民既多來自直隸、山東，其語言亦即與直隸、山東無甚差别。惟以漢滿蒙回，各有所習，種族雜居積久，不能不互相濡染，此本地語言所以不能盡與直隸、山東同也。以通俗而論，如呼鼠爲耗子，玉黍爲包米，天井爲院哩，説話爲洛科，以及老疙疸、老爺子，與夫要人、秧子之稱，皆爲直隸、山東所不曾聞見者。

〔民國〕拜泉縣志

【解題】張霖如修，胡乃新等纂。拜泉縣，今黑龍江省齊齊哈爾市拜泉縣。「方言」見《經政志》中。録文據民國八年（一九一九）石印本《拜泉縣志》。

方言

拜境墾民多來自吉、奉二省，間有直隸、河南及山東、山西來此營業者，雖各操土音，意義均能詳解。即莽鼐公蒙古世操蒙語，而與漢族相處既久，習漢語者亦居多數。惟布特哈及一切索倫來城市買賣，一言一話，人多不能通曉。

〔民國〕林甸縣志略

【解題】伊雙慶纂修。民國六年（一九一七）修，不分卷。林甸縣，今黑龍江省大慶市林甸縣。「方言」見《經政志·民治·風俗》中。録文據鈔本《林甸縣志略》。

方言

漢語爲普通語言。滿人與漢人處，相習日久，亦自忘其方言。蒙古獨有一種語言，非惟漢人不通，即與滿人亦異。惟以與漢人雜處，間有習漢語者。達虎力、巴爾虎語言與蒙古通。